7일 만에 끝내는

해커스

한국실용글쓰기

해커스 한국실용글쓰기와 함께하면

7일 만에 시험에 대비할 수 있는 이유!

01

최신 시험 경향을 반영한 대표 기출유형으로 전략적으로 시험에 대비할 수 있어요!

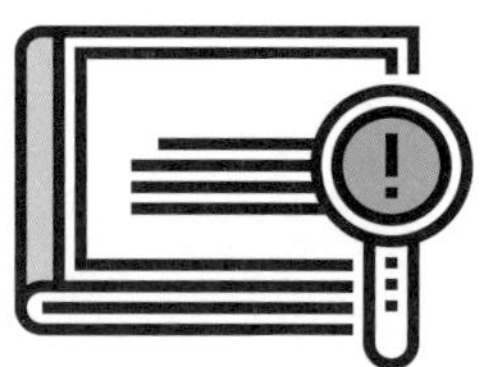

02

시험에 또 나올 기출개념으로 중요한 개념을 집중적으로 학습할 수 있어요!

실용글쓰기 **초단기 합격**을 위한
해커스자격증만의 **추가 학습자료**

한국실용글쓰기 무료 특강

해커스자격증(pass.Hackers.com) 접속 후 로그인 ▶
상단 [KBS한국어/글쓰기] 클릭 ▶ [무료강의] 클릭하여 이용하기

바로가기 ▶ 

· 기출동형 모의고사 2회분 (PDF)
· 주관식 답안 체크 포인트 (PDF)
· 서술형 실전 연습용 원고지 & 모범답안 (PDF)

해커스자격증(pass.Hackers.com) 접속 후 로그인 ▶
상단 [KBS한국어/글쓰기] 클릭 ▶ [교재정보 → MP3 및 부가자료] 클릭하여 이용하기

* 검색창에 '실용글쓰기' 입력 시 빠른 찾기 가능
* [기출동형 모의고사] 및 [주관식 답안 체크 포인트]는 퀴즈 정답 입력 시 이용 가능

바로가기 ▶ 

기출동형 모의고사 [객관식 영역] 자동 채점 및 성적 분석 서비스

해커스자격증(pass.Hackers.com) 접속 후 로그인 ▶
상단 [KBS한국어/글쓰기] 클릭 ▶ [교재정보 → 자동채점/성적분석] 클릭하여 이용하기

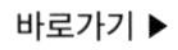
바로가기 ▶ 

해커스자격증 인강 10% 할인쿠폰

8AA4 0207 4EAA F00K

해커스자격증(pass.Hackers.com) 접속 후 로그인 ▶
우측 퀵배너 [쿠폰/수강권 등록] 클릭 ▶ 위 쿠폰번호 등록 후 이용하기

* 등록 후 7일간 사용 가능(ID당 1회에 한해 등록 가능)
* 해커스자격증 내 단과상품에만 사용 가능합니다.
* 이외 쿠폰 관련 문의는 해커스 고객센터(02-537-5000)로 문의하시기 바랍니다.

쿠폰 바로 등록하기 ▶ 

03

감점 잡는 주관식 작성 전략과 원고지 모범답안으로 배점이 높은 주관식 영역에서 감점을 줄여 고득점을 받을 수 있어요!

04

기출동형 모의고사 3회분과 추가 기출동형 모의고사 2회분으로 완벽하게 실전에 대비할 수 있어요!

목차

7일 합격을 위한 해커스만의 합격전략 6
한국실용글쓰기 시험 소개 10

PART 1 객관식 영역

1일 I. 글쓰기 원리 16
01 계획하기 18
02 표현하기 21
03 글 다듬기 27

2일 II. 글쓰기 실제 44
01 문서 이해 46
02 기안서, 품의서 48
03 보고서 52
04 기획서 55
05 프레젠테이션 57
06 홍보문, 보도문 60
07 계약서 64

3일 III. 사고력 80
01 직무 이해 82
02 수리·자료 활용 87
03 문제 해결 91
04 직무 문해력 94

IV. 글쓰기 윤리 108
01 글쓰기 윤리 110

PART 2 주관식 영역

4일

V. 단어 · 문장 · 문단 쓰기 116
- 01 고쳐쓰기 118
- 02 요약하기 124
- 03 추론하기 128
- 04 보완하기 132

VI. 실용문 쓰기 164
- 01 실용문 쓰기 166

PART 3 기출동형 모의고사

5일 기출동형 모의고사 1회 180

6일 기출동형 모의고사 2회 200

7일 기출동형 모의고사 3회 224

OMR 답안지 247

[책 속의 책] 약점 보완 해설집

[별책] 시험장까지 가져가는 주관식 고득점 공략노트

[특별제공] 기출동형 모의고사 2회분(PDF) & 기출동형 모의고사(객관식) 자동 채점 및 성적 분석 서비스 & 무료 원고지 모범답안(PDF) & 무료 서술형 실전 연습용 원고지(PDF) & 감점 줄이는 주관식 답안 체크 포인트(PDF)
- 해커스자격증(pass.Hackers.com)

7일 합격을 위한

해커스만의 합격전략

01. 시험에 꼭 나오는 대표 기출유형만 집중 학습하여 전략적으로 시험에 대비한다!

① **대표 기출유형 ③ 문장을 고치는 문제**

● 유형설명

문장의 오류를 파악하여 올바르게 고칠 수 있는지를 평가하는 문제이다. 문장 성분의 호응이 어색한 문장, 의미가 두 가지 이상으로 해석되는 문장, 의미가 중복된 단어를 사용한 문장, 문법 요소의 쓰임이 적절하지 않은 문장이 주로 출제된다.

② **확인문제**

잘못된 문장을 바르게 고쳐 쓴 것으로 적절하지 않은 것은?

① 당분간 비가 계속 올 것으로 보여집니다. → 당분간 비가 계속 올 것으로 보입니다.
② 나는 노래와 춤을 추는 것을 좋아한다. → 나는 노래를 부르는 것과 춤을 추는 것을 좋아한다.
③ 평소 좋아하던 가수가 새로운 신곡을 발표하였다. → 평소 좋아하던 가수가 새로운 곡을 발표하였다.
④ 무엇보다 중요한 점은 건강 관리에 소홀해서는 안 된다. → 무엇보다 중요한 점은 건강 관리에 소홀해서는 안 된다는 것이다.
⑤ 윤 과장은 인상을 찌푸리며 앉아 있는 정 과장을 바라보았다. → 윤 과장은 앉아서 인상을 찌푸리고 있는 정 과장을 바라보았다.

해설 ⑤의 수정 전 문장은 인상을 찌푸린 주체가 윤 과장인지 정 과장인지 분명하지 않은 중의적 문장이다. 이를 '앉아서 인상을 찌푸리고 있는'으로 수정하여도 앉은 주체가 분명하지 않기 때문에 중의성이 해소되지 않으므로 적절하지 않다.
① '보여집니다'는 피동사 '보이다'에 피동 표현 '-어지다'를 결합한 이중 피동 표현이다. 따라서 피동사 '보이다'만 활용한 '보입니다'로 수정하는 것은 적절하다.
② 목적어 '노래'는 서술어 '추는'과 호응하지 않는다. 따라서 목적어 '노래'에 호응하는 서술어 '부르는'을 추가하는 것은 적절하다.
③ '신곡'은 "새로 지은 곡."을 뜻하므로 '새로운 신곡'은 '새롭다'라는 의미가 중복된다. 따라서 '새로운 곡'으로 수정하는 것은 적절하다.
④ 주어 '무엇보다 중요한 점은'과 서술어 '안 된다'는 호응하지 않는다. 따라서 '안 된다는 것이다'로 서술어를 수정하는 것이 적절하다.

정답 ⑤

③ **또 나올 기출개념**

1. 중의적 문장

한 문장이 두 가지 이상의 의미를 나타내는 특성을 중의성이라고 하며, 중의성을 띤 문장을 중의문이라고 한다.

2. 중의적 문장의 종류

종류	예
수식 범위에 따른 중의성	지각을 자주 하는 사장의 비서가 법인 카드를 잃어버렸다. → 지각을 자주 하는 사람이 사장인지, 사장의 비서인지 분명하지 않은 문장임
부정 표현 및 수량 표현에 의한 중의성	동호회 사람들이 약속 장소에 다 오지 않았다. → 동호회 사람들이 일부는 오고 일부는 오지 않은 것인지, 한 사람도 오지 않은 것인지 분명하지 않은 문장임
비교 구문의 중의성	이 대리는 김 대리보다 서 팀장을 더 불편해한다. → 이 대리가 서 팀장을 불편해하는 정도와 김 대리가 서 팀장을 불편해하는 정도를 비교하는 것인지, 이 대리가 김 대리와 서 팀장에게 느끼는 불편함의 정도를 비교하는 것인지 분명하지 않은 문장임
'의'를 포함한 명사구의 중의성	이것은 우리 어머니의 사진이 아니다. → 어머니를 찍은 사진이 아니라는 것인지, 어머니가 직접 찍은 사진이 아니라는 것인지, 어머니가 소유한 사진이 아니라는 것인지 분명하지 않은 문장임

④ **더 알아보기** 논리적 사고의 구성 요소

구성 요소	내용
생각하는 습관	· 논리적 사고에서 가장 기본이 되는 것 · 특정 문제에 대해서만 생각하는 것이 아니라 일상적 대화, 회사의 문서 등 어디서 어떤 것을 접하든지 늘 생각하는 습관을 들이는 것이 중요함
상대 논리의 구조화	· 타인을 설득하는 과정에서 거부당할 경우 상대의 논리를 구조화하는 것이 필요함 · 자신의 주장이 받아들여지지 않는 원인 중에 상대 주장에 대한 이해 부족이 있을 수 있으므로 상대의 논리에서 약점을 찾고, 자신의 생각을 재구축한다면 상대를 설득할 수 있음
구체적인 생각	상대가 말하는 것을 잘 알 수 없을 때는 구체적 이미지를 떠올리거나 숫자를 활용하는 등 다양한 방법을 활용하여 생각해야 함
타인에 대한 이해	상대의 주장에 반론할 경우, 상대 주장 전부를 부정하지 않으며 상대의 인격을 존중해야 함
설득	· 설득은 논쟁을 통하여 이루어지는 것이 아니라 논증을 통해 이루어짐 · 설득의 과정은 나의 주장을 다른 사람에게 이해시켜 공감시키고, 그 사람이 내가 원하는 행동을 하게 만드는 것임

① [대표 기출유형]의 유형 설명으로 특징과 학습 방법을 파악한다!

철저한 기출 분석으로 대표 기출유형을 엄선하고 각각의 유형을 설명하였습니다.

② [확인문제]를 풀어 보며 유형별 출제 경향을 익힌다!

확인문제를 풀어 보며 실제로 이 유형이 시험에 어떻게 나오는지 파악할 수 있도록, 유형별 특징을 가장 잘 보여 주는 문제를 수록하였습니다.

③ [또 나올 기출개념]으로 꼭 필요한 개념을 집중 학습한다!

기출 분석을 통해 시험에 또 나올 기출개념을 알차게 담아내 효율적으로 학습할 수 있습니다.

④ [더 알아보기]로 심화 이론까지 학습하며 실력을 향상한다!

기출개념과 함께 학습하면 좋을 심화 내용까지 수록해 한 번에 학습하고 실력을 높일 수 있도록 구성하였습니다.

02. 주관식 영역에서 감점을 최소화하고 고득점을 달성한다!

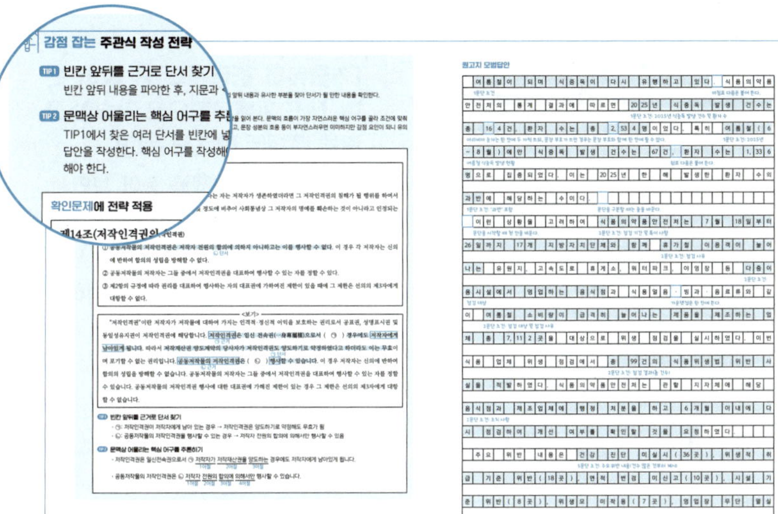

[감점 잡는 주관식 작성 전략]으로 감점을 줄이는 비법을 학습한다!

감점을 최소로 줄이고 문제 풀이 시간을 단축하는 방법을 제시하였습니다.

[원고지 모범답안]으로 배점이 가장 높은 원고지 문제를 완벽하게 대비한다!

실제 답안 형태인 원고지 모범답안을 통해 원고지 작성법까지 확인하며, 생소한 원고지 문제를 완벽하게 대비할 수 있습니다.

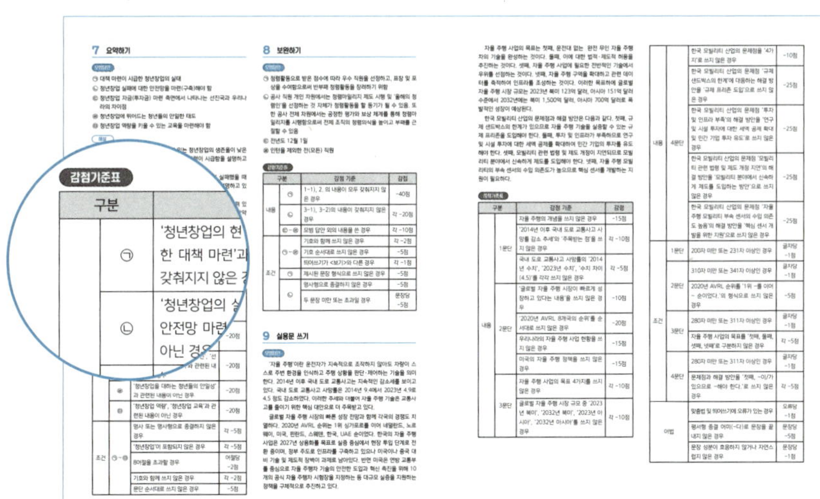

[감점기준표]로 자신의 답안을 채점하고 취약점을 보완한다!

약점 보완 해설집의 감점기준표를 보며 자신이 작성한 답안의 감점 요소를 파악하고 취약점을 보완하여 만점 답안을 적는 연습을 할 수 있도록 구성하였습니다.

7일 합격을 위한

해커스만의 합격전략

03. 기출유형 공략문제와 기출동형 모의고사를 풀어 보며 실전 감각을 극대화한다!

기출유형 공략문제

[기출유형 공략문제]를 풀어 보며, 대표 기출유형으로 학습한 전략을 문제에 적용해 본다!

기출유형 공략문제를 풀어 보면서, 학습한 유형별 전략을 실제 문제에 적용하고, 실력을 키우면서 각 단원의 학습을 마무리하도록 구성하였습니다.

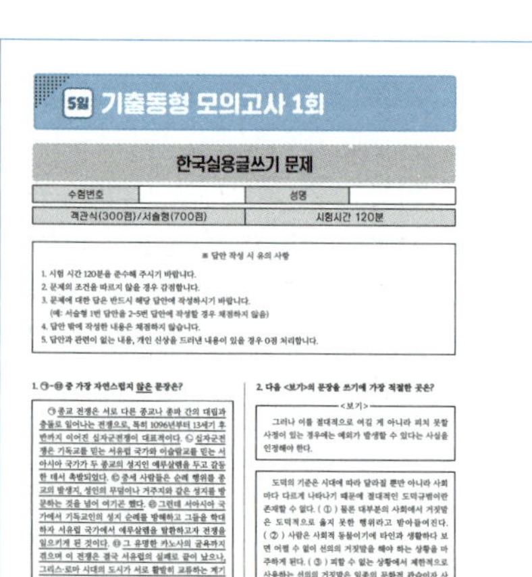
5일 기출동형 모의고사 1회

한국실용글쓰기 문제

[기출동형 모의고사 3회분]으로 시험 직전 학습을 최종 마무리한다!

최신 기출문제를 철저히 분석하여 반영한 기출동형 모의고사를 실제 시험처럼 풀어 보며 최종 점검할 수 있습니다.

04. 해커스만의 노하우가 담긴 학습자료를 활용해 목표 등급을 달성한다!

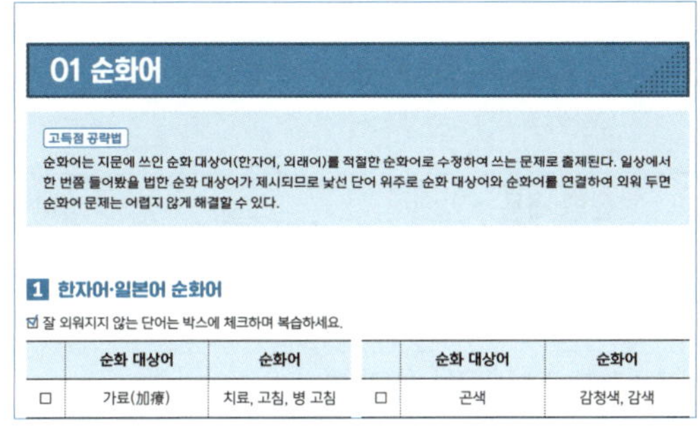

01 순화어

고득점 공략법

순화어는 지문에 쓰인 순화 대상어(한자어, 외래어)를 적절한 순화어로 수정하여 쓰는 문제로 출제된다. 일상에서 한 번쯤 들어봤을 법한 순화 대상어가 제시되므로 낯선 단어 위주로 순화 대상어와 순화어를 연결하여 외워 두면 순화어 문제는 어렵지 않게 해결할 수 있다.

1 한자어·일본어 순화어

☑ 잘 외워지지 않는 단어는 박스에 체크하며 복습하세요.

	순화 대상어	순화어		순화 대상어	순화어
□	가료(加療)	치료, 고침, 병 고침	□	곤색	감청색, 감색

시험장까지 가져가는 주관식 고득점 공략노트

주관식 영역의 고득점 공략법을 담은 핸드북 [시험장까지 가져가는 주관식 고득점 공략노트]로 주관식 영역을 시험 직전까지 점검하고 막판 점수를 올릴 수 있습니다.

자동 채점 및 성적 분석 서비스 바로 가기
QR코드를 이용해 모바일로 간편하게 채점하고 나의 실력이 어느 정도인지, 취약 부분이 어디인지 바로 파악해 보세요!

모바일 자동 채점 및 성적분석 서비스

기출동형 모의고사에 있는 QR코드를 스캔하여 본인의 답안을 입력하면, 객관식 영역의 점수 및 취약점을 빠르게 파악하고 약점을 보완하며 효율적으로 시험에 대비할 수 있습니다.

기출동형 모의고사 2회분 PDF

해커스자격증 사이트에서 제공하는 기출동형 모의고사 PDF로 최신 출제 경향을 완벽하게 반영한 문제를 더 많이 풀어 실전 감각을 높일 수 있습니다.

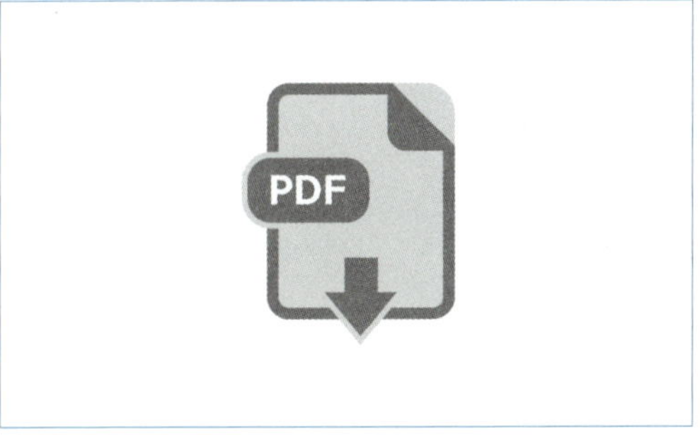

주관식 답안 체크 포인트 & 원고지 모범답안 & 실전 연습용 원고지PDF

해커스자격증 사이트에서 제공하는 주관식 영역의 다양한 학습 자료로 배점이 높은 주관식 답변의 완성도를 높이고, 원고지에 답안을 직접 작성해 보며 실제 시험에 대비할 수 있습니다.

한국실용글쓰기 시험 소개

한국실용글쓰기 시험이란?

한국실용글쓰기 검정은 국어사용능력을 바탕으로 한 전 국민의 직무능력 향상과 의사소통능력 증진을 목적으로 하는 시험입니다. 한국실용글쓰기 검정에서 평가하는 직무 글쓰기 실력이란 공공기관 및 기업체 등에서 직무와 관련하여 작성하는 글쓰기 능력을 의미합니다.

한국실용글쓰기 시험 시간

시간	진행 내용
09:00 ~ 09:30	수험자 입실(9시 30분 이후 입실 금지)
09:30 ~ 09:45	수험자 좌석 확인 및 특이사항 발생 시 처리
09:45 ~ 09:50	감독관 입실 / 수험자 주의사항(신분증) 안내
09:50 ~ 10:00	답안지 작성 / 문제지 배부
10:00 ~ 12:00	시험 진행(객관식 30문항, 서술형 9문항(1번~9번))

한국실용글쓰기 문항 구성

과목(분야)	출제문항수		
	선택형(객관식)	서술형(주관식)	계
글쓰기 원리	8	4	12
글쓰기 실제	13	3	16
사고력	8	1	9
글쓰기 윤리	1	1	2
합계(배점)	30문제(300점)	9문제(700점)	39문제(1,000점)

한국실용글쓰기 배점

구분		문항별 배점
선택형(300점)	1~30번	10점
서술형(700점)	1~5번	30점
	6번	50점
	7~8번	100점
	9번	300점

한국실용글쓰기 등급별 합격 기준

등급	1급	2급	준2급	3급	준3급
점수(1,000점)	870점 이상	790~869점	710~789점	630~709점	550~629점

한국실용글쓰기 시험 과목별 영역

시험 과목	중영역	소영역	
글쓰기 원리	계획하기	· 쓰기 맥락 분석 · 자료 수집 및 선택	· 주제 설정 · 구성 및 개요 작성
	표현하기	· 표현 전략(내용 생성과 조직) · 구성 및 전개 방식 · 어문 규범, 어법	· 단어, 문장, 문단 쓰기 · 표현 및 서술 방식
	고쳐쓰기와 공유하기	· 글 단위별 고쳐쓰기 · 평가와 조정(문서 다듬기)	· 독자 고려 고쳐쓰기
글쓰기 실제	문서 이해	· 문서의 이해와 분류	· 문서 작성
	기안서, 품의서	· 기안서 이해와 분류 · 품의서 이해와 분류	· 기안서 작성 · 품의서 작성
	보고서	· 보고서 이해와 분류	· 보고서 작성
	기획서	· 기획서 이해와 분류	· 기획서 작성
	프레젠테이션	· 프레젠테이션 이해	· 프레젠테이션 작성
	홍보문, 보도문	· 홍보문 이해 · 보도문 이해	· 홍보문 작성 · 보도문 작성
	계약서	· 계약서 이해	· 계약서 작성
사고력	직무 이해	· 경영, 직무 이해	· 직무 관련 의사소통
	수리·자료 활용	· 기초 연산 · 도표 해석	· 통계 해석
	문제 해결	· 문제 유형 · 문제 해결 과정	· 사고 전략
	직무 문해력	· 사회·경제 문해력 · 디지털 문해력	· 과학·기술 문해력
글쓰기 윤리	글쓰기 윤리	· 저작권과 표절 · 직업 글쓰기 윤리	· 인용 및 출처

한국실용글쓰기 시험 소개

한국실용글쓰기 시험 원서접수 방법 및 준비물

- 응시원서는 인터넷(https://www.klata.or.kr)으로 접수하실 수 있습니다.
- 준비물: 수험표, 신분증, 컴퓨터용 사인펜, 검정색 볼펜, 수정테이프
- 응시료: 55,000원

한국실용글쓰기 합격자 발표 안내

- 성적 발표: 성적 발표는 검정 실시 30일 후에 홈페이지를 통해 발표합니다.
- 자격증 발급 안내: 자격증은 전자문서(PDF) 형태로 발급되며, 수수료는 본인 부담입니다.

한국실용글쓰기 검정 채택기관

※ 채택 및 세부적용 기준은 해당 기관에 문의하세요.

소방청 · 임용 및 승진 시 취득 점수별 가점 · 취득 점수별 가점	부산광역시 · 승진 가점	충청북도 · 승진 가점	제주특별자치도 · 취득 점수별 가점
전라남도 · 승진 가점	육군3사관학교 · 준3급 이상 우대	육군부사관학교 · 준3급 이상 우대	군사안보지원사령부 · 준3급 이상 우대
건강보험심사평가원 · 취득 점수별 가점	식품의약품안전처 · 준3급 이상 우대	KT · 자격증 우대	POSCO · 자격증 우대
현대중공업 · 자격증 우대	현대엔지니어링 · 자격증 우대	한국전력공사 · 준2급 이상 5점	한국수력원자력㈜ · 채용 정보에 따라 반영 비율 다름
대한체육회 · 준2급 이상 등급별 가점	한국체육산업개발주식회사 · 취득 급수별 가점	한국서부발전 · 준2급 이상 5점	한국농어촌공사 · 취득 점수별 가점
근로복지공단 · 취득 점수별 가점	한국지역난방공사 · 취득 급수별 가점	KSPO국민체육진흥공단 · 취득 점수별 가점	도로교통공단 · 준2급 이상 우대

한국실용글쓰기 연간 시험 일정

※ 시험 일정은 협회 사정으로 변경될 수 있으니 정확한 시험 일정은 한국실용글쓰기 홈페이지(https://www.klata.or.kr)에서 한 번 더 확인하세요.

2026 연간 시험 일정 안내				
회차	검정 일시	접수 기간	수험표 출력	성적 발표
제118회 시험	2026. 3. 21.(토)	2026. 2. 16.(월) ~ 2026. 3. 9.(월)	2026. 3. 17.(화) ~ 2026. 3. 21.(토)	2026. 4. 21.(화)
제119회 시험	2026. 5. 16.(토)	2026. 4. 13.(월) ~ 2026. 5. 4.(월)	2026. 5. 12.(화) ~ 2026. 5. 16.(토)	2026. 6. 16.(화)
제120회 시험	2026. 7. 18.(토)	2026. 6. 15.(월) ~ 2026. 7. 6.(월)	2026. 7. 14.(화) ~ 2026. 7. 18.(토)	2026. 8. 18.(화)
제121회 시험	2026. 9. 19.(토)	2026. 8. 17.(월) ~ 2026. 9. 7.(월)	2026. 9. 15.(화) ~ 2026. 9. 19.(토)	2026. 10. 20.(화)
제122회 시험	2026. 11. 21.(토)	2026. 10. 19.(월) ~ 2026. 11. 9.(월)	2026. 11. 17.(화) ~ 2026. 11. 21.(토)	2026. 12. 22.(화)
제123회 시험	2027. 1. 16.(토)	2026. 12. 14.(월) ~ 2027. 1. 4.(월)	2027. 1. 12.(화) ~ 2027. 1. 16.(토)	2027. 2. 16.(화)

해커스자격증

pass.Hackers.com

7일 만에 끝내는 **해커스 한국실용글쓰기**

PART 1
객관식 영역

1일 Ⅰ. 글쓰기 원리

2일 Ⅱ. 글쓰기 실제

3일 Ⅲ. 사고력
Ⅳ. 글쓰기 윤리

"한국실용글쓰기 시험에서 객관식 영역의 배점은 1,000점 중 300점입니다."

객관식 영역은 글쓰기 원리에 대한 기본적인 지식이 있는지, 직무와 관련된 글을 읽고 그 내용을 이해할 수 있는지 평가하는 영역입니다. 세부적으로는 작문 과정 전체를 이해하는 문제, 내용을 조직하고 표현하는 문제, 표현을 문법에 맞게 다듬는 문제 등의 글쓰기 원리에 대한 문제가 출제됩니다. 또한 다양한 직무와 관련된 글을 읽고 이해하는 문제, 글을 수정·보완하는 문제도 출제되고 있습니다. 다양한 유형의 글이 출제되니, 문제를 풀면서 독해 실력을 키우면 높은 점수를 받을 수 있습니다.

1일 ······ Ⅰ. 글쓰기 원리

1. 단원별 출제 비중

글쓰기 원리 단원은 객관식 30문제 중 약 8문제가 출제되며, 객관식 영역에서 27%의 출제 비중을 차지합니다. 세부 단원은 '02 표현하기' 4문제, '01 계획하기', '03 글 다듬기' 각 2문제 순으로 출제됩니다.

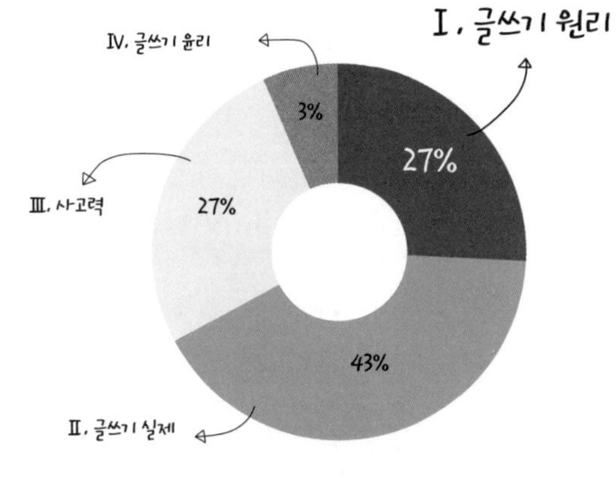

대단원별 평균 출제 비중

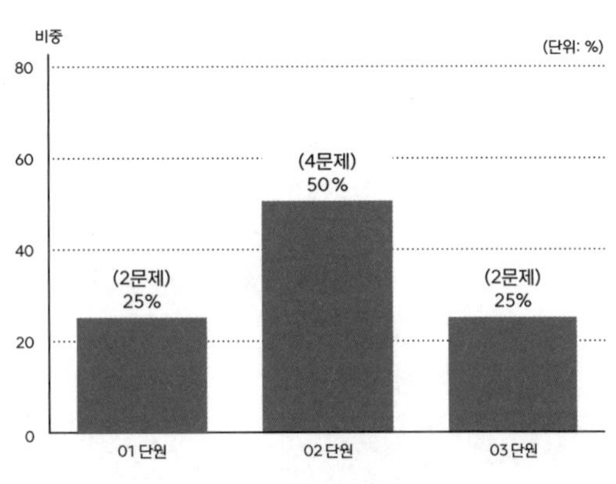

중단원별 평균 출제 비중

01 계획하기
02 표현하기
03 글 다듬기

2. 학습 전략

01 계획하기	계획하기 단원에서는 글을 쓰기 전 단계에서 글의 목적, 유형, 예상 독자를 고려하여 글쓰기를 계획하고, 글의 주제를 설정할 수 있는지 묻는 문제가 출제됩니다. 독해력으로 푸는 문제와 작문 개념을 묻는 지식형 문제가 함께 출제되니, 주요 개념은 익혀 두어야 합니다.
02 표현하기	표현하기 단원에서는 글의 빈칸에 들어갈 단어·문장을 찾을 수 있는지, 글의 전개 방식을 찾을 수 있는지, 개요에 알맞은 자료나 문장을 찾을 수 있는지, 문맥에 맞게 글을 배열할 수 있는지를 묻는 문제가 출제됩니다. 간혹 빈칸에 들어갈 적절한 단어를 고르는 문제가 출제되기도 하므로, 혼동하기 쉬운 어휘나 표기상 틀리기 쉬운 어휘를 학습하는 것을 추천합니다.
03 글 다듬기	글 다듬기 단원에서는 통일성에 어긋난 문장이나 문단을 찾을 수 있는지, 글에 사용된 적절하지 않은 단어를 고칠 수 있는지, 어법에 맞지 않는 문장을 올바르게 고칠 수 있는지 등을 묻는 문제가 출제됩니다. 글을 읽고 단어·문장·문단 측면에서 자연스럽지 못한 부분을 올바르게 고치는 연습을 해 두어야 합니다.

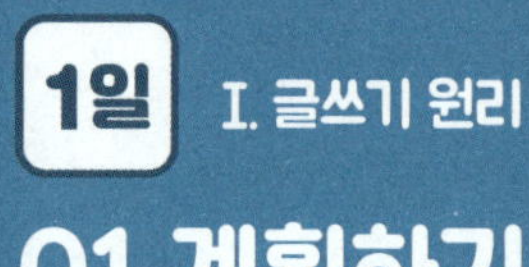

01 계획하기

평균 출제 문항 수
2문제
평균 출제 비중
5.1%

대표 기출유형 ① 쓰기 맥락을 파악하는 문제

유형설명

쓰기 맥락을 파악하는 문제 유형으로, 단독으로 출제되거나 2~3문제 세트로 구성되어 출제되기도 한다. 글에서 주제, 목적, 독자, 매체와 같은 쓰기 맥락의 특성을 파악하는 문제가 출제된다. 글 내용을 이해하면 풀 수 있는 수준으로 출제되나 간혹 쓰기의 정의적 요인이 출제되기도 하니 관련 개념은 미리 알아 두어야 한다.

확인문제

다음 글에서 파악할 수 있는 내용으로 적절하지 않은 것은?

> **[사내 온라인 게시판]**
>
> **제목**: 일회용 컵 없는 사무실을 만듭시다!
>
> 임직원 여러분, 반갑습니다. 총무팀 김○○입니다.
> 현재 사내에서 소비되는 종이컵의 양이 매달 상당한 수준에 이르고 있습니다.
> 이는 불필요한 비용 발생은 물론, 환경 보호라는 사회적 가치 실현을 저해하는 요인이 되고 있습니다.
> 이에 조금 불편하시더라도 개인 텀블러 사용을 생활화해 주시기를 부탁드립니다.
> 회사는 여러분의 편의를 돕기 위해 각 층 탕비실에 텀블러 세척기를 설치하였습니다.
> '나 하나쯤이야'가 아닌 '나부터 시작하자'라는 마음으로 동참해 주신다면,
> 우리 회사가 친환경 기업으로 거듭나는 데 큰 힘이 될 것입니다.
> 아래 댓글로 텀블러 사용 활성화를 위한 다양한 의견을 자유롭게 제안해 주시면 사내 문화에 적극 반영하겠습니다.

① 글쓰기는 사회적 상호 작용의 한 형태임을 알 수 있다.
② 글쓰기는 사회적 쟁점에 대한 필자의 관점이 드러난다.
③ 글쓰기는 매체의 기능을 고려해 현안을 공유할 수 있다.
④ 글쓰기는 필자의 개성을 맥락에 드러내는 예술 활동이다.
⑤ 글쓰기는 공동체의 긍정적 변화를 유도하기 위한 목적을 지닌다.

해설 윗글은 사내 게시판에 작성된 공식적인 글이므로 필자의 개성을 드러내는 예술 활동이라는 설명은 적절하지 않다.
① 게시글과 댓글을 통해 필자와 독자가 상호작용 할 것임을 알 수 있으므로 글쓰기는 사회적 상호 작용의 형태라는 설명은 적절하다.
② 윗글에는 환경 보호라는 사회적 가치 실현을 중시하는 필자의 관점이 드러나 있으므로 적절하다.
③ 윗글은 '사내 온라인 게시판'이라는 매체의 특성을 이용하여 직원들에게 댓글로 현안(텀블러 사용 활성화)에 대한 의견을 공유하기를 제안하고 있으므로 적절하다.
⑤ 윗글은 사내 임직원이라는 공동체를 대상으로 환경 보호를 위한 텀블러 사용을 유도하고 있으므로 적절하다.

정답 ④

또 나올 기출개념

1. 글쓰기 과정

글쓰기 단계	개념 및 전략
계획하기	글쓰기를 준비하는 과정 · 주제, 목적, 독자, 글, 유형, 과제 조건을 분석하기
내용 생성하기	글에 쓸 내용을 수집하는 과정 · 이야기 나누기: 집단을 구성해 글의 주제와 관련해서 이야기를 나누는 방법 · 브레인스토밍: 주제와 관련된 다양한 생각을 있는 대로 떠올리는 방법 · 관련 자료 읽기: 다양한 매체를 활용하여 주제와 관련된 자료를 찾아 읽는 방법
내용 조직하기	생성된 내용 간의 관계를 파악하여 내용을 제시할 순서를 조직하는 과정 · 개요 짜기: 글의 구조에 따라 내용을 체계적으로 배열하는 방법 · 다발 짓기: 일정한 기준을 가지고 내용을 범주화하는 방법
표현하기	개요에 따라 글로 표현하는 과정 · 초고는 완벽한 글이 아닌 수정이 필요한 글임을 인식하기 · 형식보다 내용에 중점을 두고 쓰기
고쳐쓰기	초고를 내용과 형식 측면에서 검토하고 수정하는 과정 · 고쳐쓰기 원리 적용하기: 첨가, 삭제, 대체, 재배열 · 돌려 읽기: 집단을 구성해 서로 글을 읽고 조언해 주는 방법

2. 글의 유형별 구조

1) 설명문: 정보를 전달하는 글로, 객관적인 사실을 체계적으로 구성한 글

처음	· 설명 대상 소개	· 글의 목적 제시
중간	· 대상에 대한 구체적 설명	· 다양한 설명 방법(정의, 예시, 비교·대조, 인과, 분류 등)을 활용하여 내용 전개
끝	· 전체 내용 요약, 중요한 내용 강조	

2) 논설문: 설득하는 글로, 필자의 주장과 이를 뒷받침하는 근거를 논리에 따라 구성한 글

서론	· 독자와의 공감대 형성	· 문제 상황 제시	· 문제 제기 및 필자의 주장 제시
본론	· 주장을 뒷받침하는 근거 제시	· 문제에 대한 해결 방안 제시	· 반론에 대한 반박 내용 제시
결론	· 본론 내용 요약 및 주장 재강조	· 명언이나 속담을 인용하여 인상 깊게 마무리	

3. 쓰기의 정의적 요인

1) 정의: 쓰기 과정에 영향을 미치는 정서나 태도

2) 요인

쓰기 흥미	쓰기에 대한 관심과 선호
쓰기 동기	· 글을 쓰려는 이유, 쓰기 행위를 유발하고 지속할 수 있도록 함 · 쓰기 내적 동기: 개인 내부에서 발현되는 호기심과 흥미로 쓰기를 수행함 · 쓰기 외적 동기: 개인 외부에서 제공되는 요소(보상, 평가 등)로 쓰기를 수행함
쓰기 효능감	· 쓰기를 성공적으로 수행할 수 있다는 필자의 믿음 · 성공 경험이나 대리 경험, 칭찬이나 격려를 제공해 향상할 수 있음
쓰기 불안	· 평가에 대한 두려움으로 쓰기 상황을 회피하려는 부정적인 감정 · 쓰기 효능감을 향상하거나 쓰기 지식을 학습하는 것, 한 번에 완벽한 글을 써야 한다는 부담에서 벗어남으로써 쓰기 불안을 극복할 수 있음

대표 기출유형 ② 글의 주제를 파악하는 문제

유형설명

글을 읽고 글의 전체 내용을 포괄하거나 대표할 수 있는 적절한 주제를 찾을 수 있는지 묻는 문제이다. 국어 읽기 문제에서 일반적으로 출제되는 인문, 사회 등의 다양한 주제의 설명문과 논설문 등이 제시된다.

확인문제

다음 글의 주제로 가장 적절한 것은?

가습기 살균제 사건, 살균제 치약 논란, 살충제 달걀 파동 등 우리 삶과 밀접한 관련성이 있는 제품의 안전성 논란이 계속되자 한국 사회에 화학 물질에 대한 공포증인 '케미포비아(Chemiphobia)'가 퍼지고 있다. 실제 가습기 살균제 사건 이후 실시한 설문 조사에서 응답자의 85% 이상이 생활 화학 제품의 사용을 꺼리거나 불신감을 가지고 있는 것으로 나타났다. 또한, 화학 물질이 포함된 생활용품에 대한 불신으로 화학 제품 사용을 거부하는 노케미(No-chemi)족까지 등장하고 있다. 이와 같은 케미포비아를 확산시키는 가장 큰 원인으로 지목되는 것은 화학 물질 안전 관리 통합 시스템의 부재이다. 화학 물질은 제품의 생산부터 폐기에 이르기까지 통합 관리가 필요한데, 우리나라는 각기 다른 부서에서 관리한다. 이로 인해 비슷한 제품도 부처에 따라 다른 안전 기준을 적용하고 있어 혼란을 일으키며, 부처 간의 정보 교류 및 협조가 잘 이루어지지 않아 효율적인 관리가 어려운 상황이다. 따라서 가장 먼저 화학 물질을 통합적으로 관리할 수 있는 컨트롤 타워를 마련하고 제품의 위해성 평가 기준을 통일하여 전문성을 강화할 필요가 있다. 그리고 무엇보다도 소비자의 건강 보호를 최우선으로 하는 기업의 책임 의식이 동반되어야 할 것이다.

① 생활 화학 제품의 생산 및 관리 방법
② 가습기 살균제 사건과 노케미족의 등장
③ 화학 물질 안전 관리 통합 시스템의 부작용
④ 케미포비아의 등장 배경과 해결 방안
⑤ 한국 정부의 케미포비아 대응 방안

해설 윗글은 최근 한국 사회 내의 가습기 살균제 사건, 살균제 치약 논란, 살충제 달걀 파동 등으로 인해 등장하게 된 케미포비아와 화학 제품에 대한 불신을 해결할 수 있는 방안에 대해 설명하는 내용이므로 윗글의 주제로 가장 적절한 것은 ④이다.

정답 ④

또 나올 기출개념

1. 글의 주제(중심 내용)와 제목과의 관련성

글의 주제는 글의 중심 내용이고, 제목은 글을 대표하거나 글의 내용을 보이기 위해 붙이는 것이므로 둘은 관련성이 높다.

2. 글의 주제(중심 내용)를 파악하는 방법

1) 핵심어에 주목해 글의 중심 화제를 파악한다.

2) 파악한 중심 화제를 바탕으로 문단별 중심 내용을 파악한다. 만약 글이 한 문단으로만 구성된다면 문단별 중심 내용 대신 전체적인 글의 흐름을 파악한다.
   ① 글의 중심 화제는 보통 글의 처음에 제시되나, 중간쯤에 나타나는 경우도 있다.
   ② '문제, 중요, 필수적, 필요' 등의 단어나 '~해야 한다'와 같은 당위를 나타내는 말이 가리키는 대상이 중심 내용이 되는 경우가 많다.

3) 글 전체 내용을 토대로 주제를 도출해 낸다.
   ① 글의 주제는 첫 문단이나 마지막 문단에 나타나는 경우가 많다.
   ② '그러므로, 따라서, 한마디로, 이와 같이' 등 결론을 유도하는 말 뒤에 나오는 문장이 주제문인 경우가 많다.

02 표현하기

대표 기출유형 ① 빈칸에 들어갈 내용을 파악하는 문제

유형설명

글 전체 내용이나 앞뒤 문장의 내용을 토대로 빈칸에 들어갈 적절한 내용을 찾을 수 있는지 평가하는 문제이다. 문맥상 적절한 문장, 단어를 찾아야 하며, '그리고, 그러나'와 같은 접속 부사를 고르는 문제도 출제된다.

확인문제

다음 글의 흐름상 ㉠에 들어갈 내용으로 가장 적절하지 않은 것은?

> 교차로 우회전 시 일시 정지 의무를 강화한 개정 도로교통법이 시행되었음에도, 도로 위에서는 여전히 운전자와 보행자 간의 혼란이 벌어지고 있다. 실제로 우회전 차량이 횡단보도의 보행자와 충돌하는 사고가 빈번하게 발생하고 있으며, 특히 키가 작은 어린이나 걸음이 느린 노약자들이 사각지대 사고의 주된 피해자가 되곤 한다. 개정된 법규의 핵심은 전방 차량 신호가 적색일 때는 무조건 일시 정지한 후 우회전해야 하며, 우회전 중 만나는 횡단보도에서는 보행자가 건너고 있을 때뿐만 아니라 건너려고 하는 때에도 반드시 멈춰야 한다는 것이다.
>
> 하지만 현장에서는 이러한 법의 취지가 무색할 만큼 혼란과 갈등이 빚어지고 있다. 일부 운전자들은 명확한 정지 기준을 몰라 횡단보도 앞에서 무작정 기다리다가 뒤따르는 차들로부터 거센 경적 세례를 받기도 하고, 반대로 어떤 운전자들은 보행자가 인도에 서 있어도 멈추지 않고 틈을 타 빠르게 지나가면서 보행자를 위협하기도 한다. 특히 출퇴근 시간대와 같이 교통량이 많은 상황에서는 일시 정지로 정체가 심화된다는 불만의 목소리도 터져 나온다. 운전자들은 "보행자가 건너려는 의사를 어떻게 명확히 파악하느냐"라며 모호한 기준에 대해 억울함을 호소하기도 한다. (㉠)
>
> 제도가 성공적으로 안착하기 위해서는 현실적인 환경을 고려해야 한다. 우회전 단속을 강화하기보다 운전자의 시야를 가리는 불법 주정차를 근절하고 우회전 전용 신호등을 확대 설치하는 등 물리적인 안전 환경을 조성하는 것이 시급하다. 무엇보다 중요한 것은 운전자 스스로가 '조금 늦더라도 사람이 보이면 일단 멈춤'이라는 원칙을 내면화하고, 보행자 역시 자신의 안전을 위해 주의를 기울이는 성숙한 교통 문화를 만들어가는 것이다.

① 실제로 횡단보도 주변에 서 있는 사람이 보행자인지 단순히 서 있는 사람인지 구별하기 어려워 운전자의 판단에 혼선을 주는 경우가 많다.
② 실제로 뒤차의 재촉에 못 이겨 횡단보도를 급하게 통과하다가 뒤늦게 뛰어드는 보행자를 발견하고 급제동하는 아찔한 상황도 연출되기도 한다.
③ 이러한 문제를 해결하기 위해 보행자가 없는 경우에는 서행하며 통과할 수 있도록 단속 기준을 완화하고 우회전 전 일시 정지를 단속하는 카메라를 늘려야 한다는 주장이 설득력을 얻고 있다.
④ 이러한 문제를 해결하기 위해 일부 지자체에서는 보행자가 횡단보도 대기선에 섰을 때 자동으로 음성 안내가 나오거나 조명이 켜지는 스마트 횡단보도를 도입하여 운전자의 주의를 환기하고 있다.
⑤ 이러한 문제를 해결하기 위해 운전자가 보행자를 쉽게 발견할 수 있도록 반사경을 설치하는 등의 도로 환경 개선이 필요하다는 목소리가 높아지고 있다.

해설 ㉠의 위치는 우회전 교차로의 혼란스러운 상황과 그에 대한 해결책을 제시하는 내용의 사이이다. ㉠ 뒤에서 필자는 우회전 교차로의 신호 단속을 강화하기보다 환경 개선과 의식 변화를 강조하고 있다. 따라서 우회전 일시 정지를 단속하는 카메라를 늘려야 한다는 ③은 필자의 논지와 상반되므로 ㉠에 들어갈 내용으로 가장 적절하지 않다. 참고로, 나머지 ①, ②는 ㉠ 앞에서 설명하는 혼란스러운 상황에 대한 구체적 예시이고, ④, ⑤는 ㉠ 뒤에서 강조하는 물리적 안전 환경 조성의 구체적 예시이므로 적절하다.

정답 ③

대표 기출유형 ② 글의 전개 방식 및 효과를 파악하는 문제

유형설명

글을 읽고 글의 전개 방식과 그에 따른 효과를 파악할 수 있는지 묻는 문제이다. 선택지에 제시된 내용이 글의 전체적인 흐름과 동일한지를 파악하면 수월하게 풀 수 있다. 선택지에 다양한 전개 방식의 용어와 글의 구조가 제시되므로 관련 개념을 미리 파악해 두면 도움이 된다.

확인문제

1. 다음 글에서 활용된 전개 방식으로 가장 적절한 것은?

환경오염 문제가 날이 갈수록 심해지면서 친환경에 대한 관심이 증가하고 있다. 일상생활에서 볼 수 있는 다양한 친환경 제품에서부터 친환경 에너지까지 다양한 분야에서 친환경을 실천하기 위한 움직임이 지속되고 있다. 농업 분야에서도 친환경을 실천하기 위해, 친환경 농법인 '아쿠아포닉스'를 활용하고 있다. 아쿠아포닉스란 기존의 수경 재배 양식에 물고기 양식을 결합한 농법으로 물고기와 농작물을 함께 기르는 농법이다. 이는 미생물을 활용해 물고기의 배설물을 비료로 바꾸어 식물에 공급하는 방법을 활용한다. 아쿠아포닉스의 장점은 화학 비료를 대체할 수 있는 친환경 비료를 생산하는 점, 농업용수를 절약할 수 있는 점, 척박한 환경에서도 활용이 가능하다는 점이 있다. 하지만 식물 재배와 물고기 양식의 두 가지 기술을 전부 활용해야 하며, 물고기에 따라 달라지는 배설물을 활용하기 어려워 다양한 종을 재배하지 못한다는 단점이 있다. 이러한 단점을 보완할 수 있는 기술을 개발한다면 아쿠아포닉스는 환경 보전형 농업으로 상용화될 수 있을 것이다.

① 대상의 과정을 단계별로 제시하고 있다.
② 대상의 어원을 비유를 통해 설명하고 있다.
③ 대상의 문제점과 해결 방안을 제시하고 있다.
④ 대상의 특징을 파악하여 기대 효과를 제시하고 있다.
⑤ 대상을 활용하게 된 원인을 토대로 문제를 분석하고 있다.

해설 아쿠아포닉스의 장단점을 언급한 후 '이러한 단점을 보완할 수 있는 기술을 개발한다면 아쿠아포닉스는 환경 보전형 농업으로 상용화될 수 있을 것이다'에서 기대 효과를 드러내고 있다.

① 아쿠아포닉스의 과정을 단계별로 제시하고 있지 않다.
② 아쿠아포닉스의 어원은 언급되지 않았으며 비유도 사용되지 않았다.
③ 아쿠아포닉스의 단점을 언급하였지만 이에 대한 해결 방안은 제시하고 있지 않다.
⑤ '환경오염 문제가 날이 갈수록 심해지면서'와 '친환경을 실천하기 위해'를 통해 아쿠아포닉스를 활용하는 이유를 알 수 있지만, 이를 토대로 문제를 분석하고 있지는 않다.

정답 ④

2. 윗글 서론에 제시된 '최근 사회적 동향'을 통해 독자가 얻을 수 있는 효과로 가장 적절하지 않은 것은?

① 필자의 글에 흥미를 느낄 수 있다.
② 글의 화제를 암시적으로 파악할 수 있다.
③ 필자의 입장을 명료하게 인식할 수 있다.
④ 독자가 글에 대한 집중도를 높일 수 있다.
⑤ 필자가 글에서 다룰 화제에 공감대를 형성할 수 있다.

해설 윗글은 아쿠아포닉스의 장단점을 제시하고, 단점을 보완하는 기술 개발의 필요성을 강조하는 글이다. 이러한 필자의 입장을 명료하게 알 수 있는 부분은 본론과 결론이므로 ③은 적절하지 않다. 참고로, 필자는 아쿠아포닉스를 본격적으로 다루기 전에, 글의 도입부에서 주제와 관련 있는 사회적 동향을 제시하여 화제를 암시하며 독자의 흥미를 이끌어 내고 있다.

① ④ ⑤ 서론은 글의 첫 부분으로, 독자의 관심과 집중을 유도하여 공감대를 형성해야 한다. 사회적으로 관심이 많은 주제와 관련 있는 사례를 제시하는 것은 공감대를 형성하는 방법이다. 따라서 윗글 서론에 제시된 '최근 사회적 동향'을 통해 독자는 글에 흥미를 느끼고, 집중도를 높여, 공감대를 형성할 수 있다.

② 필자는 서론에서 최근 심각해진 환경오염 문제로 다양한 분야에서 친환경을 실천하는 모습을 제시하고 있다. 서론에서 언급한 '최근 사회적 동향'은 글의 중심 화제인 '아쿠아포닉스'와 관련된 사례이므로 독자는 이를 통해 글에서 다룰 화제를 추측할 수 있다.

정답 ③

또 나올 기출개념

글의 전개 방식

정의	대상의 뜻을 구체적으로 밝히는 전개 방식 예 업무란 직장 같은 곳에서 맡아서 하는 일을 말한다.
예시	예를 들어 전개하는 방식 예 가공식품의 예로는 햄과 치즈가 있다.
분류	대상을 일정 기준에 따라 범주화하여 전개하는 방식 예 생물은 동물, 식물, 미생물로 분류된다.
분석	대상을 작은 부분으로 나누어 전개하는 방식 예 시계는 초침, 분침, 시침으로 구성된다.
인과	원인과 결과를 제시하여 전개하는 방식 예 비가 많이 왔기 때문에, 호우주의보가 발효되었다.
비교·대조	두 대상 간의 유사점과 차이점을 제시하여 전개하는 방식. 비교는 두 대상 간의 유사점을 제시하고, 대조는 차이점을 제시함 예 동해와 서해는 우리나라를 대표하는 바다이다. 서해는 갯벌이 있는 반면, 동해는 드넓은 모래 사장이 있다.
문제 - 해결	문제를 제기하고 해결 방안을 전개하는 방식 예 지구 온난화로 평균 기온이 상승하여 이상 기후가 발생하고 있다. 이를 해결하려면 화석 연료 사용을 줄여야 한다.
시간적 구성	사실이나 사건을 시간의 흐름에 따라 순서대로 전개하는 방식 예 컴퓨터는 1642년에 발명된 기계식 계산기를 기원으로 발전하였으며, 1936년의 암호 해독용 기계를 거쳐 1970년대 후반에 개인용 컴퓨터로 상용화되었다.
공간적 구성	공간의 이동에 따라 전개하는 방식 예 사탕은 인도에서 중국으로 전파된 후, 중국을 거쳐 일본으로 전파되었다.

대표 기출유형 ③ 개요에 알맞은 자료나 문장을 파악하는 문제

◉ 유형설명

제시된 개요를 바탕으로 수집한 자료 또는 문장이 적절한지 파악하는 문제이다. 선택지나 보기에 제시된 내용이 개요의 항목과 관련이 있는지 판단하며 풀면 된다.

확인문제

<개요>의 'Ⅲ' 항목을 작성할 때 적절한 자료를 <보기>에서 모두 고른 것은?

<개요>

지속 가능한 미래 도시 계획

Ⅰ. 도시 기반 시설의 지능화
  1. 지능형 교통 시스템 도입
  2. 지능형 전력망 구축
  3. 지능형 상하수도 관리 시스템 도입

Ⅱ. 시민 안전 및 편의성 증대
  1. 범죄 예방 CCTV 통합 관제
  2. 공공 와이파이 확대
  3. 스마트 주차 정보 시스템 제공

Ⅲ. 친환경 스마트 도시 구축
  1. 신재생 에너지 보급 확대
  2. 친환경 자동차 인프라 확충
  3. 도심 녹지 공간 조성

<보기>

(ㄱ) 태양광 보급 가구 수

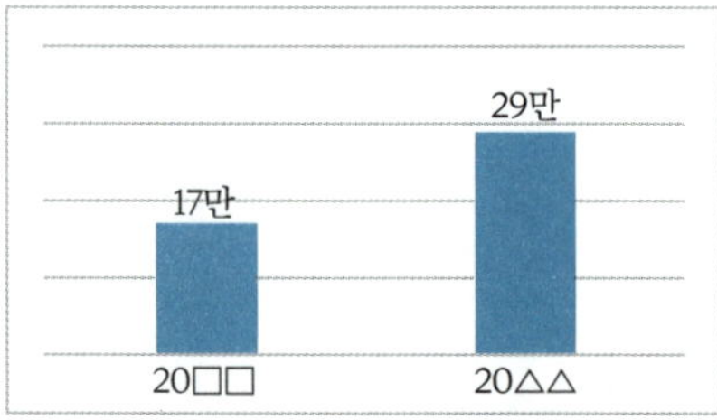

(ㄴ) OO시는 20△△년에 전기차 충전기 약 22,000기를 공영 주차장, 공공시설 등에 지원할 계획이라고 발표했다.

(ㄷ) 미래부에서 발표한 공공와이파이 사업은 통신비 부담 완화 및 지역· 계층 간 무선 인터넷 이용 격차 해소를 위해 공공장소에 20△△년까지 전국 12,000개소의 무선 인터넷 존(공공와이파이)을 구축·운영하는 사업이다.

(ㄹ) 1인당 생활권 도시숲 면적 11.5% 증가

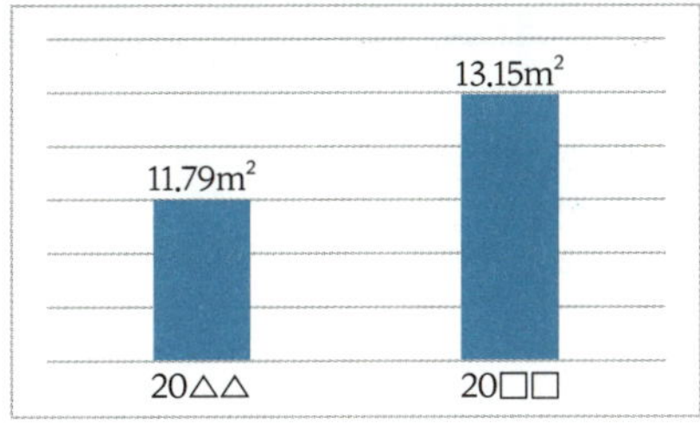

(ㅁ) OO시 보안등 개선 사업

OO시는 △△산책로의 기존 조명 기구를 시간대별 3단계 밝기 조정되는 시스템으로 교체하여 에너지를 최대 50%까지 절감하였고, 조명이 산책로 공간에만 집중하게 하여 빛공해와 에너지 낭비 요소를 저감하였다.

① (ㄱ), (ㄴ), (ㄹ)
② (ㄱ), (ㄴ), (ㅁ)
③ (ㄱ), (ㄷ), (ㅁ)
④ (ㄴ), (ㄹ), (ㅁ)
⑤ (ㄷ), (ㄹ), (ㅁ)

해설 'Ⅲ. 친환경 스마트 도시 구축'의 하위 항목은 '신재생 에너지', '친환경 자동차', '도심 녹지 공간'과 관련 있다. 따라서 (ㄱ) '태양광 에너지 보급 가구 수 증가', (ㄴ) '전기차 충전기 추가 보급', (ㄹ) '도심 녹지 공간 증가'는 'Ⅲ'에 활용하기 적절하다.

- (ㄷ): '공공 와이파이 확대'는 'Ⅱ. 시민 안전 및 편의성 증대'와 관련 있는 자료이다.
- (ㅁ): '도시 조명 시설의 스마트 시스템 도입'은 'Ⅰ. 도시 기반 시설의 지능화'와 관련 있는 자료이다.

정답 ①

또 나올 기출개념

1. 자료 수집

조사, 관찰, 면담, 인터넷 검색, 관련 도서, 생각 그물 만들기(마인드맵), 브레인스토밍 등의 다양한 방법을 통해 주제와 관련된 내용을 수집하고 정리한다.

2. 자료 선택의 기준

1) 주제를 뒷받침할 수 있는 것이어야 한다.
2) 객관적이고 구체적인 것이어야 한다.
3) 신뢰할 수 있는 것이어야 한다.
4) 독자의 흥미와 관심을 불러일으키는 것이어야 한다.

대표 기출유형 ④ 문맥에 맞게 문장이나 문단을 배열하는 문제

◉ 유형설명

글 전체의 문맥이나 앞뒤 내용을 고려해 문장 또는 문단의 배열 순서를 논리적 흐름에 맞게 배열할 수 있는지 묻는 문제이다. 또한 문맥에 맞게 보기에 제시된 문장이나 문단을 추가해야 할 위치를 찾는 문제가 출제되기도 한다.

확인문제

다음은 짐 크로법에 대한 설명문이다. 글의 흐름을 고려하여 문단 (가)~(라)를 바르게 배열한 것은?

(가) 1865년 미국 남북전쟁에서 링컨 대통령이 이끄는 북부 세력이 승리함에 따라 흑인 노예가 해방되었음에도 남부에서는 흑인을 지속적으로 차별하고 흑인의 인권을 제약하기 위해 짐 크로법을 제정하기 시작했다. 짐 크로법은 남부의 각 주(州)가 식당, 화장실, 극장, 버스 등과 같은 공공장소에서 백인과 흑인을 분리하기 위해 제정한 여러 악법을 통칭하는 명칭이다. 1800년대 초반 미국 코미디 뮤지컬에서 백인 배우가 연기한 바보 흑인 캐릭터 '짐 크로'와 그가 부른 '점프 짐 크로'라는 노래가 유명해지면서 짐 크로라는 말은 흑인을 경멸하는 용어로 자리매김하였는데, 짐 크로법 역시 여기에서 유래되었다. 1954년 미국 연방대법원이 '분리하되 평등하면 된다'고 하며 짐 크로법에 대해 합헌 판결을 내리면서 남부에서는 합법적으로 각종 공공장소에서 흑인과 백인을 분리하는 시설이 설치되기 시작하였다.

(나) 1955년 짐 크로법은 일대 전환점에 봉착하는데 여기에는 미국 앨라배마주의 몽고메리시에서 발생한 일명 '로사 파크스 사건'이 중요한 역할을 했다. 당시 백화점 재봉사로 일하고 있던 로사 파크스는 버스에 올라타 백인 전용 좌석에 앉았다. 잠시 후 두세 명의 백인 승객이 서 있는 것을 본 버스 운전사는 그녀에게 자리 양보를 요구했고, 로사 파크스는 이를 거부하였다. 결국, 짐 크로법을 위반했다는 혐의로 로사 파크스는 경찰에 체포되었다. 이 사건이 발생한 지 4일 만에 몽고메리시에서는 버스 보이콧 운동이 시작되었다. 이를 주도한 것은 1954년부터 몽고메리시의 침례교회에 목사로 취임 중이었던 마틴 루터 킹으로, 그의 주도 아래 각 교회는 로사의 공판일에 버스 보이콧 운동 관련 인쇄물을 배포하였다.

(다) 결국, 미국 연방대법원은 몽고메리시의 흑백 분리 버스 운용 정책이 위헌이라고 판결하였다. 앨라배마주와 몽고메리시는 이에 항소를 제기하였으나 위헌 판결은 바뀌지 않았다. 이와 함께 버스에서의 흑백 좌석 분리제가 폐지되었으며, 짐 크로법 역시 사실상 효력을 잃게 되었다. 이러한 판결로 그동안 버스 보이콧 운동에 노력을 다한 마틴 루터 킹은 흑인 민권 운동의 선구자로 부상하였으며, 비폭력적으로 민권 운동을 전개했다는 데에서 높은 평가를 받게 되었다. 이후 1964년 인종·민족·국가·여성의 차별을 금지한 연방 민권법이 제정되고, 이후 투표권법까지 마련되면서 수많은 흑인에게 좌절을 안기었던 짐 크로법은 폐지되기에 이르렀다.

(라) 로사 파크스의 사례는 그간 불합리한 차별에 억눌려 있던 흑인의 민권 의식에 불을 지폈다. 전체 승객의 약 75%에 달했던 흑인 승객의 90%가 버스 이용을 거부하고, 도보, 카풀, 당나귀 등을 이용하여 출퇴근하기 시작한 것이다. 버스 보이콧 운동으로 버스 회사의 수입은 65%나 줄게 되었다. 시 당국은 버스 보이콧 운동에 대한 보복으로 마틴 루터 킹을 비롯한 운동 지도자들을 승차 거부 금지에 관한 법률을 위반한 혐의로 기소하기도 하였다. 그러나 오히려 흑백 차별 철폐를 주장하는 목소리는 삽시간에 앨라배마주를 넘어 미국 남부의 여러 주로 퍼져 나갔으며, 버스 보이콧 운동은 약 1년간 지속되었다.

① (가) → (나) → (다) → (라)
② (가) → (나) → (라) → (다)
③ (가) → (다) → (나) → (라)
④ (가) → (다) → (라) → (나)
⑤ (가) → (라) → (다) → (나)

해설 윗글은 '짐 크로법'이 제정된 배경과 폐지되게 된 배경을 설명하고 있다. 따라서 짐 크로법 제정 이전의 미국 사회와 짐 크로법이 제정되게 된 배경을 설명하는 (가), 짐 크로법의 전환점이 된 로사 파크스 사건을 다루는 (나), 로사 파크스 사건으로 시작된 흑인들의 버스 보이콧 운동을 다룬 (라), 짐 크로법이 버스 보이콧 운동으로 폐지 수순을 밟았음을 설명하는 (다)의 순서로 배열하는 것이 가장 적절하다.

정답 ②

03 글 다듬기

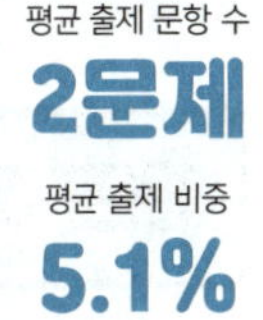

대표 기출유형 ① 통일성에 어긋난 문장이나 문단을 찾는 문제

유형설명

글의 주제에 벗어난 문장이나 문단을 찾는 문제이다. 글의 주제와 핵심어를 파악하고, 그와 관련 없는 문장이나 문단을 찾으면 된다.

확인문제

다음 글의 흐름상 ㉠~㉤ 중 삭제하는 것이 가장 적절한 문단은?

㉠ '미디어 리터러시(Media Literacy)'란 다양한 매체를 통해 전달되는 정보를 비판적으로 이해하고, 이를 창의적으로 활용하여 소통할 수 있는 능력을 의미한다. 정보의 홍수 속에서 살아가고 있는 현대인들에게 미디어 리터러시는 단순한 교양을 넘어 생존을 위한 필수 역량으로 자리 잡았다. 특히 가짜 뉴스나 허위 조작 정보가 범람하는 디지털 환경에서 정보의 진위를 판별하고 올바른 가치 판단을 내리기 위해서는 미디어에 대한 해독 능력이 무엇보다 중요하다.

㉡ 미디어 리터러시 교육은 청소년들이 미디어의 상업적 의도나 편향된 시각에 휘둘리지 않고 주체적인 정보 소비자로 성장하도록 돕는다. 뉴스의 생산 과정과 알고리즘의 원리를 이해함으로써 정보가 어떻게 선별되고 왜곡될 수 있는지 깨닫게 하는 것이다. 나아가 자신이 생산하는 콘텐츠가 타인에게 미칠 영향력을 고려하는 디지털 시민 의식을 함양하는 데에도 교육의 목표가 있다.

㉢ 최근 1인 미디어의 급성장으로 누구나 콘텐츠 크리에이터가 될 수 있는 환경이 조성되었다. 유튜브나 틱톡과 같은 플랫폼을 통해 개인의 개성과 재능을 표출하고 수익을 창출하는 사례가 늘어나면서, 많은 청소년이 유튜버를 장래 희망으로 꼽고 있다. 이에 따라 영상 편집 기술이나 방송 장비 운용법을 가르치는 전문 학원들이 성행하고 있으며, 지자체에서도 크리에이터 양성 지원 사업을 확대하는 추세이다.

㉣ 그러나 우리나라의 미디어 교육은 여전히 정보 통신 기술(ICT) 활용 능력이나 기기 조작법을 익히는 기능적인 측면에 치우쳐 있는 경향이 있다. 미디어의 본질과 사회적 파급력을 탐구하는 비판적 사고 교육보다는 어떻게 하면 정보를 빨리 검색하고 문서를 잘 작성할 수 있는지에 초점을 맞추고 있는 것이다. 진정한 미디어 리터러시 함양을 위해서는 기술 교육을 넘어 미디어를 사회적 맥락에서 해석하고 성찰하는 인문학적 접근이 강화되어야 한다.

㉤ 따라서 학교 현장에서는 교과목과 연계한 통합적인 미디어 리터러시 교육 과정을 개발하고, 교사들의 전문성을 높이기 위한 연수를 확대해야 한다. 또한 가정과 지역 사회가 연계하여 어릴 때부터 올바른 미디어 이용 습관을 기를 수 있는 환경을 조성해야 한다. 미디어를 도구로 부리는 것을 넘어 미디어와 건강하게 공존하는 법을 배우는 것, 그것이 바로 미래 세대를 위한 참된 교육의 방향일 것이다.

① ㉠　② ㉡　③ ㉢　④ ㉣　⑤ ㉤

해설 윗글의 핵심 주제는 미디어 리터러시의 중요성과 교육 방향이다. ㉠은 미디어 리터러시의 개념 정의와 필요성, ㉡은 미디어 리터러시 교육의 목적, ㉣은 현행 미디어 교육의 문제점, ㉤은 미디어 교육의 개선 방향을 서술하고 있다. 반면, ㉢은 '1인 미디어 시장의 성장과 크리에이터 양성 열풍'에 대한 내용이다. 이는 미디어 생산 기술이나 직업적 측면에 대한 이야기이므로 글의 주제인 '미디어 리터러시'와 관련이 없다.

정답 ③

대표 기출유형 ② 단어를 고치는 문제

유형설명

글이나 문장을 읽고 의미와 맞춤법 측면에서 단어를 적절하게 고칠 수 있는지 묻는 문제이다. 문법 요소(조사, 어미, 접사)의 쓰임이나 띄어쓰기 규정에 맞게 고치는 유형, 문맥에 맞게 접속 표현을 수정하는 유형, 외래어의 표기를 올바르게 고치는 유형, 한자어, 외국어를 순화어로 바꾸는 유형, 부적절한 사동·피동 표현의 쓰임을 올바르게 고치는 유형이 있으며 여러 유형이 한 문제에 함께 출제되기도 한다.

확인문제

다음은 ○○ 잡지사에 투고한 프리랜서 김○○ 씨가 작성한 공유경제에 대한 글이다. 다음 ㉠~㉤을 바르게 고쳐 쓴다고 할 때 가장 적절하지 않은 것은?

생활의 모든 영역을 구독하는 시대가 찾아오면서 구독 경제가 화두로 떠오르고 있다. 구독 경제란 과거 신문이나 잡지를 구독하던 것처럼 소비자가 일정 기간 사용료를 지불하고 원하는 상품이나 서비스를 정기적으로 받는 경제 활동을 말한다. 각종 식자재와 생필품의 정기 배송부터 시작하여 디지털 ㉠ 컨텐츠를 무제한으로 이용하는 서비스, 고가품의 장기 ㉡ 렌탈까지 이 모든 영역이 구독 경제의 대상으로, 이미 우리는 일상생활에서 구독 경제를 흔히 접할 수 있다. 구독 경제는 소비 ㉢ 트렌드의 변화에 따라 성장할 수 있었다.

과거에 소비자는 온라인 쇼핑이 가능해지면서 최저가로 상품을 공급하는 쇼핑몰 여기저기로 옮겨 다닐 수 있었고, 유통업계는 소비자를 끌어들이기 위해 최저가를 두고 치열하게 경쟁하였다. 그러나 소비자들의 구매 결정 기준이 가격보다는 편의성에, 소유보다는 경험에 중점을 두게 되면서 소비자는 조금 비싸더라도 원하는 제품을 편리하게 이용할 수 있는 서비스를 찾게 되었다. 이에 따라 공급자는 소비자가 원하는 제품이나 서비스를 필요한 만큼 주기적으로 제공할 수 있도록 다양한 구독 서비스를 ㉣ 출시하는 것이 중요해졌다. 즉, 구독 경제를 통해 소비자는 직접 물건을 고를 필요 없이 편리하게 원하는 것을 받을 수 있고, 기업에는 자사의 제품이나 서비스를 꾸준히 이용하는 충성 고객을 ㉤ 확보될 수 있다는 이점이 작용한 것이다.

① ㉠: 컨텐츠 → 콘텐츠
② ㉡: 렌탈 → 렌털
③ ㉢: 트렌드 → 경향
④ ㉣: 출시하는 → 출시시키는
⑤ ㉤: 확보될 → 확보할

해설 ㉣이 포함된 문장은 '공급자는~구독 서비스를 출시하는 것이 중요해졌다'의 구조로 되어 있다. 즉, '구독 서비스'를 소비자에게 내놓는 주체가 '공급자'이므로 '상품을 시중에 내보내다'라는 의미의 '출시하다'만으로 그 의미가 충분히 전달된다. 따라서 '출시하는'을 '출시시키는'으로 고치면 사동 접미사 '-시키다'를 불필요하게 사용한 표현이 되므로 적절하지 않은 것은 ④이다.

① '콘텐츠(contents)'의 'con'은 [kən]과 [kɒn]의 두 가지 발음이 모두 가능하므로 외래어 표기법에 따라 '컨'과 '콘'을 모두 사용할 수 있으나, 표기 관행을 반영하여 '콘텐츠'로 적는다. 따라서 '콘텐츠'로 표기하는 것은 적절하다.

② '렌털(rental)'의 'tal'은 [təl]로 발음되며, 외래어 표기법에 따라 [ə]는 모음 'ㅓ'로 적으므로 '렌털'로 적는다. 따라서 '렌털'로 표기하는 것은 적절하다.

③ '트렌드'는 '유행', '경향'으로 순화할 수 있으므로 적절하다.

⑤ ㉤이 포함된 문장은 구독 경제를 통해 기업에 충성 고객을 확보할 수 있다는 이점이 작용했다는 의미이다. 따라서 주어 '기업에는', 목적어 '충성 고객을'과 서술어가 호응할 수 있도록 피동 형태인 '확보될'을 능동 형태인 '확보할'로 수정하는 것이 적절하다.

정답 ④

또 나올 기출개념

1. 피동 표현

1) 능동 표현과 피동 표현

① 능동 표현: 주어가 동작을 제힘으로 하는 것이다.
② 피동 표현: 주어가 다른 주체에 의해서 동작을 당하게 되는 것이다.

2) 피동문의 종류

① 파생적 피동문: 파생 접사에 의한 피동문으로, 능동사의 어간에 피동 접미사 '-이-, -히-, -리-, -기-'나 '-되다'를 붙여서 만든다.
예 고양이가 쥐를 물다 → 쥐가 고양이에게 물리다(물- + -리- + -다)
② 통사적 피동문: '-어지다, -게 되다'를 사용해 만든다.
예 · 새로운 말이 만들어지다(만들- + -어지다)
· 곧 사실이 드러나게 된다(드러나- + -게 되다)

3) 이중 피동 표현

피동 접미사 +'-어지다'	예 잡다한 일들이 너무 많이 모여져서 이제는 처리하기 힘든 실정이다. → '모으다'의 피동사인 '모이다'에 통사적 피동 표현 '-어지다'가 중복 사용되었으므로 '모여서'라고 고쳐 써야 함
통사적 피동 표현의 중복	예 비가 올 때마다 넘치던 강은 공사로 강폭이 넓어지게 되자 더는 넘치지 않았다. → 통사적 피동 표현 '-어지다'가 결합한 '넓어지다'에 다시 통사적 피동 표현 '-게 되다'가 결합한 것이므로 '넓어지자'로 고쳐 써야 함

2. 사동 표현

1) 주동 표현과 사동 표현

① 주동 표현: 주어가 동작을 직접 하는 것이다.
② 사동 표현: 주어가 다른 대상에게 동작을 하도록 시키는 것이다.

2) 사동문의 종류

① 파생적 사동문: 파생 접사에 의한 사동문으로, 주동사의 어간에 사동 접미사 '-이-, -히-, -리-, -기-, -우-, -구-, -추-'를 붙여서 만든다.
예 아이가 밥을 먹다 → 어머니가 아이에게 밥을 먹이다(먹- + -이- + -다)
② 통사적 사동문: '-게 하다'로 실현된다.
예 차를 멈추게 하다(멈추- + -게 하다)

3) 불필요한 사동 표현

'-시키다'의 불필요한 사용	예 자사 제품을 여러 영화와 드라마에 노출시켜 판매량을 늘리고자 합니다. → '노출시키다'는 '겉으로 드러내다'라는 뜻의 단어인 '노출하다'에 '-시키다'를 결합한 것인데, '노출하다'만으로도 자연스러운 의미 전달이 가능하므로 '노출시켜'는 '노출하여'로 고쳐 써야 함

3. 순화어

순화 대상어	순화어	순화 대상어	순화어
AI	인공 지능	리스크	손실 우려, 손실 위험
B2B	기업 간 거래	리콜	결함 보상, 결함 보상제
ICT	정보문화기술	마케터	판매 전문가, 판촉 전문가
IoT, 아이오티	사물 인터넷	마켓	시장
MOU, 엠오유	업무 협정, 업무 협약, 양해 각서	소정 양식	규정 서식, 정해진 양식
OS, 오에스	운영 체계, 운영 체제	송달	보냄, 띄움
R&D	연구 개발	아웃소싱 업체	외부 용역, 외주 (업체)
PL 상품	자체 기획 상품	유니콘 기업	거대 신생 기업
노하우	비법, 기술, 비결, 방법	플래그십 마케팅	대표 상품 마케팅
베타 테스트	출시 전 시험	하회하다	밑돌다

대표 기출유형 ③ 문장을 고치는 문제

◎ 유형설명

문장의 오류를 파악하여 올바르게 고칠 수 있는지를 평가하는 문제이다. 문장 성분의 호응이 어색한 문장, 의미가 두 가지 이상으로 해석되는 문장, 의미가 중복된 단어를 사용한 문장, 문법 요소의 쓰임이 적절하지 않은 문장이 주로 출제된다.

확인문제

잘못된 문장을 바르게 고쳐 쓴 것으로 적절하지 않은 것은?

① 당분간 비가 계속 올 것으로 보여집니다. → 당분간 비가 계속 올 것으로 보입니다.
② 나는 노래와 춤을 추는 것을 좋아한다. → 나는 노래를 부르는 것과 춤을 추는 것을 좋아한다.
③ 평소 좋아하던 가수가 새로운 신곡을 발표하였다. → 평소 좋아하던 가수가 새로운 곡을 발표하였다.
④ 무엇보다 중요한 점은 건강 관리에 소홀해서는 안 된다. → 무엇보다 중요한 점은 건강 관리에 소홀해서는 안 된다는 것이다.
⑤ 윤 과장은 인상을 찌푸리며 앉아 있는 정 과장을 바라보았다. → 윤 과장은 앉아서 인상을 찌푸리고 있는 정 과장을 바라보았다.

해설 ⑤의 수정 전 문장은 인상을 찌푸린 주체가 윤 과장인지 정 과장인지 분명하지 않은 중의적 문장이다. 이를 '앉아서 인상을 찌푸리고 있는'으로 수정하여도 앉은 주체가 분명하지 않기 때문에 중의성이 해소되지 않으므로 적절하지 않다.
① '보여집니다'는 피동사 '보이다'에 피동 표현 '-어지다'를 결합한 이중 피동 표현이다. 따라서 피동사 '보이다'만 활용한 '보입니다'로 수정하는 것은 적절하다.
② 목적어 '노래'는 서술어 '추는'과 호응하지 않는다. 따라서 목적어 '노래'에 호응하는 서술어 '부르는'을 추가하는 것은 적절하다.
③ '신곡'은 "새로 지은 곡."을 뜻하므로 '새로운 신곡'은 '새롭다'라는 의미가 중복된다. 따라서 '새로운 곡'으로 수정하는 것은 적절하다.
④ 주어 '무엇보다 중요한 점은'과 서술어 '안 된다'는 호응하지 않는다. 따라서 '안 된다는 것이다'로 서술어를 수정하는 것이 적절하다.

정답 ⑤

또 나올 기출개념

1. 중의적 문장

한 문장이 두 가지 이상의 의미를 나타내는 특성을 중의성이라고 하며, 중의성을 띤 문장을 중의문이라고 한다.

2. 중의적 문장의 종류

종류	예
수식 범위에 따른 중의성	지각을 자주 하는 사장의 비서가 법인 카드를 잃어버렸다. → 지각을 자주 하는 사람이 사장인지, 사장의 비서인지 분명하지 않은 문장임
부정 표현 및 수량 표현에 의한 중의성	동호회 사람들이 약속 장소에 다 오지 않았다. → 동호회 사람들이 일부는 오고 일부는 오지 않은 것인지, 한 사람도 오지 않은 것인지 분명하지 않은 문장임
비교 구문의 중의성	이 대리는 김 대리보다 서 팀장을 더 불편해한다. → 이 대리가 서 팀장을 불편해하는 정도와 김 대리가 서 팀장을 불편해하는 정도를 비교하는 것인지, 이 대리가 김 대리와 서 팀장에게 느끼는 불편함의 정도를 비교하는 것인지 분명하지 않은 문장임
'의'를 포함한 명사구의 중의성	이것은 우리 어머니의 사진이 아니다. → 어머니를 찍은 사진이 아니라는 것인지, 어머니가 직접 찍은 사진이 아니라는 것인지, 어머니가 소유한 사진이 아니라는 것인지 분명하지 않은 문장임

대표 기출유형 ④ 글 한 편을 고치는 문제

유형설명

글을 구성하는 요소인 단어, 문장, 문단의 적절성을 파악하고, 잘못된 표현을 올바른 표현으로 고칠 수 있는지 묻는 문제이다. 문법 요소뿐 아니라 통일성과 유기성을 고려하여 내용을 고칠 수 있는지도 평가한다. 또한 '03 글 다듬기' 단원의 세부 출제 유형이 전반적으로 모두 출제되는 것이 특징이다.

확인문제

다음 글을 고쳐 쓰기 위한 방안으로 적절하지 않은 것은?

님비 현상은 'Not In My Back Yard(내 뒷마당에는 안 된다)'의 줄임말로, 자신이 살고 있는 지역에 부정적인 영향을 미치는 공공시설이 들어오는 것을 거부하는 지역이기주의 현상을 일컫는다. 그동안 님비 현상은 주로 하수 처리장이나 쓰레기 매립장 등 혐오 시설에 대해서만 일어났다. ㉠ 그러나 최근에는 교통 혼잡을 유발하는 시설에 대해서도 님비 현상이 확산되고 있다. ㉡ 반대로 수익성이 있는 시설이 자신의 지역에 들어오기를 원하는 핌피 현상도 있다. 예식장이나 요양 병원은 많은 방문객들로 인해 교통 정체를 유발하기 때문이다. ㉢ 최근 ○○구에서는 반대하는 민원이 쏟아져서 행정이 몇십 분간 마비되기도 했다. 이처럼 이해관계만을 ㉣ 좇아 지역민의 생활과 복지를 위한 시설의 건립을 반대하는 ㉤ 이타적인 태도는 많은 문제를 낳고 있다.

① ㉠은 앞뒤 문장을 자연스럽게 연결하기 위해 '그러므로'로 수정한다.
② ㉡은 주제와 관련된 내용이 아니므로 문단의 통일성을 고려하여 삭제한다.
③ ㉢은 서술어가 요구하는 목적어가 없으므로 '최근 ○○구에서는 요양 병원 건립을 반대하는 민원이 쏟아져서'로 고친다.
④ ㉣은 문맥에 맞지 않는 단어이므로 '좇아'로 고쳐 쓴다.
⑤ ㉤은 글의 내용을 요약하는 문장임을 고려할 때 적절하지 않은 단어이므로 '이기적인'으로 수정한다.

해설 ㉠의 앞에서 기존에는 님비 현상이 혐오 시설에 대해서만 일어났다는 점을 언급한 뒤 ㉠의 뒤에서 혐오 시설이 아닌 시설에 대해서도 님비 현상이 확산되고 있다는 내용을 설명하고 있으므로 역접의 접속어 ㉠ '그러나'가 적절하게 쓰였다. 따라서 '그러나'를 '그러므로'로 고쳐 써야 한다는 ①은 적절하지 않다.

정답 ①

또 나올 기출개념

단계별 고쳐쓰기의 원칙과 방법

원칙	방법
단어 수준에서 고쳐쓰기	· 맞춤법 수정하기 · 띄어쓰기 수정하기 · 문맥에 적절하지 않은 단어 수정하기
문장 수준에서 고쳐쓰기	· 중의적인 문장 수정하기 · 문장 성분 간에 호응하지 않는 부분을 수정하기 · 문장의 길이가 지나치게 길지 않게 수정하기
문단 수준에서 고쳐쓰기	· 문단의 중심 내용에 맞게 수정하기 · 문장과 문장 간 연결이 자연스러운지 점검하기
글 수준에서 고쳐쓰기	· 내용의 흐름에 맞게 문단 배열하기 · 주제에 맞는 제목으로 수정하기 · 글 전체에 불필요한 내용 삭제하기

기출유형 공략문제

※ 다음 글을 읽고 물음에 답하시오. (1~2번)

박 대리는 김 부장에게 전 사원을 대상으로 진행할 사내 워크숍과 관련하여, 회사 누리집에 게시할 안내문을 작성해 달라는 요청을 받았다. 박 대리는 ㉠ '사내 워크숍 안내문'의 초안을 작성하여 김 부장에게 검토를 요청하였다. 안내문을 읽은 김 부장은 박 대리의 글은 전문적인 용어와 불필요한 내용으로 구성되어 있어 사원들이 쉽게 이해하기 어렵다고 말하였다. 따라서 박 대리에게 (㉡)고 조언하며 안내문을 수정할 것을 요구했다.

1. 글의 유형을 고려할 때 ㉠을 구성하는 요소로 가장 적절하지 않은 것은?

① 워크숍 목적
② 일정 및 장소
③ 워크숍 추진 예산
④ 워크숍 참가 준비물
⑤ 워크숍 세부 프로그램

2. 김 부장의 판단을 참고할 때 ㉡에 들어갈 내용으로 가장 적절한 것은?

① 글쓰기 단계의 동시성을 고려해야 한다
② 예상 독자를 고려해야 글의 목적을 달성할 수 있다
③ 글의 신뢰성을 높이려면 제시된 내용의 출처를 기재해야 한다
④ 글을 전달할 매체를 고려하여 매체의 특성에 맞게 내용을 제시해야 한다
⑤ 브레인스토밍, 관련 자료 읽기 등의 내용 생성 전략을 활용하여 내용을 풍부하게 해야 한다

3. 다음 접속어를 수정하려고 할 때, 이에 대한 설명으로 적절하지 않은 것은?

인간은 타인이 스스로의 잘못에서 비롯된 고통보다 우연한 사건에서 비롯된 고통을 겪을 때 동정심을 갖는다. 또한 간접적인 것보다 타인의 고통을 직접 보았을 때 더욱 동정심이 유발된다. 그렇다면 우리 사회에서의 동정심은 어떨까? 우리 사회는 정보 사회에 걸맞게 다양한 사건을 매체를 통해 간접적으로 경험할 수 있다. ㉠ 그러나 우리 사회는 개인주의 사회의 성격이 짙어짐에 따라 타인에 대한 무관심이 존중을 의미하게 되었다. ㉡ 그리고 이러한 사회적 분위기 속에 타인을 향한 동정심이 생기기는 더욱 어려워졌다. ㉢ 또한 현대 사회에서도 동정심이 충분히 발생할 수 있다. ㉣ 반면에 우리 사회는 정보 사회이기 때문에 다양한 사람들의 고통 경험을 쉽게 접할 수 있기 때문이다. 그리고 무관심한 사회적 분위기와는 반대로 오히려 사회·경제적 측면에서의 타인에 대한 의존성은 과거보다 커졌기 때문이다. ㉤ 한편 우리 사회가 동정심을 회복하여 무관심한 사회에서 벗어날 수 있는 여지가 있음을 알 수 있다.

① ㉠: 선행하는 문장과 이어지는 문장이므로 접속어 '그리고'로 수정한다.
② ㉡: 새로운 화제를 제시하고 있으므로 '한편'으로 수정한다.
③ ㉢: 선행하는 내용과 반대되는 화제가 이어지므로 접속어 '그렇지만'으로 수정한다.
④ ㉣: 결과에 대한 원인을 제시하고 있으므로 '왜냐하면'으로 수정한다.
⑤ ㉤: 선행하는 내용에 대한 결과를 나타내므로 '따라서'로 수정한다.

4. 다음 글의 ㉠~㉢에 쓸 접속 표현으로 가장 적절한 것은?

> 환경부 산하 국립공원공단은 해상 및 해안 국립공원을 찾는 탐방객들이 국립공원을 더욱 재미있게 즐길 수 있도록 기존 '국립공원 여권 여행'에 '섬·바다 여권 여행'을 새로 추가해 10월 1일부터 병행 운영한다. '국립공원 여권 여행'이란 탐방객들이 전국 국립공원의 탐방 정보를 담은 '국립공원 여권'을 갖고 각 국립공원의 탐방지원센터, 탐방 안내소, 생태탐방원, 체험학습관 등의 시설에 비치된 방문 인증 도장을 찍는 것이다.
>
> '섬·바다 여권'을 수령한 탐방객은 여권을 갖고 한려해상 등 현장 20곳에 설치된 무인함에서 방문을 인증하는 도장을 찍을 수 있다. 여권에 찍는 도장은 탐방객이 인증 도장을 찍고 국립공원의 명소를 함께 찾아보는 재미를 느낄 수 있도록 제작됐으며, 각 국립공원의 섬과 바다를 대표하는 경관, 동물, 문화재 등이 새겨져 있다.
>
> (㉠) 이번에 추가된 4개 국립공원의 인증 도장에는 한려해상 한산도의 거북선과 팔색조, 다도해해상 홍도의 남문바위와 석곡, 태안해안 기지포의 일몰과 수국, 변산반도의 채석강이 도장에 표현됐다.
>
> (㉡) 기존 국립공원 여권 및 이번 섬·바다 여권 소지자는 국립공원 인근 지역 상점 270곳에서 여권을 제시하면 품목별로 5~10%의 할인 혜택을 받을 수 있으며, 할인 혜택을 받을 수 있는 자세한 목록은 국립공원공단 누리집에 공지된다. (㉢) 국립공원공단은 이번 '섬·바다 여권 여행' 출시를 기념해 10월 한 달간 '국립공원 여권 여행 영상 공모전'을 실시한다. 해상해안 국립공원 즐기기, 내가 만드는 생태탐방 등 국립공원 여권 여행과 연계한 다양한 체험 영상으로 공모전에 참가할 수 있으며 참여 방식은 10월 중 공지할 예정이다.

	㉠	㉡	㉢
①	그리고	아울러	따라서
②	예컨대	단	그리고
③	요컨대	가령	단
④	그렇지만	그리고	가령
⑤	예를 들면	한편	아울러

5. <보기>의 전개 방식으로 적절한 것은?

> 설명하는 글은 읽는 이들이 어떠한 사항에 대해 이해할 수 있도록 객관적이고 논리적으로 서술한 글을 말한다. 효과적인 설명을 위해서는 내용에 알맞은 전개 방식을 활용하여 글의 구조를 체계적으로 구성해야 한다. 글의 구조는 '비교·대조', '분류', '분석', '구분', '과정', '나열', '문제-해결' 등의 설명 방식에 따라 구성된다.
>
> <보기>
>
> 한국 도로 교통 공단에 따르면 단일로에서는 86,811건, 교차로에서는 95,354건의 교통사고가 발생했다. 교차로에서 교통사고가 빈번하게 발생하는 이유는 운전자가 다양한 형태의 엇갈린 길에서 혼란을 겪기 때문이다. 교차로에서 교통사고가 증가하면서, 정부는 교통사고 방지를 위한 다양한 정책을 마련하였다. 그중 교통사고 감소를 이끈 대표적 사례로 '노면 색깔 유도선'이 있다. 이는 고속도로 나들목이나 교차로에서 주행 중인 운전자가 경로와 주행 방향을 쉽게 파악할 수 있도록 교차로, 인터체인지, 분기점 등에 주행 방향에 따라 분홍색과 초록색으로 색칠한 것을 말한다. 노면 색깔 유도선을 설치한 후 이전보다 분기점과 나들목에서의 사고가 27% 감소하였고, 서울시 교차로에서도 50% 감소하는 효과를 거두었다.

① 대상의 특징을 일정한 기준으로 분류하는 전개 방식

② 대상의 과거와 현재의 특징을 비교·대조하는 전개 방식

③ 대상을 먼저 제시한 후 장단점을 나열하며 설명하는 전개 방식

④ 시간의 흐름에 따라 대상이 변화하는 과정을 설명하는 전개 방식

⑤ 문제를 먼저 제시한 후 이에 대한 해결 방안을 제시하는 전개 방식

기출유형 공략문제

※ 다음 글을 읽고 물음에 답하시오. (6~8번)

신문이나 뉴스를 보면 포퓰리즘(Populism)이라는 용어를 자주 확인할 수 있다. 포퓰리즘이란 대중의 의견을 대변하고자 하는 정치적 태도 또는 경향을 말한다. **(가)** 대중 혹은 인민을 뜻하는 라틴어 '포퓰루스(Populus)'에서 유래된 포퓰리즘은 민중주의나 인민주의라고도 불리며, 소수의 엘리트가 대중을 다스리는 엘리트주의의 상대적인 개념으로 사용된다. 명칭에서부터 알 수 있듯 포퓰리즘은 (　　㉠　　)이고, 이를 위해 대중을 위한 정책과 의견을 강조하게 된다는 점에서 민주주의와 연관성이 높은 것으로 본다. **(나)** 기득권의 입장이 아닌 대중의 눈높이에서 그들의 목소리를 직접적으로 표출하는 행위로 여겨지기 때문이다. **(다)** 일례로 브라질의 룰라 대통령은 국민 빈곤율을 낮추고자 최저생계비보다 소득이 적은 가구에 최저생계비를 보장해 주는 정책을 펼쳤고, 임기 내 국민 빈곤율을 10% 이상 낮추는 효과를 보기도 하였다. **(라)** 룰라 대통령의 포퓰리즘적 정책은 국민 빈곤율 감소에는 긍정적인 영향을 미쳤지만, 막대한 세금이 소요되는 정책임에도 불구하고 국가 재정을 고려하지 않았다는 점에서 비판을 받았기 때문이다. **(마)** 또한 일부 정치인들은 자신의 정치적 편의를 위해 겉보기에만 좋은 선심성 정책을 남발하고, 대중의 지지를 얻게 된 뒤에는 독재를 펼치는 등 정치적 이익을 얻기 위한 수단으로 포퓰리즘을 활용하기도 한다.

6. 윗글의 주제로 가장 적절한 것은?

① 포퓰리즘이 국민 빈곤율 증대에 미친 영향
② 포퓰리즘의 의미와 실제 정치에 적용한 사례
③ 포퓰리즘을 현대 정치에 적용해야 하는 이유
④ 포퓰리즘의 어원과 시대별 의미 변천 과정
⑤ 포퓰리즘 정책 시행에 따른 엘리트주의의 붕괴

7. 윗글의 (가)~(마) 중 다음 문장을 쓸 곳으로 가장 적절한 곳은?

> 하지만, 대중의 입장을 대변했다는 사실이 항상 긍정적인 효과를 불러일으키는 것은 아니다.

① (가)　② (나)
③ (다)　④ (라)
⑤ (마)

8. 윗글의 ㉠에 쓸 문장으로 가장 적절한 것은?

① 다수의 지지를 받으려는 경향
② 비기득권자들의 정치적 움직임
③ 아래로부터의 개혁을 지지하는 입장
④ 민주주의와 상대되는 민중주의 및 인민주의
⑤ 소수의 정치인이 대중을 움직이는 데 사용하는 수단

9. 다음 글에서 통일성에 어긋난 문장은?

㉠ 우리나라는 다른 나라에 비해 채식주의자의 비율이 낮은 편이다. 하지만 ㉡ 최근 건강을 중요시하는 사회적 분위기가 형성되면서 식단에 대한 관심도 커졌다. 고혈압, 암과 같은 질병의 원인으로 꼽히는 육식을 삼가고 식단을 채식 위주로 바꾸는 사람이 늘어나고 있다. ㉢ 특히 고혈압은 식단 관리와 함께 주기적으로 혈압을 측정하는 것이 예방에 도움이 된다. 채식의 열풍이 일면서 ㉣ 채식주의자들은 채식이 꿩 먹고 알 먹기이므로 더 많은 사람이 채식에 동참해야 한다고 주장한다. 육류 소비를 줄이면 축산업에서 발생하는 많은 양의 온실가스를 감소시킬 수 있고, 목초지의 사막화를 막을 수 있다. 즉, ㉤ 채식은 개인의 신체적 건강에 도움이 될 뿐만 아니라 환경 오염을 줄이고 생태계를 보호하는 데에도 효과적이다.

① ㉠
② ㉡
③ ㉢
④ ㉣
⑤ ㉤

10. 다음 글을 읽고 ㉠과 ㉡에 들어갈 단어로 가장 적절한 것은?

교육부는 기후 위기 심각성이 (㉠)됨에 따라 미래 세대인 학생들이 어릴 때부터 현재 상황을 정확히 인식하고 대처할 수 있도록 학교 환경 교육을 활성화할 계획이다. 따라서 기후 위기로 인한 교육 취약성을 극복하고 우리 사회가 탄소 중립 사회로 정의로운 전환을 할 수 있도록 다양한 환경 교육 자료를 개발하여 적극적으로 (㉡)할 것이라고 공표하였다.

	㉠	㉡
①	고조	할당
②	고취	분배
③	고조	보급
④	고양	분배
⑤	고취	보급

11. 다음 자료를 바탕으로 할 때, ㉠에 들어갈 말로 가장 적절한 것은?

일반적인 쓰기 과정은 '계획하기, 내용 생성하기, 내용 조직하기, 표현하기, 고쳐쓰기'의 단계를 거친다. 쓰기는 이 과정에서 다양한 요인의 영향을 받는데 요인은 크게 필자 내부와 외부의 요인으로 구분할 수 있다. 필자 내부의 요인에는 필자의 쓰기 지식이 있고, 필자 외부의 요인에는 쓰기 환경이 있다. 쓰기 환경에는 지금까지 작성한 글과 글쓰기 상황, 주제, 예상 독자 등이 있으며 '계획하기' 단계에서 (㉠)(을)를 철저히 분석해야, '내용 생성하기' 단계와 '표현하기' 단계에서도 (㉠)에 알맞은 자료와 표현을 사용하여 글쓰기 목적을 쉽게 달성할 수 있다. 이를 통해 쓰기 과정은 (㉠)(와)과의 지속적인 상호 작용 과정임을 알 수 있다.

① 주제
② 예상 독자
③ 필자의 지식
④ 글쓰기 상황
⑤ 지금까지 작성한 글

기출유형 공략문제

12. 다음 ㉠~㉤ 중에서 문단을 나눠야 할 곳으로 가장 적절한 것은?

> 인간의 생체 시계는 뇌의 시교차 상핵에 위치하여 24시간 주기로 신체 리듬을 조절하는 정교한 시스템이다. 아침에 햇빛을 받으면 각성 호르몬인 코르티솔 분비가 촉진되고, 밤이 되면 멜라토닌이 분비되어 자연스럽게 수면을 유도한다. ㉠ 이러한 생체 리듬은 수만 년 동안 해가 뜨고 지는 자연의 섭리에 맞춰 진화해 온 생존의 결과물이다. ㉡ 현대 사회에서 24시간 꺼지지 않는 조명과 디지털 기기의 사용은 이러한 고유의 리듬을 심각하게 교란하고 있다. 야간에 노출되는 스마트폰의 블루라이트는 뇌를 착각하게 만들어 멜라토닌 생성을 억제하고 입면 시각을 늦춘다. ㉢ 불규칙한 수면 패턴과 만성적인 수면 부족은 단순한 피로를 넘어 비만, 당뇨, 우울증 등 대사 질환과 정신 질환의 위험을 높이는 요인이 된다. ㉣ 교대 근무자들의 경우 생체 리듬과 실제 활동 시간의 불일치로 인해 일반인보다 심혈관 질환 발병률이 유의미하게 높다는 연구 결과도 있다. ㉤ 건강을 유지하기 위해서는 인공조명을 조절하고 규칙적인 생활 습관을 통해 무너진 생체 리듬을 회복하려는 노력이 선행되어야 한다.

① ㉠　　② ㉡
③ ㉢　　④ ㉣
⑤ ㉤

13. 밑줄 친 조사의 쓰임이 적절한 것은?

① 누구에게로 소문이 시작된 것이야?
② 친구는 나에게 내일 보자라고 말했다.
③ 그는 선반에다가 가족사진을 올려놓았다.
④ 어머니는 나무에게 물을 주고 계셨다.
⑤ 그녀는 한순간은 걱정을 놓은 적이 없다.

14. 다음은 국내 맥주 수요를 주제로 한 글이다. 이 글에 반영된 글쓰기 자료로 적절하지 않은 것은?

> **국내 맥주 수요 꾸준히 증가**
>
> 최근 A 리서치 회사의 조사 결과에 따르면 국내 맥주 수요는 지난달과 비교해 약 2.5배 증가한 것으로 나타났다. 조사 담당자 B 씨는 최근 맥주의 보완재*인 안주류의 가격이 인하되었고, 맥주의 주 소비층인 20~30대에서 시청률이 높은 드라마에서 주인공들이 맥주를 마시는 장면이 자주 등장해 맥주에 대한 선호도 및 수요자 수가 증가했을 것이라고 말했다. 또한 그는 맥아나 홉과 같은 맥주를 만드는 주된 원료의 가격이 전 세계적으로 크게 올라 내달부터 맥주 가격이 평균 5% 인상될 예정인 점도 간과할 수 없다고 덧붙였다.
>
> * 보완재: 각각을 따로 소비할 때보다 함께 소비할 때 만족을 더 주는 관계에 있는 재화

① 상품의 수요자 수의 증가는 상품의 수요 증가로 이어진다.
② 상품의 주 소비층의 실질 소득이 상품의 수요를 결정한다.
③ 보완재의 가격 변화는 상품의 수요를 변화시키는 요인이다.
④ 상품에 대한 선호도가 증가하면 상품의 수요가 늘어나게 된다.
⑤ 상품의 가격 인상이 예고되면 상품의 수요가 증가하게 된다.

15. 다음 중 의미가 중복된 표현이 쓰이지 않은 문장은?

① 각 교실마다 학생들의 웃음소리로 가득했다.
② 방학 기간 동안 학교 도서관은 단축 운영을 합니다.
③ 그는 심한 몸살감기로 며칠간 아무것도 먹지 못했다.
④ 이 사안은 전문가에게 자문을 구하고 의견을 묻는 것이 좋겠다.
⑤ 그날의 충격적인 장면이 아직도 내 뇌리 속에서 잊히지 않는다.

16. **다음 내용을 참고하여 파악할 수 있는 내용으로 적절하지 않은 것은?**

> 좋은 글을 쓰기 위해서는 주제문을 명확히 설정하는 것이 중요하다. 주제문은 글의 핵심 내용을 담고 있는 문장으로, 필자의 생각이나 입장이 구체적이고 명확하게 드러나야 한다. 필자는 주제를 명확하게 전달해야 하고, 독자의 흥미를 유발할 수 있는 주제를 선정해야 한다. 또한 글의 목적이 무엇인지에 따라 주제문의 성격도 달라지므로 이를 고려하여 작성해야 한다.

① 좋은 주제문을 쓰기 위해서는 참신한 내용의 주제를 선정하는 것이 좋다.

② 독자의 흥미를 유발하고, 깊은 여운을 주기 위해 비유적인 표현을 중심으로 작성해야 한다.

③ 정보 전달을 목적으로 하는 글이라면, 객관적인 사실이나 지식을 중심으로 주제문을 기술해야 한다.

④ 설득을 목적으로 하는 글이라면, 쟁점에 대한 필자의 주장이나 견해가 분명하게 드러나도록 작성해야 한다.

⑤ 자신이 충분한 배경지식을 가지고 있거나 자료를 수집하여 내용을 풍부하게 전개할 수 있는 주제를 선정해야 한다.

17. **다음은 '지역 전통시장 활성화'를 주제로 한 글쓰기 계획이다. 이를 바탕으로 세운 전략 중 가장 적절하지 않은 것은?**

> 1. 글쓰기 목적: 침체된 지역 전통시장에 젊은 층을 유입하기 위한 마케팅 방안 제안
> 2. 문제 상황
>   - 대형 할인점과 온라인 쇼핑몰의 성장 및 전통시장 시설 노후화로 이용객 감소
>   - 전통시장 주 이용객의 고령층 편중화
> 3. 예상 독자: 전통시장 상인회 및 지자체 담당자

① 대형 할인점과 전통시장 이용객 수와 관련된 통계 자료를 수집한다.

② 젊은 층이 선호하는 마케팅 요소에 관한 설문조사 결과를 수집한다.

③ 전통시장의 낡은 시설을 보여 주며 현대화 시설 확충의 시급함을 강조한다.

④ 상인들의 고령화 문제를 해결하기 위해 시장 내 노인 전문 요양 병원 건립을 촉구한다.

⑤ 온라인 쇼핑몰의 성장 배경인 배달 서비스를 근거로 들어 전통시장의 배달 애플리케이션 도입을 제시한다.

18. <개요>의 'Ⅱ' 항목을 작성할 때 적절한 자료를 <보기>에서 모두 고른 것은?

<개요>

OO대학 홍보 방안

Ⅰ. 수요자 중심의 최적화된 교육 환경 홍보
1. 학습 몰입도를 높이는 스마트 교육 인프라
2. 학업에 전념할 수 있는 폭넓은 장학 혜택
3. 학생 만족도를 높이는 쾌적한 복지 시설

Ⅱ. 글로벌 리더 양성을 위한 국제화 역량 강조
1. 해외 파견 프로그램 확대
2. 외국어 전용 강좌 비율 증대
3. 다수의 유학생이 공존하는 글로벌 캠퍼스

Ⅲ. 취업 경쟁력을 높이는 실용적 산학 협력 부각
1. 실무 역량을 완성하는 현장 중심 인턴십
2. 산업 발전을 선도하는 우수 기술 연구 성과
3. 기업과 상생하는 혁신적인 공동 연구 사례

<보기>

(ㄱ) 기업 맞춤형 프로젝트 참여자 수 추이

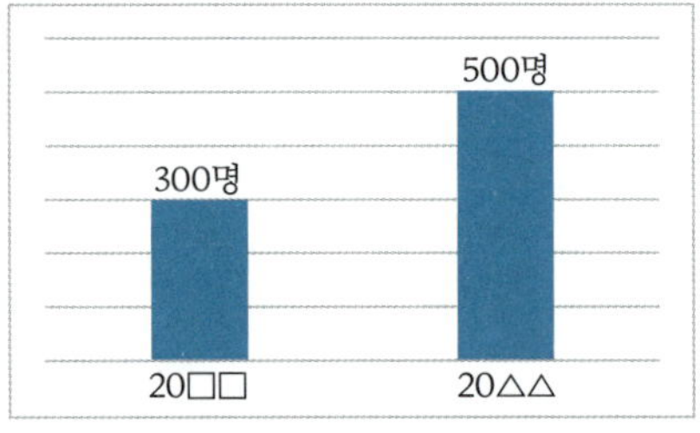

(ㄴ) OO대학 해외 자매 결연 대학 및 파견 학생 수
OO대학 해외 자매 결연 대학 수 추이

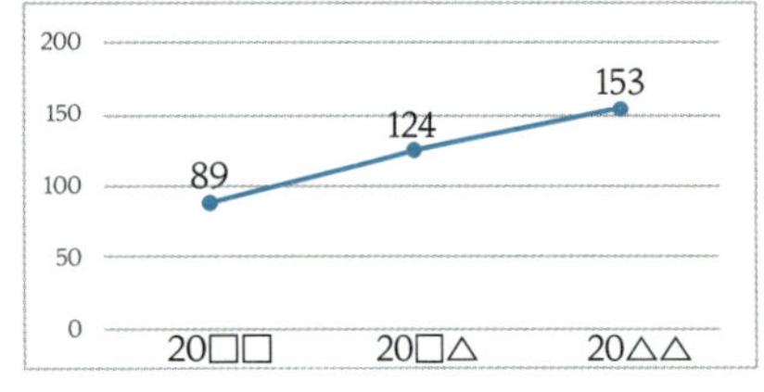

OO대학 해외 파견 학생 수 추이

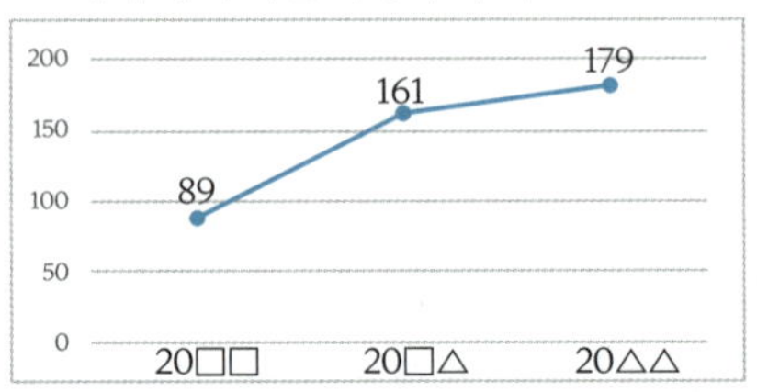

(ㄷ) 전임 교원 1인당 논문 게재 실적 관련 기사
OO대학은 한국연구재단에서 실시한 「20△△년도 전국 대학 대학연구활동실태조사」에서 전국 4년제 대학 중 전임 교원 1인당 논문 게재 실적 전체 1위를 차지했다고 밝혔다. 전임 교원 1인당 논문 수는 1.6건이다.

(ㄹ) 영어 강좌 비율 비교

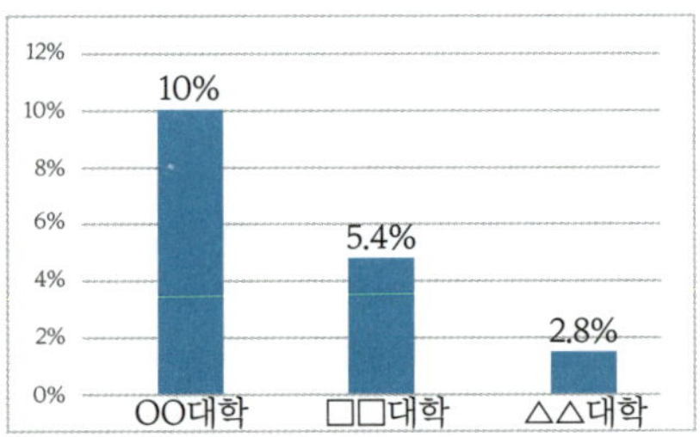

(ㅁ) 대학정보 공시 결과
OO대학의 재학생 1인당 장학금 지급액은 20□□년에 비해 20△△년에 약 8% 증가했다.

(ㅂ) 학위 과정 등록 외국인 유학생 비율 비교

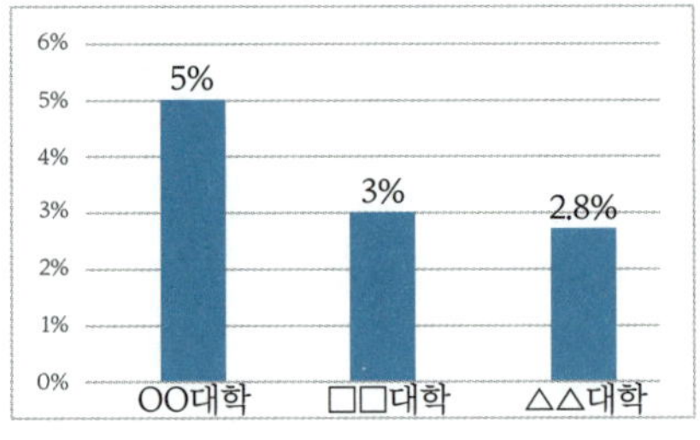

① (ㄱ), (ㄴ), (ㄷ)
② (ㄱ), (ㄹ), (ㅁ)
③ (ㄴ), (ㄷ), (ㄹ)
④ (ㄴ), (ㄹ), (ㅂ)
⑤ (ㄷ), (ㄹ), (ㅁ)

19. 다음 글에 대한 이해로 적절하지 않은 것은?

> 쓰기를 성공적으로 수행하기 위해서는 쓰기의 각 과정에서 적절한 전략을 사용하는 것이 중요하다. 그러나 쓰기 과정에만 초점을 두면 글의 결과물에 대한 중요성을 간과할 수 있다. 이러한 문제를 보완하기 위해 쓰기 과정과 결과물을 균형적으로 고려하는 장르 중심 쓰기 이론이 대두되었다. 장르란 비슷한 쓰기 맥락에서 일정한 반응이 반복적으로 일어나 만들어지는 패턴이다. 이 패턴은 고정되지 않고 삭제, 변형, 생성되는 특성이 있다. 장르는 크게 정보 전달의 글, 설득의 글, 자기표현과 사회적 상호작용의 글 등으로 다양하게 나뉘며, 각각의 장르는 더 세분화된 미시적 장르로 나뉜다. 예를 들어, 정보 전달의 글에는 설명하는 글과 보고하는 글이 있으며, 설득의 글에는 의견을 표현하거나 주장하는 글이 있다. 또한 자기표현과 사회적 상호작용의 글에는 정서를 표현하는 글, 체험에 대한 감상을 표현하는 글 등이 있다. 쓰기는 단순한 행위가 아닌 필자와 독자 간의 상호작용이므로, 필자와 독자의 원활한 의사소통을 목적으로 한다. 원활한 소통은 필자와 독자가 각 장르에 해당하는 관습을 이해함으로써 이루어질 수 있다. 관습을 이해하려면 장르의 형식적, 내용적 특징인 장르 지식을 아는 것이 중요하다. 장르 지식은 학습하거나 해당 장르를 반복적으로 경험하여 습득할 수 있다. 이를 통해 필자는 자신의 의도를 명확하게 전달할 수 있고, 독자는 필자의 의도를 이해하고 수용할 수 있다. 따라서 장르 중심 쓰기는 쓰기 활동을 더욱 효과적으로 수행할 수 있도록 도와준다.

① 주장하는 글은 설득하는 글의 하위 장르에 해당한다.

② 장르 중심 쓰기 이론은 쓰기의 과정과 결과를 균형적으로 중시한다.

③ 장르는 일정한 반응의 발생으로 나타나기 때문에 고정적인 특징을 가진다.

④ 쓰기 과정별로 적절한 전략을 활용해야 쓰기를 성공적으로 수행할 수 있다.

⑤ 필자와 독자 간에 장르 지식이 공유되지 않는다면 의사소통이 원활하게 이루어지지 않는다.

20. ㉠~㉢을 순서대로 나열한 것으로 적절한 것은?

> 디지털 기술의 발달은 우리의 일상과 사회 구조 전반에 지속적인 변화를 가져왔다. 정보의 생산과 소비 방식이 빠르게 바뀌면서 개인의 생활 양식은 물론, 기업의 운영 방식과 사회적 관계 형성에도 영향을 미치고 있다. 또한 데이터와 인공지능 기술의 활용은 의사 결정 과정의 속도와 정확성을 향상시키며 사회 전반의 생산성을 끌어올리고 있다.
>
> ㉠ 디지털 기술의 활용 여부와 숙련도의 차이는 개인이 정보를 획득하고 활용하는 과정에서 격차를 발생시키며, 이에 따라 사회적 의사 결정이나 공적 활동에 참여하는 기회 또한 불균등하게 나타나고 있다. 이러한 현상은 특히 고령층이나 정보 접근 환경이 제한된 집단에서 두드러지게 나타난다.
>
> ㉡ 디지털 기술을 기반으로 한 새로운 산업과 서비스가 빠르게 등장하면서 기존의 산업 구조는 재편되고 있으며, 이에 따라 노동 시장에서 요구되는 직무 역량과 업무 수행 방식 또한 과거와는 다른 방향으로 변화하고 있다. 이는 개인의 경력 형성과 직업 안정성에도 영향을 미치고 있다.
>
> ㉢ 디지털 기술의 활용 격차를 완화하기 위해서는 개인과 사회의 적극적인 노력이 병행되어야 한다. 개인은 디지털 기술을 비판적으로 이해하고 활용하는 능력을 길러야 하며, 사회는 고령층과 정보 취약 계층을 위한 맞춤형 교육과 접근성 지원 정책을 확대해야 한다.
>
> 이러한 노력이 뒷받침될 때 디지털 사회의 지속 가능성이 확보될 수 있다. 따라서 디지털 사회에 적절히 대응하기 위한 개인과 사회 차원의 준비가 요구된다.

① ㉠ → ㉡ → ㉢

② ㉠ → ㉢ → ㉡

③ ㉡ → ㉠ → ㉢

④ ㉡ → ㉢ → ㉠

⑤ ㉢ → ㉠ → ㉡

기출유형 공략문제

※ 다음 글을 읽고 물음에 답하시오. (21 ~ 22번)

보도 자료 2026. ×. ××.	기관명: ○○시청 ○○○○과
	담당자: ○○○

어린이 보호 구역 내 불법 주정차 단속 강화

□ 시는 어린이 보호 구역 내 교통사고 예방을 위해 불법 주정차 단속을 강화한다. 5월부터 어린이 보호 구역에서 불법 주정차를 하다 적발될 경우, 일반 도로의 3배에 달하는 과태료를 ⓐ부과한다.

□ 단속 시간은 평일 오전 8시부터 오후 8시까지이며, 주말과 공휴일은 제외된다. 다만, 어린이 보호 구역 내 횡단보도나 소화전 ㉠주변등 주정차 금지 구간은 24시간 단속이 이루어진다.

□ 시 관계자는 "어린이의 안전을 위해 운전자들이 자발적으로 ⓑ법규를 지키길 ⓒ요망한다."라며, "불법 주정차 관행을 ㉡근절하는데 시민들이 적극적으로 협조해 ㉢줄것을 당부한다."라고 말했다.

□ 한편, 시는 단속 강화와 더불어 어린이 보호 구역 내 안전 시설물을 확충하고, 노후된 시설 ㉣50개가량을 ⓓ개수하여 안전한 통학로를 ⓔ조성할 계획이다. 자세한 ㉤문의사항은 교통행정과로 연락하면 된다.

21. 윗글의 ㉠~㉤의 띄어쓰기를 수정한 것으로 적절하지 않은 것은?

① ㉠ 주변등 → 주변∨등
② ㉡ 근절하는데 → 근절하는∨데
③ ㉢ 줄것을 → 줄∨것을
④ ㉣ 50개가량 → 50개∨가량
⑤ ㉤ 문의사항 → 문의∨사항

22. 윗글의 ⓐ~ⓔ를 다듬은 말로 적절하지 않은 것은?

① ⓐ 부과한다 → 물린다
② ⓑ 법규를 지키길 → 법규를 엄수하길
③ ⓒ 요망한다 → 바란다
④ ⓓ 개수하여 → 고쳐
⑤ ⓔ 조성할 → 만들

23. 다음 ㉠~㉤ 중에서 문단을 나눠야 할 곳은?

최근 전기차 시장이 급성장하면서 내연기관차의 입지가 좁아지고 있다. 전 세계적으로 탄소 중립 정책이 강화됨에 따라 업체들은 앞다퉈 전기차 신모델을 출시하고 있으며, 소비자들의 관심도 뜨겁다. 실제로 작년 전기차 판매량은 전년 대비 40% 이상 증가했으며, 이러한 추세는 당분간 지속될 것으로 보인다. ㉠ 기술의 발전으로 주행 거리가 늘어나고 충전 속도가 빨라진 점도 전기차 대중화를 앞당기는 주요 요인이다. ㉡ 이렇게 전기차의 공급과 수요가 느는 상황에서 전기차 충전 공간은 보급 속도에 비해 여전히 부족한 실정이다. 급속 충전기가 설치된 곳은 고속도로 휴게소나 관공서 등에 한정되어 있어, 아파트나 주택가에 거주하는 전기차 소유주들은 충전에 큰 불편을 겪고 있다. ㉢ 충전기 고장 시 수리가 지연되는 문제 또한 전기차 이용자들의 불만을 키우고 있다. 환경부에 따르면 전국 공용 충전기의 고장 신고 건수는 매년 증가하고 있으나, 관리 인력 부족으로 즉각적인 조치가 이루어지지 않고 있다. ㉣ 충전 구역에 일반 차량이 주차하는 '충전 방해 행위'도 빈번하게 발생하여 갈등을 유발한다. ㉤ 이를 해결하기 위해 정부는 충전기 설치 의무 비율을 높이고, 충전 방해 행위에 대한 단속을 강화하는 등 다양한 대책을 마련하고 있다.

① ㉠　② ㉡
③ ㉢　④ ㉣
⑤ ㉤

※ 다음 글을 읽고 물음에 답하시오. (24~26번)

김 팀장은 신입 사원을 대상으로 글쓰기 연수를 진행하려고 한다. 연수 내용을 마련하기 위해 사전에 신입 사원들에게 글쓰기 과제를 주고 설문 조사를 진행하였다. 다음은 글쓰기 과제물과 설문 조사 결과를 보고 김 팀장이 연수에 참고하기 위해 자유롭게 작성한 메모이다.

◆ **글쓰기 과제**
- ㉠ 글쓰기 과제는 설득하는 글쓰기였으나 '정보 전달'과 '정서 표현'의 글이 많음
- '논설문'의 특징을 고려하지 못한 글이 대다수임
- **[가]** 논설문의 구조로 적절하지 않음
- ㉡ 주제와 관련 없는 내용을 포함함
- ㉢ 일반인은 이해하기 어려운 전문 용어를 빈번하게 사용함
- 글 분량은 모두 적절하게 채움
- 자료를 활용했지만 출처가 표기되지 않은 경우가 있음

◆ **설문 조사(과반수의 답변만 정리)**
- 글쓰기에 흥미가 없다는 답변 85%
- 간결한 문장을 쓰기 어렵다는 답변 70%
- ㉣ 내용을 어떻게 생성해야 할지 모르겠다는 답변 63%
- ㉤ 글의 유형에 적절한 내용 전개 원리를 모르겠다는 답변 58%
- 글쓰기는 재능이어서 노력해도 소용없을 것이라는 답변 50%

24. 위 상황에서 김 팀장이 조언할 수 있는 내용으로 가장 적절하지 않은 것은?

① ㉠: 글쓰기 목적과 글의 유형, 주제를 확인하여 글쓰기 계획을 작성한다.

② ㉡: 글을 쓸 때는 통일성을 고려하여 작성한다.

③ ㉢: 예상 독자의 지식수준이나 입장을 고려하여 적절한 표현을 사용한다.

④ ㉣: 개요를 작성하여 내용을 풍부하게 마련할 수 있도록 참고한다.

⑤ ㉤: '논설문'을 쓸 때는 다양한 논증 방법을 내용 전개 원리로 사용할 수 있다.

25. [가]의 문제를 해결하려고 할 때, 설득하는 글의 구조에 대한 설명으로 적절하지 않은 것은?

단계	내용
서론	㉮ 문제를 제기하며 독자의 관심을 유발한다.
본론	㉯ 문제-해결 구조를 활용하여 내용을 전개한다. ㉰ 주장을 뒷받침할 수 있는 타당한 근거를 제시한다.
결론	㉱ 주장과 관련한 추가 근거를 제시하여 주장을 강화한다. ㉲ 본론의 내용을 요약하여 자신의 주장을 재강조하며 실천을 당부한다.

① ㉮
② ㉯
③ ㉰
④ ㉱
⑤ ㉲

26. 김 팀장은 설문 조사 마지막 답변과 관련된 문제를 해결하기 위해 전략을 세우려고 한다. 이때, 김 팀장이 사용할 수 있는 전략으로 가장 적절한 것은?

① 물질적 보상을 제공하여 글쓰기에 흥미를 느낄 수 있도록 한다.

② 쓰기 지식을 학습할 수 있도록 쓰기 이론 교육 프로그램을 제공한다.

③ 쓰기 과제를 제공하여 지속적인 격려와 함께 성공 경험을 반복 제공한다.

④ 일정 기간 동안 긴 글을 완성하는 과제를 제공하여 쓰기 습관을 형성한다.

⑤ 동료와 함께 글을 쓰는 과제를 제공하여 글쓰기 부담을 낮출 수 있도록 한다.

기출유형 공략문제

27. **<보기>를 통해 알 수 있는 매체의 특징으로 가장 적절한 것은?**

<보기>

주제: 스마트폰 사용은 청소년의 학업 능력에 부정적 영향을 끼친다.

(가) 신문 기사
본 자료는 청소년의 스마트폰 사용 실태를 조사한 결과이다. 조사 결과, 스마트폰 사용 시간이 증가할수록 학업 집중도가 저하되는 경향이 나타났다. 실제로 청소년을 대상으로 한 설문 조사 결과, 청소년 2,523명 중 59.8%는 스마트폰 사용이 공부에 방해된다고 답하였다. 따라서 청소년의 스마트폰 사용 관리가 필요하다.

(나) 인터넷 광고
하루 종일 스마트폰 붙잡고 있나요?
청소년 집중력, 생각보다 빠르게 떨어집니다.
무서운 스마트폰. 지금부터 사용 시간을 줄여 보세요.

(다) 프레젠테이션 화면

스마트폰 사용 시간 ↑	청소년 집중력↓

① 매체에 따라 전달하려는 필자의 주장이 달라진다.
② 매체가 달라도 전달되는 정보의 구조와 서술 방식은 동일하다.
③ 매체는 모두 논리적 구조의 명확성을 전제로 하는 맥락 요소이다.
④ 매체에 따라 정보의 객관성 정도와 표현의 형식이 달라질 수 있다.
⑤ 매체의 차이는 표현의 분량에만 영향을 미칠 뿐, 표현 방식에는 영향을 주지 않는다.

28. **다음 글의 ㉠~㉣에 들어갈 말로 적절한 것은?**

우리말에는 같은 한자어라도 상황에 따라 (㉠)(을)를 다르게 읽는 단어들이 있다. 그중 하나가 '一切'이다. 이 단어에서 한자 '切'에는 '모두 체'와 '끊을 절'이라는 각기 다른 뜻과 음이 있다. 그래서 상황에 따라 '일체'로 읽을 때도 있고 '일절'로 읽을 때도 있다. '일체(一切)'와 '일절(一切)'은 같은 한자를 쓰는 한자어이기에 헷갈리기 쉽지만, 그 뜻은 많이 달라 구별하여 사용해야 한다.

'일절'과 '일체'를 혼동하여 쓴 대표적인 예로 '안주 일절'이라는 표현을 들 수 있다. 많은 음식점에서 '모든 안주를 모두 취급한다'는 뜻으로 '안주 일절'이란 표현을 사용하곤 한다. (㉡) '일절'이라는 단어는 '아주, 전혀, 절대로의 뜻으로, 흔히 행위를 그치게 하거나 어떤 일을 하지 않을 때 쓰는 말'이다. '일절'의 뜻을 정확하게 이해하고 '안주 일절'이라는 표현을 파악하자면, 안주를 취급하는 음식점과는 어울리지 않는 표현이라는 것을 알 수 있다.

(㉢) 어떻게 써야 할까? '일절'이라는 단어 대신 '모든 것'이라는 뜻의 '일체'라는 단어를 쓰는 것이 적절하다. '일절'은 부정적인 의미를 내포하고 있는 반면, '일체'는 단어 그 자체로 부정적인 뜻이 담겨 있지 않기 때문이다. 그렇기에 '모든 안주를 취급한다'는 뜻을 나타내려면 '(㉣)'(이)라고 표현하는 것이 맞다.

	㉠	㉡	㉢	㉣
①	음	반면	그리고	안주 일절
②	음	그러나	그렇다면	안주 일체
③	뜻	따라서	그렇다면	안주 일절
④	뜻	반면	그리고	안주 일체
⑤	표기	예컨대	그렇다면	안주 일체

29. 다음 글의 ㉠~㉣에 <보기>의 ⓐ~ⓓ를 넣을 때, 각 문장과 들어갈 위치가 적절하게 짝 지어진 것은?

근대 시민 사회가 '평등', '사유 재산', '개인의 자유 존중'을 존립 근거로 삼음에 따라 모든 개인은 신분적 차별과 여러 구속에서 벗어났다. (㉠) 결국 개인은 필연적으로 타인과 사회적 협동 관계를 맺어야 했으며, 그 수단으로 근대법에서 채택한 것이 바로 '계약'이다.

우리나라 민법의 경우 채무자주의를 따르므로 기본적으로 쌍방에 책임이 없음을 필수 요건으로 한다. 그러나 만일 채무자에게 계약을 이행할 수 없는 귀책사유가 있을 경우 채무 불이행으로 인한 손해 배상 책임이 발생한다. (㉡) 따라서 귀책사유가 명확한 경우 두 관점 중 어느 것이 더 공평한가에 대한 논쟁은 발생하지 않는다. 하지만 계약이 이뤄졌다고 해서 당사자가 원하는 대로 효력이 생기는 것은 아니다. 바로 위험 부담 때문이다. (㉢)

계약이란 당사자 간에 권리와 의무 등 사법상 일정한 법률 효과를 목적으로 하는 행위이다. (㉣) 일반적으로 합의는 청약과 승낙으로 이루어지는데, 청약은 계약을 성립시키기 위해 내보이는 일방적인 의사 표시를 말하고 승낙은 청약을 받은 상대방이 계약을 성립시키기 위해 청약자에게 보내는 긍정적인 의사 표시를 말한다. 즉, 계약은 승낙의 의사 표시가 상대방에게 도달하여 합의를 이룰 때 성립된다. 예를 들어 매매 계약을 체결한 선박이 태풍을 만나 침몰할 경우, 선박을 산 매수인이 대금을 지급해야 하는가에 관한 위험 부담에 따라 두 가지 관점으로 나뉜다. 채무자주의적 관점에서 본다면 매수인의 채무도 함께 소멸하므로 이로 인한 손실은 선박을 판 매도인이 져야 한다. 그러나 채권자주의적 관점에서 볼 경우 매수인은 대금을 지급해야 하며, 그 손실 또한 채권자인 매수인이 져야 한다.

<보기>

ⓐ 계약이 성립되려면 당사자 간 서로 대립하는 의사 표시에 대한 합의가 필요하다.
ⓑ 반대로 채권자에게 계약 불이행에 대한 귀책사유가 있다면 채권자주의에 따른다.
ⓒ 그 대신 생존을 보장하던 기존의 확고한 신분 질서가 해체되면서 스스로 생존을 도모해야 했다.
ⓓ 위험 부담이란 쌍무 계약 관계에서 한쪽의 채무가 채무자와 채권자의 책임과 무관한 사유로 계약을 이행할 수 없게 되어 소멸했을 때, 이와 대가(對價)관계에 있는 상대방의 채무도 소멸하느냐에 대한 문제이다.

	㉠	㉡	㉢	㉣
①	ⓐ	ⓑ	ⓒ	ⓓ
②	ⓑ	ⓒ	ⓓ	ⓐ
③	ⓒ	ⓑ	ⓓ	ⓐ
④	ⓒ	ⓐ	ⓓ	ⓑ
⑤	ⓓ	ⓒ	ⓑ	ⓐ

30. 다음 글에서 통일성에 어긋난 문장은?

김치의 주재료인 배추는 마늘, 무, 고추와 함께 우리나라의 4대 채소로 불린다. ㉠ 그중에서도 배추는 1인당 연간 소비량이 가장 높은 채소로, 우리 식탁에서 가장 쉽게 볼 수 있는 대표적인 식재료이다. 배추는 고려시대 '향약구급방'에서 처음 등장한다. ㉡ '향약구급방'에 따르면, 배추는 처음부터 식재료로 활용된 것이 아니라 약재로 사용되어 감기나 화상을 치료하는 데 활용되었다. 이처럼 ㉢ 배추가 약초의 효능이 있는 이유는 비타민 C와 베타카로틴을 많이 함유하고 있기 때문이다. ㉣ 또한 식이섬유를 많이 함유하고 있어 장 질환에도 효과적이지만, 배추는 차가운 채소이므로 대장 질환이 있는 사람은 익혀서 먹는 것이 좋다. ㉤ 대장 질환은 과다하게 육류를 섭취할 때 발병하며, 이를 예방하기 위해서는 육류를 조리할 때 삶고 찌는 방법을 활용하는 것이 좋다.

① ㉠ ② ㉡
③ ㉢ ④ ㉣
⑤ ㉤

약점 보완 해설집 p.2

2일 …… Ⅱ. 글쓰기 실제

1. 단원별 출제 비중

글쓰기 실제 단원은 객관식 30문제 중 약 13문제가 출제되어 객관식 영역에서 43%의 출제 비중을 차지합니다. 세부 단원은 '01 문서 이해' '02 기안서, 품의서', '03 보고서' '04 기획서', '06 홍보문, 보도문', '07 계약서' 각 2문제, '05 프레젠테이션' 1문제 순으로 출제됩니다.

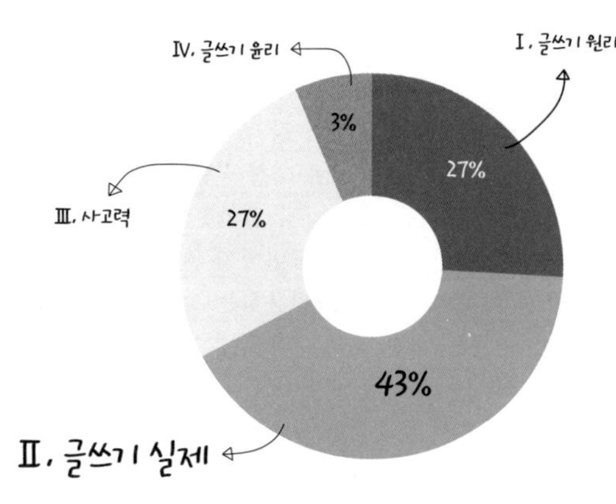

대단원별 평균 출제 비중

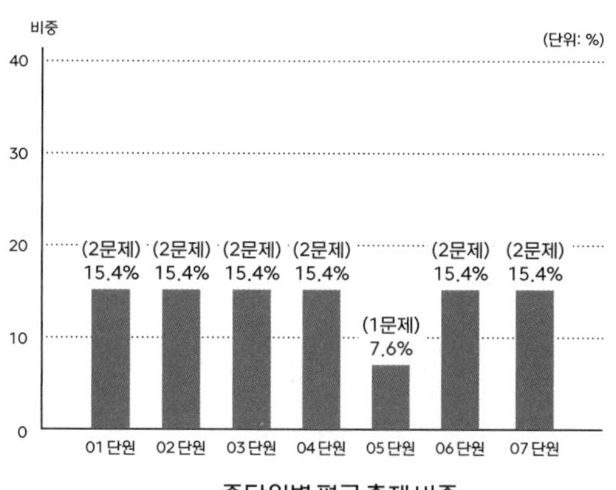

중단원별 평균 출제 비중

01 문서 이해
02 기안서, 품의서
03 보고서
04 기획서
05 프레젠테이션
06 홍보문, 보도문
07 계약서

2. 학습 전략

01 문서 이해	문서의 정의 및 종류, 작성 방식을 파악하는 문제가 출제됩니다. 문서 종류나 작성 방식은 생소할 수 있으니 문서별 정의와 공문서 작성 방식을 반드시 알아 두어야 합니다.
02 기안서, 품의서	기안서, 품의서의 정의나 작성 방법, 세부 내용을 파악하거나 고쳐 쓰는 방법을 묻는 문제가 출제됩니다. 기안서, 품의서 관련 개념과 문서 작성 방법을 반드시 알아 두어야 합니다.
03 보고서	보고서의 정의나 작성 시 유의 사항, 세부 내용을 파악하는 문제가 출제됩니다. 보고서의 정의, 종류, 구성 요소별 작성 방법을 알아 두어야 합니다.
04 기획서	기획서의 작성 방법을 묻는 문제, 세부 내용을 파악하고 내용을 보완하는 문제가 출제됩니다. 기획서의 작성 방법을 미리 알아 두면 문제를 훨씬 수월하게 풀 수 있습니다.
05 프레젠테이션	프레젠테이션과 관련된 글의 세부 내용을 이해하거나 화면 구성 방법을 찾는 문제가 출제됩니다. 내용 특성별 화면 구성 방법을 미리 알아 두면 빠르게 정답을 찾을 수 있습니다.
06 홍보문, 보도문	홍보문과 보도문의 개념과 작성 방법을 묻는 문제, 홍보문과 보도문의 내용을 이해하고 보완하는 문제 등이 출제됩니다. 보도문 구성 요소에 관한 개념을 반드시 암기해 두어야 합니다.
07 계약서	계약서 세부 내용 파악, 내용 추론, 구체적 상황에 적용하는 문제 등이 출제됩니다. 내용만 이해하면 풀 수 있는 수준으로 출제되나, 계약서 내에서 낯선 용어가 많이 나오므로 집중하여 독해하는 연습이 필요합니다.

01 문서 이해

평균 출제 문항 수
2문제
평균 출제 비중
5.1%

대표 기출유형 ① 문서의 정의 및 종류를 파악하는 문제

유형설명

문서에 관한 설명이나 공문서 형태를 제시하고, 문서의 기능, 종류 등을 파악하는 문제가 출제된다. 한 가지 유형이 출제되기도 하고 두 가지 유형이 세트로 구성되어 출제되기도 한다. 따라서 문서의 종류에 따른 정의와 성격의 전반적인 특징을 알아 두어야 한다.

확인문제

다음 글에 대한 설명으로 가장 적절한 것은?

> ○○광역시 ○구 공고 제20××-××××호
>
> **20××.3.2.기준 개별주택가격 결정 공시**
>
> 부동산 가격공시에 관한 법률 제17조, 같은 법시행령 제33조 및 시행규칙 제16조 규정에 의거하여 20××년 3월 2일 기준 개별주택가격을 다음과 같이 결정 공시하오니 결정된 개별주택가격에 대하여 이의가 있으신 주택 소유자 또는 이해관계인은 이의신청을 하시기 바랍니다. <중 략>
>
> 20××년 6월 3일
>
> ○○광역시 ○구청장

① 행정기관이 일정한 사항을 일반에게 알리는 문서이다.
② 행정기관이 일정한 사항을 기록하여 그 내부에 비치하면서 활용하는 문서이다.
③ 행정기관이 그 하급기관이나 소속 공무원에게 일정한 사항을 지시하는 문서이다.
④ 행정기관이 내부적으로 계획을 세우거나 업무를 보고하는 등의 목적으로 결재를 받는 문서이다.
⑤ 행정기관의 장이 하급기관이나 소속 공무원에게 일정한 사항을 전달하기 위해 사용하는 문서이다.

해설 윗글의 'OO광역시 O구 공고'를 통해 일정한 사항을 일반에게 알리는 공고 문서임을 알 수 있다. 따라서 답은 ①이다.
② 공문서 중 비치 문서에 대한 설명이다.
③ 공문서 중 지시 문서에 대한 설명이다.
④ 공문서 중 내부결재 문서에 대한 설명이다.
⑤ 공문서 중 일반 문서인 회보에 대한 설명이다.

정답 ①
※ 출처: 인천광역시 서구청, https://www.seo.incheon.kr

대표 기출유형 ② 문서의 작성 방식을 파악하는 문제

유형설명

공문서의 작성 방식을 묻거나 공문서에 쓰인 표현이나 형식을 고쳐 쓰는 문제가 출제된다. '대표 기출유형 ① 문서의 정의 및 종류를 파악하는 문제'와 세트 문제로 출제되기도 한다. 자주 나오는 공문서 작성 방식을 반드시 알아 두어야 한다.

확인문제

다음 중 공문서 작성 방법에 대한 설명으로 가장 적절하지 않은 것은?

① 문서의 제목은 문서 내용을 쉽게 알 수 있게 간명하게 쓴다.
② 날짜에 괄호를 사용했다면 괄호 다음에 마침표를 찍어 구분해야 한다.
③ 시간 작성 시 '시, 분'의 글자 대신 쌍점(:)으로 시와 분을 구분해야 한다.
④ 한 장에 담아내야 하며, 내용이 복잡하다면 '- 다음 -' 등으로 구분해야 한다.
⑤ 금액은 아라비아 숫자로 표기하되, 숫자 다음에 괄호를 하고 한글로도 기재해야 한다.

해설 공문서 작성 시 날짜는 연도와 월일을 반드시 함께 숫자로 표기하며, 연, 월, 일의 글자는 생략하고 마침표를 모두 찍어 구분하지만, 날짜에 괄호를 사용할 경우 괄호 다음에는 마침표를 찍지 않는다.

정답 ②

또 나올 기출개념

1. 공문서의 정의 및 종류

1) 정의: 정부 행정기관에서 대내적 혹은 대외적 공무를 집행하거나 정부 기관과 일반 회사 간에 사업을 진행하기 위해 작성하는 문서로, 정당한 권리를 가진 사람이 엄격한 규격과 양식에 따라 작성해야 하며, 최종 결정권자의 결재가 있어야 문서의 기능이 성립한다.
2) 종류

법규문서	헌법, 법률, 대통령령 등의 법규 사항을 규정하는 문서
지시문서	행정기관이 하급 기관 또는 소속 공무원에 대해 일정한 사항을 지시하는 문서
공고문서	행정기관이 고시나 공고 등을 일반에게 알리기 위해 작성하는 문서
비치문서	행정기관이 업무에 대한 일정한 사항을 기재하여 행정기관 내부에 갖추어 두면서 업무에 활용하는 문서
민원문서	민원인이 행정기관에 허가나 처분 등을 요구할 때 작성하는 문서와 그 요구를 처리하는 것과 관련된 문서
일반문서	위에 설명한 공문서에 속하지 않는 문서이며, 보고서 등도 이에 속함

2. 공문서의 작성 방법

1) 제목은 문서의 내용을 쉽게 알 수 있도록 간명하게 기재한다.
2) 한 장에 담아내는 것이 원칙이며, 내용이 복잡할 경우 '- 다음 -' 또는 '- 아래 -'와 같은 항목으로 구분한다.
3) 날짜는 연도와 월일을 반드시 함께 숫자로 표기하며, 연, 월, 일의 글자는 생략하고 마침표를 모두 찍어 구분한다.
4) 시간은 24시각제에 따라 숫자로 표기하며, 시, 분의 글자는 생략하고 쌍점(:)을 찍어 구분한다.
5) 금액은 숫자로 표기하며, 숫자 다음에 괄호를 사용해 한글도 함께 기재한다.

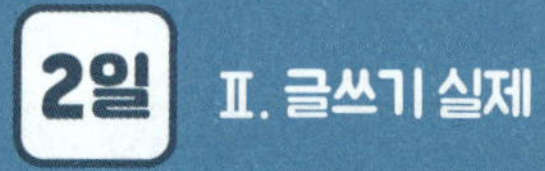

02 기안서, 품의서

대표 기출유형 ① 기안서를 이해하고 보완하는 문제

유형설명

기안서의 세부 내용을 이해하거나 기안서의 작성 방법을 토대로 기안서 내용을 수정하는 문제이다. 내용을 이해하는 문제는 기안서 내용을 정확히 이해하면 쉽게 풀 수 있는 수준으로 출제된다. 기안서의 특징이나 작성 방법은 암기해야 풀 수 있는 문제이므로 미리 알아 두어야 한다.

확인문제

1. 다음 문서에 대한 설명으로 적절하지 않은 것은?

기안 일자	2026년 10월 1일
시행 일자	2026년 10월 4일
문서 번호	제1234-21호
기안 부서	온라인 판매 부서
기안자	김○○ (5127)
경유	
공개 여부	공개

협조 부서	담당자	본부장	사장
인사부	김○○	강○○	윤○○

제목 신규 브랜드 온라인 판매 진행 인력 충원 요청

온라인 콘텐츠를 제작하고, 누리 소통망에서 소비자들의 반응을 지속적으로 수집하고 분석하기 위해 지원 인력을 충원하고자 하니 ㉠ 검토 바람.

1. 충원 목적: 신규 제품에 대한 소비자 반응 실시간 수집 및 분석
2. 충원 기간: ㉡ 2026년 10월 7일 ~ 25일
3. 업무 내용
   1) 온라인 콘텐츠 제작
   2) 누리 소통망에서 실시간 정보 수집
   3) ㉢ 부정적 반응에 따른 적의 조치 진행
4. ㉣ 요구 사항 : 온라인 콘텐츠 관련 활동 경험

붙임 ㉤ 온라인 판매 부서 지원서 1부. 끝.

① '경유': 경유 기관이 없으면 빈칸으로 둔다.
② '본문': 기안의 근거를 먼저 밝히고 내용을 시작해야 한다.
③ '공개 여부': 문서 성격에 맞게 '공개, 부분 공개, 비공개'로 구분해 표시한다.
④ '기안 일자': 최종 결재권자의 결재가 이루어진 일자를 기재한다.
⑤ '문서 번호': 문서를 작성한 후 발송할 때 부여되는 번호로 문서 발송 번호 등을 기재할 수 있다.

해설 '기안 일자'는 기안서를 작성한 날짜를 기재해야 하므로 최종 결재권자의 결재가 이루어진 날을 기재한다는 ④는 적절하지 않다. 참고로, 최종 결재권자의 결재가 이루어진 날을 기재해야 하는 항목은 '시행 일자'이다.

정답 ④

2. 위 문서의 ㉠~㉤ 중 올바르게 작성된 것은?

① ㉠ ② ㉡ ③ ㉢ ④ ㉣ ⑤ ㉤

해설 첨부물이 있는 경우 '붙임' 표시에 첨부물의 명칭과 수량을 쓴 뒤 2타를 띄우고 '끝.'을 표시한다. 또한 위 기안서는 온라인 판매 부서의 인력 보충을 요구하는 내용이므로 온라인 판매 부서의 지원서를 첨부하는 것도 내용상 적절하다. 따라서 ㉤은 올바르게 작성되었으므로 정답은 ⑤이다.

- ㉠: '~할 것'이나 '~하기 바람' 등은 상대에게 위압감을 줄 수 있는 표현이다. 기안서에는 적절한 경어체를 사용하여 존중의 의사를 표현해야 하므로 ㉠은 '검토해 주시기를 바랍니다'와 같이 수정해야 한다.
- ㉡: 날짜를 표기할 때는 '연, 월, 일'을 표기하는 대신 마침표를 사용해야 한다. 따라서 ㉡은 '2026. 10. 7. ~ 25.'로 수정해야 한다.
- ㉢: 기안서에는 어려운 한자어 표현보다 상대가 이해하기 쉬운 표현을 사용해야 한다. '적의 조치'는 '알맞게 처리' 또는 '적절한 조치'로 순화할 수 있으므로 ㉢은 '부정적 반응에 따른 적절한 조치 진행'으로 수정해야 적절하다.
- ㉣: 쌍점(:)의 왼쪽은 붙여 쓰고 오른쪽은 띄어 써야 한다. 따라서 ㉣은 '요구 사항: 온라인'으로 표현해야 적절하다.

정답 ⑤

또 나올 기출개념

1. 기안서의 정의

1) 대내 문서: 회사 내부에서 상호 협조가 필요한 상황에서 결재권자의 결재를 얻기 위해 작성하는 문서
2) 대외 문서: 기관 간 협조나 통지를 위해 작성하는 문서

2. 기안서 작성 방법

1) 금액은 숫자로 표기하며, 숫자 다음에 괄호를 사용해 한글도 함께 기재한다.
2) 첨부물을 표시할 때는 '붙임' 표시를 하고 2타를 띄우고 첨부물의 명칭과 수량을 작성한다. 마지막 글자 뒤에 2타를 띄우고 '끝.'을 표시한다.
3) 시각은 24시각제에 따라 숫자로 표기하며, 시, 분의 글자는 생략하고 쌍점(:)을 찍어 구분한다.
4) 날짜는 연도와 월일을 반드시 함께 숫자로 표기하며, 연, 월, 일의 글자는 생략하고 마침표를 모두 찍어 구분한다.
5) 본문의 항목을 구분할 때는 항목을 '1. - 가. - 1) - 가) - (1) - (가) …' 순서에 따라 표시한다.

예 1. 예산: 금3,000,000원(금삼백만원)
2. 계획
vv가. 일시: 2026. 12. 10.(목) 14:30
vv나. 대상
vvvv1) 재직 중인 직원

붙임vv계획서v1부.vv끝.

대표 기출유형 ② 품의서를 이해하고 보완하는 문제

◎ 유형설명

품의서의 특징을 파악하는 문제, 품의서의 내용을 보완하는 문제가 출제된다. 내용을 보완하는 문제는 제목이나 본문에 들어갈 내용을 찾는 문제로 문서를 읽고 풀 수 있는 수준이다. 하지만 품의서의 내용을 수정하거나 품의서 특징을 파악하는 문제를 해결하려면 품의서의 정의, 작성 방법을 미리 알아 두어야 한다. 기안서와 품의서는 회사마다 서식이 다르지만, 기본적으로 공문서 작성 방식을 따르므로 '01 문서 이해'와 '02 기안서, 품의서 대표 기출유형 ①'에서 학습한 문서 작성 방식을 바탕으로 문제를 풀면 된다.

확인문제

1. 다음 문서에 대한 설명으로 적절한 것은?

작성자: 총무과 대리 천○○
품의 일자: 20××. 11. 21.
제목: 크리스마스카드 및 선물 금액 지급 완료

20××년 크리스마스를 맞아 크리스마스카드 및 선물을 다음과 같이 구매하고자 합니다.

1. 구매 예정일: 20××. 12. 11.
2. 구매처 및 구매 품목

구매처	구매 품목	수량
○○소품 가게 (○○시 ○○구 ○○로 12 지하 1층)	크리스마스카드	54장
	트리 모양 열쇠고리	54개
◇◇ 카페 (○○시 ○○구 ○○로 15 1층)	마카롱 10구 세트	54개

3. 예산 총액: 금1,578,000원(금일백오십칠만팔천원)
4. 외출 인원: 총 3명

붙임 1. 구매 품목별 상세 단가 1부
2. 구매처 위치 및 이동 계획 1부.

① 계약이 성립되었음을 증명하기 위하여 작성하는 문서이다.
② 업무 추진을 위해 명령이나 지시를 내릴 때 작성하는 문서이다.
③ 사건이나 사고가 진행된 과정을 처음부터 끝까지 상세히 밝혀 작성하는 문서이다.
④ 업무와 관련된 안건에 대해 조직 구성원들이 의논하여 결정한 내용을 작성하는 문서이다.
⑤ 예산을 비롯한 특정 안건을 집행하기 전, 결재권자에게 의사 결정을 요청하기 위해 작성하는 문서이다.

해설 품의서에 대한 설명으로 가장 적절한 것은 ⑤이다. 참고로, ①은 '계약서', ②는 '업무 지시서', ③은 '경위서', ④는 '결의서'에 대한 설명이다.

정답 ⑤

2. 위 문서를 보완할 사항으로 가장 적절하지 않은 것은?

① 외출하는 사람의 성명을 정확히 기록한다.
② 품의 일자를 구매 예정일 일자로 수정한다.
③ '크리스마스카드 및 선물'을 전달할 대상을 추가한다.
④ 붙임 문서가 있을 때도 '끝.'을 표기해야 하므로 '끝.'을 추가한다.
⑤ 품의서 제목을 '크리스마스카드 및 선물 구매 승인 요청'으로 수정한다.

해설 품의 일자는 문서를 작성하여 결재를 올리는 날짜를 기준으로 한다. 품의서는 업무를 진행하기 전에 승인을 구하는 문서이므로 품의 일자는 실제로 문서를 작성한 날짜(또는 결재를 상신하는 날짜)로 적어야 하며, 미래 시점인 '구매 예정일'로 수정하는 것은 적절하지 않다.

① 외출하는 대상은 정확히 제시해야 하므로 적절하다.
③ 예산이 수반되는 물품 구매 시, 그 물품이 누구에게 지급되는지를 정확히 명시해야 하므로 적절하다.
④ 문서에 첨부물이 있는 경우 '붙임 문서' 다음에 한 글자(2타)를 띄우고 '끝.'을 표시하므로 적절하다.
⑤ 품의서의 제목은 품의서 내용을 간단명료하게 드러낼 수 있도록 작성해야 한다. 위 문서는 크리스마스카드 및 선물을 구매하는 것을 허락받는 것이 목적이므로 '크리스마스카드 및 선물 구매 승인 요청'으로 수정하는 것은 적절하다.

정답 ②

또 나올 기출개념

1. 품의서의 정의

예산 지출을 비롯한 특정 사안을 집행하기 전에 결재권자에게 승인을 받기 위해 작성하는 문서

2. 품의서 작성 시 유의 사항

1) 집행 목적을 제목에 명시하고 설득력 있는 집행 근거를 바탕으로 작성해야 함
2) 집행 목적, 집행 금액, 교부처(지급처), 예산 과목을 상세히 기재해야 함
3) 전체 집행 내역을 모두 기재하되, 내용이 많거나 복잡할 경우 별첨함

03 보고서

평균 출제 문항 수
2문제
평균 출제 비중
5.1%

대표 기출유형 ① 보고서를 이해하고 보완하는 문제

유형설명
보고서를 읽고 보고서의 세부 내용이나 특징을 파악하는 문제, 보고서 작성 시 유의 사항을 묻는 문제, 보고서의 내용을 보완하는 문제가 출제된다. 대부분 글의 내용을 이해하면 쉽게 풀 수 있지만, 보고서의 정의, 작성법을 알아야 풀 수 있는 문제도 출제되니 관련 개념을 알아 두어야 한다.

확인문제

1. 다음 문서에 대한 설명으로 가장 적절한 것은?

[품질 감사 결과 보고서]

1. 품질 감사 개요
   - 전년도 대비 매출액 12% 하락 및 고객 민원 50% 증가
   - 생산 시 자재 발주, 입고 처리 과정에서 지속적인 문제 발생
   - 올해 진행된 신제품 개발 프로젝트 3건 모두 신제품 출시 일정 지연됨
2. 품질 감사 일정
   - 20××. 11. 25.~20××. 12. 24.
3. 부서별 품질 감사 결과

부서명	건수	부적합 내용
영업팀	2건	고객 불만 사항 검토 및 처리 과정 미흡, 고객 자료 관리 미흡
자재팀	1건	자재 발주 시, 인쇄 사양에 대한 홍보 부족
생산팀	3건	자재 입고 시, 수입 물품 검사 통보서 확인 미결, 수입 물품 확인 절차 복잡
개발팀	2건	신제품 개발 시, 개발 계획 수립 부족
품질관리팀	1건	고객과 관련된 물품 관리 자료 부족

4. 담당자 의견
   - 부서별 인원 충원 요망: 자재팀의 경우 실질적 업무 진행보다는 물품 이동에 큰 부담감을 느끼고 있음
   - 노후화된 물품 관리의 불편 사항 전달
   - 생산 위주의 업무 추진으로 물품에 대해 충분히 검토하고 협의할 시간이 부족함
   - 부서별 팀장들과의 시스템 추진 방향에 대한 정보 공유 및 시스템 전반에 걸친 협의가 필요함
5. 결론 및 조치 사항
   가. 결론
   - '부서별 품질 감사 결과' 총 9건의 부적합 내용을 파악했으며, 부적합 사항의 주원인으로 '부수적 업무에 대한 부담, 물품 및 고객 관리 미흡, 직원 간 소통 부재'를 확인함

   나. 조치 사항
   - 직원 채용으로 부서별 인원 충원

- 고객 자료 및 불만 사항을 목록화하여 재정리
- 노후 물품 관리 시 불편 사항을 파악하여 관리 방법 보완
- 주기적인 회의 일정을 확보하여 직원 간, 부서 간의 지속적인 협의 진행

① 갈등 상황을 해결하기 위하여 회의를 통해 새로운 정책 사항을 결정한 후 결정권자에게 제안하는 보고서
② 특정 사안의 수입이나 지출 상황을 알리기 위해 일정 기간의 수입과 지출을 정리한 보고서
③ 조치 사항의 실효성을 입증하기 위해 입증 계획과 과정을 기록하고 결과를 정리하여 상급자에게 정보를 제공하는 보고서
④ 문제를 해결하기 위해 문제가 발생한 원인을 먼저 파악하여 상황을 분석하고 이에 대한 결과와 조치 사항을 제공할 때 작성하는 보고서
⑤ 문제를 해결하는 과정에서 추가로 발생한 문제 상황에 즉시 대응하기 위하여 담당 전문가가 투입된 회의에 관한 결과를 정리한 보고서

해설 위 문서는 특정 사안에 관한 결과를 보고하는 '보고서'로, 품질 감사가 이루어진 배경과 관련된 다양한 문제 상황을 제시하고 있다. '3. 부서별 품질 감사 결과'와 '4. 담당자 의견'에서 문제가 발생한 원인을 분석하고 있으며, '5. 결론 및 조치 사항'에서 문제의 해결 방안을 제시하고 있다. 따라서 위 문서에 대한 설명으로 ④가 가장 적절하다.
① 위 문서에서 갈등 해결을 목적으로 회의가 진행되었다는 내용은 없으며, 새로운 정책 사항을 제안하는 내용도 없다.
② 위 문서에서 수입이나 지출 내역을 제시하는 내용은 없다.
③ 위 문서에서 조치 사항에 대한 실효성을 입증하는 내용은 없다.
⑤ 위 문서에서 추가로 문제가 발생했다는 내용이나 전문가 회의가 진행되었다는 내용은 없다.

정답 ④

2. 위 문서를 작성할 때 유의해야 할 사항으로 가장 적절한 것은?

① 조치 사항을 시행하는 데 드는 비용을 승인하는 것이 목적이므로 품의서를 첨부해야 한다.
② 제안하는 조치 사항이 타당할 수 있도록 문제 상황을 분석한 내용과 관련지어 체계적으로 작성해야 한다.
③ 결정권자가 조치 사항을 시행할 수 있도록 작성자의 의견 위주로 작성하여 제안을 강화해야 한다.
④ 긍정적인 결과를 도출하기 위해서 실현 가능성이 낮은 조치 사항부터 높은 조치 사항까지 모두 작성해야 한다.
⑤ 보고받는 대상에게 다양한 사안을 한번에 전달하기 위해 여러 주제의 보고 자료를 하나로 취합해야 한다.

해설 위 문서는 문제의 원인을 파악하기 위해 '품질 감사'를 실시하고, 그에 관한 결과에 따라 조치 사항을 제안하고 있는 보고서이다. 따라서 보고서에서 제안한 조치 사항의 타당성을 높이려면 '품질 감사 결과' 내용과 관련지어 체계적으로 작성해야 한다.
① 위 문서는 품질 감사 결과를 보고하는 보고서이므로 비용에 대한 승인을 요구하는 품의서를 첨부하는 것은 적절하지 않다.
③ 보고서에는 객관적인 내용을 제시해야 한다. 따라서 의견을 강화하기 위해 사실과 의견을 구분하지 않고 쓰는 것은 적절하지 않다.
④ 보고서는 중요한 내용이 먼저 제시되어야 한다. 실현 가능성이 낮은 조치 사항보다 실현 가능성이 높은 조치 사항이 더 중요하므로 ④는 적절하지 않다.
⑤ 보고서는 하나의 주제로 작성해야 하므로 다양한 보고 주제를 하나의 보고서로 작성하는 것은 적절하지 않다.

정답 ②

또 나올 기출개념

1. 보고서의 정의 및 종류

1) 정의: 특정한 일에 관한 현황이나 그 진행 상황 또는 연구·검토 결과 등을 보고하고자 할 때 작성하는 문서를 말한다.

2) 종류

영업보고서	재무제표와 달리 문장 형식으로 영업 상황을 정리하여 보고하는 문서
결산보고서	진행된 사안의 수입과 지출 결과를 보고하는 문서
업무보고서	· 일일업무보고서: 매일의 업무를 보고하는 문서 · 주간업무보고서: 한 주간에 진행된 업무를 보고하는 문서
출장보고서	회사 업무로 출장을 다녀와 외부 업무나 그 결과를 보고하는 문서
회의보고서	회의 결과를 정리하여 보고하는 문서

2. 보고서의 구성 요소별 작성 방법

구성 요소	작성 방법
제목	· 보고서의 작성 목적, 성격, 내용이 드러나게 작성 · 보고서의 핵심 사항이 드러나도록 작성하되 가능한 1줄로 작성 · 추상적인 표현은 지양하고 구체적으로 작성
개요	· 작성 배경, 작성 목적 등을 제시 · 보고서의 전체 내용을 요약하여 제시
본론	· 현재 상황, 문제점, 과거의 사례, 대안 분석, 전망 등을 제시 · 중요한 내용이 먼저 제시될 수 있게 작성
말미	· 결론, 대안, 건의 사항, 추후 조치 사항 등을 제시 · 참고 자료가 필요한 경우 첨부

3. 보고서 작성법

보고서 작성 시 유의 사항	· 상대방이 이해하기 쉽게 작성하며 작성자의 사견이 포함되지 않도록 객관적으로 작성해야 함 · 주제 하나에만 집중해 작성하며 내용이 중복되지 않도록 핵심 사항만을 간결하게 작성해야 함 · 불필요한 표현, 애매한 표현은 사용하지 않으며 중요한 내용이 먼저 나오도록 작성해야 함 · 보고하는 사안에 대한 담당자와 실행 기간을 포함한 추후 계획이 드러나도록 구체적으로 작성해야 함 · 복잡한 내용일 때에는 도표나 그림을 활용해야 함
보고서 제출 시 유의 사항	· 보고서는 개인의 능력을 평가하는 기본 요소이므로 제출하기 전에 반드시 최종 점검해야 함 · 참고 자료는 정확하게 제시해야 함 · 내용에 대한 예상 질문을 사전에 추출해 보고, 그에 대한 답을 미리 준비해야 함

04 기획서

평균 출제 문항 수
2문제
평균 출제 비중
5.1%

대표 기출유형 ① 기획서를 이해하고 보완하는 문제

유형설명

기획서가 어떤 문서인지, 어떻게 작성해야 하는지를 묻는 문제와 기획서의 내용을 보완하는 문제가 출제된다. 기획서의 특징과 작성 방법을 알아 두면 문제를 수월하게 해결할 수 있다.

확인문제

1. 다음 글과 같은 문서의 작성법으로 가장 적절하지 않은 것은?

한글·한국어 산업전 추진 기획서

성명	김○○
소속	기획운영과
작성일자	20××. ×. ××.

전시 개요	1. 전시명: 한글·한국어 산업전 2. 전시 분야 1) <종이에 쓰고 일상에 쓰고> 2) <소통의 벽을 허무는 우리말 인공지능> 3. 전시 장소: 국립○○박물관
기획 의도	(가)
전시 구성	1. <종이에 쓰고 일상에 쓰고> '한글 창의 산업 아이디어 공모전' 수상작과 '한글 원천 콘텐츠 개발 지원 사업'을 통해 역량 있는 문화상품 제작 기업들을 맞춤형으로 지원하여 상품화한 결과물 전시 2. <소통의 벽을 허무는 우리말 인공지능> 국내 인공지능 대표 기업들이 개발 중인 언어 장벽과 시·공간의 제약을 넘는 우리말 처리 기술을 전시하고, 이를 활용한 산업, 교육 분야의 현황과 전망을 소개

① 전달하려는 핵심 메시지가 무엇인지 정확하게 도출되는가를 확인한다.
② 문서를 제출하기 전에 충분히 검토하여 누락되는 내용 없이 완벽하게 작성하도록 한다.
③ 문서를 작성할 때 참고하거나 인용한 자료의 출처가 정확하게 기재되어 있는지 확인한다.
④ 상대가 요구하는 바를 고려하기보다는 자신이 제안하고자 하는 내용에 집중하여 작성한다.
⑤ 내용을 시각화하여 표나 자료로 표현할 경우 관련 내용이 정확하게 반영되었는가를 확인한다.

해설 기획서는 상대가 채택하게끔 설득력을 갖추기 위해 상대가 요구하는 것이 무엇인지를 고려해야 하므로 상대의 요구 사항보다 자신이 제안하는 내용에 집중하는 것은 기획서 작성법으로 가장 적절하지 않다.

정답 ④

2. 윗글의 (가)에 들어갈 내용으로 가장 적절하지 않은 것은?

① 인공 지능 시대에 맞춰 다양한 한국어 소통 콘텐츠를 개발하고자 함
② 한글로 디자인한 상품을 기획하여 한글 산업의 저변을 확대하고자 함
③ 한글을 종이에 쓰는 글자로 국한하지 않고 창의적인 산업 소재로 활용하고자 함
④ 한글의 과학성과 독창성을 외국에 알려 세계 공용어로 한국어를 채택하게끔 하고자 함
⑤ 외국어 통역, 수어 지원 프로그램에 인공지능을 활용하여 한국어 소통을 확대하고자 함

해설 기획서의 '전시 개요'와 '전시 구성'을 고려할 때, 기획 의도는 한글과 한국어를 기반으로 한 상품 개발을 활성화하여 관련 산업의 저변을 넓히고, 인공 지능을 활용한 우리말 콘텐츠를 개발하여 소통을 확대하는 데에 있다. 따라서 한국어를 세계 공용어로 채택하는 것은 기획 의도와 관련 없으므로 적절하지 않다.

정답 ④

※ 출처: 국립한글박물관, https://www.hangeul.go.kr

또 나올 기출개념

1. 기획서의 정의 및 작성 목적

적극적으로 아이디어를 내고 기획해 하나의 프로젝트를 문서 형태로 만들어 상대방에게 기획 내용을 전달함으로써 해당 아이디어를 시행하도록 상대방을 설득하는 문서이다.

2. 기획서의 작성 방법

1) 목차를 체계적으로 구성하여 기획서의 내용이 한눈에 파악되도록 해야 한다.
2) 기획서의 목적을 달성할 수 있는 핵심 사항, 상대의 요구 사항을 고려하여 작성해야 한다.
3) 상대가 제안하는 안을 채택할 수 있도록 상대방의 공감과 흥미를 고려하여 작성해야 한다.
4) 한 가지 목적에 집중해 작성하며, 제안하는 안을 실행하기 위해 필요한 사항을 명확히 표현해야 한다.
5) 핵심 내용이 잘 드러나게 작성하며, 내용을 효과적으로 전달하기 위해 내용에 적합한 표나 그래프를 사용해 시각화해야 한다.
6) 추상적인 표현, 전문 용어, 약어 사용, 중복되는 내용은 피하고 논리적이고 간결한 문장으로 작성해야 한다.
7) 작성 시 활용한 자료는 출처를 명확히 밝혀야 한다.

3. 기획서 제출 시 유의 사항

1) 작성한 기획서는 충분히 검토 후 제출해야 한다.
2) 기획서에 인용한 자료의 출처가 정확한지 확인하여 제출해야 한다.

05 프레젠테이션

평균 출제 문항 수
1문제
평균 출제 비중
2.6%

대표 기출유형 ① 프레젠테이션을 이해하고 작성하는 문제

◉ 유형설명
프레젠테이션 구성 방법, 유의 사항 등을 다룬 글을 이해하는 유형, 글에 제시된 내용을 바탕으로 프레젠테이션을 구성하는 방식을 파악하는 유형 등이 출제된다. 보통 프레젠테이션에 관한 지식 없이도 충분히 쉽게 풀 수 있을 정도로 출제된다.

확인문제

1. <자료1>을 바탕으로 할 때 적절한 이해를 <보기>에서 모두 고른 것은?

<자료1>

프레젠테이션은 청중에게 자신의 주장이나 정보를 효과적으로 전달하기 위해 시각적 보조 자료를 활용하여 발표하는 행위이다. 성공적인 프레젠테이션을 위해서는 명확한 목표 설정, 청중 분석, 논리적인 내용 구성, 그리고 효과적인 전달 기술이 필요하다. 프레젠테이션은 특히 업무 현장에서 제안, 보고, 설득 등 다양한 목적을 달성하기 위한 핵심적인 커뮤니케이션 수단으로 활용된다.

<자료2>

우리 회사가 이번에 출시하는 스마트 워치는 기존 제품들의 단점이었던 짧은 배터리 수명을 획기적으로 개선했다. 자체 개발한 저전력 칩셋을 탑재하여 한 번 충전으로 최대 2주간 사용할 수 있다. 또한 24시간 심박수 모니터링, 수면 패턴 분석, 스트레스 지수 측정 등 건강 관리 기능을 강화했다. 초경량 티타늄 소재를 사용하여 기존 100g이었던 무게를 70g으로 줄였으며, 다양한 스트랩으로 교체할 수 있어 패션 아이템으로도 손색이 없다. 가격은 경쟁사 대비 20% 저렴한 20만 원대로 책정하여 가성비를 높였다. 사전 예약 구매 고객에게는 무선 충전 패드를 무료로 증정한다.

<보기>

㉠ 프레젠테이션은 시각적 보조 자료를 활용하여 전달 효과를 높인다.
㉡ 프레젠테이션에 성공하기 위한 가장 중요한 요소는 시각 자료의 논리적 구성이다.
㉢ 프레젠테이션은 주로 제안이나 설득의 목적으로 사용된다.
㉣ 프레젠테이션은 발표자의 주장 없이 객관적인 정보만을 전달해야 한다.
㉤ 프레젠테이션의 목적은 정보 전달이므로 청중의 호응 유도보다 발표자의 정확한 전달이 더 중요하다.

① ㉠, ㉡ ② ㉠, ㉢ ③ ㉡, ㉣ ④ ㉠, ㉢, ㉤ ⑤ ㉠, ㉡, ㉢, ㉤

해설
- ㉠: <자료1> 1번째 문장에서 프레젠테이션을 "시각적 보조 자료를 활용하여 발표하는 행위"라고 정의하고 있으므로 적절하다.
- ㉢: <자료1> 마지막 문장에서 "특히 업무 현장에서 제안, 보고, 설득 등 다양한 목적을 달성하기 위한 수단"으로 활용된다고 하였으므로 적절하다.
- ㉡: <자료1>에서 프레젠테이션 성공 요건으로 목표 설정, 청중 분석, 논리적 구성, 전달 기술을 나열하고 있을 뿐, 그중 시각 자료의 논리적 구성이 '가장 중요한' 요소라고 설명하진 않았으므로 적절하지 않다.
- ㉣: <자료1> 1번째 문장에서 "자신의 주장이나 정보를 효과적으로 전달"한다고 설명하므로 주장 없이 객관적 정보만 전달해야 한다는 내용은 적절하지 않다.
- ㉤: <자료1>에는 '청중의 호응 유도'와 '정확한 정보 전달'의 비교에 대한 내용은 직접적으로 언급되지 않았으므로 적절하지 않다.

정답 ②

2. <자료2>로 프레젠테이션할 때, 그 목적으로 가장 적절한 것은?

① 회사의 경영 이념과 비전을 공유하기 위해
② 직원들의 건강 관리 중요성을 교육하기 위해
③ 경쟁사 제품의 기술적 결함을 비판하기 위해
④ 스마트 워치 시장의 성장 추이를 분석하기 위해
⑤ 신제품의 기능을 소개하고 판매를 촉진하기 위해

해설 <자료2>는 신제품 스마트 워치의 기능을 소개하고 판매를 촉진하는 가격 정보와 사전 예약 프로모션에 관한 정보를 제공하고 있다. 따라서 <자료2>로 프레젠테이션을 할 때, 신제품의 기능을 알리고 가격 경쟁력과 혜택을 강조하여 판매를 유도하는 목적이 가장 크므로 적절한 것은 ⑤이다.

정답 ⑤

3. <자료2>로 프레젠테이션할 때, ㉠~㉢에 들어갈 내용을 짝 지은 것은?

신제품 주요 특징

- 배터리 저전력 칩셋 탑재 → [㉠]
- 건강 관리 기능 강화 → 24시간 심박수 모니터링
  → 수면 패턴 분석
  → [㉡]
- 티타늄 소재 사용 → [㉢]
- 20만 원대 가격 → 경쟁사 대비 20% 저렴
- 사전 예약 프로모션 → 무선 충전 패드 증정

	㉠	㉡	㉢
①	최대 7일 사용 가능	스트레스 지수 측정	무게 20% 감소
②	최대 7일 사용 가능	혈압 측정	무게 30% 감소
③	최대 14일 사용 가능	혈압 측정	무게 30% 감소
④	최대 14일 사용 가능	스트레스 지수 측정	무게 20% 감소
⑤	최대 14일 사용 가능	스트레스 지수 측정	무게 30% 감소

해설
· ㉠: <자료2>에서 배터리는 최대 2주간 사용할 수 있다고 하였으므로 '최대 14일 사용 가능'이 적절하다.
· ㉡: <자료2>에 제시된 건강 관리 강화 기능 중 언급되지 않은 것은 '스트레스 지수 측정'이다.
· ㉢: <자료2>에서 기존 100g이었던 무게가 70g이 되었다고 하였으므로 무게는 30%(30g) 감소하였다.

정답 ⑤

또 나올 기출개념

프레젠테이션 내용 특성별 화면 구성 방법

구분	프레젠테이션 내용 특성	프레젠테이션 화면 구성 방법	[예]
1	상위 항목(핵심 내용, 키워드)에 따른 세부 사항이 있고, 세부 사항의 글자 수가 많은 경우	특정 항목을 강조하지 않고 상위 항목에 따라 하위 항목이 나열되도록 구성	
2	항목들이 비례 관계 또는 상호 연결 관계에 있거나 계층 관계에 있을 때	피라미드의 영역의 넓고 좁음에 따라 항목의 위계가 드러나도록 구성	
3	여러 요소가 순서대로 영향을 미치고, 영향을 미치는 상황이 반복될 때	화살표의 순서에 따라 영향을 미치는 방향을 파악할 수 있도록 구성	
4	항목들 간에 시간 순서, 작업 순서, 특정 단계별 순서가 정해져 있을 때	화살표의 방향에 따라 왼쪽에서 오른쪽으로 진행되어야 함을 파악할 수 있도록 구성	
5	특정 항목을 더해 새로운 항목을 도출하는 내용일 때	더하기(+) 기호로 항목 간의 결합을, 화살표로 결합의 결과를 나타낼 수 있도록 구성	

06 홍보문, 보도문

평균 출제 문항 수
2문제
평균 출제 비중
5.1%

대표 기출유형 ① 홍보문을 이해하고 보완하는 문제

유형설명

어떤 내용을 소개하여 알려주고 독자가 특정 행위를 하도록 유도하는 홍보문을 바탕으로 푸는 문제로, 홍보문을 작성하는 방법이나 빈칸에 들어갈 내용을 추론하는 문제가 함께 출제된다. 홍보문이 이미지 형태로 출제되기도 한다. 홍보문의 작성 방법은 미리 알아 두어야 하나, 빈칸을 추론하는 문제는 홍보문의 세부 내용을 정확히 이해하면 쉽게 해결할 수 있다.

확인문제

1. 다음 문서를 작성할 때 유의해야 할 사항으로 적절하지 않은 것은?

> **2026년 2분기 지역 콘텐츠 홍보 지원**
>
> \- 지역 브랜드의 대내외 인지도 상승을 위한 홍보 전략 컨설팅 및 홍보 매체 지원 -
>
> 1. 홍보 목표
>   1) 지역 인지도 상승을 통한 관광객 유입 및 관광 수입 증대
>   2) 지역 비전 추구를 위한 지역 주민의 긍정적 태도 함양
> 2. 홍보 전략
>   1) (가)
>   - 지역 인지도를 빠르게 확산하기 위해 온라인 소통 매체를 활용하여 홍보
>   - 지역의 구체적인 정보를 충분히 전달하기 위해 안내 책자를 제작하여 홍보
>   2) 지역 주민의 긍정적 태도를 형성하기 위한 홍보 전략
>   - 지역 비전을 주제로 ㉠ 스토리텔링이 접목된 영상을 제작하여 홍보
>   - 지역 주민의 참여로 만들어진 지역 정책을 카드 뉴스 형태로 제작하여 홍보
>   3) 대중과의 이성적, 감성적 소통을 활용한 홍보 전략
>   - 지역의 특장점을 홍보하기 위해 통계 수치를 기반으로 구체적인 정보를 전달하는 이성적 소통 전략
>   - 지역의 관광지를 홍보하기 위해 지역 출신 유명인이 지역을 여행하며 아름다운 경관과 지역에서의 추억을 소개하는 감성적 소통 전략

① 필수적으로 전달해야 하는 내용은 가장 먼저 작성해야 한다.
② 되도록 약어는 사용하지 말고, 독자가 이해하기 쉽게 작성해야 한다.
③ 감정을 드러내는 문장 부호의 사용은 지양하며 객관적으로만 작성해야 한다.
④ 통계나 일정 등 숫자를 표기해야 할 때는 오류 없이 정확하게 작성해야 한다.
⑤ 독자의 흥미는 본문에 포함되는 내용에 비례하므로 내용을 풍부하게 작성해야 한다.

해설 홍보문은 가급적 단문을 사용하여 핵심 내용만 작성해야 한다. 따라서 ⑤는 적절하지 않다.

정답 ⑤

2. 윗글의 (가)에 들어갈 내용으로 가장 적절한 것은?

① 다른 지역과의 협업을 통한 홍보 전략
② 지역 공동체의 동질성 회복을 위한 홍보 전략
③ 지역의 대내외 인지도 상승을 위한 매체별 홍보 전략
④ 다른 지역과 비교하여 지역의 특색을 강조하는 홍보 전략
⑤ 지역의 특성을 경제적, 사회적, 지리적으로 세분화하여 홍보하는 전략

해설 (가)의 세부 사항에서 '온라인 소통 매체'와 '안내 책자'를 활용하여 지역의 인지도를 높이고 대중에게 구체적인 정보를 전달하고자 함을 알 수 있다. 따라서 (가)의 세부 사항은 매체를 활용해 대내외 인지도를 높이는 전략이므로 ③이 가장 적절하다.

① ② ④ ⑤ '다른 지역과의 협업', '지역 공동체의 동질성 회복', '다른 지역과의 비교', '지역의 특성 세분화'는 (가)의 세부 사항에서 언급되지 않았으므로 적절하지 않다.

정답 ③

3. 윗글의 밑줄 친 ㉠과 관련된 전략으로 가장 적절한 것은?

① 지역과 타 지역의 특징을 비교하여 우리 지역만의 특장점을 홍보하는 전략
② 지역의 명소를 낭만적인 영화의 촬영 장소로 제공하여 지역의 아름다움을 홍보하는 전략
③ 지역의 고유 캐릭터를 만들고 캐릭터를 지역 내에서 상용화하여 전 세대에게 홍보하는 전략
④ 지역이 고향인 주민이 유년 시절의 추억을 지역의 변천사와 함께 전달하여 지역의 인심을 홍보하는 전략
⑤ 유명한 식품 전문가가 직접 지역 특산물을 먹어 보고, 객관적으로 효과를 분석하여 지역 특산품을 홍보하는 전략

해설 스토리텔링이란 정보를 쉽게 이해하고 기억하게 하기 위하여 정보를 이야기와 함께 제시해 듣는 이의 정서를 유발하는 방법이다. 따라서 지역의 변천사를 유년 시절의 이야기와 함께 전달하는 것은 스토리텔링을 활용한 전략이므로 적절하다.

① ⑤ 지역과 타 지역의 특장점을 비교하는 것과 지역의 특산품을 전문가가 먹어 보고, 객관적으로 분석하는 것은 단순히 정보만 전달하는 것이므로 적절하지 않다.

② ③ 지역의 명소를 영화 촬영 장소로 제공하는 것과 지역의 캐릭터를 만들어 홍보하는 것은 정보와 이야기를 함께 제시하는 것이 아니므로 적절하지 않다.

정답 ④

또 나올 기출개념

홍보문

정의	어떤 내용을 널리 알리거나 보도하기 위해 작성하는 문서
작성 시 유의 사항	· 한글 맞춤법, 외래어 표기법 등의 어문 규범에 따른 표현을 사용한다. · 독자의 입장을 충분히 고려하여 사회적 편견을 담고 있는 표현은 삼간다. · 번역 투 표현, 중의적 표현, 이중 피동 표현, 불필요한 사동 표현 등은 사용하지 않는다. · 불가피한 경우를 제외하고 한자어나 외국어의 사용을 피하며, 이를 다듬은 말을 사용한다. · 전문 용어, 약어 등은 가급적 사용하지 않으며 부득이하게 사용하게 되는 경우, 그에 대한 설명을 함께 기재한다.

대표 기출유형 ② 보도문을 이해하고 보완하는 문제

● 유형설명

보도문의 작성 방법과 제목을 파악하는 유형으로, 두 유형이 주로 2문제 세트로 구성된다. 보도문의 정의, 보도문의 구성 요소별 작성법, 수정 방안의 적절성을 묻는 문제 등이 출제되기도 한다. 대부분 독해력으로 충분히 풀 수 있지만, 보도문을 구성하는 각 요소를 작성하는 방법과 그 특징을 물어보는 문제가 함께 출제되기도 하므로 보도문을 구성하는 요소별 작성 방식을 함께 알아 두어야 한다.

확인문제

1. 다음과 같은 글을 쓸 때의 유의 사항으로 적절하지 않은 것은?

(가)

앞으로 사업장에 직접 출입하지 않고도 100m 이상의 높은 굴뚝에서 배출되는 오염 물질을 원격으로 감시할 수 있게 되어 오염 물질의 불법 배출 예방이 가능해졌다. 국립환경과학원은 굴뚝뿐만 아니라 생산 공정에서 흩날리면서 배출되는 초미세먼지 원인 물질을 햇빛을 이용해 실시간으로 원거리에서 측정하는 태양추적적외선(SOF) 측정법을 최근 확립했다고 밝혔다. 기존에는 흩날리면서 배출되는 초미세먼지 원인 물질의 양을 정확하게 산정하기 어려웠고, 오염원을 찾아 배출 기준을 적용하는 데 한계가 있었다. 태양추적적외선 측정법은 태양과 측정 장비 사이에 커다란 가상의 기둥을 만들고, 사업장 전체를 마치 높은 성벽처럼 에워싸 날림먼지의 누출 지점을 찾아내고 배출량을 정량적으로 산출하는 방법으로, 미국 및 스웨덴 등에서 대형 석유화학산단 관리에 쓰이는 입증된 기술임과 동시에 유럽에서는 초미세먼지 원인 물질 배출량 측정을 위한 최적가용기법(BAT)으로 사용하고 있다. 환경부는 지난 2019년 12월 추가경정예산으로 이번 태양추적적외선 장비를 도입했고, 국립환경과학원은 지난해 시험 운영을 거쳐 이 장비의 측정법을 확립하였다. 이 측정법을 적용하면 대기 환경 측면에서 흩날리면서 배출된 오염 물질을 정량적으로 산출해 저감할 수 있고, 기업에서는 원료나 제품의 누출을 방지해 생산 비용을 절감할 수 있다는 점에서 효과적이다. 또한, 국립환경과학원은 여기에서 그치지 않고 앞으로 모바일 기반의 원격분광측정을 통해 초미세먼지와 오존의 생성 물질인 휘발성유기화합물의 농도를 측정하고 배출량을 조사해 측정 기반 배출계수도 개발할 계획이라고 밝혔다.

① 알리고자 하는 내용을 객관적인 사실을 중심으로 작성해야 한다.
② 실무자만 아는 전문 용어는 쉬운 말로 풀어쓰거나 그 의미를 별도로 설명해야 한다.
③ 문장에 연결어나 수식어는 되도록 사용하지 않고 간단명료한 단문으로 작성해야 한다.
④ 어떤 대상의 가치를 분석한 내용과 그렇게 판단하게 된 이유를 근거와 함께 작성해야 한다.
⑤ 글의 첫 부분만 읽고도 핵심 내용을 쉽게 파악할 수 있도록 역피라미드 형식으로 작성해야 한다.

해설 대상에 대한 가치 판단 내용, 판단에 대한 근거 등을 함께 제시하며 작성하는 글은 비평문이므로 적절하지 않은 것은 ④이다.

정답 ④

※ 출처: 환경부, http://me.go.kr

2. 윗글의 (가)에 들어갈 보도 자료의 제목으로 가장 적절한 것은?

① 미국과 유럽 등지에서 사용하는 태양추적적외선 장비 도입 시급해
② 햇빛 이용한 사업장 초미세먼지·오염 물질 배출 원격 감시 가능해져
③ 굴뚝을 통해 배출된 초미세먼지와 오염 물질 배출량 상승세 가팔라져
④ 모바일 기반의 원격분광측정을 도입해 휘발성유기화합물의 농도 측정 필요
⑤ 사업장에서 배출하는 초미세먼지·오염 물질이 유발하는 환경 오염 문제 심각해

해설 윗글은 국립환경과학원에서 생산 공정에서 흩날리면서 배출되는 초미세먼지 원인 물질을 햇빛을 이용해 실시간으로 원거리에서 측정하는 태양추적적외선 측정법을 확립했다는 내용이므로 (가)에 들어갈 윗글의 제목으로 가장 적절한 것은 ②이다.

정답 ②

또 나올 기출개념

보도문의 정의 및 특성

구분	보도문(보도 자료)
정의	정부 기관, 기업, 각종 단체들이 알리고자 하는 정보를 언론 매체에 보도하기 위해 언론 기관에 제공하는 글
작성 방법	· 두괄식(역피라미드) 구조로 작성해야 함 · 어문 규범에 따라 간결하고 이해하기 쉽게 작성해야 하며, 전문 용어, 약어 등을 가급적 사용하지 않아야 함 · 언론 기관에서 문의 사항이 있을 경우를 대비하여 문의처를 반드시 기재해야 함
내용 구성 요소의 특징 및 작성 방법	· 표제 - 내용 전체를 핵심적으로 보여 줄 수 있는 제목 - 간결한 형식으로 작성하고 가장 먼저 제시해야 함 - 종결 어미를 사용하거나 명사나 명사형 어미로 끝맺음할 수 있음 · 부제 - 표제에 덧붙어 표제를 구체적으로 보충하거나 강조하는 제목 - 표제만 제시하는 것이 가장 이상적이나, 표제만으로 내용 전달이 어려운 경우 제시함 - 부제를 제시하는 경우, 보통 1개를 제시하는 것이 가장 적절하며 2개를 초과하지 않도록 해야 함 - 명사문(명사, 명사형 어미로 종결)의 형식으로, 2줄 이내로 간결하게 작성해야 함 - 표제의 밑에, 표제보다 작은 글씨로 제시해야 함 · 주제문 - 본문의 가장 첫 부분에 제시함 - 육하원칙에 따라 본문 내용 중 가장 핵심적인 내용을 간결하게 작성해야 함 - 글씨를 다른 색으로 표시하거나 밑줄을 치지 않음 · 본문 - 보도문에서 주가 되는 부분 - 구체적인 내용을 중요도가 높은 것부터 서술해야 함 · 요약문 - 필수 항목은 아니며, 본문의 내용이 복잡하거나 길 때 핵심 내용만 간략하게 제시하는 항목

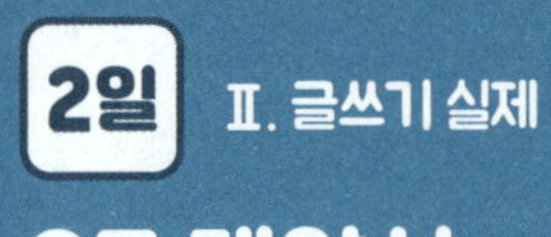

07 계약서

평균 출제 문항 수
2문제
평균 출제 비중
5.1%

대표 기출유형 ① 계약서를 이해하고 보완하는 문제

유형설명

주로 계약 내용이 자세히 기재되어 있는 약관을 제시하고, 계약서의 세부 내용을 파악하거나 조문의 제목으로 가장 적절한 것을 찾는 문제가 출제된다. 제목은 조문의 핵심 내용을 대표하는 내용이므로 세부 내용을 정확히 파악하면서, 제시된 다른 조문 형식을 참고하여 적절한 내용인지 판단하면 된다.

확인문제

1. 다음은 공공·민간 공연장의 대관 계약서이다. 조항의 세부 내용을 참고할 때 ㉠~㉤에 들어갈 내용으로 가장 적절하지 않은 것은?

시정 후 약관

제1조 (㉠)
제작사의 사정으로 인하여 공연 준비 대관일로부터 180일 이전에 대관 전부를 취소하는 경우에는 기존 납부액의 50%의 비율에 해당하는 금액을, 그 이후에는 기존 납부액의 100%에 해당하는 금액을 위약금으로 지불하여야 한다.

제2조 (임차료)
제작사는 본 계약의 체결일로부터 10일 이내에 공연장이 지정한 계좌로 총 임차료의 15%(부가세 별도)를 지급한다. 임차료 잔금은 사용개시일 전까지 모두 지급하는 것을 원칙으로 하되, 공연장과 제작사는 공연 일정, 제작사의 신용도, 이행(지급)보증보험 가입 여부 등을 고려하여 별도로 합의하여 구체적인 잔금 지급 일정을 결정한다.

제3조 (㉡)
관계 법령이나 행정관청 등의 지시에 따라 관계 공무원이 임대차 목적물에 대한 안전, 환경, 소방 등에 관한 정기 또는 수시 점검을 하는 경우 공연장은 본 공연에 지장이 없도록 점검 일정을 조율하는 등의 노력을 하여야 하며, 이 경우 제작사는 점검에 적극 협력한다.

제4조 (㉢)
1. 공연장은 제작사가 공연 내용을 공연장과 사전 협의 없이 당초 합의된 공연 내용을 임의로 변경하여 공연장 평판에 부정적인 영향을 미쳤거나 미칠 것이 예상되는 경우 즉시 계약을 해지할 수 있다.
2. 공연장은 다음 각호에 해당하는 경우 제작사에 서면으로 시정 또는 계약이행을 통보하고 이러한 서면 통보가 상대방에게 도달된 시점부터 15일이 경과하여도 시정 또는 계약이 이행되지 않는 경우 서면 통보를 통해 계약을 해지할 수 있습니다.
   가. 제작사가 본 계약에 의한 대관료를 합리적 사유 없이 명시된 납부 기한 내 납부하지 않았을 경우
   나. 제작사가 본 계약상의 의무를 위반한 경우

제5조 (㉣)
공연장의 책임없이 정부 또는 관계기관에 의한 단전, 단수, 교통 통제 또는 요청에 의하여 공연을 진행할 수 없거나 감염병으로 행정관청이 영업 중단 조치를 취했을 경우 등의 불가항력적인 경우 공연장은 취소·중지된 공연에 대하여 손해 배상의 의무가 없으며 면책된다.

제6조 (㉤)
제작사는 공연장의 시설 설비의 변경을 가하거나 특별한 설비를 반입, 설치할 경우 공연장의 사전 승인을 받아야 하며, 사용 완료 즉시 원상으로 회복시키고 반입 설치한 설비를 철거시켜야 하며, 이때의 비용은 제작사가 부담해야 한다. 제작사가 공연장의 기한을 정한 철거 요구에 응하지 않고 철거를 지연할 경우 공연장에서 먼저 철거 또는 폐기한 후 제작사가 이에 대한 모든 비용을 부담한다. 단, 철거 또는 폐기 과정에서 공연장은 고의·중과실이 있는 경우를 제외하고 설치물의 손상, 파손 등에 대하여 책임지거나 변상하지 않는다.

① ㉠: 대관료의 반환
② ㉡: 보수 및 점검
③ ㉢: 대관 계약금 및 잔금 납부
④ ㉣: 공연취소 및 중지
⑤ ㉤: 시설 및 설비변경 금지

해설 ㉢은 대관 계약을 해지할 수 있는 사유와 대관 계약의 승인을 취소할 수 있는 경우를 설명하는 항목이다. 따라서 ㉢에는 '대관계약 해지 및 승인 취소'가 들어가는 것이 적절하다.

정답 ③

2. 위 문서를 읽고 제작사가 공연장과 계약한 내용으로 적절한 것은?

① 제작사는 원칙적으로, 사용개시일로부터 10일 이내에 임차료 잔금을 모두 지급해야 한다.
② 제작사가 공연장의 사전 승인을 받아 공연장에 특별 설비를 설치하여 사용한다면, 철거 비용의 50%는 공연장이 납부한다.
③ 전염병이 유행하여 보건복지부에서 공연장에 영업 중단을 요청한 경우, 공연장은 제작사에 손해 배상금을 지급해야 한다.
④ 제작사의 임의적인 공연 내용 변경으로 공연장의 평판에 부정적인 영향을 끼친 경우, 제작사는 대관료의 50%를 추가 지급해야 한다.
⑤ 제작사가 공연장 대관일로부터 150일 이전에 대관 전부를 취소했다면, 기존 납부액의 100%에 해당하는 금액을 위약금으로 지급해야 한다.

해설 '제1조'에서 제작사의 사정으로 인하여 공연 준비 대관일로부터 180일 이전에 대관 전부를 취소하는 경우에는 기존 납부액의 50%의 비율의 금액을 위약금으로 납부해야 하고, 그 이후에는 100%를 지불해야 함을 알 수 있다. 제작사가 대관일로부터 150일 이전에 대관 전부를 취소한 것은 '180일 이전일'을 기준으로 그 이후에 대관을 취소한 것이므로 위약금은 기존 납부액의 100%이다.

① '제2조'에 따르면 임차료 잔금은 사용개시일 전까지 지급하는 것이 원칙이므로 적절하지 않다.
② '제6조'에 따르면 공연장에 특별 설비를 설치하려면 공연장의 사전 승인을 받아야 하지만, 철거 비용은 제작사가 모두 부담한다고 하였으므로 적절하지 않다.
③ '제5조'에 따르면 감염병으로 행정관청이 영업 중단 조치를 취했을 경우, 공연장은 취소 · 중지된 공연에 대하여 손해 배상의 의무가 없으므로 적절하지 않다.
④ '제4조'에 따르면 제작사가 공연 내용을 임의로 변경하여 공연장 평판에 부정적인 영향을 미친 경우, 공연장은 즉시 계약을 해지할 수 있으나, 제작사가 대관료의 50%를 추가 지급해야 한다는 내용은 알 수 없으므로 적절하지 않다.

※ 출처: 공정거래위원회, https://www.ftc.go.kr

정답 ⑤

기출유형 공략문제

※ 다음 글을 읽고 물음에 답하시오. (1~2번)

> ○○시
>
> 수신 △△ 초등학교장
> (경유)
> 제목 (㉮)
>
> 1. 귀교의 무궁한 발전을 기원합니다.
> 2. 우리 시에서 청소년들의 환경 의식 함양과 지역사회의 환경보호 실천 문화를 확산하기 위해 "2026 ○○시 청소년 환경 사랑 축제"를 개최하고자 하오니, 귀교의 운동장을 사용할 수 있도록 협조해 주시기 바랍니다.
> 3. 행사 개요
>   가. 행사명: 2026 ○○시 청소년 환경 사랑 축제
>   나. 주제: 자연과 공존하는 우리의 미래
>   다. 일시: 2026. 7. 22.(수) ~ 7. 24.(금)
>   라. 주최/주관: ○○시 / ○○시 청소년 수련관
> 4. 귀교 협조 사항의 제반 비용은 우리 시에서 부담하며, 행사 종료 후 사용한 장소를 복구할 것을 약속드리니 운동장 대여 협조를 요청합니다.

1. 위와 같은 유형의 문서에 대한 설명으로 적절하지 않은 것은?

① 위 문서는 행정 기관의 의사를 결정하기 위해 작성하는 문서이다.

② 보조기관의 서명은 문서의 검토와 협조의 기능일 뿐이며 결재 행위로 볼 수 없다.

③ 위 문서에서 행정 용어를 사용할 때는 행정 용어 순화어를 사용하는 것이 적절하다.

④ 위 문서를 작성할 때는 '행정업무규정 시행규칙'에 제시된 원칙에 따라 작성해야 한다.

⑤ 위 문서의 결재권자는 서명란에 자신의 성명을 한글, 한자, 영어 중 하나로 자필 표시하면 된다.

2. 위 문서의 ㉮에 해당하는 제목으로 가장 적절한 것은?

① 청소년 환경 의식을 함양하기 위한 환경 사랑 축제 안내

② 자연과 공존하는 우리의 미래를 위한 ○○시 축제 협조 요청

③ 청소년 환경 사랑 축제 개최를 위한 운동장 대여 협조 요청

④ ○○시와 △△ 초등학교가 함께 진행하는 2024 청소년 환경 사랑 축제

⑤ ○○시가 주최하는 환경 사랑 축제 내용 검토 요청

※ 다음 글을 읽고 물음에 답하시오. (3~5번)

> **부동산 매매 계약서**
>
> ⓐ 매도인(파는 사람)과 ⓑ 매수인(사는 사람)은 위 부동산을 아래와 같이 사고 판다.
>
> **제1조(㉠)**
> 매수인은 매도인에게 매매대금을 아래와 같이 주기로 한다.
> 매매대금 일십억원(₩1,000,000,000)
> 계 약 금 일억오천만원은 계약하는 날에 주고,
> 중 도 금 육억오천만원은 2025년 1월 3일에 주고,
> 잔 금 이억원은 2025년 2월 9일에 주기로 한다.
>
> **제2조(㉡)**
> 매도인은 잔금을 받으면서 매수인에게 소유권이전등기에 필요한 서류 전부를 주고 위 부동산도 넘겨주어야 한다.

제3조(　　㉢　　)
① 매도인은 위 부동산에 설정된 저당권, 전세권, 지상권 등 제한물권이나 가압류, 가처분 등 소유권의 행사를 제한하는 사유가 있는 경우 이들을 말소하여 제한이 없는 소유권을 이전하여야 한다.
② 전기, 가스, 수도 요금 등의 공과금 중, 위 부동산을 넘겨주는 날까지 발생한 부분은 매도인이 부담하고, 그다음 날부터 발생하는 부분은 매수인이 부담한다.

제4조(　　㉣　　)
① 위 부동산에 하자가 있는 경우 매도인은 매수인에게 하자담보의 책임을 진다.
② 위 부동산을 넘겨주는 날 이전에 위 부동산에 남아 있던 건축법 기타 법령위반의 사유로 인하여 매수인이 이행강제금 또는 벌금을 내게 되거나, 그 이외에 재산의 손해(원상회복비용 등)를 입은 경우, 매도인은 매수인에게 이를 배상하여야 한다.

제5조(　　㉤　　)
① 매수인이 매도인에게 중도금을 주기 전까지(중도금을 정하지 않은 경우에는 잔금을 주기 전까지)는, 매도인은 매수인에게 계약금의 2배를 주고 이 계약을 해제할 수 있고, 매수인은 계약금을 포기하고 이 계약을 해제할 수 있다.
② 매도인 또는 매수인이 이 계약에 따른 채무를 이행하지 않은 경우 그 상대방은 채무를 이행하지 않은 당사자에게 이행을 촉구한 후 이 계약을 해제할 수 있다. 이 경우 채무를 이행하지 않은 당사자는 이로 인하여 상대방에게 발생한 손해를 배상하여야 한다.

3. 위 문서의 ㉠~㉤에 작성할 조항 제목으로 가장 적절하지 않은 것은?

① ㉠: 매매대금
② ㉡: 소유권이전과 인도
③ ㉢: 부동산에 대한 부담의 소멸 등
④ ㉣: 하자 보수 책임
⑤ ㉤: 보증금반환채무의 인수

4. ⓐ가 ⓑ에게 주어야 하는 것으로 적절한 것은?

① 잔금
② 저당권
③ 소유권
④ 중도금
⑤ 매매대금

5. 위 문서를 읽고 이해한 내용으로 가장 적절한 것은?

① 부동산을 넘긴 후 한 달간 발생한 공과금은 매도인이 부담해야 한다.
② 부동산에 하자가 있다면 매수인이 하자 보수의 책임을 갖고 수선해야 한다.
③ 매수인이 채무를 이행하지 않는다면, 매도인은 계약을 즉시 해제할 수 있다.
④ 채무를 이행하지 않아 상대에게 발생한 손해는, 채무 불이행 당사자가 손해액의 2배로 배상해야 한다.
⑤ 부동산을 넘기기 전의 집행으로 매수인에게 벌금 납부 의무가 발생했다면, 매도인이 매수인에게 손해를 배상해야 한다.

기출유형 공략문제

※ 다음은 회계 담당자가 작성한 품의서이다. 다음 글을 읽고 물음에 답하시오. (6~7번)

<table>
<tr><td>제목</td><td colspan="5">(　　　㉠　　　)</td></tr>
<tr><td>문서 번호</td><td colspan="5">2026-××××××</td></tr>
<tr><td>결재일</td><td colspan="5">2026.××.××.</td></tr>
<tr><td rowspan="2">결재</td><td>담당자</td><td>사무국장</td><td>사무총장</td><td colspan="2">회장</td></tr>
<tr><td></td><td></td><td></td><td colspan="2"></td></tr>
<tr><td colspan="6">2026년 ××단체 보조금으로 시행하는 ○○사업 ○○세미나 개최와 관련하여 아래와 같이 비용을 지출하고자 합니다.</td></tr>
<tr><td>사업명</td><td colspan="2">○○사업</td><td>사업 기간</td><td colspan="2">2026.××.××.</td></tr>
<tr><td colspan="6">내 역</td></tr>
</table>

<table>
<tr><td rowspan="2">연번</td><td colspan="3">지출 내역</td><td rowspan="2">산출 근거</td><td rowspan="2">비고</td></tr>
<tr><td>비목</td><td>적요</td><td>추정 금(원)</td></tr>
<tr><td>1</td><td>인쇄비</td><td>행사 자료 인쇄</td><td>500,000</td><td>2,500원×200부</td><td></td></tr>
<tr><td>2</td><td>강사료</td><td>행사 강의 등</td><td>300,000</td><td>(10,000원/h+추가 50,000원)×2인</td><td></td></tr>
<tr><td>3</td><td>원고료</td><td>자료집 원고</td><td>150,000</td><td>15,000원×10매</td><td></td></tr>
<tr><td></td><td>합계</td><td></td><td>950,000</td><td></td><td>부가세 포함</td></tr>
<tr><td colspan="2">붙임</td><td colspan="4">(　　　㉡　　　) 1부. 끝.</td></tr>
<tr><td colspan="6">위와 같이 예산을 집행하고자 합니다.
2026년　××월　××일
회계 담당자　　(인)</td></tr>
</table>

6. ㉠에 들어갈 품의서의 제목으로 가장 적절한 것은?

① ○○사업 협약 체결

② 강사 위촉에 따른 강사료 지급

③ ○○세미나 행사 자료 외주 계약

④ ○○세미나 개최 비용 지출 계획

⑤ 사업 기간 연장에 따른 사업비 이월

7. 윗글을 바탕으로 할 때 ㉡에 들어갈 서류로 가장 적절한 것은?

① 강사료 지급 확인서

② 세미나 참가 신청서

③ 세미나 계획서 및 일정표

④ 세미나 장소 대관 계약서

⑤ 세미나 참여 직원 체재비 기준

※ 다음 글을 읽고 물음에 답하시오. (8~9번)

신입사원 오리엔테이션 기획안

■ 행사 목표

신입사원에게 회사는 물론 부서에 적응하는 기회를 제공함으로써 진입 충격을 완화하도록 한다.

■ 행사 세부 목표

(1) 신입사원이 애사심을 가질 수 있도록 회사의 목표와 비전을 공유한다.

(2) 각 부서의 신입사원에게 공통적으로 적용되는 회사 생활의 기본 소양을 교육한다.

(3) 신입사원이 자신이 속한 부서의 업무 수칙 및 업무 절차를 학습할 수 있도록 한다.

■ 행사 준비
(1) 행사 준비 위원회는 인사부 2명, 총무부 2명으로, 전문성을 위해 대리급 이상으로 구성한다.
(2) 행사 준비는 실제 행사일 전날까지 완료되도록 하며, 행사 당일 오전 9시에 리허설을 진행한다.
(3) 행사 준비 위원회는 다음의 물품을 준비하도록 한다.
※ 디지털카메라, 비디오카메라, 일회용 접시, 종이컵, 다과, 전체 신입사원 명찰, 신입사원 배부용 교육자료

■ 행사 개요
(1) 행사일: 20××년 7월 6일(금)
(2) 장소: 본사 대강당(부서별 오리엔테이션은 사전에 지정된 장소에서 실시)
(3) 참가 대상: 신입사원 총 187명, 13개 각 부서장 13명
(4) 참가 대상에 따른 준비물

신입사원	필기도구, 세미 정장 차림
부서장 (13개 부서 관리자)	소속 부서 업무 수칙 및 업무 절차와 관련된 하드카피 자료

■ 행사 세부 프로그램

시작 시간	프로그램명	담당자
14:00	기념사	조○○ 사장님
14:20	기업 탐구	김○○ 상무님
15:00	사업 보고	경영지원부 장○○ 부장님
15:30	휴식	
16:00	비즈니스 예절 교육	인사부 윤○○ 대리님
17:00	부서별 오리엔테이션	각 부서장
18:30	사진 촬영	총무부 한○○ 대리님
18:45	행사 종료	

8. 윗글과 같은 유형의 문서를 작성할 때, 고려해야 할 사항으로 가장 적절하지 않은 것은?

① 문서 내 문장의 양식을 통일하여 사용한다.
② 내용을 효과적으로 전달하기 위해 내용에 적합한 표나 그래프를 사용한다.
③ 문서의 내용이 한눈에 파악되도록 문서의 목차는 체계적으로 구성해야 한다.
④ 상대의 흥미를 불러일으킬 만한 내용으로 작성해 상대방의 호감을 사야 한다.
⑤ 문서 내용에 대한 전문성을 강조하기 위해 전문 용어와 약어를 사용해야 한다.

9. 윗글에서 보충되어야 할 내용으로 가장 적절한 것은?

① 신입사원 오리엔테이션 리허설 시작 시각
② 세부 프로그램에 참가하는 부서장의 준비물
③ 세부 프로그램을 진행하는 임원 및 사원
④ 부서별 오리엔테이션이 진행되는 장소
⑤ 행사 준비 위원회에 참여 가능한 사원 조건

기출유형 공략문제

※ 다음 글을 읽고 물음에 답하시오. (10~12번)

> (가)
>
> - 국민 생활과 밀접한 안전 분야 제도 개선 과제 32개 발굴·추진 -
>
> 1. 추진 배경
>   1) 다양한 분야에서 재난 안전 관련 제도의 미비점을 사전에 발굴하여 재난 발생 예방을 위함
>   2) (나)
> 2. 기관별 제도 개선 사항
>   1) 소방청: 전기차 화재 등에 대비해 모든 지하 주차장에 화재 감지와 작동이 빠른 스프링클러를 설치하도록 소방시설 기준 개선
>   2) 문체부: 공연법상 등록 공연장이 아닌 장소에서 새로운 형식의 공연이 증가함에 따라, 공연장 외 공연 형태 및 공간 특성을 고려해 안전 관리 체계 강화
>   3) 국토부: 어린이 신체 특성에 맞는 안전벨트 기준 마련
>   4) 식약처: 자판기 조리식품의 기준 신설
>   5) 환경부: 먹는 물의 안전을 확보하기 위한 조류 경보제 개선
> 3. 기대 효과
>   1) 주변의 안전 사각 지대를 발굴하여 견고한 사회 안전망 구축 가능
>   2) 제도 개선의 법적 근거가 마련되어 활발한 제도 개선 활동이 가능

10. 윗글의 (가)에 작성할 제목으로 가장 적절한 것은?

① 기관별 사회 안전망 구축 실태 조사 실시
② 다양한 일상 분야에서 재난 대응 훈련 진행
③ 안전 제도의 법적 근거 마련을 위한 행동 촉구
④ 생활 속 안전 제도 개선으로 사회 안전망 강화
⑤ 생활 범위 확대에 따른 생활 속 안전 교육 실시

11. 위와 같은 글을 작성할 때 유의해야 할 사항으로 적절하지 <u>않은</u> 것은?

① 전문적인 용어나 과도한 수식어를 사용하지 않도록 주의하며 작성한다.
② 독자에게 정확한 내용을 전달하기 위해 핵심적인 정보를 담아 작성한다.
③ 독자의 여론을 파악하는 데 용이하도록 조율 중인 사항을 주제로 작성한다.
④ 감정 호소는 지양하고 사실을 전달하는 데 중점을 두어 중립적인 태도로 작성한다.
⑤ 내용에 반감이 있을 것으로 예상되는 독자층도 홍보 대상에 포함될 것을 고려하여 작성한다.

12. 윗글의 (나)에 해당하는 내용으로 가장 적절한 것은?

① 국민 사망률 조사 결과, 전년도 대비 질병으로 인한 사망률이 증가함
② 국민 생활 지표 조사 결과, 전년도 대비 주거 관련 만족도 수치가 하락함
③ 안전 사각 지대를 최소화하기 위한 기관별 재난 예방 교육 시행의 필요성이 대두됨
④ 국민 생활과 관련한 안전 정보 서비스를 활성화하기 위해 지원 정책 마련의 요구가 증대함
⑤ 시설, 산업, 교통, 의료, 식품 등 국민 생활과 밀접한 분야에서 안전 제도 개선의 필요성이 대두됨

※ **프레젠테이션의 내용 구성 방법에 대한 다음 글을 읽고 물음에 답하시오. (13~14번)**

프레젠테이션에서 염두에 두어야 할 점은 프레젠테이션이 발표자와 청중 간의 시간이 제한된 구두 의사소통이라는 점이다. 따라서 프레젠테이션의 내용을 구성할 때는 핵심 내용이 논리적으로 구성돼 있는지, 청중의 흥미를 유발하고 지속할 수 있는 내용인지를 모두 고려해야 한다. 또한 발표 시간이 모자라거나 남을 때 내용 구성을 어떻게 변경할지도 계획해 두어야 한다.

도입부에서 가장 중요한 것은 청중이 프레젠테이션 주제를 자기와 관련된 것이라고 인식하고 있는가이다. 청중이 프레젠테이션 주제에 느끼는 개인적 관련성이 높다면 다른 전략을 쓰기보다 프레젠테이션에서 핵심이 되는 내용 위주로 요약해 들려주면 된다. 반면, 청중이 프레젠테이션 주제에 느끼는 개인적 관련성이 낮다면 관련성을 인식시켜야 한다. 이 상황에서는 청중에게 질문을 하거나 청중이 공감할 만한 메시지를 담은 명언이나 일화, 사회적 문제 등을 활용하면 효과적이다.

전개부에서는 프레젠테이션의 세부 내용을 이성적이고 논리적으로 전개해야 한다. 전개부의 내용은 청중에게 가치 있는 내용이어야 하며 핵심 정보 위주로 구성해야 한다. 따라서 전개부의 내용은 핵심 사항이 강조되도록 목차를 5개 이내로 제한하는 것이 좋다. 이때, 슬라이드에는 텍스트보다 내용이 한눈에 파악될 수 있는 그래프, 청중의 이목을 끌 수 있는 사진, 영상, 소리 등의 시청각 자료를 사용하면 효과적이다.

정리부에서는 전개부의 내용을 정리하고 그중 중요한 내용은 강조하며 마무리한다. 청중의 감성을 자극할 만한 감성적인 메시지, 발표의 핵심 내용과 맞닿은 문구나 사진, 그림을 활용하는 것이 효과적이다.

13. 다음은 윗글로 프레젠테이션 내용 구성 방법을 교육받은 직원들의 반응이다. 윗글을 잘못 이해한 사람은?

① 정 주임: 프레젠테이션의 내용은 청중이 들을 만한 가치가 있다고 생각하는 내용이어야 해요.

② 장 사원: 청중에게 들려주고 싶은 감성적인 메시지는 프레젠테이션을 마무리하며 활용해야겠어요.

③ 김 대리: 도입부의 성공 여부는 프레젠테이션 주제에 청중이 느끼는 개인적 관련성에 달려 있겠군요.

④ 한 대리: 프레젠테이션의 전체 내용을 구성할 때는 청중을 고려하고, 청중의 이성보다 감성을 공략해야 합니다.

⑤ 최 사원: 프레젠테이션을 하다가 시간이 모자라면 삭제할 내용은 프레젠테이션 전에 미리 생각해 놓아야 합니다.

14. 윗글을 보완하는 방안 중 적절하지 않은 방안은?

① 1문단에 '청중과 프레젠테이션 내용 간 관련성은 청중의 프레젠테이션에 대한 흥미와 직결되기 때문이다'를 추가한다.

② 2문단에 '프레젠테이션은 크게 도입부, 전개부, 정리부로 나뉜다'를 추가해 내용을 보완한다.

③ 3문단에 '파워포인트를 제작할 경우 핵심 내용만 슬라이드로 구성한다'를 추가해 내용을 보완한다.

④ 4문단에 '이 단계에서는 프레젠테이션의 내용이 청중에게 감동을 주고 강한 인상을 남길 만한 전략을 사용하면 된다'를 추가한다.

⑤ 프레젠테이션의 단계에 따라 설명하고 있는 점이 드러나도록 2~4문단의 첫 부분에 '먼저', '다음으로', '마지막으로'와 같은 표지를 추가한다.

기출유형 공략문제

※ 다음 글을 읽고 물음에 답하시오. (15~17번)

> 고객은 2024년 7월 26일에 자사의 온라인 쇼핑몰에서 제품을 구매하였으나 배송 예정일로부터 일주일 후인 8월 8일에 제품을 받았다. 고객은 8월 3일부터 문의를 여러 번 남겼으나 답변을 받지 못하여 8월 9일에 해당 불만 사항을 접수하였다. 고객은 소셜 네트워크에 해당 불만 사항을 폭로하였으며 제품의 품질에도 문제가 있다는 내용을 추가로 작성하였다. 고객 상담 결과, 제품의 품질과 관련된 내용은 허위 내용이었으며 당시 고객이 주문한 날짜는 자사의 휴무 기간으로, 사이트에 휴무 기간과 휴무 기간에는 배송이 진행되지 않는다는 공지가 작게 표시되어 고객이 쉽게 인식하기 어려웠음을 확인하였다. 그리고 해당 기간의 업무 일지를 확인한 결과, 휴무 기간에 배치된 고객 상담 부서의 인력에 비해 업무량이 많아 답변이 일부 누락되었음을 확인하였다.

15. 위 내용을 바탕으로 '고객 불만 처리 보고서'를 작성할 때 유의해야 할 사항으로 적절하지 않은 것은?

① 보고받는 상대가 읽기 쉽도록 간결하게 정리하여 작성해야 한다.

② 현재 상황을 다각적인 관점에서 분석하여 객관적으로 작성해야 한다.

③ 보고서에 다양한 주제를 다루어 타당한 결론을 도출할 수 있도록 작성해야 한다.

④ 다른 보고서나 자료가 없어도 보고 내용을 이해할 수 있도록 완전하게 작성해야 한다.

⑤ 보고서에 미사여구나 수식 표현을 과도하게 사용하지 않도록 주의하여 작성해야 한다.

16. 다음은 위 내용을 바탕으로 작성한 '고객 불만 처리 보고서'의 개요이다. ㉠~㉤ 중 적절하지 않은 것은?

> 수신 부서장
> 제목 고객 불만 처리 보고
>
> ---
>
> 자사에 접수된 고객 불만 사항 및 처리에 대해 아래와 같이 보고합니다.
>
> 1. 고객명: ○○○
> 2. 불만 접수 일자: ㉠
> 3. 고객 불만 내용: ㉡
> 4. 불만 발생 원인
>   가. ㉢
>   나. ㉣
> 5. 추가 문제: ㉤
> 6. 시정 및 예방 조치: ⓐ
> 7. 기타

① ㉠: 2024년 8월 9일

② ㉡: 제품 배송 지연 및 문의 답변 누락

③ ㉢: 자사 휴무 기간 미공지

④ ㉣: 휴무 기간 중 배치 인력 부족으로 업무 미흡

⑤ ㉤: 소셜 서비스에 해당 불만 사항 및 허위 내용 작성

17. 개요의 ⓐ에 작성할 내용으로 적절하지 않은 것은?

① 품질관리팀은 제품을 전수 조사하고 품질 보증서를 마련하여 고객에게 제공한다.

② 웹 디자인팀은 고객이 공지 사항을 바로 인식할 수 있도록 사이트의 공지 디자인을 수정한다.

③ 인사팀은 최근 3년간 휴무 기간의 고객 상담 건수를 확인하여 그에 맞게 휴무 기간의 인력 배치를 조정한다.

④ 브랜드 관리팀은 고객에게 먼저 사과한 후 보상을 마련하고 소셜 네트워크에 올린 허위 내용에 대한 시정을 요구한다.

⑤ 개발팀은 고객 상담 서비스 업무를 보조할 수 있는 인공지능 응답 시스템을 개발하여 문의 답변이 누락되지 않도록 한다.

※ 다음 개요를 읽고 물음에 답하시오. (18~19번)

I. 행사 정보
  1. 행사명
  2. 행사 일시 및 장소
  3. 행사 주최 및 주관

Ⅱ. (㉠)
  1. 행사 콘셉트 및 테마
  2. 행사 슬로건
  3. 타깃 분석 및 홍보 전략

Ⅲ. (㉡)
  1. 개막식, 폐막식
  2. 주요 공연 및 체험 프로그램
  3. 부대 행사 및 이벤트

Ⅳ. (㉢)
  1. 인력 운영 계획
  2. 안전 및 비상 대책
  3. 시설물 설치 및 철거 계획

V. (㉣)
  1. 수입 예산(지원금, 후원금 등)
  2. 지출 예산(인건비, 홍보비, 시설비 등)
  3. 산출 근거

18. 위와 같은 개요의 글을 작성하는 목적으로 가장 적절한 것은?

① 고객에게 신뢰를 줄 수 있도록 회사의 성장 과정인 주요 연혁과 조직 구성, 경영 비전 등 일반적인 현황을 소개한다.
② 수행한 조사 및 실험 데이터를 체계적으로 정리하고, 연구 결과가 가지는 학술적 의미와 향후 적용 가능한 시사점을 도출한다.
③ 행사의 기본적인 사항부터 세부 프로그램, 소요 예산 및 인력 운영 방안 등 실행에 필요한 제반 사항을 사전에 치밀하게 기획한다.
④ 개발된 신제품이 경쟁사 대비 어떠한 기술적 차별성과 우위를 갖는지 증명하고, 시장 진입 시 예상되는 수익성과 성장 잠재력을 다각도로 분석한다.
⑤ 업무 수행 과정에서 발생한 사고나 오류의 정확한 발생 경위와 근본적인 원인을 규명하고, 향후 동일한 문제가 발생하지 않도록 재발 방지 대책을 보고한다.

19. 위 개요의 ㉠~㉣에 들어갈 내용으로 가장 적절한 것은?

	㉠	㉡	㉢	㉣
①	홍보 마케팅 전략	행사 운영 순서	행사 운영 계획	행사 수입·지출 예산 내역
②	홍보 마케팅 전략	세부 프로그램 구성	인력 운영 계획	사업비 소요 예산 내역
③	행사 기본 계획 및 추진 전략	행사 운영 순서	인력 운영 계획	행사 수입·지출 예산 내역
④	행사 기본 계획 및 추진 전략	세부 프로그램 구성	행사 운영 계획	행사 수입·지출 예산 내역
⑤	행사 기본 계획 및 추진 전략	세부 프로그램 구성	안전 관리 대책	사업비 소요 예산 내역

기출유형 공략문제

20. 다음은 우울증과 음식 섭취 간 상관관계를 연구한 내용을 바탕으로 작성한 보고서이다. ㉠에 들어가기 가장 적절한 것은?

> 흔히 우울할 때 기름지고 단 음식을 먹어야 기분이 좋아진다는 속설이 있다. 우리는 실제로 음식이 우울증 완화에 도움이 되는지 확인하고자 우울증을 겪는 환자 67명을 두 개의 그룹으로 나누어 실험을 실시하였다.
>
> ㉠
>
> 이렇게 12주간 살펴본 결과 두 개의 그룹 모두 우울증은 개선되었지만 지중해식 음식을 먹은 그룹의 우울감 완화 정도가 크며 그중 약 30%는 우울증을 겪지 않는 것을 확인할 수 있었다.
>
> 이에 따라 인간의 신체와 정신은 분리해 생각할 수 없으므로 음식이 신체에 영향을 미친다는 사실이 명확함을 알 수 있었다. 더불어 고지방·고당분의 음식이 우울증 완화에 도움이 된다고 해도 건강한 식습관은 중요하다. 그 이유는 장내 미생물 때문이다.

① 실제로도 고지방·고당분의 음식이 우리의 정신 건강에 도움이 될까?

② 보통 우울할 때마다 생크림 와플이나 쿠키처럼 달고 기름진 음식을 찾아 먹으며 그런 음식을 먹고 나면 기분이 한결 나아진다고 말하는 이들이 많다.

③ 선행 연구에 따르면 장내 미생물 중 유익균인 프로바이오틱스를 투여한 실험군에서 우울증, 자가면역질환, 비만 등 다양한 질병의 예방과 치료에 효과가 나타났다고 한다.

④ 실험 방법은 한 그룹에는 햄, 소시지와 같은 고지방 음식과 과자, 케이크 등의 고당분 음식을, 나머지 한 그룹에는 생선과 채소, 과일 등의 지중해식 음식을 제공하는 것이었다.

⑤ 장내 미생물은 우리의 기분과 감정을 조절하는 세로토닌과 도파민 등의 신경전달물질 분비에 영향을 미치며, 장내 미생물 번식에는 건강한 음식 섭취가 중요하게 작용한다.

21. 다음과 같은 문서의 서술 원칙으로 가장 적절한 것은?

> **대박주식회사 창립 기념식 기획서**
>
> 20△△. 3. 인사부
>
> • 일시: 20△△년 3월 26일 토요일 10:00~14:00
> • 장소: J호텔 로즈홀
> • 초청 대상: 일부 직원을 제외한 전 임직원
> • 목적: 1) 회사 창립 12주년을 축하하고 기념함
> 2) 직원 공동체 의식 및 애사심 함양
> • 행사 순서

시간	행사	비고
10:00~14:00	개회 선언 국민의례	사회자 진행
	연혁 보고	홍보부장님 보고
	기념사	사장님 낭독
	축사	내빈 낭독
	촛불 소화 케이크 자르기	사장님, 부사장님, 부장님들 참석
	기념 건배	참가인 전체 건배
	중식	참가인 자유롭게 식사
	행운권 추첨	사회자 진행 행사장 입장 시 행운권 배부
	폐회 선언	사회자 진행
	사진 촬영	무대에서 촬영

① 상대가 요구하는 사항이 무엇인지를 염두에 두며 작성해야 한다.

② 당사자 간의 합의한 내용이 명확하게 드러나도록 하나의 뜻으로만 해석될 수 있게 작성한다.

③ 상대의 이해를 돕기 위해 최대한 길고 자세한 문장으로 작성해야 한다.

④ 가능한 많은 안을 제안하여 상대가 원하는 안을 채택할 수 있도록 작성한다.

⑤ 상대에게 유용한 정보가 되도록 감각적이고 구체적인 표현을 활용해 작성한다.

※ 다음 글을 읽고 물음에 답하시오. (22~23번)

(가)

- 89개 인구 감소 지역을 16가지 유형으로 구분하는 '지역 특성 MBTI' 결과 분석 및 지역별 대응 정책 마련 지원 -

1. 지원 배경
   - 인구가 감소한 지역 주민들의 지역 활성화를 위한 정책 차원의 지원이 필요하다는 요구가 증가함
2. 지원 절차 및 내용

설문 조사
인구가 감소한 지역 주민을 대상으로 설문 조사 진행

⇩

결과 도출
현재 지역의 MBTI와 지향하는 지역 MBTI 도출

⇩

정보 제공
지역 MBTI와 '인구 감소 지역 종합 지표'를 결합하여 대응 전략 제공

3. 기대 효과

(나)

22. 위 문서의 제목인 (가)에 들어갈 내용으로 가장 적절한 것은?

① 16개 유형의 인간 성격 유형을 지역 특성 분석에 적용한다.

② 지역 특성 MBTI로 청년층이 선호하는 지역 인프라를 구축한다.

③ 지역 특성 MBTI로 인구 감소 지역에 맞춤형 정책 수립을 지원한다.

④ 지역 특성 MBTI 진단으로 우리 지역의 복지 사각 지대를 파악한다.

⑤ 인구 감소 지역, 법안 발의로 지역 특성 MBTI 진단을 필수로 진행하게 된다.

23. 위 문서의 (나)에 들어갈 내용으로 가장 적절한 것은?

① 수도권 인구 집중화 현상으로 지방 소멸 가속화

② 공영 기업의 독자적 활동으로 지역 경제 활성화 가능

③ 지역 특색을 살린 지역 소멸 대응 전략으로 지역 활성화 가능

④ 지역 정책 수립 시 지역 주민의 낮은 참여도로 지역 정책 만족도 하락

⑤ 인구 변화 특성이나 정착 여건, 일자리 등의 지표를 기반으로 한 인구 감소 지역 종합 지표 활용

24. 다음 홍보문을 바탕으로 할 때, 홍보문의 특징으로 적절하지 않은 것은?

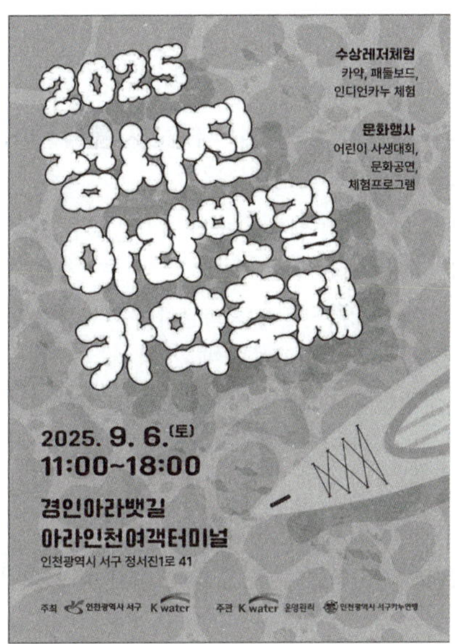

① 주최 및 주관 기관을 하단에 표기하여 행사의 공신력을 확보하고 있다.

② 카약 이미지를 배치하여 '수상 레저 축제'라는 행사의 성격을 시각적으로 강조하고 있다.

③ 지역 주민과 외부 관광객의 참여를 유도하여 지역 문화를 활성화하려는 목적을 지닌다.

④ 축제의 일시, 장소, 주요 행사 등 구체적인 정보를 명시하여 대중의 실질적인 방문을 돕는다.

⑤ 방문객 수나 만족도 등 객관적인 통계 데이터를 중점적으로 제시하여 경쟁 축제와의 비교 우위를 입증한다.

기출유형 공략문제

※ 다음 글을 읽고 물음에 답하시오. (25~26번)

공문서는 작성 주체와 목적에 따라 다양하게 정의되나, 현행 규정에 따르면 행정기관에서 공무상 작성하거나 시행하는 문서 및 행정기관이 접수한 모든 문서를 포함한다. 공문서는 수신 대상에 따라 분류되는데, 행정기관 내부 또는 보조기관 상호 간에 주고받는 (가) 대내 문서와 다른 기관이나 일반인에게 도달되는 대외 문서가 있다. 또한 공문서는 그 성질에 따라 여섯 가지로 구분된다. 헌법·법률·대통령령 등 법규 사항을 규정하는 법규문서, 행정기관이 하급 기관이나 소속 공무원에게 일정한 사항을 지시하는 지시문서, 고시·공고 등 일반인에게 특정 사항을 알리는 공고문서, 행정기관 내부에 비치하여 업무에 활용하는 비치문서, 민원인의 요구와 그 처리에 관한 민원문서, 그리고 이들에 속하지 않는 일반문서가 있다.

25. 다음 글을 바탕으로 할 때 공문서를 활용하는 상황으로 적절하지 않은 것은?

① 중앙 부처 장관이 새로운 정책 지침을 하급 기관인 지방자치단체장에게 전달할 때

② 민원인이 행정복지센터를 방문하여 주민등록등본 발급을 신청하는 서류를 제출할 때

③ 구청장이 관할 구역 내의 도로 공사 일정을 일반 주민들이 알 수 있도록 게시판에 공지할 때

④ 공무원이 점심시간을 이용하여 동호회 회원들에게 주말 등산 일정을 알리는 이메일을 작성할 때

⑤ 시청 담당자가 관내 식당의 위생 점검 결과를 기록하여 사무실 내부에 비치하는 대장을 작성할 때

26. 윗글의 (가)의 예시를 <보기>에서 모두 고른 것은?

<보기>

㉠ 행정기관이 보조기관에 보낸 공지사항
㉡ 행정기관의 장이 소속 공무원에게 보낸 업무 지시문
㉢ 행정기관이 민원인의 요청에 대해 민원인에게 발송한 회신문
㉣ 행정기관이 일반인에게 특정 사항을 알리기 위해 게시한 고시

① ㉠, ㉡ ② ㉠, ㉢
③ ㉡, ㉢ ④ ㉡, ㉣
⑤ ㉢, ㉣

27. 다음은 프레젠테이션을 잘하는 방법을 설명한 글이다. ㉮~㉰에 대한 설명으로 적절하지 않은 것은?

㉮ 우리는 무엇을 보고 좋은 프레젠테이션이라고 말할까? 사람들은 흔히 스티브 잡스의 프레젠테이션을 좋은 프레젠테이션이라고 말한다. 그렇다면 스티브 잡스가 사용하는 프레젠테이션 방법은 무엇일까? 먼저, 그는 프레젠테이션 자료를 글 대신 그림이나 동영상 같은 시청각 자료로만 구성한다. 아마도 사진이나 그림, 그래프와 같은 시각 매체나 소리, 음악과 같은 청각 매체, 시청각 매체가 종합된 동영상, 애니메이션과 같은 복합 매체는 유형에 따라 특성과 전달 효과가 모두 다르지만, 프레젠테이션의 내용을 청중에게 효과적으로 전달할 수 있다는 장점이 있기 때문일 것이다.

㉯ 둘째, 스티브 잡스는 프레젠테이션의 첫 부분에서 그가 이번 프레젠테이션으로 무엇을 설명할지를 청중들에게 간략히 소개한다. 이처럼 프레젠테이션의 도입부에서 프레젠테이션의 전체 내용을 간략히 제시해 주면 청중들은 프레젠테이션의 내용을 예상하게 된다. 프레젠테이션 도입부에서 제시한 개요는 마치 처음 가보는 길에서 가야 할 길을 명확히 제시해 주는 이정표와 같은 기능을 하기 때문에 이런 간단한 장치만으로 청중은 프레젠테이션의 내용을 어떻게 들어야 할지 생각해 보고, 프레젠테이션에 흥미를 느끼게 된다.

㉰ 마지막으로, 스티브 잡스의 프레젠테이션을 듣다 보면 반복적으로 들리는 단어가 있다. '위대한(great)', '놀라운(amazing)', '경이로운(phenomenal)' 등이다. 프레젠테이션을 할 때 격식에 맞춰 정제된 언어를 사용해야 한다는 강박감이 있는 사람들에게는 다소 어색한 단어일 것이다. 그런데도 그가 프레젠테이션에서 감정을 극대화하는 단어를 사용하는 이유는, 프레젠테이션으로 소개하고 있는 제품에 대한 그의 열정과 감정을 청중에게 온전히 전달하기 위해서이다.

① ㉮는 프레젠테이션에서 글보다는 시청각 자료가 효과적임을 강조하고 있다.

② ㉯는 도입부에서 프레젠테이션의 개요를 설명함으로써 얻을 수 있는 효과를 설명하고 있다.

③ ㉰는 의도적으로 감정적인 어휘를 사용하는 프레젠테이션 전략을 다루고 있다.

④ ㉮, ㉯, ㉰를 통해 프레젠테이션에서 사용하는 전략은 청중을 고려한 것임을 알 수 있다.

⑤ ㉮, ㉯는 프레젠테이션의 형식적인 측면을, ㉰는 프레젠테이션의 내용적인 측면을 다루고 있다.

28. 다음은 김 주무관이 타 기관으로부터 받은 공문을 접수하여 처리하는 상황이다. 업무 처리 절차를 순서대로 가장 적절하게 나열한 것은?

㉠ 공문의 작성 배경과 주제를 파악한다.
㉡ 공문의 목적을 달성하기 위해 취해야 할 행동을 결정한다.
㉢ 공문의 목적을 파악한다.
㉣ 타 기관의 요구 사항과 우리가 취해야 할 행동을 시각 자료로 요약 및 정리한다.
㉤ 공문에 있는 정보와 현안이 무엇인지 파악한다.
㉥ 타 기관이 우리에게 요구하는 내용에 관하여 분석한다.

① ㉠ - ㉢ - ㉤ - ㉥ - ㉣ - ㉡

② ㉠ - ㉤ - ㉢ - ㉡ - ㉥ - ㉣

③ ㉢ - ㉤ - ㉠ - ㉥ - ㉣ - ㉡

④ ㉢ - ㉠ - ㉤ - ㉡ - ㉥ - ㉣

⑤ ㉢ - ㉠ - ㉤ - ㉥ - ㉡ - ㉣

29. 다음은 신규 사업 기획 회의의 대화이다. <보기>를 고려할 때, ㉠~㉣에 들어갈 내용으로 가장 적절하게 짝지어진 것은?

<보기>

AIDMA는 미국의 경제학자 클렌드 홀이 제시한 구매 의사 결정 모델로, '주의 - 흥미 - 욕구 - 기억 - 행동'의 단계로 구성된다.

김 팀장: 이번 기획서는 경영진을 설득해야 하니 논리 구조가 중요해. 먼저 1단계에서 우리가 제안하는 기획 배경과 핵심 결론을 제시하여 주의를 끌어야 해.
이 사원: 네, 그다음 2단계에 흥미를 유도하기 위해 (㉠)의 내용을 담아 이 사업이 왜 유망한지 보여 줘야 합니다.
김 팀장: 좋아. 시장이 좋다는 걸 보여 줬으면, 우리 회사가 그걸 잘할 수 있는지 (㉡)으로 욕구를 자극해야지?
이 사원: 맞습니다. 그리고 경영진에게 확실한 기억을 남길 만한 (㉢)을 제시할 생각입니다.
김 팀장: 그래야 경영진이 확신을 갖고 승인하겠지. 그 이후에는 (㉣)으로 마무리하면 돼.

	㉠	㉡	㉢	㉣
①	자사 내부 역량 분석	외부 시장 환경 분석	세부 실행 계획안	최종 전략
②	외부 시장 환경 분석	자사 내부 역량 분석	세부 실행 계획안	최종 전략
③	세부 실행 계획안	외부 시장 환경 분석	자사 내부 역량 분석	최종 전략
④	외부 시장 환경 분석	자사 내부 역량 분석	최종 전략	세부 실행 계획안
⑤	자사 내부 역량 분석	외부 시장 환경 분석	최종 전략	세부 실행 계획안

기출유형 공략문제

※ 다음 글을 읽고 물음에 답하시오. (30~31번)

실내건축·창호 공사 계약서

제3조(계약 내용)
① 시공장소: ××도 ××시 ××로 ×길
② 공사일정: 2026. 4. 17. ~2026. 4. 30. (14일간)
※ 단, 부득이한 사정이 발생한 경우 "소비자"와 "시공업자"는 합의하여 공사 완공일자를 조정할 수 있다.
③ 공사금액: 금53,500,000원 (지급일: 2026. 5. 3.)
④ "ⓐ 시공업자"는 제3조제3항의 공사금액을 원자재 가격 상승 등을 이유로 인상할 수 없다.
⑤ 공사의 범위 및 공사의 내역: "시공업자"는 "소비자"가 쉽게 이해할 수 있도록 소비자에게 공사의 범위와 물량, 시공자재의 제품, 규격 등을 기재한 별도의 내역서를 제출하여야 한다. <중 략>

제7조(계약해제 및 위약금)
① "소비자" 또는 "시공업자"는 다음 각 호의 어느 하나에 해당하는 경우 상대방에게 서면으로 즉시 계약을 해제할 수 있다.
- "시공업자"의 책임 있는 사유로 공사완료일 내에 공사를 완성할 가능성이 없음이 명백한 경우
- "소비자" 또는 "시공업자"가 정당한 사유 없이 착공을 지연한 경우 상당한 기간을 정하여 서면으로 계약의 이행을 최고한 후 동 기간 내에 계약이 이행되지 아니한 때 계약을 해제할 수 있다.

② "소비자" 또는 "시공업자"의 귀책사유로 계약이 해제된 경우 "소비자" 또는 "시공업자"는 다음 각 호의 규정에 의한 위약금을 상대방에게 지급하여야 한다.
- 계약 또는 계약 후 실측만 한 경우: 총 공사금액의 5%(단 총 공사금액의 10%를 초과할 수 없음)
- 제작 또는 공사에 착수한 경우: 실 손해액 배상

제8조(공사변경)
① "시공업자"는 공사의 설계 및 자재변경 등으로 인하여 계약한 제품의 공급이 불가능할 경우 변경 시공할 내역을 "소비자"에게 통보하고, "소비자"와 협의한 후 동질·동가의 제품으로 시공할 수 있다. 다만, 이를 이유로 제3조3항의 공사금액을 인상할 수 없다.
② "소비자"의 사정에 의하여 공사내용이 변경되는 경우 "소비자"와 "시공업자"는 협의하여 변경할 수 있고, 공사내용의 변경으로 발생하는 추가비용은 "소비자"가 지급한다.

제9조(하자보수)
① "시공업자"는 공사완료 후, 균열, 누수, 파손 등의 하자가 발생하였을 때 다음 각 호에 해당하는 기간(이하 '무상 수리기간')에는 무상 수리를 해주어야한다. 다만 무상 수리기간 중 "소비자"의 사용상 부주의로 하자가 발생하여 "소비자"가 "시공업자"에게 수리를 청구한 경우, "시공업자"는 수리에 응하되 그 비용은 "소비자"가 부담한다.
- 실내건축 공사: 공사 종료 후 1년 이내
- 창호 공사: 공사 종료 후 2년 이내(유리는 1년)

② "시공업자"는 무상 수리기간이 지난 후 발생한 하자에 대하여 "소비자"가 수리를 요청하는 경우 "소비자"의 비용 부담으로 유상수리 할 수 있다.
③ "시공업자"가 공사에 사용한 제품이 계약서상의 규격에 미달할 경우 "소비자"는 "시공업자"에게 교체 시공이나 공사금액 차액 환급 등의 손해배상을 "시공업자"에게 청구할 수 있다.

30. 2026년 11월 1일에 공사가 종료된 건축물의 하자 보수가 접수됐을 때, ⓐ가 비용을 부담해야 하는 사례만 모두 고른 것은?

<보기>

ㄱ. 2026.12.1. 소비자의 부주의로 유리가 파손되어 하자 보수를 신청한 경우
ㄴ. 2027.12.1. 실내 건축물이 닳아 균열이 발생하여 하자 보수를 신청한 경우
ㄷ. 2027.9.1. 실내 건축물 마감 미흡으로 누수가 발생하여 하자 보수를 신청한 경우
ㄹ. 2027.12.1. 계약서상 규격에 맞지 않는 자재로 창호에 균열이 발생하여 하자 보수를 신청한 경우

① ㄱ, ㄴ
② ㄱ, ㄷ
③ ㄴ, ㄷ
④ ㄷ, ㄹ
⑤ ㄴ, ㄷ, ㄹ

31. **위 문서를 읽고 이해한 내용으로 적절한 것은?**

① 시공업자는 원자재 가격이 상승한 만큼 공사 금액을 인상할 수 있다.

② 소비자가 시공업자와 협의하여 공사 내용을 변경하면, 변경에 따라 발생한 비용은 시공업자가 부담한다.

③ 계약을 해제할 수 있는 상황이 발생하면 상대방에게 구두로 계약 해제를 통보하는 즉시 계약을 해제할 수 있다.

④ 공사가 시작된 이후 소비자의 귀책사유로 계약을 해제할 때, 소비자는 시공업자가 손해 본 금액을 위약금으로 지급해야 한다.

⑤ 소비자는 시공업자가 공사 내용에 대해 이해할 수 있도록 공사 범위나 공사에 사용할 제품 등을 별도로 기재하여 전달해야 한다.

32. **<보기>의 홍보문을 제작하기 위해 참고할 만한 자료로 가장 적절한 것은?**

<보기>

① 농어촌 지역 취약 아동의 교육 지원 방안

② 다문화 가정에서 발생하는 가정 폭력 현황

③ 국제결혼 이주 여성의 가정 내 갈등 요인 분석

④ 농어촌 지역 다문화 가정 청소년의 한국어 교육 상황

⑤ 다문화 가정이 겪는 문화적 갈등의 실태 및 해소 대안

33. **<보기>를 참고하여 구성한 프레젠테이션 화면 구성으로 가장 적절한 것은?**

<보기>

1. **프레젠테이션 목적**
   2025년 사망원인통계 보고

2. **프레젠테이션 내용**
   ○총사망자 수: 317,680명
   ○조사망률(인구 10만 명당 명)*: 618.9명
   ○사망원인별 사망률(단위: 인구 10만 명당 명)
   - 암: 161.1
   - 심장 질환: 61.5
   - 폐렴: 44.4
   - 뇌혈관 질환: 44.0
   - 고의적 자해(자살): 26.0
   - 당뇨병: 17.5
   - 알츠하이머병: 15.6
   - 간질환: 13.9
   - 패혈증: 12.5
   - 고혈압성 질환: 12.1

* 조사망률: 사망수준을 나타내는 가장 기본적인 지표로, 특정 1년간의 총사망자 수를 당해 연도의 연앙인구로 나눈 수치

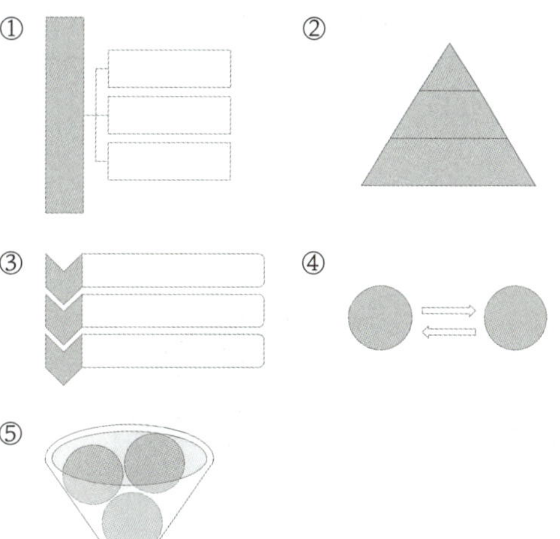

약점 보완 해설집 p.8

3일 Ⅲ. 사고력

1. 단원별 출제 비중

사고력 단원은 객관식 30문제 중 약 8문제가 출제되며, 객관식 영역에서 27%의 출제 비중을 차지합니다. 세부 단원은 '04 직무 문해력' 4문제, '01 직무 이해' 2문제, '02 수리·자료 활용', '03 문제 해결' 각 1문제 순으로 출제됩니다.

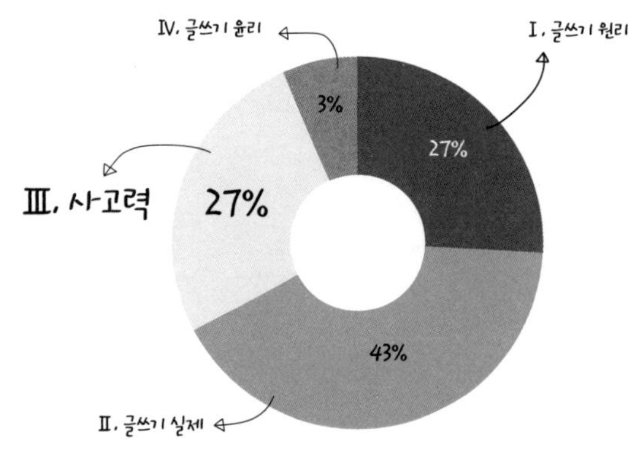

대단원별 평균 출제 비중

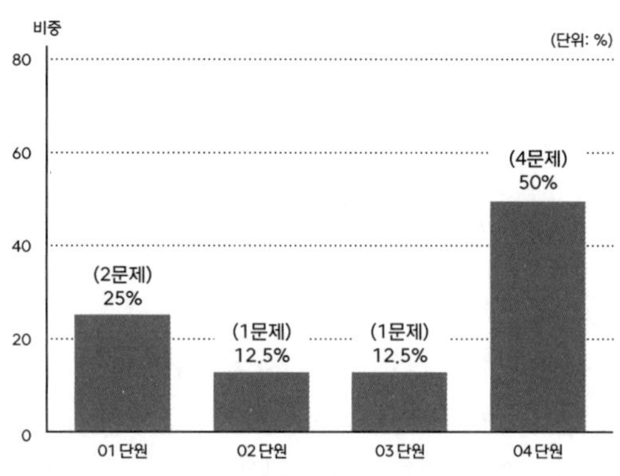

중단원별 평균 출제 비중

01 직무 이해
02 수리·자료 활용
03 문제 해결
04 직무 문해력

2. 학습 전략

01 직무 이해	직무 이해 단원에서는 조직 경영이나 업무 상황과 관련된 글을 바탕으로 내용을 파악하는 문제, 의사소통 전략을 파악하고 적용하는 문제가 출제됩니다. 경영 제도, 직무의 특성, 의사소통 전략에 대한 개념 학습이 필요합니다.
02 수리·자료 활용	수리·자료 활용 단원에서는 도표나 통계 자료를 해석하고, 업무 수행 시트를 파악하는 문제가 출제되니 도표와 업무 수행 시트의 기능을 익혀 두어야 합니다.
03 문제 해결	문제 해결 단원에서는 업무 상황에서 발생하는 문제의 유형과 해결 방안을 파악하는 문제가 출제되므로 문제의 유형과 특징을 반드시 알아 두어야 합니다.
04 직무 문해력	직무 문해력 단원에서는 인문·과학·사회 분야의 다양한 글을 읽고 내용을 파악하고, 추론하고, 구체적 상황에 적용하는 문제가 출제됩니다. 긴 글을 정확하게 이해하는 능력을 요구하므로 독해 연습이 필요합니다.

01 직무 이해

평균 출제 문항 수
2문제
평균 출제 비중
5.1%

대표 기출유형 ① 경영 기법을 설명하는 글을 읽고 푸는 문제

유형설명

사업을 이해하고 점검, 관리하는 데 활용할 수 있는 기법을 주제로 한 글을 파악하는 유형이다. 주로 2문제 세트로 구성되며, 세부 내용을 파악하는 유형으로 출제된다. 생소한 개념이 사용되지만, 글을 읽으면 충분히 이해할 수 있으므로 선택지와 글의 내용을 비교하면 쉽게 문제를 해결할 수 있다.

확인문제

1. GE-맥킨지 매트릭스에 대한 설명으로 적절하지 않은 것은?

시장 매력도			
↑ 높음	약점 보완을 위한 선택적 투자 (황신호 지역)	지위 구축 및 성장을 위한 투자 (청신호 지역)	지위 유지를 위한 투자 최대화 (청신호 지역)
시장 매력도	안정적 확장을 위한 투자 제한 (적신호 지역)	특화 상품에 투자 (황신호 지역)	수익 강화를 위한 선택적 투자 (청신호 지역)
↓ 낮음	철수 (적신호 지역)	수익성 있는 부분만 최소 투자 후 나머지 철회 (적신호 지역)	지위 보호를 위한 투자 (황신호 지역)
	낮음 ←	시장 내 경쟁력	→ 높음

GE-맥킨지 매트릭스 기법은 사업 외부 요인인 시장 매력도를 y축, 사업 내부 요인인 시장 내 경쟁력을 x축으로 하여 나타낸 경영 평가 도구이다. 시장 매력도의 요인에는 시장의 규모, 성장률, 수익률이 포함되고, 시장 내 경쟁력 요인에는 시장 점유율, 경쟁 우위, 기술력이 포함된다. 기업은 사업별로 시장 매력도와 경쟁력을 평가하고 그 결과에 따라 매트릭스에 타원 형태로 표시한다. 타원의 크기는 산업의 크기를 나타내고, 타원을 채운 정도는 시장 점유율을 나타낸다. 기업은 이를 통해 사업의 현황을 평가하고 자원 투자 정도를 결정할 수 있다.

① 시장 점유율과 산업 크기에 대해서도 파악할 수 있다.
② 기업이 사업별 투자 전략을 수립할 때 활용할 수 있다.
③ 사업의 내부, 외부 요인을 두 축으로 하여 평가 결과를 나타낸다.
④ 9개의 영역으로 결과를 세분화하여 기업의 총자본을 파악하는 데 도움을 준다.
⑤ 사업 단위별 평가를 통해 각 사업의 시장 매력도와 사업 강점의 우위를 파악할 수 있다.

해설 9개의 영역으로 결과를 세분화한 것은 맞지만, GE-맥킨지 매트릭스로 기업의 총자본은 알 수 없으므로 적절하지 않다.

① 윗글의 4번째 줄 '타원의 크기는 산업의 크기를 나타내고, 타원을 채운 정도는 시장 점유율을 나타낸다'에서 알 수 있다.

② 윗글의 마지막 줄 '이를 통해 ~ 자원 투자 정도를 결정할 수 있다'에서 투자 전략 수립 시 활용이 가능함을 알 수 있다.

③ 윗글 1번째 줄 'GE - 맥킨지 매트릭스 기법은 사업 외부 요인인 시장 매력도를 y축, 사업 내부 요인인 시장 내 경쟁력을 x축으로 하여'에서 알 수 있다.

⑤ 윗글의 3~4번째 줄 '기업은 사업별로 시장 매력도와 경쟁력을 평가하고 그 결과에 따라 매트릭스에 타원 형태로 표시한다'에서 알 수 있다.

정답 ④

2. 윗글의 '지위 구축 및 성장을 위한 투자'에 대한 설명으로 가장 적절한 것은?

① 시장 매력도가 높은 사업으로 시장 내 지위를 확장하고 안정적으로 성장하기 위해 투자를 최소화한다.

② 시장 매력도는 낮고 시장 내 경쟁력은 중간인 사업이다. 따라서 시장 성장률이 낮기 때문에 이익도 낮을 것을 예상하여 투자를 철회해야 한다.

③ 시장 내 경쟁력이 중간 수준인 사업이다. 따라서 수익을 창출하고 있는 부분에 투자를 최대화하여 사업의 특화 상품을 만들어 시장 내 지위를 유지해야 한다.

④ 시장 매력도는 중간이고 시장 내 경쟁력은 높은 사업이다. 따라서 기술력에 투자하던 자금 일부를 시장 규모를 확장하기 위해 투자할 수 있도록 자금 이동 전략을 세워야 한다.

⑤ 시장 매력도는 높고 시장 내 경쟁력은 중간인 사업이다. 따라서 시장 자체의 성장률을 강조하면서 기술을 보완하여 타사와의 관계에서 경쟁 우위를 선점하도록 자금을 투자해야 한다.

해설 '지위 구축 및 성장을 위한 투자'는 시장 매력도는 높고 시장 내 경쟁력은 중간인 사업이다. 즉, 외부 요인은 높지만 내부 요인은 중간 수준이다. 따라서 외부 요인에 해당하는 시장 성장률을 강조하고 내부 요인에 해당하는 기술력과 경쟁 우위에 자금을 투자하는 것은 적절하다.

[관련 지문 인용] 사업 외부 요인인 시장 매력도를 ~ 사업 내부 요인인 시장 내 경쟁력을 ~ 시장 매력도의 요인에는 시장의 규모, 성장률, 수익률이 포함되고, 시장 내 경쟁력 요인에는 시장 점유율, 경쟁 우위, 기술력이 포함된다.

① 시장 매력도가 높은 사업은 맞지만, 안정적 성장을 위해 투자를 최소화해야 한다는 것은 알 수 없다.

② 시장 매력도는 높은 수준이므로 적절하지 않다.

③ 시장 내 경쟁력이 중간 수준인 사업은 맞지만, '지위 유지를 위한 투자 최대화'와 '특화 상품에 투자'에 해당하는 내용이므로 적절하지 않다.

④ 시장 매력도는 높고 시장 경쟁력이 중간 수준인 사업이므로 적절하지 않다.

정답 ⑤

또 나올 기출개념

앤소프 매트릭스

기업이 제품과 시장을 분석하여 성장 전략을 결정하는 기법

시장 \ 제품	기존 제품	신규 제품
신규 시장	· 시장 개척 - 이익을 늘리기 위해 기존 제품으로 신규 시장에 진출하거나, 적자인 상황에서 신제품 개발이 불가한 경우 신규 시장을 확보하는 전략	· 다양화 - 새로운 제품으로 신규 시장에 진출하는 적극적 전략으로 위험성이 수반되지만, 새로운 분야로 혁신이 가능한 전략
기존 시장	· 시장 침투 - 기존 제품으로 기존 시장의 점유율을 확대하여 입지를 굳히는 전략	· 신제품 개발 - 기존 시장 고객의 요구와 선호도를 토대로 신제품을 출시하여 시장 점유율을 확대하는 전략

대표 기출유형 ② 의사소통 전략을 파악하고 실제에 적용하는 문제

유형설명

효과적인 의사소통을 위한 전략을 설명하는 글과 함께 실제 담화 상황을 제시하여 의사소통 전략을 이해하고 이를 실제에 적용할 수 있는지 평가하는 유형이다. 협력의 원리, 공손성의 원리 등을 설명하는 글을 이해할 수 있는 독해력과 이를 구체적 담화 상황에 적용할 수 있는 능력을 요구하는 문제가 객관식뿐만 아니라 주관식에서도 출제되고 있으므로 의사소통 전략에 관한 지식을 미리 익혀 두는 것이 좋다.

확인문제

다음 글을 근거로 할 때, <보기>의 대화에서 ㉡의 대답이 갖는 특징으로 적절하지 않은 것은?

협력의 원리란 대화 참여자들 간의 사회적 관계를 형성하고 유지하기 위한 원리이다. 이는 대화가 합리성과 상호 협력을 갖추기 위해 필요한 것으로 의사소통뿐 아니라 인간의 행위 전반에 적용될 수 있다. 협력의 원리를 쉽게 설명하자면 '말하고자 하는 바를 제대로 전달할 수 있게 하는 것'이며, 협력의 원리에는 네 가지 격률이 있다.

먼저 '양의 격률'이란 대화의 목적에 필요한 만큼의 정보만 제공하는 것을 의미한다. 두 번째는 '질의 격률'로 거짓이나 증거가 불충분한 말을 하지 않고 진실한 정보만을 이야기하는 것을 의미한다. 세 번째는 '관련성의 격률'로 대화의 맥락과 관련 있는 정보만을 제공하는 것을 의미한다. 마지막으로 '태도의 격률'은 모호하거나 중의적인 표현을 사용하지 않고 간결하고 명확하게 말하는 것을 의미한다.

<보기>

대화(1) ㉠: 오늘 점심은 무엇을 먹을까?
㉡: 저는 아무거나 상관없어요.

대화(2) ㉠: 철수야, 너 생일이 얼마나 남았지?
㉡: 딱 한 달 남았어. 한 달 후면 내가 벌써 30살이네.

대화(3) ㉠: 이번 크리스마스에 받고 싶은 선물 있니?
㉡: 난 체리향이 나는 양초를 받고 싶어.

대화(4) ㉠: 얼마 전에 개최한 사내 행사에 가수 ××가 왔다면서?
㉡: 응, 행사에서 그 가수를 처음 봤는데, 키가 전봇대보다 크더라고.

대화(5) ㉠: 사내 행사를 준비 중인데, 요즘 20~30대의 관심사가 뭘까?
㉡: 우리 팀의 지혜 씨는 강아지 캐릭터를 좋아하더라고. 20~30대 직원들은 귀여운 이미지에 관심이 많아 보여.

① 대화(1): 태도의 격률을 위배하였다.
② 대화(2): 양의 격률을 위배하였다.
③ 대화(3): 태도의 격률을 위배하였다.
④ 대화(4): 질의 격률을 위배하였다.
⑤ 대화(5): 질의 격률을 위배하였다.

해설 대화(3)에서 ㉡은 모호하거나 중의적인 표현을 사용하지 않았으므로 태도의 격률을 위배하지 않았다. 따라서 답은 ③이다.
정답 ③

또 나올 기출개념

1. 공손성의 원리

요령의 격률	청자에게 부담이 되는 표현은 최소화하고, 청자에게 이익이 되는 표현을 최대화하는 것 예 창문 좀 닫아라.(×) → 미안하지만 창문 좀 닫아 주시겠어요?(○)
관용의 격률	화자 자신에게 혜택을 주는 표현은 최소화하고, 자신에게 부담을 주는 표현을 최대화하는 것 예 설명이 너무 복잡해서 무슨 말인지 하나도 이해가 안 돼요.(×) → 제가 배경지식이 없어서 그러는데 죄송하지만 말씀해 주신 내용을 다시 설명해 주시겠어요?(○)
찬동의 격률	다른 사람에 대한 비방은 최소화하고, 칭찬은 극대화하는 것
겸양의 격률	화자 자신에 대한 칭찬은 최소화하고, 비방은 극대화하는 것
동의의 격률	화자의 의견과 다른 사람의 의견 사이의 다른 점을 최소화하고, 화자의 의견과 다른 사람의 의견 사이의 일치점을 최대화하는 것

2. 협력의 원리

양의 격률	· 대화에서 필요한 만큼의 정보만 전달하는 것 · 양의 격률에 어긋나는 경우 - 필요 이상의 정보를 제공하는 경우 - 최소한으로 전달해야 하는 정보를 주지 않는 경우
질의 격률	· 대화에서 진실한 정보만 전달하는 것 · 질의 격률에 어긋나는 경우 - 거짓된 정보를 전달하는 경우 - 타당한 증거가 없는 정보를 전달하는 경우
관련성의 격률	· 대화의 주제와 관련 있는 정보만 전달하는 것 · 관련성의 격률에 어긋나는 경우 - 대화의 목적이나 주제와 관련 없는 정보를 전달하는 경우
태도의 격률	· 모호하거나 중의적인 표현은 피하고 간결하고 명확하게 표현하는 것 · 태도의 격률에 어긋나는 경우 - 모호한 표현을 사용하는 경우 - 중의적 표현을 사용하는 경우

3. 공감적 듣기

집중하기	· 화자의 이야기를 집중하여 듣는 것 · 청자가 화자의 말을 이해하고 수용하고 있음을 화자에게 인식시켜 주는 효과가 있음 · 눈 마주치기, 미소 짓기, 고개 끄덕이기 등
격려하기	· 화자가 하고 싶은 이야기를 편하게 할 수 있도록 반응하며 듣는 것 · '조금 더 이야기해 봐', '예를 들면?'과 같은 말로 대화를 유도하기, 화자가 사용한 표현을 반복하기 등
반영하기	· 화자의 이야기를 청자의 입장에서 이해한 대로 설명해 주며 듣는 것

4. 나-전달법

나-전달법	· 갈등 상황에서 상대를 평가하거나 비난하지 않고, 자신이 느낀 감정과 상대에게 바라는 바에 집중하여 표현하는 의사소통 방식 · '사건, 감정, 기대' 순서로 내용을 구성하여 상대에게 전달함으로써, 자신의 감정과 기대를 상대에게 솔직하게 전달하는 동시에, 상대에게 공감을 이끌어 내 갈등을 해결하게 되므로 효과적임

대표 기출유형 ③ 직무를 설명하는 글을 읽고 푸는 문제

◉ 유형설명

경영 활동 과정 또는 직무 역할과 관련된 글을 읽고, 각 경영 활동 과정과 직무에 대해 파악할 수 있는지 묻는 유형이 출제된다. 글을 읽고 충분히 추론할 수 있는 유형이므로 글을 먼저 이해한 후 선택지와 비교하여 풀면 쉽게 문제를 해결할 수 있다.

확인문제

1. 다음 글의 ㉠~㉤의 활동 사례로 적절하지 않은 것은?

> 경영 관리는 조직의 목표를 효율적으로 달성하기 위해 자원을 계획하고 운영하는 순환적인 과정이다. 이 과정은 크게 4단계로 구분되며, 단계마다 관리자에게 요구되는 역할이 존재한다. ㉠ '기획'은 대내외 환경을 분석하여 조직의 목표를 설정하고 이를 달성하기 위한 전략을 계획하는 단계이다. ㉡ '조직'은 수립된 계획을 실행에 옮길 수 있도록 체계를 갖추는 단계로, 업무를 세분화하여 적재적소에 인적 자원을 배치한다. ㉢ '지휘'는 구성원들이 목표를 향해 자발적으로 움직이도록 영향력을 행사하는 단계이다. 이 단계에서는 직원들에게 동기를 부여하고, 원활한 의사소통을 주도한다. 마지막으로 ㉣ '통제'는 활동의 결과가 계획과 일치하는지 확인하는 단계이다. 이 단계들은 ㉤ 관리자가 직무를 수행할 때 맡는 직무 내용과 연관된다. 이외의 직무로는 경영 관리, 영업, 구매, 자재 관리, 생산, 연구 등이 있으며 수행 역할이 각기 다르다.

① ㉠: 신규 사업 진출을 위해 시장의 기회 요인과 위협 요인을 분석하여 현실적인 목표를 설정한다.
② ㉡: 조직의 업무 범위를 규정하고, 팀원 간의 의사소통을 활발히 하여 목표 달성을 현실화한다.
③ ㉢: 프로젝트 구성원 중 우수 사원에게 성과금을 제공하여 업무 의욕을 고취한다.
④ ㉣: 이번 분기 매출이 목표 대비 10% 미달한 원인을 분석하고, 마케팅 예산 집행 내역을 감사한다.
⑤ ㉤: 조직의 성과를 관리하기 위해 경영 활동의 과정을 이해하여 자원을 활용한다.

해설 ㉡ '조직' 단계는 업무를 세분화하여 인력을 배치하는 체계화 단계이다. 따라서 업무 범위를 규정하는 것은 맞으나, 팀원 간 의사소통을 활발히 한다는 것은 '지휘' 단계의 사례이므로 적절하지 않다.

정답 ②

2. 각 직무 내용에 대한 설명으로 적절하지 않은 것은?

① 영업: 신규 입찰을 진행하거나 주문을 받고 고객을 응대한다.
② 연구: 산학 협력이나 정부 과제를 수행하고 지식재산권을 관리한다.
③ 경영 관리: 중장기 경영 전략을 수립하고 조직의 성과와 손익을 관리한다.
④ 생산: 생산 계획을 수립하고 이에 따라 기술을 개발하여 생산 진척도를 관리한다.
⑤ 자재 관리: 원자재와 부자재의 입고와 출고, 재고를 관리하며 전반적인 물류를 관리한다.

해설 '생산' 직무는 생산 계획을 수립하고 생산 진척도를 관리하는 것은 맞으나, 기술을 개발하는 것은 '연구' 직무의 내용이므로 적절하지 않다.

정답 ④

02 수리·자료 활용

평균 출제 문항 수
1문제
평균 출제 비중
2.6%

대표 기출유형 ① 도표의 수치를 설명하는 문장을 찾는 문제

유형설명

여러 분야의 통계 자료를 정리한 도표를 해석하고 도표 내의 수치를 설명하는 문장을 쓸 수 있는지 평가하는 유형이다. 막대그래프, 원그래프, 표 등 다양한 도표에 나타난 수치를 비교하거나 증감량, 증감률을 계산하고 분석하는 유형이 출제된다.

확인문제

<보기>의 그래프를 통해 분석할 수 있는 결과를 작성한 내용으로 가장 적절한 것은?

<보기>

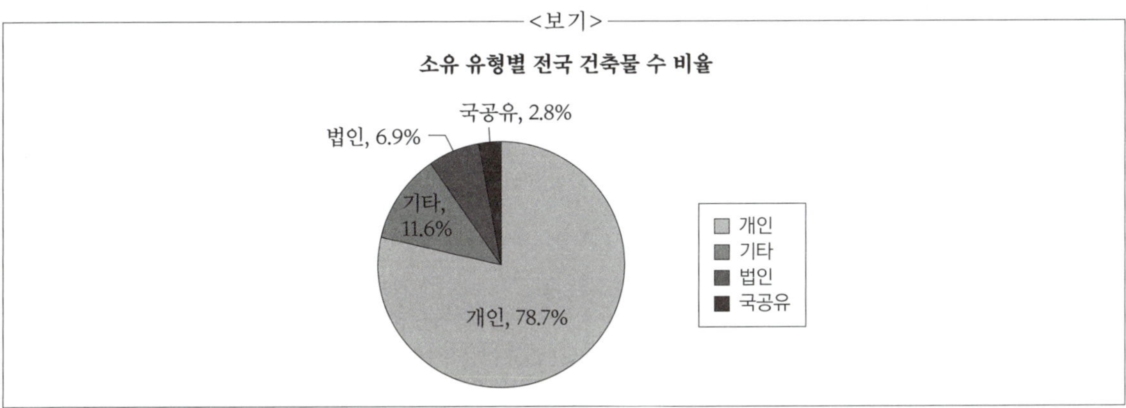

① 지역을 불문하고 개인이 소유한 건축물 수가 가장 많다.
② 전국에서 개인이 소유하지 않은 건축물 수의 비율은 21% 미만이다.
③ 전국에서 소유 유형 중 국공유 유형인 건축물 수의 비율이 가장 높은 곳은 충남 지역이다.
④ 전국에서 개인 소유인 건축물 수 비율이 기타 소유인 건축물 수 비율보다 7배 이상 높다.
⑤ 전국에서 법인 소유 건축물 수의 비율과 국공유 소유 건축물 수의 비율의 차는 4%p 이상이다.

해설 전국에서 법인 소유 건축물 수의 비율은 6.9%이며, 국공유 소유 건축물 수의 비율은 2.8%이다. 두 비율의 차가 4.1%p이므로 <보기>의 그래프를 통해 분석할 수 있는 결과로 적절한 것은 ⑤이다.

① ③ <보기>의 그래프에서 각 지역의 소유 유형별 건축물 수는 확인할 수 없다.
② 전국에서 개인이 소유하지 않은 건축물 수의 비율은 '11.6%(기타) + 6.9%(법인) + 2.8%(국공유) = 21.3%'이므로 적절하지 않다.
④ 전국의 기타 소유 건축물 수 비율의 7배는 '11.6% × 7 = 81.2%'이며, 개인 소유 건축물 수 비율은 78.7%이므로 적절하지 않다.

정답 ⑤

※ 출처: KOSIS(국토교통부, 건축물통계, 소유구분별 건축물 현황), 2022.12.07.

대표 기출유형 ② 업무 수행 시트 및 도표의 기능을 파악하는 문제

◉ 유형설명

업무 수행 계획을 작성할 수 있는 다양한 업무 수행 시트의 종류와 특징을 묻거나 도표의 종류별 활용 방법을 묻는 유형이 출제된다. 실제 시트와 도표를 이미지로 제시하고 각 자료의 특징을 묻는 문제가 출제되기도 하니 자료별 형식과 특징을 알아 두어야 한다.

확인문제

<보기>는 ○○기업의 프로젝트 업무 일정표에 따라 김 사원이 정리한 간트 차트이다. 이에 대한 설명으로 가장 적절한 것은?

<보기>

	업무	업무별 소요 기간(일)	선결 작업
A	아이디어 회의 및 정리	2	없음
B	기획 및 업무 분담	5	없음
C	기획안 공유	2	B
D	업무수행	15	B
E	수행한 업무의 결과 검토	4	D
F	업무수행 결과 회의	2	E

※ 선결 작업은 해당 항목을 수행하기 위하여 먼저 이루어져야 하는 작업을 의미하며, 모든 작업은 선결 작업이 끝나는 시점에 즉시 시작함

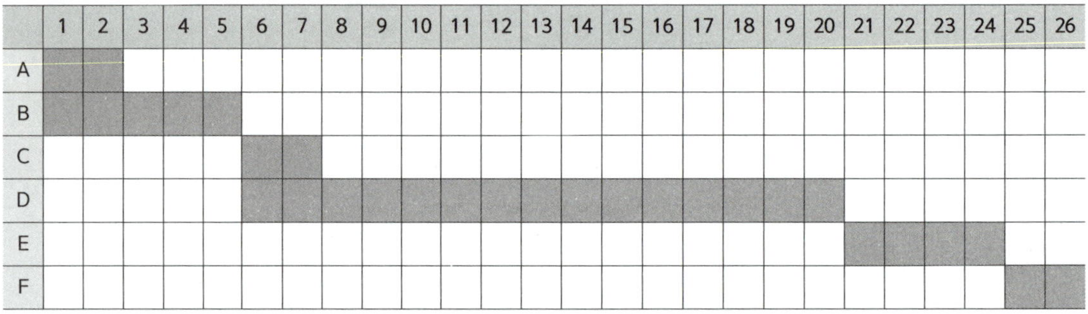

	1	2	3	4	5	6	7	8	9	10	11	12	13	14	15	16	17	18	19	20	21	22	23	24	25	26
A																										
B																										
C																										
D																										
E																										
F																										

① 시간의 흐름을 파악하는 데 한계가 있다.
② 수행해야 하는 업무별 소요 시간을 한눈에 파악할 수 있다.
③ 업무의 진행 과정을 동적으로 보여 주는 효과적인 차트이다.
④ 업무를 세부적으로 나누고, 업무별로 기대되는 수행 수준을 달성했는지 확인할 수 있다.
⑤ 주된 작업과 부차적인 작업, 혼자 처리할 수 있는 일과 다른 사람의 협조가 필요한 일로 구분하여 표현할 때 사용할 수 있다.

해설 간트 차트는 작업 진도 도표로, 단계별로 업무를 시작하고 끝내는 데 걸리는 시간을 바 형식으로 표시하므로 수행해야 하는 업무별 소요 시간을 한눈에 파악할 수 있다.

정답 ②

또 나올 기출개념

1. 간트 차트(Gantt Chart)

작업 진도 도표로, 단계별로 업무를 시작하고 끝내는 데 걸리는 시간을 바 형식으로 표시할 때 사용한다. 간트 차트를 이용하면 수행해야 하는 업무별 소요 시간을 한눈에 파악할 수 있다는 장점이 있다.

2. 워크 플로 시트(Work Flow Sheet)

일의 흐름을 동적으로 보여주는 데 효과적이다.

예

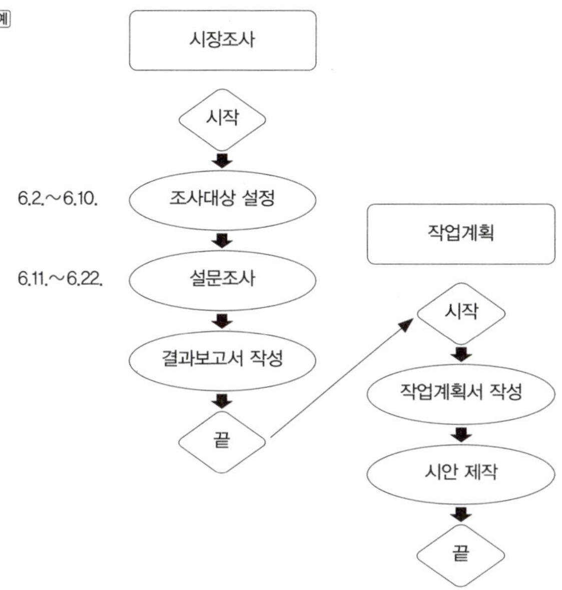

3. 체크리스트(Checklist)

체크리스트는 업무의 각 단계를 효과적으로 수행했는지 자가 점검해볼 수 있는 도구이다. 체크리스트를 통해 시간의 흐름을 파악하기는 곤란하지만, 다음과 같이 업무를 세부적인 활동으로 나누고 활동별로 기대되는 수행 수준을 달성했는지 확인하는 데는 효과적이다.

예

		체크	
		YES	NO
고객관리	고객 대장을 정비하였는가?		
	3개월에 한 번씩 고객 구매 데이터를 분석하였는가?		
	고객의 청구 내용 문의에 정확하게 응대하였는가?		
	고객 데이터를 분석하여 판매 촉진 기획에 활용하였는가?		

더 알아보기 도표 종류별 활용 및 작성 방법

1) 선(꺾은선) 그래프
   ① 경과, 비교, 분포를 비롯하여 상관관계 등을 나타낼 때 활용할 수 있는 그래프
   ② 세로축에 수량(예 금액, 매출액 등), 가로축에 명칭 구분(예 연, 월, 장소 등)을 제시하고, 두 종류 이상의 선을 사용할 때는 반드시 선의 명칭을 기입해야 함

2) 막대그래프
   ① 비교하고자 하는 각 수량 간의 대소 관계를 나타낼 때 활용할 수 있는 그래프
   ② 세로축에 수량(예 금액, 매출액 등), 가로축에 명칭 구분(예 연, 월, 장소 등)을 제시하고, 막대 수가 많을 때는 눈금선을 기입해야 함

3) 원그래프
   ① 전체에 대한 구성비를 나타낼 때 활용할 수 있는 그래프
   ② 정각 12시의 선을 기점으로 하여 구성 비율이 높은 순서대로 오른쪽으로 그림

대표 기출유형 ③ 도표 및 통계 자료를 해석하는 문제

유형설명

인구, 소득, 복지, 산업과 같은 다양한 주제의 통계 자료를 분석하는 유형이다. 보통 직접적인 수치의 차이를 묻거나 다양한 분석 결과를 문장으로 제시하고 빈칸에 들어갈 내용을 고르는 유형으로 출제된다.

확인문제

다음은 대검찰청에서 제공하는 피의자 보상금 관련 자료이고, <보기>는 이를 분석한 결과이다. ㉠~㉣에 들어갈 내용이 모두 바르게 연결된 것은?

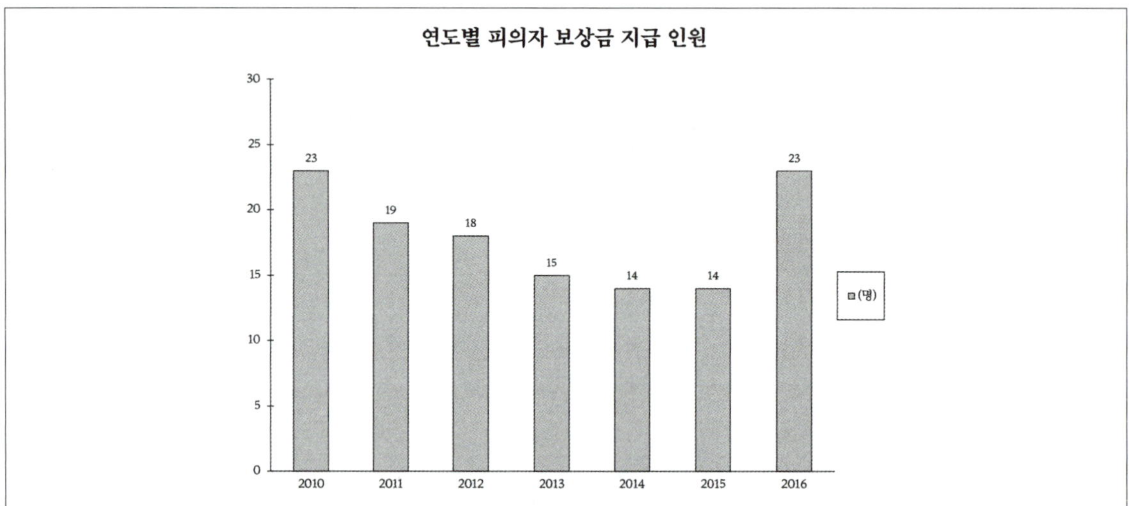

연도별 피의자 보상금 지급액

(단위: 만 원)

구분	2010	2011	2012	2013	2014	2015	2016
금액	4,354	4,390	3,111	3,150	2,930	3,813	8,806

<보기>

1. 2010년부터 2014년까지 피의자 보상금 지급 인원이 지속적으로 (㉠), 2016년에는 직전 연도보다 인원이 (㉡).
2. 피의자 보상금 지급액은 (㉢)에 가장 적고, (㉣)에 가장 많다.

	㉠	㉡	㉢	㉣
①	감소하였으나	증가하였다	2012년	2011년
②	감소하였으나	증가하였다	2014년	2016년
③	증가하였으나	감소하였다	2014년	2016년
④	증가하였으나	감소하였다	2016년	2014년
⑤	증가하였으나	증가하였다	2014년	2011년

해설 연도별 피의자 보상금 지급 인원이 2010~2014년에는 '23 → 19 → 18 → 15 → 14명'으로 계속 감소하였고, 2016년에는 직전 연도인 2015년보다 9명 증가하였으므로 ㉠에는 '감소하였으나', ㉡에는 '증가하였다'가 들어가야 한다. 또한 연도별 피의자 보상금 지급액 중 가장 적은 것은 2014년의 '2,930만 원', 가장 많은 것은 2016년의 '8,806만 원'이므로 ㉢에는 '2014년', ㉣에는 '2016년'이 들어가야 한다. 따라서 답은 ②이다.

정답 ②

03 문제 해결

평균 출제 문항 수
1문제
평균 출제 비중
2.6%

대표 기출유형 ① 업무에서 발생하는 문제 해결 방법을 파악하는 문제

유형설명

업무 상황에서 발생하는 문제 사례를 설명하는 글을 읽고 문제의 해결 방법을 파악하거나 평가하는 유형이다. 문제를 해결하는 데 필요한 태도를 찾는 유형과 세트로 구성되어 출제되기도 한다.

확인문제

1. ㉠의 결과로 도출된 대안에 대한 평가로 가장 적절한 것은?

○○기업의 인사 부서는 직원 복지와 관련된 새로운 제도를 도입하기 위해 개별적으로 정보를 수집하여 각자 새로운 제도를 제안하였다. 하지만 수집된 정보가 과다하여 모든 부서원이 정보를 이해하는 데 시간이 걸렸으며, 제안된 제도가 일정한 기준이 없어 하나의 제도를 선정하는 데 의견 충돌이 일어났다. 부서장은 부서 내 문제를 해결하기 위해 인사부의 ㉠ 연수를 실시하였고, 그 결과 자유롭게 발언할 수 있는 회의를 진행하여 정보 수집의 기준과 취합한 정보를 지속적으로 공유하여 최선의 제도를 마련하자는 대안을 도출하였다.

① 일시적인 대안으로 부서원의 개별적 업무 태도를 심화시키는 대안이다.
② 부서원 간의 집단적 사고를 바탕으로 협업하여 문제를 해결하는 대안이다.
③ 부서원의 자발적인 태도보다 상급자의 일방적인 지시로 문제를 해결하는 대안이다.
④ 부서원 간의 활발한 정보 교류가 일어나도록 시공간적 제약의 문제를 해결한 대안이다.
⑤ 사내 규정을 문제 해결의 제1원칙으로 두어 법적인 제도 내에서 문제를 해결하는 대안이다.

해설 연수의 결과로 도출된 대안은 자유롭게 발언할 수 있는 회의에서 일정한 기준과 정보를 공유하여 최선의 해결책을 마련하자는 것이다. 이 대안은 구성원이 문제에 관해 서로 정보를 주고받아 의견을 하나로 모으는 '집단적 사고'를 활용한 것이므로 ②가 가장 적절하다.

① ⑤ '개별적 업무 태도 심화', '문제 해결 원칙의 순위'와 관련된 내용은 윗글에서 확인할 수 없다.
③ '자유롭게 발언할 수 있는 회의를 진행하여'에서 상급자의 지시보다 부서원의 자발적인 태도를 지향함을 알 수 있다.
④ '정보를 지속적으로 공유하여 최선의 제도를 마련하자는 대안을'에서 활발한 정보 교류를 지향함을 알 수 있지만, 시공간적 제약의 문제를 해결한 점은 알 수 없다.

정답 ②

2. 윗글의 상황에서 문제를 해결하기 위해 지녀야 할 태도로 적절한 것을 <보기>에서 모두 고른 것은?

<보기>

㉠ 문제를 직관적으로 판단하여 빠르게 해결안을 도출해야 한다.
㉡ 개인적인 경험이나 신념보다 증거와 논리를 중시하며 문제 상황을 분석한다.
㉢ 쉽게 알고 있는 단순한 정보에 의존하여 문제 해결안을 마련하지 않도록 한다.
㉣ 문제 해결 과정에서 자신이 해야 할 영역과 타인에게 도움을 요청할 영역을 구분한다.
㉤ 풍부한 자료를 수집하면 문제 분석에 도움이 되므로 다양한 자료를 많이 수집해야 한다.

① ㉠, ㉡, ㉢　② ㉠, ㉡, ㉣　③ ㉡, ㉢, ㉣　④ ㉡, ㉣, ㉤　⑤ ㉢, ㉣, ㉤

해설
- ㉡: 개인적인 경험이나 고정 관념을 가지고 문제 상황을 바라보면 새로운 대안을 도출하기 어려우므로 객관적인 증거와 논리를 중시해야 한다.
- ㉢: 단순한 정보로는 문제를 깊이 있게 분석할 수 없어 문제 해결에 어려움을 겪거나 오류를 범할 수 있다.
- ㉣: 객관적으로 문제 해결안을 도출하려면 자신이 할 수 있는 행동과 결정을 구분하여 타인에게 도움을 요청할 수 있어야 한다.
- ㉠: 문제를 직관적으로 파악한다면 성급한 판단을 불러 오류를 범할 수 있다.
- ㉤: 자료가 많으면 핵심을 파악하는 데 혼란을 줄 수 있다.

정답 ③

또 나올 기출개념

문제 해결의 장애 요인

구분	논리적 문제
단순한 정보에 의존하는 경우	우리가 쉽게 떠올릴 수 있는 단순한 정보에 의존하면 문제를 해결하지 못하거나 오류를 유발할 수 있음
문제를 철저히 분석하지 않는 경우	문제를 철저하게 분석하지 않으면 문제의 본질을 파악할 수 없으므로 근본적인 문제 해결안을 도출하지 못하거나 새로운 문제를 일으킬 수 있음
개인적 경험과 고정 관념에 의존하는 경우	개인적인 경험이나 편견에 의존하여 문제를 해결하면 기존의 틀에 얽매여 새로운 해결안을 도출할 수 없거나 새로운 가능성을 무시할 수 있음
많은 양의 자료를 수집하는 데 집중하는 경우	자료의 양에만 집중하면 문제 해결에 필요한 자료를 파악하는 데 혼란을 일으킬 수 있음

더 알아보기 논리적 사고의 구성 요소

구성 요소	내용
생각하는 습관	· 논리적 사고에서 가장 기본이 되는 것 · 특정 문제에 대해서만 생각하는 것이 아니라 일상적 대화, 회사의 문서 등 어디서 어떤 것을 접하든지 늘 생각하는 습관을 들이는 것이 중요함
상대 논리의 구조화	· 타인을 설득하는 과정에서 거부당할 경우 상대의 논리를 구조화하는 것이 필요함 · 자신의 주장이 받아들여지지 않는 원인 중에 상대 주장에 대한 이해 부족이 있을 수 있으므로 상대의 논리에서 약점을 찾고, 자신의 생각을 재구축한다면 상대를 설득할 수 있음
구체적인 생각	상대가 말하는 것을 잘 알 수 없을 때는 구체적 이미지를 떠올리거나 숫자를 활용하는 등 다양한 방법을 활용하여 생각해야 함
타인에 대한 이해	상대의 주장에 반론할 경우, 상대 주장 전부를 부정하지 않으며 상대의 인격을 존중해야 함
설득	· 설득은 논쟁을 통하여 이루어지는 것이 아니라 논증을 통해 이루어짐 · 설득의 과정은 나의 주장을 다른 사람에게 이해시켜 공감시키고, 그 사람이 내가 원하는 행동을 하게 만드는 것임

대표 기출유형 ② 업무를 수행하면서 발생하는 문제의 유형을 파악하는 문제

유형설명

문제 상황을 해결하는 방법, 업무 수행 과정 등에 따라 분류되는 문제의 유형에 관한 설명을 읽고, 문제 유형별 특징을 찾는 유형이다. 업무를 수행하면서 발생하는 문제 상황을 구체적으로 제시하고, 그 상황에 드러나는 문제의 유형이 무엇인지 찾는 유형과 세트로 구성되어 출제되기도 한다. 따라서 각 기준에 따른 문제의 유형과 그 특징을 알아 두어야 한다.

확인문제

<보기>는 해결 방법에 따른 문제의 유형이다. 이를 참고할 때, 창의적 문제에 대한 설명으로 가장 적절한 것은?

<보기>

- 창의적 문제: 현재 문제가 없더라도 보다 나은 방법을 찾기 위한 것으로, 문제 자체가 명확하지 않음
- 논리적 문제: 현재의 문제점이나 미래에 나타날 것으로 예견되는 것으로, 문제 자체가 명확함

① 객관적, 논리적, 이성적 특징을 지닌다.
② 분석, 귀납과 같은 방법을 통해 해결한다.
③ 많은 아이디어의 작성을 통해 해결해야 한다.
④ 현안을 분석하여 이를 논리적인 방법을 통해 해결해야 한다.
⑤ 문제의 해결을 위해 감각적, 직관적인 태도는 지양해야 한다.

해설 창의적 문제는 창의력에 의한 많은 아이디어의 작성을 통해 해결할 수 있으므로 창의적 문제에 대한 설명으로 가장 적절한 것은 ③이다. 나머지는 모두 논리적 문제에 대한 설명이다.

정답 ③

또 나올 기출개념

1. 해결 방법에 따른 문제의 유형

구분	창의적 문제	논리적 문제
문제 제시 방법	· 현재 문제가 없더라도 보다 나은 방법을 찾기 위한 문제 탐구 · 문제 자체가 명확하지 않음	· 현재의 문제점이나 미래의 문제로 예견되는 문제 탐구 · 문제 자체가 명확함
해결 방법	창의력에 의한 많은 아이디어의 작성을 통해 해결	분석, 논리, 귀납과 같은 논리적 방법을 통해 해결
해답 수	· 해답의 수가 많음 · 많은 해답 중에서 보다 나은 것을 선택	· 해답의 수가 적음 · 해답이 한정되어 있음
주요 특징	주관적, 직관적, 감각적, 정성적, 개별적, 특수성	객관적, 논리적, 정량적, 이성적, 일반적, 공통성

2. 업무수행 과정 중 발생하는 문제의 유형

1) **발생형 문제(보이는 문제)**: 현재 직면한 문제로, 걱정되며 해결하기 위해 고민하는 문제를 의미한다.
2) **탐색형 문제(찾는 문제)**: 현재 상황을 개선하거나 효율을 높이기 위한 문제로, 방치하면 뒤에 큰 손실이 따르거나 결국 해결할 수 없는 문제로 확대된다.
3) **설정형 문제(미래 문제)**: 장래의 경영 전략을 생각하는 문제로, 앞으로 어떻게 할 것인가 하는 문제를 의미한다.

04 직무 문해력

평균 출제 문항 수
4문제
평균 출제 비중
10.3%

대표 기출유형 ① 인문·사회·과학 분야의 설명문을 읽고 푸는 문제

유형설명

사회 문제, 과학 이론 등을 설명하는 긴 글을 독해하여 푸는 유형으로 최근 출제 비중이 늘고 있다. 세부 내용을 파악하는 유형, 빈칸이나 관련 내용을 추론하는 유형, 구체적인 사례를 찾는 유형 등이 출제되며, 주로 2~3문제 세트로 구성된다. 세부 내용을 파악하는 유형은 글과 선택지를 비교하면서 쉽게 풀 수 있으나, 추론하거나 다른 상황에 적용하는 유형은 글의 정확한 이해를 요구하므로 독해 연습이 필요하다.

확인문제

1. 다음 글에 대한 이해로 적절한 것은?

호르몬이란 동물의 내분비샘에서 분비되는 체액과 함께 체내를 순환하여 다른 기관이나 조직의 작용을 촉진, 억제하는 물질을 통틀어 이르는 말로 내분비물이라고도 한다. 호르몬은 화학 구조를 기준으로 단백질계 호르몬, 아민계 호르몬, 스테로이드 호르몬 3가지 종류로 구분할 수 있다. 대표적으로 단백질계 호르몬에는 아드레날린과 인슐린, 아민계 호르몬에는 티록신, 스테로이드 호르몬에는 성호르몬이 있다. 각 호르몬은 해당 표적 기관에만 작용하며 신체 내·외부의 환경이 변하더라도 호르몬을 조절하여 체내의 상태를 유지할 수 있도록 하는데, 이를 항상성의 원리라고 한다.

갑상샘에서 분비되는 ㉠ 티록신은 세포의 호흡과 관련된 호르몬으로 세포의 호흡을 조절하여 혈관을 수축하거나 확장한다. 먼저 체온 변화를 인식하면 뇌하수체는 상황에 알맞게 갑상샘 자극 호르몬을 조절한다. 이에 따라 티록신의 양도 영향을 받아 세포의 호흡을 조절할 수 있다. 티록신 분비가 증가하면 세포 호흡이 감소하는 반면 티록신 분비가 감소하면 세포 호흡이 증가한다. 이를 통해 우리의 몸은 춥거나 더운 환경에서 일정하게 체온을 유지하게 된다.

이자에서 분비되는 호르몬에는 ㉡ 인슐린과 글루카곤이 있다. 이들은 간에 작용하여 혈당량을 조절하는 기능을 한다. 인슐린은 간에서 포도당을 글리코겐으로 합성하여 혈당량을 감소시키는 반면 글루카곤은 간에서 글리코겐을 포도당으로 분해하여 혈당량을 증가시킨다. 이를 통해 우리의 몸은 체내 혈당량을 조절할 수 있다.

그렇다면 호르몬 조절에 이상이 생긴다면 어떻게 될까? 티록신이 과다하게 분비되면 갑상샘 항진증으로 바제도병이 발생할 수 있는데, 갑상샘이 붓고 안구가 돌출되거나 비정상적인 심장 박동 증상이 수반된다. 반면 티록신이 결핍되면 갑상샘 저하증으로 크레틴병이 발생할 수 있는데, 신체 발육에 문제를 일으켜 육체적, 지능적 저능이 나타날 수 있다. 만약 인슐린이 결핍되면 당뇨병이 발생하며 신체에 여러 합병증을 일으켜 시야에 이상이 생기거나 신기능 장애, 심혈관계 질환이 나타날 수 있다.

① 티록신은 3가지 종류의 호르몬 중 단백질계 호르몬에 속한다.
② 인슐린이 과다하게 분비되면 혈당이 올라가 당뇨병이 발생한다.
③ 상황에 따라 갑상샘 자극 호르몬을 조절하는 기능은 뇌하수체가 담당한다.
④ 티록신이 분비되지 않아 호르몬 조절에 이상이 생긴다면 갑상샘 항진증이 발생한다.
⑤ 성호르몬 표적 기관에 이상이 생기면 항상성의 원리에 따라 다른 종류의 호르몬이 작용한다.

해설 2문단 2번째 줄 '뇌하수체는 상황에 알맞게 갑상샘 자극 호르몬을 조절한다'를 통해 알 수 있다.
① 1문단 3~4번째 줄 '아민계 호르몬에는 티록신'에서 티록신은 단백질계가 아닌 아민계 호르몬임을 알 수 있다.
② 4문단 3~4번째 줄 '인슐린이 결핍되면 당뇨병이 발생하며'에서 당뇨병은 인슐린이 결핍되어 발생하는 것임을 알 수 있다.
④ 4문단 1번째 줄 '티록신이 과다하게 분비되면 갑상샘 항진증으로'에서 알 수 있다.
⑤ 1문단 4~5번째 줄 '각 호르몬은 해당 표적 기관에만 작용하며 ~ 이를 항상성의 원리라고 한다'에서 알 수 있다.

정답 ③

2. ㉠과 ㉡에 대한 이해로 적절하지 않은 것은?

뇌하수체 → 갑상샘 → ㉠ → 세포 호흡 조절 → 혈관 수축 또는 확장 이자 → ㉡ → 간 → 포도당 → 글리코겐 → 혈당량 감소

① ㉠이 과다하게 분비하면 심장 박동에 이상이 생긴다.
② ㉡이 결핍되면 합병증을 유발해 여러 질환이 나타날 수 있다.
③ ㉠과 ㉡ 모두 내분비샘에서 분비되는 체액과 동반해 체내 변화를 조절한다.
④ ㉠과 ㉡ 모두 분비되는 정도에 따라 수치를 증가시키거나 감소시킬 수 있다.
⑤ ㉠이 결핍되면 갑상샘 저하증이 발생해 신체적, 정신적 기능이 저하될 수 있다.

해설 2문단에서 ㉠ '티록신'은 분비되는 정도에 따라 체온이 올라가거나 내려가는 것을 알 수 있다. 3문단에서 ㉡ '인슐린'은 혈당량을 줄이는 역할임을 알 수 있으나, 이를 늘릴 수 있는지는 알 수 없다.
[관련 지문 인용] 인슐린은 간에서 포도당을 글리코겐으로 합성하여 혈당량을 감소시키는 반면
① 4문단 1~2번째 줄 '티록신이 과다하게 분비되면 ~ 비정상적인 심장 박동 증상이 수반된다'에서 알 수 있다.
② 4문단 3~4번째 줄 '인슐린이 결핍되면 당뇨병이 발생하며 신체에 여러 합병증을 일으켜'에서 알 수 있다.
③ 1문단 '호르몬이란 동물의 내분비샘에서 분비되는 체액과 함께 체내를 순환하여 ~ 체내의 상태를 유지할 수 있도록'에서 알 수 있다.
⑤ 4문단 2~3번째 줄 '티록신이 결핍되면 갑상샘 저하증으로 ~신체 발육에 문제를 일으켜 육체적, 지능적 저능이 나타날 수 있다'에서 알 수 있다.

정답 ④

3. 윗글과 <보기>를 바탕으로 추론한 내용으로 적절하지 않은 것은?

<보기>

제과 업체 개발 부서에서 근무하던 최 대리는 신제품 출시를 위해 당 함량이 높은 빵과 과자를 자주 섭취하였다. 최 대리는 혈당 조절의 필요성을 느끼고 혈당 정보에 대해 검색하였다. 체내의 혈당 수치가 증가하면 베타 세포에서 B 호르몬을 분비하는 반면 혈당 수치가 감소하면 알파 세포에서 A 호르몬을 분비한다는 점을 알게 되었다. 하지만 바쁜 나머지 혈당 조절을 하지 못했고, 신제품 출시를 마친 후 최 대리는 신체에 이상 증상이 나타나 병원을 방문하여 호르몬 조절 주사를 처방받았다.

① A와 B 호르몬 모두 '간'이 표적 기관이군.
② 최 대리가 처방받은 주사는 단백질계 호르몬 주사겠군.
③ 최 대리의 체내에서는 항상성의 원리가 작용되지 않았군.
④ 최 대리가 과자와 빵을 과하게 섭취하면 B 호르몬이 분비되겠군.
⑤ A 호르몬은 포도당을 글리코겐으로 합성하여 혈당 수치를 높이겠군.

해설 <보기>와 3문단을 통해 혈당 수치를 낮추는 B 호르몬은 '인슐린', 혈당 수치를 높이는 A 호르몬은 '글루카곤'임을 알 수 있다. 3문단 2~3번째 줄 '글루카곤은 간에서 글리코겐을 포도당으로 분해하여 혈당량을 증가시킨다'에서 글루카곤의 기능을 추론할 수 있으므로 적절하지 않다.
① 3문단 1번째 줄 '이들은 간에 작용하여 혈당량을 조절하는 기능을 한다'에서 추론할 수 있다.
② 최 대리는 혈당량을 낮추는 호르몬 주사를 처방받아야 하므로 '인슐린'을 처방받았음을 추론할 수 있으며, 1문단 3번째 줄 '단백질계 호르몬에는 아드레날린과 인슐린'에서 인슐린이 단백질계 호르몬임을 알 수 있다.
③ 1문단 4~5번째 줄 '신체 내·외부의 환경이 변하더라도 호르몬을 조절하여 체내의 상태를 유지할 수 있도록 하는데, 이를 항상성의 원리라고 한다'에서 항상성의 원리의 정의를 알 수 있다. 최 대리의 몸에는 이상 증상이 나타났으므로 항상성의 원리가 작용하지 않았음을 추론할 수 있다.
④ 최 대리는 혈당이 높은 과자와 빵을 섭취하였으므로 체내에서 혈당을 낮추는 B 호르몬인 인슐린이 분비될 것을 추론할 수 있다.

정답 ⑤

기출유형 공략문제

※ 다음 글을 읽고 물음에 답하시오. (1 ~ 2번)

금속은 일상생활에서 쉽게 볼 수 있는 강한 속성의 물질이다. 금속이란 열이나 전기를 잘 전도하고, 펴지고 늘어나는 성질이 있는 특수한 광택을 가진 물질을 통틀어 말한다. 강한 속성을 가진 금속은 일상생활에서 많이 활용되지만, 시간이 지나면서 부스러지고 녹슬게 된다. 이렇게 금속 표면에 변화가 일어나는 현상을 부식이라고 한다.

부식은 물질이 산소와 결합하여 나타나는 산화 반응의 현상이다. 금속이 산화 반응을 겪으면 본래 성질을 잃어 부스러지게 된다. 산화는 산소를 얻어 물질에서 산화수가 증가하면서 전자를 잃는 현상이다. 산화가 일어날 때 환원도 함께 일어나는데, 산소가 결합하는 산화와는 반대로 환원은 산소를 잃는 현상이다. 즉, 환원은 산소를 잃어 산화수가 감소하면서 전자를 얻는 현상이다.

산화와 환원은 우리 일상에서 흔히 볼 수 있다. 음식이 썩거나 발효되는 과정, 휴대용 손난로를 데우는 과정, 미용실에서 파마하는 과정, 표백제를 이용해 빨래하는 과정에서도 모두 산화와 환원이 일어난다. 산화는 다양한 곳에서 일어나지만, 모든 산화의 속도는 동일하지 않다. 금속의 성질은 종류마다 다르며, 같은 금속이더라도 산화를 매개하는 촉매제에 따라 반응 속도가 다르기 때문이다. 예를 들어 기계에 사용되는 철은 휴대용 손난로에 있는 철보다 산화 속도가 느리다. 휴대용 손난로에 있는 철은 산화를 빠르게 일으켜 순식간에 열을 내야 하므로 염화 나트륨과 함께 사용되기 때문이다.

이처럼 빠르게 산화가 필요한 경우가 있지만 대개 우리 주변의 금속들은 일상에서 오래 사용되어야 하므로 산화를 늦추려고 한다. 산화를 막기 위해서는 물과 산소를 차단해야 한다. 철로 만든 기계나 연장에 기름을 칠하거나 자동차가 부식되지 않도록 페인트칠하는 것으로 산화를 방지할 수 있다. 금속으로 만든 기계를 비에 닿지 않도록 실내에 보관하거나 도금하는 것, 염화 칼슘으로 만든 건조제를 사용하는 것, 온도를 낮춰 음식이 썩지 않도록 하는 것도 산화를 방지하는 방법이다.

1. 윗글을 바탕으로 산화 반응을 억제할 수 있는 방법으로 적절하지 <u>않은</u> 것은?

① 철 위에 기름을 칠한다.

② 자동차에 페인트칠을 한다.

③ 염화 칼슘을 사용해 건조제를 만든다.

④ 철과 소금을 함께 사용해 성질을 강화한다.

⑤ 음식물을 보관하는 장소의 온도를 낮춘다.

2. 윗글을 바탕으로 <보기>를 이해한 반응으로 가장 적절한 것은?

<보기>

금속은 반응성이 클수록 산화되기 쉽고, 반응성이 작을수록 환원되기 쉽다. '도금'은 부식을 방지하기 위해 반응성이 작은 금이나 은을 금속 위에 얇게 입히는 일이다. 만약 도금한 철의 표면이 긁혀 철이 노출되면, 내부의 철은 도금한 금속보다 빠르게 부식된다.

칼슘 - 나트륨 - 알루미늄 - 철 - 구리 - 은 - 금

반응성이 큼 ← → 반응성이 작음

① 알루미늄을 나트륨과 함께 사용하면 산화 속도가 느려진다.

② 칼슘은 <보기>의 금속 중 산소를 잃기 가장 쉬운 금속이다.

③ 구리는 알루미늄보다 산화수가 감소할 수 있는 확률이 높다.

④ 철에 은으로 도금을 하는 이유는 철이 은보다 반응성이 작기 때문이다.

⑤ 철에 금을 입히는 것보다 구리를 입히는 것이 산화 반응 속도를 낮춘다.

3. **다음 중 ㉠에 들어갈 특성으로 가장 적절한 것은?**

> 사회가 변화하면서 기업의 구조도 다양해지고 있다. 업무 분장이 분명하고 수직적 의사소통이 주를 이루었던 예전과 달리, 요즘에는 구성원 간의 업무 공유가 활발히 이루어져 점차 수평적 의사소통이 주를 이루고 있다. 이러한 상황에서 불확실하고 급격한 변화가 잦은 디지털 사회에 적합한 조직으로 '탄력 조직(Agile Organization)'의 기업 구조가 등장하였다.
>
> '탄력 조직'이란 부서 간 경계가 모호해지면서 필요에 따라 소규모 자율 조직을 구성하여 사안에 민첩하게 대응하는 조직을 말한다. 기존 조직이 명령과 통제가 중점인 관료제적 구조였다면 탄력 조직은 리더십과 협업이 중점인 참여적 구조이다.
>
> 탄력 조직의 특성은 다음과 같다. 첫째, 구성원의 자율성이 강한 협업 구조이므로 한 명의 독점 권위가 아닌 구성원 전체가 리더십 역량을 함양하고 있는 (㉠)이다. 둘째, 업무의 공유가 원활히 이루어지기 위해 업무 상황을 시각적으로 나타낸다. 셋째, 주기적으로 업무 과정을 성찰하여 위험 요소와 변화에 대한 대처 방안을 파악한다. 넷째, 수평적 구조로 모든 구성원이 주체성을 가지고 의사 결정한다. 다섯째, 원활한 협업을 위한 차세대 기술을 도입하고 구성원의 기술 적응을 위해 지원한다.
>
> 기존 조직 구조를 탄력 구조로 바꾸기 위해서는 현재 조직의 특성과 문제점을 분석하고 개선 방안을 파악해야 한다. 이를 토대로 탄력 조직에 필요한 요소를 점진적으로 도입해야 안정적으로 조직을 구축할 수 있다.

① 개성적 리더십 구조

② 분산적 리더십 구조

③ 계층적 리더십 구조

④ 합리적 리더십 구조

⑤ 상의하달식 리더십 구조

4. **다음 회의 내용을 이해한 내용으로 가장 적절한 것은?**

> 김 팀장: 다음 주 금요일 오전 10시부터 오후 3시까지 신제품 홍보 행사가 진행되죠?
>
> 이 대리: 네, ○○역 인근에서 진행할 예정입니다. 그런데 유동 인구가 많은 시간을 공략하기 위해 오후 5시부터 9시까지로 시간이 변경되었습니다. 그리고 현장 행사 예상 참여 인원의 2배의 인원을 온라인 체험단으로 선정하여 제품을 제공하려고 합니다.
>
> 김 팀장: 네, 온라인은 정보 확산이 빠르니 홍보에 효과적이겠어요. 그럼 온라인 행사는 500명을 대상으로 진행해야 되니, 미리 물량을 철저히 준비해 주세요.
>
> 이 대리: 네, 다음 주 월요일까지 제품 전량을 수령하고, 화요일부터 행사 전날까지 전량 검수하여 제공하겠습니다.

① 온라인 행사 예상 참여 인원은 250명이다.

② 유동 인구를 고려하여 행사 장소를 변경했다.

③ 신제품 홍보 현장 행사는 4시간동안 진행된다.

④ 4일 동안 제품 전량을 검수하여 행사에 활용할 계획이다.

⑤ 상대의 말에 부정적인 태도를 보여 회의의 결론이 나지 않고 있다.

기출유형 공략문제

※ 다음은 원활한 의사소통을 위한 교육 자료의 일부이다. 다음 글을 읽고 물음에 답하시오. (5~6번)

(가) 예의를 갖춰 말하기

담화 상황에서 화자의 말이 청자에게 미칠 영향을 고려해야 한다. 원활한 의사소통을 위해 서로에 대한 예의를 지키며 배려하는 태도를 갖추어야 한다. 예의를 지키는 말하기 방식으로는 청자의 부담을 덜어 주기, 청자에 대한 비방은 줄이고 칭찬은 늘리기, 청자의 의견과 자신의 의견에서 일치되는 내용을 먼저 말한 후 자신의 의견 제시하기 등이 있다.

(나) 상황에 따라 말하기

발화 목적에 따른 말하기 전략을 활용해야 합니다. 먼저 화자가 청자에게 어떤 일을 해 달라고 부탁하거나 요청할 때, 청자에게 부담을 주는 상황에 대한 미안함을 표하고 부탁하게 된 이유를 충분히 전달해야 합니다. 또한 그 내용이 명확히 전달될 수 있게 완곡하게 말해야 하나, 너무 강하게 말하면 청자가 불쾌할 수 있으니 정중하게 요청해야 합니다. 다음으로 상대의 요구를 거절할 때는, 상대의 요구를 받아들이지 못하는 부분에 대해 미안한 마음을 표시하며, 거절의 의사를 상대가 수용할 수 있도록 충분히 설명해 줘야 합니다. 애매한 거절 표현은 후에 문제가 될 수 있으니, 거절의 의사가 확실하게 전달될 수 있도록 표현해야 합니다. 이때, 정중하게 의사를 표현해야 하는 것이 중요합니다. 마지막으로 잘못에 대한 사과를 할 때는 자신의 잘못을 인정하고 정중하게 용서를 구해야 합니다. 이때, 잘못을 정당화하거나 잘못에 대한 구실을 대며 그 이유를 낱낱이 말하는 것은 바람직하지 않습니다. 상대에게 미안한 마음을 전달하며, 자신의 잘못된 태도를 어떻게 바꿀지를 말해 주어야 합니다. 또한 상대가 잘못하여 용서를 구할 때, 이를 수용하는 태도도 필요합니다.

5. 윗글을 바탕으로 할 때, <보기>의 대화에서 두 사람이 사용한 의사소통 방식으로 가장 적절한 것은?

<보기>

한 대리: 김 대리님, 혹시 내일 오후에 일정 괜찮으십니까?
김 대리: 네. 특별한 일은 없습니다. 무슨 일 있으십니까?
한 대리: 네. 제가 그날 오후에 있는 부서 간 회의의 회의록 작성 담당자인데, 저희 어머니께서 내일 오후에 허리 시술을 하시게 되었거든요. 그래서 내일 급하게 휴가를 사용해야 할 것 같아서요.
김 대리: 저런. 어머님께서 편찮으시다면 당연히 가 보셔야지요. 걱정이 많으시겠어요.
한 대리: 네. 죄송합니다만, 김 대리님께서 괜찮으시다면 내일 오후에 저 대신 회의록을 작성해 주실 수 있으실까요? 회의록 서식과 주요 안건은 미리 정리해 두었습니다.
김 대리: 그래요. 크게 어려운 일도 아니니 제가 대신 하겠습니다.
한 대리: 정말 감사합니다. 답례로 제가 꼭 식사 대접하도록 하겠습니다. 그리고 김 대리님도 나중에 급한 일정이 생기시면 저에게 먼저 말씀해 주세요.

① 한 대리는 김 대리에게 비난을 표하지 않고 칭찬을 해 주고 있다.

② 김 대리는 한 대리의 사과를 너그럽게 받아들이며, 한 대리의 부담을 덜어 주고 있다.

③ 김 대리는 한 대리의 말을 듣고 그와 관련된 자신의 경험을 설명하며 조언해 주고 있다.

④ 김 대리는 한 대리의 상황을 정리하여 다시 말해 주면서 문제를 해결하는 데 도움을 주고 있다.

⑤ 한 대리는 김 대리에게 부탁하게 된 이유를 설명하고, 부탁하게 된 점에 대해 미안해하고 있다.

6. 윗글을 바탕으로 할 때, 원활한 의사소통을 위한 말하기 방식으로 가장 적절하지 않은 것은?

① 대화에서 청자에게 부담을 주는 표현은 하지 않아야 한다.
② 상대의 요청을 거절할 때는 그 의사를 정확하게 표현하되, 정중하게 말해야 한다.
③ 효과적인 의사소통을 위해서는 상대를 배려하는 표현과 대화의 목적을 고려해야 한다.
④ 자신의 잘못에 대해 상대에게 사과하는 경우 잘못을 하게 된 이유를 구체적으로 설명해 주어야 한다.
⑤ 서로의 의견을 주고받는 대화에서 상대와 자신의 의견 중 같은 부분을 먼저 말한 후 자신의 의견을 말해야 한다.

※ 다음 글을 읽고 물음에 답하시오. (7~8번)

업무수행 과정에서 발생하는 문제에는 세 가지 유형이 있다. 먼저 (㉠) 문제는 현재의 상황을 개선하거나 효율을 높이기 위한 문제를 말한다. 눈에 보이지 않는 문제이기 때문에 문제를 방치하면 후에 큰 손실이 따르거나 해결할 수 없는 문제로 나타나게 된다. (㉡) 문제는 현재 직면하여 걱정하고 해결하기 위해 고민하는 문제를 말하고, (㉢) 문제는 앞으로 어떻게 할 것인가 하는 문제로, 장래의 경영 전략을 생각하는 문제 유형이다.

7. <보기>를 참고할 때, 윗글의 ㉠~㉢에 들어갈 용어를 바르게 연결한 것은?

<보기>

- 탐색형 문제는 찾는 문제이다.
- 설정형 문제는 미래 문제이다.
- 발생형 문제는 보이는 문제이다.

	㉠	㉡	㉢
①	탐색형	발생형	설정형
②	탐색형	설정형	발생형
③	발생형	탐색형	설정형
④	발생형	설정형	탐색형
⑤	설정형	발생형	탐색형

8. 윗글을 바탕으로 할 때, <보기>의 업무수행 과정에서 발생한 문제 유형을 바르게 연결한 것은?

<보기>

A: 미국 시장에 진출했을 때 발생할 수 있는 매출 추이 예상과 잠재 위험 요소를 고려하는 경우
B: 실제 문제가 발생한 것은 아니지만 보다 효율성 높은 업무를 진행하기 위해 프로세스를 보완하는 경우
C: 컴퓨터가 고장 나서 당장의 업무를 진행할 수 없어 바로 해결해야 하는 경우

	A	B	C
①	설정형	탐색형	발생형
②	설정형	발생형	탐색형
③	발생형	설정형	탐색형
④	발생형	탐색형	설정형
⑤	탐색형	설정형	발생형

기출유형 공략문제

9. 다음 글의 인적 자원 관리에 대한 설명으로 가장 적절한 것은?

기업의 목표 달성을 위해서는 다양한 자원이 투입되어야 한다. 이때 효율적으로 목표를 달성하기 위해서는 한정된 자원을 적절히 활용할 수 있도록 관리하는 것이 필수적이다. 자원은 경제적 자원뿐만 아니라 자원을 활용하고 관리하는 주체인 사람까지 포함한다. 사람의 노동력을 인적 자원이라고 하고, 이를 관리하는 것을 인적 자원 관리라고 한다. 인적 자원 관리는 구성원이 가진 능력과 기술, 적성을 적절한 업무 상황에 효율적으로 배치할 수 있도록 계획하고 개발하며 활용하는 전 과정을 말한다.

기업이나 조직의 리더는 목표 달성을 위해 구성원들이 본인의 능력을 최대한 발휘할 수 있도록 적절히 배치해야 한다. 성공적인 인력 배치를 위한 원칙은 다음과 같다. 첫째, 적재적소의 원칙으로 구성원 개개인이 가진 성향과 역량을 고려하여 능력을 최대치로 발휘할 수 있는 환경에 배치해야 한다. 이는 직무에서 요구하는 역량과 개인이 가진 역량이 얼마나 부합하느냐에 따라 결정된다. 둘째, 능력주의 원칙으로 구성원이 발휘한 능력에 따른 적절한 보상이 이루어졌느냐에 따라 결정된다. 이때 현재 구성원이 가지고 있는 능력뿐 아니라 앞으로 발휘될 수 있는 잠재적인 능력까지 고려해야 한다. 셋째, 균형주의 원칙으로 양적, 질적 배치를 통해 조직 전체의 균형을 이루는 것이다. 리더는 조직 균형을 통해 구성원의 능력을 향상하고 사기를 도모할 수 있다. 인적 자원을 활용하는 것은 기업의 효율적인 목표 달성과 직결되므로 세 가지 원칙을 고려하여 인력을 적절히 배치해야 한다.

① 직무에서 요구하는 역량과 개인의 역량이 부합하는 정도가 높을수록 능력주의 원칙에 부합한다.

② 구성원의 능력과 사기를 증진하기 위해서는 양적, 질적 배치를 통해 균형주의 원칙을 지켜야 한다.

③ 사람은 유한한 자원을 관리하고 활용하는 주체이므로 좁은 의미의 자원에서는 자원에 포함되지 않는다.

④ 개인이 현재 발휘한 능력을 고려하여 이에 맞는 적절한 보상이 이루어져야 능력주의 원칙을 지킬 수 있다.

⑤ 적재적소에 인력을 배치하는 것은 구성원이 최소의 공간에서 최대의 효율을 발휘할 수 있도록 하는 것이다.

10. 다음 표를 해석한 내용으로 가장 적절한 것은?

신소프트웨어 사업 추진 애로 사항

구분	패키지 SW	IT 서비스	게임 SW
법제도 규제	3.6%	0.1%	2.0%
성공 사례 부족	13.9%	7.5%	8.7%
수익 불확실성	22.1%	20.7%	20.7%
표준화 미비	17.2%	9.1%	23.8%
자금 부족	11.9%	30.1%	12.1%
기술력 부족	8.7%	7.0%	6.1%
인력 부족	4.3%	23.2%	3.3%
대기업 사업 잠식	2.0%	0.4%	5.5%
타당성 검토 미흡	2.0%	1.9%	2.7%
경영층의 인식 부족	14.1%	-	15.0%

① 세 분야 모두 '수익 불확실성'을 가장 큰 애로 사항으로 꼽고 있다.

② 세 분야 모두 '대기업 사업 잠식'을 애로 사항으로 꼽은 비율은 5% 미만이다.

③ 게임 SW 분야에서 응답 비율이 가장 낮은 항목은 '타당성 검토 미흡'이다.

④ 패키지 SW 분야에서 '자금 부족' 응답 비율은 '성공 사례 부족' 응답 비율보다 낮다.

⑤ IT 서비스와 게임 SW 분야는 모두 '기술력 부족'이 '성공 사례 부족'보다 더 높은 비중을 차지한다.

11. 다음은 APEC 국가에 대한 우리나라 수출액 및 수입액을 나타낸 그래프이다. 이를 분석한 내용을 작성한 문장으로 가장 적절한 것은?

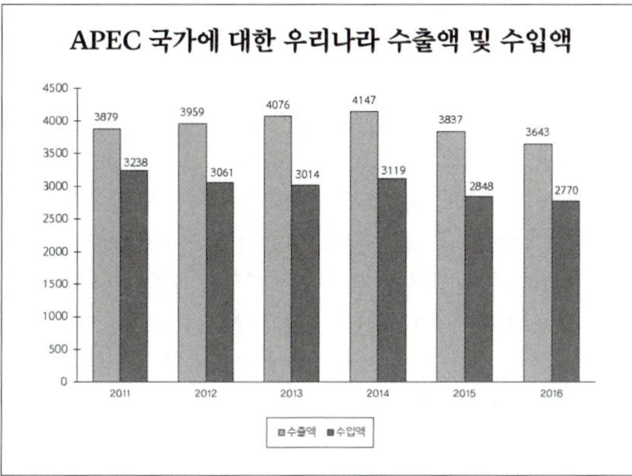

① 수입액이 가장 적었던 해는 2015년이다.

② 수출액과 수입액의 차이는 2013년에 가장 컸다.

③ 2011년부터 2016년까지 수출액이 수입액보다 적다.

④ 2011년부터 2015년까지 수입액은 지속적으로 감소했다.

⑤ 수출액과 수입액의 차이는 2012년보다 2016년에 더 컸다.

12. 다음 두 사례에 드러난 문제와 가장 관련 있는 문제해결을 위한 기본적인 사고를 바르게 연결한 것은?

> ㉠: 김 사원은 A 보험회사의 영업 부서 소속인 신입사원이다. 김 사원이 입사한 A 보험회사는 동종 업계에서 다른 기업에 비해 성과가 낮은 회사였고, 그 기업에 근무하는 사람들은 모두 현실을 알고는 있었지만 아무런 대책을 세우지 않고 있었다. 김 사원은 이러한 상황에 답답함을 느끼고 다른 기업과 A 보험회사와의 차이점을 분석하였다. 그 결과 김 사원은 자신의 회사가 영업사원의 판매 교육이 부족하다는 것을 알게 되어 이를 해결하기 위해 교육 프로세스에 대한 개선 방안을 보고서로 제출하였다.
>
> ㉡: 전자제품 업계에서 1위를 유지하고 있는 B 회사는 최근 급부상한 C 회사를 대적하기 위해 다양한 판매 및 생산 전략을 세우기 위한 회의를 열었다. B 회사의 각 부서에서 문제의 원인을 제시하였는데, 영업부서에서는 B 회사의 기술이 상대적으로 뒤처져 있는 것을 지적하였다. 서비스부서에서는 매상 목표를 달성할 수 없다는 문제를 지적하였으며, 설계부서에서는 고객의 클레임에 대한 대응이 너무 느리다는 지적이 있었다. 결국 이 회의는 회사의 어떠한 자원도 활용하지 못한 채 서로의 문제만 지적하다가 끝나고 말았다.

① ㉠ - 전략적 사고

② ㉠ - 분석적 사고

③ ㉠ - 내·외부 자원의 효과적 활용

④ ㉡ - 전략적 사고

⑤ ㉡ - 발상의 전환

기출유형 공략문제

13. 다음 ○○기업의 문제 상황을 예방할 수 있는 태도를 <보기>에서 모두 고른 것은?

> ○○기업은 거래처로부터 생산량을 파악할 수 있는 관리 시스템 개발을 의뢰받았다. ○○기업은 빠른 업무 처리를 우선으로 두고, 거래처의 문제를 충분히 파악하지 않고, 단순히 디자인 측면에서의 심미적 기준을 중심으로 시스템을 개발하였다. 그 결과, 거래처는 시스템에 불만을 제기하였고, 거래 계약 해지를 요구하였다.

<보기>

㉠ 문제의 원인을 항목별로 범주화해야 한다.
㉡ 문제가 발생한 환경을 구체적으로 분석한다.
㉢ 문제를 파악하려면 문제를 세부적으로 구조화한다.
㉣ 단일한 시각으로 좁은 범주에서 문제를 명확히 바라보아야 한다.
㉤ 부정적인 영향을 가장 적게 끼치고 있는 작은 문제부터 차례대로 분석해야 한다.

① ㉠, ㉡, ㉢
② ㉠, ㉡, ㉤
③ ㉡, ㉢, ㉣
④ ㉡, ㉢, ㉤
⑤ ㉡, ㉣, ㉤

※ 다음 글을 읽고 물음에 답하시오. (14~16번)

> 권리와 의무의 주체가 될 수 있는 자격을 ㉠ 권리 능력이라 한다. 사람은 태어나면서 저절로 권리 능력을 갖게 되고 생존하는 내내 보유한다. 그리하여 사람은 재산에 대한 소유권의 주체가 되며, 다른 사람에 대하여 채권을 누리기도 하고 채무를 지기도 한다. 사람들의 결합체인 단체도 일정한 요건을 갖추면 법으로써 부여되는 권리 능력인 법인격을 취득할 수 있다. 단체 중에는 사람들이 일정한 목적을 갖고 결합한 조직체로서 구성원과 구별되어 독자적 실체로서 존재하며, 운영 기구를 두어, 구성원의 가입과 탈퇴에 관계없이 존속하는 단체가 있다. 이를 사단(社團)이라 하며, 사단이 갖춘 이러한 성질을 사단성이라 한다. 사단의 구성원은 사원이라 한다. 사단은 법인(法人)으로 등기되어야 법인격이 생기는데, 법인격을 가진 사단을 ㉡ 사단 법인이라 부른다. 반면에 사단성을 갖추고도 법인으로 등기하지 않은 사단은 '법인이 아닌 사단'이라 한다. 사람과 법인만이 권리 능력을 가지며, 사람의 권리 능력과 법인격은 엄격히 구별된다. 그리하여 사단 법인이 자기 이름으로 진 빚은 사단이 가진 재산으로 갚아야 하는 것이지 사원 개인에게까지 책임이 미치지 않는다.
>
> 회사도 사단의 성격을 갖는 법인이다. 회사의 대표적인 유형이라 할 수 있는 주식회사는 주주들로 구성되며 주주들은 보유한 주식의 비율만큼 회사에 대한 지분을 갖는다. 그런데 2001년에 개정된 상법은 한 사람이 전액을 출자하여 일인 주주로 회사를 설립할 수 있도록 하였다. 사단성을 갖추지 못했다고 할 만한 형태의 법인을 인정한 것이다. 또 여러 주주가 있던 회사가 주식의 상속, 매매, 양도 등으로 말미암아 모든 주식이 한 사람의 소유로 되는 경우가 있다. 이런 ㉢ '일인 주식회사'에서는 일인 주주가 회사의 대표 이사가 되는 사례가 많다. 이처럼 일인 주주가 회사를 대표하는 기관이 되면 경영의 주체가 개인인지 회사인지 모호해진다. 법인인 회사의 운영이 독립된 주체로서의 경영이 아니라 마치 개인 사업자의 영업처럼 보이는 것이다.

14. 윗글의 ㉠에 대한 설명으로 가장 적절한 것은?

① 사람, 법인이 아닌 사단만이 가질 수 있는 자격이다.

② 사람 사이에 채권과 채무가 발생해야 얻을 수 있는 자격이다.

③ 유산을 남기면 죽은 후에도 계속해서 유지될 수 있는 자격이다.

④ 권리의 주체가 될 수는 있으나 의무의 주체는 될 수 없는 자격이다.

⑤ 사람은 생득적으로 지니지만 사단은 일정한 조건이 있어야 얻을 수 있는 자격이다.

15. ㉡이 지닌 특성으로 가장 적절한 것은?

① ㉡은 운영 기구 없이 존재할 수 있다.

② ㉡은 사원의 가입으로 존속 유지의 여부가 결정된다.

③ 일정한 목적이 없어도 사람들이 모이면 ㉡을 만들 수 있다.

④ ㉡의 빚은 사원이 갚을 의무가 없으며 ㉡의 재산으로 갚아야 한다.

⑤ ㉡은 조직체 구성원들과 밀접한 관계에 있으므로 의존적인 성격을 지닌다.

16. ㉡과 ㉢을 이해한 내용으로 가장 적절한 것은?

① ㉡과 ㉢은 대표 이사가 보유한 주식의 비율에 따라 구분할 수 있다.

② 2001년 이전에는 ㉡과 ㉢ 형태의 단체는 존재하지 않았을 것이다.

③ ㉡과 ㉢ 모두 경영 주체가 모호하여 표면적으로는 개인 사업자와 유사하다.

④ ㉢은 ㉡과 다른 특성이 있지만, 2001년 개정된 법으로 법적 권리 능력을 부여받았다.

⑤ ㉡과 ㉢은 한 사람이 기관을 대표하도록 주식을 모두 상속하고 대표의 직급을 부여한다.

기출유형 공략문제

17. 사원들의 대화 내용에 대한 이해로 적절한 것은?

김 사원: 어제 방문한 협력 업체의 공장은 정말 대단했어. 워크숍 첫 일정이 협력 업체 방문이라 궁금했는데 기대 이상이었어. 조 사원: 모레 진행되는 워크숍 마무리 행사에 어제 방문한 협력 업체 사장님이 참석하신대. 그날 협력 업체 사장님 30명을 포함해 외부 초청자만 70명이래. 유 사원: 오늘부터 시작하는 실무 교육을 들으려면, 2주 전에 총무부에서 메일로 준 자료를 가져오라던데. 다들 챙겨왔지? 최 사원: 응. 워크숍 전날까지 총무부에 들르면 실물 자료를 준다고 했는데, 총무부 사무실까지 가는 게 번거로워서 메일로 받은 자료를 출력했어.

① 워크숍은 총 3일간 진행된다.

② 워크숍의 외부 초청 인원은 40명이다.

③ 협력 업체 사장이 워크숍 실무 교육 일정에 다시 참석한다.

④ 실무 교육 자료는 직접 출력하거나 총무부에서 수령할 수 있다.

⑤ 상대의 말에서 잘못된 정보를 수정하여 올바른 정보를 제시하고 있다.

18. 다음 글을 읽고 인적 자원 관리자의 중개자 역할로 적절한 것은?

인적 자원 관리자는 인적 자원을 계획적으로 관리하는 사람으로, 인사와 관련된 행정 업무를 수행하거나 경영진에게 기업 내외의 정보를 제공하는 업무를 수행한다. 또한 구성원 간의 의사소통 결여로 갈등이 발생하는 것을 예방하기 위해 의사소통을 중개하는 역할을 한다. 만약 조직 내에 갈등이 발생하면, 갈등 당사자의 의견을 조율하여 갈등 해결을 끌어내는 조정자 역할을 한다.

① 기업 내 구성원의 역량을 분석하여 교육 훈련을 진행한다.

② 기업 내 구성원의 성과를 관리하여 인력 배치에 활용한다.

③ 기업 내 부문별 의사소통이 활성화될 수 있도록 부서 간 교류의 장을 마련한다.

④ 기업 내 상황을 경영진이 파악할 수 있도록 내부의 다양한 정보를 경영진에게 제공한다.

⑤ 기업 내 갈등 당사자들과 상황을 분석하여 원만한 합의가 일어날 수 있도록 도움을 제공한다.

19. **다음과 같은 상황에서 유○○ 사원에게 해 줄 수 있는 동료들의 조언으로 가장 적절한 것은?**

유○○ 사원은 최근 동료 팀원들과 업무 분담에 대한 의견 차이로 갈등을 겪고 있다. 그동안 팀 내에서 주어진 업무를 수행할 때는 각자 정해진 역할이 뚜렷하여 별다른 문제가 없었지만, 하락하는 성과를 다시 끌어올리기 위해 동시에 진행해야 할 프로젝트가 늘어나면서 회의 진행이나 업무보고서 작성 등 간단하지만 비교적 시간이 많이 드는 기타 업무를 누가 하느냐를 두고 의견 대립이 일어났기 때문이다. 심지어 유○○ 사원은 평소 친하던 동료와도 업무 갈등을 빚으며 서로에게 불만과 불평을 늘어놓게 되었다.

① 이○○ 사원: "대인관계의 손상은 서로 신뢰가 무너지고 불신과 불만이 쌓이는 것에서 비롯됩니다. 사람들은 사소한 무관심과 불만에 쉽게 상처받기도 하므로 상대방에게 칭찬이나 감사의 표시를 전달하여 상호 신뢰 관계를 형성하는 것이 중요합니다."

② 강○○ 사원: "지키지 못할 약속은 하지 않아야 합니다. 약속을 어기게 되면 동료와의 관계를 이어주는 신뢰가 무너질 수도 있다는 점을 항상 염두에 두고, 부득이 약속해야 한다면 신중하게 생각하여 결정해야 합니다."

③ 민○○ 사원: "동료를 대할 때 친절하고 공손한 태도는 매우 중요합니다. 인간관계에서는 작은 불손, 작은 불친절, 사소한 무례 등이 커다란 손실을 불러일으킬 수 있다는 것을 명심하여 사소한 일에 관심 갖는 태도가 필요합니다."

④ 서○○ 사원: "언행일치는 정직 그 이상의 의미를 갖습니다. 있는 그대로의 사실을 이야기하는 것뿐만 아니라 자신이 한 말을 행동으로 실현함으로써 상대방의 기대를 충족시켜야 합니다."

⑤ 김○○ 사원: "진지한 사과는 동료와의 신뢰 관계 형성을 위해 매우 중요합니다. 그러나 같은 잘못으로 인한 사과가 계속된다면 불성실한 사과와 다를 바 없어 오히려 동료와의 관계가 악화될 수 있으므로 자신의 실수를 덮으려고 하거나 같은 내용의 사과를 되풀이하지 않도록 해야 합니다."

20. **전략기획팀의 정 과장은 성공적인 집단 의사결정을 내리기 위해 레드팀 도입을 검토 중이다. 레드팀에 대한 설명이 다음과 같을 때, 레드팀의 사례로 가장 적절하지 <u>않은</u> 것은?**

군대의 모의 군사 훈련에서 가상의 적군을 지칭하던 용어인 '레드팀'이 경영에서 주목받고 있다. 레드팀이란 조직이 중요한 경영 전략을 추진하기에 앞서 그 전략의 약점을 분석하는 팀으로, 해당 전략을 수립하는 데 실질적으로 참여하지 않은 인원으로 구성되는 경우가 대다수이다. 특히 레드팀이 빛을 발하는 순간은 조직의 발전에 문제가 되는 조직 편향에 제동을 걸 때다. 조직의 의사결정 과정을 살펴보면 직원들이 서로 간의 갈등을 최소화하기 위해서, 또는 강력한 리더의 주장으로 인해 의견이 한쪽으로 쏠리는 경우가 많다. 문제는 이러한 분위기가 고착될 경우 합리적인 의사결정을 내릴 수 없기 때문에 발전적인 방향으로 나아갈 수 없다는 것이다. 이러한 상황을 방지하기 위해 레드팀은 기존의 구성원들이 미처 파악하지 못한 관점에서 전략을 살피고 이의를 제기하며, 이를 바탕으로 더욱 안정적이고 올바른 전략을 세울 수 있도록 돕는다.

① A 출판사는 사내 익명 게시판을 설치하여 직원들이 자유롭게 건의 사항을 올리도록 하고, 담당 부서 책임자가 안건을 검토하도록 하였다.

② B 은행은 임원 회의에서 의도적으로 반대 의견을 내는 사람을 지정하여 의사결정 사항에 딴지를 걸도록 하였다.

③ C 언론사는 특별팀을 구성하여 기존 취재팀이 담당한 뉴스 내용의 타당성과 사실 여부 등에 대해 공격적으로 점검하게 하였다.

④ D 자동차 업체는 엔지니어들이 보고서를 쓸 때, '사고', '결함', '문제' 등의 부정적인 단어를 사용하지 않도록 권장하였다.

⑤ 대검찰청은 과잉수사 등 인권침해를 방지하는 차원에서 인권수사자문관을 배치하여 피의자의 입장에서 자문하도록 하였다.

기출유형 공략문제

21. 다음 글의 제목으로 가장 적절한 것은?

박테리아나 고세균 같은 미세 원핵생물은 바이러스의 침입에 맞서 자신을 보호하기 위해 정교한 면역 시스템을 진화시켜 왔다. 이들은 침입한 바이러스의 DNA 일부를 잘라내어 자신의 유전체 특정 부위에 저장한다. 이후 동일한 바이러스가 다시 침입하면, 저장해 둔 정보를 바탕으로 바이러스의 DNA를 식별하고, 일치할 경우 단백질 효소로 해당 부위를 정밀하게 절단하여 무력화시킨다. 이러한 자연의 방어 기제를 모방하여 개발된 기술이 바로 3세대 유전자 가위, '크리스퍼'이다.

크리스퍼 기술은 이전 세대인 '징크 핑거'나 '탈렌'에 비해 효율성이 높을 뿐만 아니라, 비용이 저렴하고 사용법이 간편하여 생명 공학의 대중화를 이끌고 있다. 의학계에서는 이를 활용해 난치성 유전 질환의 원인 유전자를 정상 유전자로 교정하는 임상 시험을 진행 중이며, 농업 분야에서는 갈변하지 않는 버섯이나 가뭄에 강한 옥수수 등 기후 위기에 대응할 신품종 작물 개발에 박차를 가하고 있다. 바야흐로 인류가 생명의 설계도를 직접 수정할 수 있는 시대가 도래한 것이다.

하지만 이 기술은 문제를 일으킬 수 있다. 의도하지 않은 유전자를 자르는 '오프 타깃(Off-target)' 효과로 부작용이 발생할 위험이 존재하기 때문이다. 무엇보다 인간 배아에 이 기술을 적용할 경우, 특정 유전자 형질을 선택적으로 강화한 '맞춤형 아기'가 탄생할 수 있다는 생명 윤리적 비판이 거세다. 이는 경제적 능력에 따라 '유전적 계급'이 나뉘는 새로운 불평등을 초래하고 인류의 유전자에 돌이킬 수 없는 변형을 가져올 수도 있다.

① 유전자 가위 기술의 세대별 특징과 발전사
② 미생물의 면역 체계가 진화해 온 과정과 원리
③ 혁신적인 유전자 편집 기술에 따른 윤리적 딜레마
④ 난치성 유전 질환 치료를 위한 최신 임상 연구 현황
⑤ 기후 변화에 대응하는 유전자 변형 작물의 개발 필요성

※ 다음 글을 읽고 물음에 답하시오. (22~24번)

혈액은 세포에 필요한 물질을 공급하고 노폐물을 제거한다. 만약 혈관 벽이 손상되어 출혈이 생기면 손상 부위의 혈액이 응고되어 혈액 손실을 막아야 한다. 혈액 응고는 섬유소 단백질인 피브린이 모여 형성된 섬유소 그물이 혈소판이 응집된 혈소판 마개와 뭉쳐 혈병이라는 덩어리를 만드는 현상이다. 혈액 응고는 혈관 속에서도 일어나는데, 이때의 혈병을 혈전이라 한다. 이물질이 쌓여 동맥 내벽이 두꺼워지는 동맥 경화가 일어나면 그 부위에 혈전 침착, 혈류 감소 등이 일어나 혈관 질환이 발생하기도 한다. 이러한 혈액의 응고 및 원활한 순환에 비타민 K가 중요한 역할을 한다.

비타민 K는 혈액이 응고되도록 돕는다. 지방을 뺀 사료를 먹인 병아리의 경우, 지방에 녹는 어떤 물질이 결핍되어 혈액 응고가 지연된다는 사실을 발견하고 그 물질을 비타민 K로 명명했다. 혈액 응고는 단백질로 이루어진 다양한 인자들이 관여하는 연쇄 반응에 의해 일어난다. 우선 여러 혈액 응고 인자들이 활성화된 이후 프로트롬빈이 활성화되어 트롬빈으로 전환되고, 트롬빈은 혈액에 녹아 있는 피브리노겐을 불용성인 피브린으로 바꾼다. 비타민 K는 프로트롬빈을 비롯한 혈액 응고 인자들이 간세포에서 합성될 때 이들의 활성화에 관여한다. 활성화는 칼슘 이온과의 결합을 통해 이루어지는데, 이들 혈액 단백질이 칼슘 이온과 결합하려면 카르복실화되어 있어야 한다. 카르복실화는 단백질을 구성하는 아미노산 중 글루탐산이 감마-카르복시글루탐산으로 전환되는 것을 말한다. 이처럼 비타민 K에 의해 카르복실화되어야 활성화가 가능한 표적 단백질을 비타민 K-의존성 단백질이라 한다.

비타민 K는 식물에서 합성되는 ㉠ <u>비타민 K1</u>과 동물 세포에서 합성되거나 미생물 발효로 생성되는 ㉡ <u>비타민 K2</u>로 나뉜다. 녹색 채소 등은 비타민 K1을 충분히 함유하므로 일반적인 권장 식단을 따르면 혈액 응고에 차질이 생기지 않는다.

그런데 혈관 건강과 관련된 비타민 K의 또 다른 중요한 기능이 발견되었고, 이는 칼슘의 역설과도 관련이 있다. 나이가 들면 뼈 조직의 칼슘 밀도가 낮아져 골다공증이 생기기 쉬운데, 이를 방지하고자 칼슘 보충제를 섭취한다. 하지만 칼슘 보충제를 섭취해서 혈액 내 칼슘 농도는 높아지나 골밀도는 높아지지 않고, 혈관 벽에 칼슘염이 침착되는 혈관 석회화가 진행되어 동맥 경화 및

혈관 질환이 발생하는 경우가 생긴다. 혈관 석회화는 혈관 근육 세포 등에서 생성되는 MGP라는 단백질에 의해 억제되는데, 이 단백질이 비타민 K-의존성 단백질이다. 비타민 K가 부족하면 MGP 단백질이 활성화되지 못해 혈관 석회화가 유발된다는 것이다. 비타민 K1과 K2는 모두 비타민 K-의존성 단백질의 활성화를 유도하지만 K1은 간세포에서, K2는 그 외의 세포에서 활성이 높다. 그러므로 혈액 응고 인자의 활성화는 주로 K1이, 그 외의 세포에서 합성되는 단백질의 활성화는 주로 K2가 담당한다. 이에 따라 일부 연구자들은 비타민 K의 권장량을 K1과 K2로 구분하여 설정해야 하며, K2가 함유된 치즈, 버터 등의 동물성 식품과 발효 식품의 섭취를 늘려야 한다고 권고한다.

22. **윗글에 대한 이해로 적절한 것은?**

① 혈병은 섬유소 그물이 피브린과 뭉쳐져 만들어진 덩어리다.
② 비타민 K는 지방에 녹는 물질로, 과잉 섭취 시 혈액 응고가 지연된다.
③ 혈액 응고는 출혈이 일어난 경우에 발생하므로 혈관 속에서는 일어나지 않는다.
④ 혈액 응고 과정에서 단백질은 비타민 K의 영향으로 카르복실화된 후 칼슘 이온과 결합한다.
⑤ MGP 단백질이 활성화되면 혈관 석회화가 유발되므로 이를 억제하기 위해 비타민 K가 필요하다.

23. **㉠과 ㉡에 대한 이해로 적절하지 않은 것은?**

혈액 응고 인자 활성화 → 프로트롬빈 활성화 → 트롬빈으로 전환 → 피브리노겐을 피브린으로 전환

① 위 과정의 요인들을 활성화하는 것은 ㉠이다.
② ㉠은 채소에, ㉡은 발효 식품에 함유되어 있다.
③ ㉠과 ㉡은 어떤 세포에서 활성도가 높은지에 따라 구분된다.
④ ㉠과 ㉡은 글루탐산을 감마-카르복시 글루탐산으로 전환시킨다.
⑤ 칼슘 보충제를 먹을 때는 ㉠을 많이 섭취할 수 있도록 해야 한다.

24. **윗글을 바탕으로 추론한 내용으로 적절하지 않은 것은?**

비타민은 지용성 비타민과 수용성 비타민으로 나뉜다. 지용성 비타민은 지방이나 지방을 녹일 수 있는 용매에 녹는 성질을 가진 반면 수용성 비타민은 물에 녹는 성질을 가지고 있다. 수용성 비타민은 지용성 비타민보다 조리나 가공 과정에서 더 손실되고 체내에 저장되지 않는다. 반면 지용성 비타민은 체내에 저장되기 때문에 각 비타민의 특성을 고려해 적절히 섭취해야 한다. 수용성 비타민에는 비타민 B 계열이나 C가 있고, 지용성 비타민에는 비타민 A, D, E, F, K, U가 있다.

<실험 결과>

1. 비타민 함유량이 동일한 (가)와 (나)를 조리하였더니 (가)가 (나)보다 비타민 함유량이 높았다. 이때, (가)와 (나) 중 하나는 지용성 비타민, 나머지는 수용성 비타민이다.
2. 비타민 함유량이 동일한 (다)와 (라)를 먹은 뒤 배출된 비타민의 양을 확인한 결과 (라)의 배출량이 더 많았다. 이때, (다)와 (라) 중 하나는 지용성 비타민, 나머지는 수용성 비타민이다.

① 실험 결과 1에 따라 (가)는 비타민 K와 같은 유형의 비타민이다.
② 실험 결과 2에 따라 (라)는 비타민 D와 같은 유형의 비타민이다.
③ 실험 결과 2에 따라 비타민 K와 비타민 B를 동일하게 섭취했을 때, 비타민 B의 배출량이 더 많을 것이다.
④ 실험 결과 2에 따라 비타민 C와 비타민 K가 함유된 케일을 먹으면 동맥 경화 예방에 긍정적 영향을 줄 것이다.
⑤ 실험 결과 2에 따라 비타민 C와 비타민 K 함유량이 동일한 식품을 먹으면 체내에 비타민 K 함량이 더 높을 것이다.

약점 보완 해설집 p.14

3일 …… Ⅳ. 글쓰기 윤리

1. 단원별 출제 비중

글쓰기 윤리 단원은 객관식 30문제 중 약 1문제가 출제되며, 객관식 영역에서 3%의 출제 비중을 차지합니다.

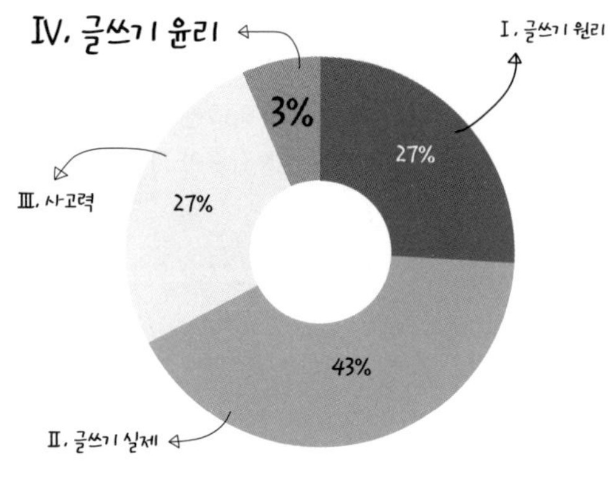

대단원별 평균 출제 비중

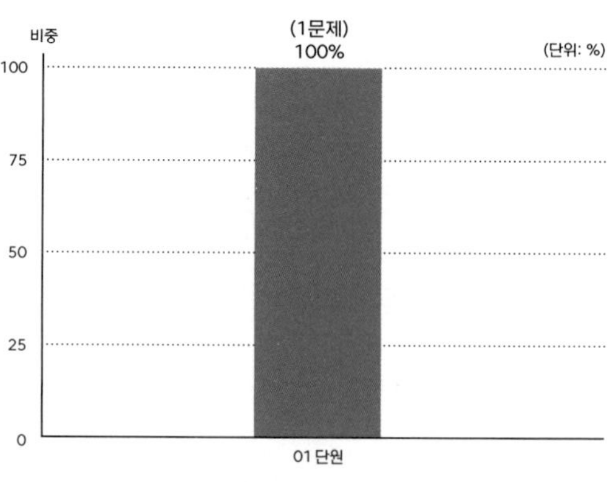

중단원별 평균 출제 비중

01 글쓰기 윤리

2. 학습 전략

01 글쓰기 윤리	글쓰기 윤리 단원에서는 저작권법과 관련된 문제가 주로 출제되며, 실제 법령, 행정 규칙 등의 조항이 제시되기도 합니다. 저작권과 관련된 용어 등의 기초적인 내용을 학습해 두면 낯설고 어렵게 느껴지는 저작권법 관련 용어를 이해하는 데 도움이 되므로 보다 쉽게 문제를 해결할 수 있습니다.

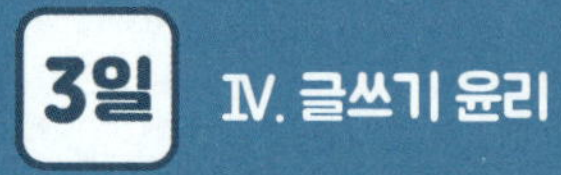

01 글쓰기 윤리

평균 출제 문항 수
1문제
평균 출제 비중
2.6%

대표 기출유형 ① 저작권과 관련된 개념을 파악하는 문제

◎ 유형설명

저작권법과 관련된 용어의 개념을 올바르게 이해하고 있는지 평가하는 유형이다. 저작권과 관련된 법령, 행정 규칙 등에서 사용하는 용어의 정의를 파악하거나 그와 관련된 글을 이해하는 유형이 출제된다. 낯설거나 다소 어려운 전문 용어가 글에 제시되기도 하므로 저작권과 관련된 기본적인 개념을 미리 익혀 두고, 독해 연습을 해 두는 편이 좋다.

확인문제

<보기>는 『연구윤리 확보를 위한 지침』의 연구 부정 행위에 대한 설명이다. <보기>의 설명에 해당하는 용어가 바르게 연결되지 않은 것은?

<보기>

㉠ 본인 또는 타인의 부정행위에 대한 조사를 고의로 방해하거나 제보자에게 위해를 가하는 행위
㉡ 존재하지 않는 연구 원자료 또는 연구자료, 연구결과 등을 허위로 만들거나 기록 또는 보고하는 행위
㉢ 일반적 지식이 아닌 타인의 독창적인 아이디어 또는 창작물을 적절한 출처표시 없이 활용함으로써, 제3자에게 자신의 창작물인 것처럼 인식하게 하는 행위
㉣ 연구 재료·장비·과정 등을 인위적으로 조작하거나 연구 원자료 또는 연구자료를 임의로 변형·삭제함으로써 연구 내용 또는 결과를 왜곡하는 행위
㉤ 연구내용 또는 결과에 대하여 공헌 또는 기여를 한 사람에게 정당한 이유 없이 저자 자격을 부여하지 않거나, 공헌 또는 기여를 하지 않은 사람에게 감사의 표시 또는 예우 등을 이유로 저자 자격을 부여하는 행위

① ㉠: 연구부정행위에 대한 조사 방해 행위
② ㉡: 위조
③ ㉢: 표절
④ ㉣: 변조
⑤ ㉤: 부당한 중복게재

해설 ㉤은 '부당한 저자 표시'에 대한 설명이다. '부당한 중복게재'는 '연구자가 자신의 이전 연구결과와 동일 또는 실질적으로 유사한 저작물을 출처표시 없이 게재한 후, 연구비를 수령하거나 별도의 연구업적으로 인정받는 경우 등 부당한 이익을 얻는 행위'를 말한다.

정답 ⑤

또 나올 기출개념

1. 연구 부정 행위 관련 개념

1) **위조**: 존재하지 않는 데이터 또는 연구 결과 등을 허위로 만들거나 기록 또는 보고하는 행위
2) **변조**: 연구 재료, 기기, 연구 과정(절차) 등을 인위적으로 조작하거나 데이터를 임의로 변형·삭제함으로써 연구 내용 또는 결과를 왜곡하는 행위
3) **표절**: 해당 분야의 일반 지식이 아닌 연구자 자신이나 타인의 저작물 또는 아이디어를 적절한 출처표시 없이 자기 것처럼 부당하게 사용하는 행위
4) **부당한 저자 표시**: 연구 내용 또는 결과에 대하여 실질적으로 중요한 공헌 또는 기여를 한 사람에게 정당한 이유 없이 저자 자격을 부여하지 않거나, 실질적으로 중요한 공헌 또는 기여를 하지 않은 사람에게 저자 자격을 부여하는 행위
5) **부당한 중복게재**: 연구자가 자신의 이전 연구 결과와 동일하거나 유사한 저작물을 출처 표시 없이 게재하여, 연구비를 수령하거나 별도의 업적으로 인정받는 행위

2. 저작권법 관련 개념

저작자	저작물을 창작한 자
저작물	인간의 사상 또는 감정을 표현한 창작물 예 어문 저작물, 음악 저작물, 연극 저작물, 미술 저작물, 건축 저작물, 사진 저작물, 영상 저작물, 도형 저작물
2차적저작물	원저작물을 번역 · 편곡 · 변형 · 각색 · 영상제작 그 밖의 방법으로 작성한 창작물
저작재산권	· 정의: 저작자가 저작물을 스스로 이용하거나 다른 사람이 이용할 수 있도록 허락함으로써 경제적 이익을 올릴 수 있는 재산권 · 특징 - 저작재산권은 양도하거나 기증할 수 있음 - 권리자는 다른 사람에게 저작물의 이용을 허락할 수 있음 - 저작재산권은 원칙적으로 70년간 보호됨 - 저작재산권을 침해하면 징역 또는 벌금에 처해짐 · 종류 - 복제권: 저작물을 인쇄 · 사진 촬영 · 복사 등의 방법으로 일시적 또는 영구적으로 유형물에 고정하거나 다시 제작할 수 있는 권리 - 공연권: 저작물 또는 실연 · 음악 · 방송을 상연 · 연주 등의 방법으로 공중에게 공개할 수 있는 권리 - 공중송신권: 저작물, 실연 · 음반 · 방송 또는 데이터 베이스를 공중이 수신하거나 접근하게 할 목적으로 무선 또는 유선 통신의 방법에 의하여 송신하거나 이용에 제공할 권리 - 전시권: 미술 저작물 등의 원본이나 그 복제물을 전시할 수 있는 권리 - 배포권: 저작물 등의 원본 또는 그 복제물을 공중에게 대가를 받거나 받지 아니하고 양도 또는 대여할 수 있는 권리(다만, 저작물의 원본이나 그 복제물이 해당 저작재산권자의 허락을 받아 판매 등의 방법으로 거래에 제공된 경우에는 배포권을 행사할 수 없음) - 대여권: 상업적 목적으로 공표된 음반이나 프로그램을 영리를 목적으로 대여할 권리(배포권의 예외로 인정되는 권리) - 2차적저작물작성권: 저작자가 그의 저작물을 원저작물로 하는 2차적저작물을 작성하여 이용할 권리
저작인격권	· 정의: 저작자가 저작물에 대하여 가지는 인격적 · 정신적 이익을 보호하는 권리 · 특징 - 저작자는 저작물의 공표 여부를 결정할 수 있음 - 저작물을 이용하는 경우에는 저작자의 이름도 표시해야 함 - 저작물을 이용하는 경우에는 내용 · 형식 등의 변경 없이 본래의 모습대로 이용해야 함 - 저작인격권을 침해하면 징역 또는 벌금에 처해짐 · 종류 - 공표권: 저작물을 공표하거나 공표하지 않을 것을 결정할 권리 - 성명표시권: 저작물의 원본이나 그 복제물에 또는 저작물의 공표 매체에 그의 실명 또는 이명을 표시할 권리 - 동일성유지권: 저작물의 내용 · 형식 및 제호의 동일성을 유지할 권리

※ 출처: 법제처, https://www.easylaw.go.kr

기출유형 공략문제

※ 다음 글을 읽고 물음에 답하시오. (1~2번)

저작권은 저작물이 만들어지면서 저작자에게 당연히 부여되는 권리지만, 저작권을 확실하게 보호하기 위해 저작권 등록 제도가 시행되고 있다. 저작권 등록 제도란 저작물과 관련된 일반적 사항과 법적 권리를 기재한 공적 장부를 공시하여, 어떠한 저작물에 대한 저작권을 국민에게 알리는 제도이다. 이렇게 저작권을 등록하게 되면 권리자가 사실 관계를 직접 입증하지 않아도 법정 추정력과 대항력이 발생하여 권리를 주장하기 쉬워진다.

저작자가 저작물의 창작 연월일을 등록하면 해당 연월일에 창작한 것으로 추정되어 그 기간부터 법적 권리를 인정받을 수 있다. 다만, 법정 추정력을 인정받으려면 창작한 때로부터 1년 이내에 저작권을 등록해야 한다. 저작자가 하는 저작권 등록의 종류에는 저작물의 권리를 등록하는 '저작권 등록', 저작물의 권리 양도, 출판권 설정 등의 '권리변동의 등록', 등록 사항을 변경하는 '변경 등록 등의 등록'이 있다. 그중 기본이 되는 '저작권 등록'을 신청하려면, 저작권 등록 신청서, 저작물 명세서, 저작물 복제물, 등록세 영수증, 등록 사유를 증명할 수 있는 서류를 제출해야 한다. 만약 권리자 본인이 아닌 대리인을 통하여 신청하는 경우에는 반드시 위임장을 제출해야 하며, 미성년자의 경우 부모님의 동의서가 필요하다. 이렇게 신청서가 등록되면 등록 심사를 거쳐 등록 또는 반려의 절차를 밟게 된다. 등록이 반려될 경우 1개월 내에 이의 신청이 가능하며 재심을 진행할 수 있다. 이후 재차 반려 처분을 받는 경우, 반려 처분 취소 소송을 진행할 수 있다.

1. 윗글을 이해한 내용으로 가장 적절한 것은?

① 저작권 등록세는 등록이 승인된 후 지불한다.

② 저작권 등록은 반드시 저작물을 창작한 사람이 신청해야 한다.

③ 저작권은 저작물이 저작권 등록 절차를 거쳐야 발생하는 권리이다.

④ 저작권자는 저작권을 등록한 저작물에만 추정 사실에 대한 입증 책임을 면할 수 있다.

⑤ 어떠한 저작물의 정보를 확인하고 싶다면 저작권 등록을 열람할 수 있는 권한을 신청해야 한다.

2. 윗글을 바탕으로 할 때, 저작권 등록 사례로 가장 적절한 것은?

① 갑: 등록 신청한 저작물이 창작한 지 6개월이 되어 저작물 등록이 반려되었다.

② 을: 등록된 본인의 저작물에 출판권을 설정하기 위해 복제물 1부를 제출하였다.

③ 병: 만 17세이므로 본인의 창작물을 저작권 등록할 때 친권자의 동의서를 제출하였다.

④ 정: 저작물의 등록이 첫 심사에서 반려되자 30일 내로 반려 처분 취소 소송을 제기하였다.

⑤ 무: 자기의 명의로 등록된 저작물의 권리를 양도하기 위해 양수자 명의로 저작권 등록을 재신청하였다.

3. 다음 글의 '부당한 중복게재'에 해당하는 사례로 가장 적절하지 않은 것은?

「연구 윤리 확보를 위한 지침」 제11조에 따르면, '부당한 중복게재'란 연구자가 자신의 이전 연구 결과와 동일 또는 실질적으로 유사한 저작물을 출처 표시 없이 게재한 후, 연구비를 수령하거나 별도의 연구 업적으로 인정받는 경우 등 부당한 이익을 얻는 행위를 말한다.

① 이전에 발표한 논문을 학술지에 투고하는 경우

② 타인의 연구 결과를 출처 없이 자신의 논문에 사용하는 경우

③ 자신이 집필한 저서의 일부를 발췌하여 인용 표현 없이 사용하는 경우

④ 자신의 선행 연구 결과를 후속 연구에 출처 없이 그대로 사용하는 경우

⑤ 자신의 이전 논문의 일부 내용을 다른 표현으로 바꾸어 새로운 논문에 사용하는 경우

※ 다음 글을 읽고 물음에 답하시오. (4~5번)

인용이란 타인의 저작물을 저작권 법적 범위 안에서 정당하게 활용하는 행위로서, 연구자 자신의 저작물이 중심이 되고 인용 내용은 보조적 위치에 머물도록 적정 수준에서 사용되어야 한다. 이는 타인의 견해를 비판하거나 뒷받침함으로써 자신의 주장을 더욱 분명히 하는 학술적 소통의 과정이기도 하다. 인용은 원문을 그대로 제시하는 직접 인용과 핵심 아이디어를 연구자의 표현으로 재구성하는 간접 인용으로 구분된다. 어떠한 방식을 택하더라도 출처를 명확히 밝혀 독자가 원문에 접근할 수 있도록 해야 하며, 선행 연구에 대한 존중을 전제로 해야 한다. 또한 불가피하게 원문을 정리하거나 분석한 2차 문헌을 활용할 때는 재인용 사실을 반드시 밝혀야 한다.

4. 윗글을 읽고 이해한 내용으로 가장 적절한 것은?

① 원문의 문체를 연구자의 문체에 맞게 수정하여 사용하는 것은 직접 인용에 해당한다.

② 인용된 저작물이 연구자의 저작물보다 핵심적인 비중을 차지해야 논거로서의 타당성을 인정받는다.

③ 2차 문헌을 활용할 때는 원문을 직접 확인하지 못했더라도 원저자의 출처만 정확히 밝히면 무방하다.

④ 직접 인용, 간접 인용 방식 모두 출처 표기가 필요하며 인용은 선행 연구를 존중하는 학술적 소통 행위이다.

⑤ 인용은 타인의 견해를 비판하기 위한 수단이므로 자신의 논지를 지지하는 견해의 인용은 지양하는 것이 원칙이다.

5. 인용의 올바른 방법에 대한 설명으로 적절하지 <u>않은</u> 것은?

① 직접 인용한 내용이 짧다면 큰따옴표를 사용하여 표시한다.

② 간접 인용 시에는 원문의 의도를 왜곡하지 않도록 주의해야 한다.

③ 간접 인용은 원문을 참고해 자신의 말로 바꾸어 창작했더라도 출처를 표기해야 한다.

④ 공식적인 권위를 인정받은 자료를 인용하는 것이 원칙이며 자신의 주장과 관련성을 밝혀야 한다.

⑤ 원문의 독특한 표현을 그대로 사용하더라도 간접 인용 시에는 인용 부호 없이 출처만 표기해도 된다.

약점 보완 해설집 p.19

해커스자격증
pass.Hackers.com

7일 만에 끝내는 **해커스 한국실용글쓰기**

PART 2
주관식 영역

4일
V. 단어·문장·문단 쓰기
VI. 실용문 쓰기

"한국실용글쓰기 시험에서 주관식 영역의 배점은 1,000점 중 700점입니다."

주관식 영역은 직무와 관련된 글을 실제로 작성할 수 있는지 평가하는 영역입니다. 주관식 영역에서 출제되는 문항의 배점은 30점, 50점, 100점, 300점으로 배점이 커질수록 써야 하는 내용이 길고, 조건이 까다롭습니다. 단어를 쓰는 문제부터, 문장, 문단, 한 편의 글 전체를 직접 쓰는 문제까지 출제되는데, 주어진 조건을 꼼꼼하게 확인하며 답안을 작성하면 감점을 줄일 수 있습니다.

4일 …… V. 단어·문장·문단 쓰기

1. 단원별 출제 비중

단어·문장·문단 쓰기 단원은 주관식 9문제 중 8문제가 출제되어 주관식 영역에서 89%의 출제 비중을 차지합니다. 세부 단원은 '01 고쳐쓰기' 약 3문제, '03 추론하기', '04 보완하기' 각각 2문제, '02 요약하기' 약 1문제 순으로 출제됩니다.

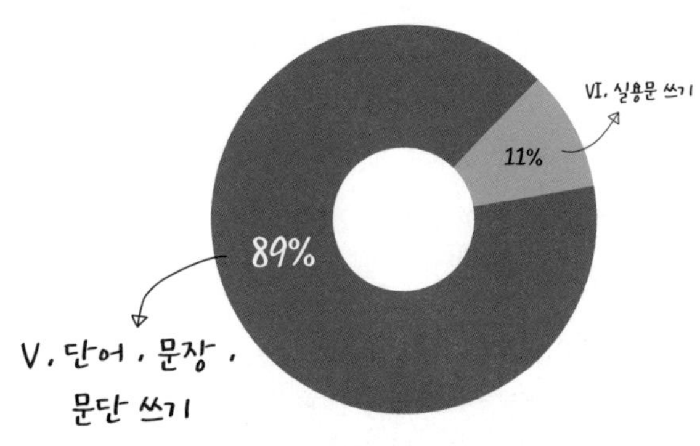

대단원별 평균 출제 비중

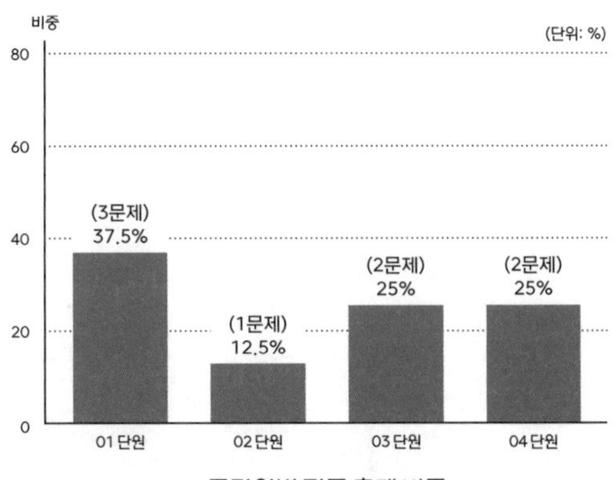

중단원별 평균 출제 비중

01 고쳐쓰기
02 요약하기
03 추론하기
04 보완하기

2. 학습 전략

01 고쳐쓰기	고쳐쓰기 단원에서는 맞춤법에 맞게 고쳐 쓰는 문제, 외래어·로마자 표기법에 맞게 고쳐 쓰는 문제, 한자어나 외래어를 우리말로 고쳐 쓰는 문제, 문장 성분이 호응하도록 고쳐 쓰는 문제 등이 출제됩니다. 한글 맞춤법, 표준어, 순화어, 외래어 표기법, 로마자 표기법 등의 국어 지식을 활용하여 푸는 문제이니, 관련 개념을 반드시 익혀 두어야 합니다.
02 요약하기	요약하기 단원에서는 글의 주장을 요약하거나 다양한 주제의 요약문을 쓰는 문제 등이 출제됩니다. 글을 이해하면 풀 수 있는 문제이므로 글을 꼼꼼하게 읽으며 반복되는 핵심어를 빠르게 찾는 연습이 필요합니다.
03 추론하기	추론하기 단원에서는 통계 자료를 분석하여 결과를 추론하는 문제, 글을 읽고 빈칸에 들어갈 내용을 추론하는 문제 등이 출제됩니다. 빈칸의 앞뒤 맥락을 파악하고 관련된 내용을 찾아 핵심어를 포함하여 답안을 작성해야 하므로, 무엇보다 글을 정확하게 독해하는 것이 중요합니다.
04 보완하기	보완하기 단원에서는 직무 문서 중간에 비어 있는 문장이나 문단을 써서 글을 완성하는 문제 등이 출제됩니다. 다른 단원의 문제보다 조금 더 긴 글을 작성해야 하므로 부담을 느낄 수 있으나, 주어진 조건에 맞게 답안을 작성하는 연습을 하면 쉽게 문제를 해결할 수 있습니다.

01 고쳐쓰기

평균 출제 문항 수
3문제
평균 출제 비중
7.7%

대표 기출유형 ① 맞춤법에 맞게 고쳐 쓰는 문제

유형설명

한글 맞춤법에 어긋나거나 잘못 표기된 단어를 올바른 표현 및 표기로 고쳐 쓰는 문제이다. 세부 출제 유형으로는 한글 맞춤법, 표준어 규정에 어긋나게 잘못 적은 표기를 바른 표기로 고쳐 쓰기, 형태가 유사해 잘못 표기하기 쉬운 단어를 쓰임에 맞게 고쳐 쓰기, 생략된 단어를 추가해 고쳐 쓰기 등이 있다. 단어를 고쳐 쓰는 문제는 일반적으로 30점이 배점되며, 구나 문장을 고쳐 쓰는 문제는 50점이 배점된다.

확인문제

다음 안내문 내용 중 수정되어야 할 곳 3군데를 찾아 바르게 쓰시오. [30점]

[조건] 1. 단어 사용이 잘못된 곳 1개, 띄어쓰기가 틀린 곳 1개, 의미가 중복된 표현 1곳을 찾아 쓸 것.
2. '틀린 내용 → 수정한 내용'의 형식으로 쓸 것.

[회의실 이용 안내문]

1) 기본 임대 시간은 2시간이며, 1시간 단위로 연장할 수 있습니다.
2) 결재 완료 후 예약을 취소할 경우 취소 수수료가 발생합니다.
 - 이용일 기준 7일 이전: 취소 수수료 없음(전액 환불)
 - 이용일 기준 6일~2일 이전: 취소 수수료 10%
 - 이용일 기준 하루 전: 취소 수수료 100%(환불 없음)
3) 예약 시간 10분전부터 입실할 수 있습니다.
4) 회의실을 정기적으로 이용하고자 하는 경우 미리 예약하길 바랍니다.

해설

· 결재(×) → 결제(○): '2) 결재 완료 후'에서 '결재'는 '결정할 권한이 있는 상관이 부하가 제출한 안건을 검토하여 허가하거나 승인함'을 뜻하므로, '증권 또는 대금을 주고받아 매매 당사자 사이의 거래 관계를 끝맺는 일'을 뜻하는 '결제'로 고쳐 쓰는 것이 적절하다.

· 10분전(×) → 10분∨전(○): '3) 예약 시간 10분전부터'에서 '전'은 '앞'의 뜻을 나타내는 명사로, 앞말과 띄어 쓰는 것이 적절하다. 참고로, '10분'에서 '분'은 '한 시간의 60분의 1에 해당하는 시간'을 뜻하는 의존 명사로 앞말과 띄어 쓰는 것이 원칙이나 숫자와 어울리어 쓰이는 경우에는 붙여 쓸 수 있다.

· 미리 예약(×) → 예약(○): '4) ~ 미리 예약하길 바랍니다'에서 '예약'은 '미리 약속함. 또는 미리 정한 약속'을 뜻하므로, '미리 예약'은 '미리'의 의미가 중복되는 표현이다. 따라서 '미리'를 삭제하고 '예약하길'로 고쳐 쓰는 것이 적절하다.

모범답안

결재 → 결제
10분전(부터) → 10분 전(부터)
미리 예약(하길) → 예약(하길)

또 나올 기출개념

혼동하기 쉬운 어휘

어휘	의미
개발(開發)	1. 토지나 천연자원 따위를 유용하게 만듦 2. 지식이나 재능 따위를 발달하게 함 3. 산업이나 경제 따위를 발전하게 함 4. 새로운 물건을 만들거나 새로운 생각을 내어놓음
계발(啓發)	슬기나 재능, 사상 따위를 일깨워 줌
낙후(落後)	기술이나 문화, 생활 따위의 수준이 일정한 기준에 미치지 못하고 뒤떨어짐
쇠락(衰落)	쇠약하여 말라서 떨어짐
반증(反證)	1. 어떤 사실이나 주장이 옳지 아니함을 그에 반대되는 근거를 들어 증명함. 또는 그런 증거 2. 어떤 사실과 모순되는 것 같지만, 거꾸로 그 사실을 증명하는 것
방증(傍證)	사실을 직접 증명할 수 있는 증거가 되지는 않지만, 주변의 상황을 밝힘으로써 간접적으로 증명에 도움을 줌. 또는 그 증거
지양(止揚)	더 높은 단계로 오르기 위하여 어떠한 것을 하지 아니함
지향(志向)	어떤 목표로 뜻이 쏠리어 향함. 또는 그 방향이나 그쪽으로 쏠리는 의지
혼돈(混沌/渾沌)	마구 뒤섞여 있어 갈피를 잡을 수 없음. 또는 그런 상태
혼동(混同)	구별하지 못하고 뒤섞어서 생각함
맞추다	1. 서로 떨어져 있는 부분을 제자리에 맞게 대어 붙이다. 2. 둘 이상의 일정한 대상들을 나란히 놓고 비교하여 살피다. 3. 어떤 기준이나 정도에 어긋나지 아니하게 하다. 4. 일정한 규격의 물건을 만들도록 미리 주문을 하다.
맞히다[1]	문제에 대한 답을 틀리지 않게 하다.
맞히다[3]	침, 주사 따위로 치료를 받게 하다.
부치다[2]	편지나 물건 따위를 일정한 수단이나 방법을 써서 상대에게로 보내다.
부치다[3]	논밭을 이용하여 농사를 짓다.
붙이다	맞닿아 떨어지지 않게 하다.
(으)로서	1. 지위나 신분 또는 자격을 나타내는 격 조사 2. 어떤 동작이 일어나거나 시작되는 곳을 나타내는 격 조사
(으)로써	1. 어떤 물건의 재료나 원료를 나타내는 격 조사 2. 어떤 일의 수단이나 도구를 나타내는 격 조사 3. 시간을 셈할 때 셈에 넣는 한계를 나타내거나 어떤 일의 기준이 되는 시간임을 나타내는 격 조사
-던지	막연한 의문이 있는 채로 그것을 뒤 절의 사실과 관련시키는 데 쓰는 연결 어미
-든지	1. 나열된 동작이나 상태, 대상들 중에서 어느 것이든 선택될 수 있음을 나타내는 연결 어미 2. 실제로 일어날 수 있는 여러 가지 중에서 어느 것이 일어나도 뒤 절의 내용이 성립하는 데 아무런 상관이 없음을 나타내는 연결 어미

※ 핸드북 '시험장까지 가져가는 주관식 고득점 공략노트'에서 더 많은 개념을 추가 학습할 수 있습니다.

대표 기출유형 ② 외래어·로마자 표기법에 맞게 고쳐 쓰는 문제

유형설명

제시된 단어를 외래어 표기법과 국어의 로마자 표기법에 맞게 고쳐 쓰는 문제이다. 보통 30점이 배점되며, 일상생활에서 자주 쓰이는 단어들이 주로 출제된다. 외래어 표기법과 국어의 로마자 표기법의 기본 원칙과 자주 나오는 조항을 암기해 두면 도움이 된다.

확인문제

다음 ㉠~㉤을 외래어 표기법에 맞게 고쳐 기호와 함께 한글만 바르게 쓰시오. [30점]

㉠ 세트백(setback)　　㉡ 벤쿠버(Vancouver)
㉢ 카라멜(caramel)　　㉣ 롭스터(lobster)
㉤ 액세사리(accessory)

해설
- ㉠ 셋백: 짧은 모음과 유음·비음([l], [r], [m], [n]) 이외의 자음 사이에 오는 무성 파열음 [t]는 받침으로 적으므로 'setback[setbæk]'은 '셋백'으로 적는다.
- ㉡ 밴쿠버: '밴쿠버'의 '밴'은 [væn]으로 발음된다. [æ]는 '애'로 적으므로 '밴쿠버'로 적는다.
- ㉢ 캐러멜: '캐러멜'의 '캐'는 [kæ]로 발음된다. [æ]는 '애'로 적으므로 '캐러멜'로 적는다.
- ㉣ 로브스터: 자음 앞에 오는 유성 파열음 [b]는 '으'를 붙여 적으므로 'lobster[lɔbstə]'는 '로브스터'로 적는다. 참고로 '랍스터'도 복수 표기로 인정된다.
- ㉤ 액세서리: '서리'는 [səri]로 발음된다. [ə]는 '어'로 적으므로 '액세서리'로 적는다.

모범답안　㉠ 셋백, ㉡ 밴쿠버, ㉢ 캐러멜, ㉣ 로브스터(랍스터), ㉤ 액세서리

또 나올 기출개념

1. 로마자 표기법

1) 로마자 표기의 기본 원칙

① 국어의 로마자 표기는 국어의 표준 발음법에 따라 적는 것을 원칙으로 한다.

② 로마자 이외의 부호는 되도록 사용하지 않는다.

2) 표기 일람

구분											
모음	ㅏ a	ㅓ eo	ㅗ o	ㅜ u	ㅡ eu	ㅣ i	ㅐ ae	ㅔ e	ㅚ oe	ㅟ wi	-
모음	ㅑ ya	ㅕ yeo	ㅛ yo	ㅠ yu	ㅒ yae	ㅖ ye	ㅘ wa	ㅙ wae	ㅝ wo	ㅞ we	ㅢ ui
자음	ㄱ g, k	ㄲ kk	ㅋ k	ㄷ d, t	ㄸ tt	ㅌ t	ㅂ b, p	ㅃ pp	ㅍ p	-	
자음	ㅈ j	ㅉ jj	ㅊ ch	ㅅ s	ㅆ ss	ㅎ h	ㄴ n	ㅁ m	ㅇ ng	ㄹ r, l	-

3) 표기상의 유의점

① 'ㄱ, ㄷ, ㅂ'은 모음 앞에서는 'g, d, b'로, 자음 앞이나 어말에서는 'k, t, p'로 적는다.
　예 구미-Gumi, 합덕-Hapdeok, 백암-Baegam, 호법-Hobeop

② 'ㄹ'은 모음 앞에서는 'r'로, 자음 앞이나 어말에서는 'l'로 적는다. 단, 'ㄹㄹ'은 'll'로 적는다.
　예 설악-Seorak, 울릉-Ulleung

③ 음운 변화가 일어날 때에는 변화의 결과에 따라 적는다.
　예 종로[종노]-Jongno, 신라[실라]-Silla, 알약[알략]-allyak, 놓다[노타]-nota, 해돋이[해도지]-haedoji

④ 다만, 체언에서 'ㄱ, ㄷ, ㅂ' 뒤에 'ㅎ'이 따를 때에는 'ㅎ'을 밝혀 적는다.
　예 묵호-Mukho, 집현전-Jiphyeonjeon

⑤ 된소리되기는 표기에 반영하지 않는다.
　예 압구정[압꾸정]-Apgujeong, 낙동강[낙똥강]-Nakdonggang

2. 외래어 표기법

1) 외래어 표기의 기본 원칙

① 외래어는 국어의 현용 24 자모만으로 적는다.

② 외래어의 1 음운은 원칙적으로 1 기호로 적는다.

③ 받침에는 'ㄱ, ㄴ, ㄹ, ㅁ, ㅂ, ㅅ, ㅇ'만을 쓴다.

④ 파열음 표기에는 된소리를 쓰지 않는 것을 원칙으로 한다.

⑤ 이미 굳어진 외래어는 관용을 존중하되, 그 범위와 용례는 따로 정한다.

2) 주요 외래어 표기

옳은 표기	틀린 표기	옳은 표기	틀린 표기
재킷(jacket)	자켓	배지(badge)	뱃지, 배찌
멜론(melon)	메론	장르(genre)	젠르
심벌(Symbol)	심볼	카디건(cardigan)	가디건
옐로(yellow)	옐로우	컨트롤(control)	콘트롤
콘텐츠(contents)	컨텐츠	플라자(Plaza)	프라자
난센스(nonsense)	넌센스	워크숍(workshop)	워크샵
메시지(message)	메세지	렌터카(rent-a-car)	렌트카
시프트(shift)	쉬프트	팸플릿(pamphlet)	팜플렛
내레이션(narration)	나레이션	브로슈어(brochure)	브로셔
라이선스(license)	라이센스	비즈니스(business)	비지니스
내비게이션(navigation)	네비게이션	밀크셰이크(milk shake)	밀크쉐이크
애플리케이션(application)	어플리케이션	레크리에이션(recreation)	레크레이션
라스베이거스(Las Vegas)	라스베가스	블라디보스토크(Vladivostok)	블라디보스톡

대표 기출유형 ③ 한자어, 외국어를 우리말로 고쳐 쓰는 문제

유형설명

어려운 한자어나 외국어를 순화하여 우리말로 고쳐 쓰는 문제이다. 보통 30점이 배점되며, 직무 상황에서 자주 쓰이는 한자어나 외국어가 순화 대상어로 출제된다. 자주 출제되는 순화 대상어와 순화어를 묶어 암기해 두면 도움이 된다.

확인문제

다음 밑줄 친 용어의 순화 표현을 기호와 함께 각각 쓰시오. [30점]

- ○○ 기업 ㉠ IPO, 높은 공모가 … 수요 예측 실패
- ○○군, 재난 대응 행동 ㉡ 매뉴얼 마련 및 교육 개최
- ㈜ ○○, 인도네시아 ㉢ 아웃소싱 업체 2곳과 협력 체결
- 미중 금융 ㉣ 워킹 그룹 3차 회의 … 금융 안정 문제 논의
- ○○전자, 인공지능 상업용 가전 공개 … ㉤ B2B 사업 확대

해설

- ㉠ IPO → 주식 공개: 'IPO'는 'Initial Public Offering'의 준말로, 기업이 최초로 외부 투자자에게 주식을 공개 매도하는 것으로 보통 주식 시장에 처음 상장하는 것을 의미한다. 따라서 '주식(기업) 공개', '주식 공개 상장'으로 다듬어 쓸 수 있다.
- ㉡ 매뉴얼 → 지침: '매뉴얼'은 생활이나 행동 따위의 지도적 방법이나 방향을 인도하여 주는 준칙이다. 따라서 '지침(서)', '설명서', '안내서'로 다듬어 쓸 수 있다.
- ㉢ 아웃소싱 업체 → 외부 용역: '아웃소싱'은 기업이 자사의 업무를 다른 회사에 맡기는 것으로, '아웃소싱 업체'는 '외부 용역(조달)', '외주', '위탁'으로 다듬어 쓸 수 있다.
- ㉣ 워킹 그룹 → 실무단: '워킹 그룹'은 '상위 조직에서 정한 주제나 목적에 따라 실제적으로 구체적인 일을 하는 모임. 또는 실무 회의를 진행하는 협의단'을 뜻한다. 따라서 '실무단'으로 다듬어 쓸 수 있다.
- ㉤ B2B → 기업 간 거래: 'B2B'는 'Business-to-Business'의 준말로, 기업과 기업 사이에 이루어지는, 인터넷을 기반으로 하는 전자 상거래이다. 따라서 '기업 간 거래'로 다듬어 쓸 수 있다.

모범답안

㉠ 주식(기업) 공개 (상장)
㉡ 지침(설명서, 안내서, 지침서)
㉢ 외부 용역(조달)
㉣ 실무단
㉤ 기업 간 거래

대표 기출유형 ④ 문장 성분이 호응하도록 고쳐 쓰는 문제

유형설명

주어, 목적어, 부사어, 서술어 등의 문장 성분이 문장 내에서 자연스럽게 연결되도록 고쳐 쓰는 문제로, 보통 30점이 배점된다. 주어와 서술어의 호응, 목적어와 서술어의 호응, 부사어와 서술어의 호응이 부자연스러운 문장이 제시되므로 서술어를 중심으로 필요한 문장 성분이 갖추어졌는지 확인하면 된다.

확인문제

다음 문장의 문장 성분이 호응하도록 기호와 함께 바르게 고쳐 쓰시오. [30점]

- 우리 기업은 자사에서 인턴으로 근무한 서류 전형에서 가산점을 준다.
  → (㉠)
- 회장은 경영 부진의 문제점과 해결책을 마련하기 위해 임원 회의를 소집했다.
  → (㉡)
- 우리 미술관은 특별 전시회에 전시할 그림을 영국 미술관에서 대여하기로 했다.
  → (㉢)

해설
- ㉠: 서술어 '준다(주다)'는 '…에/에게 …을 주다'의 문형으로 쓰인다. '우리 기업은(주어) 가산점을(목적어) 준다(서술어)'는 필수적 부사어 '…에/에게'가 생략된 문장이다. 따라서 부사어 '사람에게'를 추가해야 한다.
- ㉡: '해결책을 마련하다'와 같이 목적어 '해결책을'은 서술어 '마련하기'와 호응하지만, '문제점을 마련하다'는 적절하지 않다. 따라서 '문제점(을)'과 호응하는 서술어를 추가하여 '문제점을 찾고 해결책을 마련하기 위해'와 같이 수정해야 한다.
- ㉢: 문맥상 우리 미술관이 영국 미술관에서 그림을 빌리는 것이므로 주어 '우리 미술관은'과 서술어 '대여하기로'의 호응이 적절하지 않은 문장이다. '대여하다'는 '물건이나 돈을 나중에 도로 돌려받거나 대가를 받기로 하고 얼마 동안 내어주다'를 뜻한다. 따라서 서술어를 문맥상 적절하게 바꿔 '우리 미술관은 ~ 그림을 영국 미술관에서 빌리기로 했다'와 같이 수정해야 한다.

모범답안
㉠ 우리 기업은 자사에서 인턴으로 근무한 사람에게 서류 전형에서 가산점을 준다.
㉡ 회장은 경영 부진의 문제점을 찾고 해결책을 마련하기 위해 임원 회의를 소집했다.
㉢ 우리 미술관은 특별 전시회에 전시할 그림을 영국 미술관에서 빌리기로 했다.

또 나올 기출개념

문장 성분 간의 호응

종류	예
주어와 서술어의 호응	올해 초빙된 CEO가 송년회에서 한 연설의 주제는 진취적인 사고방식을 갖춘 팀만이 살아남을 수 있다. → 주어 '연설의 주제는'과 서술어 '살아남을 수 있다'의 호응이 어색하므로 서술어를 '살아남을 수 있다는 것이다'로 고쳐 써야 함
목적어와 서술어의 호응	자기의 강점과 약점을 보완하는 사람만이 성공할 수 있다. → 목적어 '강점과'에 호응하는 서술어를 추가하여 '강점을 살리고 약점을 보완하는'으로 고쳐 써야 함
부사어와 서술어의 호응	나는 벌레를 잡기 위해 약을 놓았다. → 서술어 '놓았다'는 주어, 부사어, 목적어를 필수적으로 요구하는 세 자리 서술어이므로, 서술어에 호응하는 부사어 '여기저기에'를 추가하여 '여기저기에 약을 놓았다'로 고쳐 써야 함

02 요약하기

평균 출제 문항 수 **1문제**
평균 출제 비중 **2.6%**

대표 기출유형 ① 글의 주장을 한 문장으로 요약해 쓰는 문제

유형설명

글쓰기 윤리와 관련된 글을 읽고 저자의 주장을 한 문장으로 요약하는 문제로, 보통 30점이 배점된다. 저작권법과 관련된 용어가 낯설더라도 문맥의 흐름을 파악해 가면서 집중해 읽으면 핵심 내용이 무엇인지 쉽게 찾을 수 있다.

확인문제

다음 글의 주장을 한 문장으로 쓰시오. [30점]

[조건] ~에 관한 ~을(를) 구현하려면 ~해야 한다.

저작권법 제24조의2에 따르면 국가 또는 지방자치단체가 업무상 작성하여 공표한 저작물이나 계약에 따라 저작재산권의 전부를 보유한 저작물은 허락 없이 이용할 수 있다. 다만, 국가안전보장 관련 정보 사생활, 사업상 비밀, 법률상 공개가 제한된 정보 등은 사용이 제한된다.

이러한 제한 사항을 일반인이 구체적으로 파악하기 어려우므로, 자유롭게 사용할 수 있는 공공저작물에는 공공누리 표지를 붙이고 있다. 하지만 허락 없이 이용할 수 있는 공공저작물이라도 저작물을 이용하는 자는 저작물의 유형에 따라 출처를 명시해야 할 의무가 있다. 출처 명시는 저작물 이용 상황에 따라 합리적이라고 인정되는 방법으로 해야 하며, 이를 위반할 시 형사 처벌을 받을 수도 있다. 이처럼 출처 명시에 관해 법적으로 강하게 규제하고 있으나 출처 명시의 목적을 이해하지 못하고, 출처를 어디에, 어떻게 써야 하는지를 구체적으로 알 수 없어 저작권법을 이행하는 데 문제가 되고 있다. 법을 지켜야 하는 일반인이 법을 이해할 수 없는 환경에 놓인다면 법적 안정성은 흔들리게 될 것이다.

모범답안 저작권법(출처 명시)에 관한 법적 안정성을 구현하려면 출처 명시 목적과 방법을 구체적으로 안내(제시)해야 한다.

감점 잡는 주관식 작성 전략

TIP 1 표지 중심으로 핵심어를 찾아 핵심 내용에 표시하기

주관식 답안을 쓸 때는 시간 분배가 매우 중요하다. 따라서 한 번에 집중하여 글을 읽고 핵심 내용을 파악해 답을 써야 한다. '하지만, 따라서, 이처럼'과 같은 표지 다음에 핵심어가 오는 편이므로 이 부분에 집중하며 핵심 내용을 찾아 표시한다.

TIP 2 핵심 내용을 조건에 맞게 변형하기

보통 문장으로 작성하는 답안은 조건에 문장 형식이 제시된다. 조건에 제시된 문장 형식을 써 두고, 표시해 둔 핵심 내용을 문장 형식에 맞춰 변형하여 써야 한다. 주어진 서술어에 호응하는 목적어와 부사어를 사용하여 핵심 어구를 작성해야 감점을 피할 수 있다.

확인문제에 전략 적용

저작권법 제24조의2에 따르면 국가 또는 지방자치단체가 업무상 작성하여 공표한 저작물이나 계약에 따라 저작재산권의 전부를 보유한 저작물은 허락 없이 이용할 수 있다. 다만, 국가안전보장 관련 정보 사생활, 사업상 비밀, 법률상 공개가 제한된 정보 등은 사용이 제한된다.

이러한 제한 사항을 일반인이 구체적으로 파악하기 어려우므로, 자유롭게 사용할 수 있는 공공저작물에는 공공누리 표지를 붙이고 있다. 하지만(표지) 허락 없이 이용할 수 있는 공공저작물이라도 저작물을 이용하는 자는 저작물의 유형에 따라 출처를 명시해야 할 의무(핵심어)가 있다. 출처 명시는 저작물 이용 상황에 따라 합리적이라고 인정되는 방법으로 해야 하며, 이를 위반할 시 형사 처벌을 받을 수도 있다. 이처럼(표지) 출처 명시에 관해 법적으로 강하게 규제하고 있으나 출처 명시의 목적(핵심어)을 이해하지 못하고, 출처를 어디에, 어떻게 써야 하는지(핵심어)를 구체적으로 알 수 없어 저작권법을 이행하는 데 문제가 되고 있다. 법을 지켜야 하는 일반인이 법을 이해할 수 없는 환경에 놓인다면 법적 안정성(핵심어)은 흔들리게 될 것이다.

TIP 1 표지 중심으로 핵심어를 찾아 핵심 내용에 표시하기

- 저작물을 사용할 때는 출처를 명시해야 하나 출처 명시 목적과 방법을 구체적으로 알 수 없어 저작권법 이행에 문제가 생기고 있음(문제 원인)
- 이에 따라 저작권법의 안정성에 문제가 되고 있음(결론)

→ 문제의 원인은 해결 방안으로 바꿔 쓸 수 있고, 결론은 저자가 글을 쓴 목적으로 볼 수 있음

TIP 2 핵심 내용을 조건에 맞게 변형하기

- 조건에 제시된 문장 구조상 '~을(를) 구현하려면'에는 저자가 글을 쓴 목적이 드러나야 하고, '~해야 한다'에는 저자가 문제로 삼고 있는 핵심 내용이 드러나야 함

→ (저작권법)에 관한 (법적 안정성)을 구현하려면(저자가 글을 쓴 목적) (출처 명시 목적과 방법을 구체적으로 안내)해야 한다.(문제 원인)

대표 기출유형 ② 글의 핵심 내용들을 요약해 쓰는 문제

◎ 유형설명

요약문 구상이나 개요에 제시된 내용에 맞게 글을 한 문장씩 요약하는 문제로, 보통 100점이 배점된다. 글의 주제를 파악해 제목을 작성하고 3~4개의 핵심 내용을 찾아 정리해야 한다. 문장마다 조건이 다를 수 있으므로 요약문 구상과 조건에 유의하여 답안을 작성해야 한다.

확인문제

다음 글을 조건과 <요약문 구상>에 따라 요약하여 기호와 함께 쓰시오. [100점]

[조건] **1. ㉠은 8어절로, ㉡~㉣은 1문장씩 작성하되 명사형으로 끝낼 것.**
2. ㉡은 '생산학파는 ~ 하는 노동 양식을 탐구함'의 형식으로 쓸 것.
3. ㉢은 '소비학파는 ~을(를) ~(으)로 보는 ~의 견해를 비판함'의 형식으로 쓸 것.
4. ㉣은 '콜린 캠벨은 ~의 발달로, ~이(가) 생겼고, 이러한 기대가 ~ 높였다고 봄'의 형식으로 쓸 것.

근대 도시의 삶의 양식은 많은 학자들의 관심을 끌어왔다. 오랫동안 지배적인 관점으로 받아들여진 것은 삶의 양식 중 노동 양식에 주목하는 생산학파의 견해였다. 생산학파는 산업혁명을 통해 근대 도시 특유의 노동 양식이 형성되는 점에 관심을 기울였다. 그들은 우선 새로운 테크놀로지를 갖춘 근대 생산 체제가 대규모의 노동력을 각지로부터 도시로 끌어모으는 현상에 주목했다. 또한 다양한 습속을 지닌 사람들이 어떻게 대규모 기계의 리듬에 맞추어 획일적으로 움직이는 노동자가 되는지 탐구했다. 예를 들어, 미셸 푸코는 노동자를 집단 규율에 맞춰 금욕 노동을 하는 유순한 몸으로 만들어 착취하기 위해 어떤 훈육 전략이 동원되었는지 연구하였다. 또한 생산학파는 노동자가 기계화된 노동으로 착취당하는 동안 감각과 감성으로 체험하는 내면세계를 상실하고 사물로 전락했다고 고발하였다. 이렇게 보면 근대 도시는 어떠한 쾌락과 환상도 끼어들지 못하는 거대한 생산 기계인 듯하다.

이에 대하여 소비학파는 근대 도시인이 내면세계를 상실한 사물로 전락한 것은 아니라고 하면서 생산학파를 비판하기 시작했다. 예를 들어, 콜린 캠벨은 금욕주의 정신을 지닌 청교도들조차 소비 양식에서 자기 환상적 쾌락주의를 가지고 있었다고 주장하였다. 결핍을 충족시키려는 욕망과 실제로 욕망이 충족된 상태 사이에는 시간적 간극이 존재할 수밖에 없다. 그런데 근대 도시에서는 이 간극이 좌절이 아니라 오히려 욕망이 충족된 미래 상태에 대한 주관적 환상을 자아낸다. 생산학파와 달리 캠벨은 새로운 테크놀로지의 발달 덕분에 이런 환상이 단순한 몽상이 아니라 실현 가능한 현실이 될 것이라는 기대를 불러일으킨다고 보았다. 그는 이런 기대가 쾌락을 유발하여 근대 소비 정신을 북돋웠다고 긍정적으로 평가했다.

<요약문 구상>

글에서 다루는 주제를 8어절로 정리하여 ㉠ 제목으로 정할 것.
㉡ 생산학파가 탐구한 노동 양식과 관련 생산학파의 견해를 간단하게 정리할 것.
마지막으로 ㉢ 생산학파 견해에 대한 소비학파의 비판과 ㉣ 소비학파의 대표 학자의 견해를 각각 정리할 것.

모범답안 ㉠ 근대 도시의 삶의 양식에 대한 생산학파와 소비학파의 견해
㉡ 생산학파는 산업혁명으로 노동력이 도시로 모이고, 다양한 특성의 사람을 획일적으로 움직이게 하는 노동 양식을 탐구함
㉢ 소비학파는 근대 도시인을 내면세계가 상실된 사물로 보는 생산학파의 견해를 비판함
㉣ 콜린 캠벨은 근대 기술의 발달로, 욕망 실현에 대한 기대가 생겼고, 이러한 기대가 쾌락을 유발하여 근대 소비 정신을 높였다고 봄

감점 잡는 주관식 작성 전략

TIP 1 주요 핵심어를 조합하기

요약문 구상에 제시된 기호별 핵심 내용과 관련된 핵심어를 조합하여 한 문장으로 요약한다. 글의 제목을 쓸 때는 문단별 핵심어를 조합하면 된다.

TIP 2 조건에 맞게 내용 요약하기

여러 개의 답안을 작성하는 문제는 기호별 문장 형식과 글자 수가 다르니 더 유의해야 한다. 기호별 핵심 내용을 조합한 후 글자 수 분량이 띄어쓰기를 포함하는지, 음절 수인지, 어절 수인지를 반드시 꼼꼼하게 확인하고 써야 감점되지 않는다.

확인문제에 전략 적용

근대 도시의 삶의 양식(핵심어)은 많은 학자들의 관심을 끌어왔다. 오랫동안 지배적인 관점으로 받아들여진 것은 삶의 양식 중 노동 양식(㉡ 핵심어)에 주목하는 생산학파의 견해였다. 생산학파(㉡ 핵심어)는 산업혁명을 통해 근대 도시 특유의 노동 양식이 형성되는 점에 관심을 기울였다. 그들은 우선 새로운 테크놀로지를 갖춘 근대 생산 체제가 대규모의 노동력을 각지로부터 도시로 끌어모으는 현상에 주목했다. 또한 다양한 습속을 지닌 사람들이 어떻게 대규모 기계의 리듬에 맞추어 획일적으로 움직이는 노동자가 되는지 탐구했다. 예를 들어, 미셸 푸코는 노동자를 집단 규율에 맞춰 금욕 노동을 하는 유순한 몸으로 만들어 착취하기 위해 어떤 훈육 전략이 동원되었는지 연구하였다. 또한 생산학파는 노동자가 기계화된 노동으로 착취당하는 동안 감각과 감성으로 체험하는 내면세계를 상실하고 사물로 전락했다고 고발하였다. 이렇게 보면 근대 도시는 어떠한 쾌락과 환상도 끼어들지 못하는 거대한 생산 기계인 듯하다.

이에 대하여 소비학파(㉢ 핵심어)는 근대 도시인이 내면세계를 상실한 사물로 전락한 것은 아니라고 하면서 생산학파(㉢ 핵심어)를 비판하기 시작했다. 예를 들어, 콜린 캠벨(㉣ 표지 및 핵심어)은 금욕주의 정신을 지닌 청교도들조차 소비 양식에서 자기 환상적 쾌락주의를 가지고 있었다고 주장하였다. 결핍을 충족시키려는 욕망과 실제로 욕망이 충족된 상태 사이에는 시간적 간극이 존재할 수밖에 없다. 그런데(㉣ 표지) 근대 도시에서는 이 간극이 좌절이 아니라 오히려 욕망이 충족된 미래 상태에 대한 주관적 환상을 자아낸다. 생산학파와 달리 캠벨은 새로운 테크놀로지의 발달 덕분에 이런 환상이 단순한 몽상이 아니라 실현 가능한 현실이 될 것이라는 기대를 불러일으킨다고 보았다. 그는 이런 기대가 쾌락을 유발하여 근대 소비 정신(㉣ 핵심어)을 북돋웠다고 긍정적으로 평가했다.

TIP 1 주요 핵심어를 조합하기

- ㉠ 제목: 생산학파가 보는 근대 도시의 노동 양식 + 소비학파가 보는 근대 도시의 소비 양식
- ㉡ 산업혁명을 통한 근대 도시 특유의 노동 양식
  → 각지로부터 도시로 노동력을 끌어오는 현상 + 다양한 습속의 사람들이 획일적으로 움직이는 현상
- ㉢ '근대 도시인은 내면세계를 상실한 사물(생산학파 견해)' 비판
- ㉣ 근대 기술의 발달로 환상의 실현 가능성에 대한 기대가 높아짐(전제), 이런 기대가 쾌락을 유발해 근대 소비 정신을 북돋움(결론)

TIP 2 조건에 맞게 내용 요약하기

㉠ 근대(1어절) 도시의(2어절) 삶의(3어절) 양식에(4어절) 대한(5어절) 생산학파와(6어절) 소비학파의(7어절) 견해(8어절)

㉡ 생산학파는 (산업혁명으로 노동력이 도시로 모이고, 다양한 특성의 사람을 획일적으로 움직이게)(노동 양식의 세부 내용) 하는 노동 양식을 탐구함

㉢ 소비학파는 (근대 도시인)을 (내면세계가 상실된 사물)로 보는(생산학파의 견해) (생산학파)의 견해를 비판함

㉣ 콜린 캠벨은 (근대 기술)의 발달로, (욕망 실현에 대한 기대)가 생겼고,(전제) 이러한 기대가 (쾌락을 유발하여 근대 소비 정신을) 높였다고 봄(결론)

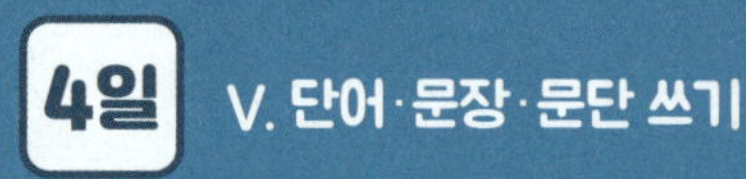

03 추론하기

대표 기출유형 ① 자료 분석 결과를 추론해 쓰는 문제

● 유형설명

인구, 경제, 산업과 관련된 그래프나 표를 분석하고 제시된 문장 형식에 맞게 빈칸에 들어갈 내용을 추론하여 쓰는 문제이다. 보통 30점이 배점되며, 도표에 나타난 수치를 비교하거나, 증감량과 증감률을 직접 계산하여 분석하는 문제가 출제된다.

확인문제

다음 자료를 분석하여 ㉠~㉢에 이어질 내용을 조건에 맞게 쓰시오. [30점]

[조건] 1. 한 문장 안에 총지수, 농축수산물 물가지수, 석유류 물가지수의 추이가 모두 드러나도록 쓸 것.
2. 첫 문장의 서술 방식에 맞추어 8어절로 쓸 것.

품목별 소비자 물가지수

(단위: 2023=100)

구분	2023	2024	2025	2026
총지수 (증감률)	100.00 (0.5)	102.50 (2.5)	107.72 (5.1)	111.59 (3.6)
농축수산물 (증감률)	100.00 (6.7)	108.73 (8.7)	112.82 (3.8)	116.28 (3.1)
석유류 (증감률)	100.00 (-7.3)	115.23 (15.2)	140.76 (22.2)	125.12 (-11.1)

<보 기>

- 총지수가 전년 대비 0.5% 증가한 2023년에는 농축수산물 물가지수가 6.7% 증가하고, 석유류 물가지수는 7.3% 감소했다.
- 총지수가 전년 대비 2.5% 증가한 2024년에는 (㉠).
- 총지수가 전년 대비 5.1% 증가한 2025년에는 (㉡).
- 총지수가 전년 대비 3.6% 증가한 2026년에는 (㉢).

모범답안
㉠ 농축수산물 물가지수가 8.7% 증가하고, 석유류 물가지수도 15.2% 증가했다.
㉡ 농축수산물 물가지수가 3.8% 증가하고, 석유류 물가지수도 22.2% 증가했다.
㉢ 농축수산물 물가지수가 3.1% 증가하고, 석유류 물가지수는 11.1% 감소했다.
※ 출처: KOSIS(소비자물가조사, 품목별 소비자물가지수)

감점 잡는 주관식 작성 전략

TIP 1 조건과 보기에 맞게 답안의 윤곽을 작성하기

추론하는 문제는 답안의 예시와 형식이 구체적으로 제시되며 그 형식에서 어긋나면 감점 요인이 된다. 따라서 답안의 윤곽을 먼저 잡으면 감점을 피할 수 있고, 답안에 작성할 내용도 자료에서 빠르게 찾을 수 있다.

TIP 2 어절, 음절에 유의하여 빈칸에 들어갈 내용 추론하기

조건에 제시된 어절, 음절 수를 반드시 지켜야 한다. 어절은 띄어쓰기의 단위로 세며, 음절은 글자의 단위로 센다. 예를 들어 '서술(1어절) 방식(2어절)'과 같이 띄어쓰기 단위로 계산하면 2어절이 되고, '서(1음절)술(2음절)방(3음절)식(4음절)'과 같이 글자 단위로 계산하면 4음절이 된다.

확인문제에 전략 적용

품목별 소비자 물가지수

구분	2023	2024	2025	2026
총지수 (증감률)	100.00 (0.5)	102.50 (2.5)	107.72 (5.1)	111.59 (3.6)
농축수산물 (증감률)	100.00 (6.7)	108.73 (8.7)	112.82 (3.8)	116.28 (3.1)
석유류 (증감률)	100.00 (-7.3)	115.23 (15.2)	140.76 (22.2)	125.12 (-11.1)

<보기>

- 2024년에는 ㉠ (농축수산물 물가지수가 ______ 하고, 석유류 물가지수 ______ 했다).
- 2025년에는 ㉡ (농축수산물 물가지수가 ______ 하고, 석유류 물가지수 ______ 했다).
- 2026년에는 ㉢ (농축수산물 물가지수가 ______ 하고, 석유류 물가지수 ______ 했다).

TIP 1 조건과 보기에 맞게 답안의 윤곽을 작성하기

첫 문장의 서술 방식에 맞추어, 한 문장 안에 총지수, 농축수산물 물가지수, 석유류 물가지수의 추이가 모두 드러나도록 쓸 것
→ 농축수산물 물가지수가 ______ 하고, 석유류 물가지수 ______ 했다.

TIP 2 어절, 음절에 유의하여 빈칸에 들어갈 내용 추론하기

㉠ 농축수산물(1어절) 물가지수가(2어절) 8.7%(3어절) 증가하고,(4어절) 석유류(5어절) 물가지수도(6어절) 15.2%(7어절) 증가했다.(8어절)

㉡ 농축수산물(1어절) 물가지수가(2어절) 3.8%(3어절) 증가하고,(4어절) 석유류(5어절) 물가지수도(6어절) 22.2%(7어절) 증가했다.(8어절)

㉢ 농축수산물(1어절) 물가지수가(2어절) 3.1%(3어절) 증가하고,(4어절) 석유류(5어절) 물가지수는(6어절) 11.1%(7어절) 감소했다.(8어절)

대표 기출유형 ② 지문을 바탕으로 빈칸을 추론해 쓰는 문제

유형설명

저작권법, 연구 윤리 등 직무 상황에서 지켜야 하는 규정을 다룬 글이 제시된다. 세부 출제 유형으로는 빈칸에 들어갈 내용을 글의 내용을 토대로 추론해 쓰는 문제, 용어의 정의를 바탕으로 빈칸에 들어갈 단어를 추론하여 쓰는 문제 등이 있으며, 일반적으로 30점 만점인 문제로 출제된다. 문제에서 제시되는 단어나 글이 어렵고 낯설더라도 빈칸에 들어갈 내용의 단서가 될 수 있는 부분에 집중해 읽으면 답안을 쓰는 것은 어렵지 않다.

확인문제

다음은 저작권법 제14조와 제15조이며, <보기>는 이를 이해하기 쉽게 풀어 쓴 것이다. <보기>의 ㉠과 ㉡에 들어갈 말을 쓰시오. [30점]

[조건] ㉠, ㉡에 들어갈 말은 지문 및 <보기>에 언급된 단어를 활용하여 ㉠은 3어절로, ㉡은 4어절로 쓸 것.

저작권법

제14조(저작인격권의 일신전속성)

① 저작인격권은 저작자 일신에 전속한다.

② 저작자의 사망 후에 그의 저작물을 이용하는 자는 저작자가 생존하였더라면 그 저작인격권의 침해가 될 행위를 하여서는 아니 된다. 다만, 그 행위의 성질 및 정도에 비추어 사회통념상 그 저작자의 명예를 훼손하는 것이 아니라고 인정되는 경우에는 그러하지 아니하다.

제15조(공동저작물의 저작인격권)

① 공동저작물의 저작인격권은 저작자 전원의 합의에 의하지 아니하고는 이를 행사할 수 없다. 이 경우 각 저작자는 신의에 반하여 합의의 성립을 방해할 수 없다.

② 공동저작물의 저작자는 그들 중에서 저작인격권을 대표하여 행사할 수 있는 자를 정할 수 있다.

③ 제2항의 규정에 따라 권리를 대표하여 행사하는 자의 대표권에 가하여진 제한이 있을 때에 그 제한은 선의의 제3자에게 대항할 수 없다.

<보기>

"저작인격권"이란 저작자가 저작물에 대하여 가지는 인격적·정신적 이익을 보호하는 권리로서 공표권, 성명표시권 및 동일성유지권이 저작인격권에 해당합니다. 저작인격권은 일신 전속권(一身專屬權)으로서 (㉠   ) 경우에도 저작자에게 남아있게 됩니다. 따라서 저작재산권 양도계약의 당사자가 저작인격권도 양도하기로 약정하였다고 하더라도 이는 무효이며 포기할 수 없는 권리입니다. 공동저작물의 저작인격권은 (㉡   ) 행사할 수 있습니다. 이 경우 저작자는 신의에 반하여 합의의 성립을 방해할 수 없습니다. 공동저작물의 저작자는 그들 중에서 저작인격권을 대표하여 행사할 수 있는 자를 정할 수 있습니다. 공동저작물의 저작인격권 행사에 대한 대표권에 가해진 제한이 있는 경우 그 제한은 선의의 제3자에게 대항할 수 없습니다.

모범답안 ㉠ 저작자가 저작재산권을 양도하는
㉡ 저작자 전원의 합의에 의해서만

※ 출처: 법제처, https://www.easylaw.go.kr

감점 잡는 주관식 작성 전략

TIP 1 빈칸 앞뒤를 근거로 단서 찾기

빈칸 앞뒤 내용을 파악한 후, 글과 <보기>에서 빈칸의 앞뒤 내용과 유사한 부분을 찾아 단서가 될 만한 내용을 확인한다.

TIP 2 문맥상 어울리는 핵심 어구를 추론하기

TIP1에서 찾은 여러 단서를 빈칸에 넣어본 후, 전체 문장을 읽어 본다. 문맥의 흐름이 가장 자연스러운 핵심 어구를 골라 조건에 맞춰 답안을 작성한다. 핵심 어구를 작성해야 정답으로 인정되고, 문장 성분의 호응 등이 부자연스러우면 미미하지만 감점 요인이 되니 유의해야 한다.

확인문제에 전략 적용

제14조(저작인격권의 일신전속성)

① 저작인격권은 저작자 일신에 전속한다.

② 저작자의 사망 후에 그의 저작물을 이용하는 자는 저작자가 생존하였더라면 그 저작인격권의 침해가 될 행위를 하여서는 아니 된다. 다만, 그 행위의 성질 및 정도에 비추어 사회통념상 그 저작자의 명예를 훼손하는 것이 아니라고 인정되는 경우에는 그러하지 아니하다.

제15조(공동저작물의 저작인격권)

① 공동저작물의 저작인격권은 저작자 전원의 합의에 의하지 아니하고는 이를 행사할 수 없다.(㉡ 단서) 이 경우 각 저작자는 신의에 반하여 합의의 성립을 방해할 수 없다.

② 공동저작물의 저작자는 그들 중에서 저작인격권을 대표하여 행사할 수 있는 자를 정할 수 있다.

③ 제2항의 규정에 따라 권리를 대표하여 행사하는 자의 대표권에 가하여진 제한이 있을 때에 그 제한은 선의의 제3자에게 대항할 수 없다.

<보기>

"저작인격권"이란 저작자가 저작물에 대하여 가지는 인격적·정신적 이익을 보호하는 권리로서 공표권, 성명표시권 및 동일성유지권이 저작인격권에 해당합니다. 저작인격권(㉠ 근거)은 일신 전속권(一身專屬權)으로서 (㉠) 경우에도 저작자에게 남아있게 됩니다. 따라서 저작재산권 양도계약의 당사자가 저작인격권도 양도하기로 약정하였다고 하더라도 이는 무효(㉠ 단서)이며 포기할 수 없는 권리입니다. 공동저작물의 저작인격권(㉡ 근거)은 (㉡) 행사할 수 있습니다. 이 경우 저작자는 신의에 반하여 합의의 성립을 방해할 수 없습니다. 공동저작물의 저작자는 그들 중에서 저작인격권을 대표하여 행사할 수 있는 자를 정할 수 있습니다. 공동저작물의 저작인격권 행사에 대한 대표권에 가해진 제한이 있는 경우 그 제한은 선의의 제3자에게 대항할 수 없습니다.

TIP 1 빈칸 앞뒤를 근거로 단서 찾기

- ㉠: 저작인격권이 저작자에게 남아 있는 경우 → 저작인격권은 양도하기로 약정해도 무효가 됨
- ㉡: 공동저작물의 저작인격권을 행사할 수 있는 경우 → 저작자 전원의 합의에 의해서만 행사할 수 있음

TIP 2 문맥상 어울리는 핵심 어구를 추론하기

- 저작인격권은 일신전속권으로서 ㉠ 저작자가(1어절) 저작재산권을(2어절) 양도하는(3어절) 경우에도 저작자에게 남아있게 됩니다.
- 공동저작물의 저작인격권은 ㉡ 저작자(1어절) 전원의(2어절) 합의에(3어절) 의해서만(4어절) 행사할 수 있습니다.

04 보완하기

평균 출제 문항 수
2문제
평균 출제 비중
5.1%

대표 기출유형 ① 직무 문서에 들어갈 문장을 쓰는 문제

유형설명

직무와 관련된 구체적 상황을 제시하고 이와 관련된 글을 바탕으로, 직무 문서의 일부를 보완하는 문제이다. 이 유형은 보통 50점이 배점되는 문제로 출제된다. 직무 문서의 바탕이 되는 작성 배경이나 자료와 함께 직무 문서가 제시된다. 조건과 글을 바탕으로, 직무 문서에 포함되어야 할 핵심 내용과 문서 작성법을 염두에 두고 조건에 맞춰 답안을 작성하면 된다.

확인문제

<보기>를 읽고 공문서 작성 방법과 조건에 따라 ㉠~㉤에 들어갈 내용을 기호와 함께 쓰시오. [50점]

[조건] ㉡과 ㉢은 항목을 구분하는 기호를 사용하여 자료에 제시된 순서대로 쓸 것.

<보기>

○○기관은 하계올림픽 대회를 운영할 기관을 선정하는 심사 위원을 공개적으로 모집하기로 했다. 이에 윤 사무관은 대상, 접수 기간, 접수 방법, 제출 서류를 정리하여 공고문을 작성하려 한다. 심사 위원의 조건은 하계올림픽 분야에서 2년 이상 근무한 경력자이면서 관련 분야의 학식이 풍부해야 한다. 접수 기간은 20□□년 3월 30일 월요일부터 4월 10일 금요일까지이며, 접수 시간은 오전 9시부터 오후 6시까지이다. 공고문에 첨부된 등록 신청서 1부에 서명한 후 이메일로 접수해야 하며, 자격 증명 서류도 반드시 제출해야 한다.

제목 ______㉠______

1. 관련: ○○과-1234(20□□. 3. 23.)
2. 20□□ 하계올림픽을 운영하는 기관을 선정할 심사 위원 후보자를 아래와 같이 모집합니다.
   가. 대상
   ______㉡______
   ______㉢______
   나. 접수 기간: 20□□. 3. 30.(월)~4. 10.(금)
   (접수 시간: ______㉣______)
   다. 접수 방법: 등록 신청서에 서명 후 이메일(yun@○○○.kr) 접수
   라. 제출 서류: ______㉤______

붙임 등록 신청서 1부. 끝.

모범답안 ㉠ 하계올림픽 운영 기관 선정 심사 위원 공개 모집 공고
㉡ 1) 하계올림픽 분야에서 2년 이상 근무한 경력자
㉢ 2) 하계올림픽 분야에 학식이 풍부한 자
㉣ 09:00~18:00
㉤ 등록 신청서 1부, 자격 증명 서류

감점 잡는 주관식 작성 전략

TIP 1 빈칸의 단서를 보기에서 찾기

이 문제는 직무 문서에 빈칸을 제시하고, 그에 들어갈 내용을 <보기>에서 찾아 조건에 맞춰 쓰는 유형이다. 따라서 빈칸에 들어갈 주제를 먼저 파악하고, <보기>를 읽으면서 빈칸과 관련된 내용에 표시해야 빠르게 답안을 작성할 수 있다.

TIP 2 조건과 공문서 작성법에 유의하기

조건에 제시된 글자 수 분량이나, 답안 순서를 지키지 않거나 공문서 작성법에 어긋나게 쓰면 감점된다. 제시된 글자 수나 순서와 달리 공문서 작성법은 미리 알아 두어야 답안에 반영할 수 있으므로 자주 나오는 항목 기호, 붙임 문서, 날짜, 시간 작성법을 반드시 암기해 두어야 한다.

확인문제에 전략 적용

<보기>

○○기관은 하계올림픽 대회를 운영할 기관을 선정하는 심사 위원을 공개적으로 모집하기로 했다. 이에 윤 사무관은 대상, 접수 기간, 접수 방법, 제출 서류를 정리하여 공고문을 작성하려 한다. 심사 위원의 조건은 하계올림픽 분야에서 2년 이상 근무한 경력자이면서 관련 분야의 학식이 풍부해야 한다. 접수 기간은 20□□년 3월 30일 월요일부터 4월 10일 금요일까지이며, 접수 시간은 오전 9시부터 오후 6시까지이다. 공고문에 첨부된 등록 신청서 1부에 서명한 후 이메일로 접수해야 하며, 자격 증명 서류도 반드시 제출해야 한다.

㉠ 관련 내용: 글의 목적
㉡~㉢ 관련 내용: 심사 위원 후보 대상
㉣ 관련 내용: 접수 시간
㉤ 관련 내용: 제출 서류

TIP 1 빈칸의 단서를 보기에서 찾기

- ㉠ 글의 제목: 하계올림픽 운영 기관 선정 심사 위원 공개 모집 공고
- ㉡~㉢ 심사 위원 후보 대상
  - 하계올림픽 분야에서 2년 이상 근무한 경력자
  - 관련 분야의 학식이 풍부해야 함
- ㉣ 접수 시간: 오전 9시~오후 6시
- ㉤ 제출 서류: 등록 신청서 1부, 자격 증명 서류

TIP 2 조건과 공문서 작성법에 유의하기

㉠ 하계올림픽 운영 기관 선정 심사 위원 공개 모집 공고
㉡ 1) 하계올림픽 분야에서 2년 이상 근무한 경력자
'가.'의 하위 항목이면서 첫 번째 항목이므로 '1)'로 표시함
㉢ 2) 하계올림픽 분야에 학식이 풍부한 자
'가.'의 하위 항목이면서 두 번째 항목이므로 '2)'로 표시함
㉣ 09:00~18:00
시간은 24시각제로 표기하고, 시·분 글자를 생략한 후 그 자리에 숫자와 쌍점을 찍어 표기함
㉤ 등록 신청서 1부, 자격 증명 서류
제출할 부수가 정해져 있다면, 부수까지 정확히 기재함

대표 기출유형 ② 직무 문서에 들어갈 문단을 쓰는 문제

유형설명

직무 문서의 일부를 작성하는 문제로, 직무 문서를 작성하게 된 배경이나 작성 시 참고해야 할 자료들이 한 문제에 제시되거나 직무 문서 하나만 제시되는 형태로 출제되는 유형이다. 보통 100점이 배점되는 편이므로 고득점을 목표로 한다면 답안에 포함되어야 할 핵심 내용을 염두에 두고 조건에 유의하여 답안을 작성해야 한다.

확인문제

○○ 지역 연구원에 소속된 임×× 씨는 지역 축제 개최를 제안하는 문서를 작성하려 한다. <보기>를 참고하여 ㉠~㉢에 들어갈 내용을 조건에 따라 쓰시오. [100점]

[조건] 1. ㉠은 '축제 제안 배경'의 내용을 활용하여 2문장으로 구성된 1문단으로 쓰되, 첫 번째 문장은 '~한 오늘날, ~을(를) 통해 ~하여 사회적 가치를 실현할 수 있다.', 두 번째 문장은 '또한 ~(으)로 ~하고 ~되어 경제적 가치도 실현할 수 있다.'의 형식으로 쓸 것.
2. ㉡, ㉢은 제안서의 '1), 2)' 제목을 고려하고, <보기>의 '축제 홍보 및 조성' 내용을 모두 활용하여 각각 1문장으로 제시하고, '~할 계획이다.'의 형식으로 쓸 것.
3. ㉠~㉢을 순서대로, 기호와 함께 들어갈 내용을 쓸 것.

<보기>

[축제 제안 배경]
가) 공동의 목표와 가치를 추구하는 유대감 필요 → 지역 축제를 통해 주민이 협력하고 포용하는 지역 공동체 형성
나) 외부 관광객 유입으로 지역 인지도 상승 및 상권 활성화 가능

[축제 홍보 및 조성]
가) 영상 콘텐츠를 활용 → 적극적으로 홍보하기 위함
나) 다양한 볼거리와 체험 발굴(마차 체험, 연날리기 대회 등), 기존 ○○ 지역 축제(빛 축제, 꽃 축제 등)와 연계 조성

○○ 지역 축제 개최 제안

정책연구원 임××

1. 축제의 필요성 및 기대 효과

㉠

1) 홍보 계획: ㉡

2) 조성 계획: ㉢

모범답안 ㉠ 공동의 목표와 가치를 추구하는 유대감이 필요한 오늘날, 지역 축제를(축제 개최를) 통해 지역 주민이 (서로) 협력하고 포용하는 지역 공동체를 형성하여 사회적 가치를 실현할 수 있다. 또한 (지역 축제를 통한) 외부 관광객 유입으로 지역(의) 인지도가 상승하고 상권이 활성화되어 경제적 가치도 실현할 수 있다.

㉡ 영상 콘텐츠를 활용하여(이용하여) 적극적으로 (축제를) 홍보할 계획이다.

㉢ 다양한 볼거리와 마차 체험, 연날리기 대회 등(의) 체험을 발굴하고 기존에 OO 지역에서 진행하던(기존 OO 지역 축제인) '빛 축제', '꽃 축제' 등과 연계하여 조성할 계획이다.

※ 출처: 함안군청, https://www.haman.go.kr

감점 잡는 주관식 작성 전략

TIP 1 조건과 빈칸 앞뒤를 근거로 <보기>에서 빈칸에 들어갈 내용 찾기

조건과 빈칸 앞뒤를 통해 답안에 어떤 내용이 포함되어야 하는지를 파악한다. 그다음, <보기>에서 답안에 포함되어야 할 내용과 연관 있는 부분을 찾으면 된다.

TIP 2 문장과 문단 수, 순서에 유의하기

조건에 제시된 문장과 문단 수, 제시 순서를 지키지 않으면 감점된다. 또한 문단을 작성하는 문제는 문장 간의 연결이 어색하지 않은지도 함께 검토해야 한다.

확인문제에 전략 적용

<보기>

[축제 제안 배경]

가) 공동의 목표와 가치를 추구하는 유대감 필요 → 지역 축제를 통해 주민이 협력하고 포용하는 지역 공동체 형성
㉠ 1문장(사회적 가치)

나) 외부 관광객 유입으로 지역 인지도 상승 및 상권 활성화 가능
㉠ 2문장(경제적 가치)

[축제 홍보 및 조성]

가) 영상 콘텐츠를 활용 → 적극적으로 홍보하기 위함
㉡ 홍보 계획

나) 다양한 볼거리와 체험 발굴(마차 체험, 연날리기 대회 등), 기존 OO 지역 축제(빛 축제, 꽃 축제 등)와 연계 조성
㉢ 조성 계획

TIP 1 조건과 빈칸 앞뒤를 근거로 <보기>에서 빈칸에 들어갈 내용 찾기

- ㉠ 축제의 필요성 및 기대 효과
  - 1문장: 공동의 목표와 가치를 추구하는 유대감이 필요한 오늘날, 지역 축제를 통해 주민이 협력하고 포용하는 지역 공동체를 형성할 수 있음
  - 2문장: 외부 관광객 유입으로 지역 인지도가 상승하고 상권이 활성화됨
- ㉡: 홍보 계획
  - 영상 콘텐츠를 활용하여 홍보함
- ㉢: 조성 계획
  - 다양한 볼거리와 마차 체험, 연날리기 대회 등 체험을 발굴하고, 기존 OO 지역에서 진행하던 빛 축제, 꽃 축제 등과 연계하여 조성함

TIP 2 문장과 문단 수, 순서에 유의하기

㉠ (공동의 목표와 가치를 추구하는 유대감이 필요)한 오늘날, (지역 축제)를 통해 (지역 주민이 협력하고 포용하는 지역 공동체를 형성)하여 사회적 가치를 실현할 수 있다.(1문장) 또한 (외부 관광객 유입)으로 (지역 인지도가 상승)하고 (상권이 활성화)되어 경제적 가치도 실현할 수 있다.(2문장)

㉡ (영상 콘텐츠를 활용하여 적극적으로 홍보)할 계획이다.(1문장)

㉢ (다양한 볼거리와 마차 체험, 연날리기 대회 등 체험을 발굴하고 기존에 OO 지역에서 진행하던 '빛 축제', '꽃 축제' 등과 연계하여 조성)할 계획이다.(1문장)

기출유형 공략문제

1. 다음은 사내 체육대회를 기획한 최○○ 팀장이 ○○전자 사보에 게재한 인사말이다. ㉠~㉤ 중 잘못된 것만을 골라 바르게 고쳐 쓰시오(옳은 표현을 수정할 시 감점함). [30점]

[조건] 답안은 '틀린 표현 → 맞는 표현'의 형식으로 기호와 함께 기호 순서대로 쓸 것.

안녕하세요, 이번 체육대회 기획을 맡은 기획팀 팀장 최○○입니다. 사내 체육대회를 앞두고 어제부로 대대적인 장기 프로젝트가 막을 내렸습니다. ㉠ 한창 동안 고생하셨을 텐데 오늘은 즐겁게 보내시길 바랍니다. 기획팀에서 나름대로 철저히 ㉡ 준비하느라고 한 건데 프로그램이 재미있으실지 걱정이 됩니다. 너무 ㉢ 객적은 소리인가요? 땀이 많이 나지 않으면서 적당히 움직일 수 있는 종목으로 팀원들과 ㉣ 곰곰히 생각해 짠 프로그램이니 좋게 봐주십시오. 그간 ㉤ 알음이 없었던 다른 팀 분과도 친분을 쌓는 계기가 되셨으면 좋겠습니다.

2. 다음 <보기>에서 잘못 표기된 외래어를 찾아 바르게 고쳐 쓰시오. [30점]

[조건] 잘못 표기된 외래어를 모두 찾아 '틀린 표현 → 올바른 표현'의 형식으로 쓸 것.

<보기>

제목 20××년 ○○문화재단 특별 프로그렘 뮤지컬 '빨간모자' 제작 의상 외부 대여 진행

20××년 ○○문화재단에서 '빨간모자' 공연 시 제작한 무대 의상 및 소품의 외부 대여를 아래와 같이 진행하고자 합니다.

1. 건명: '빨간모자' 공연용 의상 및 소품 외부 대여
2. 대여처: ○○ 에이전시 공연기획팀
3. 대여 물품: 20××년 ○○문화재단에서 '빨간모자' 공연 시 제작한 의상 및 소품 20종
4. 대여 기간: 20××. 10. 19.(수)~11.21.(월)
5. 대여 목적: 20××년 11월에 개최되는 ○○ 지역 패스티벌의 버라이어티쇼에서 활용하기 위함
6. 대여 조건: 무상 대여
   가. 모든 의상과 소품은 전문 세탁 업체에서 드라이크리닝을 거쳐 반납해야 함
   나. 대여 과정에서 발생하는 퀵서비스 비용은 대여처에서 부담함

3. 다음 밑줄 친 용어의 순화 표현을 기호와 함께 각각 쓰시오. [30점]

> • ○○대학교 약학 대학과 ○○제약 ㉠ <u>MOU</u> 체결
> • ㈜ ○○, ㉡ <u>RPA</u> 도입 후 작업 시간 최대 50% 감소
> • 중국 기업 ○○○, ㉢ <u>OS</u> 자체 개발하여 PC에 탑재한다.
> • ○○시 하수 처리 시설 ㉣ <u>BTO</u> 지정 … 사업자 제안 공고
> • ○○ 기업은 유통 업계에서 최초로 유제품 ㉤ <u>PL 상품</u>을 선보였다.

4. 김 사원은 논리적으로 사고하는 능력을 발전시키기 위해 논리적 사고의 구성 요소를 정리하여 학습하고자 한다. 김 사원이 정리한 내용의 일부가 다음과 같을 때 ㉠~㉣에 들어갈 내용을 기호와 함께 쓰시오. [30점]
[조건] '내용'에 제시된 단어를 활용하여 쓰되 ㉠과 ㉢은 2어절, ㉡은 3어절, ㉣은 1어절로 쓸 것.

구성 요소	내용
(㉠)	일상적인 대화, 회사의 문서, 신문의 사설 등 일상생활 중 접하는 모든 것들에 대해서 출·퇴근길, 화장실, 잠자리에 들기 전 등 언제 어디에서나 생각하는 습관을 가지는 것이 필요하다.
(㉡)	다른 사람을 설득하는 과정에서 자신의 주장이 거부당하는 경우 상대의 논리를 구조화하여 약점을 찾고, 자신의 생각을 재구축해야 한다.
(㉢)	상대가 하는 말의 의미를 파악하기 어려울 때는 구체적인 이미지를 떠올리거나 숫자를 활용하는 등 다양한 방법을 활용해 생각해야 한다.
타인에 대한 이해	상대의 주장에 반론을 제시할 경우 주장의 전부를 부정하지 않도록 주의해야 하며, 동시에 상대의 인격을 존중해야 한다.
(㉣)	설득은 논쟁을 통하여 이루어지는 것이 아니라 논증을 통해 이루어지며, 설득의 과정은 나의 주장을 다른 사람에게 이해시켜 공감시키고, 그 사람이 내가 원하는 행동을 하게 만드는 것이다.

기출유형 공략문제

5. 다음은 저작자의 경제적 이익을 보전하기 위한 권리인 '저작재산권'의 종류에 대한 설명이다. ㉠~㉤에 들어가기 적절한 말을 조건에 맞춰 기호와 함께 순서대로 쓰시오. [30점]

[조건] ㉠은 다른 항목의 '내용' 부분을 참고하여 5어절 이하로 쓰고, ㉡~㉤은 <보기>에서 단어를 찾아 쓸 것.

저작재산권의 종류

구분	내용
공연권	저작물 또는 실연·음반·방송을 상연·연주·가창·구연·낭독·상영·재생 또는 그 밖의 방법으로 공중에게 공개하는 것을 공연이라 하며, 저작자는 그의 (㉠) 가집니다.
(㉡)	저작물, 실연·음반·방송 또는 데이터베이스를 공중이 수신하거나 접근하게 할 목적으로 무선 또는 유선통신의 방법에 의해 송신하거나 이용에 제공할 권리를 말합니다.
(㉢)	미술저작물·건축저작물 또는 사진저작물의 원본이나 그 복제물을 전시할 수 있는 권리를 말합니다.
배포권	저작물, 실연·음반·방송 또는 데이터베이스의 원본 또는 그 복제물을 대가를 받거나 받지 않고 공중에 양도하거나 대여할 수 있는 권리를 말합니다.
(㉣)	배포권의 예외로 인정되는 권리로서 상업적 목적으로 공표된 음반이나 상업적 목적으로 공표된 프로그램을 영리 목적으로 대여되는 경우에 저작자에게 인정되는 권리를 말합니다.
(㉤)	원저작물을 번역·편곡·변형·각색·영상제작 등의 방법으로 2차적저작물을 작성하여 이용할 수 있는 권리를 말합니다.

<보기>

• 공표권 • 대여권 • 복제권 • 전송권 • 전시권 • 공중송신권 • 디지털음성송신권 • 2차적저작물작성권

6. 다음 ㉠~㉢에서 잘못 쓴 부분을 찾아 조건에 맞게 바르게 고쳐 쓰시오. [30점]
[조건] 틀린 부분과 고친 부분만 기호와 함께 쓸 것. 예) ㉠ ○○○ → ×××

㉠ 그는 영화를 예매한 시간에 맞춰 극장에 가려고 서둘었다. ㉡ 금요일 저녁에는 고속 도로가 많이 막혀 일부로 국도로 돌아간다. ㉢ 최저 임금, 퇴직금, 고용 보험은 근로자로써 마땅히 누릴 수 있는 권리이다.

7. 다음 문장의 주어와 서술어가 호응하도록 기호와 함께 바르게 고쳐 문장 전체를 쓰시오. [30점]

• 남부 지방에는 거센 돌풍과 강한 비가 내리겠습니다. → (㉠) • 이 영화는 전란을 사실적으로 그려 내어 전란의 참상을 느낄 수 있다. → (㉡) • 이번 사건에서 주목할 점은 금통위가 외부 요인에 더욱 경계심을 가져야 한다. → (㉢)

기출유형 공략문제

8. **다음 자료를 분석하여 ㉠~㉢의 내용을 기호와 함께 조건에 맞게 쓰시오. [30점]**

[조건] 1. 첫 문장의 서술 방식에 맞추어 12어절로 쓸 것.

2. ㉠, ㉡, ㉢은 표에 제시된 지역 순서대로 쓸 것.

지역별 신혼부부 평균 출생아 수

(단위: 명)

구분	2023	2024	2025	2026
서울특별시	0.76	0.74	0.70	0.67
부산광역시	0.92	0.91	0.88	0.84
인천광역시	0.93	0.92	0.88	0.86
제주특별자치도	1.04	1.01	0.97	0.95

<보기>

- 서울특별시에서 전년 대비 신혼부부 평균 출생아 수가 가장 많이 감소한 해는 2025년이다.
- (㉠).
- (㉡).
- (㉢).

9. 다음 밑줄 친 ㉠~㉤을 맞춤법과 문맥에 맞게 고쳐 기호와 함께 쓰시오. [30점]

혀는 부위별로 특정 미뢰가 있어 부위에 따라 느끼는 맛이 다르다고 알고 있다. ㉠ 그래서 혀에는 8,000개 이상의 미뢰가 분포되어 있으며, 각 미뢰는 모든 맛을 느낄 수 있다. 혀의 미뢰가 맛을 느끼면 미뢰 속 100여 개의 감각기가 뇌에 신호를 보내고, 각 맛에 ㉡ 대립하는 신경 세포가 이에 반응하게 된다. 인간이 느끼는 맛은 크게 혀로 감지하는 맛과 코로 맡는 풍미로 나눠는데, 혀로 느끼는 맛에는 단맛, 짠맛, 신맛, 쓴맛과 더불어 감칠맛이 있다. 보통 매운맛이라고 하는데, 매운맛은 미각이 아니라 혀가 아픈 통각이다. 그리고 감칠맛은 음식의 맛을 ㉢ 돋구는 일종의 협력자이다. 최근에는 인간이 느낄 수 있는 맛에 지방맛이 추가되었다. 지방맛은 튀김, 버터같이 지방을 많이 ㉣ 내포한 음식에서 느끼는 맛으로, 단독으로 먹을 때는 특유의 불쾌감이 들지만, 지방맛이 다른 음식에 사용될 때 풍미를 ㉤ 증축하는 특징이 있다.

10. 다음 대화문을 읽고 ㉠~㉤에 들어갈 내용을 본문에서 찾아 각각 2어절로 기호와 함께 쓰시오. [30점]

지방 정부 측: 저출생과 청년층의 수도권 집중 현상으로 우리 지역에서의 (㉠)(이)가 지속적으로 감소하고 있으며, 고령화가 가속화되면서 산업 붕괴의 위험에 놓이게 되었습니다. (㉡)(을)를 살리고 청년층을 우리 지역에 정착시키는 방안을 마련하기 위해 자리를 만들게 되었습니다.

고용 연구소 측: 최근 지역의 청년층 유출 속도는 연평균 1.259%p로 청년 인구가 심각하게 줄고 있는 상황으로 보입니다. (㉢)의 주요 원인은 지역 일자리 부족이므로 지역 일자리의 양적 향상이 필요합니다. 또한 청년의 생활 인프라를 강화하는 (㉣)도 중요합니다.

지방 정부 측: 네, (㉤) 증가 및 청년 정착 환경의 질적 향상이 중요하다는 말씀이군요. 지역 내 기업과의 협력을 강화하고, 청년을 위한 문화 시설을 개발하여 지역 경제가 활성화될 수 있도록 힘쓰겠습니다.

기출유형 공략문제

11. 다음 글의 주장을 한 문장으로 쓰시오. [30점]

[조건] '콘텐츠의 ~를 해결하기 위해서는 ~과 더불어, ~ 필수적이다.'의 형식으로 쓸 것.

중국에서 한국 콘텐츠가 불법으로 유통되어 한국 콘텐츠의 저작권 침해 문제가 가열되고 있다. 불법 유통으로 한국 콘텐츠 제작자들은 정당한 보상을 받지 못해 경제적 손실을 입고 있으며, 한국 콘텐츠의 상업적 가치가 저하되고 있다. 중국 측은 저작권법에서 저작자의 권리를 더욱 명확히 규정하고, 중국 내 저작물 불법 유통을 상시 단속하겠다는 의지를 보이고 있다. 하지만 중국에는 한국 드라마, 영화, 음악 등을 무료로 내려받을 수 있는 불법 사이트와 앱의 숫자가 매우 많고, 누구나 쉽게 이곳에 접근할 수 있어 불법 유통을 효과적으로 차단하지 못하고 있다. 이에 따라 최근 한국 정부는 중국 정부와 '한국 콘텐츠 불법 유통 근절 대책'에 관한 상호 협력을 심도 있게 논의하며, 중국 정부에 저작권 보호 강화를 요청하고 있다. 또한 중국에서 한국 콘텐츠를 합법적으로 유통할 수 있도록 민간 기업을 지원하는 정책을 내놓고 있다. 이렇게 두 나라의 긴밀한 협력은 지속적으로 이어져야 한다. 하지만 문제를 근절하려면 저작권의 중요성을 이해하고, 저작권을 존중할 수 있도록 개인의 인식이 개선되어야 한다.

12. 다음 자료를 분석하여 ㉠ ~ ㉢에 이어질 내용을 기호와 함께 조건에 맞게 쓰시오. [30점]

[조건] 1. 첫 문장의 서술 방식에 맞추어 10어절 이하로 쓸 것.

2. 한 문장 안에 허가, 착공, 준공 동수의 차이가 모두 드러나도록 쓸 것.

시도별 건축 허가·착공·준공 현황

(단위: 동, m^2)

구분	서울	부산	인천	광주	대전
허가	608	297	303	119	234
착공	173	149	267	137	72
준공	433	158	303	101	88

<보기>

- 인천은 서울보다 건축 허가와 건축 준공 동수는 적지만, 건축 착공 동수는 많다.
- 부산은 광주보다 (㉠).
- 대전은 부산보다 (㉡).
- 광주는 대전보다 (㉢).

13. **다음 밑줄 친 ㉠~㉤을 맞춤법과 문맥에 맞게 고쳐 기호와 함께 쓰시오. [30점]**

녹조 현상은 조류가 증식해 강물이 녹색 빛을 ㉠ 띄는 현상이다. 녹조 현상의 주요인으로는 조류의 개체 수를 ㉡ 늘이는 물질의 지나친 ㉢ 유인을 꼽을 수 있다. 질소와 인이 조류의 대표적인 성장 요소인데, 공장의 폐수, 농가의 화학 비료, 일반 가정의 세척제에는 질소와 인 등의 오염 물질이 다량 들어 있다. 이러한 오염 물질이 강물에 많이 들어갈수록 조류의 개체가 증가하여 녹조 현상이 나타난다. ㉣ 즉 유속도 조류의 양과 밀접한 관련이 있다. 유속이 빠르면 어느 정도 조류가 증식해도 녹조의 발생으로 이어지지 않지만, 유속이 느리면 조류가 한곳에 ㉤ 적재되어 녹조 현상이 발생하기가 더 쉽다.

14. **다음 밑줄 친 ㉠~㉤을 올바르게 띄어 쓰시오. [30점]**

[조건] 띄어쓰기 표시는 'V'을 사용하고, 기호와 함께 쓸 것.

- 김 사원이 ㉠ 입사한지 1년이 지났다.
- 우리 부서의 실적이 상위에 ㉡ 속하는듯하다.
- 이 대리의 업무 일정을 보니 ㉢ 답답할만도 하다.
- 마지막 ㉣ 원료 마저 소진되어 기계의 가동을 멈추었다.
- 혹시 ㉤ 하루내지이틀 정도의 여유를 주실 수 있을까요?

4일

V. 단어·문장·문단 쓰기

기출유형 공략문제

15. 다음은 SWOT 분석에 따라 전략을 수립하는 방법이며, <보기>는 마케팅팀 김○○ 사원이 제출한 생활용품 전문 회사 ○○기업의 SWOT 분석 결과 및 그에 따른 마케팅 전략이다. 김○○ 사원이 수립한 마케팅 전략에 대응하는 SWOT 분석 전략을 조건에 맞게 쓰시오. [30점]

【조건】 '㉠-WO전략'과 같이 '기호-전략 명칭'의 형식으로, ㉠~㉤을 기호 순서대로 쓸 것.

		내부 환경 요인	
		강점(S)	약점(W)
외부 환경 요인	기회(O)	SO전략 내부 강점과 외부 기회 요인을 극대화	WO전략 외부 기회를 이용하여 내부 약점을 강점으로 전환
	위협(T)	ST전략 외부 위협을 최소화하기 위해 내부 강점을 극대화	WT전략 내부 약점과 외부 위협을 최소화

<보기>

1. ○○기업 SWOT 분석 결과

구분	내용
강점 (Strength)	• 뛰어난 품질과 내구성을 기반으로 하는 신뢰할 수 있는 브랜드 이미지 • 지속적인 R&D 사업 투자에 따른 빠르고 혁신적인 제품 개발 능력 • 최근 구축이 완료된 효율적인 제품 유통 네트워크
약점 (Weakness)	• 제작에 특별한 기술이 필요하지 않아 모방이 쉬운 주력 제품 라인 • 20~30대 남성으로 한정된 주요 소비자층
기회 (Opportunity)	• 생활용품의 특성상 처음 쓴 제품을 계속 선택하게 되는 높은 고객 충성도 • 비누, 소독제, 물티슈 등 청결 유지 제품에 대한 전 세계 신규 수요 확대
위협 (Threat)	• 낮은 진입 장벽으로 인한 수많은 경쟁 업체와의 치열한 경쟁 • 압도적인 경쟁력을 가질 수 없는 생활용품 시장 구조 • 원자재 및 임금 인상으로 인한 제품 생산 비용 증가

2. 마케팅 전략

㉠ 청결 유지 제품을 빠르게 개발 및 출시하여 전 세계적으로 신규 고객을 유치한다.

㉡ 신뢰할 수 있는 브랜드 이미지를 활용한 마케팅으로 다수 타사와의 경쟁에서 우위를 차지한다.

㉢ 주력 제품 라인에 당사 고유의 독특한 디자인을 적용하여 차별성을 부여하고 당사 제품을 한 번도 사용해 보지 않은 소비자에게 무료 샘플을 배포한다.

㉣ 제품 유통 네트워크를 활용하여 물류비용을 절감함으로써 원자재 및 임금 상승으로 인한 제품 생산 비용 증가를 상쇄한다.

㉤ 고객 세분화 전략을 통해 다양한 소비자층을 대상으로 홍보를 강화하여 시장점유율을 높이고 생활용품 시장에서 점차 경쟁력을 갖춘다.

16. 다음 ㉠~㉤에 들어가기 문맥상 적절한 표현을 기호와 함께 쓰시오. [30점]

> 팀장님은 송년회 자리를 ㉠ (빌려/빌어) 그동안 고생한 팀원들에게 감사를 표하며, 앞으로도 ㉡ (서슴지/서슴치) 말고 의견을 개진해 달라고 당부하셨다. 또한 무엇을 ㉢ (하든지/하던지) 막내처럼 자신감을 가지고, 편하게 자기 자리로 ㉣ (들러/들려) 상의하라고 하셨다. 그 말을 들은 막내는 얼굴이 ㉤ (빨개져서/빨게져서) 어쩔 줄 몰라 했다.

17. 다음 문장을 조건에 맞게 바르게 고쳐 쓰시오. [30점]

[조건] 1. ㉠~㉢에 들어갈 내용만 각각 기호와 함께 쓸 것.
2. ㉠, ㉡은 1어절로, ㉢은 2어절로 쓸 것.

> • 회사는 사원들에게 필수적으로 문서 작성법을 교육시키게 했다.
> → 회사는 사원들에게 필수적으로 문서 작성법을 (㉠).
> • 정부는 관계 기관이 수재민에게 구호 물품을 전달받도록 지시했다.
> → 정부는 관계 기관이 수재민에게 구호 물품을 (㉡) 지시했다.
> • 이곳은 경치가 아름답고 널리 알려진 명소로 최근 대중의 관심이 더 많아진 인기 관광지이다.
> → 이곳은 (㉢) 명소이며, 최근 인기를 더 끌고 있다.

기출유형 공략문제

18. 다음 ㉠~㉤을 외래어 표기법에 맞게 고쳐 쓰시오. [30점]

㉠ 자켓(jacket)	㉡ 가디건(cardigan)	㉢ 렌트카(rent-a-car)
㉣ 나레이션(narration)	㉤ 밀크쉐이크(milk shake)	

19. <보기>를 바탕으로 ㉠~㉤을 로마자로 쓰시오. [30점]

[조건] 기호와 함께 로마자 표기만 쓸 것

<보기>

국어의 로마자 표기법에 따르면 국어의 로마자 표기는 표준 발음법에 따라 적으며, 고유 명사는 첫 글자를 대문자로 적는다. 또한 음운 변화가 일어날 때에는 변화의 결과에 따라 적으나, 체언에서 'ㄱ, ㄷ, ㅂ' 뒤에 'ㅎ'이 따를 때는 'ㅎ'을 밝혀 적고, 된소리되기는 표기에 반영하지 않는다.

㉠ 신라	㉡ 놓다	㉢ 집현전	㉣ 해돋이	㉤ 낙동강

20. ㉠~㉤을 외래어 표기법에 맞게 기호와 함께 한글만 바르게 쓰시오. [30점]

㉠ Symbol	㉡ melon	㉢ badge	㉣ yellow	㉤ genre

21. 다음 ㉠~㉤을 우리말 순화어로 바르게 고쳐 기호와 함께 쓰시오. [30점]

- ㉠객담이 심해 ㉡경구투여 주기를 늘렸다.
- ㉢곤색 정장을 입은 ㉣고참이 회의실로 들어왔다.
- 얼큰한 맛을 내기 위해 국밥에 ㉤다대기를 풀었다.

기출유형 공략문제

22. 다음은 ○○ 연예 기획사에서 행복 콘서트 초대 이벤트를 담당하고 있는 장○○ 씨가 쓴 안내문의 일부이다. 다음 안내문에서 잘못된 4곳을 찾아 고쳐 쓰시오. [30점]

【조건】 1. '잘못된 표현 → 맞는 표현'의 형식으로 고쳐 쓸 것.
2. 띄어쓰기, 부적절한 조사, 부사어와 서술어의 호응, 단어 표기 측면에서 잘못된 부분을 각 1개씩 찾아 쓸 것.

행복 콘서트 초대 이벤트 안내문

1) 티켓 및 입장 팔찌가 없을 시 어떠한 사유로도 입장 하실 수 없습니다(팔찌는 공연 중에도 착용하셔야 합니다).
2) 공연 당일 오후 3시부터 현장 진행 요원에 안내에 따라 입장이 가능합니다.
3) 공연 시작 10분 전까지 착석 완료하여 주시기 바랍니다.
4) 공연 시작 후에는 공연장으로 입장하거나 퇴장하는 데 제한이 있을 수 있습니다.
5) 공연 중에는 좌석 이동을 자재해 주시고, 휴대 전화의 전원을 꺼 주시기 바랍니다.

---

23. 다음 ㉠과 ㉡의 이유를 찾아, 각각 한 문장으로 기호와 함께 쓰시오. [30점]

【조건】 문장은 '~ 때문이다.'로 종결할 것.

4차 산업혁명 기술이 농업에 접목되면서 '데이터 농업'이 미래의 핵심 경쟁력으로 떠오르고 있다. 네덜란드와 같은 농업 선진국들은 이미 빅데이터를 활용해 생산성을 극대화하고 있으며, 이는 국내 농산물의 가격 경쟁력을 위협하는 요인이 되고 있다. 또한, 농촌 지역의 인구 소멸 위기가 가속화됨에 따라 기존의 노동 집약적 방식으로는 더 이상 농업 기반을 유지하기 어렵다는 위기감이 고조되었다. 이러한 배경 속에서 ㉠ <u>정부는 스마트팜 혁신 밸리를 조성하고 관련 예산을 대폭 증액하는 등 스마트팜 보급에 사활을 걸고 있다.</u>

하지만 실제 현장에서는 스마트팜을 도입했다가 다시 관행 농법으로 회귀하거나 도입 자체를 포기하는 농가가 늘고 있다. ㉡ <u>농민들은 기계 고장 시 신속한 수리가 어려워 작물 피해를 입는 경우가 빈번하다</u>고 호소한다. 게다가 제공되는 생육 데이터가 국내의 다양한 토양 및 기후 환경에 최적화되지 않아, 데이터만 믿고 농사를 지었다가 오히려 수확량이 감소하는 사례도 발생하고 있다. 결국 전문 엔지니어가 부족한 농촌의 사후 관리 인프라와 국내 환경을 제대로 반영하지 못한 기술 보급 문제가 스마트팜의 활성화를 가로막고 있는 실정이다.

24. 다음 자료를 보고 조건에 맞게 쓰시오. [30점]

【조건】 1. 연도별 생산 지수가 가장 높은 지역과 가장 낮은 지역을 비교하는 문장을 '○○○○년 광공업 생산 지수가 가장 높은 ~(은)는 ~보다 ~ 높다.'의 형식을 사용하여 연도별로 순서대로 세 문장으로 쓸 것.

2. 2024~2026년 중 광공업 생산 지수가 가장 높은 지역과 낮은 지역의 생산 지수 차가 가장 큰 연도를 설명하는 문장을 '2024~2026년', '지역 간', '광공업 생산 지수', '가장 큰 연도'를 포함하여, 마지막에 한 문장으로 쓸 것.

전국 광공업 생산 지수

지역 / 연도	서울	부산	대구	인천	광주	대전	울산	세종
2024	106.2	106.8	111.8	113.2	107.4	104.3	106.8	110.4
2025	103.4	117.6	119.0	114.3	113.9	103.5	105.8	113.1
2026	98.3	108.9	116.2	114.5	112.9	99.2	104.1	107.4

25. <보기>를 참고하여 다음 문서의 각주 ㉠에 들어갈 내용만 조건에 맞게 쓰시오. [30점]

【조건】 '저자명, 「논문」, 『잡지명』, 출판사, 출판연도, 쪽. '의 형식으로 쓸 것.

... 급변하는 교육 환경 속에서 기술의 도입은 선택이 아닌 필수가 되었다. 선행 연구에 따르면 디지털 도구의 적절한 활용은 학습자의 몰입도를 높이는 데 긍정적인 영향을 미친다고 한다[1]. 이에 본 연구에서는...

1) ㉠

<보기>

박 연구원은 이번 프로젝트 보고서를 작성하면서 ○○교육연구소에서 2025년에 발행한 학술지 『미래 인재 교육』에 수록된 김○○ 교수의 논문 「에듀테크와 자기주도학습의 상관관계」를 중점적으로 참고하였다. 그는 특히 해당 논문의 45쪽에 기술된 학습 데이터 분석 결과를 인용하여 자신의 주장을 강화하고자 했다.

26. <보기>를 바탕으로 보육 교사 김×× 씨가 다음과 같은 교육 보고서를 작성할 때, ㉠에 들어갈 내용을 조건에 따라 쓰시오. [50점]

[조건] 1. <보기>와 교육 보고서를 참고하고, 교육 보고서를 작성한 주체를 고려하여 2문장으로 쓸 것.
2. 첫 번째 문장은 교육 보고서의 '교육 내용'을 모두 언급하며, '이번 교육으로 ~을 익힐 수 있어 업무에 큰 도움이 될 듯합니다.'의 형식으로 쓸 것.
3. 두 번째 문장은 <보기>의 '대상, 목적'을 활용하여 '이번 교육을 바탕으로 ~로서 ~을 강화하여 ~을 ~할 수 있도록 노력하겠습니다.'의 형식으로 쓸 것.

<보기>

20××년 상반기 장애 전담 보육 교직원 역량 강화 교육

- **대상**: 어린이집 원장과 장애아 전담 보육 교사
- **목적**: 보육 교직원 역량 강화, 보육의 질 개선
- **교육 내용**(원장 대상 교육인 '1)'을 제외한 나머지는 모두 공통 교육)
  1) 장애 통합 신학기 운영 과정 준비하기
  2) 장애 영유아 입소 준비부터 학부모 오리엔테이션까지 교육 계획안 교육
  3) 장애 영유아 교육 프로그램
  4) 장애 영유아 발달 단계에 따른 놀이 방법
- **주최**: ○○ 서구 육아종합지원센터

교육 보고서

○○ 어린이집 보육 교사 김××

교육명	20××년 상반기 장애 전담 보육 교직원 역량 강화 교육
주최	○○ 서구 육아종합지원센터
일시	20××. ×. ××.
교육 내용	1) 장애 영유아 입소 준비 2) 학부모를 위한 오리엔테이션 3) 장애 영유아 교육 프로그램 4) 장애 영유아 발달 단계에 따른 놀이 방법
교육 소감	㉠

27. <보기>를 읽고 보도 자료 작성 방법과 조건에 따라 ㉠~㉤에 들어갈 내용을 기호와 함께 쓰시오. [50점]

[조건] 1. ①의 형식을 참고하여 ㉡~㉣은 <보기>에 제시된 순서대로 쓸 것.
2. ㉤은 예시를 참고하여 쓸 것. 예시) ※해양수산부 단속 활동 2026.11.18. 지원 예정

<보기>

김 사무관은 내년부터 달라지는 육아 지원 제도의 주요 내용을 알리고, 이와 관련한 고용노동부의 입장을 보도하기 위해 자료를 제작하려 한다. 표제를 보충하기 위해 10월 16일 고용노동부 장관이 일하는 부모와의 간담회를 개최한 사실을 부제로 제시하고, 본문에는 육아 지원 제도의 주요 변경 사항, 간담회 내용, 고용노동부의 입장을 제시하려 한다. 내년부터 육아 휴직 급여가 월 최대 250만 원까지 인상되며, 육아 휴직 기간은 최대 1년 6개월로 연장된다. 또한 배우자 출산 휴가를 한 달로 늘리고, 중소기업 대체인력지원금을 120만 원 인상할 예정이다. 단, 육아 휴직 급여 인상과 대체인력지원금 인상은 2026년 1월 1일 시행된다는 점을 보충 내용으로 제시해야 한다.

1인 이상 모든 사업장에서 육아 휴직 기간 늘고, 경제적 부담 낮춘다

- ㉠ -

□ 고용노동부 장관은 내년 2월 시행 예정인 「육아지원 3법」(남녀고용평등법, 고용보험법, 근로기준법) 시행 전 현장 의견을 듣기 위해, 10월 16일 일하는 부모들과 간담회를 했다.

□ 내년 달라지는 육아 지원 제도의 주요 내용은,
① 육아 휴직 급여를 월 최대 250만 원까지 인상
② ㉡
③ ㉢
④ ㉣ 등이다.
㉤

□ 간담회에서 자녀가 아플 때 연차만으로 돌봄이 어려워 육아 휴직 제도의 탄력적 활용 필요, 남성들의 육아 참여 확대를 위한 제도 확대 요구가 있었다.

□ 고용노동부 장관은 "확대되는 배우자 출산 휴가를 출산 전에도 사용할 수 있도록 하고, 산모 돌봄 사유가 있을 시 배우자의 임신 중 육아 휴직이 가능하도록 제도 개선을 추진하겠다"라고 밝혔다. 또한 "1인 이상 사업장의 근로자라면 누구나 육아 지원 제도를 사용할 수 있도록 기업에 대한 대체인력지원금을 확대하여 눈치 보지 않고 제도를 사용할 수 있는 여건을 만들겠다"라고 밝혔다.

기출유형 공략문제

28. 다음 문서의 밑줄 친 ㉠~㉤을 공공 언어 성격에 맞게 바르게 수정하여 쓰시오. [50점]

[조건] 1. 기호와 함께 수정한 내용만 쓸 것.
2. 띄어쓰기를 수정할 때는 '∨'로 표시할 것.

수신자 수신자 참고 (경유) **제목** 2026년 국제 농식품 박람회 농특산물 장터 한마당 추진 단체 모집 공고
농특산물의 우수성을 ㉠ 대·내외 홍보하기 위한 「2026년 국제 농식품 박람회 농특산물 장터 한마당」을 추진할 단체를 아래와 같이 모집 공고합니다. 1. 신청 자격: 신청 단체 정관에 농특산물 직거래 활성화를 목적으로 한다는 내용이 명시된 생산자 단체 2. 신청 기간 및 방법 1) 신청 기간: 2026. 6. 5.(금) ~ 2026. 6. 18.(목) 2) 신청 방법: 전자 우편 ※ 2026. 6. 18.(목) ㉡ 도착 분에 한함 3. 유의 사항 1) ㉢ 유사 사업 수행 단체는 신청 자격이 없습니다. 2) 사업에 선정된 이후에 중대한 ㉣ 위반사례가 적발된다면 ㉤ 자격이 탈락될 수 있습니다.

29. 다음 안내문을 읽고 ㉠~㉤에 들어갈 내용을 조건에 따라 쓰시오. [100점]

[조건] 1. ㉠~㉤은 2~4어절로, '~ㅂ니다.'의 형식으로 종결하여 쓸 것.
2. ㉠에는 '연락망', ㉡에는 '자주', ㉢에는 '평상시', ㉣에는 '더운', ㉤에는 '상황'이라는 단어를 필수로 포함하고, 각 항목의 세부 내용을 대표할 수 있는 문장으로 쓸 것.
3. ㉠~㉤의 순서대로, 기호를 붙여 쓸 것.

폭염 대비 건강 수칙 안내문

1. (㉠)
응급 사고의 발생은 예측이 어렵습니다. 따라서 비상시 필요한 정보를 확보하거나 구호를 요청할 수 있는 병원, 보건소 등의 전화번호를 사전에 확인하여 사고에 대비하여야 합니다.

2. (㉡)
갈증을 느끼지 않아도 규칙적으로 자주 물을 마셔야 하며, 너무 달거나 카페인이 들어간 음료, 주류 등은 자제합니다. 신장 질환자의 경우 전문의와 상의 후 물을 마십니다.

3. (㉢)
시원한 물로 목욕하고, 에어컨과 선풍기를 사용합니다. 그리고 헐렁하고 밝은 색깔의 가벼운 옷을 입고, 햇볕을 차단하기 위해 양산이나 모자를 착용하여 시원하게 다닙니다.

4. (㉣)
낮 12시부터 오후 5시까지의 가장 더운 시간대에는 실외 작업은 되도록 하지 않고 휴식합니다. 갑자기 날씨가 더워질 경우, 건강 상태를 살피며 활동의 강도를 조절합니다.

5. (㉤)
여름철에는 라디오나 TV로 기온, 폭염 특보 등의 기상 상황을 매일 확인하여야 합니다.

6. 온열 질환의 증상을 사전에 파악합니다.
고열, 빠른 맥박과 호흡, 두통, 피로감, 근육 경련 등의 더위로 인한 증상과 대처 방법을 사전에 알아 둡니다.

7. 취약 계층은 건강 관리에 더욱 유의합니다.
고령자, 독거노인, 야외 근로자, 만성질환자(고혈압, 심장병, 당뇨 등), 어린이 등의 취약 계층은 더위에 약하므로 건강 관리에 더욱 유의해야 합니다.

기출유형 공략문제

30. 다음 글을 조건에 따라 요약하여 쓰시오. [100점]

[조건] 1. '㉠ 새로운 쌀가루 제조 기술 및 원리, ㉡ 새로운 쌀가루 제조 기술의 기대 효과, ㉢ 기존 쌀가루의 단점' 순서로 각각 1문장씩 쓸 것.
2. ㉠은 '쌀가루를 ~ 초음파 처리하면 ~ 된다.'의 형식으로 쓸 것.
3. ㉢에는 쌀가루를 주로 활용하는 식품을 ㉢과 관련지어 쓸 것.
3. 글의 분량은 띄어쓰기를 포함 ㉠ 60자, ㉡ 100자, ㉢ 65자 이하로 쓸 것.

우리나라에서 일 년 동안 사용하는 쌀가루가 4년 사이 37,132톤에서 54,446톤으로 증가했다. 쌀가루는 대부분 떡이나 술에 활용되는데, 물에 쉽게 가라앉고 가열했을 때 점도가 높아지면서 떡처럼 뭉쳐지는 성질이 있어 가공성이 떨어지므로 음료나 양념 등 액상 제품에 활용하기에는 제약이 따른다.

농촌진흥청의 연구진은 쌀가루를 물에 풀어도 가라앉지 않고 고루 섞이게 하는 기술을 개발했다. 가라앉지 않는 쌀가루는 일반 쌀가루를 물과 섞어 가열해 익힌 뒤 초음파 처리를 하고, 다시 건조해 분말로 만든 것이다. 초음파 처리로 쌀가루 입자 크기가 작아지고, 분자 구조가 바뀌어 점도가 낮아지면 물과의 결합력이 높아지므로 물에 풀어도 가라앉지 않게 된다. 이 쌀가루는 기존 쌀가루보다 점도가 3% 수준으로 낮아 가열하지 않아도 즉석에서 사용할 수 있다. 물에 가라앉지 않아 음료, 양념, 미용 제품 등에 폭넓게 사용할 수 있을 것으로 예상된다. 특히 쌀가루를 활용하여 음료를 제조하는 업체에서 이 기술을 적용한다면, 유화제나 안정제를 따로 첨가하지 않아도 음료가 층을 이루지 않고 고루 잘 섞여 품질이나 유통성 등이 좋아질 것으로 기대된다. 이번 연구는 쌀가루의 물리적 특성을 획기적으로 개선해 산업적 활용도를 높인 중요한 성과이다.

한편, 연구진은 물에 가라앉지 않는 쌀가루를 대량 생산하기 위해 연속식 초음파 공정을 개발하고 있다. 만약 이 기술이 개발된다면 쌀가루의 생산 시간은 줄고 생산 효율은 높아질 것으로 예상된다.

31. 홍보팀의 장 부장은 '20~30대 맞춤형 홍보 전략'을 활용하기 위해 상부에 홍보 방향을 보고하려 한다. 목차에 따라 보고서를 작성할 때, '3. 기대 효과'에 쓸 내용을 <보기>에서 골라 조건에 맞게 쓰시오. [100점]

[조건] 1. 3문장으로 작성하되, 각 문장은 첫째, 둘째, 셋째로 시작하고 <보기>의 내용을 중복하여 사용하지 말 것.
2. 첫 번째 문장은 인지도 측면의 기대 효과를, '~을(를) 통해 ~여 ~에게 ~ 있고, ~ 있다.'의 형식으로 쓸 것.
3. 두 번째 문장은 이미지 측면의 기대 효과를, '~ 문구를 통해 ~ 강화되면 ~ 있다.'의 형식으로 쓸 것.
4. 세 번째 문장은 판매량 측면의 기대 효과를, '~은(는) ~을(를) 유도하므로 ~ 있다.'의 형식으로 쓸 것.

목차

1. 목표 대상 분석
2. 홍보 전략
3. 기대 효과

<보기>

- 환경 보호, 사회적 책임의 관심 상승
- SNS 소통 활발, 최신 유행 및 희소성을 선호
- 환경 보호 및 사회적 기여 측면에서 제품의 긍정적인 역할 전달
- 유명 인사와 협업하여 SNS로 제품 사진 공유 및 해시태그 챌린지로 참여 유도
- 기업의 사회적 책임 강조로 소비자와의 정서적 연결 강화 및 기업 이미지 향상
- 소비자 구매를 유도하는 한정판 및 특별 행사 제품 출시로 단기간 판매량 상승
- 효과적인 SNS 홍보로 기업의 가시성 향상, 잠재 고객에게 홍보, 기업의 인지도 상승

기출유형 공략문제

32. 다음 글을 조건과 <개요>에 따라 요약하여 기호와 함께 쓰시오. [100점]

[조건] 1. ㉠은 10어절로, ㉡~㉣은 1문장씩 쓸 것.
2. ㉠은 '정부가 ~한 ~에 ~ 지원하는 제도'의 형식으로 쓸 것.
3. ㉡~㉢은 '~ 기업은 ~ 실시하여 인적 자원 개발에 힘썼고, 결과적으로 ~ 긍정적인 영향을 주었다.'의 형식으로 쓸 것.
4. ㉣은 '본 인증 제도를 ~ 한다.'의 형식으로 쓸 것.

'인적 자원 개발 우수 기관 인증제'는 인적 자원을 우수하게 관리하는 기업에 정부가 인증을 부여하고, 다양한 혜택을 지원하는 제도이다. 기업이 능력 중심으로 채용·관리하고, 근로자가 학습을 통해 실무 능력을 키우는 데 목표를 두므로 인사 관리 체계, 능력 중심 인사 제도, 역량 개발 등으로 우수 기업을 선정하게 된다. 우수 기업의 대표 사례에서 인적 자원 관리를 통한 기업의 성장과 경쟁력 향상을 살펴볼 수 있다.

우수 기업으로 선정된 A 기업은 자체적으로 역량 모델링을 설정하였고, 직원의 직무·직위에 따라 역할 그룹 교육을 실시하였다. 그 결과, A 기업의 매출은 지속적으로 증가하고 있다. B 기업은 1년에 두 번씩 정기 평가를 실시하여 스펙과 승진 연차에 관계없이 능력과 성과를 중심으로 평가하는 특진 제도를 운영한 결과, 특허 출원 등 기술 개발 분야에서 성과를 거두었다. 마지막으로 C 기업은 직원의 역량을 향상하기 위해 직원이 개별적으로 직무를 분석하고 자신의 경력 목표를 설정할 수 있도록 조직에서 지원하였다. 또한 독립적으로 운영되던 각 부서의 시스템을 하나로 통합하여 실시간으로 성과 관리가 가능한 ERP 시스템을 도입한 것이 이번 인증 과정에서 높은 평가를 받았다.

세 기업의 사례에서 알 수 있듯, 인적 자원은 기업의 성장과 근로자의 고용을 좌우하는 핵심이므로 기업은 인적 자원 개발에 과감히 투자해야 한다. 또한 정부는 인적 자원 개발 우수 기관 인증제를 지속적으로 운영하고 혜택을 강화하여, 인적 자원의 핵심 역량을 키워나가는 기업을 지원해야 한다.

<개요>

1. ㉠ '인적 자원 개발 우수 기관 인증제'의 정의
2. 기업 사례
   1) ㉡ A 기업의 인적 자원 개발 사례와 효과
   2) ㉢ B 기업의 인적 자원 개발 사례와 효과
   3) C 기업의 인적 자원 개발 사례와 효과
3. ㉣ 인적 자원 개발을 위한 정부의 역할

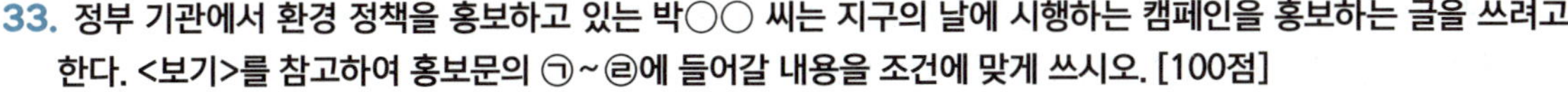

33. 정부 기관에서 환경 정책을 홍보하고 있는 박○○ 씨는 지구의 날에 시행하는 캠페인을 홍보하는 글을 쓰려고 한다. <보기>를 참고하여 홍보문의 ㉠~㉣에 들어갈 내용을 조건에 맞게 쓰시오. [100점]

[조건] 1. ㉠~㉣ 순서대로 <보기>의 내용을 참고하여, ㉠은 4음절, ㉡은 4어절, ㉢~㉣은 한 문장으로, 기호와 함께 쓸 것.
2. ㉠은 '홍보 효과'를, ㉡은 '홍보 목적'을 참고하여 쓸 것.
3. ㉢에는 지구의 날을 정의할 수 있는 문장을 그 날짜와 제정한 취지가 드러나게 쓰되, '매년 ~, ~ 알리고 ~하는 날입니다.'의 형식을 지킬 것.
4. ㉣에는 지구의 날에 시행하는 캠페인의 혜택 두 가지 이상과 혜택을 받을 수 있는 조건을 쓰되, '~을 맞이하여 ~에서 ~ 경우 ~이 제공됩니다.'의 형식을 지킬 것.

플라스틱 (㉠) 없는 지구의 날,
나부터 다회용으로!

하나뿐인 지구를 위해, (㉡) 함께해요.

1. 잠깐! 지구의 날이란?

㉢

2. 올해 지구의 날엔 이런 행사를 진행해요!

㉣

<보기>

1. **홍보 목적**: 지구의 날(4.22.)을 맞이하여 주요 패스트푸드점·커피전문점과 함께 일회용 컵 사용 줄이기 캠페인을 추진하여 저탄소생활 실천 중요성을 알리고 국민들의 동참을 유도하기 위함
2. **홍보 내용**: 주요 커피전문점과 패스트푸드점에서 지구의 날에 텀블러를 이용하면 기존 할인액에 추가로 할인해 주거나 음료 무료 제공, 텀블러 무료 증정 등 다양한 혜택을 제공함
3. **홍보 효과**: 지구의 날을 계기로 국민들이 생활 속에서 저탄소생활을 실천하고 '일회용품 없는 날'을 함께할 수 있을 것임
4. **참고 사항**: '지구의 날'은 매년 4월 22일로, 지구의 환경오염 문제가 심각함을 알리고 지구 환경을 보호하기 위한 실천적 행동을 하는 날임

기출유형 공략문제

34. **<보기>는 주식회사 ○○의 직원인 윤 대리와 박 과장의 대화이다. <보기>를 바탕으로 박 과장이 A 기관에 가격 조정 제안서를 작성하였을 때, ㉠에 들어갈 내용을 조건에 따라 쓰시오. [100점]**

[조건] 1. 1문단으로 쓰되, 3문장으로 구성할 것.

2. 첫 번째 문장은 어려운 상황에도 기존 단가로 계속 거래한 사실을 전달하는 내용으로, '귀 기관에 공급하고 있는 ~에도 불구하고 ~ 거래를 유지해 왔습니다.'의 형식으로 쓸 것.

3. 두 번째 문장에는 수입산 농산물의 가격이 인상된 원인과 단가 협상을 요청하게 된 이유를 <보기>에서 모두 찾아 구체적으로 설명하고, '그러나 ~으로 ~하여 부득이하게 단가 인상을 요청드리게 되었습니다.'로 문장을 끝낼 것.

4. 세 번째 문장은 '아래'로 시작하고, '내역의 변경 단가', '붙임 문서'라는 말과 검토 후 회신을 부탁하는 내용을 반드시 포함할 것.

<보기>

윤 대리: 과장님. 다음 달 A 기관에 납품할 식자재 중 수입산 농산물 가격이 오름세를 보이고 있습니다. 농산물 유통 정보와 월간 동향을 확인하였을 때, 환율이 상승하고 작황이 부진하여 가격의 오름세가 유지될 것으로 보입니다. 지난 몇 개월 동안 수입산 농산물의 가격이 계속 올랐지만, A 기관에는 기존 단가를 유지하여 식자재를 납품하였습니다. 그런데 지금은 원가가 기존보다 30%가량 상승하여, A 기관과 단가 협상이 필요할 듯합니다.

박 과장: 그렇군요. A 기관의 식자재 단가 조정 절차가 어떻게 되나요?

윤 대리: 네. 납품일 최소 3주일 전에 증빙 자료와 가격 조정 제안서를 제출해야 합니다. 제안서에 필요한 자료는 금일 퇴근 전까지 정리해서 보고드리겠습니다.

박 과장: 그래요. 윤 대리님이 전달해 주는 자료를 바탕으로, 제가 A 기관에 가격 조정 제안서를 발송하겠습니다.

주식회사 ○○

주소: ○○시 ○구 ○○로 123-45
전화번호: 02-123-4567

문서번호: 2026-××××
작성일자: 2026.××.××.
수신: A 기관 식자재 구매팀 담당자

제목: 식자재 단가 인상 요청의 건

1. 귀 기관의 무궁한 발전을 기원합니다.
2. (㉠)
귀 기관의 승인을 간곡히 부탁드립니다.

- 아 래 -

식자재명	현재 단가	변경 단가	상승률	비고

붙임 1. 식자재 가격 조정 내역서 1부.
2. 농산물 유통 정보 및 거래 내역서 1부. 끝.

주식회사 ◯◯ 대표 ×××

기출유형 공략문제

35. <자료 1>과 <자료 2>를 고려하여 근로계약서의 ㉠~㉦에 들어갈 내용을 기호와 함께 조건에 맞게 쓰시오. [100점]

[조건] 1. ㉠은 법인 등기사항을 참고하여, 근무지의 주소를 정확히 쓸 것.
2. 자료를 고려하여 ㉡은 담당 업무를 구체적으로 쓰고, 직급 코드를 ㉢에 쓸 것.
3. ㉣은 휴게시간을 근로시간의 표기 형태를 참고하여 쓰고, ㉦은 지급일을 쓸 것.
4. ㉤과 ㉥은 임금 총액을 각각 아라비아 숫자와 한글로 병기하여 쓸 것.(금, 원 포함할 것)

<자료1>

수신: 김철수 님
발신: (주)○○물산 인사팀
내용: 최종 합격을 축하드립니다. 귀하는 2026년 3월 3일부터 영업본부 해외영업팀 대리로 발령되었습니다. 주된 업무는 북미 지역 신규 거래처 발굴 및 바이어 관리입니다. 연봉 계약에 따른 월 기본급은 350만 원이며, 매월 25일에 지급됩니다. 근무지는 본사 사옥이며, 매주 5일 오전 9시부터 오후 6시까지 근무입니다.(휴게시간은 오후 12~13시) 경력직 특채 규정에 의거하여 수습 기간은 면제됩니다.

<자료2>

[주식회사 ○○물산 법인 등기사항전부증명서]

등록번호	110111-1234567
상호	주식회사 ○○물산 (○○TRADING CO., LTD.)
본점	서울특별시 가나구 중앙대로 123, 마바빌딩 5층 (사아동)
지점	- 경기도 파주시 중앙로 111 (물류센터) - 부산광역시 타하구 중앙로 55 (부산지사)
업종	- 무역업 및 무역대리업 - 전자상거래업 - 부동산 임대업 - 위 각호에 부대하는 사업 일체
임원에 관한 사항	사내이사 홍길동 2010년 2월 10일 중임 2010년 2월 18일 등기 대표이사 임꺽정 2010년 2월 10일 중임 2010년 2월 18일 등기 감사 이몽룡 2010년 2월 10일 중임 2010년 2월 18일 등기

[2026년도 직급 코드표]

구분	사원 (Staff)	대리 (Assistant Manager)	과장 (Manager)	차장 (Deputy GM)	부장 (General Manager)
경영지원	S-01	A-01	M-01	D-01	G-01
국내영업	S-02	A-02	M-02	D-02	G-02
해외영업	S-03	A-03	M-03	D-03	G-03
연구개발	S-04	A-04	M-04	D-04	G-04

<근로계약서>

주식회사 ○○물산(이하 "사업주"라 함)과 김철수(이하 "근로자"라 함)는 다음과 같이 근로계약을 체결한다.

1. 근로개시일: 2026년 3월 3일부터
2. 근무 장소: (㉠)
3. 업무의 내용
   - 담당 업무: (㉡)
   - 직급 코드: (㉢)
4. 소정근로시간: 9시00분~18시00분(휴게: ㉣)
5. 근무일/휴일: 매주 5일 근무
   - 공휴일(대체공휴일 포함)은 근로기준법이 정하는 바에 따르며, 근로자의 날은 유급휴일로 함
6. 임금

- 월 급여: (㉤)(㉥)
- 임금 지급일: 매월 (㉦)(휴일의 경우는 전날 지급)
- 지급방법: 근로자에게 직접(현금)지급 [ ], 근로자 명의 계좌에 입금 [ ]

36. <자료1>을 활용하여 <자료2>의 프레젠테이션을 진행할 때, ㉠~㉣에 들어갈 내용을 기호와 함께 조건에 맞게 쓰시오. [100점]

[조건] 1. ㉠~㉣ 모두 '(핵심 내용): (세부 내용)' 형태로 쓸 것.
2. 핵심 내용과 세부 내용 모두 명사형으로 종결할 것.

<자료1>

지구의 온도가 일정하게 유지되거나 상승하는 온실효과는 태양과 지구 사이의 에너지 교환 과정에서 발생한다. 우선 태양으로부터 오는 태양 복사 에너지는 대기를 통과하여 지표면에 도달한다. 이때 태양 에너지는 주로 에너지가 강하고 투과력이 좋은 단파장 형태를 띠고 있어, 대기 중의 기체들에 거의 흡수되지 않고 지표면까지 잘 도달하여, 지표면은 이 에너지를 흡수하여 가열된다. 이렇게 데워진 지표면은 흡수한 에너지를 다시 우주로 내보내는데, 이때는 파장이 긴 적외선 복사 에너지 형태로 방출한다. 그러나 대기층의 온실가스는 분자 구조상 지구에서 나가는 이 긴 파장의 에너지를 매우 잘 흡수하는 성질이 있어, 적외선 복사 에너지는 우주로 빠져나가지 못하고 대기층(온실가스)에 흡수된 뒤, 다시 지표면으로 재방출된다. 이러한 현상으로 대기 중에 에너지가 갇히게 되어 결과적으로 지구의 평균 기온이 상승하게 되고 온실효과가 발생하게 된다.

<자료2>

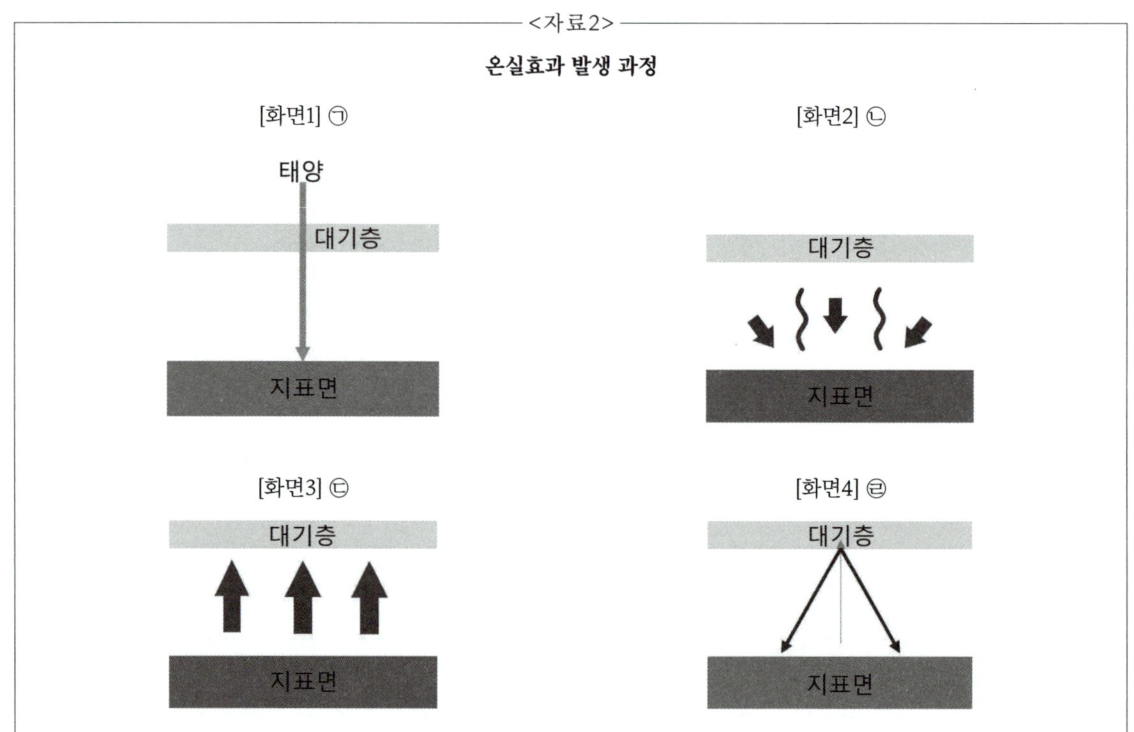

[화면5] ⓜ

약점 보완 해설집 p.21

7일 만에 끝내는 **해커스 한국실용글쓰기**

4일 VI. 실용문 쓰기

1. 단원별 출제 비중

실용문 쓰기 단원은 주관식 9문제 중 1문제가 출제되어 주관식 영역에서 약 11%의 출제 비중을 차지합니다. '01 실용문 쓰기'는 시험 맨 마지막 문제로 출제되며, 배점은 300점입니다.

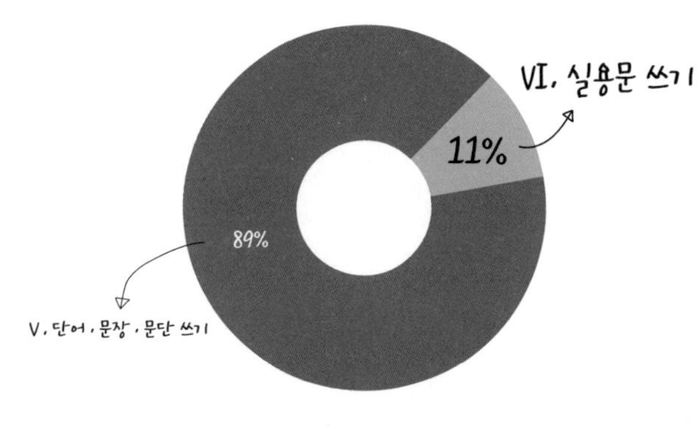

대단원별 평균 출제 비중

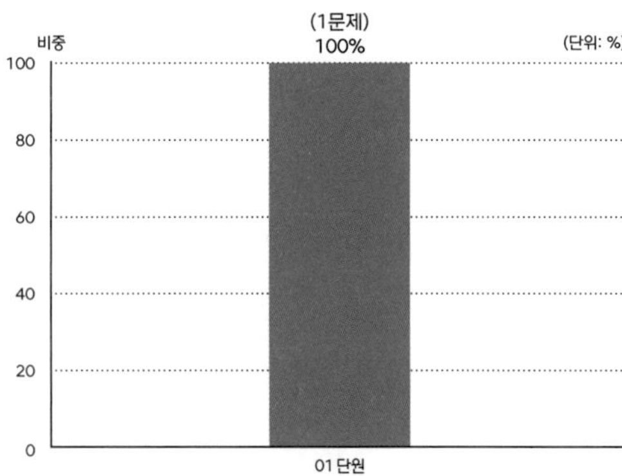

중단원별 평균 출제 비중

01 실용문 쓰기

2. 학습 전략

01 실용문 쓰기	실용문 쓰기 단원에서는 한 편의 실제 실용문을 작성하는 문제가 출제됩니다. 이때 글을 작성하기 위한 자료로 글쓰기 계획, 짧은 글, 도표 등이 함께 제시되므로, 글쓰기 자료로 제시된 내용을 차근차근 읽고 이를 해석해야 합니다. 또한 실용문 쓰기 문제는 사용하기 낯선 원고지에 긴 글을 작성해야 하므로, 곧바로 답안을 쓰는 것보다 답안에 작성할 내용을 시험지에 적어 두고 검토한 후, 원고지에 옮겨 쓰는 것이 실수를 줄이는 방법입니다. 만약 글쓰기 자료로 글쓰기 계획이 제시되지 않은 경우, 작성해야 할 글의 개요를 직접 짜 보는 것도 도움이 됩니다. 한국실용글쓰기 시험에서 가장 높은 배점인 300점짜리 문제인 만큼, 시간 배분을 잘해서 높은 점수를 받는 것이 중요합니다.

01 실용문 쓰기

평균 출제 문항 수
1문제
평균 출제 비중
2.6%

대표 기출유형 ① 글쓰기 계획과 자료를 활용해 한 편의 글을 쓰는 문제

유형설명

글쓰기 계획과 자료를 토대로 한 편의 글을 완성해 쓰는 문제로, 한국실용글쓰기 시험에서 가장 배점이 큰 300점짜리 문제이다. 써야 할 글의 종류로는 보고서, 칼럼, 보도문 등이 출제되는 편이다. 글쓰기 개요나 계획에 각 문단에 작성해야 할 내용이나 내용을 작성할 때 활용해야 할 자료가 자세히 안내돼 있으므로 그에 맞춰 순서대로 글을 작성하면 된다. 만약 원고지 작성법에 대해 더 자세히 알고 싶다면 핸드북 '시험장까지 가져가는 주관식 고득점 공략노트'의 '원고지 작성법'으로 공부할 수 있다. 보통 원고지 1,000자 이내로 작성해야 하므로 문제지에 초안을 작성한 후 원고지에 옮겨 적어 군더더기 없이 필요한 내용만을 작성할 수 있도록 유의해야 한다.

확인문제

다음 <글쓰기 계획>에 맞게 식품의약품안전처의 위생 점검 결과를 알리는 보도문을 쓰시오. [300점]

<글쓰기 계획>

문단	내용 및 조건	활용 자료	분량
1문단	• 여름철(6~8월)에 발생률이 높아지는 식중독의 특성과 2025년 식중독 발생 건수 및 환자 수 집계를 구체적으로 쓰시오. - 여름철 발생한 환자 수를 한 해 발생한 환자 수에 비교하고, '과반'이라는 표현을 쓸 것.	자료 (가)	150자~ 180자 이하
2문단	• 식품 업체 위생 점검 기간 및 특이 사항을 쓰고, 식품 업체 위생 점검 대상 및 점검 사유를 쓰시오. • 식품 업체 위생 점검 결과 및 조치 사항을 쓰시오. - 위반이 적발된 총 건수를 포함하여 쓸 것.	자료 (나), (다)	290자~ 310자 이하
3문단	• 식품의약품안전처의 식품 업체 위생 점검 결과의 세부 사항을 쓰시오. - 식품위생법 주요 위반 내용을 적발 건수가 많은 것부터 순서대로 쓸 것.(단, 건수가 같은 것은 순서 무관함)	자료 (다)	160자~ 190자 이하
4문단	• 식품의약품안전처의 조리·가공식품 검사 대상 및 검사 내용과 조리·가공식품 검사 결과 및 조치 사항을 쓰시오. - 검사 결과는 '검사 완료 건수', '검사 중인 건수', '부적합 건수'를 포함하여 쓸 것.	자료 (라)	150자~ 180자 이하
5문단	• 이번 점검 결과에 대한 식품의약품안전처의 입장을 쓰시오.	자료 (마)	150자~ 180자 이하

<자료>

(가) 2025 월별 식중독 발생 건수 및 환자 현황(식품의약품안전처 통계 결과)

월별	건수(건)	환자 수(명)	월별	건수(건)	환자 수(명)
1월	28	217	7월	30	688
2월	9	75	8월	18	160
3월	3	117	9월	16	157
4월	8	112	10월	11	171
5월	5	19	11월	10	252
6월	19	488	12월	7	78

(나) 식품의약품안전처의 식품 업체 위생 점검 계획

- 점검 기간: 2025년 7월 18일~7월 26일
- 점검 대상: 총 7,112곳
- 점검 대상별 점검 사유

대상		점검 사유
다중이용시설의 음식점	유원지, 고속도로 휴게소, 워터파크, 야영장 등에서 영업하는 음식점	휴가철 이용객이 늘어나는 장소에서 영업하는 음식점임
제조업체	식용얼음 · 빙과 · 음료류 제조업체	여름철에 소비량이 급격히 증가하는 품목을 제조하는 업체임

- 특이 사항: 17개 지방자치단체와 함께 실시

(다) 식품의약품안전처의 위생 점검 결과

- 위반 내용(식품위생법 위반)별 적발 건수

주요 위반 내용	적발 건수(곳)	주요 위반 내용	적발 건수(곳)
건강 진단 미실시	36	영업장 무단 멸실	6
위생적 취급 기준 위반	18	유통 기한 경과 제품 보관	5
면적 변경 미신고	10	생산·작업 기록 등에 관한 서류 미작성	3
시설 기준 위반	8	자가 품질 검사 미실시	3
위생모 미착용	7	기타 영업자 준수 사항 위반*	3

* 표시 기준 위반, 위생 교육 미이수, 품목 제조 변경 미보고

- 조치 사항: 관할 지자체의 행정 처분 및 6개월 이내에 재점검 실시(개선 여부 확인 위함)

(라) 식품의약품안전처 조리·가공식품 검사 결과

- 검사 대상: 휴가지에서 조리·제공되는 식품(식혜, 냉면, 콩물, 햄버거 등) 총 699건
- 검사 내용: 황색포도상구균, 대장균, 세균수 등의 측면에서 부적합 여부 검사
- 검사 결과: 총 630건 검사 완료, 나머지는 검사 진행 중임
- 조치 사항: 부적합 판정을 받은 것은 회수 및 폐기함

(마) 식품의약품안전처의 입장

식약처는 앞으로도 특정 시기에 소비가 증가하는 식품 등에 대한 사전 점검을 실시해 식품 안전사고 예방에 최선을 다하겠습니다. 국민께서도 식품 안전 관련 위법 행위를 목격하거나 불량 식품으로 의심되는 제품을 발견하는 경우 불량 식품 신고 전화 1399로 신고해 주시기 바랍니다.

- 사무관 장○○

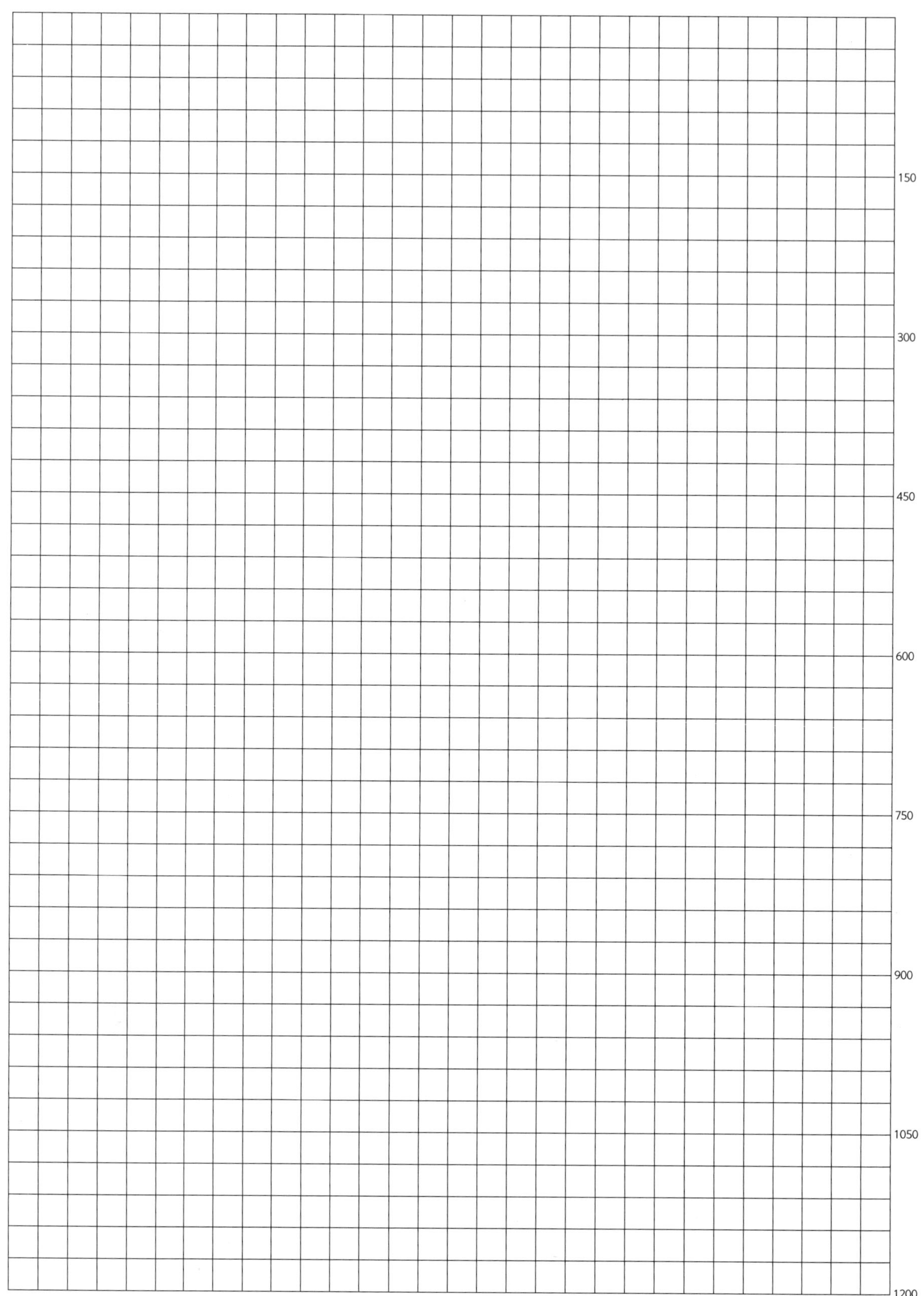

원고지 모범답안

 여름철이 되며 식중독이 다시 유행하고 있다. 식품의약품
1문단 조건 / 마침표 다음은 붙여 쓴다.
안전처의 통계 결과에 따르면 2025년 식중독 발생 건수는
1문단 조건: 2025년 식중독 발생 건수 및 환자 수
총 164건, 환자 수는 총 2,534명이었다. 특히 여름철(6
아라비아 숫자는 한 칸에 두 자씩 쓰되, 문장 부호가 쓰인 경우는 문장 부호와 함께 한 칸에 쓸 수 있다. / 1문단 조건: 2025년
~8월)에만 식중독 발생 건수는 67건, 환자 수는 1,336
여름철 식중독 발생 현황 / 쉼표 다음은 붙여 쓴다.
명으로 집중되었다. 이는 2025년 한 해 발생한 환자 수의
과반에 해당하는 수이다.
1문단 조건: '과반' 포함 / 문단을 구분할 때는 줄을 바꾼다.

 이런 상황을 고려하여 식품의약품안전처는 7월 18일부터
문단을 시작할 때 첫 칸을 비운다. / 2문단 조건: 점검 기간 및 특이 사항
26일까지 17개 지방자치단체와 함께 휴가철 이용객이 늘어
2문단 조건: 점검 사유
나는 유원지, 고속도로 휴게소, 워터파크, 야영장 등 다중이
2문단 조건:
용시설에서 영업하는 음식점과 식용얼음·빙과·음료류와 같
점검 대상 / 가운뎃점은 한 칸에 쓴다.
이 여름철 소비량이 급격히 늘어나는 제품을 제조하는 업
2문단 조건: 점검 대상 및 점검 사유
체 총 7,112곳을 대상으로 위생 점검을 실시하였다. 이번
식품 업체 위생 점검에서 총 99건의 식품위생법 위반 사
2문단 조건: 점검 결과(총 건수)
실을 적발하였다. 식품의약품안전처는 관할 지자체에 해당
음식점과 제조업체에 행정 처분을 하고 6개월 이내에 다
2문단 조건: 조치 사항
시 점검하여 개선 여부를 확인할 것을 요청하였다.

 주요 위반 내용은 건강 진단 미실시(36곳), 위생적 취
3문단 조건: 주요 위반 내용(건수 많은 것부터 제시)
급 기준 위반(18곳), 면적 변경 미신고(10곳), 시설 기
준 위반(8곳), 위생모 미착용(7곳), 영업장 무단 멸실

(6곳), 유통 기한 경과 제품 보관(5곳), 생산·작업

기록 등에 관한 서류 미작성(3곳), 자가 품질 검사 미

실시(3곳), 기타 영업자 준수 사항 위반(3곳)이었다.

 위생 점검과 더불어 휴가지에서 조리·제공되는 식혜, 냉

4문단 조건: 검사 대상

면, 콩물, 햄버거 등과 같은 조리·가공식품 총 699건을

수거해 황색포도상구균, 대장균, 세균수 등의 측면에서 부적

4문단 조건: 검사 내용

합 여부를 검사하였다. 검사가 완료된 630건 중 24건은

4문단 조건: 검사 결과(검사 완료 건수) 4문단 조건: 검사

부적합 판정되어 회수 및 폐기 조치하였으며 69건은 검사

결과(부적합 건수) 4문단 조건: 조치 사항 4문단 조건: 검사 결과(검사

를 진행 중이다.

중인 건수)

 식품의약품안전처 장○○ 사무관은 앞으로도 특정 시기에

5문단 조건: 식품의약품안전처의 입장

소비가 증가하는 식품 등에 대한 사전 점검을 실시해 식

줄이 바뀌었을 때는 한 칸 띄어 쓰는 곳이라도, 띄어 쓰지 않고 그대로 쓰면 된다.

품 안전사고 예방에 최선을 다하겠다고 밝히며, 식품 안전

관련 위법 행위를 목격하거나 불량 식품으로 의심되는 제

품을 발견하는 경우 불량 식품 신고 전화 1399로 신고해

달라고 당부하였다.

※ 출처

- KOSIS(식품의약품안전처, 식생활관리현황, 시도별, 월별 식중독 발생건수 및 환자 현황)
- 식품의약품안전처, https://www.mfds.go.kr

감점 잡는 주관식 작성 전략

TIP 1 평서형 종결 어미 '-다'와 마침표로 문장을 끝맺기

실용문 쓰기 문제에서 명사형으로 종결하라는 특별한 조건이 없다면, 평서형 종결 어미 '-다'와 마침표를 사용하여 문장을 끝맺어야 감점되지 않는다.

TIP 2 문단의 구분과 글의 분량을 지키기

문단별로 글의 분량이 제시되기도 하고, 글 전체의 분량이 제시되기도 한다. 글의 분량을 지키지 않으면 감점되므로 제시된 글의 분량에 맞춰야 한다. 원고지의 띄어쓰기 칸까지 포함된 글자 수가 제시되므로 이에 유의하여 정해진 분량에 맞춰 원고지 답안을 작성해야 한다. 또한 문단이 시작될 때 원고지 한 칸을 반드시 띄어야 감점되지 않는다.

TIP 3 원고지 교정 부호를 이용해 검토하기

한글 맞춤법 규정에 어긋난 표기, 단어나 문장 간의 호응이 부적절한 표현은 미미하지만 감점 요소가 된다. 답안 작성 전에 이 부분을 검토하면 좋지만, 시간이 부족하여 답안지에 바로 작성한 경우 맞춤법, 띄어쓰기, 단어, 문장 간 호응을 검토하고 교정 부호를 사용하여 틀린 부분을 보완하면 주관식 감점을 완벽하게 잡을 수 있다.

확인문제에 전략 적용

TIP 1 평서형 종결 어미 '-다'와 마침표로 문장을 끝맺기

글쓰기 계획, 조건에 맞는 핵심 내용을 쓸 때, 형식에 관한 다른 조건이 없는 이상 '-다.'로 모든 문장을 완결해야 한다. 평서형 종결 어미로 끝맺지 않거나, 마침표를 표기하지 않은 경우에는 감점된다.

TIP 2 문단의 구분과 글의 분량을 지키기

여러 문단으로 구성된 답안을 작성해야 하므로, 문단이 시작되는 문장은 반드시 한 칸을 띄어 문단을 구분해야 한다. 또한 답안지로 제시된 원고지 1줄은 30칸으로 이루어져 있고, 150자별로 원고지 옆에 숫자가 기재되어 있으므로 이를 참고하여 글의 분량을 맞추면 된다.

∨	여	름	철	이	∨	되	며	∨	식	중	독	이	∨	다	시	∨	유	행	하	고	∨	있	다	.	식	품	의	약	품
1	2	3	4	5	6	7	8	9	10	11	12	13	14	15	16	17	18	19	20	21	22	23	24	25	26	27	28	29	30

TIP 3 원고지 교정 부호를 이용해 검토하기

원고지 교정 부호를 이용하여 답안을 수정할 수 있으니, 주관식 답안의 감점을 줄이기 위한 원고지 교정 부호를 함께 알아 두면 좋다.

	여	름	철	이		되	며		식	중	독	이		다	시		유	행	하	고		있	다	.	식	품	의	약	품
	안	전	처	의		통	계		결	과	에		따	르	면		20	25	년		식	중	독		발	생	건	수	는
총		16	4	건	,	환	자		수	는		총		2,	53	4	명	이	었	다	.	특	히		여	름	철	(	6
~	8	월	)	에	만		식	중	독		발	생		건		수	는		67	건	,	환	자		수	는		1,	33
6	명	으	로		집	중	되	었	다	.	이	는		20	25	년		한		해		발	생	한		환	자		수
의 에		과	반	에		해	당	하	는		수	이	다	.	이	런		상	황	을		고	려	하	여		식	품	의

교정 부호	사용 방법
	원고지에 쓴 글자를 오른쪽으로 들여 쓸 때
	원고지에 쓴 글자를 왼쪽으로 내어 쓸 때
∨	띄어쓰기를 할 때
	붙여쓰기를 할 때
	기존의 내용을 다른 내용으로 수정할 때
	내용을 추가할 때
	문단을 나눌 때

기출유형 공략문제

1. 다음 <글쓰기 계획>에 맞게 '지구 온난화'에 관한 보고서를 쓰시오. [300점]

<글쓰기 계획>

문단	내용 및 조건	활용 자료	분량
1문단	• ㉠의 개념을 제시한 후 ㉠의 원인과 결과를 쓰시오. - 단, 결과는 생태계 문제를 먼저 제시하고 인간 사회의 문제를 쓸 것.	<자료1>	220자~ 250자 이하
2문단	• ㉡의 내용과 ㉢을 해석하여 각각 한 문장으로 요약해 제시하고, 요약한 내용과 <자료1>을 관련지어 예측할 수 있는 점을 쓰시오.	<자료1>, <자료2>	130자~ 160자 이하
3문단	• <자료3>과 <자료4>에 나타난 지구 온난화를 예방하기 위한 공통 방안을 한 문장으로 쓰고, 국외에서 추진 중인 방안 3가지를 쓰시오.	<자료3>, <자료4>	230자~ 260자 이하
4문단	• 지구 온난화 예방을 위해 국내에서 추진 중인 방안 4가지를 쓰시오. - 단, 국내에서 추진 중인 방안은 ㉣~㉦에 해당하는 내용을 차례대로 활용하여 쓸 것.	<자료4>	330자~ 360자 이하

<자료1>

㉠ 지구 온난화란 지구의 기온이 상승하는 현상으로, 산업 혁명 이후부터 화석 연료를 사용하고 산림이 파괴되면서 가속화되었다. 이산화탄소는 온난화의 주원인이며, 이외에도 메탄, 수증기와 같은 온실 기체가 온난화에 영향을 끼친다. 지구 온난화의 가속화로 연평균 기온이 상승하면서 폭염으로 인한 사망자 수가 늘고 있으며, 전염성 바이러스의 활성화로 다양한 전염병이 발생하여 사회의 혼란을 가져왔다. 그뿐만 아니라 기온 상승으로 빙하가 녹으면서 해수면이 상승하게 되었다. 해수면이 상승하면 극지방의 동식물이 멸종 위기에 처하게 되고, 해양 생태계가 파괴될 수 있다. 해안 지역의 사람들은 해안 범람으로 터전이 영향을 받아 난민으로 전락할 수 있다.

<자료2>

2026년 한반도 온실 기체 농도 최댓값 경신

안면도 기후변화감시소에서 온실 기체(가스)를 연속 관측한 결과 이산화탄소 농도가 지속적으로 증가하여 관측 이래 최고 농도를 경신(425.0 ppm)하였다. 이는 2025년 대비 2.0 ppm 증가한 값이다. 고산(423.5 ppm), 울릉도(422.8 ppm) 감시소에서 관측한 연평균 이산화탄소 농도 역시 전년도 대비 2.0 ppm 증가하였다. 미국해양대기청에서 발표하는 ㉡ 전 지구 평균(417.1 ppm)도 전년도보다 2.2 ppm 증가하며 최고 농도를 기록했다. 이처럼 이산화탄소 농도가 전년도 대비 증가하여 역대 최고치를 기록하였고, 관측 이래 계속 그 농도가 증가 추세에 있다.

연도	2015	2016	2017	2018	2019	2020	2021	2022	2023	2024	2025	2026
이산화탄소 농도 (단위: ppm)	407	410	412	415	418	420	423	425	427	429	430	430.7

㉢ 기상청, '한반도 이산화탄소 농도 변화'

<자료3>

유럽 연합은 지난해 12월 그린뉴딜을 통해 탄소 중립 목표를 발표한 바 있다. 미국도 2050년까지 탄소 중립을 이루겠다고 선언하여 전세계 경제 규모의 3분의 2가 넘는 국가가 탄소 중립을 지향하게 되었다. 탄소세는 1990년 핀란드에서 처음 도입한 제도로 온실가스를 배출하는 각종 화석 연료 사용량에 따라 부과하는 환경세이다. 지구 온난화가 심해지자 여러 국가에서 탄소세를 온실가스 저감 수단으로 활용하려 한다. 현재 스위스, 스웨덴 등 50개국이 탄소세를 시행중이며 스위스는 최근 자국 출발 항공권에 최대 120 스위스프랑(약 14만 6000원)의 탄소세를 부과하기로 했다. 전 세계 탄소 배출량의 2%를 차지하는 민간 항공 수요를 억제하지 않고는 2050년까지 탄소 중립을 실현하기 어렵다는 이유에서다. 스웨덴은 1991년 탄소세를 도입한 이후 1990년부터 2017년까지 온실가스 배출을 26% 줄이면서 78%의 경제 성장을 이뤄냈다. 유럽 연합은 온실가스 감축 정책에 소극적인 나라에 경제적 불이익을 주는 탄소 국경세 시행을 예고했다. 유럽 연합을 기준으로, 제품 생산 과정에서 유럽 연합보다 탄소 배출이 많은 국가가 제조한 제품에 관세를 매기겠다는 것이다. 미국 역시 2027년까지 화석 연료 사용으로 환경 의무를 준수하지 못하는 국가의 기업 제품에 대해 추가 관세를 물리는 탄소 국경세 시행을 예고했다. 이처럼 기후 변화는 단지 환경 문제가 아니라 국가의 경제와 경쟁력 문제로 발전하였다.

<자료4>

국내에서는 저탄소 시행을 위해 경제 구조, 생태계, 공정 사회, 재정적 지원 측면에서 정책을 마련하고 탄소 중립 제도 기반을 강화하기 위한 전략을 수립하였다.

① < ㉣ >
- (에너지 전환 가속화) 에너지 주공급원을 화석 연료에서 신·재생에너지로 적극 전환. 송배전망 확충, 지역 생산·지역 소비의 분산형 에너지 시스템 확산
- (고탄소 산업 구조 혁신) 탄소 다배출 업종 기술 개발 지원, 고탄소 중소기업 대상 맞춤형 공정 개선 지원 등

② < ㉤ >
- (신유망 산업 육성) 차세대 전지 관련 핵심 기술 확보, 2050년 수소에너지 전체의 80% 이상을 그린수소로 전환
- (지속 가능한 산업 체계 구축) 산업별 재생 자원 이용 목표율 강화, 친환경 제품 정보 제공 확대

③ < ㉥ >
- (취약 산업·계층 보호) 내연기관차 완성차 및 부품 업체 등 축소 산업에 대한 R&D, M&A 등을 통해 대체·유망 분야로 사업 전환 적극 지원, 맞춤형 재취업 지원
- (지역 중심의 탄소 중립 실현) 지역 중심 탄소 중립 실행 지원, 지역별 맞춤형 전략 이행을 위한 제도적 기반 정비

④ < ㉦ >
- (재정) '기후 대응 기금(가칭)' 신규 조성, 배출권거래제 등 탄소 가격 체계 재구축, 탄소 인지예산 제도 도입 검토
- (녹색 금융) 저탄소 산업 구조로의 전환을 위한 기업 지원, 기업의 환경 관련 공시 의무 단계적 확대 등 금융 시장 인프라 정비

기출유형 공략문제

2. 다음 <글쓰기 계획>에 맞게 '국가유산'에 관한 보고서를 쓰시오. [300점]

<글쓰기 계획>

문단	내용 및 조건	활용 자료	분량
1문단	• ㉠의 개념, ㉠의 유형을 한 문장씩 쓰고, ㉠의 유형별 개념도 각각 한 문장으로 쓰시오. • ㉡의 목적과 ㉢의 내용을 모두 쓰시오.	<자료1>	340자~ 370자 이하
2문단	• ㉣~㉨에 들어갈 내용을 미래 전략을 참고하여 기호 순서대로 각각 한 문장으로 쓰고, 미래 전략을 시행하는 3가지 목표를 한 문장으로 쓰시오.	<자료2>	280자~ 310자 이하
3문단	• ㉩을 해석하여 한 문장으로 쓰고, 반출 배경을 2가지로 나누어 쓰시오. • ㉪의 주체와 방법을 각각 한 문장으로 쓰고, 국제 차원의 문화재 반환 노력을 한 문장으로 쓰시오.	<자료3>	300자~ 330자 이하

<자료1>

㉠ 국가유산이란 인위적 또는 자연적으로 형성된 문화적 소산으로서 보존·계승할 만한 가치가 큰 유산으로 다음과 같이 분류한다. 문화유산은 우리 역사와 전통 가치를 지닌 유형적인 문화적 유산으로 '숭례문', '석굴암' 등이 있다. 무형유산은 공동체 내에서 여러 세대에 걸쳐 전승되어 재창조된 문화적 유산으로 '종묘제례악', '탈춤' 등이 있다. 자연유산은 자연물 또는 자연환경과의 상호작용으로 조성된 문화적 유산으로 천연기념물이나 명승이 있다. 국가유산은 우리 민족의 정체성과 역사가 담긴 산물로 지속적인 보호와 관리가 필요하다. 이를 위해 법적으로도 '국가유산기본법'을 제정하여 보호하고 있다. 국가유산기본법에서는 국가유산에 대한 국민의 이해를 높이고 국가유산 보호 의식을 증진하기 위해 12월 9일을 ㉡ 국가유산의 날로 지정하였음을 밝히고 있다. 또한 국가유산의 가치를 온전히 지키고 전승하기 위한 ㉢ 정부와 국민의 의무도 밝히고 있다. 국가유산기본법에 따르면 정부는 국가유산과 관련한 정책을 수립하고 전담 인력을 확충해야 할 제도적 의무가 있으며, 국민은 국가유산을 일상에서 능동적으로 향유하고, 보호를 위한 정책에 협조적인 태도를 갖춰야 할 의무가 있다.

<자료2>

문화재청, 국가유산 '새 역할과 가치' 제시하는 비전 발표 … 6대 전략 공개

문화재청은 미래 비전을 '국민과 함께 누리는 미래 가치, 국가유산'으로 설정하고, '새로운 가치를 더하고, 사회적 가치를 지키며, 다양성의 가치를 나누는 것'을 전략 목표로 삼았다. 그리고 이를 달성하기 위한 6대 미래 전략으로 ▲ 모두가 누리는 국가유산 복지, ▲ 국가 및 지역 발전의 신성장 동력, ▲ 첨단 기술을 적용한 디지털 유산, ▲ 국민의 삶과 조화로운 보호 체계, ▲ 세계인과 함께 향유하는 K-국가유산, ▲ 지속 가능한 가치 구축으로 정했다. 세부 내용은 다음과 같다.

(㉣): 문화재청은 초기 창업과 우수 사업체의 성장을 지원하고, 연구 개발 성과가 사업으로 연결될 수 있는 제도적 기반을 마련할 것이다. 또한, 국가유산 방문객들이 지역 경제에 도움될 수 있도록 지자체의 다양한 문화·숙박 시설, 음식점 등에서 할인받을 수 있는 제도를 도입하고, 대회(컨벤션)나 전시·국빈 행사 등에 국가유산이 활용될 수 있는 협력 체계를 구축해 방문객들이 국가유산이 있는 지역에 장기간 머물거나 추후 재방문으로까지 이어지는 데 기여하는 지역 자원이 되도록 할 것이다.

(㉤): 국가유산과 그 원천 자료(사진, 원문, 조사 보고서, 도면 등)가 다양한 정책과 교육, 산업 분야에서 활발하게 활용될 수 있는 디지털 플랫폼을 구축하고, 데이터를 개방하는 정책을 추진할 것이다. 공공 데이터를 통해 활용 콘텐츠 생산이 가능하도록 국가유산 관리의 디지털화를 추진하며, 관람·체험·공연 등 다수의 행사들이 하나의 플랫폼에서 사용자 선호에 따라 맞춤형으로 안내될 수 있도록 할 것이다.

(ⓑ): 국가유산의 성격, 토지 이용 등을 종합적으로 고려한 유산 주변 지역 관리·정비 방안을 마련하고, 개발 행위 시 국민 피해가 최소화되도록 매장 유산 유존 지역 정보를 고도화하고, 생활밀접형 건설(단독주택, 창고 등) 공사에 대한 정밀 발굴 조사 비용을 지원할 것이다.

(ⓢ): 기후 변화로 인한 국가유산 피해 데이터와 원형 기록을 디지털 자료화하고, 목조 문화유산(점검 강화, 긴급 보수 사업 추진), 동산 유산(민간 보존 환경 개선), 자연유산(생물종 및 유전자원 발굴·확보 추진) 등 유형별 관리 체계를 마련하여 기후 변화에 민첩하게 대응할 것이다. 고령화 사회를 맞는 무형유산 분야에서는 현재 정해져 있는 전승 단계를 굳이 거치지 않아도 전승자가 될 수 있도록 전승 교육사, 이수자를 개방형으로 조사·평가하고, 수리 분야 역시 전문 교육 기관을 설립하여 전통 수리 기법 등을 도제식으로 교육할 수 있는 기반을 마련할 것이다.

(ⓞ): 국가유산의 폭넓은 향유가 이루어지도록 장애인, 노약자, 다문화 가정 등 사회적 취약 계층에 대한 지원을 강화하고, 국가유산 교육도 일회성 체험이 아니라, 국가유산의 관리 주체를 양성하고 사회 통합 수단이 되는 장기 과정이 되도록 학교 교육과 사회 교육의 비중을 보다 확대할 것이다.

(ⓙ): 문화유산 중심의 국제 개발 협력(ODA)은 무형·자연유산 분야까지 포함하여 아시아를 넘어 아프리카·중남미 등 신흥 시장으로 확대하고, 국제 사회에서 우리 유산에 대한 지식 확산을 위한 전문 기획 도서의 영문 보급과 국제 공동 연구를 통한 지한파 육성, 우리 유산의 명칭과 개념을 그대로 사용할 수 있도록 글로벌 사전 등재를 추진할 것이다. 또한, 우리 유산을 민간에 널리 알릴 수 있도록 무형유산 이수자 등을 국가유산통신사(가칭)로 파견하는 풀뿌리 유산 외교도 병행하여 국가유산의 인지도를 확산시킬 것이다.

<자료3>

국외 국가유산이란 우리나라의 문화재이지만, 어떠한 이유로 국외로 반출되어 외국에 소재를 둔 국가유산을 말한다. 반출에는 우리나라가 외국에 기증하거나 외국이 정당한 절차로 구입한 합법적인 반출과 식민지나 전쟁 시기에 약탈이나 도난을 당해 불법적으로 반출된 경우가 있다. 국외 국가유산 중 불법적으로 반출되었거나, 희소성이 큰 국가유산은 환수 대상에 해당한다. ⓒ 환수는 국가 차원에서 정부 기관이나 지자체가 주체가 되거나, 민간 차원에서 개인이나 사립 박물관 등이 주체가 되어 이루어진다. 환수 방법은 협상이나 기증, 구입, 대여, 법적 강제로 이루어지는데, 불법 반출된 국가유산의 경우 반출된 배경에 따라 환수 방식이 달라질 수 있어 반출 배경을 먼저 파악하는 것이 중요하다. 국외 국가유산 환수는 외교적인 문제이므로 자칫 갈등을 일으킬 수 있다. 따라서 국제 사회에서도 국가유산을 원활하게 환수하고 보호하기 위한 노력이 필요하다. 국제 사회에서는 다양한 협약을 만들어 국가유산을 환수, 관리하고 있다. 대표적으로 유네스코가 세계 문화유산을 지정하여 문화유산을 보호, 관리하고 있으며 문화재 반환을 위해 국제 규범을 제정하거나 위원회를 설립, 국제 협약이 이루어지도록 하고 있다.

연도	2018	2019	2020	2021	2022	2023	2024
문화재 수	172,316	182,080	193,136	204,693	214,208	229,655	246,304

ⓚ <국가유산청, 국외 소재 문화유산 현황>

기출유형 공략문제

3. 다음 <글쓰기 계획>을 참고하여 '한국 청년의 프리터족 문제 및 정책 제안'에 관한 칼럼을 쓰시오. [300점]

<글쓰기 계획>

문단	내용 및 조건	활용 자료	작성 분량
1	**[한국 청년 인구 및 취업률 현황]** • 한국 청년 인구의 총인원수와 성별 인원수, 연령별 인원수를 각각 쓰고, 한국 청년의 직업 선택 기준 조사 결과, 취업에서 가장 중요시하는 기준이 무엇인지 쓰고, 그 기준이 '5점 만점' 중 몇 점이었는지 구체적으로 쓸 것	<자료 1>	160자~190자
2	**[OECD 청년 인구의 취업률 비교]** • 20△△년과 20□□년의 취업자 수와 고용률을 비교하되, 첫 문장은 '20□□년 청년층의 연령별 취업자는 ~ 에서 가장 큰 차이를 보인다'의 형식으로 쓸 것 • 20□□년 OECD 평균 고용률과 한국의 평균 고용률을 구체적인 수치로 비교하여 쓸 것 예시) ○○%p 높다.	<자료 1>	170자~200자
3	**[프리터족에 대한 인식]** • 취업자 중 프리터족의 비중, 프리터족의 어원과 우리나라에서의 의미를 쓰고, 프리터족에 대한 청년들의 인식을 구체적 수치를 포함하여 제시한 후 '그 이유는 ~ 때문이다' 형식으로 인식의 근거를 쓸 것	<자료 2>	280자~310자
4	**[프리터족의 문제점 및 정책 제안]** • 프리터족의 문제점을 개인적, 사회적 문제로 나누어, 제시된 전문가 견해를 요약하여 쓸 것 • 문제점과 연결지어 '정책 분류'에 속하는 세부 정책을 1개씩 골라 쓸 것	<자료 3> <자료 4>	290자~320자

<자료1>

한국 청년층 인구는 839만 명으로 남자는 421만 명, 여자는 418만 명이다. 청년층 인구 중 15~19세는 226만 명, 20~24세는 263만 명, 25~29세는 350만 명이다. 20△△~20□□ 청년층 인구의 취업자 수와 고용률을 비교한 결과 취업자 수는 20△△년에 비해 모두 하락한 반면, 고용률은 연령별로 다른 추이를 보였다. 이에 따라 한국 청년들이 취업에서 중요시하는 기준을 조사하였고, 5점 만점 중 '성취' 3.96, '고용 안정' 4.03, '경제적 보상' 4.12, '안정' 4.01, '지적 추구' 3.81의 결과를 얻었다. 또한 20□□년 OECD 국가의 고용률을 비교한 결과, OECD 38개국 중 한국은 28번째로 고용률이 높았다.

[20△△~20□□ 한국 청년층 취업자 수와 고용률]

구분	취업자 수(만 명)			고용률(%)		
	15~19세	20~24세	25~29세	15~19세	20~24세	25~29세
20△△년	18만 명	126만 명	256만 명	8%	46%	71.4%
20□□년	16만 명	120만 명	253만 명	7.2%	45.7%	72.3%

[20□□ OECD 국가의 고용률]

구분	OECD 평균	대한민국	폴란드	네덜란드	미국	이스라엘	일본
고용률(%)	55.3%	46.5%	49.0%	79.9%	61.6%	51.9%	61.8%

<자료2>

- 프리터족, 이대로 괜찮을까? -

최근 통계청의 경제활동인구 조사 분석 자료에 따르면 취업자 400만 5,000명 중 주 36시간 미만 일하는 취업자는 104만 3,000명(26.0%)이다. 아르바이트로 삶을 유지하는, 이른바 '프리터족'이 늘어난 것이다. 프리터는 '자유'를 뜻하는 영어 'free'와 '노동자'를 뜻하는 독일어 'arbeiter'의 합성어이다. 이는 일본에서 경제 침체 시기에 만들어진 신조어로, 직업을 얻을 수 있는 능력을 갖췄지만 취업 대신 아르바이트로 생계를 유지하는 사람을 의미한다. 우리나라에서는 시간제나 파견, 용역 등의 형태로 일하고 있는 비정규직을 의미하며, 이들은 자신의 필요로 돈을 마련해야 할 때 한시적으로 일을 한다는 특성이 있다. 성인을 대상으로 프리터족에 대한 인식을 물어보는 설문 조사 결과, 71%가 프리터족을 긍정적으로 생각하였고, 그중 청년층의 51.9%는 프리터족이 될 의향이 있다고 답하였다. 그 이유로는 '취업하더라도 주택을 마련하거나 자산을 형성하는 데 어려움이 있는 사회라서', '아르바이트로만 생계가 유지될 수 있어서', '자신의 삶을 누릴 수 있어서'라고 응답하였다.

<자료3>

○ 프리터족 증가에 대한 전문가 견해
- 건강 악화나 사고 등 노동 활동이 불가능한 상황에 처하면 생계 위협을 겪을 수 있습니다.
- 노후 대비가 미비해 사회 복지 비용이 현재보다 훨씬 더 증가할 것입니다.
- 불안정한 일자리 환경에서 무기력함에 빠져 고립된 삶을 살 수 있습니다.
- 오랜 시간 숙련해야 하는 전문 노동 시장에 공백이 발생할 수 있습니다.

<자료4>

○ 정책 분류
- 청년 고용 안정화
- 청년 생활 안정화

○ 세부 정책
1. 청년 대상 적금 가입 조건 완화
2. 일 경험 기회와 취업 지원 연계
3. 온오프라인 청년 정책 통합 체계 구축
4. 청년 문화 예술비 지급
5. 정부·지자체 위원회 청년 참여 확대

약점 보완 해설집 p.35

실전 연습용 원고지 및 원고지 모범답안 바로 가기
실전 연습용 원고지로 답안을 작성하고 실제 답안 형태인 원고지 모범답안을 통해 원고지 작성법까지 익혀 보세요!

해커스자격증

pass.Hackers.com

01 순화어

고득점 공략법

순화어는 지문에 쓰인 순화 대상어(한자어, 외래어)를 적절한 순화어로 수정하여 쓰는 문제로 출제된다. 일상에서 한 번쯤 들어봤을 법한 순화 대상어가 제시되므로 낯선 단어 위주로 순화 대상어와 순화어를 연결하여 외워 두면 순화어 문제는 어렵지 않게 해결할 수 있다.

1 한자어·일본어 순화어

☑ 잘 외워지지 않는 단어는 박스에 체크하며 복습하세요.

	순화 대상어	순화어
□	가료(加療)	치료, 고침, 병 고침
□	가건물(假建物)	임시 건물
□	가불(假拂)	임시 지급
□	가용(可用)	쓸 수 있는
□	가처분(假處分)	임시 처분
□	간선도로	주요 도로
□	간지(かんじ)	느낌
□	개산(概算)	어림셈, 대략 계산
□	객담(喀痰)	가래
□	거개(擧皆)	거의, 대개
□	거양(擧揚)하다	들다, 올리다, (드)높이다
□	경구투여(經口投與)	복용, 약 먹음, 복약
□	계류(繫留)하다	(배 따위를) 매어 두다, 붙들어 매다
□	고수부지(高水敷地)	둔치
□	고참(古參)	선임(자), 선참(자)

	순화 대상어	순화어
□	곤색	감청색, 감색
□	골자(骨子)	요점, 핵심, 골갱이
□	구거(溝渠)	도랑
□	구좌(口座)	계좌
□	금번(今番)	이번
□	기스(きず)	흠, 흠집
□	기실(其實)	사실은, 실제 사정
□	꼬붕(こぶん)	부하
□	나대지(裸垈地)	빈집터
□	납득(納得)	이해
□	내구연한(耐久年限)	사용 가능 햇수, 견딜 햇수
□	노가다	현장 근로, 현장 근로자
□	노견(路肩)	갓길
□	노변(路邊)	길가
□	노정(露呈)하다	드러내다, 나타내다

	순화 대상어	순화어
□	다대기(たたき)	다짐, 다진 양념
□	단도리	채비, 단속
□	대합실(待合室)	맞이방, 기다리는 곳
□	도괴(倒壞)	무너짐, 무너뜨림
□	도합(都合)	모두, 합계
□	망년회(忘年會)	송년 모임, 송년회
□	매상고(賣上高)	판매액, 매출액
□	매점(買占)	사재기
□	맹지(盲地)	도로 없는 땅
□	모포(毛布)	담요
□	명도(明渡)	내줌, 넘겨줌
□	몽리(蒙利)	수혜, 덕 봄, 이익 얻음
□	무데뽀	막무가내
□	미망인(未亡人)	고 OOO의 부인, 고 OOO씨의 부인

	순화 대상어	순화어
□	미연(未然)에	미리
□	별첨(別添)	따로 붙임
□	보식(補植)	메워심기
□	부불금(賦拂金)	할부금
□	부심(腐心)하다	애쓰다, 힘쓰다
□	분빠이	분배, 노늠, 노느매기
□	불하(拂下)	매각, 팔아 버림
□	비까번쩍	번쩍번쩍
□	빈사 상태(瀕死狀態)	다 죽은 상태
□	사계(斯界)	그 방면(분야), 이 방면(분야)
□	사료(思料)하다	생각하다
□	사술(詐術)	속임수
□	사시미	생선회
□	산입(算入)	① 포함함 ② 셈에 넣음

확인문제

빈칸에 알맞은 순화어를 쓰세요.

01 단도리 → (　　　　)
02 무데뽀 → (　　　　)
03 별첨 → (　　　　)
04 노견 → (　　　　)
05 고참 → (　　　　)

정답 | 01 채비, 단속　02 막무가내　03 따로 붙임　04 갓길　05 선임(자), 선참(자)

	순화 대상어	순화어
□	쇼부	결판, 승부, 겨루기
□	수범 사례(垂範事例)	모범 사례, 잘된 사례
□	수수하다(授受하다)	주고받다
□	수순(手順)	순서, 절차, 차례
□	수피(樹皮)	나무 껍질
□	시건장치(施鍵裝置)	잠금장치, 자물쇠 장치
□	시말서(始末書)	경위서
□	쓰키다시(つきだし)	곁들이찬
□	아나고(穴子)	붕장어
□	양생(養生)	굳히기
□	유기하다(遺棄하다)	내버리다
□	유도리(ゆとり)	여유(분), 융통, 늘품
□	은닉(隱匿)	감춤, 숨김
□	음용수(飮用水)	먹는 물, 마시는 물
□	익월(翌月)	다음 달
□	익일(翌日)	다음 날, 이튿날
□	일부인(日附印)	날짜 도장
□	일실치(逸失치)	잃지, 놓치지
□	입회(立會)	참여, 참관

	순화 대상어	순화어
□	잔고(殘高)	잔액, 잔량
□	잔반(殘飯)	남은 밥, 음식 찌꺼기
□	재삼(再三)	여러 번, 거듭
□	절취(切取)	자름, 자르기
□	제고(提高)하다	높이다
□	제반(諸般)	여러, 여러 가지, 모든
□	종지부(終止符)	마침표
□	지득(知得)하다	알게 되다, 알다
□	지라시(ちらし)	선전지, 낱장 광고
□	징구(徵求)	걷기, 거두기, 청구
□	차년도(次年度)	다음 해, 다음 연도
□	착수(着手)	시작
□	청탁(請託)	부탁
□	체차(遞次)로	차례차례로
□	촉수 엄금(觸手嚴禁)	손대지 마십시오
□	부의(附議)	토의에 부침
□	불입(拂入)	냄, 납입
□	학부형(學父兄)	학부모
□	해태(懈怠)	게으름, 태만

2 외래어 순화어

☑ 잘 외워지지 않는 단어는 박스에 체크하며 복습하세요.

	순화 대상어	순화어		순화 대상어	순화어
□	네티즌(netizen)	누리꾼	□	마켓(market)	시장
□	뉘앙스(nuance)	어감, 말맛, 느낌	□	멀티탭(multi-tap)	모둠전원꽂이
□	데드라인(deadline)	한계선, 최종 한계, 마감, 기한	□	메모리(memory)	기억 장치
□	데뷔(début)	등단, 등장, 첫등장, 첫무대, 첫등단	□	모멘텀 (momentum)	전환 국면
□	데스크(desk)	① 부서장 ② 취재 책임자 ③ 책상	□	무빙워크 (moving sidewalk)	자동길
□	디스카운트 (discount)	에누리, 할인	□	발레파킹 (valet parking)	대리주차
□	레시피(recipe)	조리법	□	보드마커 (board marker)	칠판펜
□	론칭쇼 (launching show)	신제품 발표회	□	선루프(sunroof)	지붕창
□	리메이크 (remake)	재구성, 원작 재구성	□	스크린 도어 (screen door)	안전문
□	리플(reply)	댓글	□	아이콘(Icon)	① 상징, 상징물 ② 그림 단추

확인문제

빈칸에 알맞은 순화어를 쓰세요.

01 스크린 도어 → (　　　　　　)
02 론칭쇼 → (　　　　　　)
03 리플 → (　　　　　　)
04 발레파킹 → (　　　　　　)

정답 | 01 안전문　02 신제품 발표회　03 댓글　04 대리주차

	순화 대상어	순화어
□	로드 맵(road map)	(단계별) 이해안
□	메타팜(metafarm)	가상 농장
□	업데이트(update)	갱신
□	팀워크(teamwork)	결속(력)
□	워크숍(workshop)	공동 연수(수련)
□	갤러리(gallery)	관중
□	글로벌 스탠더드 (global standard)	국제 기준
□	랜섬웨어 (ransomware)	금품 요구 악성 프로그램
□	그로테스크 (grotesque)하다	기괴하다
□	플랫폼(platform)	기반, 장, (온라인) 거래터
□	브레인스토밍 (brainstorming)	난상 토론, 발상 모으기
□	다운로드 (download)	내려받기
□	그린인프라 (Green Infra)	녹색 기반 시설
□	홈페이지 (homepage)	누리집
□	머니론더링 (money laundering)	돈세탁

	순화 대상어	순화어
□	클러스터(cluster)	산학 협력 지구, 연합 지구
□	매뉴얼(manual)	설명서, 안내서, 지침(서)
□	브로슈어 (brochure)	안내서, 소책자
□	업로드(upload)	올려주기
□	메디컬 푸어 (medical poor, medi poor)	의료 빈곤층
□	뱅크 런(bank run)	인출 폭주
□	전시 부스(booth)	전시칸
□	체크리스트 (check list)	점검표
□	모니터링 (monitoring)	정보 수집, 점검, 감시, 검색
□	데이터 마이닝 (data mining)	정보 채굴
□	거버넌스 (governance)	정책, 행정, 관리, 민관 협력, 협치
□	마스터 플랜 (master plan)	종합 계획, 기본 계획(설계)
□	리더십(leadership)	지도력
□	네임 밸류 (name value)	지명도
□	배터리(battery)	축전지

	순화 대상어	순화어		순화 대상어	순화어
□	유비쿼터스 (ubiquitous)	두루누리	□	번아웃 증후군 (burnout syndrome)	탈진 증후군
□	디지털 디톡스 (digital detox)	디지털 거리 두기	□	패러다임 (paradigm)	틀, 체계
□	파일럿 프로그램 (pilot program)	맛보기프로그램, 시험 프로그램	□	슬로건(slogan)	표어, 강령, 구호
□	뷰파인더(viewfinder)	보기창	□	원스톱(one-stop)	한자리, 일괄, 통합
□	파밍(pharming)	사이트금융사기	□	로그인(login)	회원 들어가기
□	엘레강스 (élégance)	우아, 고상	□	타임캡슐 (time capsule)	기억상자
□	오픈마켓 (Open Market)	열린 시장, 열린 장터	□	트러블(trouble)	말썽, 충돌, 고장, 문제점, 불화
□	웨딩플래너 (wedding planner)	결혼설계사	□	트렌드(trend)	유행, 경향
□	인센티브 (incentive)	성과급, 유인책, 특전	□	팁(tip)	① 도움말 ② 봉사료
□	정크푸드 (junk food)	부실음식, 부실식품	□	팝업 창 (pop-up 窓)	알림창
□	카메라맨 (cameraman)	사진사, 사진 기사	□	패스(pass)	① 통과 ② 합격
□	컨트롤 타워 (control tower)	통제탑, 지휘 본부, 사령탑	□	플래카드 (placard)	펼침막, 현수막

확인문제

빈칸에 알맞은 순화어를 쓰세요.

01 홈페이지 → ( )

02 유비쿼터스 → ( )

03 뱅크 런 → ( )

04 브로슈어 → ( )

정답 | 01 누리집 02 두루누리 03 인출 폭주 04 안내서, 소책자

3 새로 추가된 순화어

☑ 잘 외워지지 않는 단어는 박스에 체크하며 복습하세요.

※ 아래 표에는 최근 국립국어원에서 발표한 순화어를 수록하였습니다.

	순화 대상어	순화어		순화 대상어	순화어
□	ICT	정보문화기술	□	아이오티 (IOT)	사물 인터넷
□	뉴 스페이스 (new space)	민간 우주 개발	□	에이아이 (AI)	인공 지능
□	도어스테핑 (doorstepping)	출근길 문답, 약식 문답	□	엔에프티 (NFT)	대체 불가 토큰
□	디제라티(digerati)	디지털 지식인	□	애그테크	첨단 농업 기술
□	디지털 트윈 (digital twin)	가상 모형	□	이에스지(ESG) 경영	환경·사회·투명 경영
□	멀티데믹 (multi pandemic)	감염병 복합 유행	□	임팩트 비즈니스 (impact business)	사회 가치 병행 사업
□	미코노미 (meconomy)	자기중심 소비	□	칠링 이펙트 (chiling effect)	위축 효과
□	빅 테크(big tech)	정보 기술 대기업	□	코워킹 스페이스 (coworking space)	공유 업무 공간
□	비투비 (B2B)	기업 간 거래	□	큐레이션 커머스 (curation commerce)	소비자 맞춤 상거래
□	스태그플레이션 (stagflation)	고물가 경기 침체	□	피크 아웃 (peak out)	하락 전환
□	스내킹 (snacking)	간편 식사	□	셧다운 (shutdown)	업무 중단, 일시 업무 정지
□	딜 클로징 (deal closing)	계약 체결	□	빅샷 (big shot)	유력 인사, 핵심 인물
□	디브리핑 (debriefing)	과정 평가, 정리 보고	□	오픈 스튜디오 (open studio)	작업실 개방(공개)

	순화 대상어	순화어		순화 대상어	순화어
□	트리거 (trigger)	기폭제	□	블러핑 (bluffing)	전략적 허세
□	마일스톤 (milestone)	단계 목표, 성과 지표	□	코어 근육 (core筋肉)	중심 근육
□	소버린 에이아이 (sovereign AI)	독자 인공 지능	□	디스커버리 제도 (discovery 制度)	증거 열람 제도
□	디토 소비 (ditto 消費)	모방 소비	□	북 큐레이션 (book curation)	책 추천
□	로 데이터 (raw data)	미가공 자료	□	쇼케이스 (showcase)	첫 공개 행사
□	바이오헬스 (biohealth)	생명 건강	□	데스 밸리 (death valley)	초기 자금난
□	캐즘 (chasm)	일시 수요 정체	□	다운 턴 (down turn)	하락세 전환, 하강 국면
□	라이징 스타 (rising star)	신예, 샛별	□	팩트 시트 (fact sheet)	핵심 정리문, 공식 요약문, 설명 자료
□	피지컬 테스트 (physical test)	신체 능력(역량) 검사	□	오제이티 (OJT)	현장 실무 교육
□	메디컬 테스트 (medical test)	신체 정밀 검진	□	얼라이언스 (alliance)	협력체
□	피지컬 에이아이 (physical AI)	실물 인공 지능	□	래핑 버스 (wrapping bus)	홍보 버스

확인문제

빈칸에 알맞은 순화어를 쓰세요.

01 아이오티(IOT) → (　　　　　　)
02 비투비(B2B) → (　　　　　　)
03 피크 아웃 → (　　　　　　)
04 소버린 에이아이→ (　　　　　　)

정답 | **01** 사물 인터넷 **02** 기업 간 거래 **03** 하락 전환 **04** 독자 인공 지능

02 혼동하기 쉬운 어휘

고득점 공략법

문맥상 의미나 쓰임이 부적절한 부분을 찾아 고쳐 쓰는 문제로 출제된다. 혼동하기 쉬운 어휘는 의미나 형태가 유사한 어휘이므로 예문을 중심으로 각각의 의미와 형태를 잘 구분해 두는 것이 중요하다.

1 혼동하기 쉬운 한자어

☑ 잘 외워지지 않는 단어는 박스에 체크하며 복습하세요.

	어휘	의미 및 용례
□	개괄(槪括)	중요한 내용이나 줄거리를 대강 추려 냄 예 그는 이 작품에서 시대의 역사적 **개괄**을 시도했다.
□	개략(槪略)	내용을 대강 추려 줄임. 또는 그런 것 예 사건의 **개략**을 설명하다.
□	개론(槪論)	내용을 대강 추려서 서술함. 또는 그런 것 예 국문학 **개론**
□	개요(槪要)	간결하게 추려 낸 주요 내용 예 사건의 **개요**를 서술하다.
□	개발(開發)	1. 토지나 천연자원 따위를 유용하게 만듦 예 수자원 **개발** 2. 지식이나 재능 따위를 발달하게 함 예 자신의 능력 **개발** 3. 산업이나 경제 따위를 발전하게 함 예 산업 **개발** 4. 새로운 물건을 만들거나 새로운 생각을 내어놓음 예 신제품 **개발**
□	계발(啓發)	슬기나 재능, 사상 따위를 일깨워 줌 예 외국어 능력의 **계발**
□	결재(決裁)	결정할 권한이 있는 상관이 부하가 제출한 안건을 검토하여 허가하거나 승인함 예 **결재**를 올리다.
□	결제(決濟)	증권 또는 대금을 주고받아 매매 당사자 사이의 거래 관계를 끝맺는 일 예 **결제** 자금
□	낙후(落後)	기술이나 문화, 생활 따위의 수준이 일정한 기준에 미치지 못하고 뒤떨어짐 예 공업의 **낙후**로 이 지역은 크게 발달하지 못하였다.

	어휘	의미 및 용례
□	쇠락(衰落)	쇠약하여 말라서 떨어짐 예 혁신하지 않는 기업은 **쇠락**의 길을 걷기 마련이다.
□	반증(反證)	1. 어떤 사실이나 주장이 옳지 아니함을 그에 반대되는 근거를 들어 증명함. 또는 그런 증거 예 우리에겐 그 사실을 뒤집을 만한 **반증**이 없다. 2. 어떤 사실과 모순되는 것 같지만, 거꾸로 그 사실을 증명하는 것
□	방증(傍證)	사실을 직접 증명할 수 있는 증거가 되지는 않지만, 주변의 상황을 밝힘으로써 간접적으로 증명에 도움을 줌. 또는 그 증거 예 **방증** 자료
□	지양(止揚)	더 높은 단계로 오르기 위하여 어떠한 것을 하지 아니함
□	지향(志向)	어떤 목표로 뜻이 쏠리어 향함. 또는 그 방향이나 그쪽으로 쏠리는 의지 예 미래 **지향**의 생활 태도
□	퇴보(退步)	1. 뒤로 물러감 2. 정도나 수준이 이제까지의 상태보다 뒤떨어지거나 못하게 됨 예 정치적 혼란이 경제에 **퇴보**를 가져올 수도 있다.
□	퇴조(退潮)	기운, 세력 따위가 줄어듦 예 하나의 유행이 **퇴조**를 보이면 다시 새로운 유행이 나타난다.
□	혼돈(混沌/渾沌)	마구 뒤섞여 있어 갈피를 잡을 수 없음. 또는 그런 상태 예 그 나라는 극심한 정치적 **혼돈**으로 국민 복지에 신경 쓸 겨를이 없다.
□	혼동(混同)	구별하지 못하고 뒤섞어서 생각함 예 잠이 다 깨지 않았는지 그는 현실과 꿈 사이에서 **혼동**을 일으켰다.

확인문제

다음 예문에 적절한 단어를 고르세요.

01 우리 부서는 신제품 (개발/계발)을 주로 하는 부서이다.
02 정치적 혼란이 경제에 (퇴보/퇴조)를 가져올 수도 있다.
03 과장님께 (결제/결재)를 받을 서류를 책상 위에 올려 두었다.
04 공업의 (쇠락/낙후)(으)로 이 지역은 크게 발달하지 못하였다.
05 미래 (지양/지향)의 생활 태도로 삶을 살아야 한다고 생각한다.

정답 | 01 개발 02 퇴보 03 결재 04 낙후 05 지향

2 혼동하기 쉬운 조사/어미/의존 명사

☑ 잘 외워지지 않는 단어는 박스에 체크하며 복습하세요.

	어휘	의미 및 용례
□	(으)로서	1. 지위나 신분 또는 자격을 나타내는 격 조사 예 그것은 교사**로서** 할 일이 아니다. 2. 어떤 동작이 일어나거나 시작되는 곳을 나타내는 격 조사 예 이 문제는 너**로서** 시작되었다.
□	(으)로써	1. 어떤 물건의 재료나 원료를 나타내는 격 조사 예 쌀**로써** 떡을 만든다. 2. 어떤 일의 수단이나 도구를 나타내는 격 조사 예 대화**로써** 갈등을 풀 수 있을까? 3. 시간을 셈할 때 셈에 넣는 한계를 나타내거나 어떤 일의 기준이 되는 시간임을 나타내는 격 조사 예 시험을 치는 것이 이**로써** 일곱 번째가 됩니다.
□	고	앞말이 간접 인용 되는 말임을 나타내는 격 조사 예 아직도 네가 잘했다**고** 생각하느냐?
□	라고	앞말이 직접 인용 되는 말임을 나타내는 격 조사 예 주인이 "많이 드세요."**라고** 권한다.
□	-던지	막연한 의문이 있는 채로 그것을 뒤 절의 사실과 관련시키는 데 쓰는 연결 어미 예 얼마나 춥**던지** 손이 곱아 펴지지 않았다.
□	-든지	1. 나열된 동작이나 상태, 대상들 중에서 어느 것이든 선택될 수 있음을 나타내는 연결 어미 예 집에 가**든지** 학교에 가**든지** 해라. 2. 실제로 일어날 수 있는 여러 가지 중에서 어느 것이 일어나도 뒤 절의 내용이 성립하는 데 아무런 상관이 없음을 나타내는 연결 어미 예 어디에 살**든지** 고향을 잊지는 마라.
□	데	1. '곳'이나 '장소'의 뜻을 나타내는 말. 예 지금 가는 **데**가 어디인데? 2. '일'이나 '것'의 뜻을 나타내는 말. 예 그 책을 다 읽는 **데** 삼 일이 걸렸다.
□	-ㄴ데	뒤 절에서 어떤 일을 설명하거나 묻거나 시키거나 제안하기 위하여 그 대상과 상관되는 상황을 미리 말할 때에 쓰는 연결 어미. 예 여기가 우리 고향**인데** 인심 좋고 경치 좋은 곳이지.

3 혼동하기 쉬운 동사

☑ 잘 외워지지 않는 단어는 박스에 체크하며 복습하세요.

	어휘	의미 및 용례
□	가르치다	지식이나 기능, 이치 따위를 깨닫게 하거나 익히게 하다. 예 그는 그녀에게 운전을 **가르쳤다**.
□	가리키다	손가락 따위로 어떤 방향이나 대상을 집어서 보이거나 말하거나 알리다. 예 그는 손가락으로 북쪽을 **가리켰다**.
□	걷잡다	1. 한 방향으로 치우쳐 흘러가는 형세 따위를 붙들어 잡다. 예 불길이 **걷잡을** 수 없이 번져 나갔다. 2. 마음을 진정하거나 억제하다. 예 **걷잡을** 수 없이 흐르는 눈물.
□	겉잡다	겉으로 보고 대강 짐작하여 헤아리다. 예 예산을 대충 **겉잡아서** 말하지 말고 잘 뽑아 보시오.
□	늘리다	1. 물체의 넓이, 부피 따위를 본디보다 커지게 하다. 예 우리는 넓은 평수로 **늘려** 이사했다. 2. 수나 분량 따위를 본디보다 많아지게 하거나 무게를 더 나가게 하다. '늘다'의 사동사. 예 학생 수를 **늘리다**. 3. 힘이나 기운, 세력 따위를 이전보다 큰 상태로 만들다. '늘다'의 사동사. 예 적군은 세력을 **늘린** 후 다시 침범하였다.
□	늘이다	1. 본디보다 더 길어지게 하다. 예 고무줄을 **늘이다**. 2. 선 따위를 연장하여 계속 긋다. 예 선분 ㄱㄴ을 **늘이면** 다른 선분과 만나게 된다.

확인문제

다음 예문에 적절한 단어를 고르세요.

01 그것은 교사(로서/로써) 할 일이 아니다.
02 (걷잡을/겉잡을) 수 없이 흐르는 눈물.
03 아직도 네가 잘했다(고/라고) 생각하느냐?
04 집에 가(든지/던지) 학교에 가(든지/던지) 해라.
05 그는 그녀에게 운전을 (가르쳤다/가리켰다).

정답 | 01 로서 02 걷잡을 03 고 04 든지/든지 05 가르쳤다

	어휘	의미 및 용례
□	맞추다	1. 서로 떨어져 있는 부분을 제자리에 맞게 대어 붙이다. 예 깨진 조각을 본체와 **맞추어** 붙이다. 2. 둘 이상의 일정한 대상들을 나란히 놓고 비교하여 살피다. 예 사장은 매일 그날 작성된 장부들을 서로 **맞추어** 보고 나서 퇴근을 한다. 3. 어떤 기준이나 정도에 어긋나지 아니하게 하다. 예 원고를 심사 기준에 **맞추다**. 4. 일정한 규격의 물건을 만들도록 미리 주문을 하다. 예 구두를 **맞추다**.
□	맞히다[1]	문제에 대한 답을 틀리지 않게 하다. 예 수수께끼에 대한 답을 정확하게 **맞히면** 상품을 드립니다.
□	맞히다[3]	침, 주사 따위로 치료를 받게 하다. 예 꼬마들에게는 주사를 **맞히기**가 힘들다.
□	부치다[2]	편지나 물건 따위를 일정한 수단이나 방법을 써서 상대에게로 보내다. 예 짐을 외국으로 **부치다**.
□	부치다[3]	논밭을 이용하여 농사를 짓다. 예 **부쳐** 먹을 내 땅 한 평 없다.
□	붙이다	맞닿아 떨어지지 않게 하다. 예 메모지를 벽에 덕지덕지 **붙이다**.
□	띄다	1. '뜨이다(감았던 눈이 벌려지다.)'의 준말. 예 합격했다는 소리를 듣고 눈이 번쩍 **띄었다**. 2. '뜨이다(눈에 보이다.)'의 준말. 예 원고에 가끔 오자가 눈에 **띈다**.
□	띠다	1. 띠나 끈 따위를 두르다. 예 치마가 흘러내리지 않게 허리에 띠를 **띠다**. 2. 물건을 몸에 지니다. 예 추천서를 **띠고** 회사를 찾아가라. 3. 용무나, 직책, 사명 따위를 지니다. 예 중대한 임무를 **띠다**. 4. 빛깔이나 색채 따위를 가지다. 예 붉은빛을 **띤** 장미.

	어휘	의미 및 용례
□	다치다	1. 부딪치거나 맞거나 하여 신체에 상처가 생기다. 또는 상처를 입다. 예 사고로 많은 사람들이 **다쳤다**. 2. 마음이나 체면, 명예에 손상이 생기다. 또는 손상을 입다. 예 그는 친구의 심한 말에 마음을 **다쳐서** 표정이 굳어졌다.
□	닫히다	1. 열린 문짝, 뚜껑, 서랍 따위가 도로 제자리로 가 막히다. '닫다'의 피동사. 예 열어 놓은 문이 바람에 **닫혔다**. 2. 하루의 영업이 끝나다. '닫다'의 피동사. 예 지금 시간이면 은행 문이 **닫혔을** 겁니다.
□	당기다	1. 좋아하는 마음이 일어나 저절로 끌리다. 예 나는 그 얘기를 듣고 호기심이 **당겼다**. 2. 입맛이 돋우어지다. 예 식욕이 **당기다**. 3. 물건 따위를 힘을 주어 자기 쪽이나 일정한 방향으로 가까이 오게 하다. 예 그물을 **당기다**. 4. 정한 시간이나 기일을 앞으로 옮기거나 줄이다. 예 6월로 잡았던 결혼 날짜를 5월로 **당겼다**.
□	땅기다	몹시 단단하고 팽팽하게 되다. 예 한참을 웃었더니 수술한 자리가 **땅겼다**.
□	빌다[1]	바라는 바를 이루게 하여 달라고 신이나 사람, 사물 따위에 간청하다. 예 소녀는 하늘에 소원을 **빌었다**.
□	빌다[2]	남의 물건을 공짜로 달라고 호소하여 얻다. 예 사람들에게 밥을 **빌러** 다니다.
□	빌리다	어떤 일을 하기 위해 기회를 이용하다. 예 이 자리를 **빌려** 감사의 말씀을 드립니다.

확인문제

다음 예문에 적절한 단어를 고르세요.

01 꼬마들에게는 주사를 (맞추기/맞히기)가 힘들다.

02 짐을 외국으로 (부치다/붙이다).

03 이 자리를 (빌어/빌려) 감사의 말씀을 드립니다.

04 열어 놓은 문이 바람에 (닫혔다/다쳤다).

05 6월로 잡았던 결혼 날짜를 5월로 (당겼다/땅겼다).

정답 I 01 맞히기 02 부치다 03 빌려 04 닫혔다 05 당겼다

03 표기상 틀리기 쉬운 어휘

고득점 공략법

표기상 틀리기 쉬운 어휘는 한글 맞춤법이나 표준어 규정에 어긋나게 잘못 적은 표기를 바른 표기로 고쳐 쓰는 문제에 나온다. 잘못 표기된 단어를 올바른 표기로 고칠 수 있도록 각 단어의 올바른 표기법을 중심으로 익혀 두면 표기상 틀리기 쉬운 어휘 문제는 어렵지 않게 해결할 수 있다.

☑ 잘 외워지지 않는 단어는 박스에 체크하며 복습하세요.

	표기	의미 및 용례
□	강남콩(×) → 강낭콩(○)	콩과의 한해살이풀 예 **강낭콩**의 덩굴이 처마까지 뻗어 올라갔다. **[참고]** '강남콩(江南-)'에서 온 말이지만 어원 의식이 분명하지 않기 때문에, 어원에서 멀어진 형태로 굳어진 '강낭콩'을 표준어로 삼는다.
□	개이다(×) → 개다(○)	흐리거나 궂은 날씨가 맑아지다 예 날씨가 활짝 **개다**.
□	객적다(×) → 객쩍다(○)	행동이나 말, 생각이 쓸데없고 싱겁다. 예 **객쩍은** 수작.
□	곰곰히(×) → 곰곰이(○)	여러모로 깊이 생각하는 모양. 예 **곰곰이** 생각에 잠기다.
□	곱따랗다(×) → 곱다랗다(○)	1. 얼굴이나 성질이 매우 곱다. 예 **곱다란** 얼굴. 2. 축나거나 변함이 없이 그대로 온전하다. 예 비밀을 **곱다랗게** 지키다.
□	굵따랗다(×) → 굵다랗다(○)	1. 길쭉한 물건의 둘레가 꽤 크다. 예 실이 단추를 꿰매기엔 너무 **굵다랗다**. 2. 빗방울 따위의 부피가 꽤 크다. 예 **굵다란** 빗방울. 3. 목소리가 저음으로 우렁우렁 울리는 힘이 꽤 크다. 예 해사한 인상과는 달리 그의 목소리는 **굵다랬다**.
□	깊따랗다(×) → 깊다랗다(○)	1. 겉에서 속까지의 거리가 꽤 멀다. 예 **깊다란** 우물. 2. 정도가 꽤 심하다. 예 그들은 그때까지 말없이 **깊다란** 침묵에 잠겨 있었다.
□	남비(×) → 냄비(○)	음식을 끓이거나 삶는 데 쓰는 용구의 하나 예 그는 쌀을 여러 번 씻은 뒤 **냄비**에 안쳤다.

	표기	의미 및 용례
□	널부러지다(×) → 널브러지다(○)	1. 너저분하게 흐트러지거나 흩어지다. 예 방에는 잡동사니들이 **널브러져** 있다. 2. 몸에 힘이 빠져 몸을 추스르지 못하고 축 늘어지다. 예 소대원들은 땅바닥에 아무렇게나 **널브러져** 앉아 있었다.
□	넓다랗다(×) → 널따랗다(○)	꽤 넓다. 예 아기가 **널따란** 아빠 품에 안겨 잠이 들었다.
□	내노라하는, 내노라하다(×) → 내로라하는, 내로라하다(○)	어떤 분야를 대표할 만하다. 예 **내로라하는** 재계의 인사들이 한곳에 모였다.
□	덮히다(×) → 덮이다(○)	'덮다'의 피동사 예 · 책상에 책상보가 **덮여** 있다. · 주전자의 뚜껑이 **덮여** 있지 않으면 김이 나간다. · 들판이 온통 눈으로 **덮인** 광경이 장관이었다. · 온갖 의문으로 **덮여** 있던 사건의 진상이 모두 밝혀졌다. · 이 책은 삼 년 전에 **덮인** 이후 누구도 들춰 보지 않았다.
□	두루뭉실(×) → 두루뭉술(○)	말이나 행동 따위가 철저하거나 분명하지 아니하게. 예 **두루뭉술** 넘어가다.
□	뒷굼치, 뒷꿈치(×) → 뒤꿈치(○)	1. 발의 뒤쪽 발바닥과 발목 사이의 불룩한 부분 2. 어떤 사람이 가진 능력이나 자질의 가장 낮은 수준을 비유적으로 이르는 말 3. 신이나 양말 따위의 발뒤꿈치가 닿는 부분 예 해어진 양말 **뒤꿈치**를 꿰매다.
□	뚜렷히(×) → 뚜렷이(○)	엉클어지거나 흐리지 아니하고 아주 분명하게. 예 한 달 전에 있었던 일을 **뚜렷이** 기억하다.

확인문제

다음 예문의 밑줄 친 단어를 적절한 표기로 고치세요.

01 내노라하는 재계의 인사들이 한곳에 모였다. (   )

02 책상에 책상보가 덮혀 있다. (   )

03 날씨가 활짝 개이다. (   )

04 곰곰히 생각에 잠기다. (   )

05 아기가 넓다란 아빠 품에 안겨 잠이 들었다. (   )

정답 | 01 내로라하는 02 덮여 03 개다 04 곰곰이 05 널따란

	표기	의미 및 용례
□	머릿말(×) → 머리말(○)	1. 책이나 논문 따위의 첫머리에 내용이나 목적 따위를 간략하게 적은 글 2. 말이나 글 따위에서 본격적인 논의를 하기 위한 실마리가 되는 부분
□	몇일(×) → 며칠(○)	1. 그달의 몇째 되는 날 예 오늘이 **며칠**이지? 2. 몇 날 예 이 일은 **며칠**이나 걸리겠니? [참고] '몇 일'로 적는 경우는 없다. 항상 '며칠'로 적는다.
□	무릎쓰다(×) → 무릅쓰다(○)	힘들고 어려운 일을 참고 견디다. 예 장군은 죽음을 **무릅쓰고** 전장에 나갔다.
□	뵙다, 뵙겠습니다(×) → 뵙다, 뵙겠습니다(○)	웃어른을 대하여 보다. 예 말씀으로만 듣던 분을 **뵙게** 되어 영광입니다.
□	삼가하다(×) → 삼가다(○)	1. 몸가짐이나 언행을 조심하다. 예 어른 앞에서는 행동을 **삼가야** 한다. 2. 꺼리는 마음으로 양이나 횟수가 지나치지 아니하도록 하다. 예 문밖출입을 **삼가다**.
□	선률(×) → 선율(○)	소리의 높낮이가 길이나 리듬과 어울려 나타나는 음의 흐름. 예 그 찻집에는 감미로운 클래식의 **선율**이 흐르고 있었다.
□	오뚜기(×) → 오뚝이(○)	밑을 무겁게 하여 아무렇게나 굴려도 오뚝오뚝 일어서는 어린아이들의 장난감 예 실망하지 말고 **오뚝이**처럼 다시 일어서서 새로 시작해 봐.
□	-읍니다(×) → -습니다(○)	하십시오할 자리에 쓰여, 현재 계속되는 동작이나 상태를 있는 그대로 나타내는 종결 어미 예 날씨가 참 좋**습니다**. [참고] '-읍니다'와 '-습니다' 간 의미 차이가 없고, '-습니다'가 널리 쓰이기 때문에 '-습니다'를 표준어로 삼는다.
□	예삿말(×) → 예사말(○)	1. 보통으로 가벼이 하는 말. 예 **예사말**로 듣지 말고 명심해라. 2. 높이거나 낮추는 말이 아닌 보통 말. 예 어른께 **예사말**을 쓰는 것은 공손하지 못한 행동이다.
□	전세집(×) → 전셋집(○)	전세로 빌려 쓰는 집. 예 **전셋집**의 계약 기간이 끝났다.

	표기	의미 및 용례
□	증우군(×) → 증후군(○)	몇 가지 증후가 늘 나타나지만, 그 원인이 명확하지 아니하거나 단일하지 아니한 병적인 증상들을 통틀어 이르는 말
□	치루다, 치루고, 치뤄(×) → 치르다, 치르고, 치러(○)	1. 주어야 할 돈을 내주다. 예 주인에게 내일까지 아파트 잔금을 **치러야** 한다. 2. 무슨 일을 겪어 내다. 예 그렇게 큰일을 **치렀으니** 몸살이 날 만도 하지. 3. 아침, 점심 따위를 먹다. 예 아침을 **치르고** 대문을 나서던 참이었다.
□	콧털(×) → 코털(○)	콧구멍 속에 난 털. 예 **코털**을 뽑다.

확인문제

다음 예문의 밑줄 친 단어를 적절한 표기로 고치세요.

01 어른 앞에서는 행동을 삼가해야 한다. (   )

02 그렇게 큰일을 치뤘으니 몸살이 날 만도 하지. (   )

03 예삿말로 듣지 말고 명심해라. (   )

04 전세집의 계약 기간이 끝났다. (   )

05 말씀으로만 듣던 분을 뱁게 되어 영광입니다. (   )

정답 | 01 삼가야 02 치렀으니 03 예사말 04 전셋집 05 뵙게

04 외래어 표기법

고득점 공략법

외래어 표기법에 맞지 않은 표현을 찾아 올바른 표기로 고쳐 쓰는 문제를 해결하려면 외래어 표기법을 알아 두어야 한다. 생소한 외래어보다는 익숙한 외래어의 표기법을 물어보기 때문에 잘못 알고 있던 외래어 표기는 바른 외래어 표기로 알아 두고, 외래어 표기법을 바탕으로 적절하지 않은 외래어 표기를 바른 외래어 표기로 고쳐 보는 연습을 해 보면 도움이 된다.

1 표기의 기본 원칙

1) 제1항: 외래어는 국어의 현용 24 자모만으로 적는다.

2) 제2항: 외래어의 1 음운은 원칙적으로 1 기호로 적는다.

3) 제3항: 받침에는 'ㄱ, ㄴ, ㄹ, ㅁ, ㅂ, ㅅ, ㅇ'만을 쓴다.

4) 제4항: 파열음 표기에는 된소리를 쓰지 않는 것을 원칙으로 한다.

5) 제5항: 이미 굳어진 외래어는 관용을 존중하되, 그 범위와 용례는 따로 정한다.

2 표기 세칙 (영어의 표기)

1) 제1항: 무성 파열음([p], [t], [k])

① 짧은 모음 다음의 어말 무성 파열음([p], [t], [k])은 받침으로 적는다.

gap[gæp] 갭	cat[kæt] 캣	book[buk] 북

② 짧은 모음과 유음·비음([l], [r], [m], [n]) 이외의 자음 사이에 오는 무성 파열음([p], [t], [k])은 받침으로 적는다.

apt[æpt] 앱트	setback[setbæk] 셋백	act[ækt] 액트

③ 위 경우 이외의 어말과 자음 앞의 [p], [t], [k]는 '으'를 붙여 적는다.

stamp[stæmp] 스탬프	nest[nest] 네스트	desk[desk] 데스크
apple[æpl] 애플	mattress[mætris] 매트리스	sickness[siknis] 시크니스

2) 제2항: 유성 파열음([b], [d], [g])

어말과 모든 자음 앞에 오는 유성 파열음은 '으'를 붙여 적는다.

bulb[bʌlb] 벌브	land[lænd] 랜드	zigzag[zigzæg] 지그재그
lobster[lɔbstə] 로브스터	kidnap[kidnæp] 키드냅	signal[signəl] 시그널

3) 제3항: 마찰음([s], [z], [f], [v], [θ], [ð], [ʃ], [ʒ])

① 어말 또는 자음 앞의 [s], [z], [f], [v], [θ], [ð]는 '으'를 붙여 적는다.

mask[mɑːsk] 마스크	jazz[dʒæz] 재즈	graph[græf] 그래프
olive[ɔliv] 올리브	thrill[θril] 스릴	bathe[beið] 베이드

② 어말의 [ʃ]는 '시'로 적고, 자음 앞의 [ʃ]는 '슈'로, 모음 앞의 [ʃ]는 뒤따르는 모음에 따라 '샤', '섀', '셔', '셰', '쇼', '슈', '시'로 적는다.

flash[flæʃ] 플래시	shrub[ʃrʌb] 슈러브	shark[ʃɑːk] 샤크
shank[ʃæŋk] 섕크	fashion[fæʃən] 패션	sheriff[ʃerif] 셰리프
shopping[ʃɔpiŋ] 쇼핑	shoe[ʃuː] 슈	shim[ʃim] 심

③ 어말 또는 자음 앞의 [ʒ]는 '지'로 적고, 모음 앞의 [ʒ]는 'ㅈ'으로 적는다.

mirage[mirɑːʒ] 미라지	vision[viʒən] 비전

확인문제

외래어 표기가 올바른 것을 고르세요.

01 gap[gæp] (갭/개프)
02 flash[flæʃ] (플래시/플래쉬)
03 stamp[stæmp] (스탬/스탬프)
04 zigzag[zigzæg] (지그재그/직잭)
05 lobster[lɔbstə] (롭스터/로브스터)

정답 | 01 갭 02 플래시 03 스탬프 04 지그재그 05 로브스터

4) 제4항: 파찰음([ʦ], [ʣ], [ʧ], [ʤ])

① 어말 또는 자음 앞의 [ʦ], [ʣ]는 '츠', '즈'로 적고, [ʧ], [ʤ]는 '치', '지'로 적는다.

Keats[kiːʦ] 키츠	odds[ɔʣ] 오즈	switch[switʃ] 스위치
bridge[bridʒ] 브리지	Pittsburgh[piʦbəːg] 피츠버그	

② 모음 앞의 [ʧ], [ʤ]는 'ㅊ', 'ㅈ'으로 적는다.

chart[ʧɑːt] 차트	virgin[vəːdʒin] 버진

5) 제5항: 비음([m], [n], [ŋ])

① 어말 또는 자음 앞의 비음은 모두 받침으로 적는다.

steam[stiːm] 스팀	corn[kɔːn] 콘	ring[riŋ] 링
lamp[læmp] 램프	hint[hint] 힌트	ink[iŋk] 잉크

② 모음과 모음 사이의 [ŋ]은 앞 음절의 받침 'ㅇ'으로 적는다.

hanging[hæŋiŋ] 행잉	longing[lɔŋiŋ] 롱잉

6) 제6항: 유음([l])

① 어말 또는 자음 앞의 [l]은 받침으로 적는다.

hotel[houtel] 호텔	pulp[pʌlp] 펄프

② 어중의 [l]이 모음 앞에 오거나, 모음이 따르지 않는 비음([m], [n]) 앞에 올 때에는 'ㄹㄹ'로 적는다. 다만, 비음([m], [n]) 뒤의 [l]은 모음 앞에 오더라도 'ㄹ'로 적는다.

slide[slɑid] 슬라이드	film[film] 필름	helm[helm] 헬름
swoln[swouln] 스월른	Hamlet[hæmlit] 햄릿	Henley[henli] 헨리

7) 제7항: 장모음

장모음의 장음은 따로 표기하지 않는다.

team[tiːm] 팀	route[ruːt] 루트

8) 제8항: 중모음([ɑi], [ɑu], [ei], [ɔi], [ou], [ɑuə])

중모음은 각 단모음의 음가를 살려서 적되, [ou]는 '오'로, [ɑuə]는 '아워'로 적는다.

time[tɑim] 타임	house[hɑus] 하우스	skate[skeit] 스케이트
oil[ɔil] 오일	boat[bout] 보트	tower[tɑuə] 타워

9) 제9항: 반모음([w], [j])

① [w]는 뒤따르는 모음에 따라 [wə], [wɔ], [wou]는 '워', [wɑ]는 '와', [wæ]는 '왜', [we]는 '웨', [wi]는 '위', [wu]는 '우'로 적는다.

word[wəːd] 워드	want[wɔnt] 원트	woe[wou] 워
wander[wɑndə] 완더	wag[wæg] 왜그	west[west] 웨스트
witch[witʃ] 위치	wool[wul] 울	

② 자음 뒤에 [w]가 올 때에는 두 음절로 갈라 적되, [gw], [hw], [kw]는 한 음절로 붙여 적는다.

swing[swiŋ] 스윙	twist[twist] 트위스트	penguin[peŋgwin] 펭귄
whistle[hwisl] 휘슬	quarter[kwɔːtə] 쿼터	

③ 반모음 [j]는 뒤따르는 모음과 합쳐 '야', '얘', '여', '예', '요', '유', '이'로 적는다. 다만, [d], [l], [n] 다음에 [jə]가 올 때에는 각각 '디어', '리어', '니어'로 적는다.

yard[jɑːd] 야드	yank[jæŋk] 얭크	yearn[jəːn] 연
yellow[jelou] 옐로	yawn[jɔːn] 욘	you[juː] 유
year[jiə] 이어	Indian[indjən] 인디언	union[juːnjən] 유니언

확인문제

외래어 표기가 올바른 것을 고르세요.

01 chart[tʃɑːt] (차트/카트)

02 route[ruːt] (루트/루우트)

03 steam[stiːm] (스팀/스티임)

04 Indian[indjən] (인디안/인디언)

05 Pittsburgh[pitʃbəːg] (피쯔버그/피츠버그)

정답 | 01 차트 02 루트 03 스팀 04 인디언 05 피츠버그

10) 제10항: 복합어

① 따로 설 수 있는 말의 합성으로 이루어진 복합어는 그것을 구성하고 있는 말이 단독으로 쓰일 때의 표기대로 적는다.

cuplike [kʌplaik] 컵라이크	bookend [bukend] 북엔드

② 원어에서 띄어 쓴 말은 띄어 쓴 대로 한글 표기를 하되, 붙여 쓸 수도 있다.

Los Alamos [lɔsæləmous] 로스 앨러모스/로스앨러모스	top class [tɔpklæs] 톱 클래스/톱클래스

3 혼동하기 쉬운 외래어 표기

☑ 잘 외워지지 않는 단어는 박스에 체크하며 복습하세요.

	바른 표기(○)	틀린 표기(×)
□	규슈/구주	큐슈
□	깁스	집스
□	난센스	넌센스, 넌쎈스
□	도넛	도너스, 도우넛
□	랍스터/로브스터	롭스터
□	렌털	렌탈
□	로봇	로봇트
□	리더십	리더쉽, 리이더십
□	리모컨	리모콘
□	리포트	레포트
□	링거	닝겔, 링겔
□	마니아	매니아, 매니야
□	마케팅	마캐팅, 마켓팅
□	메시지	메쎄지, 메세지
□	바비큐	바베큐

	바른 표기(○)	틀린 표기(×)
□	보트	보우트
□	뷔페	부펫, 부페
□	비전	비젼, 비존, 비죤
□	서비스	써비스, 서어비스
□	센터	센타, 쎈터
□	슈퍼마켓	수퍼마킷
□	스위치	스윗치
□	스펀지	스폰지
□	심포지엄	심포지움, 씸포지엄
□	싱가포르	싱가폴, 씽가포르
□	알코올	알코홀, 알콜
□	앙케트	앙케이트, 앙케에트
□	앙코르	앵코르, 앙콜, 앵콜
□	애드리브	애드립, 에드립
□	액세서리	악세사리, 악세서리

	바른 표기(○)	틀린 표기(×)
□	배지	뱃지, 빳지, 배쥐
□	배터리	바테리, 바터리
□	옐로	옐로우
□	워크숍	워크샵, 웍샵, 웍숍
□	재즈	자즈, 째즈
□	재킷	자켓
□	점퍼/잠바	잠퍼
□	주스	주우스, 주이스, 쥐스, 쥬스
□	지그재그	직잭
□	초콜릿	초코렛
□	카디건	캐어디건, 가디건
□	카페	까페
□	커트	컽
□	커피숍	코피숍, 코피샵
□	콘텐츠	컨텐츠

	바른 표기(○)	틀린 표기(×)
□	앰뷸런스	앰블런스, 앰뷸란스
□	애플리케이션	어플리케이션
□	케이크	케익
□	콘셉트	컨셉
□	쿠알라룸푸르	콸라룸푸르
□	타깃	타겟, 타기트
□	테마	태마, 테에마
□	파이팅	화이팅
□	파일	화일
□	팸플릿	팜플레트, 팜플렛, 팜플렛트
□	포르투갈	포르추갈, 폴투갈
□	포털	포탈
□	프리미엄	프리미암, 푸리미암
□	플래시	프래시, 플래쉬
□	플래카드	플랜카드

확인문제

외래어 표기가 올바르면 ○, 올바르지 않으면 ×에 표시하세요.

01 리더십 (○, ×)
02 초콜릿 (○, ×)
03 케이크 (○, ×)
04 싱가폴 (○, ×)
05 심포지움 (○, ×)

정답 | 01 ○ 02 ○ 03 ○ 04 ×, 싱가포르 05 ×, 심포지엄

	바른 표기(○)	틀린 표기(×)
□	게임	께임
□	내레이션	나레이션
□	내비게이션	네비게이션
□	냅킨	내프킨
□	네트워크	넷트워크
□	노블레스	노블리스
□	녹다운	넉다운
□	데이터	데이타
□	라스베이거스	라스베가스
□	라이선스	라이센스
□	랑데부	랑데뷰
□	러닝메이트	런닝메이트
□	레모네이드	레몬에이드
□	레크리에이션	레크레이션
□	레퍼토리	레파토리
□	렌터카	렌트카
□	로열	로얄
□	리넨	린넨
□	리소토	리조또
□	메커니즘	매커니즘, 메카니즘
□	멜론	메론
□	모차르트	모짜르트
□	미니어처	미니어쳐
□	미스터리	미스테리

	바른 표기(○)	틀린 표기(×)
□	밀크셰이크	밀크쉐이크
□	밴쿠버	벤쿠버
□	밸런타인데이	발렌타인데이
□	버저	부저
□	보닛	보네트, 보넷, 본네트
□	불도그	불독
□	브로슈어	브로우셔
□	블라디보스토크	블라디보스톡
□	비스킷	비스켓, 비스켙
□	비즈니스	비지니스
□	비타민 시	비타민 씨
□	사인펜	싸인펜
□	새시	섀시, 샤시, 샷시
□	센티미터	센치미터
□	소시지	소세지
□	스노타이어	스노우타이어
□	스카우트	스카웃
□	스페셜	스페샬
□	심벌	심볼
□	아웃렛	아울렛
□	악센트	악쎈트, 액센트
□	알고리즘	앨고리즘, 알고리슴
□	알레르기	알러지
□	알루미늄	앨루미늄, 앨류미늄

	바른 표기(○)	틀린 표기(×)
□	애프터서비스	애프터써비스
□	에인절	엔젤
□	엔도르핀	엔돌핀
□	오리지널	오리지날
□	오믈렛	오믈렛트
□	장르	젠르
□	카스텔라	카스테라
□	카운슬러	카운셀러
□	카탈로그	카타로그
□	카펫	카페트
□	칼럼	칼름, 콜럼
□	캐러멜	카라멜
□	캐시	캐쉬
□	커닝	컨닝
□	커튼	커텐

	바른 표기(○)	틀린 표기(×)
□	컨트롤	콘트롤
□	컬렉션	콜렉션
□	케첩	케찹
□	콘플레이크	콘후레이크
□	콤마	코마, 컴마
□	콤비네이션	컴비네이션
□	크루아상	크로아상, 크루아상
□	크리스털	크리스탈
□	킥보드	퀵보드
□	타월	타올
□	텀블링	덤블링
□	팀워크	팀웍
□	프런트	프론트
□	플라자	프라자
□	피에로	삐에로

확인문제

외래어 표기가 올바르면 ○, 올바르지 않으면 ×에 표시하세요.

01 로얄 (○, ×)
02 심벌 (○, ×)
03 비즈니스 (○, ×)
04 스노우타이어 (○, ×)
05 블라디보스톡 (○, ×)

정답 | 01 ×, 로열 02 ○ 03 ○ 04 ×, 스노타이어 05 ×, 블라디보스토크

05 로마자 표기법

고득점 공략법

국어의 로마자 표기법에 따라 한글을 로마자로 변환하는 문제가 출제된다. 국어의 자음과 모음에 대응하는 로마자 표기와 주의해야 할 예외 조항을 암기하고, 이를 바탕으로 국어 단어를 로마자로 표기하는 연습을 해야 한다.

1 표기 원칙

1) 국어의 로마자 표기는 국어의 표준 발음법에 따라 적는 것을 원칙으로 한다.

2) 음운 변화가 일어날 때에는 변화의 결과에 따라 적으나, 된소리되기는 표기에 반영하지 않는다.

2 자음과 모음 표기

1) 모음의 표기

ㅏ a	ㅓ eo	ㅗ o	ㅜ u	ㅡ eu	ㅣ i
ㅐ ae	ㅔ e	ㅚ oe	ㅟ wi		
ㅑ ya	ㅕ yeo	ㅛ yo	ㅠ yu	ㅒ yae	ㅖ ye
ㅘ wa	ㅙ wae	ㅝ wo	ㅞ we	ㅢ ui	

[붙임 1] 'ㅢ'는 'ㅣ'로 소리 나더라도 ui로 적는다.

2) 자음의 표기

ㄱ g, k	ㄲ kk	ㅋ k	ㄷ d, t	ㄸ tt	ㅌ t
ㅂ b, p	ㅃ pp	ㅍ p			
ㅈ j	ㅉ jj	ㅊ ch	ㅅ s	ㅆ ss	ㅎ h
ㄴ n	ㅁ m	ㅇ ng	ㄹ r, l		

[붙임 1] 'ㄱ, ㄷ, ㅂ'은 모음 앞에서는 'g, d, b'로, 자음 앞이나 어말에서는 'k, t, p'로 적는다.

[붙임 2] 'ㄹ'은 모음 앞에서는 'r'로, 자음 앞이나 어말에서는 'l'로 적는다. 단, 'ㄹㄹ'은 'll'로 적는다.

3 국어의 로마자 표기

□	광희문	Gwanghuimun	□	종로[종노]	Jongno
□	영동	Yeongdong	□	왕십리[왕심니]	Wangsimni
□	백암	Baegam	□	별내[별래]	Byeollae
□	옥천	Okcheon	□	신라[실라]	Silla
□	합덕	Hapdeok	□	학여울[항녀울]	Hangnyeoul
□	호법	Hobeop	□	알약[알략]	allyak
□	월곶[월곧]	Wolgot	□	해돋이[해도지]	haedoji
□	벚꽃[벋꼳]	beotkkot	□	같이[가치]	gachi
□	한밭[한받]	Hanbat	□	놓다[노타]	nota
□	구리	Guri	□	묵호[무코]	Mukho
□	설악	Seorak	□	집현전[지편전]	Jiphyeonjeon
□	칠곡	Chilgok	□	압구정[압꾸정]	Apgujeong
□	임실	Imsil	□	낙동강[낙똥강]	Nakdonggang
□	울릉	Ulleung	□	합정[합쩡]	Hapjeong
□	대관령[대괄령]	Daegwallyeong	□	낙성대[낙썽대]	Nakseongdae

확인문제

로마자 표기법에 맞게 단어를 로마자로 표기하세요.

01 종로 ( )
02 백암 ( )
03 놓다 ( )
04 대관령 ( )
05 압구정 ( )

정답 | **01** Jongno **02** Baegam **03** nota **04** Daegwallyeong **05** Apgujeong

06 띄어쓰기

고득점 공략법

띄어쓰기 문제는 지문에서 띄어쓰기가 잘못된 부분을 찾아 올바르게 고쳐 쓰는 형태로 출제된다. 띄어쓰기는 각 단어를 띄어 쓴다는 원칙이 있으나 예외적인 경우가 많으므로 띄어쓰기 요소(조사, 의존 명사, 보조 용언 등)에 따른 예외 사항을 반드시 익혀 두어야 한다.

1 띄어쓰기 원칙

1) 원칙: 문장의 각 단어는 띄어 씀을 원칙으로 한다.

2) 이유: 국어에서 단어를 단위로 띄어쓰기를 하는 것은 단어가 독립적으로 쓰이는 말의 최소 단위이기 때문이다. '동생 밥 먹는다'에서 '동생', '밥', '먹는다'는 각각이 단어이므로 띄어쓰기의 단위가 되어 '동생 밥 먹는다'로 띄어 쓴다. 그런데 단어 가운데 조사는 독립성이 없어서 다른 단어와는 달리 앞말에 붙여 쓴다. '동생이 밥을 먹는다'에서 '이', '을'은 조사이므로 '동생이', '밥을'과 같이 언제나 앞말에 붙여 쓴다.

2 띄어쓰기 관련 한글 맞춤법 규정

1) 조사

① 제41항: 조사는 그 앞말에 붙여 쓴다.

꽃**이**	꽃**마저**	꽃**밖에**	꽃**에서부터**	꽃**으로만**
꽃**이나마**	꽃**이다**	꽃**입니다**	꽃**처럼**	어디**까지나**
거기**도**	멀리**는**	웃고**만**		

2) 의존 명사, 단위를 나타내는 명사 및 열거하는 말 등

① 제42항: 의존 명사는 띄어 쓴다.

아는 **것**이 힘이다.	나도 할 **수** 있다.
먹을 **만큼** 먹어라.	아는 **이**를 만났다.
네가 뜻한 **바**를 알겠다.	그가 떠난 **지**가 오래다.

② 제43항: 단위를 나타내는 명사는 띄어 쓴다.

한 **개**	차 한 **대**	금 서 **돈**	소 한 **마리**
옷 한 **벌**	열 **살**	조기 한 **손**	연필 한 **자루**
버선 한 **죽**	집 한 **채**	신 두 **켤레**	북어 한 **쾌**

다만, 순서를 나타내는 경우나 숫자와 어울리어 쓰이는 경우에는 붙여 쓸 수 있다.

두**시** 삼십**분** 오**초**	제일**과**	삼**학년**
육**층**	1446**년** 10**월** 9**일**	2**대대**
16**동** 502**호**	제1**실습실**	80**원**
10**개**	7**미터**	

③ 제44항: 수를 적을 적에는 '만(萬)' 단위로 띄어 쓴다.

십이억 삼천사백오십육만 칠천팔백구십팔
12억 3456만 7898

④ 제45항: 두 말을 이어 주거나 열거할 적에 쓰이는 다음의 말들은 띄어 쓴다.

국장 **겸** 과장	열 **내지** 스물	청군 **대** 백군
책상, 걸상 **등**이 있다	이사장 **및** 이사들	사과, 배, 귤 **등등**
사과, 배 **등속**	부산, 광주 **등지**	

⑤ 제46항: 단음절로 된 단어가 연이어 나타날 적에는 붙여 쓸 수 있다.

좀더 큰것	이말 저말	한잎 두잎

확인문제

밑줄 친 부분의 띄어쓰기가 올바르면 ○, 올바르지 않으면 ×에 표시하세요.

01 너∨마저 나를 떠나는구나. (○, ×)
02 집을 떠나온지 어언 3년이 지났다. (○, ×)
03 비가 올 확률은 50%∨내지∨60%이다. (○, ×)
04 옷 한 벌을 만드는 데 천이 10미터 넘게 쓰였다. (○, ×)
05 연구원이 채집해 온 이파리를 한잎∨두잎 떼어 내고 있다. (○, ×)

정답 | **01** ×, 너마저 **02** ×, 떠나온∨지 **03** ○ **04** ○ **05** ○

3) 보조 용언

① 제47항: 보조 용언은 띄어 씀을 원칙으로 하되, 경우에 따라 붙여 씀도 허용한다.

원칙	허용
불이 꺼져 **간다.**	불이 꺼져**간다.**
내 힘으로 막아 **낸다.**	내 힘으로 막아**낸다.**
비가 올 **듯하다.**	비가 올**듯하다.**
그 일은 할 **만하다.**	그 일은 할**만하다.**
일이 될 **법하다.**	일이 될**법하다.**
비가 올 **성싶다.**	비가 올**성싶다.**
잘 아는 **척한다.**	잘 아는**척한다.**

다만, 앞말에 조사가 붙거나 앞말이 합성 용언인 경우, 그리고 중간에 조사가 들어갈 적에는 그 뒤에 오는 보조 용언은 띄어 쓴다.

잘도 놀아만 **나는구나!** / 책을 읽어도 **보고**…….
네가 덤벼들어 **보아라.** / 이런 기회는 다시없을 **듯하다.**
그가 올 듯도 **하다.** / 잘난 체를 **한다.**

4) 고유 명사 및 전문 용어

① 제48항: 성과 이름, 성과 호 등은 붙여 쓰고, 이에 덧붙는 호칭어, 관직명 등은 띄어 쓴다.

김양수(金良洙) / 서화담(徐花潭)
채영신 씨 / 최치원 선생
박동식 박사 / 충무공 이순신 장군

다만, 성과 이름, 성과 호를 분명히 구분할 필요가 있을 경우에는 띄어 쓸 수 있다.

남궁억/남궁 억 / 독고준/독고 준
황보지봉(皇甫芝峰)/황보 지봉

② 제49항: 성명 이외의 고유 명사는 단어별로 띄어 씀을 원칙으로 하되, 단위별로 띄어 쓸 수 있다.

원칙	허용
대한 중학교	대한중학교
한국 대학교 사범 대학	한국대학교 사범대학

③ 제50항: 전문 용어는 단어별로 띄어 씀을 원칙으로 하되, 붙여 쓸 수 있다.

원칙	허용
만성 골수성 백혈병	만성골수성백혈병
중거리 탄도 유도탄	중거리탄도유도탄

확인문제

밑줄 친 부분의 띄어쓰기가 올바르면 ○, 올바르지 않으면 ×에 표시하세요.

01 알고도 모르는 체를∨한다. (○, ×)

02 보아하니 나쁜 사람은 아닌∨성싶다. (○, ×)

03 한국대학교∨사범대학의 주소가 뭔가요? (○, ×)

04 만성골수성∨백혈병은 예후가 좋지 않다고 한다. (○, ×)

05 그는 최∨실장이 넘겨준 서류 더미를 안고 가는 중이다. (○, ×)

정답 | **01** ○ **02** ○ **03** ○ **04** ×, 만성골수성백혈병/만성∨골수성∨백혈병 **05** ○

07 원고지 작성법

고득점 공략법

한국실용글쓰기시험 1,000점 중 300점이 배점된 주관식 9번 문제는 원고지에 답안을 써야 한다. 자주 쓰는 한글, 알파벳, 숫자, 기호를 원고지에 표기하는 방법을 알아 두면 잘못된 원고지 작성법으로 감점되는 것을 방지할 수 있다.

1 원고지 작성법의 기본 원칙

1) 원고지의 첫 칸은 글의 처음(문단의 처음), 대화문을 제외하고 비우지 않는다. 한 단락 내에서는 아래의 '문을'과 같이 다음에 띄어쓰기를 해야 하더라도 다음 줄의 첫 칸은 비우지 않는다.

	점	심	시	간	이		끝	난		오	후		2	시	에		최		대	리	가		문	을
열	고		들	어	왔	다	.																	
	“	김		과	장	님	께	서		오	후		3	시	까	지		회	의	록		작	성	을
	끝	내	라	고		하	셨	습	니	다	.”													
	“	오	후		3	시	까	지	요	?	”													
	모	두	가		당	황	했	지	만		누	구	도		반	박	하	지		않	았	다	.	

2) 한글, 알파벳, 아라비아 숫자 표기법

① 한글: 한글은 원고지 한 칸에 한 자를 쓴다.

② 알파벳: 알파벳 대문자는 원고지 한 칸에 한 자, 알파벳 소문자는 원고지 한 칸에 두 자를 쓴다.

③ 아라비아 숫자: 아라비아 숫자(1, 2, 3…)는 원고지 한 칸에 두 자를 쓴다. 소수점을 표기할 때는 마침표(.)와 숫자를 한 칸에 쓴다.

	한	국	은	행	은		20	21	년		스	웨	덴	(	S	we	de	n	)	의		경	제	성
장	률	을		4.	8	%	로		발	표	했	다	.											

3) 문장 부호 표기법

① 기본 원칙: 문장 부호는 원고지 한 칸에 하나를 쓴다.

② 따옴표(“ ”), 마침표(.), 쉼표(,)

- 한 칸에 하나를 쓰되, 칸의 한쪽에 치우치게 쓴다.
- 따옴표와 마침표는 각각 다른 칸에 쓰는 것이 원칙이나 한 칸에 함께 쓸 수 있다.
- 원고지 마지막 칸에서 문장이 끝날 때는 마침표나 쉼표를 다음 줄로 내리지 않고 마지막 칸에 글자와 함께 쓸 수 있다.
- 쉼표, 마침표 다음에는 한 칸을 비우지 않고 바로 다음 글자를 이어 쓴다.

③ 괄호(( ), { }, [ ])

- 한 칸에 하나를 쓴다.
- ‘(가), (나)’처럼 쓰일 때는 괄호와 괄호 안의 글자(가, 나)가 한 줄에 있어야 한다.

	(	가	)	는		가	배	(	咖	啡	)	는		‘	커	피	’	의		음	역	어	임	과
사	리	별	(	舍	利	別	)	은		‘	시	럽	’	의		음	역	어	임	을		말	한	다.

④ 느낌표(!), 물음표(?)

- 한 칸에 하나를 쓰되, 칸의 가운데에 맞춰 쓴다.
- 느낌표와 물음표 다음 칸은 비우고 다음 글자를 쓴다.
- 원고지 마지막 칸에서 문장이 끝날 때는 물음표나 느낌표를 다음 줄로 내리지 않고 마지막 칸에 글자와 함께 쓸 수 있다.

	아	!		그	걸		잊	어	버	리	다	니	?		정	신	을		어	디	에		두	고
다	니	는		것	일	까	.	정	말		이	해	할		수	가		없	는		일	이	구	나!

4) 대화문, 인용문 표기법

① 대화문과 인용문은 두 번째 칸부터 따옴표를 쓰고, 대화문과 인용문이 끝날 때까지 각 줄의 첫 번째 칸을 비운다.

② 대화문과 인용문에 이어지는 말(라고, 고 등)은 대화문, 인용문과 같은 줄에 쓰지 않고 다음 줄에 쓰며 이때는 첫 번째 칸을 비우지 않는다.

	“	올	해		우	리		회	사	가		낸		성	과		중		주	목	할		만	한
	것	은		젊	은		소	비	자	의		구	매	율	이		10	%		상	승	했	다	는
	것	입	니	다	.”																			
라	는		그	의		말	과		함	께		길	고		긴		개	회	사	가		시	작	되
었	다	.																						

확인문제

원고지 작성법에 대한 설명이 맞으면 ○, 틀리면 ×에 표시하세요.

01 알파벳 소문자는 원고지 한 칸에 두 자를 쓴다. (○, ×)

02 대화문과 인용문은 끝날 때까지 각 줄의 첫 칸을 비운다. (○, ×)

03 느낌표와 물음표 다음에는 한 칸을 비우고 글자를 쓰는 것이 원칙이다. (○, ×)

04 원고지 마지막 칸에서 문장이 끝날 때는 마지막 칸에 글자와 문장 부호를 함께 쓸 수 있다. (○, ×)

정답 | 01 ○ 02 ○ 03 ○ 04 ○

2 원고지 교정 부호 사용법

1) 들여쓰기 및 내어쓰기를 할 때

① 원고지에 쓴 글자를 오른쪽으로 들여 쓸 때

새	로		연		가	맹	점	의		매	출	이		본	사	에	서		
예	상	한		것	보	다		10	%		이	상		많	았	다	.		

↓

	새	로		연		가	맹	점	의		매	출	이		본	사	에	서	
예	상	한		것	보	다		10	%		이	상		많	았	다	.		

② 원고지에 쓴 글자를 왼쪽으로 내어 쓸 때

		새	로		연		가	맹	점	의		매	출	이		본	사	에	서
예	상	한		것	보	다		10	%		이	상		많	았	다	.		

↓

	새	로		연		가	맹	점	의		매	출	이		본	사	에	서	
예	상	한		것	보	다		10	%		이	상		많	았	다	.		

2) 내용을 수정/삭제/추가할 때

① 기존의 내용을 다른 내용으로 수정할 때

순수익

	새	로		연		가	맹	점	의		매	출	이		본	사	에	서	
예	상	한		것	보	다		10	%		이	상		많	았	다	.		

↓

	새	로		연		가	맹	점	의		순	수	익	이		본	사	에	서
예	상	한		것	보	다		10	%		이	상		많	았	다	.		

② 기존에 작성한 내용의 순서를 바꿀 때

	연		새	로		가	맹	점	의		매	출	이		본	사	에	서	
예	상	한		것	보	다		10	%		이	상		많	았	다	.		

↓

	새	로		연		가	맹	점	의		매	출	이		본	사	에	서	
예	상	한		것	보	다		10	%		이	상		많	았	다	.		

③ 내용을 삭제할 때

	회	사		창	립		10	주	년	을		기	념	하	는		행	사	는
A	호	텔	에	서		열	릴		예	정	~~인~~		~~것~~	입	니	다	.		

⬇

	회	사		창	립		10	주	년	을		기	념	하	는		행	사	는
A	호	텔	에	서		열	릴		예	정	입	니	다	.					

④ 내용을 추가할 때

	회	사		창	립		10	주	년	을	입니	기	념	하	는		행	사	는
A	호	텔	에	서		열	릴		예	정	다	.							

⬇

	회	사		창	립		10	주	년	을		기	념	하	는		행	사	는
A	호	텔	에	서		열	릴		예	정	입	니	다	.					

3) 띄어쓰기를 하거나 붙여쓰기를 할 때

① 띄어쓰기를 할 때

	회	사	에	서		행	사	장	으	로		가	는		방	법	은		아
래	와	같	습	니	다	.													

⬇

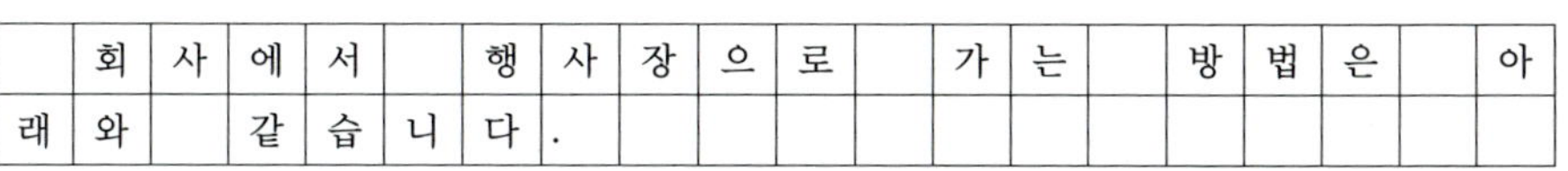

	회	사	에	서		행	사	장	으	로		가	는		방	법	은		아
래	와		같	습	니	다	.												

② 붙여쓰기를 할 때

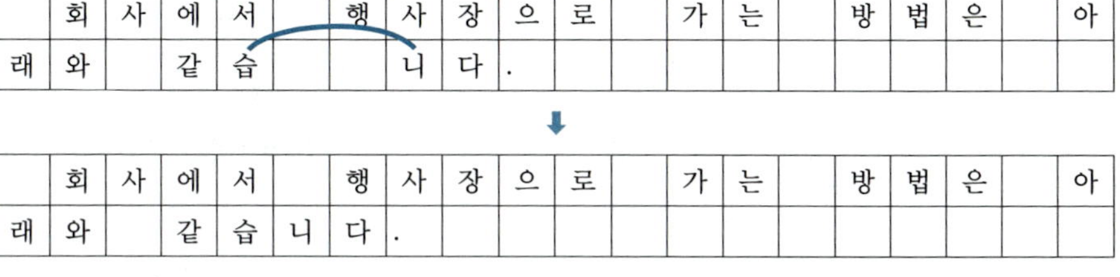

	회	사	에	서		행	사	장	으	로		가	는		방	법	은		아
래	와		같	습			니	다	.										

⬇

	회	사	에	서		행	사	장	으	로		가	는		방	법	은		아
래	와		같	습	니	다	.												

4) 문단(단락)을 나누거나 이을 때

① 문단(단락)을 나눌 때

유	튜	버	를		섭	외	하	여		광	고	할		계	획	이	다	.	섭
외	할		유	튜	버	는		10	월		1	일		현	재		구	독	자

⬇

유	튜	버	를		섭	외	하	여		광	고	할		계	획	이	다	.	
	섭	외	할		유	튜	버	는		10	월		1	일		현	재		구

② 문단(단락)을 이을 때

	이	번		신	제	품	은		소	비	자	에	게						
친	근	하	게		접	근	할		수		있	는		방	법	으	로		

⬇

	이	번		신	제	품	은		소	비	자	에	게		친	근	하	게	
접	근	할		수		있	는		방	법	으	로							

확인문제

[01~02] 원고지 작성법에 맞게 제시된 문장을 원고지에 쓰세요.

01 '베이비 스텝(baby step)'은 한 나라의 금융과 통화 정책의 주체가 되는 중앙은행이 기준 금리를 0.25%p 인상 또는 인하하는 것을 의미한다.

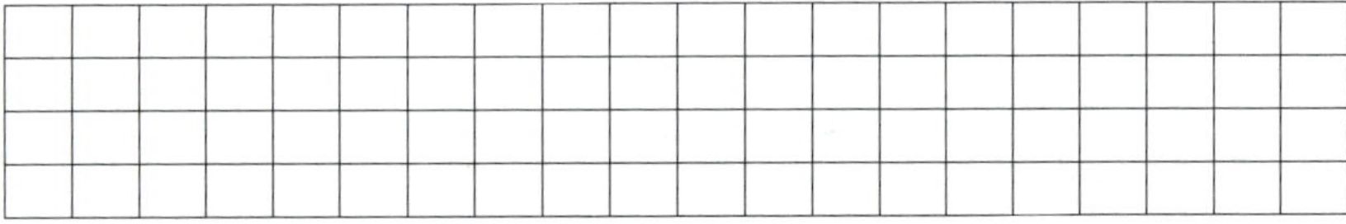

02 (가)와 (나)는 상반된 견해를 다루고 있다. (가)는 자연보다 인간이 우위에 있음을, (나)는 인간과 자연이 동등함을 주장하고 있기 때문이다.

[03~04] 화살표 위쪽 내용을 아래쪽 내용으로 바꾸기 위해 사용해야 할 교정 부호를 표시하세요.

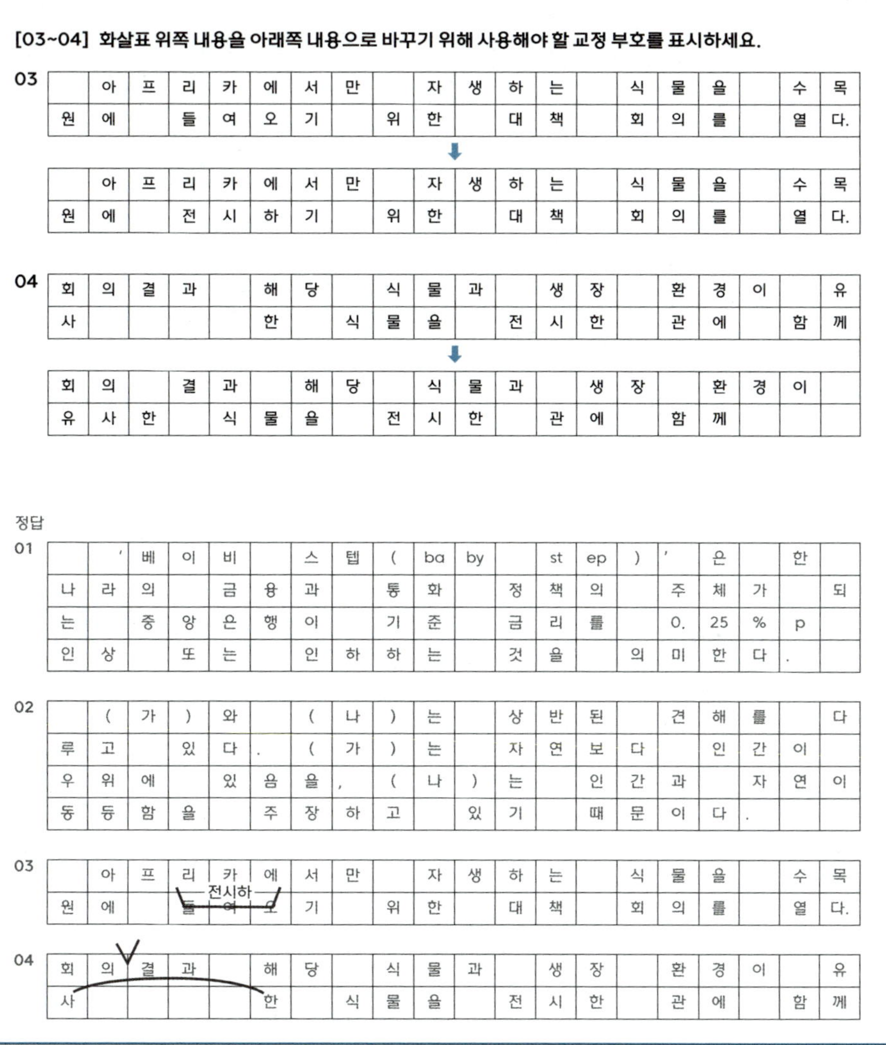

03

	아	프	리	카	에	서	만		자	생	하	는		식	물	을		수	목
원	에		들	여	오	기		위	한		대	책		회	의	를		열	다.

⬇

	아	프	리	카	에	서	만		자	생	하	는		식	물	을		수	목
원	에		전	시	하	기		위	한		대	책		회	의	를		열	다.

04

회	의	결	과		해	당		식	물	과		생	장		환	경	이		유
사					한		식	물	을		전	시	한		관	에		함	께

⬇

회	의		결	과		해	당		식	물	과		생	장		환	경	이	
유	사	한		식	물	을		전	시	한		관	에		함	께			

정답

01

	'	베	이	비		스	텝	(	ba	by		st	ep	)	'	은		한	
나	라	의		금	융	과		통	화		정	책	의		주	체	가		되
는		중	앙	은	행	이		기	준		금	리	를		0.	25	%	p	
인	상		또	는		인	하	하	는		것	을		의	미	한	다	.	

02

	(	가	)	와		(	나	)	는		상	반	된		견	해	를		다
루	고		있	다	.	(	가	)	는		자	연	보	다		인	간	이	
우	위	에		있	음	을	,	(	나	)	는		인	간	과		자	연	이
동	등	함	을		주	장	하	고		있	기		때	문	이	다	.		

03

	아	프	리	카	에	서	만		자	생	하	는		식	물	을		수	목
원	에		들	여	오	기		위	한		대	책		회	의	를		열	다.

04

회	의	결	과		해	당		식	물	과		생	장		환	경	이		유
사					한		식	물	을		전	시	한		관	에		함	께

MEMO

7일 만에 끝내는

해커스

시험장까지 가져가는

주관식 고득점 공략노트

목차

주관식 고득점 공략노트

01 순화어
02 혼동하기 쉬운 어휘
03 표기상 틀리기 쉬운 어휘
04 외래어 표기법
05 로마자 표기법
06 띄어쓰기
07 원고지 작성법

7일 만에 끝내는 **해커스 한국실용글쓰기**

PART 3
기출동형 모의고사

5일 …… 기출동형 모의고사 1회

6일 …… 기출동형 모의고사 2회

7일 …… 기출동형 모의고사 3회

총 3회분의 기출동형 모의고사를 풀어봄으로써, 실전 감각을 극대화하면서 자신의 실력도 확인해 볼 수 있습니다. 'PART 3 기출동형 모의고사' 가장 뒤에 수록된 OMR 답안지를 이용하여 실전처럼 모의고사를 풀어본 후, '자동 채점 및 성적 분석 서비스' QR코드를 스캔하여 객관식 영역의 응시 인원 대비 본인의 석차와 취약점을 확인해 보세요.

5일 기출동형 모의고사 1회

한국실용글쓰기 문제

수험번호		성명	
객관식(300점)/서술형(700점)		시험시간 120분	

※ 답안 작성 시 유의 사항

1. 시험 시간 120분을 준수해 주시기 바랍니다.
2. 문제의 조건을 따르지 않을 경우 감점합니다.
3. 문제에 대한 답은 반드시 해당 답안에 작성하시기 바랍니다.
   (예: 서술형 1번 답안을 2~5번 답안에 작성할 경우 채점하지 않음)
4. 답안 밖에 작성한 내용은 채점하지 않습니다.
5. 답안과 관련이 없는 내용, 개인 신상을 드러낸 내용이 있을 경우 0점 처리합니다.

1. ㉠~㉤ 중 가장 자연스럽지 않은 문장은?

㉠ 종교 전쟁은 서로 다른 종교나 종파 간의 대립과 충돌로 일어나는 전쟁으로, 특히 1096년부터 13세기 후반까지 이어진 십자군전쟁이 대표적이다. ㉡ 십자군전쟁은 기독교를 믿는 서유럽 국가와 이슬람교를 믿는 서아시아 국가가 두 종교의 성지인 예루살렘을 두고 갈등한 데서 촉발되었다. ㉢ 중세 사람들은 순례 행위를 종교의 발생지, 성인의 무덤이나 거주지와 같은 성지를 방문하는 것을 넘어 여기곤 했다. ㉣ 그런데 서아시아 국가에서 기독교인의 성지 순례를 방해하고 그들을 학대하자 서유럽 국가에서 예루살렘을 탈환하고자 전쟁을 일으키게 된 것이다. ㉤ 그 유명한 카노사의 굴욕까지 겪으며 이 전쟁은 결국 서유럽의 실패로 끝이 났으나, 그리스·로마 시대의 도시가 서로 활발히 교류하는 계기가 되어 무역 활성화라는 긍정적인 결말을 낳았다.

① ㉠
② ㉡
③ ㉢
④ ㉣
⑤ ㉤

2. 다음 <보기>의 문장을 쓰기에 가장 적절한 곳은?

<보기>

그러나 이를 절대적으로 여길 게 아니라 피치 못할 사정이 있는 경우에는 예외가 발생할 수 있다는 사실을 인정해야 한다.

도덕의 기준은 시대에 따라 달라질 뿐만 아니라 사회마다 다르게 나타나기 때문에 절대적인 도덕규범이란 존재할 수 없다. (①) 물론 대부분의 사회에서 거짓말은 도덕적으로 옳지 못한 행위라고 받아들여진다. (②) 사람은 사회적 동물이기에 타인과 생활하다 보면 어쩔 수 없이 선의의 거짓말을 해야 하는 상황을 마주하게 된다. (③) 피할 수 없는 상황에서 제한적으로 사용하는 선의의 거짓말은 일종의 문화적 관습이자 사회생활을 해 나가는 지혜라고 볼 수 있다. (④) 왜냐하면 때때로 정직함은 상대에게 상처와 아픔이 될 수 있으며, 특정 상황에서는 선의의 거짓말을 선택해 좋은 결과를 얻을 수 있기 때문이다. (⑤)

※ 다음 글을 읽고 물음에 답하시오. (3~4번)

팀을 대표하여 신제품 사용 설명서를 작성해야 하는 박 사원은 글쓰기에 어려움을 겪고 있다. 이에 박 사원은 최 사원에게 도움을 요청하는 메시지를 보냈다.

받는 이: 최○○ 사원

최 사원, 내가 이번에 우리 팀을 대표로 글을 쓰게 되었는데, 글쓰기 방향에 대해 조언해 줄 수 있을까? ㉠ 우선 내 글의 목적은 고객들이 제품을 많이 구매하도록 설득하는 거야. ㉡ 그래서 우리 신제품을 타사와 비교해 제품의 우수성을 근거로, 우리 제품을 꼭 사용해 달라는 글을 전개하고 싶어. 그리고 내용이 풍부하도록 많은 ㉢ 자료를 활용하고 싶은데 무얼 봐야 할지 모르겠고, 내용을 어떤 순서로 써야 할지도 감이 안 와. 사람들이 흥미를 느끼려면 개발할 때 겪은 이야기들도 넣으면 좋을 텐데, 어느 부분에 포함해야 할지 모르겠어. 예전에 사내 글쓰기 대회에서 내가 주제와 다른 내용의 글을 써서 웃음거리가 되었던 일 기억 나지? 그때 일 이후로 글쓰기가 무서워졌는데 이번엔 직원들뿐만 아니라 수많은 고객이 내 글을 평가한다고 생각하니 두려워서 글을 쓰기가 더 어려워. ㉣ 이번엔 신제품과 관련해 직원들이 내 전문성에 감탄하도록 전문적인 용어를 많이 사용하는 게 어떨까 싶어. ㉤ 그런데 마감 기한이 얼마 남지 않아 한 번에 꼼꼼히 작성해서 바로 제출해야 할 것 같아. 사내 글쓰기 대회에서 매번 입상하는 최 사원의 조언이 꼭 필요해.

3. 최 사원은 박 사원이 겪는 문제를 해결하기 위한 방법을 제안하려 한다. 이때, 방법으로 가장 적절한 것은?

① 박 사원은 쓰기 동기가 부족하므로 외적 보상을 제공하여 동기를 자극한다.

② 박 사원은 쓰기 불안을 겪고 있으므로 쓰기 효능감을 느끼도록 칭찬을 제공한다.

③ 박 사원은 쓰기 동기가 부족하므로 도움을 제공하여 협력하여 쓸 수 있도록 한다.

④ 박 사원은 쓰기 회피를 겪고 있으므로 대리 경험을 제공해 쓰기 성공감을 느끼도록 한다.

⑤ 박 사원은 쓰기 불안을 겪고 있으므로 쓰기 상황에서 먼저 벗어나 안정을 취하도록 한다.

4. 박 사원의 쓰기 과정의 인식에 대한 문제점으로 적절하지 않은 것은?

① ㉠: 글쓰기 목적을 분명하게 이해하지 못하였다.

② ㉡: 글의 유형을 잘못 파악하여 잘못된 전개 방식을 활용하려고 한다.

③ ㉢: 글을 쓰기 위해 내용을 생성하고 조직하는 데 어려움을 겪고 있다.

④ ㉣: 예상 독자를 고려하지 못한 표현을 사용하려고 한다.

⑤ ㉤: 초고를 작성하는 데 많은 시간을 투자해 글을 다듬는 시간이 오래 걸린다.

5. 다음 글의 ㉠~㉢에 쓸 접속어로 가장 적절한 것은?

오퍼레이션 트위스트(Operation twist)란 중앙은행이 장기 국채를 사들이고 대신에 단기 국채를 팔아 장기 금리 인하를 유도하는 일로, 공개 시장 조작 방식의 정책을 말한다. 보통 채권의 가격과 금리는 반비례하게 되어 있다. (㉠), 중앙은행이 장기 국채를 매입할 경우 장기 국채의 수요가 증가해 가격은 상승하고 금리는 하락하게 되지만, 중앙은행이 단기 국채를 매도하면 시장의 단기 국채의 공급이 증가하면서 가격은 하락하고 금리는 상승하게 된다. 장기 국채는 만기가 길어 단기 국채보다 금리가 높다는 단점이 있는데, 중앙은행이 장기 국채를 매입하고 단기 국채를 매도하는 형태로 채권 시장에 개입하게 되면 장기 채권의 금리가 하락하는 등 장·단기 채권에 대한 일반적인 금리 관계가 어그러질 수 있다. (㉡), 오퍼레이션 트위스트는 중앙은행의 보유 채권 구성만 변화시키면서 유동성을 확보할 수 있다는 특징이 있다. 중앙은행의 장기 채권 매입으로 금리가 인하되면 해당 채권의 수익률이 감소하게 되고, 결과적으로 투자자들은 수익률이 높은 회사채나 벤처기업 채권 등 단기 채권에 투자하게 된다. (㉢), 중앙은행에서 특별히 자금을 공급하지 않고도 투자 자금이 기업 쪽으로 흘러 들어감으로써 경기가 활성화될 수 있는 것이다. 그뿐만 아니라 장기 국채 금리와 연동된 주택담보대출의 금리도 연쇄적으로 하락하여 주택시장이 활발해질 수 있어 내수 활성화에도 긍정적인 영향을 미치게 된다.

	㉠	㉡	㉢
①	더구나	한편	그러면
②	결국	그러면	더구나
③	이를테면	그러니	결국
④	예를 들어	다시 말해	즉
⑤	그러면	결국	다시 말해

※ 다음 글을 읽고 물음에 답하시오. (6~8번)

일반적으로 글쓰기는 계획하기, 내용 생성하기, 내용 조직하기, 표현하기, 고쳐쓰기의 5단계로 이루어진다. 그중 '내용 생성하기' 단계는 '계획하기' 단계에서 정한 글의 주제에 맞게 글을 쓰기 위한 정보와 아이디어를 많이 모으는 단계로, 창의적인 사고가 동반되는 단계이다. 이때 사용되는 대표적인 전략으로는 '브레인스토밍, 생각 그물 만들기, 대화하기, 자료 읽기'가 있다. 먼저, 브레인스토밍은 알렉스 오스본이 개발한 기법으로, 제시된 주제에서 벗어나지 않는 선에서 주어진 시간 내에 떠오르는 생각을 최대한 많이 모으는 전략이다. 브레인스토밍 전략을 사용할 때, 아이디어를 비판하거나 판단해서는 안 된다. 브레인스토밍은 아이디어의 질보다 최대한 많은 양의 아이디어를 이끌어 내는 것을 중시하기 때문이다. 다음으로, 생각 그물 만들기 전략이 있다. 이 전략은 토니 부잔과 배리 부잔이 개발한 기법으로, 마인드맵 전략이라고도 부른다. 생각 그물 만들기는 전략의 명칭에서 연상되는 내용 그대로 중앙에 중심 개념이나 주제를 두고 거기서 파생되는 아이디어를 거미줄이나 나무, 기차 모양과 같은 형태로 시각적으로 표현하는 전략이다. 언뜻 보면 브레인스토밍과 유사해 보이나, 브레인스토밍이 단순히 아이디어를 나열하는 데 그친다면 마인드맵은 관련 있는 아이디어끼리 선으로 이어가며 그 관계를 나타낸다는 데서 차이점이 있다. 그다음, 대화하기 전략은 말 그대로 다른 사람과 글의 주제로 대화를 나누며 아이디어를 생성하는 전략이다. 타인과 대화하는 동안 그간 생각하지 못했던 관점으로 주제를 바라보거나 새로운 생각을 떠올릴 수 있다. 또한 타인과의 대화는 필자가 이미 알고 있었으나 떠올리지 못했던 생각을 떠올리는 계기가 되기도 한다. 어떤 사람을 소재로 글을 쓸 때, 그 사람과 면담하는 것도 여기에 속하는 전략이다. 마지막으로, 주제와 관련 있는 자료를 찾아서 읽는 전략인 자료 읽기 전략은 내용의 객관성이 담보되어야 하는, 정보를 전달하거나 타인을 설득하려는 목적으로 글을 작성할 때 가장 효과적이다. 이 전략을 사용할 때 자료의 공신력을 우선시해야 하며, 수집한 자료를 활용할 때는 출처를 밝혀야 한다.

6. 윗글을 참고할 때, 내용 생성하기 단계에서 사용할 수 있는 전략에 대한 설명으로 가장 적절하지 <u>않은</u> 것은?

① 브레인스토밍은 정해진 시간에 많은 아이디어를 떠올리는 것이 목적인 전략이다.

② 생각 그물 만들기는 다른 이름으로 마인드맵이라고도 하며 토니 부잔과 배리 부잔이 고안해 냈다.

③ 브레인스토밍과 생각 그물 만들기의 공통점은 떠올리는 아이디어가 주제와 무관해도 된다는 것이다.

④ 특정인을 화제로 글을 작성할 때 그 사람을 만나 이야기하는 것도 내용 생성하기 단계에서 쓸 수 있는 전략이다.

⑤ 자료 읽기 전략은 다른 사람에게 특정한 정보를 알려주거나 다른 사람을 설득하는 글을 쓸 때 유용한 전략이다.

7. ○○유원지 홍보팀 최○○ 사원은 유원지 홍보를 위한 문구를 작성하려고 한다. 다음을 참고할 때, 최○○ 사원이 활용했을 내용 생성하기 전략으로 가장 적절한 것은?

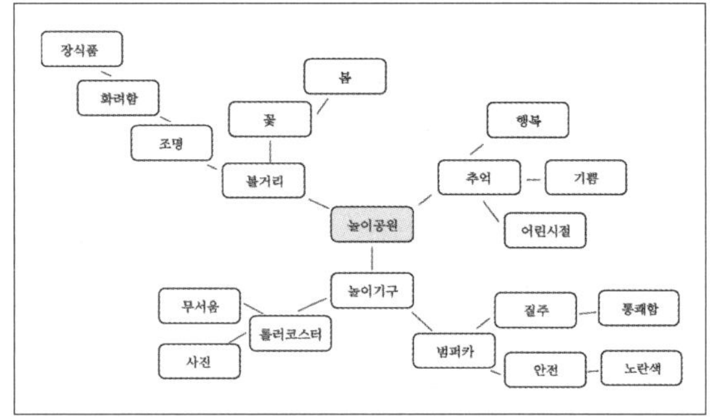

① 대화하기

② 마인드맵

③ 자료 읽기

④ 인터뷰하기

⑤ 브레인스토밍

8. <보기>의 ㉠~㉤ 중 윗글의 전체 문단에 사용된 내용 전개 방식으로 가장 적절한 것은?

<보기>

㉠ 정의: 어떤 대상의 의미를 명확하게 밝혀 규정하는 내용 전개 방식
㉡ 예시: 구체적인 예를 들어 어떤 대상에 대해 설명하는 내용 전개 방식
㉢ 비교: 둘 이상의 대상의 같은 부분(공통점)을 중심으로 내용을 전개하는 방식
㉣ 대조: 둘 이상의 대상의 다른 부분(차이점)을 중심으로 내용을 전개하는 방식
㉤ 서사: 사건의 과정, 인물의 행동, 사물의 변화 등에 관한 내용을 시간 순서에 따라 구체적으로 전개하는 방식

① ㉠ ② ㉡ ③ ㉢ ④ ㉣ ⑤ ㉤

※ 다음 글을 읽고 물음에 답하시오. (9~10번)

행정업무의 운영 및 혁신에 관한 규정 시행규칙

시행 2023. 6. 28.
행정안전부령 제 00408호
2023. 6. 28. 일부개정
행정안전부(정보공개과-공문서, 서식)

제6조(기안자 등의 표시) <중 략>
④ 총괄책임자가 총괄하는 단위업무를 분담하는 사람이 기안한 경우 그 기안문을 검토하고 검토자란에 서명을 하되, 다른 의견이 있으면 직위나 직급 다음에 "(의견 있음)"이라고 표시하고 기안문 또는 별지에 그 의견을 표시할 수 있다. 다만, 총괄책임자가 출장 등의 사유로 검토할 수 없는 등 부득이한 경우에는 검토를 생략할 수 있으며 서명란에 출장 등 검토할 수 없는 사유를 적어야 한다.
제7조(문서의 결재)
① 결재권자의 서명란에는 서명날짜를 함께 표시한다.
② 제10조제2항에 따라 위임전결하는 경우에는 전결하는 사람의 서명란에 "전결" 표시를 한 후 서명하여야 한다.
③ 제10조제3항에 따라 대결(代決)하는 경우에는 대결하는 사람의 서명란에 "대결" 표시를 하고 서명하되, 위임전결사항을 대결하는 경우에는 전결하는 사람의 서명란에 "전결" 표시를 한 후 대결하는 사람의 서명란에 "대결" 표시를 하고 서명하여야 한다.
④ 제2항과 제3항의 경우에는 서명 또는 "전결" 표시를 하지 아니하는 사람의 서명란은 만들지 아니한다.

9. 윗글을 근거로 판단할 때, 결재 업무 처리로 가장 적절한 것은?

① 결재권자가 서명만 하고, 시스템상 기록이 남는다는 이유로 서명란에 날짜는 별도로 표시하지 않았다.
② 부사장이 사장이 결재해야 할 문서를 대결하면서, 사장의 서명란을 비워두고 자신의 서명란에만 서명하였다.
③ 본부장 전결 사항을 처리하면서, 본부장은 자신의 서명란에 "전결" 표시를 하고 서명한 뒤 사장의 서명란은 만들지 않았다.
④ 국장 전결 사항을 과장이 대결하는 경우, 국장의 서명란은 만들지 않고 과장의 서명란에만 "대결" 표시를 하고 서명하였다.
⑤ 팀장이 대결하면서 자신의 서명란에 "대결" 표시를 하지 않고 서명만 하였으나, 기안문에 대결 사유를 명시하였다면 규정을 준수한 것이다.

10. 윗글을 근거로 할 때, <보기>의 상황에서 총괄책임자의 서명란 작성 방법으로 가장 적절한 것은?

<보기>

- 상황 A: 총괄책임자인 김 팀장은 부하 직원이 기안한 문서의 내용 중 일부 수정이 필요하다고 판단하여, 검토란에 서명하고 별지에 수정 의견을 작성하였다.
- 상황 B: 총괄책임자인 박 과장은 급한 지방 출장으로 기안문을 검토할 수 없는 상황이다.

① • 상황 A: [김 팀장 (의견 있음)]
  • 상황 B: [박 과장 (공란)]
② • 상황 A: [김 팀장 (수정 요망)]
  • 상황 B: [박 과장 (출장)]
③ • 상황 A: [김 팀장 (의견 있음)]
  • 상황 B: [박 과장 (지방 출장)]
④ • 상황 A: [김 팀장 (검토 완료)]
  • 상황 B: [박 과장 (검토 생략)]
⑤ • 상황 A: [김 팀장 (서명)]
  • 상황 B: [박 과장 (대결)]

※ **다음 글을 읽고 물음에 답하시오. (11~12번)**

> 「나홀로 청년 장바구니 지원사업」 기획서
>
> **1. 기획 배경**
> 최근 3년간 우리 구의 청년(만 19세 ~ 39세) 1인 가구가 꾸준히 늘어났다. 이를 고려할 때, 1인 가구 청년들의 올바른 식습관 형성을 도와줄 수 있는 사업 마련이 시급하다.
>
> **2. 기획 목적**
> 식사와 관련된 다양한 프로젝트를 실시하여 홀로 사는 청년들이 올바른 식습관을 가질 수 있게 하기 위함이다.
>
> **3. 사업 대상**
> 우리 구내 청년 1인으로 구성된 가구 전체
>
> **4. 사업 기간**
> 2026년 1월 1일~2026년 5월 1일
>
> **5. 사업 내용**
> 1) 장보고데이 프로젝트: 1인 가구 청년 혼자 혹은 함께 장본 사진 인증 시 지역 상품권 지급
> 2) 1인분 요리법 인기투표전: 장을 본 식재료로 1인분 요리법을 등록 시, 득표순으로 30명에게 지역 상품권 지급
> 3) 1인 요리 원데이 클래스: 신청 인원 중 50명을 선정하여 원데이 클래스 강좌를 지원
>
> **6. 운영 방안**
>
> | (가) |
> |---|
>
> **7. 붙임 자료**
> 1) 사업 기간별 사업 진행 순서
> 2) 2025년 상반기에 시행된 청년 1인 가구를 위한 사업 목록
> 3) 2024년 진행된 우리 시의 청년 식습관 바로잡기 사업과의 비교

11. 윗글과 같은 유형의 문서를 작성할 때, 고려해야 할 사항으로 가장 적절하지 않은 것은?

① 표제는 간단하게 작성해야 한다.

② 자료를 인용한 경우 출처를 정확히 확인한다.

③ 문서 내용 중 금액, 일자 등은 정확하게 기재해야 한다.

④ 효과적인 내용 전달을 위해 내용에 적합한 표나 그래프를 활용한다.

⑤ 상대가 특정 안을 채택하게끔 하는 문서이므로 미사여구를 사용해야 한다.

12. 윗글의 (가)에 보충할 수 있는 적절한 내용을 모두 고른 것은?

> ㉠ 청년 창업 안내 사이트에 홍보 포스터 게재
> ㉡ 장보기 장소는 우리 구 소재 전통시장으로 한정
> ㉢ 청년 1인 가구는 잘못된 식습관으로 대사증후군 발생 위험이 높음
> ㉣ 청년의 접근성과 참여도를 높이기 위해 인기 투표, 강좌 신청 등을 애플리케이션으로 운영
> ㉤ 사진에 촬영한 시간이 기재되는 카메라 애플리케이션을 사용해 실적을 허위로 쌓는 행위 방지

① ㉠, ㉢

② ㉡, ㉣

③ ㉢, ㉣

④ ㉠, ㉡, ㉤

⑤ ㉡, ㉣, ㉤

※ 다음 글을 읽고 물음에 답하시오. (13~14번)

전자입찰 실무교육 무상지원 안내문

○○광역시 ○구에서 입찰 관련 지식과 업무 역량을 갖춘 전문 인력 양성을 위한 전자입찰 실무자 교육을 아래와 같이 실시하오니 많은 참여 바랍니다.

\- 다음 -

가. 교육 일자: 2026년 ××월 ×일(수), 14:00~17:00

나. 교육 장소: ○○○구청 본관 지하 1층 대회의실(대중교통 이용 권장)

다. 대상: ○○광역시 ○구 관내 기업 입찰 담당자(선착순 70명)

라. 교육 내용: 입찰 교재 무상 교부 - 필기도구 지참

구분	내용
1	입찰의 개요 및 공고문의 이해
2	공고의 구성 및 입찰 용어
3	입찰 정보 서비스 가입 및 이용 방법

마. 안내 문의: ○○광역시 ○구청 허××
(☎ 1234-5678)

13. 위와 같은 유형의 글을 작성할 때 고려해야 할 사항으로 적절하지 않은 것은?

① 여러 가지 의미로 해석되는 문장이 없는지 검토해야 한다.

② 안내문을 읽는 사람이 알기 원하는 내용 위주로 작성해야 한다.

③ 공공기관에서 배포하는 문서이므로 상투적인 한자어를 사용하여야 한다.

④ 안내 대상이 정해져 있는 경우 그 대상을 고려하여 안내문을 구성해야 한다.

⑤ 안내문 하단에는 안내문의 내용을 문의할 수 있는 문의처를 반드시 기재해야 한다.

14. 윗글에 추가로 안내하여야 할 내용으로 가장 적절한 것은?

① 교육 비용

② 교육 모집 인원

③ 교육 홍보 전략

④ 교육 참가 방법

⑤ 기타 교육 프로그램

※ 다음 글을 읽고 물음에 답하시오. (15~16번)

기안 일자	2026년 1월 30일
문서 번호	제1234-21호
기안 부서	회계부

협조 부서	담당자	본부장	사장
전 부서	김○○	강○○	윤○○

제목 2026 예산 계획서 제출

1. 예산 수립을 위한 업무 지원에 감사드립니다.
2. 우리 기관 예산 편성을 위해 다음 양식을 참고하여 예산 계획서를 제출 부탁드립니다.

가. 기존 부서는 전년도 예산 사용 내역을 참고하여 2% 범위에서 증감할 수 있음

나. 제출기한: 2026.2.20.

다. 제출처: 회계부

별첨: (　　(가)　　) 1부. 끝.

15. 위 문서에 대한 설명으로 가장 적절한 것은?

① 문서를 담당하는 부서에서 업무를 처리하거나 의사 결정을 할 목적으로 작성한 문서이다.

② 문서를 담당하는 부서에서 접수한 문서를 해당 문서를 담당하는 부서로 나누어 주는 문서이다.

③ 공무원이 아닌 신분의 사람이 개인적인 목적으로 작성하고 행정 기관에 접수하지 않은 문서이다.

④ 고시나 공고 등 일정한 내용을 일반인에게 알리는 목적을 지닌 문서이다.

⑤ 어떤 사안을 처리하는 데 필요한 절차를 모두 거친 문서를 관련 규정에 따라 간수하며 관리하는 문서이다.

16. 윗글을 바탕으로 할 때, (가)에 들어갈 자료로 가장 적절한 것은?

① 근 4년 결산 내역

② 회계 감사 기준 안내서

③ 예산 계획서 제출 양식

④ 2026년도 예산 편성 최종안

⑤ 2026년도 본예산 및 추경 편성안

※ **다음 글을 읽고 물음에 답하시오. (17~18번)**

> 1. 관세무역 데이터
> 수출·수입 화물, 입출항 무역선·무역기, 수입 품목 관세 등에 관한 통계 작성에 사용된 기초 자료
> ○ ㉠ 관세무역 데이터는 기초 자료를 활용하여 생산·가공·분석한 데이터도 포괄함
>
> 2. 관세무역 데이터 개방 효과
> ㉡ 115만 명의 사용자에게 ㉢ 연간 301억 건의 관세무역 데이터를 제공함으로써 업무 시간 단축, 행정비용 감소 등 다양한 경제적 부가가치를 창출함
> *㉣ 사용자: 수출입업체, 관세사·선사·항공사 등 통관 지원업체, 정부기관, 공공기관, 금융, 요건기관, 개인 등 기타
>
> 3. 관세무역 데이터 제공 창구별 창출 편익
> ○ 관세무역 데이터를 제공하는 창구로는 전자 통관 시스템, 한국무역통계 정보포털(TRASS), 공공데이터 포털 등이 있음
> ○ 창구별 데이터 제공 건수를 조사한 결과, 전자 통관 시스템이 300억 건으로 가장 많이 제공하고 있었으며, 공공데이터 포털, 한국무역통계 정보포털(TRASS) 순으로 제공 건수가 높았음
> ○ ㉤ 창출 편익 조사 결과, '전자 통관 시스템'이 약 3조 4천억 원, '한국무역통계 정보포털(TRASS)'이 약 6천억 원으로 집계됨

17. 윗글에서 다음 그래프를 활용할 때, 가장 적절한 내용은?

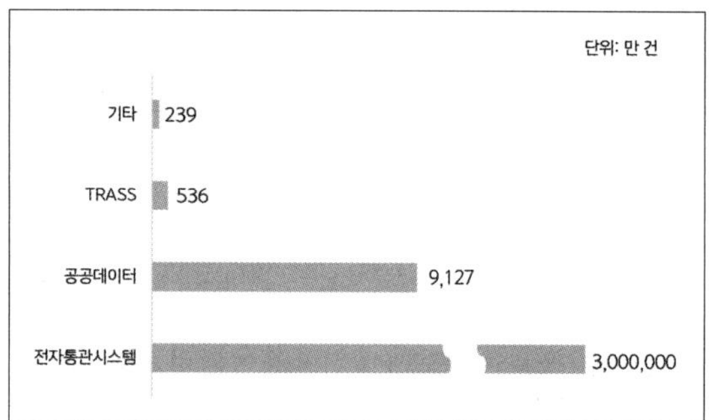

① 창구별 데이터 이용자 수 비교
② 창구별 데이터 개방 품질 비교
③ 창구별 데이터 제공 건수 비교
④ 국내외 데이터 창출 편익 비교
⑤ 창구별 창출 편익 조사 결과 비교

18. 윗글의 ㉠~㉤ 중, 독자의 이해를 돕기 위해 <보기>를 제시할 수 있는 내용으로 가장 적절한 것은?

> <보기>
> '데이터 이용 건수', '업무 단축 시간', '근로자 평균 시간당 임금(약 14,456.7원, 2023년)'을 곱하여 산출한 값으로 추정

① ㉠　② ㉡　③ ㉢　④ ㉣　⑤ ㉤

※ **다음 글을 읽고 물음에 답하시오. (19~20번)**

> 최근 기업들은 친환경 경영의 도입을 가속화하고 있으나 실질적으로 환경 보호보다는 친환경을 홍보 수단으로만 활용하는 현상이 빈번하다. 이에 대해 비판적인 시각을 가지고 있는 김 연구원은 이러한 기업의 친환경 표방과 실제 이행 간의 괴리에 주목하여, 주요 기업의 ESG 지속가능 경영 보고서와 실제 탄소 배출량 데이터 간의 정합성을 비교 및 분석하였다. 아울러 소비자 인식 조사를 병행하여, 기업의 무분별한 친환경 마케팅이 소비자를 기만하는 '그린워싱(Greenwashing)'으로 변질되는 현상을 규명하고 이에 대한 시사점을 도출하고자 한다.

> <개요>
>
> **I. 서론**
> 친환경 소비 경향과 기업의 마케팅 변화
>
> **II. 본론**
> 1. 기업의 친환경 마케팅 오용 사례
>   1) ㉠ 친환경 이미지를 강조하나 실제로는 환경을 오염시키는 기업 사례
>   2) ㉡ 모호하고 입증 불가능한 친환경 용어(예: 에코, 내추럴)의 남발 사례
> 2. 기업의 경영 보고와 실제 탄소 배출량 비교
>   1) ㉢ A기업의 제품 생산 과정에서의 탄소 배출량 은폐 의혹
>   2) B기업의 해외 공장 이전을 통한 국내 탄소 배출량 축소 보고
>   3) ㉣ C기업의 사전 신고 없이 4차 산업혁명 기술을 활용한 공장 자동화 시스템 구축 현황
> 3. 소비자 피해와 규제 필요성
>   1) ㉤ 그린워싱으로 침해받는 소비자의 권리
>   2) 정부 차원의 명확한 친환경 인증 및 처벌 강화 필요
>
> **III. 결론**
> 진정성 있는 ESG 경영 촉구, 명확한 친환경 기준에 관한 정책 촉구, 소비자의 비판적 감시 촉구

19. 위 <개요>를 검토한 결과, 글의 흐름과 주제에 부합하지 않는 항목은?

① ㉠
② ㉡
③ ㉢
④ ㉣
⑤ ㉤

20. 다음은 김 연구원이 보고서 작성을 위해 수집한 자료와 그 활용 방안을 메모한 것이다. 보고서의 근거로 쓸 내용으로 적절하지 않은 것은?

① [통계 자료] 최근 3년간 국내 100대 기업의 ESG 위원회 설치 현황 및 관련 예산 추이
→ 기업들이 외형적으로는 친환경 경영 도입을 가속화하고 있다는 서론의 배경 근거로 활용해야겠어.

② [신문 기사] "탄소 중립 선언한 B기업, 실제로는 탄소 배출권 구매로 수치만 맞췄다"
→ 기업의 경영 보고 내용과 실질적인 감축 노력 사이에 괴리가 있음을 보여 주는 사례로 제시해야겠어.

③ [학술 논문] 「해양 심층수의 미네랄 성분이 피부 노화 방지에 미치는 의학적 효능」
→ 친환경 제품이 소비자에게 주는 건강상의 이점을 부각하여, 친환경 소비의 필요성을 강조하는 근거로 삼아야겠어.

④ [설문 조사] '친환경 마케팅에 대한 소비자 신뢰도 및 그린워싱 인식' 결과 보고서
→ 소비자들이 기업의 마케팅을 불신하는 실제 여론을 제시하여, 부정확한 정보로 소비자가 겪는 혼란과 피해의 실태를 뒷받침해야겠어.

⑤ [정책 자료] 환경부의 '환경성 표시·광고 관리 제도' 및 위반 시 과태료 부과 기준
→ 현행 규제의 한계를 짚어보고, 더 명확하고 강력한 처벌 기준이 필요하다는 결론의 논거로 활용해야겠어.

21. 다음은 ○○상사의 김 과장이 대리점과의 공정한 거래 질서를 확립하기 위한 교육을 준비하면서 교육 자료에 추가한 대리점법의 일부이다. ㉠~㉤ 중 제목으로 적절하지 않은 것은?

제6조(㉠ 구입강제 행위의 금지)
① 공급업자는 자기의 거래상의 지위를 부당하게 이용하여 대리점이 구입할 의사가 없는 상품 또는 용역을 구입하도록 강제하는 행위를 하거나, 계열회사 또는 다른 사업자로 하여금 이를 행하도록 하여서는 아니 된다.
② 제1항의 행위의 유형 또는 기준은 대통령령으로 정한다.

제7조(㉡ 경제상 이익 제공 강요행위의 금지)
① 공급업자는 자기의 거래상의 지위를 부당하게 이용하여 대리점에게 자기를 위하여 금전·물품·용역, 그 밖의 경제상 이익을 제공하도록 강요하는 행위를 하거나, 계열회사 또는 다른 사업자로 하여금 이를 행하도록 하여서는 아니 된다.
② 제1항의 행위의 유형 또는 기준은 대통령령으로 정한다.

제8조(㉢ 판매목표 강제 행위의 금지)
① 공급업자는 자기의 거래상의 지위를 부당하게 이용하여 자기가 공급하는 상품 또는 용역과 관련하여 대리점에게 거래에 관한 목표를 제시하고 이를 달성하도록 강제하는 행위를 하거나, 계열회사 또는 다른 사업자로 하여금 이를 행하도록 하여서는 아니 된다.
② 제1항의 행위의 유형 또는 기준은 대통령령으로 정한다.

제9조(㉣ 불이익 제공행위의 금지)
① 공급업자는 자기의 거래상의 지위를 부당하게 이용하여 제6조부터 제8조까지에 해당하는 행위 외의 방법으로 대리점에게 불이익이 되도록 거래조건을 설정 또는 변경하거나 그 이행과정에서 불이익을 주는 행위를 하거나, 계열회사 또는 다른 사업자로 하여금 이를 행하도록 하여서는 아니 된다.

제10조(㉤ 대리점 겸업 간섭 금지)
① 공급업자는 자기의 거래상의 지위를 부당하게 이용하여 대리점의 경영활동을 간섭하는 행위를 하거나, 계열회사 또는 다른 사업자로 하여금 이를 행하도록 하여서는 아니 된다.
② 제1항의 행위의 유형 또는 기준은 대통령령으로 정한다.

① ㉠ ② ㉡ ③ ㉢ ④ ㉣ ⑤ ㉤

22. 다음은 2021~2026년 퇴직연금제도 가입 근로자 수이다. 이를 토대로 자료를 설명하는 문장을 쓸 때, 적절하지 않은 것은?

2021~2026년 퇴직연금제도 가입 근로자 수

1. 퇴직연금제도 총가입자 수

(단위: 명)

시점	총가입자 수	시점	총가입자 수
2021	5,302,815	2024	6,104,704
2022	5,562,254	2025	6,371,010
2023	5,796,986	2026	6,647,982

2. 퇴직연금제도별 가입자 수

(단위: 명)

구분	확정급여형 퇴직연금	확정기여형 퇴직연금	IRP특례	병행형
2021	3,057,642	2,107,577	70,330	67,266
2022	3,115,145	2,295,037	66,878	85,194
2023	3,096,231	2,540,439	65,898	94,418
2024	3,053,230	2,866,991	65,888	118,595
2025	3,076,076	3,116,730	65,523	112,681
2026	3,132,799	3,340,445	64,155	110,583

① 2021~2026년 퇴직연금제도에 가입한 근로자 수는 꾸준히 증가했다.

② 병행형 가입자 수가 전년 대비 가장 큰 폭으로 늘어난 때는 2024년이다.

③ 2021~2026년 IRP특례 가입자 수는 매년 300명 이상 줄어드는 추세이다.

④ 2025년에 확정기여형 퇴직연금 가입자 수가 확정급여형 퇴직연금 가입자 수를 추월하기 시작했다.

⑤ 전체 퇴직연금제도 가입자 수 대비 확정급여형 퇴직연금 가입자 수의 비율이 가장 높았던 해는 2021년이다.

※ 다음 글을 읽고 물음에 답하시오. (23~24번)

우리는 다른 사람과 대화할 때 공손하고 예의 바른 태도를 유지해야 한다. 이런 관점에서 대화 상대에게 정중한 표현은 최대화하고, 정중하지 않은 표현은 최소화해야 한다는 원리를 공손성의 원리라고 한다. 공손성의 원리는 이익과 부담, 칭찬과 비난, 의견의 일치 여부의 측면에서 다섯 개의 격률로 세분된다.

먼저, '이익과 부담'을 기준으로 요령의 격률과 관용의 격률을 설명할 수 있다. 요령의 격률은 상대에게 부담이 되는 표현은 최소화하고 상대방에게 이익이 되는 표현은 최대화하라는 것이다. 이와 반대로, 관용의 격률은 자기(화자)에게 이익이 되는 표현은 최소화하고 자기에게 부담이 되는 표현을 최대화하라는 것이다.

다음으로, '칭찬과 비난'을 기준으로 찬동의 격률과 겸양의 격률을 설명할 수 있다. 찬동의 격률은 상대를 칭찬하는 표현은 최대화하고 상대를 비난하는 표현은 최소화하라는 것이다. 겸양의 격률은 이런 찬동의 격률을 화자 측면에서 설명한 것으로, 자신을 칭찬하는 표현은 최소화하고 자신을 비난하는 표현을 최대화하라는 것이다. 이때, 상대의 칭찬을 무조건 받아들이지 않거나 자신을 비방하는 표현을 사용하지 않도록 주의해야 한다.

마지막으로, '의견의 일치 여부'를 기준으로 하는 동의의 격률이 있다. 동의의 격률은 상대와 자신의 의견이 다른 부분은 최소화하고, 상대와 자신의 의견이 같은 부분을 최대화하라는 것이다. 동의의 격률은 서로 의견이 달라 갈등이 생겼을 때 이를 피할 수 있는 효과적인 수단이라는 특징이 있다.

23. 윗글을 참고할 때 <보기>의 밑줄 친 최 사원의 말을 설명할 수 있는 공손성의 원리의 세부 격률은?

<보기>

최 사원: 이번 프로젝트 마무리하느라 정말 고생 많았어요.
민 사원: 아니에요. 오히려 제 실수 때문에 프로젝트에 문제가 생길 뻔했잖아요. 미안해서 할 말이 없어요.
최 사원: <u>아니에요. 큰 실수도 아닌데 신경 쓰지 마세요. 결과적으로 잘하셨잖아요.</u> 그리고 요즘 너무 정신이 없었기도 하고요.
민 사원: 이해해 줘서 고마워요. 다음에는 더 잘할게요.

① 겸양의 격률

② 관용의 격률

③ 동의의 격률

④ 요령의 격률

⑤ 찬동의 격률

24. 윗글을 아래와 같이 정리했을 때 빈칸에 들어갈 내용으로 적절한 것은?

[공손성의 원리의 세부 격률]

1. (㉠)의 격률과 (㉡)의 격률

격률	대상	이익	부담
(㉠)의 격률	상대	최대화	최소화
(㉡)의 격률	나	최소화	최대화

2. 찬동의 격률과 겸양의 격률

격률	대상	(㉢)	(㉣)
찬동의 격률	상대	최대화	최소화
겸양의 격률	나	최소화	최대화

3. 동의의 격률

격률	(㉤)의 일치점	(㉤)의 차이점
동의의 격률	최대화	최소화

	㉠	㉡	㉢	㉣	㉤
①	요령	관용	칭찬	비난	의견
②	요령	관용	비난	칭찬	의견
③	요령	관용	칭찬	비난	이익
④	관용	요령	비난	칭찬	의견
⑤	관용	요령	칭찬	비난	이익

25. <보기>의 사례에 해당하는 경영 활동 단계로 가장 적절한 것은?

<보기>

A 팀장은 이번 분기 프로젝트 목표 달성을 위해 팀원 개개인의 역량과 성향을 파악했다. 이를 바탕으로 김 대리에게는 데이터 분석 업무를, 이 사원에게는 현장 조사 업무를 맡기는 등 적재적소에 인력을 배치하고 업무 분장표를 확정했다.

① 기획
② 조직
③ 지휘
④ 조정
⑤ 통제

26. 다음과 같이 글쓰기 윤리에 어긋나는 행위를 정의하는 명칭으로 적절한 것은?

- 연구 보고서의 일부 내용을 삭제하여 결과를 왜곡하는 행위
- 연구실의 실험 장비를 인위적으로 조작하여 실험 결과를 왜곡하는 행위
- 정부 사업에 선정받기 위해 연구 개발 성과를 인위적으로 조작하는 행위
- 연구 보고서에 기재한 재료와 다르게 특정 연구 재료만 사용하여 연구 결과를 의도적으로 변형하는 행위

① 복제
② 표절
③ 변조
④ 편집
⑤ 유출

※ 다음 글을 읽고 물음에 답하시오. (27~28번)

'생명 권력'은 미셸 푸코가 제시한 개념으로, 근대 국가가 인구 전체의 생명을 관리하고 통제하는 새로운 권력 형태를 설명한다. 중세의 군주는 신민의 생살여탈권을 가졌다면, 근대 국가는 오히려 국민의 생명을 증진할 의무를 갖는다. 국가는 공중 보건, 위생 정책, 출산 장려 정책 등을 통해 개인의 신체와 인구 집단의 건강에 직접 개입하고 조율한다. 이는 폭력이 아닌 돌봄의 형태로 작동하기 때문에 저항하기 어렵다. 대중은 건강 관리를 자유로운 선택이라 믿지만, 실제로는 국가가 설정한 '정상'의 기준에 맞춰 자신을 규율하게 되는 것이다.

디지털 기술의 발전으로 생명 권력은 전 세계적으로 확장되고 있다. 건강 데이터, 유전 정보, 생활 방식이 실시간으로 수집되며, 이는 보험, 고용, 복지 정책의 기초 자료로 활용된다. 개인은 어떤 정보가 어디로 공유되는지 파악하기 어렵고, 한 번 기록된 데이터는 영구적으로 보존되어 미래의 선택을 제약하기도 한다. 이처럼 글로벌 생명 권력 체제에서 개인은 통계상의 수치로 환원되며, 존재 자체가 관리의 대상이 된다.

푸코는 생명 권력을 현대 정치의 핵심 문제로 보며, 이에 대한 대응으로 ㉠ '자기 돌봄의 윤리'를 제안한다. 이는 국가가 정한 정상성의 기준을 맹목적으로 답습하지 않고, 스스로 자기 삶의 방식을 성찰하며 선택하는 태도를 의미한다. 이러한 주체적 성찰이 결여된 사회는 결국 획일화된 통제로 귀결될 수밖에 없다는 것이다.

결국 '생명 권력'은 건강과 안전이 통계적 정상성을 근거로 결정되는 체제이며, 그러한 규범화에 저항하고 다양한 삶의 형태를 인정하려는 움직임이 공존하는 장이다. 이에 따라 생명 관리에 대한 새로운 윤리적 성찰이 필요하다는 목소리가 높아지고 있다.

27. 윗글의 내용과 일치하지 않는 것은?

① 생명 권력 체제는 통계적 정상성을 근거로 만들어진 체제이다.

② 근대 국가는 중세 군주와 달리 국민의 생명을 증진할 의무를 지닌다.

③ 생명 권력은 강압적 처벌 대신 돌봄의 형태로 나타나기 때문에 저항이 어렵다.

④ 개인은 자발적 선택이라 여기지만 실제로는 국가 기준에 따라 자신을 규율한다.

⑤ 건강 데이터의 수집과 활용 과정은 공개되는 정보이므로 개인이 통제할 수 있다.

28. ㉠에 대한 이해로 가장 적절한 것은?

① 생명 연장을 최우선 가치로 두고 위험 요소를 최소화하려는 것

② 의료 전문가의 조언을 신뢰하고 그에 따라 치료 계획을 수립하는 것

③ 건강 관리를 위해 국가 정책에 적극적으로 협조하여 건강을 유지하는 것

④ 통계적으로 산출된 평균값을 목표로 삼아 건강 수치를 개선하려고 노력하는 것

⑤ 외부에서 부과된 정상성 개념을 비판적으로 검토하여 삶의 기준을 정립하는 것

※ **다음 글을 읽고 물음에 답하시오. (29~30번)**

현대인들이 피로를 쫓기 위해 즐겨 마시는 커피에는 '카페인'이라는 알칼로이드 성분이 들어 있다. 카페인의 각성 원리를 이해하려면 먼저 우리 뇌의 '아데노신'이라는 물질에 대해 알아야 한다. 아데노신은 뇌가 활동하면서 생성되는 부산물로, 깨어 있는 시간이 길어질수록 뇌 속에 축적된다. 이 아데노신이 신경세포에 있는 수용체와 결합하면 신경세포의 활동이 둔화되고 혈관이 확장되어 졸음과 피로를 느끼게 되는데, 이는 뇌가 휴식이 필요하다는 신호를 보내는 자연스러운 생리 현상이다.

그런데 카페인은 아데노신과 분자 구조가 유사하다. 체내에 들어온 카페인은 아데노신을 대신하여 수용체에 먼저 결합한다. 즉, 아데노신이 들어갈 자리를 카페인이 선점하는 것이다. 이렇게 되면 아데노신은 수용체와 결합하지 못하게 되고, 뇌는 피로를 느끼지 못한 채 각성 상태를 유지하게 된다. 또한 카페인은 도파민 분비를 촉진하여 일시적으로 기분을 좋게 하고 집중력을 높여주기도 한다.

하지만 이는 피로가 사라진 것이 아니라 뇌가 피로를 감지하지 못하도록 차단한 것에 불과하다. 카페인의 효과가 떨어지면 축적되었던 아데노신이 한꺼번에 수용체와 결합하여 더 큰 피로감이 몰려올 수 있다. 이를 '카페인 금단 현상' 또는 '리바운드 효과'라고 한다.

체내 카페인이 절반으로 줄어드는 시간은 개인마다 다르지만 보통 4~6시간 정도이다. 따라서 늦은 저녁에 커피를 마시면 수면을 유도하는 아데노신의 작용이 방해받아 불면증을 겪을 수 있다. 전문가들은 카페인에 의존하기보다는 충분한 수면과 휴식을 통해 아데노신 농도가 자연스럽게 낮아지도록 하는 것이 건강에 이롭다고 조언한다.

29. 윗글의 내용과 일치하지 않는 것은?

① 카페인은 도파민 분비를 돕는다.

② 아데노신은 뇌 활동의 부산물이다.

③ 카페인은 아데노신을 직접 분해한다.

④ 아데노신이 수용체와 결합하면 졸음이 온다.

⑤ 카페인의 분자 구조는 아데노신과 비슷하다.

30. 윗글을 바탕으로 <보기>의 현상을 설명한 것으로 가장 적절한 것은?

<보기>

시험 기간에 밤을 새우기 위해 에너지 음료를 마신 A씨는 잠을 쫓는 데 성공했지만, 며칠 뒤 평소보다 훨씬 심한 무기력증과 피로감을 느꼈다.

① 카페인이 체내의 아데노신 생성을 원천적으로 차단했기 때문이다.

② 카페인이 신경세포를 파괴하여 영구적인 각성 상태를 유발했기 때문이다.

③ 카페인이 혈관을 수축시켜 뇌로 가는 산소 공급을 지속적으로 늘렸기 때문이다.

④ 카페인 섭취로 체내 도파민 수용체가 변형되어 더 이상 반응하지 않기 때문이다.

⑤ 카페인의 작용이 사라진 후 누적된 아데노신이 수용체와 대량으로 결합했기 때문이다.

자동 채점 및 성적 분석 서비스 바로 가기
QR코드를 이용해 모바일로 간편하게 채점하고
나의 실력이 어느 정도인지, 취약 부분이 어디인지
바로 파악해 보세요!

서술형(1~9번)

※ 다음 문제를 읽고 OMR 용지(p.247)에 답을 쓰시오. (1~9번)

1. 다음은 콘텐츠개발2팀 최○○ 팀장이 팀원들에게 보낸 메시지이다. 메시지의 밑줄 친 부분 중 틀린 표현을 골라 바르게 고쳐 쓰시오. [30점]

【조건】 1. 밑줄 친 표현 중 틀린 표현만 골라 고쳐 쓸 것(맞는 표현 또는 밑줄 치지 않은 표현을 고쳐 적으면 감점함).
2. 답은 제시된 순서와 상관없이 '틀린 표현 → 맞는 표현'의 형식으로 쓸 것.

발신: 최○○
수신: 콘텐츠개발2팀

어제 우리 팀 팀원이 계단에서 넘어져 크게 다쳤습니다. 비가 많이 오는데 야외 계단에서 뛰다가 그랬다는군요. 장마가 끝나고 날씨가 개이기 전까지는 계단을 내려갈 때 뛰거나 휴대폰을 보는 등 사고가 날 만한 행동은 삼가하기 바랍니다. 그 팀원도 뛰다가 이 사단이 났으니까요. 특히나 밤에는 계단이 미끄러운지 아닌지 건잡아 판단하기 어려우니, 야근하는 팀원은 더 주의하시기 바랍니다. 추가로, 오늘 회의 안건은 특별한 것이 없으니 팀 회의는 이 메시지로 갈음하겠습니다.

---

2. 다음 ㉠~㉤을 우리말 순화어로 바르게 고쳐 기호와 함께 쓰시오. [30점]

- ㉠ 익월에 있을 회식에서는 ㉡ 사시미를 먹을 계획이다.
- 오늘 축구 시합에서 ㉢ 쇼부를 보기 위해 전력을 다했다.
- ㉣ 가건물에서 운영한 식당의 ㉤ 매상고가 생각보다 좋았다.

---

3. <보기>를 읽고 ㉠~㉣의 문장을 알맞게 고쳐 기호와 함께 쓰시오. [30점]

【조건】 1. 문장의 대괄호에 해당하는 내용을 알맞게 고쳐, 전체 문장을 답안으로 쓸 것.
2. 띄어 쓰는 부분은 띄어쓰기 부호를 사용할 것. 예 나는∨밥을∨먹었다.

<보기>

의존 명사 '데'는 '곳'이나 '장소', '일'이나 '것', '경우'의 뜻을 나타내는 말이다. '-ㄴ데'는 뒤 절에서 어떤 일을 설명하거나 묻거나 시키거나 제안하기 위하여 그 대상과 상관되는 상황을 미리 말할 때, 어떤 일을 감탄하는 뜻을 넣어 서술함으로써 그에 대한 청자의 반응을 기다리는 태도를 나타낼 때, 일정한 대답을 요구하며 물어보는 뜻을 나타낼 때 사용된다. 이 둘은 '데'의 표기가 같아 띄어쓰기를 잘못하는 경우가 많다. '데'는 의존 명사이므로 띄어 써야 하지만, '-ㄴ데'는 연결 어미이므로 붙여 써야 한다. 또한 의존 명사 '데'는 조사와 결합할 수 있으므로 조사 '에'의 결합 가능성에 따라 의존 명사 '데'와 연결 어미 '-ㄴ데'를 구분할 수 있다. '데'와 '-ㄴ데'는 의미와 쓰임이 다르기 때문에 글을 쓰고 나서 문맥에 적절하게 사용되었는지 확인해야 한다.

㉠ 그는 [노래하는데] 소질이 없다.
㉡ 업무를 [마무리하는데] 일주일이 걸렸다.
㉢ 그는 자아를 [실현하는데] 인생의 목표를 두었다.
㉣ 매일 다니는 [출근길인데] 평소와 다르게 사람이 없다.

4. 다음 ㉠~㉤에 들어갈 내용을 기호와 함께 쓰시오. [30점]

글을 쓸 때 (㉠)한 자료의 (㉡)을/를 밝히는 방법은 크게 본문 내에 괄호를 사용하여 저자명과 발행 연도를 표기하는 (㉢) 방식과 본문 하단이나 문서 끝에 따로 번호를 매겨 설명하는 (㉣) 방식으로 나눌 수 있다. 이러한 주석 처리는 독자가 정보의 원천을 확인하고 검증할 수 있게 도우며, 글의 신뢰성을 높여준다. 글의 말미에는 본문에서 (㉠)하거나 참고한 모든 자료의 서지 정보를 일정한 형식에 맞춰 정리한 (㉤)을/를 반드시 첨부해야 한다. (㉤)은/는 보통 저자의 성에 따라 자모순으로 배열하고, 동일 저자의 출판물을 여러 개 참고했을 때는 오래된 출판물부터 연대순으로 배열한다.

5. 다음 ㉠~㉤에 들어갈 내용을 <보기>에서 찾아 기호와 함께 쓰시오. [30점]

<보기>

신고, 창작, 독자적, 공동적, 저작권, 원저작물, 저작재산권, 2차적저작물, 공동저작자, 배타적발행권

(㉠)은 저작물을 (㉡)한 때부터 발생하며 어떠한 절차나 형식의 이행이 필요 없다. 원저작물을 번역·편곡·변형·각색 등의 방법으로 작성한 것인 (㉢)은 (㉣)인 저작물로서 보호되며, 이는 그 (㉤)의 저작자의 권리에 영향을 미치지 않는다.

6. <보기>를 읽고 공문서 작성 방법과 조건에 따라 ㉠~㉤에 들어갈 내용을 기호와 함께 쓰시오. [50점]

【조건】 1. ㉡~㉣은 같은 급의 항목을 참고하여 쓸 것.
2. ㉤은 예시를 참고하여 쓸 것. 예시) 1. 공동 주택 전기 자동차 화재 대응 행동 요령 1부.∨∨끝.

<보기>

○○구 주택과의 윤 주무관은 추석 연휴 동안 화재를 예방하고자 관내에 있는 공동 주택 관리 사무소에 협조를 요청하려 한다. 첫 항목에는 연휴 기간에 협조해 주는 단지에 대한 감사 인사와 연휴 안부 인사를 쓰고, 둘째 항목에는 화재 예방 및 안전 관리 협조를 요청하는 내용을 쓰기로 했다. 전기차 안전 관리의 세부 사항은 충전 전, 중의 순서로 충전기 손상을 확인하고, 충전기를 강제 분리하지 말아야 한다는 점을 알린다. 그리고 추석 연휴 집 비우기 전 안전 관리의 세부 사항으로 전자 제품과 가스 중간 밸브 확인을 알려야 한다. 이를 단지 내에 안내할 수 있도록 공동 주택 전기 자동차 화재 대응 행동 요령 1부와 추석 명절 대비 화재 예방 안내문 1부를 첨부할 예정이다.

1. ㉠
2. 최근 우리 관내에서 크고 작은 화재가 계속 발생하고 있고, 공동 주택 화재 시 대규모 인명·재산 피해로 이어질 수 있어 아래와 같이 요청하니, 화재 예방 및 안전 관리에 적극 협조하여 주시기 바랍니다.

㉡
  1) ㉢
  2) 충전 중, 충전기 강제 분리 금지

㉣
  1) 전자 제품의 전원 확인
  2) 가스 중간 밸브 확인

붙임 1. 공동 주택 전기 자동차 화재 대응 행동 요령 1부.
㉤

7. **다음은 청년창업 실패율에 대한 글이다. 청년창업을 돕는 벤처 기업에 소속된 박○○ 씨는 다음 글을 요약하여 배포하고자 한다. <요약문>의 ㉠~㉤에 들어갈 내용을 조건에 맞게 쓰시오. [100점]**

【조건】 1. 명사 또는 '~기, ~음'과 같은 명사형으로 종결할 것.
2. 모든 요약문은 '청년창업'을 포함하여 8어절 이하로 쓸 것.
3. 기호를 붙여, 문단 순서대로 쓸 것.

(가) 최근 몇 년 사이 청년창업이 인기를 끌고 있다. 이는 청년실업을 창업으로 해소해 보려는 정부 정책에 청년층이 호응하면서 이루어진 현상으로, 정부는 각종 금융지원을 통해 청년창업을 지지해 왔다. 그러나 통계청 조사에서 청년창업의 5년 생존율이 20%대에 머물고 있다는 점이 밝혀지자 이에 대한 대책 마련이 시급하다는 목소리가 나오고 있다.

(나) 전문가들은 우리나라의 청년창업이 발전적으로 성장하기 위해서는 창업 실패에 대한 안전망이 확실히 구축되어야 한다고 지적한다. 현재의 시스템에서는 창업이 실패로 끝날 경우 재기가 어렵고, 일부 청년층은 빚을 떠안게 되어 새로운 출발을 시도하기조차 힘들다. 사전에 청년창업 실패율을 줄이는 것만큼 실패의 경험을 자산화할 수 있는 제도와 문화를 마련하는 것도 중요하다.

(다) 선진국의 경우 지속적으로 산업에 자금을 공급하는 투자은행이 잘 발달해 있지만, 우리나라는 그렇지 않다. 이에 따라 청년층이 정부 정책의 도움을 받아 초기 투자금을 마련하여 창업한다고 해도 후속 투자금을 마련하지 못하는 경우가 많은 것이다.

(라) 창업의 핵심은 참신한 아이디어임에도 불구하고 청년창업을 준비하는 대부분의 청년들이 안일한 생각으로 창업에 뛰어드는 것으로 나타났다. 심지어 이들 중 다수는 자신의 창업 아이디어가 시장 수요에 적합한지 검증하지 않은 것으로 드러났다.

(마) 청년창업에 있어서 자금만큼 중요한 것은 청년들의 역량이다. 청년창업의 생존율을 높이기 위해서는 청년들이 창업할 수 있는 역량을 갖출 수 있도록 돕는 교육 체계가 정부 차원에서 마련되어야 한다. 실제로 한 청년창업 교육 전문가에 따르면 전문적인 창업 교육을 받은 청년들은 통계청이 발표한 청년창업 생존율 평균을 웃도는 생존율을 보이는 것으로 나타났다.

<요약문>

(가): ㉠
(나): ㉡
(다): ㉢
(라): ㉣
(마): ㉤

8. ○○공사에 새로 입사한 최○○ 씨는 타 기관에서 운영하는 '청렴마일리지 제도' 도입을 위한 제안서를 쓰려고 한다. <보기>의 내용을 참고하여 제안서의 ㉠~㉣에 들어갈 내용을 기호와 함께 조건에 맞게 쓰시오. [100점]

【조건】 1. ㉠은 <보기>의 '청렴마일리지 제도 운영 관련 사항', '청렴마일리지 우수자에 대한 보상'을 참고하여, '~에 따라 ~을 ~하고, ~을 ~함으로써 ~을 장려하기 위함'의 형식으로 쓸 것.

2. ㉡은 '청렴마일리지 시행으로 기대하는 바'의 내용을 토대로 공사 직원 개인 차원과 공사 전체 차원으로 나누어 두 문장으로 쓸 것(단, 명사형으로 종결함).

3. ㉢은 <보기> 내용을 그대로 인용하여 쓸 것.

4. ㉣은 '청렴마일리지 제도 운영 관련 사항'의 '평가 대상'을 참고하여 4어절로 쓸 것.

5. ㉠~㉣ 모두 띄어쓰기는 <보기> 내용을 그대로 따르고, 기호 순서대로 쓸 것.

<보기>

1. 청렴마일리지 제도 운영 관련 사항

1) 청렴마일리지: 반부패 청렴활동 실적에 대한 평가수단으로서 청렴활동을 하는 개인에게 부여하는 점수

2) 평가 기간: 전년도 12월 1일부터 해당연도 11월 30일까지(1년)

3) 평가 대상: ○○공사에 근무 중인 모든 직원(인턴 제외)

2. 청렴마일리지 우수자에 대한 보상

청렴마일리지 평가 기간 중 점수가 우수한 직원에 대해서는 '올해의 청렴인'으로 선정하고, 표창 및 포상을 수여함

3. 청렴마일리지 시행으로 기대하는 바

1) 청렴관련 활동에 따른 공정한 평가와 보상 체계를 마련하여 청렴의식을 제고함으로써 부패를 뿌리 뽑을 수 있음

2) 매년 '올해의 청렴인'을 선정하는 것은 직원들이 자발적으로 청렴활동을 하는 동기가 될 수 있음

'청렴마일리지 제도' 도입 제안서

1. 제도의 목적

㉠

2. 제도의 효과

㉡

3. 제도 운영 방안

1) 평가 기간: [㉢]~해당연도 11월 30일(1년)

2) 평가 대상: [㉣]

3) 평가 목록 및 점수 기준: 대내외 활동(30점), 교육 활동(25점), 제도 개선(25점), 비리 신고(15점), 봉사 활동(5점)으로 구성함

9. 다음 <글쓰기 계획>에 따라 '미래 모빌리티 산업'에 관한 보고서를 쓰시오. [300점]

<글쓰기 계획>

문단	내용 및 조건	활용 자료	분량
1문단	자율 주행의 개념과 2014년 이후 국내 도로 교통사고 사망률 변화와 주목받는 점을 쓰시오. - 2014년 이후 사망률 변화의 주요 사항과 2014년과 2023년의 구체적 수치와 그 차이를 쓸 것.	<자료1>, <자료2>	200자~ 230자 이하
2문단	글로벌 자율 주행 시장의 성장 전망과 연관 지어 2020년 AVRL 순위를 제시하고, 우리나라의 자율 주행 사업 현황은 어떤지를 설명한 뒤, 미국의 자율 주행 정책을 구체적으로 쓰시오. - 순위는 '1위 ~를 이어 ~ 순이었다.'의 형식으로 쓸 것.	<자료1>, <자료2>	310자~ 340자 이하
3문단	자율 주행 사업의 목표를 4가지로 나누어 설명하고, 2023년의 글로벌 자율 주행 시장 규모와 예상되는 2032년의 규모를 비교하여 쓰시오. - 자율 주행 사업의 목표는 예처럼 '첫째, 둘째' 등으로 구분하여 쓸 것. 예 '자율 주행 사업의 목표는 첫째, ~'	<자료1>, <자료3>	280자~ 310자 이하
4문단	'한국 모빌리티 산업의 문제점'과 그에 대응하는 '해결 방안'을 1개씩 찾아 예처럼 쓰시오. 예 첫째, ~이/가 있으므로 ~해야 한다.	<자료4>	280자~ 310자 이하

<자료1>

1900년대 내연기관의 등장이 1차 모빌리티 혁명이었다면, 2020년대는 전동화와 자율 주행을 축으로 한 2차 혁명이 전개되는 시기다. 이러한 변화로 운전자 개입을 줄이고 차량이 스스로 주행 상황을 인지·판단·제어하는 기술이 핵심 경쟁 영역으로 부상하였다. '자율 주행'이란 운전자가 지속적으로 조작하지 않아도 차량이 스스로 주변 환경을 인식하고 주행 상황을 판단·제어하는 기술을 말한다. 이와 같은 기술 발전과 함께 안전 기준 강화, 도로 인프라 개선, 교통 법규 집행 강화 등이 복합적으로 작용한 결과, 2014년 이후 국내 도로 교통사고 사망률은 감소하고 있는 것으로 보고된다. '자율 주행'은 도로 인프라 개선, 안전 기준 강화 등과 함께 교통 효율성을 높이고 사고를 줄이기 위한 핵심 기술로 주목받고 있다.

글로벌 자율 주행 시장은 빠르게 성장할 것으로 전망된다. 한국의 자율 주행 사업은 2027년 상용화를 목표로 실증 중심에서 현장 투입 단계로 전환 중이다. 정부는 선허용·후관리 방식을 통해 인프라를 구축하고 있으나, 미국이나 중국 대비 기술 및 제도 장벽이 과제이다. 주요 국가의 자율 주행 정책을 보면, 미국 연방 교통부는 자율 주행차 기술의 안전한 도입과 혁신 촉진을 목표로, 10개의 공식 자율 주행차 시험장을 지정하는 등 대규모 실증을 지원하는 정책을 추진해 왔다. 이를 통해 기업과 연구 기관이 실제 도로 환경에서 자율 주행 기술을 검증하고, 향후 국제 규범과 표준 형성 과정에서 주도적인 역할을 확보하려는 전략으로 해석된다.

결론적으로 전 세계적으로 자율 주행 사업의 목표는 운전대 없는 완전 무인 자율 주행차의 기술을 완성하는 것, 이에 대한 허용을 추진하는 것, 자율 주행 사업에 필요한 전반적인 기술에서 우위를 선점하는 것, 자율 주행 구역을 확대하고 관련 데이터를 축적하여 인프라를 조성하는 것이다.

<자료2>

<국내 도로 교통사고 사망률>

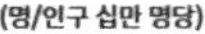

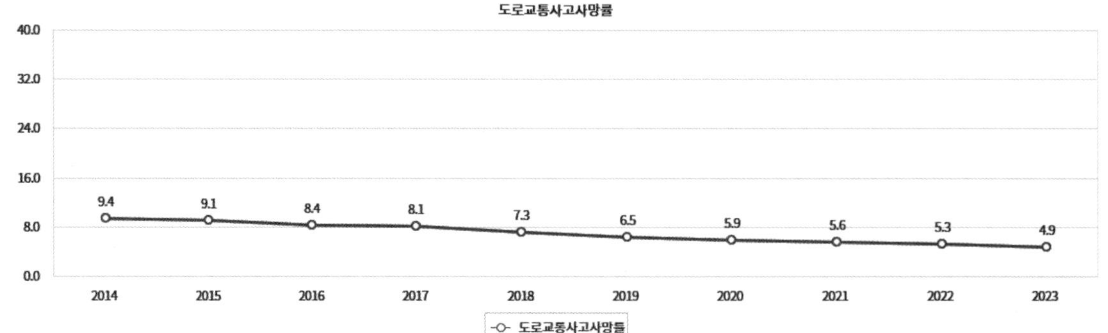

<2020년 AVRL 순위>

순위	국가	순위	국가
1	싱가포르	5	핀란드
2	네덜란드	6	스웨덴
3	노르웨이	7	한국
4	미국	8	UAE

<자료3>

<2023-2032 글로벌 자율 주행 시장 규모>

지역	2023	2032(예상)
북미	123억 달러	1,500억 달러
아시아	151억 달러	700억 달러

<자료4>

<한국 모빌리티 산업의 문제점>

- 규제 샌드박스 한계
- 투자 및 인프라 부족
- 새로운 모빌리티 서비스 개발
- 센서 및 소프트웨어 비용 감소
- 모빌리티 관련 법령 및 제도 개정 지연
- 자율 주행 모빌리티 부속 센서의 수입 의존도 높음

<해결 방안>

- 관계자와의 소통 확대
- 수입 제품 고관세 부과
- 안전성 점검 관련 규제 확대
- 핵심 센서 개발을 위한 지원
- 모빌리티 서비스에 대한 홍보 지원
- 모빌리티 분야에서 신속하게 제도를 도입하는 방안
- 자율 주행 기술을 실증할 수 있는 규제 프리존 도입
- 연구 및 시설 투자에 대한 세액 공제 확대 및 민간 기업의 투자 유도

약점 보완 해설집 p.38

원고지 모범답안 바로 보기

실제 답안 형태인 원고지 모범답안을 통해
원고지 작성법까지 익혀 보세요!

6일 기출동형 모의고사 2회

한국실용글쓰기 문제

수험번호		성명	
객관식(300점)/서술형(700점)		시험시간 120분	

※ 답안 작성 시 유의 사항

1. 시험 시간 120분을 준수해 주시기 바랍니다.
2. 문제의 조건을 따르지 않을 경우 감점합니다.
3. 문제에 대한 답은 반드시 해당 답안에 작성하시기 바랍니다.
   (예: 서술형 1번 답안을 2~5번 답안에 작성할 경우 채점하지 않음)
4. 답안 밖에 작성한 내용은 채점하지 않습니다.
5. 답안과 관련이 없는 내용, 개인 신상을 드러낸 내용이 있을 경우 0점 처리합니다.

※ 다음 글을 읽고 물음에 답하시오. (1~2번)

사회 계약설의 기본 논리는 모든 인간이 태어날 때부터 보편타당한 권리인 자연권을 갖고 있지만, 자연 상태에서는 자유와 권리가 확실히 보장되지 않으므로 인간은 자신의 자유와 권리를 보호받기 위해 계약을 맺어 국가를 구성한다는 것이다. **(가)** 사회 계약설을 주장한 대표적인 사상가 홉스는 그의 저서 <리바이어던>을 통해 자연 상태의 인간을 '만인의 만인에 대한 투쟁'으로 보고 사회 계약이 발생하는 원인을 설명했다. **(나)** 따라서 주권을 가진 군주는 질서 유지를 위해 무제한의 절대적인 권력을 행사할 수 있다. **(다)** 로크는 홉스와는 조금 다른 의견을 가지고 있었는데, 자연 상태는 자연법이 지배하는 평등한 상태로 이때의 인간은 생명과 재산, 자유라는 자연권을 누리고 있다고 주장했다. **(라)** 자연 상태의 인간이 이미 자연권을 누리고 있음에도 자연권을 더 완전히 누리기 위해 사회 계약을 통해 국가나 정부와 같은 정치 공동체를 형성했다는 것이다. **(마)** 따라서 정부가 개인의 자연권을 지켜주지 못할 경우 개인은 이에 대해 저항하고 정부를 교체할 권리가 있다고 주장했다.

1. 윗글의 주제로 가장 적절한 것은?

① 사회 계약설로 보는 국가의 형성
② 자연 상태에서만 보장되는 자연권
③ 홉스 <리바이어던> 속 투쟁의 역사
④ 17~18세기에 대두된 국가 형성 이론
⑤ 군주의 권력을 바라보는 홉스와 로크의 시선

2. 윗글의 (가)~(마) 중 다음 문장을 쓸 곳으로 가장 적절한 곳은?

그의 주장에 따르면 인간은 투쟁뿐인 자연 상태를 벗어나기 위해 모든 권리를 군주에게 양도하는 계약을 맺어 국가를 형성했다.

① (가) ② (나)
③ (다) ④ (라)
⑤ (마)

3. ○○은행 김○○ 부장은 ○○잡지사에서 의뢰를 받아 환율을 쉽게 설명하는 글을 썼다. 다음 글을 참고할 때, 김○○ 부장이 글을 쓸 때 활용한 자료로 적절하지 않은 것은?

> 환율은 자국 통화와 외국 통화의 교환 비율로, 한 단위의 외화를 얻기 위하여 지불해야 하는 자국 통화의 양을 의미한다. 우리나라는 변동 환율 제도를 채택하고 있어서 외환 시장에서 외화에 대한 은행, 기업, 개인, 중앙은행 등의 수요와 공급에 의해 환율이 결정된다. 예를 들어 외환 시장에서 수요가 증가하고 공급이 감소하면 환율이 상승하며, 수요가 감소하고 공급이 증가하면 환율이 하락하게 된다. 환율 변동의 효과는 환율 상승이 원화 약세와 대응하고, 환율 하락이 원화 강세와 대응한다는 점을 알고 나면 쉽게 이해할 수 있다. 먼저 환율이 상승하면 원화의 가치가 감소하기 때문에 국제 시장에서 수출품의 가격이 내려가서 수출이 증가하고, 수입품의 가격이 올라서 수입이 감소한다. 이로 인해 경상 수지가 개선되어 경기 회복에 도움을 주지만, 수입품의 가격 인상으로 국내 물가가 상승하기 때문에 인플레이션이 발생할 가능성이 있다. 반대로 환율이 하락하면 원화의 가치가 증가하기 때문에 국제 시장에서 수출품의 가격이 오르고 수입품의 가격이 내려가서 수출이 감소하고 수입이 증가한다. 그래서 환율 하락의 영향으로 경상 수지가 악화되고 국내 물가는 하락하게 된다.

① 환율이 하락하면 수출이 감소한다.
② 환율이 상승하면 원화의 가치는 떨어진다.
③ 원화의 가치가 떨어지면 수입이 감소한다.
④ 원화의 가치가 오르면 수출품의 가격이 내려간다.
⑤ 외화의 수요가 많아지고, 공급이 적어지면 환율이 상승한다.

※ 다음 글을 읽고 물음에 답하시오. (4~5번)

> 우리가 사용하는 말 중 '겹말'이라는 것이 있다. 겹말은 (㉠)의 말이 겹쳐서 된 말을 뜻한다.
>
> 대부분의 겹말은 한자어나 외국어에 우리말을 덧붙인 표현을 습관적으로 쓰다가 굳어진 경우가 많다. 대표적인 예로 '역전 앞'이 있다. '역전(驛前) 앞'은 '역의 앞쪽'을 뜻하는 '역전'에 '앞'이라는 단어가 붙어 '앞쪽'의 뜻이 두 번이나 나타나는 겹말이다. (㉡) '역전'이 '역앞'으로 순화된 지금도 여전히 많은 사람들이 '역전 앞'이라는 표현을 습관적으로 사용하고 있다.
>
> '가죽 혁대' 역시 '가죽으로 만든 띠'를 뜻하는 '혁대'와 재질인 '가죽'이 합쳐진 말로, '가죽'이라는 뜻이 중복된 겹말이다. 거리 미관을 위해 길을 따라 줄지어 심은 나무인 '가로수(街路樹)'에 '나무'를 더한 '가로수 나무'도 마찬가지로 ㉮ 불필요한 표현이 중복된 겹말이다.
>
> 그런데 (㉢) 중에는 표준국어대사전에 등록된 것들도 더러 있다. 이미 그 형태로 굳어졌다고 판단되고, 많은 이가 이것을 널리 (㉣) 경우, 단어의 뜻을 더욱 명확하게 해 주거나 강조의 의미가 있다고 여겨지는 경우가 이에 해당한다.
>
> '오래된 나무'를 뜻하는 '고목(古木)'과 '나무'가 합쳐진 '고목나무', '처(妻)의 집'을 뜻하는 '처가(妻家)'에 다시 '집'을 붙인 '처갓집', '모래'와 '모래밭'을 뜻하는 '사장(沙場)'이 합쳐진 '모래사장'이 그 예가 될 수 있다.

4. 윗글의 ㉠~㉣에 들어갈 말로 가장 적절한 것은?

	㉠	㉡	㉢	㉣
①	같은 뜻	하지만	겹말	사용하는
②	같은 뜻	게다가	표제어	사용되는
③	다른 뜻	그렇지만	단어	사용되는
④	다른 뜻	그래도	겹말	사용하는
⑤	비슷한 뜻	하지만	겹말	사용되는

5. 윗글의 ㉮가 쓰이지 않은 문장은?

① 밤에 검정색 옷을 입고 다니면 위험하다.
② 석가 탄신을 맞이하여 곳곳에 연등이 달렸다.
③ 이곳의 명물은 지은 지 100년이 넘은 철교 다리이다.
④ 비가 오는 바람에 실내 체육관에서 농구 경기가 열렸다.
⑤ 동해 바다에 출몰한 돌고래를 취재하러 기자들이 몰렸다.

6. **다음 글을 고쳐 쓰기 위한 방안으로 가장 적절하지 않은 것은?**

> 1969년에 미국의 심리학자 필립 짐바르도는 보닛이 열린 차와 보닛이 열리고 유리창도 조금 깨진 차를 치안이 허술한 골목에 세워 두고, 일주일 후에 두 차의 상태를 비교하는 실험을 진행했다. 그 결과 전자는 일주일 전과 큰 변화가 없었다. ㉠ 또 후자는 타이어나 배터리 등과 같은 주요 부품이 모두 사라지고 낙서로 뒤덮여 폐차와 다름없었다. ㉡ 그리고 유리창까지 깨진 차의 상태가 도덕적 해이를 유발했기 때문이다. 미국의 정치학자 제임스 윌슨과 범죄학자 조지 켈링은 이 실험에 착안하여 사회 무질서에 관한 이론 하나를 발표한다. 일명 '깨진 유리창의 법칙'으로 건물의 유리창이 건물의 관리가 소홀하다는 것을 방증해, 결과적으로 그 건물을 중심으로 강력 범죄가 퍼진다는 것이다. ㉢ 그래도 일상에서 접하는 사소한 무질서를 방관하지 않고 제때 해결하면 그것이 더 큰 문제로 발전하지 않는다는 의미이다. ㉣ 그렇지만 1994년에 뉴욕 시장으로 부임한 루돌프 줄리아니는 깨진 유리창의 법칙을 도시 정비에 적용하였다. 깨진 유리창 이론을 토대로, 사소한 위법 행위일지라도 그 죄질이 나쁘다고 판단될 경우 엄격하게 처벌하는 사법 원칙인 무관용 원칙을 적용해 뉴욕시를 개선하고자 했다. 당시 범죄의 온상이었던 지하철의 낙서를 지우는 것부터 시작하여 신호 위반, 쓰레기 투기 등과 같은 경범죄도 철저히 단속했다. ㉤ 즉 무법지대였던 뉴욕시의 범죄 발생률이 급감하게 되었다.

① ㉠: 선행하는 문장과 반대되는 결과가 나타나므로 '반면'으로 수정한다.

② ㉡: 선행하는 문장에 대한 원인을 제시하고 있으므로 '왜냐하면'으로 수정한다.

③ ㉢: 선행하는 문장의 의미를 재구성하여 다시 말하고 있으므로 '즉'으로 수정한다.

④ ㉣: 선행하는 문장을 근거로 하여 내용을 제시하고 있으므로 '그래서'로 수정한다.

⑤ ㉤: 선행하는 문장의 상황과 반대되는 상황이 이어지고 있으므로 '그러나'로 수정한다.

7. **<보기>에 따라 글을 작성할 때, ㉠과 ㉡에 들어갈 내용으로 가장 적절하지 않은 것은?**

> <보기>
>
> • 주제: 층간 소음으로 인한 문제점과 해결 방안
> • 목적: 층간 소음 문제를 분석하고, 이를 해결할 방안을 모색하기
> • 개요
>   1. ㉠ 층간 소음의 원인 및 문제점
>   1) 층간 소음 문제의 실태 분석
>   2) 공동 주택 구조와 관련된 층간 소음의 원인
>   3) 공동 주택 거주민 설문 조사 결과로 도출한 층간 소음의 원인 및 문제점
>   2. ㉡ 해결 방안
>   1) 층간 소음과 관련된 제도를 해결 방안으로 제시
>   2) 건축과 교수와의 인터뷰를 통해 건축 방식과 관련된 해결 방안 도출

① ㉠: 공동 주택에 거주하는 주민을 대상으로 조사를 한 결과 뛰는 소리나 발걸음 소리가 층간 소음의 가장 큰 원인임을 알 수 있었다.

② ㉠: 층간 소음으로 발생한 갈등은 이웃 간 분쟁뿐 아니라 폭력, 살인과 같은 강력 범죄로 그 양상이 변하고 있어 사회적으로 심각한 문제가 되고 있다.

③ ㉠: 공동 주택은 여러 가구가 한 건축물 안에서 각각 따로 생활을 할 수 있게 설계하여 지은 큰 집으로, 상하좌우가 다른 집과 연결되어 있어 소음이 전달되기 쉬운 구조이다.

④ ㉡: 환경부 산하 한국환경공단은 층간 소음에 대한 민원을 접수하고, 층간 소음으로 인한 갈등을 중재해 주는 '층간소음 이웃사이센터'를 운영하고 있다.

⑤ ㉡: 이웃 간 관계와 층간 소음으로 인한 갈등은 밀접하게 연관돼 있으므로 서로를 배려하는 태도로 친밀한 이웃 관계를 형성하면 층간 소음을 해결할 수 있을 것이다.

8. **다음 글에서 사용된 글의 구조 유형에 대한 설명으로 적절한 것은?**

> 사막은 식물이 자라지 못하는 거칠고 메마른 땅이다. 사막은 지표면을 형성하는 물질이나 기후 조건에 따라 분류가 가능하다. 먼저 지표면을 형성하는 물질에 따라 모래사막과 암석 사막으로 분류할 수 있다. 모래사막은 아주 작은 모래알만이 쌓인 사막이며, 암석 사막은 암석, 자갈 등이 지표면에 노출된 사막이다. 기후 조건에 따라서는 열대 사막과 한랭 사막으로 분류할 수 있는데,

열대 사막은 태양이 작열하는 매우 건조한 기후 조건을 지니며, 연 강수량이 250mm 이하이다. 반면 한랭 사막은 한랭하면서 건조한 기후 조건을 지니며, 연 강수량이 125mm 이하이다. 이러한 환경 탓에 사막에서는 오아시스를 중심으로 지하수, 외래 하천 등의 물을 이용하는 농업 방식이 발달하게 되었다. 하지만 오아시스는 쉽게 형성되지 않는 매우 귀한 자원이기 때문에, 한정된 지역에서만 오아시스 농업을 활용할 수 있다. 이러한 이유로 오아시스 농업은 널따란 사막에 식물이 한군데 밀접하게 모여 있는 모습으로 나타난다. 과거에는 한정된 조건 탓에 자급자족의 형태로 농업이 이루어졌으나 최근에는 관개 시설을 설치하여 상업적 농업도 이루어지고 있다.

① 관용구를 인용하여 대상의 의의를 설명하는 구조
② 대상의 특성을 통해 전망과 한계를 설명하는 구조
③ 대상의 변천 과정을 공간의 이동에 따라 설명하는 구조
④ 대상이 나타나게 된 원인과 그로 인한 특징을 설명하는 구조
⑤ 대상을 다른 대상과의 유사점을 통해 특징을 유추하여 설명하는 구조

9. 다음은 영화산업 근로표준계약서의 일부이다. 다음 문서의 ㉠~㉤에 쓸 내용으로 가장 적절한 것은?

영화산업 근로표준계약서

제○○조(㉠)
본 계약은 근로조건에 관한 기준과 양 당사자 간의 권리·의무를 명확히 정하기 위함이다.

제○○조(실비변상)
'갑'은 '을'이 제○○조에서 정한 업무수행과 관련하여 부대적으로 지출한 진행비 등 기타 비용에 대하여 영수증을 제출한 날로부터 (　　)일 이내에 지급한다. 다만 증빙서류의 범위에 관해서는 '갑'과 '을' 상호 간에 협의한다.

제○○조(㉡)
① '갑'은 본 근로계약에 따라 '을'에 대한 4대 보험 취득 신고를 하며 관련 업무를 차질 없이 이행하도록 한다.
② '갑'은 '을'이 자신의 4대 보험 가입정보에 관한 확인을 요청할 경우 이에 응한다.

제○○조(㉢)
'갑'은 계약기간이 만료되었거나 본 계약이 해지된 경우 그 만료일 또는 해지일로부터 14일 이내에 '을'에게 임금 등 일체의 금품을 지급하여야 한다. 다만 계약기간 연장 등 특별한 사정이 있는 경우에는 청산기일에 관하여 당사자 간의 서면합의하에 별도로 정할 수 있다.

제○○조(계약의 전속)
① '을'은 본인의 근로제공을 '갑'의 동의 없이 제3자에게 대리·대행케 할 수 없다.
② '갑'은 '을'의 동의 없이 본 계약상 사용자의 지위를 제3자에게 이전하지 않는다.

제○○조(크레딧 명기)
① '갑'은 본 건 영화의 극장 상영 프린트를 포함한 모든 제작물에 '을'의 소속부서, 직위와 성명을 명기한다. 계약기간 도중에 계약이 해지된 경우에는 '을'의 근로제공기간을 고려하여 '갑'과 '을'이 협의하여 결정한다. 다만 제○○조 제○항 단서에 의거 징계 해고된 경우에는 그러하지 아니하다.
② 크레딧 표기의 크기, 위치, 표시방법은 한국영화계의 관례에 따라 '갑'이 결정한다.
③ '갑'은 극장 상영 프린트를 포함한 모든 영상제작물의 엔딩크레딧에 노동조합명을 명시하며, 구체적인 게시물은 노사 합의한 규격의 로고로 한다.

제○○조(㉣)
'갑'과 '을'은 이 계약에서 정한 바를 성실하게 이행할 의무가 있다. 다만 사정변경에 의하여 계약기간 도중 임금 및 기간 기타 근로조건의 변경이 필요한 경우에는 '갑'과 '을'이 합의하여 정한다.

제○○조(㉤)
본 계약과 관련하여 '갑'과 '을' 사이에 발생한 분쟁에 대해서는 우선 '영화인신문고'를 통한 해결을 모색하도록 한다. 다만 부득이하게 민사소송이 제기된 경우 서울중앙지방법원을 전속 관할법원으로 한다.

제○○조(준용)
본 계약서에서 명시되지 아니한 사항은 '갑'의 취업규칙, 노동관계법령, 민법 등 기타법령 그리고 한국영화계의 관행에 의한다.

① ㉠: 당사자 간 권리를 명확히 한다.
② ㉡: 근로계약의 이행
③ ㉢: 금품 반납 연장 조건
④ ㉣: 신의성실과 사정변경
⑤ ㉤: 징계와 손해배상책임

※ 다음 글을 읽고 물음에 답하시오. (10~11번)

> **○○광역시**
>
> 수신 수신자 참조
> (경유)
> 제목 2026년 1월 『문화나누미 서비스』 홍보 협조 요청
>
> ---
>
> 1. 귀 기관의 무궁한 발전을 기원합니다.
> 2. ○○시에서는 지역 복지 실현을 위해 『문화나누미 서비스』의 일환으로 공연 4종을 시행하고자 하오니, 많은 대상자가 공연을 관람할 수 있도록 홍보해 주시기 바랍니다.
>
> 가. 신청 자격: 기초생활보장수급자, 등록된 차상위계층, 소년소녀가정, 한부모가정
> 나. 신청 기간: 2026. 1. 12(월)~1. 13.(화)
> 다. 유의 사항
> 1) 기관별로 신청자를 취합하여 신청 포맷으로 작성해 제출
> 2) 공연 신청 시 공연 관람 연령과 신청자 연령 확인 요망
> 3) 기한 내 미도착 시 유선(01-234-5678)으로 통보 요망
> 4) 대상자 선정은 신규 신청자 우선이며, 선착순으로 접수 마감
> 5) 초대권은 공연 당일 공연장 로비 예매 티켓 배부처에서 전달(본인 수령)
>
> 붙임 1. 『문화나누미 서비스』 공연 정보 1부.
> 2. 『문화나누미 서비스』 신청 포맷 1부.
> 3. 『문화나누미 서비스』 홍보 팸플릿 4부. 끝.
>
> **○○광역시장**

10. 윗글에 대한 설명으로 가장 적절한 것은?

① 일정한 사항을 일반에게 알리기 위한 문서이다.
② 대외적 업무를 집행하기 위해 기관끼리 주고받는 문서이다.
③ 자신의 아이디어를 상대방에게 전달하여 시행하도록 설득할 목적으로 작성하는 문서이다.
④ 예산을 집행하기 전 결재권자에게 관련 사안을 승인받기 위해 작성하는 문서이다.
⑤ 특정한 안건을 회의에서 정해진 바에 따라 수행하는 것에 대한 구성원의 의결 사항을 기록한 문서이다.

11. 위 문서에서 <u>잘못된</u> 점을 지적한 내용으로 가장 적절한 것은?

① '신청 자격', '신청 기간'과 쌍점은 띄어 써야 한다.
② '신청 기간'에서 '2026. 1. 12' 뒤에 마침표를 추가해야 한다.
③ '다-1)'과 '붙임-2'의 '포맷'은 외국어이므로 우리말 '문서'로 수정한다.
④ '붙임-3'의 '팸플릿'은 외래어 표기법에 따라 '팜플렛'으로 표기해야 한다.
⑤ 문서의 마지막에 쓰는 '끝'은 본문 내용이 끝나는 부분에 써야 하므로 '붙임' 윗줄에 써야 한다.

※ 다음 글을 읽고 물음에 답하시오. (12~13번)

> ㉠
>
> "관공서 방문 없이 집에서 클릭 한 번으로!
> 민원서류 발급이 더 빠르고 편리해집니다."
>
> 1. 추진 배경
> 시민들의 행정 서비스 이용 편의를 높이고 비대면 업무 처리를 활성화하기 위해, 주요 민원서류의 발급 절차와 수수료 체계를 획기적으로 개선하였습니다.
>
> 2. 변경 내용

구분	기존	변경
발급 채널	행정복지센터 방문 발급 위주	정부24 등 온라인 및 무인 발급기 확대
발급 대상	본인만 가능 (대리인 위임장 필요)	본인 및 지정된 가족 (온라인 인증 시)
수수료	유료 (건당 400원 ~ 1,000원)	온라인 발급 시 전면 무료
소요 시간	대기 시간 포함 평균 20분	즉시 발급 (PDF 저장 및 출력 가능)

> 3. 기대 효과
>
> ㉡

12. 윗글의 ㉠에 들어갈 제목으로 가장 적절한 것은?

① 민원서류 야간 발급 운영 안내
② 민원서류 관리 매뉴얼 배포 안내
③ 민원서류 발급 수수료 인하 안내
④ 민원서류 발급 서비스 개선 안내
⑤ 민원서류 발급기 운영 시간 단축 안내

13. 윗글의 변경 내용을 바탕으로 할 때, ㉡에 들어갈 내용으로 가장 적절한 것은?

① 본인 확인 없이도 누구나 타인의 서류를 자유롭게 발급받게 될 것으로 보입니다.

② 절감된 행정 예산을 활용하여, 모든 시민에게 현금성 생활 지원금을 지급할 수 있을 것으로 보입니다.

③ 최신 블록체인 기술이 도입되어 온라인으로 발급된 서류의 위변조가 원천적으로 차단될 것으로 보입니다.

④ 시민들의 시간과 비용 부담이 줄어들고, 장소에 구애받지 않는 비대면 행정 서비스 이용이 활성화될 것으로 보입니다.

⑤ 무인 발급기 관리를 위한 전담 인력이 각 행정복지센터에 배치되어 지역 내 공공 일자리가 대폭 창출될 것으로 보입니다.

※ 다음 글을 읽고 물음에 답하시오. (14~15번)

문서번호	무대기술팀-×××
보존기간	10년
결재일자	20××. 5. 24.

팀원	팀장	본부장	사장
김○○	박○○	김○○	이○○
협조	정책기획팀장 정○○ 경영지원팀장 김○○ 예산확인 김○○		일상감사 남○○

제목: 대극장 노후메인스피커앰프 구매 교체의 건

1. 사장방침 제×××호[대극장 노후메인스피커앰프 구매 교체(안): 20××. 4. 19.]와 관련입니다.
2. 상기와 관련해 아래와 같이 노후 음향장비를 구매·교체하여 공연 준비 및 운영을 원활히 하고, 이를 통해 공연 품질을 확보해 고객만족 향상을 기하고자 합니다.

가. 소요예산: 금2,311,400원(금이백삼십일만천사백원, 부가세포함)
나. 예산과목: 일반관리비/일반운영경비/자산취득비/자산취득비-취득부대경비
다. 계약방법: 전자입찰, 총액입찰
라. 낙찰자: ○○음향
마. 낙찰자 결정방법: 최저가 입찰자(적격심사대상)
바. (㉠)
1) 지방자치단체를 당사자로 하는 계약에 관한 법률 시행령 제13조 및 같은 법 시행규칙 제14조에 의한 자격요건을 갖춘 업체로서
2) 최근 3년 이내 「건축법 시행령」 제3조의 5 별표 1-5-가에 의한 단일 공연장 1,000석 이상 전기음향 시공 실적이 있으며 부가가치세법 제5조에 의한 당해 사업에 관한 사업자등록증을 교부받은 업체
※ 구매 품목에 대해 제조사 및 공급자 증명원, A/S 기술지원확약서, 시공실적증명서를 개찰전일 18:00시까지 우편, 팩스, 직접 제출
사. 납품기한: 계약체결일로부터 20××. 9. 10.까지(절대납기)

14. 윗글의 ㉠에 들어갈 내용으로 가장 적절한 것은?

① 입찰 참가 자격

② 입찰 공고 방법

③ 총액입찰 관계 법령

④ 구매 교체 근거 법령

⑤ 계약 업체 선정 방법

15. 위 품의서에 첨부할 내용으로 적절하지 <u>않은</u> 것은?

① ○○음향 사업자 등록증

② 입찰자 목록 및 입찰자별 견적서

③ 대극장 이용 고객의 공연 만족도 결과

④ 대극장 메인스피커앰프 노후 진단 결과

⑤ 대극장 노후메인스피커앰프 구매 교체안

※ **다음은 홍보팀 이홍빈 팀장이 작성한 기획안이다. 다음을 읽고 물음에 답하시오. (16~17번)**

제목	신차 홍보 기획안
항목	요점
기획 의도	1. 신차(SG 01)의 판매량이 예상보다 저조하여 3/4분기 매출에 타격이 생길 것이라는 전망이 지속적으로 나오고 있음 2. 이에 20△△년 하반기 판매량을 증가시킬 새로운 마케팅 전략을 수립하고자 함
타깃 분석	1. 주요 타깃: 20~30대 젊은 남성·여성 2. 특성 - 자동차 자체의 스펙이나 가격보다는 브랜드가 갖고 있는 콘셉트와 스토리 등 감성적 측면에 더 매력을 느낌 - 타깃 고객들이 주로 정보를 얻는 곳은 TV가 아닌 인터넷과 이동식 기기(휴대 전화, 노트북)임 - 자사 시승센터 이용 고객 조사 결과 전체 연령대 중에서 20~30대의 이용률이 가장 높음
기존 마케팅 분석	1. TV 광고 - 현재 주력하고 있는 TV 광고의 경우 투입 비용 대비 광고 효과가 낮은 것으로 나타남 - 무겁고 진지한 느낌의 기존 광고는 주요 타깃인 20~30대를 사로잡기에 부족함 2. 생애 첫 자동차 구매 고객 할인 이벤트 - 주요 타깃의 연령대를 고려한 마케팅이지만, 많이 알려지지 않아 해당 이벤트의 판매 촉진 효과가 미미함
대응책	마케팅 효과가 작은 기존 마케팅 방안을 폐기하고 다음 방안을 추진하도록 함 1. 인터넷과 이동식 기기로 확산시킬 수 있는 바이럴 무비를 제작 - '청춘'과 '여행'을 콘셉트로 잡고 스토리를 전개하도록 함 - 이전에 제작한 TV 광고보다 가볍고 통통 튀는 발랄한 색감으로 제작하도록 함 2. 체험 마케팅 시행 - 홍대, 강남, 광화문 등 서울 주요 도심지에서 시승 체험 이벤트를 기습적으로 개최함
실행자	홍보 1팀 이홍빈 팀장 외 3명
세부 계획	1. 바이럴 무비 제작 - 제작 기간: 20△△. 6. 1.~20△△. 6. 30. - 배포 시기: 티저 → 20△△. 6. 27., 본 바이럴 무비 → 20△△. 7. 1. - 소요 예산: 1,500,000원 2. 체험 마케팅 시행 - 행사 기간 및 회차: 20△△. 6. 1. ~20△△. 8. 31.(매주 토요일에 진행 예정), 총 13회 - 소요 예산: 회당 500,000원

16. 위와 같은 글을 작성하는 요령으로 가장 적절한 것은?

① 상대방의 특정 행동을 유도하기 위해 구체적인 시간과 장소를 명시해야 한다.

② 결론부터 작성하고 결론을 뒷받침할 수 있는 이유나 원인, 과정을 작성해야 한다.

③ 상대방에게 믿음을 주기 위해 자기의 경험이나 가치관을 사실대로 서술해야 한다.

④ 상대방에게 글의 의도가 명확히 전달되도록 제시한 하나의 목적에 집중해 작성해야 한다.

⑤ 전달하려는 내용은 구체적으로 작성해야 하며, 이 내용을 반복하며 강조하는 것이 효과적이다.

17. 윗글을 본 상사가 이해한 내용으로 가장 적절하지 <u>않은</u> 것은?

① 신차(SG 01) 판매량이 기대에 미치지 못해 새로운 마케팅 전략을 제시했군.

② 신차 홍보 기획안에 따라 전략을 추진할 경우, 예산은 대략 800만 원 정도 소요되겠군.

③ 20~30대 젊은 남성·여성은 구매하려는 상품의 정보를 휴대 전화, 노트북 등으로 찾는 편이군.

④ 유동 인구가 많은 강남, 홍대 등에서 시승 체험 행사를 상시 진행해 하반기 판매량을 늘릴 계획이군.

⑤ 주요 타깃 고객은 감성적인 면에서 매력을 느끼지만, 기존의 광고는 분위기가 무거워 좋은 결과를 가져오지 못했군.

※ **다음은 프레젠테이션에 대한 글이다. 글을 읽고 물음에 답하시오. (18~19번)**

(가) ㉠ 프레젠테이션

프레젠테이션은 고객 또는 청중의 요구 사항을 실현할 계획을 발표하거나, 발표자의 목적을 달성하기 위해 청중을 설득하는 의사소통 방법이다. 양방향 소통이 가능한 프레젠테이션은 기업 내의 의사 결정 도구로 쓰이기도 하며 (　　㉡　　) 기업 광고 활동에서 쓰이기도 한다. 또 사업 제안, 신제품 설명, 사업 현황 보고 등 정보를 전달하는 도구로도 활발하게 사용된다.

(나) 프레젠테이션 기획 시 고려 사항

㉢ 프레젠테이션 기획에 따라 프레젠테이션의 제작을 시작하면 된다. 프레젠테이션을 기획할 때 고려해야 할 것은 프레젠테이션의 목적, 청중, 장소이다. 먼저 목적은 프레젠테이션으로 달성하려는 목표로, 프레젠테이션을 진행하는 이유와 연관되어 있다. 따라서 분명한 목적을 염두에 두고 프레젠테이션을 기획하는 것이 중요하며, 이때 프레젠테이션의 목적은 실제로 달성할 수 있는 것이어야 한다.

프레젠테이션은 청중을 대상으로 진행하는 것이므로, 프레젠테이션을 제작하기 전에 청중을 분석해야 한다. 청중이 프레젠테이션의 주제에 전문적인 지식이 있는지, 프레젠테이션에 무엇을 요구하는지 등의 관점에서 청중을 미리 파악해야 한다. (　　㉣　　)

그뿐만 아니라 프레젠테이션을 진행하는 장소를 미리 고려해야 한다. 장소의 크기, 청중의 배치, 조명 등에 따라 프레젠테이션의 효과가 달라질 수 있으므로, 프레젠테이션을 진행하는 발표자는 상황적 요소를 분석하고 그에 따라 프레젠테이션을 기획하는 자세가 필요하다. (　　㉤　　)

18. 윗글에 대한 설명으로 적절하지 않은 것은?

① 프레젠테이션의 기본적 정의와 용도를 설명하고 있는 것은 (가)이다.

② 프레젠테이션의 의사소통적 특징은 발표자와 청중이 모두 참여할 수 있다는 것이다.

③ 프레젠테이션의 목적은 잠재적 목적까지 고려하여 최대치로 설정하는 것이 바람직하다.

④ 프레젠테이션을 기획할 때 어떤 요소에 중점을 두어야 하는가를 전달하고 있는 것은 (나)이다.

⑤ 프레젠테이션 기획 시 발표자는 프레젠테이션에 영향을 미치는 물리적 요건도 함께 고려해야 한다.

19. 윗글의 ㉠~㉤을 보완하기 위한 방안으로 가장 적절하지 않은 것은?

① ㉠: (가)의 핵심 내용이 드러나도록 '프레젠테이션 개념'으로 수정한다.

② ㉡: '예상 광고주를 대상으로 광고 계획서 등을 제출하는 것과 같이'처럼 광고 활동의 구체적인 예를 추가한다.

③ ㉢: (나)의 제목을 고려할 때 어울리지 않는 내용이므로 삭제한다.

④ ㉣: 앞 내용을 정리해 주는 내용인 '즉, 발표자가 아닌 청중이 중심이 되는 프레젠테이션 기획이 필요하다.'를 추가한다.

⑤ ㉤: '청중의 이해를 돕고, 관심을 유도하기 위해 적절한 도표를 사용하는 것도 중요하다.'를 추가한다.

※ 다음 보도문을 읽고 물음에 답하시오. (20~21번)

> ㉠ 우리 연안의 탄소중립 전환, 본격 시작된다
> ㉡ - 지역밀착형 탄소중립 오션뉴딜
> 20△△년 업무협약 체결 -
>
> 해양수산부는 2월 21일(월) 올해 '지역밀착형 탄소중립 오션뉴딜(이하 '오션뉴딜') 사업'을 시행하는 지자체와 업무협약을 체결하고, '오션뉴딜 사업'을 본격적으로 추진한다고 밝혔다.
>
> '오션뉴딜 사업'은 해수면 상승 등 기후변화의 직접적인 영향권에 있는 연안 지역의 탄소중립 전환을 지원하기 위해 올해 새롭게 시작하는 사업으로, 연안 기초지자체가 연안·해양 공간을 활용해 온실가스 배출 저감, 재생에너지 전환, 해양 탄소흡수 기능 강화를 위한 사업계획을 수립하면, 국가에서 총 70억 원의 범위 내에서 4년간 사업비의 70%를 지원하는 사업이다.
>
> 지난해 9월부터 11월까지 기초지자체를 대상으로 사업공모를 진행하였고, 관련 전문가로 구성된 사업선정위원회의 심사를 통해 12월 말 사업대상지로 인천광역시 옹진군과 전라북도 고창군을 선정하였다.
>
> 먼저 인천광역시 옹진군은 '스마트 해양관리 시스템'을 구축한다. 옹진군 도서 지역 일대를 대상으로, 드론과 위성 등을 활용해 해양쓰레기 발생지를 파악하고 이동을 예측할 수 있는 시스템을 구축하는 한편, 최적의 수거 및 처리계획을 수립할 수 있도록 지원한다. 해양쓰레기 발생을 예방하고, 재활용을 확대하는 한편, 수거체계를 효율화해 우리 연안과 바다의 탄소흡수력을 증진한다는 계획이다.
>
> 전라북도 고창군은 'Keep Clean, 블루하버 구시포'를 추진한다. 구시포 연안에 전기 추진선박 충전소, 전기차 충전소 등 친환경 에너지 활용 시설을 마련한다. 또한, 태양광 발전시설을 구축하고, 구시포 배후지역의 노후전력설비도 재생에너지로 전환해 구시포를 청정 어항으로 육성한다는 계획이다. 이와 더불어 해양감시시스템 등 해양환경관리 인프라도 구축한다.
>
> 해양수산부와 지자체는 협약 체결을 시작으로 보조금 교부 등 사업에 본격적으로 착수하여 2025년까지 사업을 완료할 예정이다.
>
> 해양수산부 윤○○ 해양환경정책관은 "연안지역은 주요 탄소흡수원이며, 재생에너지를 생산할 수 있는 잠재력이 높아 2050 탄소중립의 핵심 동력이 될 수 있다."라며, "본 협약을 시작으로 우리 연안의 탄소중립 모델을 발굴하고, 전체 연안지역으로 확산될 수 있도록 노력하겠다."라고 말했다.

20. 윗글에 대한 설명으로 가장 적절한 것은?

① 업무와 관련된 협조를 구하기 위해 작성하는 문서이다.

② 업무의 진행 상황이나 결과를 보고하기 위해 작성하는 문서이다.

③ 상품의 특성, 가치, 작동 방법 등을 소비자에게 설명하기 위한 문서이다.

④ 정책사업, 행사, 법령 등 공공기관에서 시행하는 다양한 정책 내용을 언론에 안내하는 문서이다.

⑤ 아이디어를 기획하여 하나의 프로젝트를 문서 형태로 만든 후 이를 상대방에게 전달하는 문서이다.

21. 윗글의 ㉠과 ㉡에 대한 설명으로 가장 적절한 것은?

① 원칙상 ㉠은 ㉡ 뒤에 제시해야 한다.

② ㉡은 종결 어미를 사용하여 작성해야 한다.

③ ㉠에는 보도문의 핵심 내용이 드러나야 한다.

④ ㉡은 글의 필수 요소이며 2개를 쓰는 것이 이상적이다.

⑤ ㉠은 ㉡의 내용을 구체적으로 나타내어 ㉡의 내용을 보완해 준다.

※ 다음 글을 읽고 물음에 답하시오. (22~23번)

인간이 살아가는 데 예산은 필수적이며 이를 잘 관리해야 원활한 삶을 지속할 수 있다. 기업 운영에서도 마찬가지로 한정된 예산을 효율적으로 사용해야 기업의 경쟁력을 강화할 수 있다. 예산 관리란 예산 제도를 통하여 기업의 경영 활동을 계획하고 통제하는 일로, 경제 원칙에 따라 최소의 비용을 들여 최대의 효과를 얻는 방법 중 하나이다.

하지만 최소 비용을 지향하는 것이 항상 좋은 것은 아니다. 만약 기업에서 최소 비용을 지향하여 예산을 실제 비용보다 적게 책정하면 적자가 발생한다. 반대로 예산을 실제 비용보다 높게 책정하면 경쟁력이 손실된다. 따라서 예산과 실제 비용을 유사하게 책정하는 것이 가장 이상적이다.

예산을 책정할 때는 먼저 예산이 배정되어야 하는 모든 항목과 활동을 미리 파악해야 한다. 그 후에 항목별로 지출 규모를 확인하여 우선순위를 결정해 차례대로 예산을 배정해야 한다. 예산을 배정할 때는 비용의 유형을 파악해 분류하는 것이 효과적이다. 비용은 원가의 속성에 따라 크게 직접 비용과 간접 비용으로 나뉜다. 직접 비용이란 생산과 서비스에 직접적으로 필요한 소비로 인건비, 재료비, 시설비, 출장 및 잡비, 원료와 장비 구입비 등이 해당한다. 간접 비용은 각종 공과금, 건물 관리비, 광고비, 통신비, 사무용품비 등이 해당하며, 직접적으로 생산과 서비스에 관여하지 않는 비용으로 직접 비용보다 훨씬 다양하다.

예산 배정 후에도 예산 집행 과정에서 예산 집행 실적을 기록하여 지속적으로 예산을 관리해야 효과적인 예산 관리가 이루어질 수 있다. 따라서 예산 관리는 비용을 산정해 예산을 편성하고 통제하는 것까지의 모든 과정을 포함한다.

22. 윗글의 내용으로 적절하지 않은 것은?

① 직접 비용과 간접 비용을 구분하는 기준은 원가의 속성이다.

② 인간과 기업 모두 예산 관리를 해야 원활한 활동이 가능하다.

③ 예산 관리란 비용 산정부터 편성, 통제까지의 전 과정을 모두 포함한다.

④ 예산은 한정적이므로 최소 비용을 배정한 후 필요에 따라 추가 배정해야 한다.

⑤ 예산을 배정하는 방법은 우선순위를 정해 가장 필요한 곳부터 배정하는 것이다.

23. 기업의 예산 관리 과정에 대한 내용으로 가장 적절한 것은?

① 제품 생산 업체의 경우 제품 생산 시 필수적인 전기세와 같은 공과금 예산은 직접 비용 항목으로 분류한다.

② 홍보 업체의 경우 유명인 섭외가 가장 중요하므로 다른 항목을 분석하기에 앞서 해당 항목의 예산을 최대로 책정한다.

③ 서비스 제공 업체의 경우 실제 비용보다 예산을 최대로 책정하면 서비스 품질의 향상으로 타 기업보다 경쟁 우위를 선점할 수 있다.

④ 전자 제품 업체에서 신제품을 개발할 때는 개발을 위한 투자 예산을 우선적으로 배정해야 신제품 개발 시 예산 관리를 효율적으로 할 수 있다.

⑤ 생산 업체의 경우 서비스 업체와 달리 가시적으로 생산량이 확인되기 때문에 예산 관리 과정에서 집행 비용을 관리하기보다 배정하는 과정에 중점을 두어야 한다.

24. <보기 1>을 바탕으로 <보기 2>에서 위배된 격률을 모두 고른 것은?

<보기 1>

㉠ 양의 격률: 요구되는 만큼의 정보만 제공하고 불필요한 정보는 제공하지 말기
㉡ 질의 격률: 거짓으로 판단되거나 근거가 충분하지 않은 말은 하지 말기
㉢ 관련성의 격률: 대화의 화제에 적합한 말을 하기
㉣ 태도의 격률: 모호하거나 중의적으로 해석될 수 있는 표현은 지양하고, 간명하고 조리 있게 말하기

<보기 2>

강 과장: 김 대리님, 회사에서 ○○ 거래처로 가는 방법을 알고 있나요?
김 대리: 네, 강 과장님. 저도 알고 있고, 장 대리도 알고 있습니다.
강 과장: 그래요, 어떻게 가면 되나요?
김 대리: 네. 우선 회사에서 나가서, 제일 먼저 보이는 횡단보도를 건넙니다. 아, 그 전에 오른쪽으로 돌아야 해요. 꽃집을 지나서 왼쪽으로 돈 다음에 보이는 서점 바로 옆이 거래처 건물입니다.
강 과장: 그렇군요. 그리고 거래처에 들르기 전에 우리 회사 1층 카페에서 거래처에 드릴 선물을 사려고 하는데, 혹시 영업을 시작하는 시간을 아시나요?
김 대리: 음… 방문해 보지 않아서 모르겠지만, 보통 카페는 오전에 다 여니까 10시쯤 영업을 시작할 겁니다.

① ㉠, ㉡
② ㉢, ㉣
③ ㉠, ㉡, ㉣
④ ㉡, ㉢, ㉣
⑤ ㉠, ㉡, ㉢, ㉣

※ 다음 글을 읽고 물음에 답하시오. (25~27번)

인간이 눈, 코, 귀, 혀, 살갗을 통하여 바깥의 어떤 자극을 알아차리는 것을 감각이라고 한다. 인간의 감각 기능에는 시각, 후각, 청각, 미각, 촉각의 오감이 있으며 이는 인간의 생존과 직결되는 중요한 기능이다. 외부의 자극이 감각기를 통해 들어오면 ㉠ 감각 뉴런이 중추 신경인 뇌나 척수에 자극 정보를 전달한다. 중추 신경에 있는 연합 뉴런은 자극을 판단하여 해당 운동 신경으로 행동 명령을 내리고, 운동 신경에 있는 ㉡ 운동 뉴런은 명령을 운동 기관에 전달한다. 그 자극에 따라 우리의 몸은 어떠한 반응을 일으킨다.

시각은 눈을 통해 빛의 자극을 받아들이는 감각 작용으로, 홍채를 통해 명암을 조절하거나 섬모체를 통해 원근을 조절하는 기능을 한다. 홍채는 안구의 각막과 수정체 사이에 있는 둥근 모양의 얇은 막으로, 막의 중간에는 동공이 있다. 외부가 밝을 때는 홍채가 이완되면서 크기가 확장되는데, 이때 동공은 축소되어 빛이 적게 들어온다. 반대로 외부가 어두울 때는 홍채가 수축하면서 크기가 축소되고, 동공은 확대되어 빛이 많이 들어온다. 이처럼 홍채는 빛의 투과량을 조절하여 명암을 조절하는 역할을 한다.

섬모체는 눈 안의 수정체를 둘러싸고 있는 근육성의 조직으로, 줄어들거나 늘어나면서 수정체의 두께를 조절하여 초점을 맞추는 기능을 한다. 섬모체는 가까이 있는 물체를 볼 때 긴장되고, 멀리 있는 물체를 볼 때 이완된다. 섬모체가 긴장되면 수정체가 두꺼워지지만, 섬모체가 이완되면 수정체가 얇아져 물체에 초점을 맞출 수 있다.

빛과 대상의 거리를 인식하는 것만큼 중요한 것이 색을 인식하는 것이다. 색을 인식하는 것은 안구의 망막과 관련 있다. 망막은 눈알의 가장 안쪽에 있으며 시각 세포가 분포하여 물체의 상이 맺히게 하는 부분이다. 시각 세포는 간상 세포와 원추 세포로 나뉘는데 간상 세포는 막대 모양으로 빛을 감지하는 기능을 하며 원추 세포는 원뿔 모양으로 색을 구별하는 기능을 한다. 원추 세포는 빛의 삼원색에 해당하는 빨강, 초록, 파랑에 따라 각각 반응하는 세포로 나뉘며, 각 세포의 반응으로 색을 인식할 수 있다. 만약 이 중 하나라도 문제가 생긴다면 색을 구분하는 데 어려움을 겪는다.

25. 윗글에 대한 이해로 적절한 것은?

① 어두운 곳에서는 동공이 확대되고 홍채는 수축된다.

② 홍채는 둥근 형태의 얇은 막으로 눈알의 가장 안쪽에 있다.

③ 멀리 있는 물체를 보면, 수정체가 두꺼워지면서 섬모체가 이완된다.

④ 시각 세포에 해당하는 세포는 동일한 모양이지만 다른 기능을 한다.

⑤ 연합 뉴런은 감각 뉴런과 운동 뉴런에 명령을 전달해 반응을 일으킨다.

26. ㉠과 ㉡에 대한 이해로 적절하지 않은 것은?

> 자극 ⇨ 감각기 ⇨ 중추 신경 ⇨ 운동 신경 ⇨ 운동 기관
> (감각기: ㉠, 운동 신경: ㉡)

① ㉠과 ㉡을 매개하는 뉴런은 중추 신경을 구성하는 뉴런이다.

② 홍채와 섬모체는 ㉡의 영향을 받아 자극에 해당하는 반응을 나타낸다.

③ ㉠이 색깔 자극을 받으면 ㉡은 간상 세포에서 색을 감지하도록 명령을 내린다.

④ ㉠은 빛의 투과량이나 대상과의 거리에 대한 자극 정보를 연합 뉴런에 전달한다.

⑤ ㉠이 받을 수 있는 정보는 다섯 가지이며 이에 따라 ㉡이 정보를 전달하는 기관이 달라진다.

27. 윗글을 바탕으로 추론한 내용으로 적절하지 않은 것은?

> (가)는 시간에 따른 동공 크기의 변화를 나타낸 표이고, (나)는 시간에 따른 수정체의 두께 변화를 나타낸 표이다.

(가)

시간 (분)	A	B
0	4mm	6.3mm
1	5mm	5.8mm
2	5.3mm	5.3mm
3	6mm	5mm
4	6.4mm	4.3mm
5	7mm	3.8mm

(나)

시간 (분)	A	B
0	4.2mm	3.3mm
1	4.0mm	3.6mm
2	3.9mm	3.7mm
3	3.8mm	3.2mm
4	3.7mm	3.0mm
5	3.6mm	4.0mm

① (가): B의 홍채는 이완되어 빛의 양을 적게 받아들이도록 조절할 것이다.

② (가): A의 홍채는 외부 자극으로 인해 수축되었으므로 크기도 축소되었을 것이다.

③ (나): B는 가까이 있던 대상이 멀어졌다가 급격히 다가오는 것을 바라보고 있을 것이다.

④ (나): A의 섬모체는 점점 수축되면서 일정하게 멀어지는 대상에 대한 초점을 맞추도록 조절될 것이다.

⑤ (가): A는 밝은 곳에서 점점 어두운 곳으로 이동한 반면 B는 어두운 곳에서 밝은 곳으로 이동하였을 것이다.

※ 다음 글을 읽고 물음에 답하시오. (28~29번)

미국의 사회학자 윌리엄 오그번은 사회 변동 과정에서 나타나는 불균형 문제를 설명하기 위해 '문화 지체'라는 개념을 제시했다. 그는 문화를 기술, 기계, 도구와 같은 가시적인 '물질문화'와 법률, 제도, 가치관, 신념 체계 등 비가시적인 '비물질문화'로 구분하였다. 일반적으로 물질문화는 과학 기술의 발달과 생산력 증대에 힘입어 급속도로 확산하는 가속적 성질을 띠지만, 비물질문화는 전통과 관습을 고수하려는 보수적 성향이 강해 새로운 기술 환경이 도래했음에도 변화에 저항하거나 새로운 환경에 적응하는 데 상대적으로 오랜 시간이 걸린다.

이처럼 두 문화 요소 간의 변동 속도 차이로 ㉠ '부조화의 간극'이 발생하는데, 이것이 바로 문화 지체 현상이다. 과거 자동차 보급이 폭발적으로 늘어났음에도 교통 법규나 운전자의 시민 의식이 이를 따라가지 못해 교통사고가 급증했던 것이 대표적인 사례이다. 기술 발전 속도가 빠른 현대 사회에서는 이러한 현상이 더 심화되었다. 인공지능(AI), 드론, 유전자 조작 등 첨단 기술은 비약적으로 발전하여 우리 삶 깊숙이 파고들었으나, 이에 대한 윤리적 지침이나 법적 규제는 여전히 지체 상태이다. 기술은 이미 인간의 통제 범위를 넘어서고 있으나 이를 제어할 제도는 뒤처져 있어 사생활 침해, 신종 디지털 범죄, 생명 윤리 논란과 같은 사회적 위험이 증대되고 있다.

오그번은 이러한 지체 현상이 사회적 부적응과 혼란, 나아가 사회 해체의 주된 원인이 된다고 보았으며, 기술 발전의 혜택을 온전히 누리기 위해서는 기술 자체의 개발뿐만 아니라 이를 운용하는 사회적 시스템의 뒷받침이 필수적이라고 주장한다. 따라서 건전한 사회 발전을 위해서는 물질적 풍요에 걸맞은 시민들의 정신적 성숙과 더불어 급변하는 기술 환경을 수용하고 통제할 수 있는 유연하고 신속한 제도적 정비가 필수적이다.

28. 윗글의 내용과 일치하지 않는 것은?

① 문화 지체는 물질문화와 비물질문화의 변동 속도 차이에서 기인한다.

② 비물질문화는 물질문화에 비해 변화에 대한 저항이 크고 보수적인 성향을 띤다.

③ 오그번은 문화 요소 간의 불일치가 사회적 부적응과 해체를 초래한다고 보았다.

④ 기술의 발전 속도를 인위적으로 늦추면 문화 지체 현상을 근본적으로 해결할 수 있다.

⑤ 현대 사회의 인공지능 기술 발달과 윤리 규범의 괴리는 문화 지체의 대표적 사례이다.

29. ㉠의 구체적 사례로 가장 적절한 것은?

① 전통적인 대가족 제도가 붕괴되면서 독거노인 소외 문제가 심각한 사회 문제로 대두된 경우

② 스마트폰 사용은 전 국민에게 일상화되었으나, 공공장소에서의 사용 예절은 여전히 미흡한 경우

③ 환경 보호를 위한 법적 규제는 강화되었으나, 기업의 친환경 기술 개발이 이를 따라가지 못하는 경우

④ 해외의 선진 교육 이론을 국내에 도입하려 했으나, 입시 위주의 교육 현실과 맞지 않아 정착에 실패한 경우

⑤ 초고속 인터넷망은 구축되었지만, 이를 구동할 컴퓨터 하드웨어의 성능이 소프트웨어 사양에 미치지 못하는 경우

30. 다음은 주요 저작권 판례이다. 이를 바르게 이해한 사람을 <보기>에서 모두 고른 것은?

[판례 1]

• 사실 관계

A는 미술 저작물인 이미지를 창작하여 등록하였다. B는 과자의 포장 디자인 용역 업무를 C에게 의뢰하였고, C는 과자의 포장 디자인에 A의 미술 저작물을 이용하였다. 이 과정에서 C는 B에게 미술 저작물의 저작권자인 D에게 이용료를 지급해야 한다고 말했고, 이에 따라 B는 D에게 이용료를 지급했다.

• 판단

B는 A의 동의 없이 과자의 내부 포장 용지 및 포장 상자에 A의 저작물을 복제함으로써 A의 저작 재산권을 침해하였고, 저작권법 제125조 제4항에 따라 B가 침해 행위에 과실이 있는 것으로 추정되므로 B는 A가 입은 재산적 손해를 배상할 의무가 있다. B가 D에게 이용료를 지급할 당시, 사용한 미술 저작물에 관한 D의 저작권 등록 여부를 확인하는 등 D가 이 미술 저작물의 진정한 저작권자인지를 알아보는 노력을 하였다는 점을 인정할 자료가 없는 이상, 이 미술 저작물을 B가 제조한 과자의 포장에 이용함으로써 이루어진 A의 저작권 침해 행위에 대한 B의 과실 추정을 뒤집기가 부족하다.

[판례 2]

• 사실 관계

A는 B의 동의나 승낙을 받지 않은 채 A 회사의 홈페이지 중 주류 관련 뉴스 코너에 B가 작성하여 저작권을 가진 인터넷 기사 중 69건의 기사를 게시하였다. A 회사의 홈페이지 중 주류 관련 뉴스 코너의 경우 일반인이 접근할 수 없도록 폐쇄적으로 운영하면서 소수 사원에게 엄격한 로그인 절차를 거쳐서만 게시글을 볼 수 있도록 하였다.

• 판단

영리 목적으로 설립된 기업의 경우 설령 내부적 이용이라 하더라도 사적 이용을 위한 복제나 공정 이용에 해당한다고 볼 수 없다.

[판례 3]

• 사실 관계

A는 휴대 전화 게임 프로그램에 B가 제작·관리하는 음반에 수록된 가수의 음원 파일 중 가수의 노래 부분을 복제하여 프로그램 서버에 올려놓아 이용자들이 700원을 결제하면 무선 네트워크를 통하여 이용자들에게 전송한 것을 비롯하여 B가 저작인접권을 가지고 있는 26곡의 음악을 위와 같은 방법으로 복제 및 전송함으로써 B의 저작인접권을 침해하였다.

• 판단

음반이란 음이 유형물에 고정된 것을 의미하고 음반 제작자의 복제권 등은 저작인접권으로 보호되는바, 음반의 원음 전부를 그대로 복제한 것이 아니라 일부를 복제하였다 하더라도 그 음이 그대로 복제되는 한 저작인접권의 침해에 해당한다고 할 것이므로 A가 음반에 있는 음악 중 가수의 노래 부분을 그대로 복제하여 사용한 이상 이는 B의 저작인접권 침해에 해당한다.

* 저작인접권: 실연가(實演家), 음반 제작자, 방송 사업자에게 인정되는 녹음, 복제, 이차 사용 따위에 관한 권리를 통틀어 이르는 말

<보기>

갑: 저작자로부터 이용 허락을 받은 이미지에 회사의 로고를 표시한 것은 저작권법 위반이 아니다.

을: 영리 회사가 다른 사람의 저작물을 회사 내부에서만 이용하더라도 사적 이용을 위한 복제 또는 공정 이용이 아니다.

병: 용역 업체의 말만 믿고 저작자가 아닌 엉뚱한 사람에게 사용료를 지급하더라도 저작권 침해 행위의 과실이 인정된다.

정: 음반의 부분에 해당하는 가수의 노래 부분만 복제한다면 그 노래를 부른 가수의 저작권만 인정되므로 음반 제작자의 저작인접권을 침해하는 것이 아니다.

① 갑, 을

② 갑, 병

③ 갑, 정

④ 을, 병

⑤ 병, 정

서술형(1 ~ 9번)

※ 다음 문제를 읽고 OMR 용지(p.247)에 답을 쓰시오. (1~9번)

1. 다음 ㉠~㉢에서 잘못 쓴 부분을 찾아 조건에 맞게 바르게 고쳐 쓰시오. [30점]

【조건】 잘못 표기된 부분을 모두 찾아 기호와 함께 '틀린 표현 → 올바른 표현'의 형식으로 쓸 것.

㉠ 경기 침체가 우려되 작년보다 낮은 수준의 경제 성장이 예상된다. ㉡ 6월부터 9월까지 수도권의 전셋값 상승율이 광역시보다 매월 높았다. ㉢ 최근 수도권에서 매매보다 전세 가격이 비싼 아파트가 약 20%에 이르었다.

2 . 다음 밑줄 친 용어의 순화 표현을 기호와 함께 각각 쓰시오. [30점]

- ㉠ IT 강국 대한민국 … 인터넷 속도 추락
- ○○ 기업, "적대적 ㉡ M&A는 절대 없을 것"
- ○○ 연구진 100배 정밀한 ㉢ 3D 출력 기술 개발
- 세계보건기구, 전염병 대응을 위한 ㉣ 액션 플랜 도출
- 개발 도상국의 경제 발전 지원을 위한 ㉤ ODA 규모 확대 계획

3. 다음은 인용과 표절을 설명한 글이다. ㉠과 ㉡에 들어갈 말을 기호와 함께 순서대로 쓰시오. [30점]

【조건】 1. ㉠과 ㉡은 본문에 나온 단어를 활용하여 쓸 것.
2. ㉠은 5어절로, ㉡은 3어절로 쓸 것.

> 글을 쓸 때 다른 사람이 쓴 글이나 말을 자신의 글에 끌어와 쓸 때가 있다. 공신력 있는 자료를 참고하여, 정확한 정보를 인용하면 글의 신뢰도를 높이는 데 도움이 되기 때문이다. 하지만 인용한 내용의 출처를 명확히 표기하지 않는다면 표절 행위로 간주한다. 이때, 표절은 시나 글, 노래 따위를 지을 때에 남의 작품의 일부를 몰래 따다 쓰는 행위로 정의된다. 표절에는 다른 사람의 저작물을 그대로 복사해 사용하기, 표현 일부를 바꾸거나 자기 생각을 약간 덧붙여 사용하기, 자신의 저작물을 재활용해 새것인 것처럼 다시 쓰기 등 여러 유형이 있다. 이 유형들은 (㉠)에서 인용으로 볼 수 있다는 공통점이 있으나, 결정적으로 (㉡) 때문에 표절로 간주한다.

4. 다음 자료를 분석하여 ㉠~㉢에 이어질 내용을 조건에 맞게 기호와 함께 쓰시오. [30점]

【조건】 첫 문장의 서술 방식에 맞추어 11어절로 쓸 것.

평생학습 연평균 참여 시간

(단위: 시간)

구분	2023	2024	2025	2026
취업	354	425	374	358
실업	484	581	488	525
비경제활동	494	536	571	686

<보기>

- 2023년의 평생학습 참여 시간 평균을 비교할 때, 비경제활동 인구가 가장 높고 취업 인구가 가장 낮으며, 둘의 차는 140시간이다.
- 2024년의 평생학습 참여 시간 평균을 비교할 때, (㉠).
- 2025년의 평생학습 참여 시간 평균을 비교할 때, (㉡).
- 2026년의 평생학습 참여 시간 평균을 비교할 때, (㉢).

5. **다음 공손성의 원리에 관한 자료를 보고 조건을 고려하여 ㉠~㉤에 알맞은 말을 쓰시오. [30점]**

【조건】 ㉠~㉤의 순서로, 기호를 붙여 정답을 쓸 것.

공손성의 원리는 정중한 표현은 최대화하고 정중하지 않은 표현은 최소화해야 함을 전제로 다섯 가지 격률을 제시한다. '요령의 격률'은 상대방에게 부담이 되는 표현은 최소화하는 대신 상대방에게 이익이 되는 표현을 극대화하는 방법으로 부탁의 상황에서는 간접적인 표현을 통해 실현할 수 있다. '관용의 격률'은 자신에게 부담이 되는 표현을 최대화하고 자신의 이익은 최소화하여 표현하는 방법이다. '찬동의 격률'은 상대방에게 칭찬을 최대화하고 비난을 최소화하는 것이며, '겸양의 격률'은 자신에게 비난을 최대화하고 칭찬을 최소화하는 방법을 말한다. '동의의 격률'은 상대방과 자신의 일치하는 점을 최대화하고 차이점은 최소화하는 방법을 말한다.

이 사원은 회의 중 박 사원의 목소리가 잘 들리지 않자, ⓐ "박 사원님, 방금 말씀하신 부분을 제가 놓쳤습니다. 죄송하지만 조금 더 크게 다시 말씀해 주실 수 있으신가요?"라고 말하였다. 회의가 끝난 후 김 부장은 박 사원에게 "오늘 회의 내용 좋았어요. ⓑ 특히 박 사원이 제시한 아이디어는 기발하다고 생각합니다. 대단해요."라고 칭찬하였다. 이에 박 사원은 ⓒ "감사합니다. 제가 예전부터 기발한 아이디어를 잘 낸다는 얘기를 많이 들었어요."라고 대답하였다. 이를 지켜보던 이 사원은 박 사원에게 ⓓ "박 사원님, 저도 새로운 기획안을 제출해야 하는데 좀 도와주세요."라고 부탁하며, 오늘 점심 식사로 중식을 제안하였다. 이에 박 사원은 ⓔ "저도 중식 좋아하는데 이 사원님도 중식 좋아하시나 봐요. 그런데 제가 오늘 저녁에 중식당에서 약속이 있어서요. 일식은 어떠세요?"라고 대답했다.

ⓐ, ⓑ, ⓔ는 공손성의 원리를 잘 지킨 대화이다. 왜냐하면 ⓐ는 (㉠)의 격률에 해당하며, ⓑ는 (㉡)의 격률, ⓔ는 (㉢)의 격률을 지키며 대화하고 있기 때문이다. 반면 ⓒ, ⓓ는 공손성의 원리를 지키지 못한 대화이다. 왜냐하면 ⓒ는 (㉣)의 격률, ⓓ는 (㉤)의 격률을 위반하여 대화하고 있기 때문이다.

6. 다음 문서의 밑줄 친 ㉠~㉤을 공공 언어 성격에 맞게 바르게 수정하여 쓰시오. [50점]

【조건】 1. 기호와 함께 수정한 내용만 쓸 것.
2. 띄어쓰기를 수정할 때는 'V'로 표시할 것.

수신자 ◇◇광역시 내 20개 소방서 (경유) **제목** 20××년 성과 우수자 특별 승급 대상자 추천 요청
1. ◇◇광역시 인사과-901516(20××. 12. 12.)호와 관련된 사항입니다. 2. 20××년 특별 승급 계획을 확인하시고, ㉠각기관에서 ㉡특별 승급 요건 우수 공무원을 추천하여 주시기 바랍니다. 가. 선발 대상: 호봉제를 적용받는 6급 이하 공무원 나. 선발 기한: ㉢20××년 12월 23일(수) 다. 유의 사항 1) 추천 시 특별 승급 요건 및 결격 여부를 철저히 확인하여야 함 2) ㉣기관별 배열된 ㉤인원 수 이내로 대상자 선정하도록 함 라. 제출 서류: 의결서, 추천서, 결격 요건 등 자체 확인서

7. ○○물산 영업팀의 홍○○ 실장은 A 기업에 ○○○패션몰 입점을 제안하고자 한다. ○○물산에서 신설한 ○○○패션몰에 대한 정보인 <보기>를 바탕으로 할 때, ㉠과 ㉡에 들어갈 내용을 쓰시오. [100점]

【조건】 1. ㉠에는 '○○○패션몰의 강점 및 입점 혜택'을 소개하는 내용을 '귀사에 ~ 가능합니다. 또한 ~ 있습니다.' 형식의 두 문장으로 쓸 것.

2. ㉡은 두 문장으로 쓰되, 첫 번째 문장은 붙임에 첨부한 자료를 설명하며 제안서 검토를 요청하는 내용, 두 번째 문장은 입점을 희망하는 경우 필요한 서류를 이메일로 보내 줄 것을 요청하는 내용으로 쓸 것.

3. ㉡의 첫 번째 문장은 '~하였으니 ~ 바랍니다.', 두 번째 문장은 '만약 귀사에서 ~ 바랍니다.'의 문장 형식으로 쓸 것.

4. ㉠과 ㉡의 순서대로, 기호를 붙여 쓸 것.

<보기>

1. ○○○패션몰 안내문 내용

1) ○○○패션몰 정보(위치, 규모, 조감도)
2) ○○○패션몰 매장 면적에 따른 사용료

2. ○○○패션몰 강점 및 입점 혜택

1) ○○시 ○구의 유일한 쇼핑몰
2) 주변 시세 대비 저렴한 임대료
3) ○○물산이 후원하는 패션쇼 및 행사 무상 참여

3. ○○○패션몰 입점 신청 서류

1) 입점 신청서 1부
2) 사업자등록증 사본 1부
3) 디자인 포트폴리오(판매품 의류 5벌)

○○물산

주소: ○○시 ○구 ○○로 456-78
전화: 02-123-4567
문서번호: 2022-××호
작성일자: 2022.××.××.
수신: A 기업 입점 담당자

제목: ○○○패션몰 입점 제안의 건

1. 귀사의 무궁한 발전을 기원합니다.
2. [㉠]
3. [㉡]

가. 담당자: 실장 홍××
나. 이메일: honghong@ongongmulsan.com
다. 문의처: 010-1234-5678
※ 모든 문의 사항은 문의처로 전화해 주시기 바랍니다.

붙임: ○○○패션몰 안내문 1부. 끝.

○○물산

8. 다음 글을 조건에 따라 요약하여 기호와 함께 쓰시오. [100점]

【조건】 1. ㉠은 글의 제목을 7어절로, ㉡~㉣은 장치가 지문을 획득하는 방법을 요약하여 제시된 순서대로 각각 1문장씩 쓸 것.

2. ㉠은 '~에 따른 ~의 ~'의 형식으로 쓸 것.

3. ㉡~㉣은 '~는 ~데, 이를 신호로 변환해 지문을 획득한다.'의 형식으로 쓸 것.

지문 입력 장치의 융선과 골에 대응하는 빛의 세기, 전하량, 온도와 같은 물리량에 차이가 발생한다. 광학식 지문 입력 장치는 조명 장치, 프리즘, 이미지 센서로 구성되어 있다. 프리즘의 반사면에 손가락을 고정시키면 융선 부분에 묻어 있는 습기나 기름이 반사면에 얇은 막을 형성한다. 조명에서 나와 얇은 막에 입사된 빛은 굴절되거나 산란되어 약해진 상태로 이미지 센서에 도달한다. 골 부분은 반사면에 닿아 있지 않으므로 빛이 굴절, 산란되지 않고 반사되어 센서에 도달한다. 이미지 센서는 빛의 세기를 디지털 신호로 변환하여 지문 영상을 만든다. 이 장치는 지문이 있는 부위에 땀이나 기름기가 적은 건성 지문인 경우에는 온전한 지문 영상을 획득하기 어렵다. 정전형 센서식 지문 입력 장치는 미세한 정전형 센서들을 촘촘하게 배치한 판을 사용한다. 이 판에는 전기가 흐르고 각 센서마다 전하가 일정하게 충전되어 있다. 판에 손가락이 닿으면 전하가 방전되어 센서의 전하량이 줄어든다. 이때 융선이 접촉된 센서와 그렇지 않은 센서는 전하량에 차이가 생기는데, 각 센서의 전하량을 변환해 지문 영상을 얻는다. 초전형 센서식 지문 입력 장치는 인체의 온도 변화를 감지하는 여러 개의 작은 초전형 센서를 손가락의 폭에 해당하는 길이만큼 일렬로 배치해서 사용한다. 이 센서는 온도가 변할 때에만 신호가 발생하는 특성이 있다. 센서가 늘어선 방향과 직각 방향으로 손가락을 접촉시킨 채 이동시키면, 접촉면과 지문의 융선 사이에 마찰열이 발생하여 융선과 골에 따라 센서의 온도가 달라진다. 이때 발생하는 미세한 온도 변화를 센서가 감지하고 이에 해당하는 신호를 변환하여 연속적으로 저장해 지문 영상을 얻는다.

9. 다음 <글쓰기 계획>에 맞게 '친환경 섬유패션'에 관한 보도문을 쓰시오. [300점]

<글쓰기 계획>

문단	내용 및 조건	활용 자료	분량
1문단	• 섬유패션계에서 대두된 친환경·저탄소화 문제 및 관련 정책 대안 모색을 위한 간담회 추진 배경을 쓰시오.	(가)	160자~ 190자 이하
2문단	• 세계 섬유 시장에서의 친환경 섬유 규모와 비중 그리고 전망을 쓰시오. - 이때, 2021년, 2030년 시장 규모의 변화와 비중을 함께 제시하되 비중은 소수점 둘째 자리에서 반올림하여 %로 표시할 것.	(나)	110자~ 140자 이하
3문단	• 국내 친환경 섬유패션의 시장 규모, 친환경 상품 판매 및 전환의 애로 사항을 순서대로 쓰시오. - 이때, '친환경 상품 판매의 애로 사항'에는 MZ세대의 소비 경향과 MZ세대가 친환경 제품을 구매하기 어려운 이유를 설명하면서 가격 측면에서의 문제점을 함께 제시할 것. - (나)의 친환경 전환을 위한 가장 큰 애로 사항에서 비중이 가장 높은 항목 2가지를 포함하여 제시할 것.	(나), (다)	230자~ 260자 이하
4문단	• 국내 섬유패션기업의 친환경 인식 조사 결과와 '산업통상자원부 1차관 브리핑 中'의 지원 내용을 쓰시오.	(가), (나)	210자~ 240자 이하

<자료>

(가) 정부 브리핑

친환경 섬유패션 정책 간담회 추진 배경

- EU의 환경규제 강화 및 글로벌 패션기업의 친환경 선언 등으로 친환경·저탄소화는 국내 섬유패션산업의 최대 현안으로 대두
- 산업통상자원부는 간담회를 열어 기존에 정부와 산업계가 마련한 섬유패션 친환경·저탄소화 전략을 토대로 실효성 있는 정책 대안 모색

산업통상자원부 1차관 브리핑 中

"간담회에서 논의된 친환경·저탄소화 이행 방안을 바탕으로 섬유패션업계의 지속가능성 전환을 지원하기 위해 공공조달 분야 등 친환경 섬유시장 확대, 생분해·리사이클 등 친환경 섬유소재 기술 개발, 폐의류 등 자원 순환형 생태계 조성 등에 적극 노력하겠습니다."

(나) 조사 자료

세계 섬유 시장 중 친환경 섬유 비중

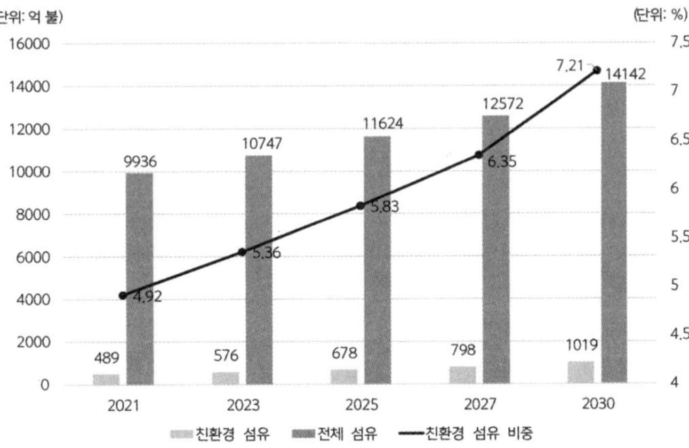

국내 섬유패션기업 친환경 인식 조사 결과

*패션업계는 현재 국내 친환경 섬유패션의 시장 규모를 약 1조 원, 전체 시장의 약 2%로 추정

친환경 전환에 대한 인식 현황

친환경 전환 중요성

섬유패션기업의 친환경 전환이 기업 경쟁력에 얼마나 중요한지에 대해 응답 기업은 총 10점 만점에 평균 8.1점으로 나타남

친환경 저탄소화 추진

친환경 저탄소화를 추진 중이거나 계획이 있는 기업은 전체 응답 기업의 80%, 없는 경우는 20%로 나타남

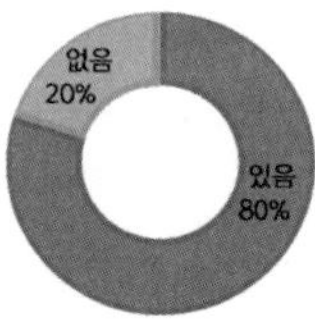

국내 섬유패션기업 친환경 전환 애로 사항 조사 결과

친환경 전환을 위한 가장 큰 애로 사항

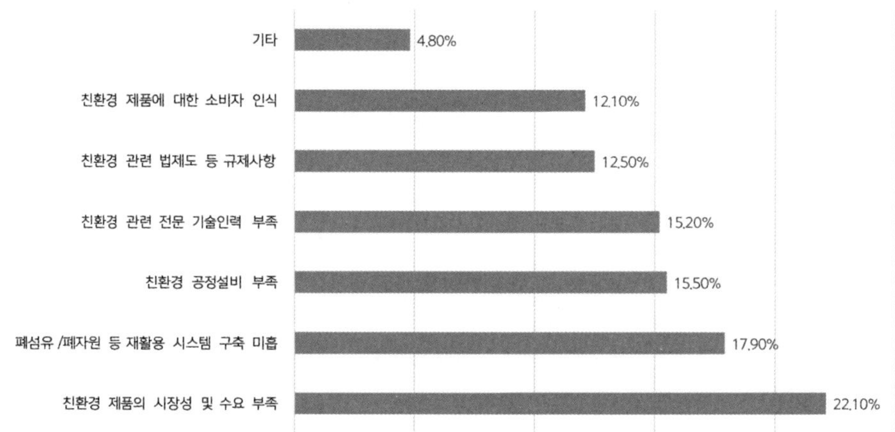

(다) 라디오 인터뷰 中

▶기자: 엠지(MZ) 세대의 소비 트렌드. 어떤 경향을 보일까요?

▶전문가: 엠지 세대는 소비로 자신이 지닌 환경적, 사회적 가치를 표현하고자 합니다. 이른바 가치 소비를 중시하는 편이지요.

▶기자: 최근 설문 조사에 따르면, 엠지 세대 중 대부분이 친환경을 실천하고 있으며, 친환경 제품 구매에도 긍정적으로 답하고 있는데요. 이에 대해서는 어떻게 생각하시는지 궁금합니다.

▶전문가: 네. 말씀하신 것처럼 엠지 세대의 친환경 소비 인식은 높습니다. 하지만 상대적으로 친환경 소재의 제품은 가격이 높아 진입 장벽이 있는 편이지요. 실제로, 친환경 소재 섬유패션 제품의 가격이 일반 제품의 가격보다 1.5~2배 가량 높아 실제 구매로 이어지지 않는 면이 있습니다.

약점 보완 해설집 p.48

원고지 모범답안 바로 보기
실제 답안 형태인 원고지 모범답안을 통해
원고지 작성법까지 익혀 보세요!

7일 기출동형 모의고사 3회

한국실용글쓰기 문제

수험번호		성명	
객관식(300점)/서술형(700점)		시험시간 120분	

※ 답안 작성 시 유의 사항

1. 시험 시간 120분을 준수해 주시기 바랍니다.
2. 문제의 조건을 따르지 않을 경우 감점합니다.
3. 문제에 대한 답은 반드시 해당 답안에 작성하시기 바랍니다.
   (예: 서술형 1번 답안을 2~5번 답안에 작성할 경우 채점하지 않음)
4. 답안 밖에 작성한 내용은 채점하지 않습니다.
5. 답안과 관련이 없는 내용, 개인 신상을 드러낸 내용이 있을 경우 0점 처리합니다.

※ 다음 글을 읽고 물음에 답하시오. (1~2번)

Ⅰ. 국내 외래 생물 유입 현황
- 외래 생물은 2009년 894종에서 현재 2,146종으로 꾸준히 증가하는 추세임

Ⅱ. 외래 생물의 문제
1. 강한 번식력으로 생태계를 지배하여 고유종의 다양성이 감소함
2. 감염병을 전파하여 인간의 건강을 위협함
3. 외래종 침입 피해로 사회·경제적 비용이 발생함
4. 우리 고유의 생태계를 교란하여 동식물의 서식지를 파괴함

Ⅲ. 외래 생물 개체 수 감소 방안
1. 제도적 차원에서의 방안
2. 연구·개발을 통한 방안
3. 국제적 협력을 통한 방안

Ⅳ. 맺음말

1. 위 개요를 바탕으로 쓴 글의 제목으로 가장 적절한 것은?

① 생물 다양성이 가져온 사회의 변화
② 전 세계에 문제를 일으키는 외래 생물
③ 외래 생물과의 공존을 위한 인간의 노력
④ 외래 생물을 통한 국가 간 교류 대상의 확대
⑤ 생태계의 균형을 위협하는 외래 생물에 대한 대처

2. 위 개요에서 다음 내용과 가장 밀접하게 연결되는 것은?

바이오 산업에서 화장품이나 의약품, 기능성 식품을 제조할 때 식물을 원재료로 사용하지만, 식물의 생장에 오랜 시간이 걸려, 제조에 필요한 양을 확보하지 못해 생산에 차질이 생기곤 한다. 연구진은 이런 문제를 해결하기 위해 강한 번식력을 가진 외래종을 분석하였다. 결과적으로 외래종에게서 화장품, 의약품에 사용할 수 있는 우수한 효과를 발견하여 외래종을 대체재로 활용할 방안을 연구할 계획이다. 외래종을 산업 소재로 활용하게 된다면, 환경적으로도 큰 이득을 기대할 수 있다.

① Ⅱ. 1.　　② Ⅱ. 3.
③ Ⅲ. 1.　　④ Ⅲ. 2.
⑤ Ⅲ. 3.

3. 다음 개요를 바탕으로 세운 글쓰기 전략 중 적절하지 않은 것은?

> 1. 글쓰기 목적: 장애인이 불편 없이 도서관을 이용할 수 있도록 시설 및 서비스 개선 건의
> 2. 문제 상황
>   - 점자 도서 및 오디오북 등 대체 자료가 부족함
>   - 시설 예산 부족으로 휠체어 이용자를 위한 경사로 및 전용 열람석이 미비함
>   - 장애인 이용자들이 불편을 호소하며 도서관 방문을 부담스러워함
> 3. 예상 독자: 도서관 관장 및 지자체 문화예술과 담당자

① 최근 3년간 도서관을 이용한 장애인 이용자 수와 만족도 조사 결과를 수집한다.

② 구체적인 보완책을 제시하기 위해 장애인 친화 도서관의 서비스 실태를 조사한다.

③ 장애인차별금지법 등 관련 법령을 근거로 제시하여 정당한 편의 제공이 도서관의 법적 의무임을 강조한다.

④ 예산 부족을 이유로 시설 개선을 미루는 것은 정보 소외 계층의 기본권을 침해하는 것임을 논리적으로 비판한다.

⑤ 장애인에 대한 사회적 편견을 해소하기 위해 비장애인을 대상으로 하는 장애 인식 개선 인문학 강좌의 개설을 최우선 과제로 제안한다.

4. 보고하는 글을 작성하려 할 때 글의 장르에 따른 구조에 대한 설명으로 적절하지 않은 것은?

단계	내용
서론	㉠ 보고서를 쓰게 된 배경을 제시한다. ㉡ 보고서의 범위를 명확히 하여 보고할 주제를 소개한다.
본론	㉢ 주제에 대해 수집한 정보를 분석 구조로 전개하여 체계성을 갖춘다. ㉣ 함축적인 단어로 내용을 논리적으로 전개하여 독자의 이해를 돕는다.
결론	㉤ 분석한 내용의 핵심 정보를 요약하며 마무리한다.

① ㉠　② ㉡
③ ㉢　④ ㉣
⑤ ㉤

5. 다음 글의 ㉠~㉤에 대한 고쳐쓰기 방안으로 적절하지 <u>않은</u> 것은?

> 지식은 학습과 경험을 통해 알게 된 명확한 인식이나 이해를 말한다. ㉠ <u>한편</u> 우리가 알고 있는 것을 통틀어 지식이라고 말할 수 있다. 마이클 플러니는 지식을 두 가지로 구분하였는데, 개인이 학습하거나 경험을 통해 체화한 지식을 '암묵지'라고 하였다. ㉡ <u>그래서</u> 겉으로 표현되어 시각적으로 인식할 수 있는 지식을 '명시지'라고 하였다. 마이클 플러니는 두 가지 지식 중 암묵지가 더 중요하다고 주장하였다. ㉢ <u>그러므로</u> 암묵지는 모든 행위의 기초가 되는 지식으로, 삶에 필수적인 지식이기 때문이다. ㉣ <u>그러나</u> 암묵지를 형식적으로 표출한 것이 명시지라는 점에서, 암묵지가 명시지의 기초가 되어 더 중요하다고 주장하였다. 기업에서도 마이클 플러니의 이론을 적용하여 암묵지를 활용한 지식 경영을 제시하였다. 지식 경영의 핵심은 조직에서 구성원의 암묵지를 공유하여 새로운 지식을 창출하는 것이다. ㉤ <u>그렇지만</u> 관리자는 구성원들이 암묵지를 활발히 공유할 수 있는 분위기를 조성하고 지식을 통해 조직의 발전을 도모할 수 있도록 해야 한다.

① ㉠: 앞의 내용을 근거로 한 결과를 제시하고 있으므로 '그러므로'로 수정한다.

② ㉡: 앞의 내용을 바꾸어 말하고 있으므로 '요컨대'로 수정한다.

③ ㉢: 앞의 내용에 대한 원인을 제시하고 있으므로 '왜냐하면'으로 수정한다.

④ ㉣: 앞의 내용에 덧붙여 내용을 연결하고 있으므로 '그리고'로 수정한다.

⑤ ㉤: 앞의 내용을 원인으로 하여 뒤에서 결과를 제시하고 있으므로 '따라서'로 수정한다.

6. 다음 다듬을 말을 개선한 말로 적절하지 <u>않은</u> 것은?

① 국내 <u>로테크</u> 산업의 전망 → 단순 기술

② 전자 결재를 통한 사업 보고서 <u>상신</u> → 올림

③ 간담회 참석을 위한 <u>거마비</u> 제공 → 교통비

④ 미래 기술을 활용한 <u>빅 테크</u> 사업 계획 → 지능형 기술

⑤ <u>메타버스</u>를 활용한 사내 연수 진행 → 확장 가상 세계

7. 다음 글의 ㉠에 쓸 내용으로 가장 적절한 것은?

> 필립스 곡선은 실업과 인플레이션(물가 상승률)의 관계를 나타낸 그래프이다. 그래프를 통해 두 요소의 관계가 경기의 변동에 따라 달라짐을 알 수 있다. 호황기에는 기업들이 생산을 늘리기 위해 인력을 고용하여 실업률이 낮아지지만, 노동자들의 임금이 상승하여 생산비는 증가한다. 기업은 생산비가 증가한 만큼 가격을 올려 결과적으로 물가가 상승하게 된다. 물가가 지속적으로 상승하면 국가 차원에서는 긴축 정책을 시행한다. 긴축 정책을 시행하면 총수요가 감소하고 정부는 재정 지출을 통제한다. 기업 차원에서는 소비자 수요가 감소하여 생산을 줄이고 재고를 처리하기 위해 가격을 낮춘다. 이러한 과정에서 물가는 안정되지만 반대로 실업률은 상승하게 된다. 따라서 정부는 두 요소의 관계를 파악하여 경제 성장과 물가 안정을 목표로 국가 경제를 안정화해야 한다. 하지만 현실적으로 두 목표를 동시에 달성하기 어렵다. 왜냐하면 (㉠) 때문이다.

① 인플레이션으로 경제 호황이 단기간에만 나타나기

② 물가가 하락하면 긴축 정책을 시행해 실업률이 하락하기

③ 국가는 재정 지출을 통제하고 기업은 생산을 줄여 가격을 낮추기

④ 필립스 곡선을 통해 소비자 수요와 물가가 긴밀한 관계에 있음을 알 수 있기

⑤ 실업과 인플레이션은 반비례 관계로 경제 성장과 물가 안정은 상충되는 목표이기

※ 다음 문서를 읽고 물음에 답하시오. (8~10번)

문서 번호	제20××-××-×호
보존 기간	××년
시행 일자	20××.××.××
처리 기간	즉시

결 재	담당	팀장	본부장	사장
	김××	이××	최××	박××

경유	
수신	×××
참조	×××

제목: 국제 학술 대회 참가 계획 건

1. 국제 학술 대회 참가와 관련한 업무 지원에 감사드립니다.
2. ㉠ 우리 기관 대표로 20××년 ×월에 열리는 국제 학술 대회를 참가하여 국제기관과 다양한 교류와 협력의 기회를 얻고자 합니다.
3. 아래와 같은 사항을 참고하여 확인 부탁드립니다.
   가. 행사명: 20××년 국제 학술 대회
   나. 참가 일시 및 장소: 20××. ×. ×. ~ 20××. ×. ×. (총 2박 3일), ○○컨벤션센터
   ※ 대회 장소가 ㉡ 우리 기관과 가까운 근교에 있으므로 대회 당일 이동이 가능합니다.
   다. 참가국: 15개국 이상
   라. 참가 목적: ㉢ 우리 기관의 샘플링 대상과 연구 결과를 소개하고, 국제기관들과 새로운 아이디어를 공유하여 해당분야의 최신 동향 및 연구 결과를 습득하기위해 참가하고자 합니다.
   마. 참가 인원: 3명(우리 기관 대표자 △△△, □□□, ◇◇◇)
   ※ ㉣ 신입 사원 충원으로 인해 기존 2명에서 3명으로 참가 인원을 조정하였습니다.
   바. 주요 수행 사항: 우리 기관의 연구 및 사업 수행 결과 포스터 발표
   ※ ㉤ 상기의 포스터 발표 초록은 대회처에 승인받았습니다.
   사. 비용: 금600,000원(금육십만 원)
   ※ 이 비용은 학술 대회 참가에 필요한 등록비, 여비따위를 포함하고 있으며 붙임 1의 참가 경비 계획서에서 세부 사항을 확인해 주시기 바랍니다.
   아. 참가 포스터는 국제 학술 대회 종료 후 우리 기관에 일주일간 전시 예정입니다.

붙임 1. 참가 경비 계획서 1부.
2. 초록 원본 1부. 끝.

8. 위 문서에 대한 설명으로 적절하지 않은 것은?

① 붙임은 참고해야 할 자료의 명칭과 부수를 함께 기재한다.
② 보존 기간은 내부 규정에 따라 기재하거나 생략할 수 있다.
③ 시행 일자는 기안자가 수신자에게 기안을 전달한 일자를 기재한다.
④ 내부 기안문인 경우, 수신에 기관명 대신 '내부 결재'라고 기재한다.
⑤ 본문에서 빠뜨린 내용이나 강조할 내용이 있는 경우, 본문과 구분하여 하단에 추신을 기재한다.

9. 기안서를 수정한 표현으로 적절하지 않은 것은?

① ㉠: 우리 기관 대표로 20××년 ×월에 열리는 국제 학술 대회에 참가하여
② ㉡: 우리 기관과 가까우므로
③ ㉢: 우리 기관의 표본 대상과 연구 결과를 소개하고
④ ㉣: 신입 사원 충원에 의해
⑤ ㉤: 위의

10. 기안서에서 띄어쓰기를 수정한 것으로 적절하지 않은 것은?

① 해당분야 → 해당 분야
② 습득하기위해 → 습득하기 위해
③ 금육십만 원 → 금육십만원
④ 여비따위를 → 여비 따위를
⑤ 일주일간 → 일주일 간

※ 다음 정책 홍보문을 읽고 물음에 답하시오. (11~12번)

> **(가)**
>
> 지역 간 문화 격차, 획일화, 지방 소멸 등 정책 환경 변화를 분석하여 기존 계획과 정책 과제를 계승·발전
>
> 1. 추진 배경
>   1) 지역 간 문화 인프라, 향유 기회의 불균등이 지속되어, 비수도권은 문화 시설의 '양'과 '질'에서 모두 취약함
>   2) 지역의 개성이 사라지고 전국이 수도권의 문화로 수렴함, 저출산, 고령화, 청년 이탈 등으로 인한 지역 쇠퇴 가속화
> 2. 목표
>   지역 규모별 문화 예술 관람률 격차 및 여가 생활 만족도 격차를 2027년까지 5%p 내로 축소
> 3. 전략 및 추진 과제
>
> | 전략 | 과제 |
> |---|---|
> | 대한민국 어디서나 자유로운 문화 누림 | ① 지역 맞춤형 정책 지원으로 지역 소멸에 적극 대응
② 지역 문화·생활·소통의 중심이 되는 모두의 도서관
③ 장애인 친화 및 미래 지향적 문화 기반 시설 구축
④ 지역 문화 기반 시설의 전략적 확충 |
> | 지역 고유의 문화 매력 발굴, 확산 | ① 문화·관광형 생활 인구 유입 확대
② 지역 현장 중심의 지역 문화권 육성 및 확장 |
> | 문화를 통한 지역 자립과 발전 | **(나)** |

11. 위 문서의 (가)에 들어갈 제목으로 가장 적절한 것은?

① 지방 지역 청년층 유입 전략
② 지방 지역 문화 정책 추진 전략
③ 지방 지역 사회적 갈등 해소 전략
④ 지방 지역 문화의 수도권 확산 전략
⑤ 지방 지역 미래지향적 문화 추진 전략

12. 윗글의 (나)에 들어갈 적절한 내용을 <보기>에서 모두 고른 것은?

> <보기>
>
> ㉠ 지역 문화 발전을 위한 제도적 기반 강화
> ㉡ 문화를 통한 주민 활력 증진과 사회 문제 해소
> ㉢ 매력적인 스토리텔링을 담은 로컬 콘텐츠 발굴
> ㉣ 지역에 관계없이 자유롭고 공정한 문화 접근 기회 보장
> ㉤ 지역 발전을 이끄는 창의적인 문화 인력 양성과 일자리 창출

① ㉠, ㉡, ㉣
② ㉠, ㉡, ㉤
③ ㉠, ㉢, ㉣
④ ㉡, ㉢, ㉣
⑤ ㉡, ㉣, ㉤

※ 다음 보고서의 작성 배경과 개요를 읽고 물음에 답하시오. (13~14번)

○○ 연구소에서 근무 중인 장 수석은 국내의 '긴급돌봄' 서비스 현황을 국외 사례와 비교하여, '긴급돌봄' 서비스의 한계를 극복할 방안을 제언하는 보고서를 작성하려 한다. 장 수석은 영유아와 초등학교 저학년 자녀를 둔 가구를 대상으로 '긴급돌봄' 서비스 이용률에 대한 설문 조사를 실시하고, 국내외 '긴급돌봄' 서비스 운영 현황을 조사하였다. 이후 장 수석은 '실수요에 따른 다양한 유형의 '긴급돌봄' 서비스 지원과 정책의 필요성'을 주제로 한 보고서를 작성하였다. 다음은 장 수석이 작성한 보고서의 개요이다.

개요

Ⅰ. 서론
'긴급돌봄'의 대두 배경 및 대응의 난점

Ⅱ. 본론
1. 국내 '긴급돌봄' 수요 및 공급 현황
1) ㉠ '긴급돌봄' 이용률 설문 조사에 따르면 영아, 유아, 초등학교 저학년 순으로 이용률이 높음
2) ㉡ '긴급돌봄'을 신청할 수 있는 지원 대상이 영유아에 한정되어 있음
2. 국외 '긴급돌봄' 서비스 및 정책 현황
㉢ 미국은 반드시 일해야 하는 근로자에게 '긴급돌봄' 서비스의 우선 사용권을 부여하고 있으며, 영유아부터 아동까지 다양한 유형의 서비스가 제공됨
3. 국내 '긴급돌봄' 서비스 한계 및 해결 방안
1) ㉣ '긴급돌봄'을 신청할 수 있는 지원 대상이 영유아에 한정되어 있으므로 대상자 조건을 재검토해야 함
2) ㉤ '긴급돌봄'의 돌봄 노동자 인력이 자주 교체되어 아동의 정서에 부정적 영향을 주므로 노동자의 처우 개선을 위한 법적 근거가 필요함

Ⅲ. 결론
실제 수요에 따른 다양한 유형의 '긴급돌봄' 서비스와 기반 정책의 필요성 강조

13. ㉠~㉤ 중에서 보고서 주제에 가장 어긋나는 내용인 것은?

① ㉠ ② ㉡
③ ㉢ ④ ㉣
⑤ ㉤

14. 개요의 'Ⅱ. 본론-1.'에 추가할 수 있는 내용으로 가장 적절한 것은?

① 일본은 '긴급돌봄' 수요에 맞게 다양한 유형의 서비스를 제공하고 있다. 또한 교원 자격을 가진 사람이 돌봄 서비스를 직접 운영하므로 이용자에게 신뢰감을 줄 수 있다.

② '긴급돌봄' 수요가 증가함에 따라 감염병 유행 상황뿐만 아니라 일상생활에서 돌봄 공백을 해소할 수 있도록 기존 서비스를 재검토하여 문제점을 보완할 법적 근거를 마련해야 한다.

③ '긴급돌봄' 서비스의 인지도가 낮은 편이며, 신청하여도 동 주민센터와 구청을 거쳐 접수되고 선정 위원회가 열린 후 돌봄 인력이 배정된다. 신청하는 데만 2일 이상이 걸리므로 필요한 시기에 배정받기도 어렵다.

④ 국내 광역 자치 단체에서 운영 중인 '긴급돌봄' 서비스를 조사한 결과, 현재 운영 중인 '긴급돌봄' 사업은 적은 편이며, 이를 지원하는 제도도 미비한 상태였다. 그뿐 아니라 다수의 농어촌 지역은 '긴급돌봄' 서비스를 운영하고 있지 않았다.

⑤ 신종 바이러스가 발병하면서 교육 기관의 등교가 중지되자 양육자는 돌봄에 대한 부담을 안게 되었다. 또한 갑작스럽게 발생한 질병, 사고나 학교의 재량 휴무에 따라 '긴급돌봄' 서비스가 요구되고 있으나 그 수요를 예상하기 어려워 적절한 대응이 이루어지지 못하고 있다.

※ 다음 기획서를 읽고 물음에 답하시오. (15~16번)

「1인 가구 안심 지원 사업」 기획서

1. 기획 배경
   우리 구의 1인 가구 수가 증가함에 따라, 주거 안전과 관련된 문제가 매년 증가하고 있다. 특히 우리 구의 재개발로 1인 가구들이 밀집된 주거 공간에서 생활하게 되면서 화재, 범죄 등의 안전 문제가 더욱 중요해지고 있어 주거 취약 계층의 주거 안전 예방 사업 마련이 필요하다.

2. 기획 목적
   1인 가구를 대상으로 안심 장비와 서비스를 제공하여 안전사고 및 범죄를 예방하기 위함이다.

3. 사업 기간
   2026년 6월 10일~7월 26일

4. 사업 대상
   우리 구에 거주 중인 1인 가구 중, 자가 및 전월세 보증 금액 3억 원 이하인 거주자

5. 사업 내용
   1) '안심 홈세트' 제공: '스마트 초인종', '가정용 CCTV', '현관문 안전장치'를 제공하여 주거 취약 계층의 범죄 노출을 예방
   2) 안심 택배함 확대: 무인 택배함을 확대하고 택배함 주변에 야간 방범대 순찰 횟수를 증가하여 택배를 이용한 범죄 노출을 예방
   3) AI 생활 관리 서비스: 우리 구 전용 애플리케이션에서 AI를 통해 주 2회 간격으로 안전 및 생활과 관련하여 점검

6. 사업 운영 방안

(가)

7. 붙임 자료
   1) 1인 가구 밀집 주거 지역 목록
   2) 안심 택배함 설치 지역 목록

15. 위와 같은 문서를 작성하는 방법으로 가장 적절한 것은?

① 사업의 지출 결과를 포함하여 작성한다.

② 대외 문서로 명령문을 사용하여 명확하게 전달한다.

③ 상대의 요구를 정확히 파악하여 설득력 있게 전달한다.

④ 사업에 대한 소유권을 주장하는 내용을 포함해 작성한다.

⑤ 기사화를 목적으로 하기 때문에 육하원칙에 맞춰 작성한다.

16. (가)에 해당하는 내용으로 적절한 것을 모두 고른 것은?

㉠ 안심 귀갓길을 위한 방범대원 활동 시간 안내
㉡ 1인 가구에 안심 택배함 위치를 나타낸 지도 제공
㉢ 독거노인 대상으로 애플리케이션 사용과 관련한 교육 시행
㉣ 무상으로 스마트 초인종, CCTV, 현관문 안전장치 설치와 AS 진행
㉤ 1인 가구를 대상으로 병원 및 건강 검진 동행 서비스 신청 서류 배부

① ㉠, ㉡, ㉤

② ㉠, ㉢, ㉤

③ ㉡, ㉢, ㉣

④ ㉡, ㉣, ㉤

⑤ ㉢, ㉣, ㉤

※ 다음 글을 읽고 물음에 답하시오. (17~19번)

> ㉠
>
> - 안전한 데이터 결합 절차 마련,
> 가명 정보 안전성 강화,
> 개인정보 관련 시행령 일원화,
> 금융 분야 마이데이터 산업 육성 등 -
>
> □ 행정안전부와 방송통신위원회, 금융위원회는 △ 가명 정보 도입을 통한 데이터 이용 활성화 △ 개인정보 보호 체계 일원화 △ 마이데이터 등 금융 분야 데이터 신산업 도입 △ 전문 기관을 통한 데이터 결합 지원 등을 위한 『개인정보 보호법』(법률 제16930호, '20.2.4 공포)과 『정보통신망 이용촉진 및 정보보호 등에 관한 법률』(법률 제169 55호, '20.2.4 공포), 『신용정보의 이용 및 보호에 관한 법률』(법률 제16957호, '20.2.4 공포)이 개정됨에 따라, 법 시행에 필요한 위임 사항 등을 규정하기 위해 각 법률 시행령 개정안을 마련하고 3월 31일 동시에 입법 예고 (40일간)를 실시한다고 밝혔다.
>
> □ ㉡『개인정보 보호법』 시행령 개정안의 주요 내용은 다음과 같다.
> 첫째, 개정된 개인정보 보호법이 위임한 사항을 구체적으로 규정하였다.
> ① 개인정보의 추가적인 이용·제공(안 제14조의2)
> ② 가명 정보 결합 절차 및 전문 기관 지정(안 제29조의2, 제29조의3)
> ③ 가명 정보의 안전성 확보 조치(안 제29조의5)
> 둘째, '민감 정보'에 생체 인식 정보와 인종·민족 정보를 포함하여 더욱 보호될 수 있도록 하였다. (안 제18조)
> 셋째, 체계적 개인정보 보호를 위해 위원회 운영 제도를 개선하였다.

17. ㉠에 작성할 제목으로 가장 적절한 것은?

① 데이터 3법 시행령 개정안 입법 예고

② 데이터 기반의 안전 관리 시행안 개정 예고

③ 개인 정보 데이터, 법률 시행령으로 보안 강화!

④ 정보통신망법 개정을 통한 데이터 구축 사업 안내

⑤ 데이터 3법 법안 제정, 개인정보 보호 정책 드디어 바뀌나?

18. 위의 문서를 작성하는 방법으로 가장 적절하지 않은 것은?

① 핵심 내용을 논리적으로 일관성 있게 작성한다.

② 내용을 과장하거나 미사여구를 사용하지 않는다.

③ 육하원칙을 기초로 사실 관계를 명확히 작성한다.

④ 중요한 정보를 우선 제시하여 중요도에 따라 순차적으로 작성한다.

⑤ 관련 지식이 없더라도 이해할 수 있도록 관련 정보를 최대한 많이 작성한다.

19. 위 문서의 ㉡과 관련한 내용으로 적절하지 않은 것은?

① 전문 기관은 일정한 인력·조직, 시설·장비, 재정 능력을 갖추어 지정될 수 있으며, 3년간 지정의 효력이 인정된다. 안전한 데이터 활용에 대한 국민의 신뢰를 확보하기 위해서 전문 기관은 전문성과 신뢰성이 있는 기관을 중심으로 지정·운영할 계획이다.

② 개인정보 처리자는 당초 개인정보를 수집했던 목적과의 상당한 관련성, 수집한 정황과 처리 관행에 비춘 예측 가능성, 추가 처리가 정보 주체나 제3자의 이익을 부당하게 침해하지 않을 것 등의 요건을 갖춘 경우 수집한 개인정보를 정보 주체의 동의 없이 추가로 이용·제공할 수 있게 된다.

③ 범정부 차원의 체계화된 개인정보 보호 정책 추진과 개인정보 침해 사고에 대한 예방 및 대응 등 개인정보 보호 업무의 효과적인 추진을 위해 중앙행정기관이 참여하는 개인정보 보호 정책 협의회, 지방자치단체가 참여하는 시·도 개인정보 보호 협의회를 설치하고 운영하는 근거를 마련하였다.

④ 금융 회사 등은 정보 주체에게 요약된 정보 활용·제공 동의서를 통해 동의를 받을 경우 금융위원회가 산정한 정보 활용 동의 등급과 함께 개인정보 수집·이용·제공 목적, 수집·제공 대상 정보, 정보 보유 및 제공 기간 등을 필수적으로 알리도록 하여 '알고 하는 동의'가 이루어질 수 있도록 하였다.

⑤ 전문 기관이 가명 정보를 결합해 주면, 개인정보 처리자는 전문 기관 내에 마련된 안전한 분석 공간에서 결합된 정보를 분석할 수 있다. 그리고, AI 분석 등을 위한 데이터 반출의 필요성을 고려하여, 결합된 가명 정보는 전문 기관의 안전성 평가 및 승인을 거쳐서 전문 기관 외부로 반출할 수 있다.

※ 다음 계약서를 읽고 물음에 답하시오. (20~21번)

공동 저작 계약서

제1조 (계약의 목적)
① 이 계약은 A와 B가 위에 표시된 대상 저작물을 공동 저작하고, 그 저작권을 공동 소유하기 위하여 체결되는 것이다.
② 이 계약은 완성된 대상 저작물에 대한 저작권 행사 및 수익 공유 방법에 대한 계약은 아니므로, 이 부분은 별도의 계약을 체결하여야 한다.

제2조 (정의)
1. "대상 저작물"은 위에 표시한, 이 계약의 목적이 되는 공동 저작물을 말한다.
2. "(㉠)"(은)는 2인 이상이 공동으로 창작한 저작물로서 각자의 이바지한 부분을 분리하여 이용할 수 없는 것을 말한다.
3. "(㉡)"(이)란, 이를 바탕으로 상대방이 자신의 업무 부분에 대한 창작업무를 진행할 수 있을 수준으로 완성된 원고를 말한다.
4. "공중"은 불특정 다수인(특정 다수인을 포함한다)을 말한다.
5. "공중송신"은 대상 저작물을 공중이 수신하거나 접근하게 할 목적으로 무선 또는 유선 통신의 방법에 의하여 송신하거나 이용에 제공하는 것을 말한다.
6. "전송(傳送)"은 공중송신 중 공중의 구성원이 개별적으로 선택한 시간과 장소에서 접근할 수 있도록 저작물 등을 이용에 제공하는 것을 말하며, 그에 따라 이루어지는 송신을 포함한다.
7. "(㉢)"(은)는 대상 저작물을 인쇄·사진 촬영·복사·녹음·녹화 그 밖의 방법으로 일시적 또는 영구적으로 유형물에 고정하거나 다시 제작하는 것을 말한다.
8. "(㉣)"(은)는 대상 저작물 원본 또는 그 복제물을 공중에게 대가를 받거나 받지 아니하고 양도 또는 대여하는 것을 말한다.
9. "발행"은 대상 저작물을 공중의 수요를 충족시키기 위하여 복제·배포하는 것을 말한다.
10 "(㉤)"(은)는 대상 저작물을 번역·편곡·변형·각색·영상 제작 그 밖의 방법으로 작성한 창작물을 말한다.

<중 략>

이 계약을 증명하기 위하여 계약서 2통을 작성하여 A, B가 서명 날인한 다음 각 1통씩 보관한다.

______년 ____월 ____일

"A"
작가명: __________(인)
이명(필명): __________
생년월일: __________
주소: ______________________________

(또는)A

상호: __________
사업자 번호: ______________
주소: ______________________________
대표이사: __________
입금계좌: __ 은행
____

"B"
작가명: __________(인)
이명(필명): __________
생년월일: __________
주소: ______________________________
입금계좌: __ 은행
____

20. 윗글 '제2조 (정의)'의 ㉠~㉤에 들어갈 알맞은 단어를 <보기>에서 모두 고른 것은?

<보기>

㉠-공동 저작물 ㉡-완전 원고 ㉢-복제
㉣-대출 ㉤-창작 저작물

① ㉠, ㉡, ㉢
② ㉠, ㉡, ㉤
③ ㉠, ㉢, ㉤
④ ㉡, ㉢, ㉣
⑤ ㉡, ㉣, ㉤

21. 위와 같은 문서의 작성 원칙으로 적절하지 않은 것은?

① 당사자에 따라 다르게 해석될 수 있는 용어는 사용하지 않는다.

② 금액을 숫자로 표시하는 경우는 PC로 기재하거나 한자를 함께 사용한다.

③ 대리인이 위임장을 제출하면 당사자 대신 문서에 서명, 날인을 할 수 있다.

④ 계약서 내용을 수정하는 경우, 기존 내용 위에 수정 사항을 쓰고 도장을 찍는다.

⑤ 법인이 당사자인 경우 대표 이사 서명과 함께 법인 인감 도장을 받는 것이 명확하다.

22. 다음 글에 제시된 '감성 리더십'에 대한 설명으로 적절하지 않은 것은?

> 감성 리더십이란 감정을 기반으로 구성원과 긍정적인 관계를 도모하는 리더십이다. 감성 리더십을 갖추려면 먼저, 리더 자신의 감정을 관리해야 한다. 특히 부정적 감정은 타인에게 쉽게 전이될 수 있으므로 철저히 관리할 수 있는 능력이 필요하다. 둘째, 구성원과 신뢰적인 관계를 형성한다. 리더가 구성원에게 신뢰를 표출하고, 존중하는 태도를 보이면 구성원과 우호적 관계를 맺을 수 있다. 셋째, 구성원 개개인에게 관심을 가진다. 개인의 능력이나 성향, 개인적 상황 등을 파악하고 알맞은 배려를 제공하여 구성원의 긍정적 감정을 유발할 수 있다. 넷째, 구성원 간 상호 협력적인 분위기를 만든다. 구성원 간의 긍정적 상호작용은 개인을 넘어서 조직 전체 분위기를 긍정적으로 만들 수 있다. 리더는 이러한 단계를 거쳐 감성 리더십을 발휘할 수 있다. 감성 리더십을 갖춘 리더는 구성원의 협동심을 발휘하고, 열정적으로 조직을 이끌어 나갈 수 있으며 조직의 성과에도 긍정적인 영향을 미칠 수 있다.

① 감정에 기인하여 발휘되는 리더십이다.

② 조직의 목표 달성에 긍정적인 영향을 미친다.

③ 조직보다 개인 간 관계를 중시하는 리더십이다.

④ 구성원과 리더 간의 신뢰를 통해 발휘될 수 있다.

⑤ 리더는 구성원이 부정적 감정에 동화되지 않도록 해야 한다.

23. 다음 글을 읽고 <보기>의 ㉠에 쓸 내용으로 가장 적절한 것은?

> 사고 기법인 '만다라트 기법'은 일본의 마쓰무라 야스오가 개발했다. 만다라트는 9칸으로 이루어진 사각형을 활용하는데, 사각형 중심 칸에 핵심 주제를 쓰고 그 주위로 주제와 연관된 8개의 세부 사항을 쓴다. 8개의 세부 사항은 각각 또 다른 9칸으로 이루어진 사각형의 중심이 되고, 그 주위로 세부 사항과 관련된 8개의 실천 과제를 작성한다. 이렇게 만다라트 기법을 작성하면 핵심 주제 하나와 관련된 64개의 실천 과제가 마련된다. 만다라트 기법은 다양한 개념이나 아이디어를 시각적으로 연결하고 조합하여, 창의적 사고를 촉진하는 데 유용하다. 또한 복잡한 개념이나 아이디어를 시각적이고 간단한 형태로 표현할 수 있어 내용을 파악하기 수월하다. 유명 운동선수 ○○○은 만다라트 기법을 통해 목표를 달성하였다. 그는 선수 선발전에서 1순위를 하겠다는 최종 목표를 설정하고, 이를 핵심 주제로 작성하였다. 그리고 목표 달성을 위한 8개의 세부 사항을 설정하고, 세부 목표를 이루기 위한 실천 과제를 작성하였다. 그 후 실천 과제를 하나씩 수행하며 최종 목표를 달성하였다. 이처럼 만다라트 기법은 창의적 사고와 문제 해결력을 통해 목표를 달성하는 데도 효과적이다.

<보기>

다음은 목표를 달성하기 위한 아이디어를 만다라트 기법으로 나타낸 것이다.

양질의 콘텐츠 제작하여 온라인 홍보	인상 깊은 로고 제작	소셜 미디어 활용
브랜드 스토리 구상	㉠	유명 연예인을 광고에 섭외
오프라인 홍보 활용	협업 파트너사 활용	제품 체험 제공

① 브랜드 파트너십 육성

② 기업 홍보팀 역량 강화

③ 고객 서비스 1위 기업 달성

④ 시장 내 브랜드 인지도 향상

⑤ 친환경적 브랜드 이미지 구축

※ 다음 글을 읽고 물음에 답하시오. (24~26번)

사람의 조직 및 장기와 유사한 다른 동물의 이식편을 인간에게 이식하는 '이종 이식'이 있다. 그런데 이종 이식은 동종 이식보다 거부 반응이 훨씬 심하게 일어난다. 특히 사람이 가진 자연항체는 다른 종의 세포에서 발현되는 항원에 반응하는데, 이로 인해 이종 이식편에 대해서 초급성 거부 반응 및 급성 혈관성 거부 반응이 일어난다. 이런 거부 반응을 일으키는 유전자를 제거한 형질전환 미니돼지에서 얻은 이식편을 이식하는 실험이 성공한 바 있다. 미니돼지는 장기의 크기가 사람의 것과 유사하고 번식력이 높아 단시간에 많은 개체를 생산할 수 있다는 장점이 있어, 이를 이용한 이종 이식편을 개발하기 위한 연구가 진행되고 있다.

이종 이식의 또 다른 문제는 ㉠ 내인성 레트로바이러스이다. 내인성 레트로바이러스는 생명체의 DNA의 일부분으로, ㉡ 레트로바이러스로부터 유래된 것으로 여겨지는 부위들이다. 이는 바이러스의 활성을 가지지 않으며 사람을 포함한 모든 포유류에 존재한다. 레트로바이러스는 자신의 유전 정보를 RNA에 담고 있고 역전사 효소를 갖고 있는 바이러스로서, 특정한 종류의 세포를 감염시킨다. 유전 정보가 담긴 DNA로부터 RNA가 생성되는 전사 과정만 일어날 수 있는 다른 생명체와는 달리, 레트로바이러스는 다른 생명체의 세포에 들어간 후 역전사 과정을 통해 자신의 RNA를 DNA로 바꾸고 그 세포의 DNA에 끼어들어 감염시킨다. 이후에는 다른 바이러스와 마찬가지로 자신이 속해 있는 생명체를 숙주로 삼아 숙주 세포의 시스템을 이용하여 복제, 증식하고 일정한 조건이 되면 숙주 세포를 파괴한다.

그런데 정자, 난자와 같은 생식 세포가 레트로바이러스에 감염되고도 살아남는 경우가 있었다. 이런 세포로부터 유래된 자손의 모든 세포가 갖게 된 것이 내인성 레트로바이러스이다. 내인성 레트로바이러스는 세대가 지나면서 돌연변이로 인해 염기 서열의 변화가 일어나며 해당 세포 안에서는 바이러스로 활동하지 않는다. 그러나 내인성 레트로바이러스를 떼어 내어 다른 종의 세포 속에 주입하면 이는 레트로바이러스로 변환되어 그 세포를 감염시키기도 한다. 따라서 미니돼지의 DNA에 포함된 내인성 레트로바이러스를 효과적으로 제거하는 기술이 개발 중에 있다.

그동안의 대체 기술과 관련된 연구 성과를 토대로 이상적인 이식편을 개발하기 위해 많은 연구가 수행되고 있다.

24. 윗글에 대한 이해로 적절한 것은?

① 다른 종에서 발현된 항원은 자연항체에 반응을 일으키지 않는다.

② 미니돼지의 장기는 사람의 장기보다 크기가 커서 이식 성공 확률이 높다.

③ 내인성 레트로바이러스가 돌연변이의 영향을 받으면 바이러스로 활동하지 않는다.

④ 레트로바이러스는 역전사 과정으로 자신의 RNA를 DNA로 바꾼 후 다른 생명체의 세포에 들어간다.

⑤ 동종 이식은 이종 이식보다 거부 반응이 작고 단시간에 많은 개체를 생산할 수 있어 이식 시 많이 활용된다.

25. ㉠과 ㉡에 대한 이해로 적절하지 않은 것은?

① ㉠을 다른 종으로 이식하면 ㉡으로 변환된다.

② ㉠은 ㉡에서 기인했지만 바이러스의 활성화 측면에서는 정반대의 특성이 있다.

③ ㉡은 숙주 세포의 시스템을 이용한 후에 파괴한다는 점에서 다른 바이러스와 동일하다.

④ 형질 전환 미니돼지의 ㉠을 효과적으로 제거해야 이종 이식 시 감염 문제를 줄일 수 있다.

⑤ ㉡은 자신의 유전 정보를 RNA에 담고 있기 때문에 어떠한 세포라도 감염시킬 수 있다.

26. 윗글과 <보기>를 읽고 추론한 내용으로 적절하지 않은 것은?

<보기>

장기 이식은 신체의 손상된 조직이 본연의 기능을 할 수 있도록 한다. 이때, 다른 종의 장기를 이식하면 거부 반응이 나타나므로 면역 억제제를 사용해야 하는데, 면역 억제제는 몸의 면역 반응을 낮춰 다른 질병에 걸릴 확률을 높인다. 거부 반응은 주조직복합체(MHC) 분자 차이로 일어나며 개체 간 유전적 거리가 멀수록 MHC 차이가 커, 거부 반응이 유발된다. 이외에도 전자 기기 인공 장기를 사용하는 방법이 있지만 정교성에서 문제가 있어 완전 대체는 불가능하다.

▶ A는 자신의 일란성 쌍둥이에게 장기를 이식받으려 한다.
▶ B는 유전적 관련이 없는 타인에게 장기를 이식받으려 한다.
▶ C는 전자 기기 인공 장기를 이식받으려 한다.

* 이식편: 손상된 조직을 대체하기 위한 조직

① B는 A보다 이식편과의 MHC 차이가 더 클 것이다.

② A, B, C는 모두 내인성 레트로바이러스를 가지고 있을 것이다.

③ A, B와 달리 C는 이종 이식에 해당하므로 A, B보다 거부 반응이 더 클 것이다.

④ A는 B에 비해 면역 억제제를 덜 사용하므로 질병에 걸릴 위험성도 더 낮을 것이다.

⑤ C의 이식편은 A, B의 이식편과 같이 조직의 본연의 기능을 되살리는 역할을 할 것이다.

27. 다음 자료를 참고하여 작성한 내용 중 적절하지 않은 것은?

외래 관광객의 국내 소비 실태

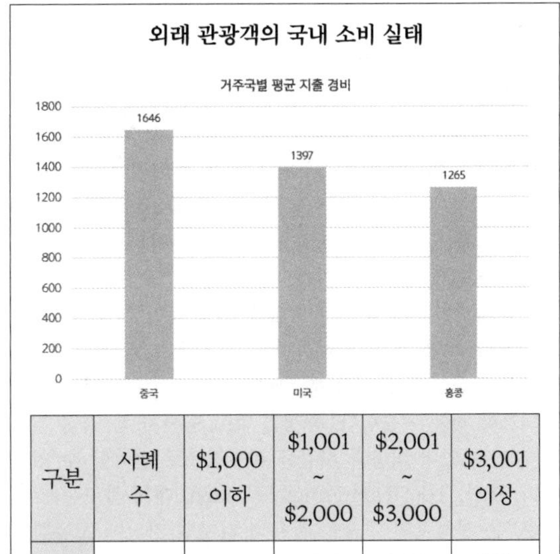

구분	사례 수	$1,000 이하	$1,001 ~ $2,000	$2,001 ~ $3,000	$3,001 이상
중국	2,653	38%	35%	14%	13%
미국	924	56%	24%	9%	11%
홍콩	323	47%	38%	9%	6%

* %와 평균 $ 값은 소수점 첫째 자리에서 반올림한 수치임

① 국가별 $3,001 이상 지출한 비중이 많을수록 평균 지출 경비가 높다.

② 중국은 $2,001 이상 지출한 비중보다 $1,000 이하 지출한 비중이 더 많다.

③ 지출 경비 $2,001~$3,000에서 미국과 홍콩의 사례 수 차이는 50건 미만이다.

④ 미국은 평균 지출 경비가 홍콩보다 더 높지만 사례 수 대비 $1,000 이하 지출 비중은 홍콩보다 많다.

⑤ 지출 경비 $3,001 이상의 중국 사례 수는 지출 경비 $1,000 이하의 홍콩 사례 수보다 2배 이상 많다.

※ 다음 글을 읽고 물음에 답하시오. (28~29번)

블록체인은 데이터를 '블록'이라는 소규모 단위에 담아 연결하고 이를 수많은 컴퓨터에 복제해 저장하는 분산 데이터 저장 기술이다. 중앙 서버에서 모든 데이터를 관리하는 기존 방식과 달리, 블록체인은 공유 네트워크에 참여하는 모든 사용자가 거래 내역을 공유하고 대조하기 때문에 데이터의 위·변조가 매우 어렵다. 이러한 특성 덕분에 블록체인은 높은 보안성과 신뢰성이 필수적인 금융, 물류, 의료, 공공 서비스 등 다양한 산업 분야에서 폭넓게 활용되고 있다.

블록체인 기술을 기반으로 한 대표적인 개념으로는 '스마트 계약'이 있다. 이는 계약 조건을 프로그래밍 코드로 구현하여, 조건이 충족되면 계약이 자동으로 이행되도록 하는 기술이다. 중개인 없이 당사자 간 직접 거래할 수 있어 비용과 시간을 획기적으로 절약할 수 있다. 또한, 'NFT(Non-Fungible Token, 대체 불가능 토큰)'는 블록체인 기술을 활용해 디지털 자산에 고유한 식별 번호를 부여한 것이다. 영상, 그림, 음악 등 디지털 콘텐츠의 원본성과 소유권을 명확히 증명할 수 있어, 예술품 거래나 게임 아이템 시장에서 크게 주목받고 있다.

하지만 블록체인 기술에도 한계는 존재한다. 모든 거래 내역을 모든 참여자가 저장하고 검증해야 하므로 거래 처리 속도가 느려질 수 있다는 문제가 있다. 또한, 블록체인의 구조적 특성상 한 번 기록된 데이터는 수정이나 삭제가 매우 어렵기 때문에 잘못된 정보가 입력되었을 때 이를 정정하기 까다롭다는 점과 익명성으로 불법 거래나 자금 세탁에 악용될 소지가 있다는 점은 해결해야 할 과제로 남아 있다.

28. 윗글의 내용과 일치하지 않는 것은?

① 스마트 계약을 활용하면 중개인 없이도 효율적인 거래가 가능하다.

② 블록체인은 데이터의 수정과 삭제가 어려워 정보 정정에 한계가 있다.

③ 블록체인은 중앙 서버 집중형 관리 방식으로 데이터 보안을 유지한다.

④ NFT는 디지털 자산의 원본성과 소유권을 증명하는 수단으로 활용된다.

⑤ 블록체인 네트워크에 참여하는 모든 사용자는 거래 내역을 공유하고 검증할 수 있다.

29. 다음은 블록체인 기술 도입에 관한 회의 내용이다. 윗글을 참고할 때, ㉠에 대한 반박으로 가장 적절한 것은?

<보기>

팀장: 이번 신규 프로젝트에 블록체인 기술을 도입하면 데이터의 신뢰도를 높일 수 있을 겁니다.

사원 A: 네, 맞습니다. 블록체인은 모든 사용자가 거래 내역을 대조하기 때문에 데이터 조작이 거의 불가능합니다.

사원 B: 보안 측면에서도 긍정적입니다. ㉠블록체인을 도입하면 불법 거래나 자금 세탁과 같은 범죄 악용 가능성을 원천적으로 차단할 수 있을 것입니다.

① 블록체인은 데이터의 위·변조가 쉬우므로 범죄에 쉽게 악용될 수 있다.

② 블록체인은 거래 처리 속도가 빨라 오히려 불법 거래나 자금 세탁이 빠르게 이루어질 수 있다.

③ 블록체인은 관리자가 데이터를 통제하므로 관리자 권한이 약할수록 범죄에 악용될 확률이 높아진다.

④ 블록체인은 익명성이 보장되는 특성이 있어, 이를 악용할 경우 불법 거래나 자금 세탁이 발생할 수 있다.

⑤ 블록체인의 스마트 계약 기능을 활용하면 조건이 충족될 때만 거래가 이루어지므로 범죄 자금의 이동을 막을 수 없다.

30. (가)에 속하는 경우를 <보기>에서 모두 고른 것은?

「연구윤리 확보를 위한 지침」은 일반적 지식이 아닌 타인의 독창적인 아이디어 또는 창작물을 적절한 출처 표시 없이 활용함으로써, 제3자에게 자신의 창작물인 것처럼 인식하게 하는 행위를 (가) '표절'로 규정한다.

<보기>

㉠ 타인의 저작물임을 드러내지 않고 번역하여 활용한 경우
㉡ 타인의 저작물을 분석하여 독창적인 방식으로 변화시킨 경우
㉢ 타인의 저작물을 그대로 사용하면서 해당 부분에 인용 부호와 서지 정보를 표시한 경우
㉣ 타인의 저작물에 쓰인 단어·문장 구조를 일부 변형하여 사용하면서 출처 표시를 하지 않는 경우

① ㉠, ㉡
② ㉠, ㉢
③ ㉠, ㉣
④ ㉡, ㉣
⑤ ㉢, ㉣

자동 채점 및 성적 분석 서비스 바로 가기
QR코드를 이용해 모바일로 간편하게 채점하고 나의 실력이 어느 정도인지, 취약 부분이 어디인지 바로 파악해 보세요!

서술형(1 ~ 9번)

※ 다음 문제를 읽고 OMR 용지(p.247)에 답을 쓰시오. (1 ~ 9번)

1. 다음 ㉠~㉣에서 잘못 쓴 부분을 하나씩 찾아, 기호와 함께 순서대로 조건에 맞춰 바르게 고쳐 쓰시오. [30점]

【조건】 틀린 내용은 쓰지 말고, 수정한 내용을 1어절로 쓸 것.

㉠ 가는 말이 고아야 오는 말이 곱다.
㉡ 그 과장님은 나이가 지그시 들어 보였다.
㉢ 모처럼 은사님을 뵈니 기쁘기 그지없습니다.
㉣ 우리 회사는 붓기를 내리는 약을 출시하였다.

2. 다음 ㉠~㉤을 외래어 표기법에 맞게 고쳐 기호와 함께 한글만 바르게 쓰시오. [30점]

㉠ 메세지(message) ㉡ 쉬프트(shift) ㉢ 라이센스(license)
㉣ 브로셔(brochure) ㉤ 비지니스(business)

3. 다음은 설득 전략에 대한 자료이다. ㉠~㉤에 해당하는 내용을 조건에 따라 기호와 함께 순서대로 쓰시오. [30점]

【조건】 1. ㉠~㉢에 들어갈 단어를 자료에서 찾아 2음절로 쓸 것.
2. ㉣, ㉤과 관련된 설득 전략을 자료에서 찾아 3음절로 쓸 것.

설득이 필요한 순간은 매우 다양하다. 프로젝트나 아이디어를 제안하거나, 전략을 변경할 때 다른 동료나 상사를 설득해야 하며, 제품이나 서비스를 판매하거나 마케팅 활동을 할 때도 고객이나 이해관계자를 설득해야 한다. 이뿐만 아니라 갈등 상황에서 타협하거나 해결책을 찾기 위해 상대방을 설득해야 할 때도 있다. 설득 상황에서 효과적인 전략을 활용한다면 목표를 달성하고 원하는 결과를 얻을 수 있다.

아리스토텔레스는 설득 전략으로 로고스, 파토스, 에토스를 제시하였다. 먼저, 로고스는 논리와 이성으로 설득하는 전략이다. 논리적인 주장과 타당한 근거와 신뢰할 만한 사례를 제공하여 청자의 이성을 자극하는 전략으로, 주장을 효과적으로 입증하기 위해 사례, 통계, 보편적인 가치관이 담긴 자료를 이용한다.

파토스는 감정적인 설득을 의미한다. 청자의 마음을 움직일 수 있는 감정적인 예시나 이야기를 통해 공감하며, 청자가 원하는 감정을 자극하여 설득력을 강화하는 전략이다. 파토스를 활용하려면 청자가 원하는 방향을 분석하여 그 요구에 부응하는 것이 중요하다.

마지막으로, 에토스는 화자의 신뢰성을 강조하는 전략이다. 청자가 화자를 신뢰하려면 공신력을 확보해야 한다. 공신력은 '분야에 대한 전문적 지식을 갖추었는가', '평판이 좋은가', '침착한 태도로 말하는가', '자신감이 있는가', '친근한 분위기를 조성하는가'로 판단할 수 있다.

즉, 아리스토텔레스의 설득 전략은 화자가 (㉠)적인 주장, (㉡)적인 호소, 그리고 (㉢)할 만한 이미지를 구축하여 청자가 화자의 주장을 수용하게 하는 것이다.

> 윤 대리는 신규 프로젝트 발표회에서 ㉣ 각종 조사를 통해 얻은 객관적인 수치 자료를 근거로 프로젝트의 성공 확률을 제안하였다. 또한 ㉤ 발표회를 진행하는 동안 불안해하지 않으며 자신감 있는 태도를 드러냈다.

4. 다음 문장을 어법에 맞게 올바르게 고쳐 기호와 함께 쓰시오. [30점]

• 웰시코기는 소의 다리 사이로 빠르게 달리며 우리에 몰아넣는다.
→ (㉠)

• 지원서에 기재한 사진과 이력이 부적절한 경우에는 합격이 취소된다.
→ (㉡)

• 지사는 올해 시공한 건물의 상태를 점검하라는 본사의 지시가 그다지 달갑다.
→ (㉢)

5. '실용신안권'과 '특허권'에 관한 글을 읽고, ㉠~㉣에 들어갈 단어를 기호와 함께 순서대로 조건에 맞게 쓰시오. [30점]

【조건】 1. ㉠, ㉡은 자료에서 찾아 2음절로 쓸 것.
2. ㉢은 문맥을 고려하여 3음절로 쓸 것.
3. ㉣은 자료의 표현을 활용하여 2어절로 쓸 것.

> 실용신안권은 산업 발전에 이바지할 수 있는 기술적 사상의 창작인 '고안'을 보호하기 위한 권리로, 등록한 날부터 10년까지 보호받을 수 있다. 실용신안권의 대상이 되는 고안은 물품의 형상·구조에 관한 것이며, 고안이 심사를 거쳐 등록되면 권리가 발생한다. 특허권은 발명에 대한 권리로, 물질, 물건, 방법의 발명에 대한 권리를 포괄하며, 출원한 날부터 20년까지 권리를 보호받는다. 특허권의 대상은 알려지지 않은 새로운 것이면서 이전 기술 수준에서 쉽게 발명될 수 없는 것이어야 한다. 그리고 반드시 산업적으로 이용이 가능한 것이어야 한다. 즉, 특허는 (㉠)(을)를, 실용신안은 (㉡)(을)를 보호 대상으로 삼는다.
>
> 기존의 물질에 대한 음식물로서의 용도 발명은 1987년 7월부터 특허 등록이 가능하게 되었고, 음식물 자체에 대한 발명은 1990년 9월부터 등록이 가능하게 되었다. 이러한 발명도 특허를 받으려면 (㉢), 진보성, 산업상 이용가능성 등의 등록 요건을 갖추어야 한다. 과일로 과자를 제조하는 것도 특허 등록을 받은 적이 있는데, 이는 음식물 (㉣)(이)가 특허 등록을 받은 사례이다.

---

6. 다음 문서의 밑줄 친 ㉠~㉤을 공공 언어 성격에 맞게 바르게 수정하여 쓰시오. [50점]

【조건】 1. 기호와 함께 수정한 내용만 쓸 것.
2. 띄어쓰기를 수정할 때는 'V'로 표시할 것

> **수신자** 수신자 참조
> (경유)
> **제목** 기록물 처리 안내
>
> 1. 사무실 ㉠<u>이전시</u> 기록물을 인수인계하여야 하며, 보존 기간이 경과한 기록물은 심의를 위해 기록관에게 ㉡<u>인수하여야</u> 합니다.
> 2. ㉢<u>부서 별</u>로 아래 방법에 따라 처리해 주시기를 바랍니다.
> 가. 대상: 비전자 기록물(문서·카드·도면 등)
> 나. 방법: 기록물 목록 작성 및 공문 제출
> 다. ㉣<u>보존 기간 경과 기록물은 심의를 통해</u> 폐기할 수 있습니다.
>
> 붙임 기록물 처리 방법 ㉤<u>가이드라인</u> 1부. 끝.

---

7. 'OO남도 농촌 혁신 방안'을 위한 정책 제안서를 작성할 때, 목차의 '3. 혁신 전략'에 쓸 내용을 <보기>에서 골라 조건에 맞게 쓰시오. [100점]

【조건】 1. 3문장으로 작성하되, 각 문장은 첫째, 둘째, 셋째로 시작하고 명사형으로 끝맺을 것.
2. <보기>의 내용을 중복하여 사용하지 말 것.
3. 첫 번째 문장은 'OO남도의 강점을 살린 ~하기 위해 ~해야 함'의 형식으로, 전략과 이행 방법을 쓸 것.
4. 두 번째 문장은 '~하고, ~해야 함'의 형식으로, 인적·물적 자원과 관련 있는 전략을 각각 한 개씩 순서대로 쓸 것.
5. 세 번째 문장은 '~하고, ~하여 세계 시장으로 진출해야 함'으로 쓸 것.

목차		
1. 문제 현황	2. 문제 원인	3. 혁신 전략

<보기>

- 특화 전략 추진
- 최근 5년간 농가 소득 조사에서 최하위 기록
- 지역 특산품 만감류·아열대 작물의 재배 확대
- 밭작물 기계화 지원 사업 추진
- 시설·원예 에너지 절감 시설 확충
- 온오프라인 직거래 확대, 수출 온오프라인 플랫폼 지원
- 노동력 부족 문제

8. 다음 글을 조건에 따라 요약하여 쓰시오. [100점]

【조건】 1. '㉠ 기존 치매 치료제의 원리와 부작용, ㉡ CV-01의 장점, ㉢ CV-01 신약 상용화의 사회적 의의' 순서로 각각 1문장씩 쓸 것.

2. ㉠은 '기존 치매 치료제는 ~거나 ~로, ~등의 ~가 있다.'의 형식으로 쓸 것.

3. ㉢은 1문단, 3문단에서 사회적 의의를 1개씩 찾아 'CV-01의 신약 상용화가 성공하면 ~가 되며, ~될 수 있다.'의 형식으로 쓸 것.

4. 글의 분량은 띄어쓰기를 포함 ㉠70자, ㉡95자, ㉢80자 이내로 쓸 것.

최근 세계적 제약회사들은 뇌 염증 및 산화성 부정적 압력이 치매의 근원일 가능성에 주목하여 이와 관련된 차세대 기전의 치료제 개발에 적극적으로 나서고 있다. 그간 제약 회사들은 치매의 원인으로 꼽히는 성분이 뇌에 과다하게 쌓이는 것을 막거나 그 성분을 제거하는 물질을 개발해 왔으나, 효능의 한계가 있었고 환자의 생명을 위협하는 안전성 문제가 존재하였다. 이에 KIST 연구진은 2014년부터 차세대 치매 치료제 개발에 돌입하였으며, 특히 Keap1/Nrf2 신호 전달 경로를 통해 신경 염증 반응을 억제하여 뇌신경 회로 손상을 방지하는 방식에 집중하였다. 다년간의 연구 끝에 해당 반응 경로를 표적으로 삼는 'CV-01'을 개발하였다. 신약 상용화에 성공한다면 해당 기전의 치매 치료제로는 세계 최초가 된다.

주사제가 다수를 차지하는 치매 치료제로는 흔하지 않게, 먹는 약으로 개발되어 자가에서 손쉽게 주기적으로 복용할 수 있으며, 질병의 원인 물질에만 선택적으로 결합하는 성질이 커서 뇌혈관 부종과 같은 기존 치매 치료제의 부작용도 적을 것으로 보인다. 또한 저분자 화합물 약물이어서 뇌혈관 장벽 투과가 용이하여 뇌 등으로의 약물 침투가 빠르고, 치매의 발병 전 예방 용법으로도 활용이 가능하다. CV-01은 치매, 뇌전증, 파킨슨병 등의 뇌 신경계 질환에 획기적인 잠재력을 지니고 있으므로 뇌 질환으로 고통받는 환자와 그 가족에게 희소식이 될 것으로 전망된다.

현재 CV-01은 정부로부터 연구소 기업 등록, 세제 혜택 등 사업화 지원을 받았으며 이에 힘입어 비임상 시험을 2년 만에 완료하고 임상 1상 단계를 진행 중이다. 상용화에 성공할 시 고령화의 사회적 비용을 낮추는 획기적 약물이 될 수 있다.

9. <글쓰기 계획>에 따라 'AI 서비스'에 관한 칼럼을 서술하시오. [300점]

<글쓰기 계획>

문단	내용 및 조건	분량
1문단	**AI 서비스 이용 현황:** <자료1>, <자료3>을 활용할 것 - 1문장: '디지털 심화 가속화'와 'AI 기술', '일상'을 관련지어 쓸 것 - 2문장: 다양한 분야에서 AI 서비스 경험률이 상승하고 있음을 쓸 것 - 3문장: 2023년 AI 서비스 경험률이 높은 3개의 연령대를 제시하며, 젊은 세대를 중심으로 AI 서비스가 확산되고 있음을 쓸 것 - 4문장: AI 서비스 경험 분야가 높은 순으로 쓸 것(기타 제외) - 5문장: 생성형 AI 서비스 경험률이 가장 높은 세대와 가장 낮은 세대를 쓸 것(경험률은 %로 제시할 것) - 6문장: 생성형 AI 서비스 경험 분야가 높은 순으로 모두 쓸 것	340~360자
2문단	**AI 서비스의 문제점:** <자료2>, <자료3>을 활용할 것 - 1문장: AI 서비스 이용률 증가로 문제가 발생하고 있음을 쓸 것 - 2문장: '비대면·디지털 기술 증가'와 '60대 이상 고령층 정보화 수준', '소외'를 관련지어 문제점을 쓸 것 - 3문장: '모사', '가짜 영상' 사례를 '윤리적 문제'와 관련지어 쓸 것	190~210자
3문단	**문제 해결을 위한 정부의 대책:** <자료2>를 활용할 것 - 1문장: 문제 해결을 위해 정부가 내놓은 계획을 쓸 것 - 2문장: 2문단 2문장에 대응하는 해결책을 '먼저 ~에 익숙하지 않은 사람을 위해 ~ 디지털 포용 사회를 ~ 계획이다' 형식으로 쓸 것 - 3문장: 2문단 3문장에 대응하는 해결책을 '또한 ~ 위협에 ~ 대비하는 ~ 확충하고자 ~를 마련한다' 형식으로 쓸 것('법'과 '체계'를 모두 포함할 것) - 4문장: '보안 기술 투자'와 관련된 내용을 '이와 함께 ~ 계획이다'의 형식으로 쓸 것(전년 대비 증가한 %와 금액을 모두 쓸 것)	290~310자
4문단	**대책에 대한 논평:** <자료4>를 활용할 것 - 1문장: '새로운 디지털 질서 정립 추진 계획'을 주어로 하여, 정책의 성격을 설명하는 내용을 쓸 것 - 2문장: '단순한 계획에서 그치지 않고, ~ 노력해야 할 것이다'의 형식으로 정부의 노력을 촉구하는 내용을 쓸 것	140자~160자

<자료1>

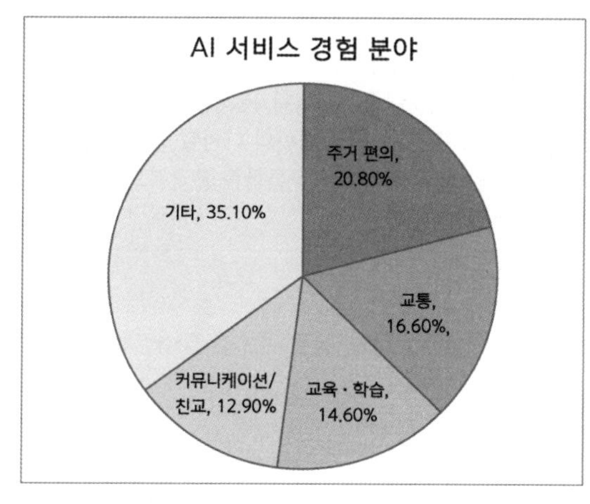

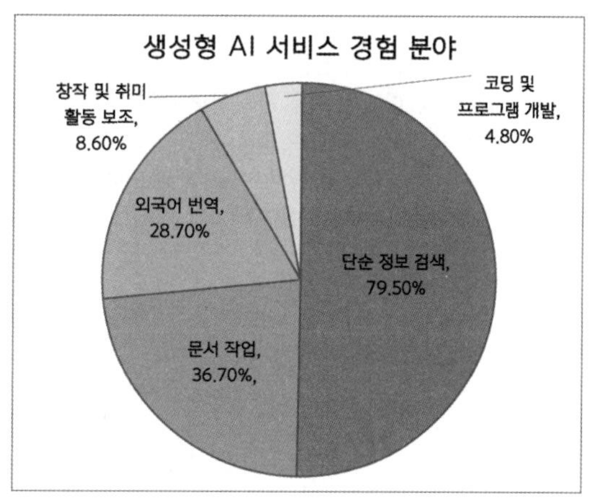

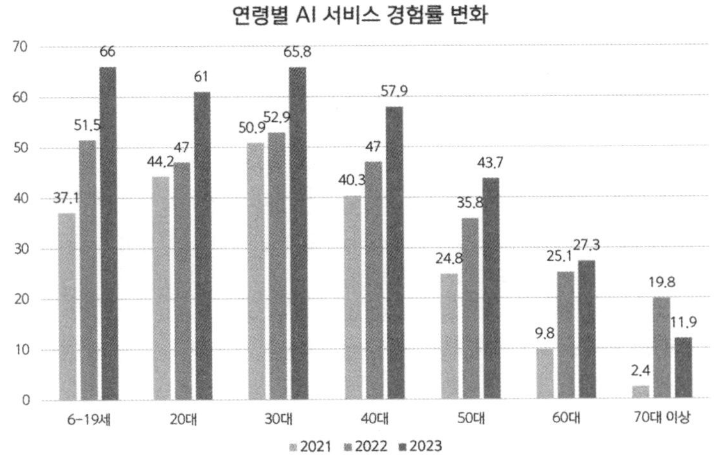

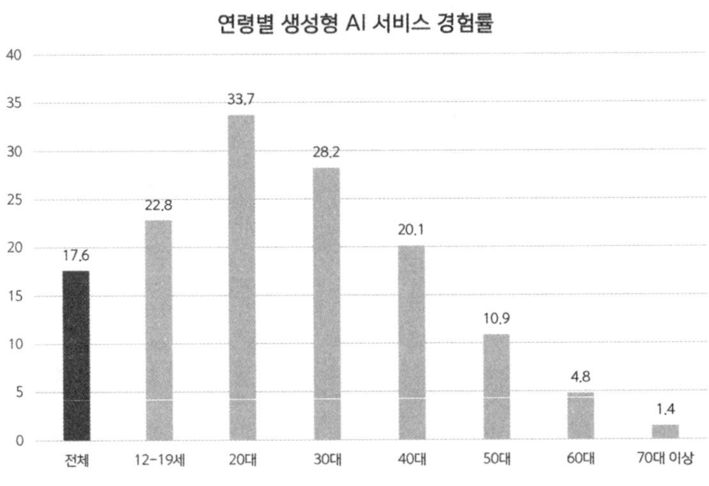

<자료2>

일상생활에서 비대면·디지털 기술이 증가하면서, 디지털 정보화 수준이 낮은 60대 이상 고령층이 정보를 인지하고 이용하는 부분에서 소외되고 있다. 그뿐 아니라 최근 사람의 화풍을 모사하거나 정교한 가짜 영상을 생성하는 등 고도화된 AI 기술을 악용하는 사례가 급증하면서 윤리적 문제가 발생하고 있다. 정부는 고도화·지능화되는 디지털 위협에 철저히 대비하는 국가 대응 체계를 확충하고자 '새로운 디지털 질서 정립 추진 계획'을 발표하여, 디지털 서비스 안전법 제정을 추진하고, 피싱·디지털 성범죄 등 민생 사이버 범죄 대응 체계를 마련하였다. 핵심 보안 기술 개발을 위한 투자도 대폭 늘려 전년 대비 22.5% 증가한 1,141억 원을 집중적으로 투자하고, 디지털 소외 계층을 위해 행정·금융 등 필수 영역에서 디지털 대체 수단을 확대하는 등 디지털 포용 사회를 적극 구현해 나갈 계획이다. 또한 정부는 아직 사회적 논의가 성숙되지 않았더라도 디지털 심화 시대에 더욱 중요해질 수 있는 '연결되지 않을 권리'와 '잊힐 권리'와 같은 개인의 디지털 권리 향상을 위한 노력도 본격 추진해 나가기로 했다. 이를 위해 노·사·정 논의로 연결되지 않을 권리에 대한 공론화를 본격적으로 시작하고, 원격·유연 근무와 초과 근무가 많은 디지털 기업의 자발적 인식을 유도한다.

<자료3>

디지털 심화의 가속화
- AI 기술은 이미 우리의 일상이 되어 가고 있음
- 다양한 국민 생활 분야에서의 AI 서비스 경험률은 지난 3년간 빠르게 상승하고 있음('21년 32.4%, '22년 42.4%, '23년 50.8%)
- 하지만 일상생활에서 비대면·디지털 기술이 증가하면서 부작용이 발생하고 있음

<자료4>

새로운 디지털 질서 정립 추진계획
8대 핵심 과제

◆ 디지털 심화 쟁점들을 실질적으로 해결할 수 있는 범정부 차원의 정책
◆ 국민이 체감할 수 있는 가시적 성과를 도출하여 디지털 질서를 정립하는 것이 목표

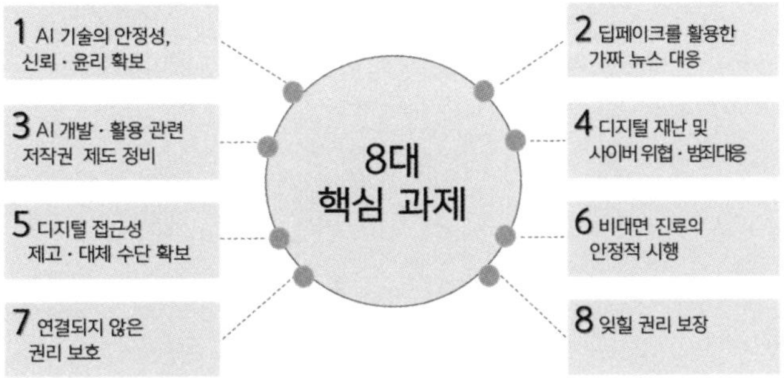

8대 핵심 과제
1 AI 기술의 안정성, 신뢰 · 윤리 확보
2 딥페이크를 활용한 가짜 뉴스 대응
3 AI 개발 · 활용 관련 저작권 제도 정비
4 디지털 재난 및 사이버 위협 · 범죄대응
5 디지털 접근성 제고 · 대체 수단 확보
6 비대면 진료의 안정적 시행
7 연결되지 않은 권리 보호
8 잊힐 권리 보장

약점 보완 해설집 p.59

원고지 모범답안 바로 보기
실제 답안 형태인 원고지 모범답안을 통해 원고지 작성법까지 익혀 보세요!

pass.Hackers.com

한국실용글쓰기 기출동형 모의고사 **1회** 답안지

해커스자격증

이 름	
생년월일	

수험번호							
①	①	①	①	①	①	①	①
②	②	②	②	②	②	②	②
③	③	③	③	③	③	③	③
④	④	④	④	④	④	④	④
⑤	⑤	⑤	⑤	⑤	⑤	⑤	⑤
⑥	⑥	⑥	⑥	⑥	⑥	⑥	⑥
⑦	⑦	⑦	⑦	⑦	⑦	⑦	⑦
⑧	⑧	⑧	⑧	⑧	⑧	⑧	⑧
⑨	⑨	⑨	⑨	⑨	⑨	⑨	⑨
⓪	⓪	⓪	⓪	⓪	⓪	⓪	⓪

감독관 확인란	

번호	1 ~ 10	번호	11 ~ 20	번호	21 ~ 30
1	① ② ③ ④ ⑤	11	① ② ③ ④ ⑤	21	① ② ③ ④ ⑤
2	① ② ③ ④ ⑤	12	① ② ③ ④ ⑤	22	① ② ③ ④ ⑤
3	① ② ③ ④ ⑤	13	① ② ③ ④ ⑤	23	① ② ③ ④ ⑤
4	① ② ③ ④ ⑤	14	① ② ③ ④ ⑤	24	① ② ③ ④ ⑤
5	① ② ③ ④ ⑤	15	① ② ③ ④ ⑤	25	① ② ③ ④ ⑤
6	① ② ③ ④ ⑤	16	① ② ③ ④ ⑤	26	① ② ③ ④ ⑤
7	① ② ③ ④ ⑤	17	① ② ③ ④ ⑤	27	① ② ③ ④ ⑤
8	① ② ③ ④ ⑤	18	① ② ③ ④ ⑤	28	① ② ③ ④ ⑤
9	① ② ③ ④ ⑤	19	① ② ③ ④ ⑤	29	① ② ③ ④ ⑤
10	① ② ③ ④ ⑤	20	① ② ③ ④ ⑤	30	① ② ③ ④ ⑤

수험생 유의 사항

1. 이름, 생년월일, 수험번호는 검정색 볼펜으로 작성할 것.
2. 수험번호 및 객관식 답안 표기는 정확하게 할 것.
   올바른 표기: ●　　잘못된 표기: ⊘⊗⊘◉◑
   (빨간색 등으로 중복 표기 시 중복답안으로 0점 처리되니 주의하기 바람)
3. 잘못 표기하거나 작성한 답안은 수정테이프를 사용하여 수정할 것.
   (서술형 답안은 수정테이프와 교정 부호 모두 사용 가능)
4. 문제 번호와 일치하는 답안 번호에 정확하게 표기할 것.
5. 위 유의 사항을 지키지 않았을 때 본인에게 불이익이 될 수 있음.

서술형 답안 작성 시 유의 사항

1. 서술형 답안은 검정색 볼펜으로 작성할 것.
2. 문제에서 요구하는 조건은 충족시킬 것.
3. 문제에 맞는 답안 번호를 확인하고, 해당 답안을 벗어나지 않게 작성할 것.
4. 글씨는 채점 요소가 아니며, 판독할 수 있게 또박또박 쓸 것.

서술형 1번

서술형 2번

서술형 3번

서술형 4번

서술형 5번

서술형 6번

서술형 7번

서술형 8번

서술형 9번

150

300

450

600

750

900

1050

1200

한국실용글쓰기 기출동형 모의고사 **2회** 답안지

해커스자격증

이 름	
생년월일	

수 험 번 호							
①	①	①	①	①	①	①	①
②	②	②	②	②	②	②	②
③	③	③	③	③	③	③	③
④	④	④	④	④	④	④	④
⑤	⑤	⑤	⑤	⑤	⑤	⑤	⑤
⑥	⑥	⑥	⑥	⑥	⑥	⑥	⑥
⑦	⑦	⑦	⑦	⑦	⑦	⑦	⑦
⑧	⑧	⑧	⑧	⑧	⑧	⑧	⑧
⑨	⑨	⑨	⑨	⑨	⑨	⑨	⑨
⓪	⓪	⓪	⓪	⓪	⓪	⓪	⓪

감 독 관 확 인 란	

번호	1 ~ 10	번호	11 ~ 20	번호	21 ~ 30
1	① ② ③ ④ ⑤	11	① ② ③ ④ ⑤	21	① ② ③ ④ ⑤
2	① ② ③ ④ ⑤	12	① ② ③ ④ ⑤	22	① ② ③ ④ ⑤
3	① ② ③ ④ ⑤	13	① ② ③ ④ ⑤	23	① ② ③ ④ ⑤
4	① ② ③ ④ ⑤	14	① ② ③ ④ ⑤	24	① ② ③ ④ ⑤
5	① ② ③ ④ ⑤	15	① ② ③ ④ ⑤	25	① ② ③ ④ ⑤
6	① ② ③ ④ ⑤	16	① ② ③ ④ ⑤	26	① ② ③ ④ ⑤
7	① ② ③ ④ ⑤	17	① ② ③ ④ ⑤	27	① ② ③ ④ ⑤
8	① ② ③ ④ ⑤	18	① ② ③ ④ ⑤	28	① ② ③ ④ ⑤
9	① ② ③ ④ ⑤	19	① ② ③ ④ ⑤	29	① ② ③ ④ ⑤
10	① ② ③ ④ ⑤	20	① ② ③ ④ ⑤	30	① ② ③ ④ ⑤

수험생 유의 사항

1. 이름, 생년월일, 수험번호는 검정색 볼펜으로 작성할 것.
2. 수험번호 및 객관식 답안 표기는 정확하게 할 것.
   올바른 표기: ●　　잘못된 표기: ⊘⊗⊘◉◑
   (빨간색 등으로 중복 표기 시 중복답안으로 0점 처리되니 주의하기 바람)
3. 잘못 표기하거나 작성한 답안은 수정테이프를 사용하여 수정할 것.
   (서술형 답안은 수정테이프와 교정 부호 모두 사용 가능)
4. 문제 번호와 일치하는 답안 번호에 정확하게 표기할 것.
5. 위 유의 사항을 지키지 않았을 때 본인에게 불이익이 될 수 있음.

서술형 답안 작성 시 유의 사항

1. 서술형 답안은 검정색 볼펜으로 작성할 것.
2. 문제에서 요구하는 조건은 충족시킬 것.
3. 문제에 맞는 답안 번호를 확인하고, 해당 답안을 벗어나지 않게 작성할 것.
4. 글씨는 채점 요소가 아니며, 판독할 수 있게 또박또박 쓸 것.

서술형 1번

서술형 2번

서술형 3번

서술형 4번

서술형 5번

서술형 6번

서술형 7번

서술형 8번

서술형 9번

150

300

450

600

750

900

1050

1200

한국실용글쓰기 기출동형 모의고사 3회 답안지

해커스자격증

이 름	
생년월일	

수 험 번 호							
①	①	①	①	①	①	①	①
②	②	②	②	②	②	②	②
③	③	③	③	③	③	③	③
④	④	④	④	④	④	④	④
⑤	⑤	⑤	⑤	⑤	⑤	⑤	⑤
⑥	⑥	⑥	⑥	⑥	⑥	⑥	⑥
⑦	⑦	⑦	⑦	⑦	⑦	⑦	⑦
⑧	⑧	⑧	⑧	⑧	⑧	⑧	⑧
⑨	⑨	⑨	⑨	⑨	⑨	⑨	⑨
⓪	⓪	⓪	⓪	⓪	⓪	⓪	⓪

감독관 확인란	

번호	1 ~ 10	번호	11 ~ 20	번호	21 ~ 30
1	① ② ③ ④ ⑤	11	① ② ③ ④ ⑤	21	① ② ③ ④ ⑤
2	① ② ③ ④ ⑤	12	① ② ③ ④ ⑤	22	① ② ③ ④ ⑤
3	① ② ③ ④ ⑤	13	① ② ③ ④ ⑤	23	① ② ③ ④ ⑤
4	① ② ③ ④ ⑤	14	① ② ③ ④ ⑤	24	① ② ③ ④ ⑤
5	① ② ③ ④ ⑤	15	① ② ③ ④ ⑤	25	① ② ③ ④ ⑤
6	① ② ③ ④ ⑤	16	① ② ③ ④ ⑤	26	① ② ③ ④ ⑤
7	① ② ③ ④ ⑤	17	① ② ③ ④ ⑤	27	① ② ③ ④ ⑤
8	① ② ③ ④ ⑤	18	① ② ③ ④ ⑤	28	① ② ③ ④ ⑤
9	① ② ③ ④ ⑤	19	① ② ③ ④ ⑤	29	① ② ③ ④ ⑤
10	① ② ③ ④ ⑤	20	① ② ③ ④ ⑤	30	① ② ③ ④ ⑤

수험생 유의 사항

1. 이름, 생년월일, 수험번호는 검정색 볼펜으로 작성할 것.
2. 수험번호 및 객관식 답안 표기는 정확하게 할 것.
   올바른 표기: ●　　잘못된 표기: ⊙⊗⊘◉◑
   (빨간색 등으로 중복 표기 시 중복답안으로 0점 처리되니 주의하기 바람)
3. 잘못 표기하거나 작성한 답안은 수정테이프를 사용하여 수정할 것.
   (서술형 답안은 수정테이프와 교정 부호 모두 사용 가능)
4. 문제 번호와 일치하는 답안 번호에 정확하게 표기할 것.
5. 위 유의 사항을 지키지 않았을 때 본인에게 불이익이 될 수 있음.

서술형 답안 작성 시 유의 사항

1. 서술형 답안은 검정색 볼펜으로 작성할 것.
2. 문제에서 요구하는 조건은 충족시킬 것.
3. 문제에 맞는 답안 번호를 확인하고, 해당 답안을 벗어나지 않게 작성할 것.
4. 글씨는 채점 요소가 아니며, 판독할 수 있게 또박또박 쓸 것.

서술형 1번

서술형 2번

서술형 3번

서술형 4번

서술형 5번

서술형 6번

서술형 7번

서술형 8번

서술형 9번

150

300

450

600

750

900

1050

1200

2026 최신개정판

7일 만에 끝내는 해커스 한국실용글쓰기

개정 4판 1쇄 발행 2026년 3월 5일

지은이	해커스 한국어연구소
펴낸곳	㈜챔프스터디
펴낸이	챔프스터디 출판팀
주소	서울특별시 서초구 강남대로61길 23 ㈜챔프스터디
고객센터	02-537-5000
교재 관련 문의	publishing@hackers.com
동영상강의	pass.Hackers.com
ISBN	978-89-6965-715-2 (13710)
Serial Number	04-01-01

이 책의 내용 중 일부는 국립국어원이 제공하는 '표준국어대사전', '한국어 어문 규범'을 참고하였습니다.
이 책에는 NCS 국가직무능력표준 홈페이지(www.ncs.go.kr)에서 제공하는 자료를 인용 및 편집하여 제작한 내용이 수록되어 있습니다. 해당 내용의 저작권은 한국산업인력공단에 있습니다.

한국사능력검정시험 **1위* 해커스!**

해커스 한국사능력검정시험 교재 시리즈

* 주간동아 선정 2022 올해의 교육 브랜드 파워 온·오프라인 한국사능력검정시험 부문 1위

빈출 개념과 **기출 분석**으로
기초부터 문제 해결력까지
꽉 잡는 기본서

해커스 한국사능력검정시험
한권합격 심화 [1·2·3급]

스토리와 **마인드맵**으로 **개념잡고!**
기출문제로 **점수잡고!**

해커스 한국사능력검정시험
2주 합격 심화 [1·2·3급] 기본 [4·5·6급]

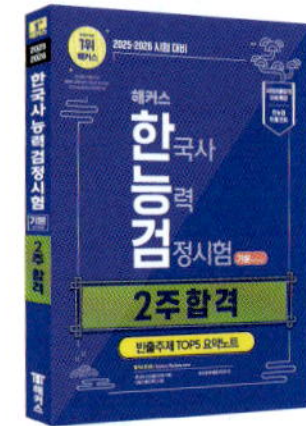

시대별/회차별 기출문제로
한 번에 합격 달성!

해커스 한국사능력검정시험
시대별/회차별 기출문제집 심화 [1·2·3급]

개념 정리부터 **실전**까지!
한권완성 기출문제집

해커스 한국사능력검정시험
실전완성 기출 800제 기본 [4·5·6급]

빈출 개념과 **기출 선택지**로
빠르게 합격 달성!

해커스 한국사능력검정시험
초단기 3급⁺ 합격 심화 [1·2·3급]
기선제압 막판 3일 합격 심화 [1·2·3급]

2026 최신개정판

7일 만에 끝내는

해커스

한국실용글쓰기

약점 보완 해설집

해커스자격증

7일 만에 끝내는

해커스

한국실용글쓰기

약점 보완 해설집

Ⅰ. 글쓰기 원리

기출유형 공략문제 p.32

1	2	3	4	5
③	②	②	⑤	⑤
6	**7**	**8**	**9**	**10**
②	④	①	③	③
11	**12**	**13**	**14**	**15**
②	②	③	②	③
16	**17**	**18**	**19**	**20**
②	④	④	③	③
21	**22**	**23**	**24**	**25**
④	②	②	④	④
26	**27**	**28**	**29**	**30**
③	④	②	③	⑤

1 계획하기 정답 ③

정답분석

㉠은 전 사원을 대상으로 진행할 사내 워크숍을 소개하는 안내문이므로 행사 목적, 장소, 일시, 프로그램과 같이 행사의 구체적인 진행 상황과 관련된 내용을 구성해야 한다. '워크숍 추진 예산'은 워크숍을 진행하는 데 드는 비용에 관해 승인 요청하는 품의서에 들어가는 항목이다. 따라서 ③은 ㉠의 구성 요소로 적절하지 않다.

2 계획하기 정답 ②

정답분석

윗글에서 김 부장은 안내문에 전문 용어와 불필요한 내용이 있어 예상 독자인 사원이 글을 이해하지 못한다고 지적하고 있다. 따라서 예상 독자를 고려해야 한다는 ②가 가장 적절하다.

오답분석

① 글쓰기 단계는 '계획하기-내용 생성하기-내용 조직하기-표현하기-고쳐쓰기'로 세분되지만, 실제로 글을 쓸 때는 내용을 생성하면서 동시에 내용을 조직하기도 한다. 이렇게 글쓰기 단계는 동시성을 지니지만, 위 사례의 문제와는 관련이 없다.

③ 출처를 기재하여 글의 신뢰성을 높일 수 있지만, 위 사례에서 글의 신뢰성과 관련 있는 내용은 언급되지 않았다.

④ 회사 누리집을 통해 안내문이 전달됨을 알 수 있으나, 이를 고려하지 않아 문제가 발생한 것은 아니다.

⑤ 박 대리가 작성한 안내문의 내용이 풍부하지 않다는 문제는 언급되지 않았다.

3 글 다듬기 정답 ②

정답분석

㉡의 앞은 우리 사회의 분위기가 타인에 대한 무관심이 존중을 나타내는 것이 되었다는 내용이며, 뒤는 타인에 대한 동정심이 줄었다는 내용이다. 따라서 ㉡의 앞 내용은 ㉡의 뒤 내용을 초래한 원인이 된다. '한편'은 앞에서 말한 측면과 다른 측면을 말할 때 쓰는 접속어이므로 쓰임이 적절하지 않다. 참고로, ㉡에는 앞 내용이 뒤 내용의 원인이 됨을 나타내는 '따라서'가 들어가야 한다.

오답분석

① ㉠의 앞은 우리 사회가 간접 경험이 가능한 정보 사회라는 내용이며, 뒤는 우리 사회가 개인주의 사회라는 내용으로 앞뒤 모두 우리 사회의 특성에 대한 내용이다. 따라서 앞 내용과 뒤 내용을 같은 화제로 이어 주는 '그리고'로 수정하는 것은 적절하다. 참고로, '그러나'는 앞의 내용과 뒤의 내용이 대립할 때 쓴다.

③ ㉢의 앞은 사회적 분위기로 동정심이 생기기 어렵다는 내용이며, 뒤는 동정심이 충분히 발생할 수 있다는 내용으로 앞의 내용과 뒤의 내용이 대립하고 있다. 따라서 앞의 내용을 인정하면서 앞의 내용과 뒤의 내용이 대립할 때 쓰는 '그렇지만'으로 수정하는 것은 적절하다. 참고로, '또한'은 같은 화제의 내용이 이어질 때 쓴다.

④ ㉣의 앞은 현대 사회에서 동정심이 발생할 수 있다는 내용이며, 뒤는 정보 사회에서 타인의 고통을 쉽게 접할 수 있다는 내용으로 뒤의 내용이 앞 내용의 원인이 된다. 따라서 뒤 내용이 앞 내용의 원인이 됨을 나타내는 '왜냐하면'으로 수정하는 것은 적절하다. 참고로, '반면에'는 뒤에 오는 말이 앞의 내용과 상반될 때 쓴다.

⑤ ㉤의 앞은 무관심한 사회와 반대되는 특성이 커졌다는 내용이며, 뒤는 우리 사회가 무관심에서 벗어날 여지가 있다는 내용이다. 따라서 ㉤의 앞 내용은 뒤 내용의 원인이므로 앞 내용이 뒤 내용의 원인이나 근거가 됨을 나타내는 '따라서'로 수정하는 것은 적절하다. 참고로, '한편'은 앞에서 말한 측면과 다른 측면을 말할 때 쓴다.

4 표현하기 정답 ⑤

정답분석

윗글의 ㉠~㉢에 쓸 접속 표현은 '예를 들면-한편-아울러'이므로 적절한 것은 ⑤이다.

· ㉠ **예를 들면**: ㉠의 뒤는 ㉠의 앞에서 설명한 각 국립공원을 대표하는 사물이나 동물이 인증 도장에 새겨져 있다는 내용의 예시이다. 따라서 ㉠에는 앞의 내용에 대한 구체적인 예를 들 때 사용하는 '예를 들면'을 쓰는 것이 적절하다. 참고로, '예컨대'와 '가령'도 같은 기능을 하므로 사용할 수 있다.

· ㉡ **한편**: ㉡의 앞은 국립공원에서 찍을 수 있는 도장에 대한 내용을, ㉡의 뒤는 '국립공원 여권' 및 '섬·바다 여권'으로 받을 수 있는 할인 혜택을 다루고 있다. 즉, ㉡의 앞뒤는 서로 다른 화제를 다루고 있으므로 ㉡에는 앞의 내용과 다른 생각이나 사실을 서술하여 화제를 바꿀 때 사용하는 '한편'을 쓰는 것이 적절하다. 참고로, '섬·바다 여권'의 추가 정보가 이어진다는 점에 초점을 맞추면 '그리고, 아울러'도 사용할 수 있다.

· ㉢ **아울러**: ㉢의 앞은 '국립공원 여권' 및 '섬·바다 여권'으로 받을 수 있는 할인 혜택을, ㉢의 뒤는 '섬·바다 여권' 여행 출시를 기념해 열리는 공모전에 대한 내용을 다루고 있다. 즉, ㉢의 앞뒤 내용은 '섬·바다 여권'과 관련된 추가적인 정보이다. 따라서 ㉢에는 앞의 내용에 새로운 내용을 덧붙이거나 보충할 때 사용하는 '아울러'를 쓰는 것이 적절하다. 참고로, '그리고'도 같은 기능을 하므로 사용할 수 있으며, 화제가 '할인 혜택'에서 '공모전'으로 바뀌었다는 점에 초점을 맞추면 '한편'도 사용할 수 있다.

오답분석

① ㉢ **따라서**: 앞에서 말한 일이 뒤에서 말할 일의 원인, 이유, 근거가 됨을 나타내는 접속 부사

② ㉡ **단**: 앞의 말을 받아 예외적인 사항이나 조건을 덧붙일 때, 그 말 머리에 쓰는 접속 부사

③ ㉠ **요컨대**: 앞의 내용을 요약하거나, 말을 바꾸어 다시 말할 때 사용하는 접속 표현

④ ㉠ **그렇지만**: 앞의 내용을 인정하면서 앞의 내용과 뒤의 내용이 대립될 때 쓰는 접속 부사

※ 출처: 환경부, http://www.me.go.kr

5 표현하기

정답 ⑤

정답분석

교차로에서 교통사고가 많이 발생하는 문제를 먼저 제시하고 이에 대한 해결 방안인 '노면 색깔 유도선'을 제시하였으므로 적절하다.

오답분석

① '노면 색깔 유도선'의 특징을 분류하지 않았다.

② '노면 색깔 유도선'의 과거와 현재의 특징을 비교·대조하지 않았다.

③ '주행 중인 운전자가 경로와 주행 방향을 쉽게 파악할 수 있도록'에서 '노면 색깔 유도선'의 장점은 알 수 있으나 단점은 제시되지 않았다.

④ '노면 색깔 유도선'의 변화 과정은 나타나지 않았다.

6 계획하기

정답 ②

정답분석

윗글은 포퓰리즘의 의미를 설명하고 포퓰리즘 정책을 활용해 국민 빈곤율을 낮춘 룰라 대통령과, 일부 정치인들이 포퓰리즘을 악의적인 의도를 갖고 적용한 사례에 대해 설명하는 내용이므로 윗글의 주제로 가장 적절한 것은 ②이다.

오답분석

① 끝에서 8~12번째 줄에서 룰라 대통령이 포퓰리즘을 통해 국민 빈곤율을 감소시켰다고 하였으므로 적절하지 않은 내용이다.

[관련 지문 인용] 브라질의 룰라 대통령은~임기 내 국민 빈곤율을 10% 이상 낮추는 효과를 보기도 하였다.

③④⑤ 윗글에서 포퓰리즘을 현대 정치에 적용해야 하는 이유, 포퓰리즘의 시대별 의미 변천 과정 및 포퓰리즘 정책 시행에 따라 엘리트주의가 붕괴되었는지에 대해서는 서술하고 있지 않으므로 적절하지 않다.

7 표현하기

정답 ④

정답분석

주어진 문장은 상반된 내용을 다루는 문장을 이어주는 기능을 하는 접속 부사 '하지만'으로 시작하고 있다. 이 점을 고려할 때, 주어진 문장의 앞에는 대중의 입장을 대변하여 긍정적인 결과를 낳은 사례가, 주어진 문장의 뒤에는 대중의 입장을 대변하여 부정적인 결과를 낳은 사례가 오는 것이 자연스럽다. 따라서 룰라 대통령의 정책으로 빈곤율 감소라는 긍정적인 결과를 얻은 사례와 그 정책으로 나타난 부정적 결과인 국가 재정에 끼친 악영향을 다룬 내용 사이의 (라)에 주어진 문장이 오는 것이 가장 자연스럽다.

8 표현하기

정답 ①

정답분석

㉠이 포함된 문장은 ㉠ 앞의 '명칭에서부터 알 수 있듯'을 고려할 때, 포퓰리즘의 특징을 그 어원의 의미인 '대중, 인민' 및 같은 의미로 쓰이는 '민중주의, 인민주의'를 바탕으로 설명하는 문장임을 알 수 있다. 따라서 이와 의미가 가장 가까운 '다수의 지지를 받으려는 경향'이 ㉠에 쓸 문장으로 가장 적절하다.

오답분석

②③ 비기득권자들의 정치적 움직임이나 개혁의 방향은 윗글에 나타나지 않으므로 적절하지 않다.

④ 5~6번째 줄에서 포퓰리즘을 다른 말로 민중주의, 인민주의라고 함을 알 수 있으나, 9~10번째 줄에서 포퓰리즘과 민주주의가 관련성이 높음을 알 수 있다. 따라서 민주주의와 반대된다는 것은 윗글의 내용과 일치하지 않으므로 적절하지 않다.

⑤ 6~7번째 줄에서 포퓰리즘은 소수의 엘리트가 대중을 다스리는 엘리트주의의 상대적인 개념임을 알 수 있으므로 '소수의 정치인이 대중을 움직이는 데 사용하는 수단'이라는 것은 포퓰리즘의 의미와 부합하지 않는다.
[관련 지문 인용] 소수의 엘리트가 대중을 다스리는 엘리트주의의 상대적인 개념으로 사용된다.

9 글 다듬기

정답 ③

정답분석

윗글의 중심 소재는 '채식'으로, 채식에 대한 인식 변화와 채식의 효과를 제시하고 있다. 하지만 ⓒ은 고혈압을 예방하기 위한 방안이므로 채식과 관련이 없다. 따라서 윗글에서 통일성에 어긋난 문장은 ⓒ이다.

10 표현하기

정답 ③

정답분석

- ㉠: 문맥상 기후 위기의 심각성이 높아진 상태를 뜻하므로 감정이나 기세가 극도로 높은 상태를 뜻하는 '고조'가 적절하다.
- ㉡: 문맥상 교육부가 자료를 개발해 학생들에게 기후 위기 상황과 대처 방안을 널리 알린다는 뜻이므로 널리 펴서 많은 사람들에게 골고루 미치게 하여 누리게 함을 뜻하는 '보급'이 적절하다.

오답분석

- **고취**: 1. 힘을 내도록 격려하여 용기를 북돋음. 2. 의견이나 사상 따위를 열렬히 주장하여 불어넣음
- **고양**: 1. 높이 쳐들어 올림. 2. 정신이나 기분 따위를 북돋워서 높임
- **할당**: 몫을 갈라 나눔. 또는 그 몫
- **분배**: 몫몫이 별러 나눔

※ 출처: 교육부, https://www.moe.go.kr/

11 계획하기

정답 ②

정답분석

필자는 글쓰기 목적을 달성하기 위해서 예상 독자를 적극적으로 고려하여 예상 독자에 맞는 내용과 전략을 구상해야 한다. 따라서 ㉠에 들어갈 말로 적절한 것은 ②이다.

오답분석

① '주제'를 분석하고 '주제'와 알맞은 자료를 사용해야 함은 맞지만, '주제'와 지속적인 상호 작용은 하지 않으므로 적절하지 않다.
③ '필자의 지식'은 필자 내부 요인으로 쓰기 과정 중에 필자가 활용할 수 있는 정보이다. 따라서 '필자의 지식'을 고려한 표현을 사용하는 것은 적절하지 않다.
④ '글쓰기 상황'은 필자 외부 요인으로 필자가 쓰기 과정 중에 부딪힐 수 있는 다양한 상황을 말한다. 따라서 '글쓰기 상황'은 필자와 지속적으로 상호 작용을 하지 않으므로 적절하지 않다.
⑤ '지금까지 작성한 글'은 필자 외부 요인으로 필자가 글을 전개할 때 사용할 단어나 문장을 선정할 수 있도록 도와주는 역할을 하므로 적절하지 않다.

12 표현하기

정답 ②

정답분석

㉡의 앞부분은 생체 시계의 자연적인 작동 원리와 진화적 배경을 설명하고, ㉡부터는 현대 사회 환경으로 생체 리듬에 교란이 생긴 부정적 결과를 다룬다. 따라서 '자연스러운 상태'에서 '인위적인 교란 상태'로 상황이 반전되는 ㉡이 문단을 나눌 가장 적절한 위치이다.

13 글 다듬기

정답 ③

정답분석

'에다가'는 앞말이 처소의 부사어임을 나타내는 격 조사 '에'와 의미를 더 뚜렷하게 하는 보조사 '다가'가 결합한 표현이다. 그가 가족사진을 올려놓은 장소를 나타내고, 이를 더 뚜렷하게 나타내는 문장이므로 조사의 쓰임이 적절하다.

오답분석

① '에게로'는 어떤 행동이 미치는 대상임을 나타내는 격 조사이므로 소문이 비롯된 대상을 찾을 때 쓰기 적절하지 않다. 참고로, 어떤 행동의 출발점이나 행동이 비롯되는 대상임을 나타내는 격 조사인 '에게서'를 쓰는 것이 적절하다.
② '라고'는 앞말이 직접 인용되는 말임을 나타내는 격 조사이므로 친구의 말을 간접 인용할 때 쓰기 적절하지 않다. 참고로, 앞말이 간접 인용되는 말임을 나타내는 격 조사인 '고'를 쓰는 것이 적절하다.
④ '에게'는 사람이나 동물 따위를 나타내는 체언 뒤에 붙는 격 조사이므로, '나무'와 함께 쓰는 것은 적절하지 않다. 참고로, 앞말이 어떤 움직임이나 작용이 미치는 대상의 부사어임을 나타내는 격 조사인 '에'를 쓰는 것이 적절하다.
⑤ '은'은 어떤 대상이 다른 것과 대조됨을 나타내거나 문장 속에서 어떤 대상이 화제임을 나타내는 보조사이므로 걱정을 놓은 적이 일절 없다는 문맥에서 쓰기 적절하지 않다. 참고로, 극단적인 경우까지 양보하여, 다른 경우는 더 말할 필요도 없이 그러하다는 뜻을 나타내는 보조사 '도'를 쓰는 것이 적절하다.

14 표현하기

정답 ②

정답분석

'맥주의 주 소비층인 20~30대에서'를 통해 윗글에서 다루는 상품인 '맥주'의 주 소비층이 20~30대인 점을 알 수 있으나 그들의 실질 소득과 관련한 정보는 윗글에 반영되어 있지 않다. 따라서 답은 ②이다. 참고로, 상품 소비자의 실질 소득이 증가해야 상품의 수요가 증가하게 된다.

15 글 다듬기

정답 ③

정답분석

'그는 심한 몸살감기로 며칠간 아무것도 먹지 못했다'에는 의미가 중복된 표현이 사용되지 않았으므로 정답은 ③이다.

오답분석

① '각'은 "낱낱의."를 뜻하고, '마다'는 "낱낱이 모두"를 뜻한다. 따라서 '낱낱의'의 의미가 중복된 표현이다.

② '기간'은 "어느 때부터 다른 어느 때까지의 동안."을 뜻한다. 따라서 '동안'의 의미가 중복된 표현이다.

④ '자문'은 "어떤 일을 좀 더 효율적이고 바르게 처리하려고 그 방면의 전문가나, 전문가들로 이루어진 기구에 의견을 물음."을 뜻한다. 따라서 '의견을 묻다'의 의미가 중복된 표현이다.

⑤ '뇌리'는 "사람의 의식이나 기억, 생각 따위가 들어 있는 영역."을 뜻하는 단어로, 이때 쓰인 '리'는 '속'이라는 뜻을 가진 한자어 '리(裏)'이다. 따라서 '속'이라는 의미가 중복된 표현이다.

16 계획하기

정답 ②

정답분석

윗글에 따르면 주제문에는 필자의 생각이나 입장이 구체적이고 명확하게 드러나야 한다. 따라서 모호한 비유적인 표현은 명확성을 저해할 수 있으므로 적절하지 않다.

오답분석

① 윗글에서 독자의 흥미를 유발하는 주제를 선정해야 한다고 하였다. 참신한 주제는 독자의 흥미를 끄는 중요한 요소이므로 적절하다.

③ 정보 전달이 목적이라면 그에 맞게 객관적 사실을 중심으로 주제문을 써야 하므로 적절하다.

④ 설득이 목적이라면 주제문에서 주장이 명확히 드러나야 하므로 적절하다.

⑤ 윗글에서 필자는 주제를 명확히 전달할 수 있어야 한다고 하였다. 따라서 주제에 관한 배경지식이나 자료 수집 능력이 전제되어야 하므로 적절하다.

17 계획하기

정답 ④

정답분석

윗글은 전통시장에 젊은 층을 유입하여 시장을 활성화하는 방안을 제안하는 것이 목적이다. 시장 내에 노인 전문 요양 병원을 건립하는 것은 상권 활성화나 젊은 층 유입이라는 글의 목적과 관련이 없으므로 적절하지 않다.

오답분석

① 문제 상황인 '이용객 감소'를 객관적으로 뒷받침하고 심각성을 알리기 위해 필요한 자료이므로 적절하다.

② 윗글의 목적이 '젊은 층 유입'이므로 젊은 층의 요구를 파악하여 마케팅 방안을 수립하는 것은 적절하다.

③ 문제 상황에서 '시설 노후화'를 이용객 감소의 원인으로 지목했으므로 이를 개선하기 위한 시설의 현대화를 강조하는 것은 적절하다.

⑤ 문제 상황인 '온라인 쇼핑몰의 성장'에 대응하고, 젊은 층에게 익숙한 배달 서비스를 도입하여 접근성을 높이는 것은 효과적인 활성화 방안이므로 적절하다.

18 표현하기

정답 ④

정답분석

'Ⅱ. 글로벌 리더 양성을 위한 국제화 역량 강조'의 하위 항목은 '해외 교환학생', '외국어 강의', '외국인 유학생 유치'와 관련 있다. 따라서 (ㄴ) '해외 자매 결연 대학 수 및 해외 파견 학생 수의 증가를 보여 주는 자료', (ㄹ) '영어 강좌 비율이 높은 자료', (ㅂ) '외국인 유학생의 비율이 높은 자료'는 'Ⅱ'에 활용하기 적절하다.

오답분석

- (ㄱ): '기업 맞춤형 프로젝트 참여자 수 추이'는 'Ⅲ. 취업 경쟁력을 높이는 실용적 산학 협력 부각'과 관련 있는 자료이다.
- (ㄷ): '전임 교원 1인당 논문 게재 실적 관련 기사'는 위 개요와 관련 없는 자료이다.
- (ㅁ): '대학정보 공시 결과'는 '재학생 1인당 장학금'과 관련 있으므로 'Ⅰ. 수요자 중심의 최적화된 교육 환경 홍보'와 관련 있는 자료이다.

19 계획하기

정답 ③

정답분석

'이 패턴은 고정되지 않고 삭제, 변형, 생성되는 특성이 있다'에서 장르는 고정적이지 않음을 알 수 있다.

오답분석

① '설득의 글에는 의견을 표현하거나 주장하는 글이 있다'에서 알 수 있다.

② '쓰기 과정과 결과물을 균형적으로 고려하는 장르 중심 쓰기 이론이'에서 알 수 있다.

④ '쓰기를 성공적으로 수행하기 위해서는 쓰기의 각 과정에서 적절한 전략을 사용하는 것이 중요하다'에서 알 수 있다.

⑤ '원활한 소통은 필자와 독자가 각 장르에 해당하는 관습을 이해함으로써 이루어질 수 있다. 관습을 이해하려면 장르의 형식적, 내용적 특징인 장르 지식을 아는 것이 중요하다'에서 알 수 있다.

20 표현하기

정답 ③

정답분석

윗글의 첫 문단에서는 디지털 기술의 발달이 사회 전반에 가져온 긍정적 변화를 중심으로 서술하고 있으며, 마지막 문단에서는 디지털 환경에 대응하기 위한 준비의 필요성을 제시하고 있다. 따라서 디지털 전환이 사회에 미친 구체적 양상(㉡), 그 과정에서 드러난 문제점(㉠), 그리고 이에 대한 대응 방안(㉢)을 순서대로 드러내는 것이 자연스럽다.

21 글 다듬기

정답 ④

정답분석

㉣ '50개가량을'의 '가량'은 '정도'의 뜻을 더하는 접미사이다. 접미사는 앞 단어와 붙여 써야 하므로 적절하지 않다.

오답분석

① ㉠ '주변등'의 '등'은 그 밖에도 같은 종류의 것이 더 있음을 나타내는 말인 의존 명사이다. 의존 명사는 앞 단어와 띄어 써야 하므로 적절하다.

② ㉡ '근절하는데'의 '데'는 '일'이나 '것'을 나타내는 말인 의존 명사이다. 의존 명사는 앞 단어와 띄어 써야 하므로 적절하다.

③ ㉢ '줄것을'의 '것'은 사물, 일, 현상 따위를 추상적으로 이르는 말인 의존 명사이다. 의존 명사는 앞 단어와 띄어 써야 하므로 적절하다.

⑤ ㉤ '문의사항'의 '문의'와 '사항'은 각각 한 단어이다. 각 단어는 띄어 써야 하므로 적절하다.

22 글 다듬기

정답 ②

정답분석

ⓑ '법규를 지키길'은 적절한 우리말 표현이며 수정한 '엄수하길'은 어려운 한자어이다. 따라서 '지키다'를 한자어 '엄수하다'로 다듬을 필요가 없으므로 적절하지 않다.

오답분석

① ⓐ '부과하다'는 "세금이나 부담금 따위를 매기어 부담하게 하다."를 뜻한다. 따라서 "갚아야 할 것을 치르게 하다."를 뜻하는 우리말 '물리다'로 다듬을 수 있으므로 적절하다.

③ ⓒ '요망하다'는 "어떤 희망이나 기대가 꼭 이루어지기를 간절히 바라다."를 뜻한다. 따라서 우리말 '바라다'로 다듬을 수 있으므로 적절하다.

④ ⓓ '개수하다'는 "고쳐서 바로잡거나 다시 만들다."를 뜻한다. 따라서 우리말 '고치다'로 다듬을 수 있으므로 적절하다.

⑤ ⓔ '조성하다'는 "무엇을 만들어서 이루다."를 뜻한다. 따라서 우리말 '만들다'로 다듬을 수 있으므로 적절하다.

23 표현하기

정답 ②

정답분석

㉡ 이전까지는 전기차 시장의 성장과 긍정적 요인을 다루고 있고, ㉡부터는 전기차를 충전할 공간이 부족하다는 문제점을 다루기 시작하므로 여기서 문단을 나누는 것이 적절하다.

24 계획하기

정답 ④

정답분석

개요를 작성하는 것은 내용을 생성하는 방법이 아닌 생성된 내용을 조직하는 전략에 해당하므로 적절하지 않다. 참고로, 내용을 마련하는 방법은 자유 연상, 브레인스토밍, 마인드맵 등이 있다.

오답분석

① ㉠은 글의 목적을 제대로 파악하지 못한 것으로 글쓰기 계획 과정에서 목적이나 유형, 주제를 확인한다는 조언은 적절하다.

② ㉡은 통일성을 위배한 것이므로 주제에 부합하도록 내용을 통일해야 한다는 조언은 적절하다.

③ 글을 쓸 때는 예상 독자가 이해할 수 있는 표현을 사용해야 하므로 ㉢에 대한 조언은 적절하다.

⑤ '논설문'은 '어떤 주제에 관하여 자기의 생각이나 주장을 체계적으로 밝혀 쓴 글'이므로 주장에 대한 근거를 밝히는 논증 방법을 활용해 내용을 전개해야 한다는 조언은 적절하다.

25 계획하기

정답 ④

정답분석

결론은 본론의 내용을 요약하여 자신의 주장을 강조하고 실천을 당부하는 마무리 부분이다. 새로운 근거를 추가로 제시하는 것은 본론 부분에서 이루어져야 한다.

오답분석

① 서론은 본격적인 논의에 앞서 본론에서 논의할 문제를 제기하고, 이에 독자가 흥미를 느끼도록 해야 한다.

② 논설문은 문제를 제기하고 이를 해결하는 방법을 구체적으로 제시하는 '문제-해결' 구조를 사용한다.

③ 본론은 주장을 제시하며 이를 뒷받침할 수 있는 근거를 열거해 주장을 강화하는 단계이다.

⑤ 결론은 본론에서 제시한 내용을 요약하여 주장을 재강조하고, 독자에게 실천을 당부하여 행동을 촉구하는 단계이다.

26 계획하기

정답 ③

정답분석

'쓰기 효능감'이란 쓰기를 성공적으로 수행할 수 있을 것이라는 신념이다. 따라서 설문 조사의 마지막 답변은 쓰기 효능감이 부족하여 나타나는 글쓰기 문제임을 알 수 있다. 쓰기 효능감은 성공 경험이나 칭찬, 격려를 통해 증진할 수 있으므로 지속적인 격려와 성공 경험을 제공하는 것은 적절한 전략이다.

오답분석

① 물질적 보상을 제공하는 것은 쓰기 외적 동기를 향상하는 방법이다.

② 쓰기 지식을 학습하는 것은 쓰기 효능감을 향상하는 것과 관련 없다.

④ 쓰기 효능감을 향상하기 위해서는 쓰기에 부담을 갖지 않고 쉽게 성공 경험을 느낄 수 있도록 짧은 글쓰기 과제를 제공해야 한다. 따라서 쓰기 부담을 줄 수 있는 긴 글을 과제로 제공하는 것은 적절하지 않다.

⑤ 동료와 협업하여 쓰는 과제는 개인의 쓰기 효능감 향상과 관련 없다.

27 계획하기

정답 ④

정답분석

<보기>는 '스마트폰 사용은 청소년의 학업 능력에 부정적 영향을 끼친다'는 주제를 각각 신문 기사, 인터넷 광고, 프레젠테이션의 매체로 제시한 것이다. 이때 (가)는 (나), (다)와 달리 구체적 통계 수치를 제시하여 객관적이고 논리적인 서술 방식을 사용하고 있으며, (나)는 의문형 표현과 감정적 표현을 사용하여 주제를 전달하고 있다. 그리고 (다)는 기호를 사용하여 핵심 주제를 시각적으로 전달하고 있다. 따라서 동일한 주제이더라도 매체에 따라 정보의 객관성과 표현의 형식이 달라질 수 있음을 알 수 있으므로 정답은 ④이다.

오답분석

① <보기>의 (가)~(다)는 '스마트폰 사용이 청소년에게 미치는 부정적 영향'을 제시하고 있으므로 적절하지 않다.

② <보기>의 (가)는 논리적 구조로, 객관적으로 서술하고 있으나, (나)는 감정적 표현을 사용하고, (다)는 주요 내용만 명사와 화살표로 간략하게 제시하고 있다. 따라서 매체가 달라도 정보의 구조와 서술 방식이 동일하다는 설명은 적절하지 않다.

③ <보기>의 (가)는 수치를 근거로 명확한 주장을 드러내고 있으나, (나), (다)에는 명확한 논리적 구조가 드러나고 있지 않으므로 매체는 모두 논리적 구조의 명확성을 전제로 한다는 설명은 적절하지 않다.

⑤ <보기>의 (가), (나)는 문장으로 표현한 반면, (다)는 문장으로 표현하고 있지 않으므로 매체의 차이가 표현 방식에 영향을 주지 않는다는 설명은 적절하지 않다.

※ 출처: KOSIS(과학기술정보통신부,「스마트폰과의존실태조사」), 2026.01.29.

28 표현하기

정답 ②

정답분석

윗글의 ㉠에는 '음', ㉡에는 '그러나', ㉢에는 '그렇다면', ㉣에는 '안주 일체'가 들어가는 것이 적절하므로 답은 ②이다.

- ㉠ **음**: 윗글은 한자 표기가 '一切'로 동일하지만, 상황에 따라 '일절' 또는 '일체'로 음을 다르게 읽는 단어를 설명하고 있으므로 ㉠에는 '음'이 들어가는 것이 적절하다.
- ㉡ **그러나**: ㉡의 앞은 일상에서 '일체'를 써야 할 자리에 '안주 일절'과 같이 '일절'을 쓰고 있음을, ㉡의 뒤는 '일절'의 의미를 근거로 '안주 일절'의 쓰임이 적절하지 않음을 설명하고 있다. 따라서 ㉡에는 앞뒤 내용이 상반됨을 나타낼 수 있는 접속 부사 '그러나'가 들어가는 것이 적절하다.
- ㉢ **그렇다면**: ㉢의 앞은 '안주 일절'은 '일절'의 의미에 적절하지 않은 표현임을, ㉢의 뒤는 이를 토대로 단어 '일절'과 '일체'를 바르게 쓰는 법을 설명하고 있다. 따라서 ㉢에는 앞의 내용을 근거로 결과(결론)를 나타내는 기능을 하는 접속 표현 '그렇다면'을 쓰는 것이 적절하다.
- ㉣ **안주 일체**: ㉣ 앞에서 '모든 것'의 의미를 나타내는 단어는 '일체'라고 하였다. 따라서 '모든 안주를 취급한다'는 의미를 나타내는 ㉣은 '안주 일체'가 되어야 한다.

※ 출처: 국립국어원, https://www.korean.go.kr

29 표현하기

정답 ③

정답분석

윗글의 ㉠에는 ⓒ, ㉡에는 ⓑ, ㉢에는 ⓓ, ㉣에는 ⓐ가 들어가는 것이 적절하므로 답은 ③이다.

- ⓐ: ⓐ는 계약 성립의 조건으로 합의를 들고 있다. 윗글의 3문단에서 합의를 다루고 있으며, ㉣의 뒤에서 합의의 구성 요소를 설명하고 있으므로 ⓐ의 위치는 ㉣이 적절하다.
- ⓑ: ⓑ는 채권자에게 귀책사유가 있어 계약이 이행되지 않는 상황을 다루고 있다. ⓑ의 시작이 '반대로'인 점을 고려할 때, ⓑ의 앞에는 채무자에게 귀책사유가 있어 계약이 이행되지 않는 상황이 제시되는 것이 적절하다. 따라서 ⓑ의 위치는 ㉡이 적절하다.
- ⓒ: ⓒ는 신분 질서가 해체된 이후의 상황을 다루고 있다. 신분제가 소멸하는 상황을 다루고 있는 것은 ㉠의 앞이므로, ⓒ의 위치는 ㉠이 적절하다.
- ⓓ: ⓓ는 위험 부담의 개념을 설명하고 있다. 윗글의 2문단에서 위험 부담을 다루고 있으며, ㉢의 앞에서 '위험 부담'이라는 개념을 제시하고 있으므로 이를 정의하는 ⓓ의 위치는 ㉢이 적절하다.

30 글 다듬기

정답 ⑤

정답분석

윗글은 우리나라에서 대표적인 식재료로 활용되는 '배추'가 과거에는 식재료가 아닌 약재로 활용되었음을 언급하며 배추가 가진 영양소를 소개하고 있다. 하지만 ㉤은 육류 섭취와 대장 질환 예방에 관한 내용으로, 윗글의 화제인 '배추'와 관련이 없으므로 통일성에 어긋난다.

Ⅱ. 글쓰기 실제

기출유형 공략문제 p.66

1	2	3	4	5
⑤	③	⑤	③	⑤
6	7	8	9	10
④	③	⑤	④	④
11	12	13	14	15
③	⑤	④	①	③
16	17	18	19	20
③	①	③	④	④
21	22	23	24	25
①	③	③	⑤	④
26	27	28	29	30
①	⑤	⑤	④	④
31	32	33		
④	⑤	①		

1 문서 이해

정답 ⑤

정답분석

위 문서는 행정기관에서 공무상 작성한 공문서로, 문서가 성립하기 위해서는 결재권자의 서명이 있어야 한다. 이때 서명이란 자기의 성명을 자필로 표시하는 것인데, 성명은 다른 사람이 알아볼 수 있도록 한글로 표시해야 한다. 따라서 ⑤는 적절하지 않다.

오답분석

① 위 문서는 행정 기관에서 의사를 결정하기 위해 작성한 문서로, 주로 결재권자의 지시 사항이나 접수한 문서를 처리하기 위해 작성된다.

② 결재는 결정권자가 의사를 결정하는 것을 말한다. 따라서 보조기관이 문서를 검토, 협조하고 서명하는 것은 결재에 해당하지 않는다.

③ ④ 행정 기관이 직무와 관련하여 작성하고 처리하는 문서인 공문서이므로 '행정업무규정 시행규칙'의 법률을 준수하고, 상대가 쉽고 명확하게 이해할 수 있도록 쉬운 우리말을 사용해야 한다.

2 문서 이해

정답 ③

정답분석

위 문서는 ○○시에서 '청소년 환경 사랑 축제'를 진행하기 위하여 △△초등학교에 장소 대여를 요청하고 있다. 제목은 내용의 핵심을 간단하고 명료하게 작성해야 하므로 ③이 가장 적절하다.

3 계약서

정답 ⑤

정답분석

제5조 1항은 매수인과 매도인이 계약을 해제할 수 있는 조건을 제시하고 있고, 제5조 2항은 채무 불이행에 따라 계약을 해제할 수 있음을 손해 배상 사안과 함께 제시하고 있다. 따라서 ⓜ은 제5조 1항과 2항의 내용을 포괄하는 '계약의 해제'로 써야 한다.

오답분석

① 제1조는 매수인이 매도인에게 지급해야 할 금액을 다루고 있으므로 '매매대금'은 조항 제목으로 적절하다.

② 제2조는 부동산 소유권을 이전하는 일을 다루고 있으므로 '소유권 이전과 인도'는 조항 제목으로 적절하다.

③ 제3조는 부동산 소유권을 이전하기 전까지 부동산과 관련된 부담을 모두 말소하라는 내용을 다루고 있으므로 '부동산에 대한 부담의 소멸 등'은 조항 제목으로 적절하다.

④ 제4조는 부동산에 하자나 손해가 있을 시 이를 책임지고 배상해야 한다는 내용을 다루고 있으므로 '하자 보수 책임'은 조항 제목으로 적절하다.

※ 출처: 서울중앙지방법원, https://seoul.scourt.go.kr

4 계약서

정답 ③

정답분석

제3조 1항의 '매도인은 ~ 제한이 없는 소유권을 이전하여야 한다'에서 ⓐ 매도인(파는 사람)이 ⓑ 매수인(사는 사람)에게 주어야 하는 것은 '소유권'임을 알 수 있다.

오답분석

① ④ ⑤ 잔금, 중도금, 매매대금은 ⓑ 매수인(사는 사람)이 ⓐ 매도인(파는 사람)에게 주는 것이다.

② 저당권은 소유권 이전 전에 없애야 하는 것이므로 적절하지 않다.

5 계약서

정답 ⑤

정답분석

제4조 2항에서 부동산을 넘겨주기 전에 법령을 위반하여, 부동산에 남아 있는 부담으로 매수인이 벌금을 내게 되면 매도인이 손해를 배상해야 함을 알 수 있다. 따라서 답은 ⑤이다.

오답분석

① 제3조 2항에서 부동산을 넘긴 후 발생한 공과금은 매수인이 부담해야 함을 알 수 있다.
② 제4조 1항에서 부동산에 하자가 있는 경우 매수인이 아닌 매도인에게 하자담보의 책임이 있음을 알 수 있다.
③ 제5조 2항에서 채무를 이행하지 않은 상대방에게 이행을 촉구한 후에 계약을 해제할 수 있음을 알 수 있으므로 즉시 계약을 해제할 수 있다는 내용은 적절하지 않다.
④ 제5조 2항에서 채무를 이행하지 않은 당사자는 상대에게 발생한 손해를 배상해야 한다고 하였지만, 손해배상금의 정확한 수치는 위 문서에서 알 수 없다.

6 기안서, 품의서

정답 ④

정답분석

품의서의 제목은 경비를 집행하려는 목적이 드러나면서도 간결하게 작성해야 한다. 윗글은 OO세미나 개최 시 예상되는 지출 내역에 대한 승인을 받고자 작성한 것이므로 ㉠에 들어갈 품의서 제목으로 가장 적절한 것은 ④이다.

※ 출처: 서산시청, https://www.seosan.go.kr

7 기안서, 품의서

정답 ③

정답분석

윗글은 OO세미나 개최 시 예상되는 지출 내역에 대한 승인을 받고자 작성한 품의서이다. 따라서 경비를 집행하고자 하는 근거가 되는 세미나의 일정이나 계획을 붙임 서류로 첨부하는 것이 가장 적절하다. 따라서 답은 ③이다.

오답분석

① 품의서는 어떤 사안을 실행하기 전에 그에 대한 승인을 요청하기 위한 문서이므로 아직 지급하지 않은 '강사료'의 지급 확인서는 붙임 서류로 적절하지 않다. 참고로, 지급 확인서는 비용 지불이 완료된 것을 확인하거나 증명하기 위해 작성하는 문서이다.
② 윗글을 작성한 담당자는 세미나 개최 측이며, 윗글은 세미나 참가 방법을 안내하는 내용이 아니므로 세미나에 참석하기 위한 신청서는 붙임 서류로 적절하지 않다.
④⑤ 윗글의 지출 내역에 '세미나 장소 대관료', '직원 체재비'는 없으므로 '세미나 장소 대관 계약서'와 '세미나 참여 직원 체재비 기준'은 붙임 서류로 적절하지 않다. 참고로, 체재비는 객지에 가서 머물러 지내는 데 드는 비용이다.

8 기획서

정답 ⑤

정답분석

기획서 작성 시에는 전문 용어나 약어의 사용을 지양해야 하므로 적절하지 않은 것은 ⑤이다.

9 기획서

정답 ④

정답분석

윗글의 '행사 개요-장소' 항목에서 부서별 오리엔테이션이 사전에 지정된 장소에서 진행됨을 알 수 있으나, 부서별 오리엔테이션이 진행되는 장소에 대한 구체적인 정보는 알 수 없으므로 보충해야 할 내용으로 적절한 것은 ④이다.

오답분석

①, ⑤는 '행사 준비' 항목, ②는 '행사 개요' 항목, ③은 '행사 세부 프로그램' 항목을 통해 확인할 수 있다.

10 홍보문, 보도문

정답 ④

정답분석

홍보문의 제목은 홍보문 전체를 포괄할 수 있는 핵심 사항을 제시해야 한다. 윗글은 기관별로 국민 생활과 밀접한 안전 분야 제도의 개선 사항을 소개하고 그에 따른 기대 효과를 제시하고 있다. 따라서 개선 사항과 기대 효과에 관한 내용을 포괄하는 ④가 가장 적절하다.

※ 출처: 행정안전부, https://www.mois.go.kr

11 홍보문, 보도문

정답 ③

정답분석

위 문서는 '정책 홍보문'이다. 정책 홍보문은 공공 기관에서 추진하는 정책을 다루므로 확정되지 않은 정책이나 부처 간에 의견을 조율 중인 사항을 주제로 다루는 것은 적절하지 않다. 따라서 적절하지 않은 것은 ③이다.

12 홍보문, 보도문

정답 ⑤

정답분석

'1. 추진 배경'에는 '2. 기관별 제도 개선 사항'이 마련된 이유를 언급해야 한다. 따라서 부제 '국민 생활과 밀접한 안전 분야 제도 개선 과제 32개 발굴·추진'과 '1. 추진 배경'의 첫 번째 항목을 고려할 때, 국민과 밀접한 생활 분야에서 안전 제도를 개선해야 한다는 필요성이 대두되었음을 알 수 있으므로 가장 적절한 것은 ⑤이다.

13 프레젠테이션

정답 ④

정답분석

프레젠테이션 내용 구성 방식을 설명하며 1문단은 청중이 흥미를 느낄 수 있어야 함을, 2문단은 청중이 주제에 관련성을 느낄 수 있어야 함을, 3문단은 청중에게 가치가 있는 정보를 다루어야 함을, 4문단은 청중의 감성을 자극할 수 있어야 함을 강조하고 있다. 따라서 윗글을 읽고 프레젠테이션 내용 구성 시 청중을 고려해야 한다고 반응하는 것은 적절하나 윗글은 정리부에서만 감성적 전략에 충실해야 한다고 설명하고 있으므로 프레젠테이션 전반적으로 청중의 감성을 공략해야 한다는 반응은 적절하지 않다.

오답분석

① 3문단 2~4번째 줄을 읽고 보일 수 있는 반응이다.
[관련 지문 인용] 전개부의 내용은 청중에게 가치 있는 내용이어야 하며 핵심 정보 위주로 구성해야 한다.

② 4문단 2~4번째 줄을 읽고 보일 수 있는 반응이다.
[관련 지문 인용] 청중의 감성을 자극할 만한 감성적인 메시지, ~ 활용하는 것이 효과적이다.

③ 2문단 1~2번째 줄을 읽고 보일 수 있는 반응이다.
[관련 지문 인용] 도입부에서 가장 중요한 것은 청중이 프레젠테이션 주제를 자기와 관련된 것이라고 인식하고 있는가이다.

⑤ 1문단 끝에서 1~2번째 줄을 읽고 보일 수 있는 반응이다.
[관련 지문 인용] 또한 발표 시간이 모자라거나 남을 때 내용 구성을 어떻게 변경할지도 계획해 두어야 한다.

14 프레젠테이션

정답 ①

정답분석

제시된 문장은 청중과 프레젠테이션 내용 간 관련성을 설명하고 있다. 윗글에서 이를 다루고 있는 문단은 2문단이므로 1문단에 해당 문장을 추가하는 것은 적절한 보완 방안이 아니다.

오답분석

② 제시된 문장은 프레젠테이션의 전체 구조를 설명하고 있다. 따라서 2문단에서 프레젠테이션의 첫 단계인 '도입부'를 설명하기 전에 제시된 문장을 추가하면 프레젠테이션 단계를 이해하는 데 도움이 되므로 적절한 보완 방안이다.

③ 제시된 문장은 파워포인트의 슬라이드 구성 방법을 설명하고 있다. 윗글에서 슬라이드 구성 방법을 다루는 문단은 3문단이므로 적절한 보완 방안이다.

④ 제시된 문장은 청중에게 감동을 줄 수 있는 전략을 사용할 것을 설명하고 있다. 4문단에서 감성적인 메시지를 사용하는 정리부를 다루고 있으므로 적절한 보완 방안이다.

⑤ 윗글의 2~4문단은 프레젠테이션 단계를 순서대로 다루고 있다. 따라서 순서를 나타낼 수 있는 '먼저', '다음으로', '마지막으로'와 같은 표현을 각 문단의 첫 부분에 추가하는 것은 적절한 보완 방안이다.

15 보고서

정답 ③

정답분석

하나의 보고서에는 단일 주제를 다루어야 한다. 하나의 보고서에 다양한 주제를 다루면 보고받는 상대에게 혼란을 야기할 수 있다.

오답분석

① ⑤ 보고는 상대가 이해하기 쉽도록 정보를 정확하게 전달해야 한다. 따라서 내용을 간결하게 정리하고, 불필요한 미사여구나 수식 표현은 지양하여 명확하게 작성해야 한다.

② 올바른 정보를 전달하기 위해서는 현재 상황에 대해 정확하게 인식하는 것이 중요하다. 따라서 다양한 관점에서 상황을 바라보는 것은 상황을 객관적이고 정확하게 파악하는 방법이다.

④ 보고서는 내용과 형식을 완전하게 작성해야 하는 완결성을 원칙으로 하므로 상대가 보고서 자체로 정보를 이해할 수 있어야 한다.

16 보고서

정답 ③

정답분석

윗글의 끝에서 3~6번째 줄에서 휴무 기간은 공지하였으나 고객이 알기 어려워 고객 불만 사항이 발생했음을 알 수 있다. 따라서 '자사 휴무 기간 미공지'는 불만 발생 원인으로 적절하지 않다.

오답분석

① 윗글의 '8월 9일에 해당 불만 사항을 접수하였다'에서 알 수 있다.

② 윗글에서 배송이 일주일 지연되었으며 그에 관한 문의 사항을 남겼지만 답변을 받지 못하자 불만을 접수한 것을 알 수 있다.

④ 윗글의 '휴무 기간에 배치된 고객 상담 부서의 인력에 비해 업무량이 많아 답변이 일부 누락되었음'에서 알 수 있다.

⑤ 윗글에서 고객이 소셜 서비스에 자사 서비스를 비롯해 품질에 대한 허위 내용을 작성했음을 알 수 있다.

17 보고서

정답 ①

정답분석

윗글에서 제품의 품질과 관련된 불만은 허위 내용임을 알 수 있다. 따라서 제품의 품질은 실제로 문제되는 점이 아니므로 품질관리팀에서 제품의 품질을 검수하고 보증서를 제공한다는 내용은 적절하지 않다.

오답분석

② 윗글에 따르면 사이트 내 공지 사항이 작아 고객이 쉽게 인식하기 어려웠으므로 공지 디자인을 고객의 눈에 띄게 수정해야 한다.

③ 윗글에 따르면 휴무 기간에 배치된 고객 상담 부서의 인력에 비해 업무량이 많으므로 인력 배치를 조정해야 한다.

④ 고객 불만을 처리하기 위해서 고객에게 사과하고 지연에 대한 보상을 제공하는 것이 적절하며, 브랜드 이미지 관리를 위해 소셜 네트워크에 작성한 허위 내용은 시정을 요구해야 한다.

⑤ 윗글에 따르면 답변이 일부 누락되기도 하므로 답변이 누락되지 않도록 업무 보조 시스템을 개발하는 것은 적절한 조치이다.

18 기획서

정답 ③

정답분석

위 개요는 행사의 기본 콘셉트, 세부 프로그램, 운영 관리, 예산까지 행사를 실행하기 위한 전반적인 내용을 담고 있다. 따라서 위 개요는 행사를 체계적으로 준비하고 운영하기 위한 행사 기획안이므로 적절한 것은 ③이다.

오답분석

① 회사 홍보문에 적절한 목적이다.
② 연구 보고서에 적절한 목적이다.
④ 신제품 개발이나 마케팅 기획서에 적절한 목적이다.
⑤ 사고 경위서나 문제 해결 보고서에 적절한 목적이다.

19 기획서

정답 ④

정답분석

· ㉠: 하위 항목인 '콘셉트', '슬로건', '타깃 분석'은 행사의 방향성을 잡는 기획 단계이므로 '행사 기본 계획 및 추진 전략'이라는 포괄적인 제목이 가장 적절하다.
· ㉡: 하위 항목인 '개막식', '공연', '부대 행사'는 행사의 실제 프로그램이므로 '세부 프로그램 구성'이라는 제목이 가장 적절하다.
· ㉢: 하위 항목인 '인력', '안전', '시설물'은 행사를 뒷받침하는 시스템과 관리 영역이므로 이를 아우르는 '행사 운영 계획'이 가장 적절하다.
· ㉣: 행사의 수입과 지출을 모두 포함해야 하므로 '행사 수입·지출 예산 내역'이 적절하다.

오답분석

· ㉠: '홍보 마케팅 전략'은 하위 항목 중 하나에 불과하므로 전체를 대표할 수 없다.
· ㉡: ㉡의 하위 항목은 행사 운영 순서대로 제시됐다고 볼 수 없으며 각 프로그램에 대한 세부 내용을 설명하는 것이므로 '행사 운영 순서'는 적절하지 않다.
· ㉢: '인력 운영 계획'이나 '안전 관리 대책'은 하위 항목 중 하나만 지칭하므로 적절하지 않다.
· ㉣: 행사의 수입과 지출 내역을 모두 포함해야 하므로 '사업비 소요 예산 내역'보다 '행사 수입·지출 예산 내역'이 더 적절하다.

20 보고서

정답 ④

정답분석

㉠이 포함된 문단은 보고서의 본론 부분이다. 윗글과 같은 실험 보고서의 본론 부분에는 실험의 조건 및 순서가 제시되어야 한다. ④는 윗글에서 시행한 음식과 우울증의 상관관계를 규명하기 위한 실험을 실시한 조건이므로 ㉠에 들어가기 적절하다.

오답분석

① 고지방·고당분의 음식과 정신 건강의 상관관계를 밝히기 위한 연구를 할 것이라는 실험의 목적을 밝히면서 보고서를 읽는 독자의 흥미를 불러일으키는 질문 형식을 사용하고 있다. 따라서 보고서의 서론에 적절한 내용이다.
② 실험 내용에 대한 독자의 흥미를 유발할 수 있는 실제 사례이므로 서론에 적절한 내용이다.
③ 결론에서 언급한 '장내 미생물'에 대한 선행 연구 내용으로, 실험 보고서에서 선행 연구 내용은 서론 부분에 작성된다.
⑤ 윗글에서 시행한 시험 결과로 도출한 최종적인 판단의 내용이며, 결론에서 언급한 '장내 미생물'과 관련되는 내용이므로 마지막 문단에 들어가기 적절한 내용이다.

21 기획서

정답 ①

정답분석

기획서는 제안하는 안을 상대가 선택할 수 있도록 설득력을 갖춰야 한다. 따라서 기획서를 읽을 상대의 요구 사항을 고려하여 작성해야 하므로 적절한 것은 ①이다.

오답분석

② '계약서' 작성 시 고려해야 할 사항이다.
③ 기획서는 짧고 간결하게 작성해야 한다.
④ 기획서의 작성 목적이 제안하는 안을 상대방이 채택하고 시행하게 하는 것이나, 기획서에 여러 가지 안이 있으면 상대가 기획서의 내용을 이해하기 어려워진다. 따라서 기획서는 제안하는 안 하나에 집중해 작성해야 한다.
⑤ '광고문' 작성 시 고려해야 할 사항이다.

22 홍보문, 보도문

정답 ③

정답분석

(가)는 보도문의 제목이다. 보도문의 제목은 독자가 전체 보도 내용을 이해하는 데 도움이 되도록 작성하되, 보도 내용의 핵심 사항을 짧게 담아낼 수 있어야 한다. (가) 하단의 부제는 제목을 구체적으로 기재한 작은 제목이다. 따라서 보도문의 내용과 부제를 고려할 때, (가)는 인구 감소 지역을 대상으로 진행한 지역 MBTI 결과에 따라 지역별 맞춤형 정책 수립을 지원한다는 내용이 들어가야 한다. 따라서 정답은 ③이다.

오답분석

① MBTI가 16개의 인간 성격 유형이라는 점은 보도문에 제시되지 않았으며, 이를 지역 특성 분석에 적용해 맞춤형 대응 전략을 마련하도록 지원한다는 핵심 내용을 포함하고 있지 않다.
②④⑤ 보도문에 제시된 내용이 아니므로 적절하지 않다.
※ 출처: 행정안전부, https://www.mois.go.kr

23 홍보문, 보도문

정답 ③

정답분석

위 문서는 인구가 감소하는 지역을 대상으로 진행한 지역 MBTI 결과에 따라 지역별 맞춤형 정책을 지원한다는 내용이다. 이에 따른 기대 효과로는 지역별 특색을 정책에 반영하여 인구 감소로 지역이 소멸하는 것을 예방할 수 있다는 내용이 제시되어야 한다.

오답분석

① ④ 지방 소멸이 가속화되고 지역 주민의 지역 정책 만족도가 낮은 것은 인구가 감소하는 지역에 정책을 지원하려는 원인으로 볼 수 있다. 따라서 '1. 지원 배경'과 관련 있는 내용이다.

② 위 문서와 관련 없는 내용이다.

⑤ '2. 지원 절차 및 내용'의 '정보 제공'에서 언급된 '인구 감소 지역 종합 지표'에 대한 설명으로 기대 효과와는 관련 없는 내용이다.

24 홍보문, 보도문

정답 ⑤

정답분석

위 홍보문에는 경쟁 축제와의 비교 내용이나 방문객 수, 만족도 같은 통계 데이터가 제시되어 있지 않다. 비교 우위 입증보다는 행사의 매력을 알리는 데 홍보의 초점이 맞춰져 있으므로 적절하지 않은 것은 ⑤이다.

오답분석

① 주최 및 주관 기관을 표시하여 행사의 공신력을 높이고 있으므로 적절하다.

② 카약 이미지를 배치하여 행사의 특성을 시각적으로 강조하고 있으므로 적절하다.

③ 지역 축제는 지역 활성화에 목적을 두고 홍보하므로 적절하다.

④ 축제 방문에 필요한 실질적인 정보를 제공하고 있으므로 적절하다.

※ 출처: 인천광역시 서구, https://seo.incheon.kr

25 문서 이해

정답 ④

정답분석

윗글에 따르면 공문서는 "행정기관에서 공무상 작성하거나 시행하는 문서" 또는 "행정기관이 접수한 문서"이다. 따라서 ④는 공무원이 작성하였지만 그 내용이 '동호회 활동'이라는 사적인 용무이며, '공무 수행 과정'에서 작성된 것이 아니므로 공문서를 활용하는 상황으로 적절하지 않다.

오답분석

① 행정기관이 하급 기관에 대하여 일정한 사항(정책 지침)을 지시하는 문서이므로 공문서인 '지시문서'를 활용한 상황이다.

② 민원인이 행정기관에 특정한 행위(등본 발급)를 요구하는 문서이므로 공문서인 '민원문서'를 활용한 상황이다.

③ 행정기관이 일정한 사항(도로 공사)을 일반(주민)에게 알리는 문서이므로 공문서인 '공고문서'를 활용한 상황이다.

⑤ 행정기관 내부에 비치하면서 업무(위생 점검)에 활용하는 대장이므로 공문서인 '비치문서'를 활용한 상황이다.

26 문서 이해

정답 ①

정답분석

윗글에 따르면 (가) '대내문서'는 행정기관 내부 또는 보조기관 상호 간에 주고받는 문서이다. 따라서 (가)의 예시로 적절한 것은 ㉠, ㉡이다. 참고로 ㉢과 ㉣은 기관에서 외부인에게 전달하는 문서로, 대외문서에 속한다.

27 프레젠테이션

정답 ⑤

정답분석

윗글의 ㉮는 프레젠테이션 자료 구성 방법, ㉯는 프레젠테이션 도입부 내용 구성 방법, ㉰는 프레젠테이션에서 선택하는 어휘와 그로 얻을 수 있는 효과에 초점을 맞추고 있다. ㉮~㉰는 강조하고 있는 요소가 다르기는 하나 모두 프레젠테이션의 내용을 청중에게 효과적으로 전달하기 위한 방법이므로 ㉮와 ㉯는 형식적인 측면에, ㉰는 내용적인 측면에 집중해 프레젠테이션을 설명하고 있다는 것은 적절하지 않다. 따라서 답은 ⑤이다.

28 문서 이해

정답 ⑤

정답분석

문서 이해를 위한 구체적인 절차는 '문서의 목적 이해 - 문서의 작성 배경 및 주제 파악 - 문서의 정보 및 현안 파악 - 상대방의 의도 및 내게 요구되는 행동 분석 - 문서의 목적을 달성하기 위한 행동 생각 및 결정 - 상대방의 의도를 도표나 그림 등으로 요약 및 정리'이다. 이를 '김 주무관'의 상황에 적용했을 때 업무 처리 절차는 '㉢-㉠-㉤-㉥-㉡-㉣'이다.

29 기획서

정답 ④

정답분석

- ㉠: 사업의 유망성을 입증하기 위해서는 시장의 기회 요인과 경향을 보여 주는 '외부 시장 환경 분석'을 제시하는 것이 적절하다.
- ㉡: 시장의 기회를 우리 회사가 잡을 수 있다는 확신을 주기 위해서는 회사의 강점과 능력을 보여 주는 '자사 내부 역량 분석'을 제시하는 것이 적절하다.
- ㉢: 분석 내용을 종합하여 경영진의 뇌리에 박힐 핵심적인 해결책인 '최종 전략'을 제시하는 것이 적절하다.
- ㉣: 마무리로 구체적인 추진 행동을 보여 주기 위한 '세부 실행 계획안'으로 마무리하는 것이 적절하다.

30 계약서

정답 ④

정답분석

제9조에 따르면 ⓐ'시공업자'는 무상 수리 기간 내에 발생한 하자에 대한 비용을 부담해야 한다. 단, 무상 수리 기간 내에 발생한 하자여도 소비자의 부주의로 발생한 것이라면 ⓐ가 부담하지 않아도 된다. 따라서 ⓐ가 비용을 부담해야 하는 사례는 ㄷ, ㄹ이므로 답은 ④이다.

- ㄷ: 실내 건축물의 무상 수리 기간은 공사 종료 후 1년 이내이다. 마감 미흡으로 발생한 누수는 소비자의 부주의로 발생한 하자가 아니며, 공사 종료 1년 이내에 발생한 하자이므로 ㄷ의 사례에서는 ⓐ가 비용을 부담해야 한다.
- ㄹ: 창호의 무상 수리 기간은 공사 종료 후 2년 이내이다. 계약서상 규격에 맞지 않는 자재로 발생한 균열은 소비자의 부주의로 발생한 하자가 아니며, 공사 종료 2년 이내에 발생한 하자이므로 ㄹ의 사례에서는 ⓐ가 비용을 부담해야 한다.

오답분석

- ㄱ: 유리의 무상 수리 기간은 공사 종료 후 1년 이내이다. ㄱ은 1년 이내 발생했으나, 소비자의 부주의로 발생한 하자이므로 ⓐ가 아닌 '소비자'가 비용을 부담해야 한다.
- ㄴ: 실내 건축물의 무상 수리 기간은 공사 종료 후 1년 이내이다. ㄴ은 무상 수리 기간에 속하지 않으므로 ⓐ가 아닌 '소비자'가 비용을 부담해야 한다.

31 계약서

정답 ④

정답분석

'제7조 ②'에 따르면 공사에 착수한 이후 소비자나 시공업자의 귀책 사유로 계약을 해제할 때 상대방에게 실제 손해액을 위약금으로 지급해야 한다. 따라서 적절한 것은 ④이다.

오답분석

① '제3조 ④'에 따르면 원자재 가격 상승 등을 이유로 공사 금액을 인상할 수 없다.

② '제8조 ②'에 따르면 소비자의 사정으로 시공업자와 협의하여 공사 내용을 변경할 때, 변경으로 발생하는 추가 비용은 시공업자가 아닌 소비자가 지급해야 한다.

③ '제7조 ①'에 따르면 구두가 아닌 서면으로 계약을 해제할 수 있다.

⑤ '제3조 ⑤'에 따르면 공사 내용을 이해할 수 있도록 공사 범위나 공사에 사용할 제품을 기재하여 전달해야 하는 이는 소비자가 아닌 시공업자이다.

32 홍보문, 보도문

정답 ⑤

정답분석

<보기>의 공익 광고는 다문화 가정을 위한 배려가 부족한 점을 문제로 삼아, 다양한 문화적 차이를 수용하는 자세가 필요하다는 주제를 전달하고 있으므로 다문화 가정이 사회에서 느끼는 문화적 갈등, 문제점 등이 <보기>의 공익 광고를 제작한 배경임을 알 수 있다. ⑤의 자료를 통해 실생활에서 다문화 가정의 구성원이 어떠한 편견과 차별의 문제를 겪고 있는지, 그들의 문화를 수용하기 위한 효과적인 방안이 무엇인지를 파악할 수 있으므로 <보기>의 공익 광고를 제작하는 데 참고할 만한 자료로 적절한 것은 ⑤이다.

※ 출처: 한국방송광고진흥공사, https://www.kobaco.co.kr

33 프레젠테이션

정답 ①

정답분석

<보기>의 '조사망률'은 2025년의 사망자 수를 수치로 나타낸 것이고, '사망원인별 사망률'은 2025년 사망자의 사망 원인을 수치로 나타낸 것이므로 '조사망률'은 '사망원인별 사망률'의 상위 개념이 된다. 이를 프레젠테이션 화면으로 구성하려면 2025년 '조사망률'이 어떤 사망 원인으로 구성되어 있는지를 나타낼 수 있어야 한다. 따라서 '조사망률'과 '사망원인별 사망률'이 계층 구조를 이룰 수 있는 ①이 가장 적절하다.

오답분석

② 피라미드형 화면 구성은 계층 구조를 나타내는 데 적절하나 조사망률이 사망원인별 사망률의 상위 개념임을 나타낼 수 없으므로 적절하지 않다.

③ 왼쪽의 화살표 모양으로 순차적 흐름을 나타내고 있으므로 작업의 진행 방향이나 이들의 순차적 단계, 이동 방향을 설명할 때 적절한 화면 구성이다.

④ 항목 사이에 가리키는 방향이 다른 화살표를 배치하는 화면 구성 방법은 항목들이 상호 보완적인 관계임을 나타낼 때 적절하다.

⑤ 깔때기 모양 안에 각각의 정보를 제시하고, 이를 필터링했을 때의 결과를 보여주거나 정보들이 모여 어떤 결과를 도출하는지를 보여줄 수 있는 화면 구성 방법이다.

※ 출처: 통계청, https://kostat.go.kr

Ⅲ. 사고력

기출유형 공략문제

p.96

1	2	3	4	5
④	③	②	③	⑤
6	7	8	9	10
④	①	①	②	④
11	12	13	14	15
②	②	①	⑤	④
16	17	18	19	20
④	④	③	①	④
21	22	23	24	
③	④	⑤	②	

1 직무 문해력

정답 ④

정답분석

3문단 끝에서 1~3번째 줄 '휴대용 손난로에 있는 철은 산화를 빠르게 일으켜 순식간에 열을 내야 하므로 염화 나트륨과 함께 사용되기 때문이다'를 통해 적절하지 않음을 알 수 있다.

오답분석

① ② ③ ⑤ 모두 4문단에서 산화를 막기 위한 방법으로 제시되었다.

2 직무 문해력

정답 ③

정답분석

<보기>를 통해 구리는 알루미늄보다 반응성이 작음을 알 수 있으며, 반응성이 작을수록 환원되기 쉬운 금속임을 알 수 있다. 그리고 2문단 끝에서 1~2번째 줄 '환원은 산소를 잃어 산화수가 감소하면서'를 통해 구리가 알루미늄보다 산화수가 감소할 확률이 높음을 알 수 있다.

오답분석

① <보기>에서 나트륨은 알루미늄보다 반응성이 더 큼을 알 수 있으므로 산화 속도가 더 빨라질 것이다.

② <보기>에서 반응성이 클수록 산화되기 쉽다고 하였고, 2문단 3~4번째 줄 '산화는 산소를 얻어 물질에서 산화수가 증가하면서'를 통해 칼슘은 산소를 얻기 가장 쉬운 금속임을 알 수 있다.

④ <보기>를 통해 은이 철보다 반응성이 작음을 알 수 있다.

⑤ <보기>를 통해 구리가 금보다 반응성이 크므로 철에 구리를 입히면 금을 입힐 때보다 산화 속도가 더 빨라질 것이다.

3 직무 이해

정답 ②

정답분석

리더십이 한 명에게 독점된 것이 아닌 구성원 전체에게 나누어진 것이므로 '분산적 리더십 구조'가 적절하다.

오답분석

①④ 구성원에게 리더십이 분산된 것을 의미하는 개념이 아니므로 적절하지 않다.

③ '계층적'이란 '사회적 지위나 단계, 관계에 관한 것'을 의미하므로 적절하지 않다.

⑤ '상의하달'이란 '윗사람의 뜻이나 명령을 아랫사람에게 전함'을 의미하므로 적절하지 않다.

4 직무 이해

정답 ③

정답분석

'오후 5시부터 9시까지로 시간이 변경되었습니다'에서 신제품을 홍보하는 현장 행사는 4시간 동안 진행됨을 알 수 있다.

오답분석

① '온라인 행사는 500명을 대상으로 진행해야'에서 온라인 행사에 참여하는 인원은 500명임을 알 수 있다.

② '유동 인구가 많은 시간을 공략하기 위해 ~ 시간이 변경되었습니다'에서 행사 장소가 아닌 행사 시간이 변경되었음을 알 수 있다.

④ '다음 주 금요일 ~ 홍보 행사가 진행되죠'와 '화요일부터 행사 전날까지 전량 검수하여'에서 화요일부터 행사 전날인 목요일까지, 총 3일 동안 제품 전량을 검수할 예정임을 알 수 있다.

⑤ 상대의 말에 부정적인 견해를 표출하는 인물은 없으므로 적절하지 않다.

5 직무 이해

정답 ⑤

정답분석

한 대리의 2~3번째 말을 통해 한 대리가 김 대리에게 부탁하게 된 이유를 설명하고, 부담을 준 상황에 대해 미안함을 표하고 있음을 알 수 있다.

[관련 지문 인용]

· 저희 어머니께서 내일 오후에 허리 시술을 하시게 되었거든요. 그래서 내일 급하게 휴가를 사용해야 할 것 같아서요.
· 죄송합니다만, 김 대리님께서 괜찮으시다면 내일 오후에 저 대신 회의록을 작성해 주실 수 있으실까요?

오답분석

① <보기>에서 상대를 비난하지 않고, 칭찬하는 의사소통 방식은 사용되지 않았다.
② <보기>에서 용서를 구하는 부분은 없으며, 사과를 너그럽게 수용하면서 상대의 부담을 줄여 주는 의사소통 방식도 사용되지 않았다.
③ <보기>에서 상대의 이야기를 듣고 그와 관련된 자신의 경험을 바탕으로 조언해 주는 의사소통 방식은 사용되지 않았다.
④ <보기>에서 상대의 말과 상황을 요약해서 전달해 주면서 문제 해결에 도움을 주는 의사소통 방식은 사용되지 않았다.

6 직무 이해

정답 ④

정답분석

윗글 (나)의 '잘못에 대한 구실을 대며 그 이유를 낱낱이 말하는 것은 바람직하지 않습니다'를 통해 ④가 적절하지 않음을 알 수 있다.

오답분석

① (가)의 '예의를 지키는 말하기 방식으로는 청자의 부담을 덜어 주기'를 통해 알 수 있다.
② (나)의 '거절의 의사가 확실하게 전달될 수 있도록 표현해야 합니다. 이때, 정중하게 의사를 표현해야 하는 것이 중요합니다'를 통해 알 수 있다.
③ (가)의 '원활한 의사소통을 위해 서로에 대한 예의를 지키며 배려하는 태도를 갖추어야 한다'와 (나)의 '발화 목적에 따른 말하기 전략을 활용해야 합니다'를 통해 알 수 있다.
⑤ (가)의 '청자의 의견과 자신의 의견에서 일치되는 내용을 먼저 말한 후 자신의 의견 제시하기'를 통해 알 수 있다.

7 문제 해결

정답 ①

정답분석

㉠~㉢에 들어갈 용어를 바르게 연결한 것은 ①이다.

· ㉠: 현재의 상황을 개선하거나 효율을 높이기 위한 문제는 '탐색형' 문제이다.
· ㉡: 현재 직면하여 걱정하고 해결하기 위해 고민하는 문제는 '발생형' 문제이다.
· ㉢: 장래의 경영 전략을 생각하는 문제로, 앞으로 어떻게 할 것인가 하는 문제는 '설정형' 문제이다.

8 문제 해결

정답 ①

정답분석

A~C에 해당하는 문제 유형을 바르게 연결한 것은 ①이다.

· A: 미래에 기업이 미국 시장에 진출할 때 발생할 수 있는 사항들을 고려하는 경우는 '설정형 문제'에 해당한다.
· B: 지금보다 더 효율적으로 업무를 진행하기 위해 프로세스를 보완하는 경우는 '탐색형 문제'에 해당한다.
· C: 당장의 업무를 진행할 수 없어 바로 해결해야 하는 경우는 '발생형 문제'에 해당한다.

9 직무 이해

정답 ②

정답분석

2문단 끝에서 4~6번째 줄 '균형주의 원칙으로 양적, 질적 배치를 통해 조직 전체의 균형을 이루는 것이다. 리더는 조직 균형을 통해 구성원의 능력을 향상하고 사기를 도모할 수 있다'에서 알 수 있으므로 적절하다.

오답분석

① 2문단 4~8번째 줄 '첫째, 적재적소의 원칙으로~이는 직무에서 요구하는 역량과 개인이 가진 역량이 얼마나 부합하느냐에 따라 결정된다'에서 적절하지 않음을 알 수 있다.
③ 윗글에서 '좁은 의미의 자원'은 언급되지 않았으므로 적절하지 않다.
④ 2문단 끝에서 7~9번째 줄 '이때 현재 구성원이 가지고 있는 능력뿐 아니라 앞으로 발휘될 수 있는 잠재적인 능력까지 고려해야 한다'에서 현재 능력과 잠재적 능력을 모두 고려해야 함을 알 수 있다.
⑤ 윗글에서 '최소의 공간에서 최대의 효율'은 언급되지 않았으므로 적절하지 않다.

10 수리·자료활용

정답 ④

정답분석

패키지 SW 분야에서 '자금 부족' 응답 비율은 11.9%이고, '성공 사례 부족' 응답 비율은 13.9%이므로 '자금 부족' 응답 비율이 '성공 사례 부족' 응답 비율보다 낮다는 설명은 적절하다.

오답분석

① 패키지 SW 분야는 '수익 불확실성'을 가장 큰 애로 사항으로 꼽고 있으나, IT 서비스 분야는 '자금 부족(30.1%)', 게임 SW 분야는 '표준화 미비(23.8%)'를 가장 큰 애로 사항으로 꼽고 있으므로 적절하지 않다.
② 패키지 SW 분야와 IT 서비스 분야의 '대기업 사업 잠식' 응답 비율은 5% 미만이나, 게임 SW 분야는 5.5%이므로 적절하지 않다.
③ 게임 SW 분야에서 응답 비율이 가장 낮은 항목은 '법 제도 규제(2.0%)'로, '타당성 검토 미흡(2.7%)'이 가장 낮은 항목이라는 설명은 적절하지 않다.

⑤ IT 서비스 분야는 '기술력 부족'을 7.0%, '성공 사례 부족'을 7.5%로 꼽고 있으며, 게임 SW 분야는 '기술력 부족'을 6.1%, '성공 사례 부족'을 8.7%로 꼽고 있으므로 두 분야 모두 '기술력 부족'이 '성공 사례 부족'보다 낮은 비중을 차지하므로 적절하지 않다.

※ 출처: 과학기술정보통신부,「ICT실태조사」, 2024, 2026.02.11, 신소프트웨어 사업 추진 애로사항

11 수리·자료 활용

정답 ②

정답분석

2011~2016년의 수출액과 수입액 차이는 아래 표와 같다. 이에 따라 수출액과 수입액의 차이가 가장 크게 나타난 해는 그 차이가 1,062억 US 달러인 2013년임을 알 수 있으므로 답은 ②이다.

연도	수출액 (억 US달러)	수입액 (억 US달러)	수출액-수입액 (억 US달러)
2011	3,879	3,238	641
2012	3,959	3,061	898
2013	4,076	3,014	1,062
2014	4,147	3,119	1,028
2015	3,837	2,848	989
2016	3,643	2,770	873

오답분석

① 2011~2016년의 수입액은 각각 '3,238억 US달러', '3,061억 US달러', '3,014억 US달러', '3,119억 US달러', '2,848억 US달러', '2,770억 US달러'로, 수입액이 가장 적은 해는 수입액이 '2,770억 US달러'인 2016년이므로 적절하지 않다.

③ 2011~2016년의 수출액은 수입액보다 항상 크므로 적절하지 않다.

④ 2011~2013년의 수입액은 '3,238 → 3,061 → 3,014억 US달러'로 꾸준히 감소하였다. 그러나 2014년에 '3,119억 US달러'로 증가하였다가 2015년에 '2,848억 US달러'로 다시 감소하였으므로 적절하지 않다.

⑤ 2012년과 2016년에 수출액과 수입액의 차이는 각각 '898억 US달러', '873억 US달러'로 2016년보다 2012년에 그 차이가 더 크므로 적절하지 않다.

12 문제 해결

정답 ②

정답분석

문제 해결을 위한 기본적인 사고로는 '전략적 사고', '분석적 사고', '발상의 전환', '내·외부 자원의 효과적 활용'이 있다. ㉠의 김 사원은 자신이 근무하고 있는 A 보험회사가 동종 업계에서 성과가 낮은 이유를 다른 기업과 비교함으로써 분석하는 모습을 보이고 있으므로 이는 '분석적 사고'와 관련 있다. ㉡의 B 회사는 경쟁업체인 C 회사에 대응하기 위해 여러 부서가 모여 문제점에 대한 원인을 공유하고 있지만, 해결을 위해 필요한 자원은 활용하지 못한 채 회의가 끝났으므로 이는 '내·외부 자원의 효과적 활용'이 필요한 경우에 해당한다. 따라서 사례와 관련 있는 문제 해결을 위한 기본적인 사고를 바르게 연결한 것은 '㉠ - 분석적 사고'이다.

13 문제 해결

정답 ①

정답분석

- ㉠: 문제를 해결하려면 문제의 원인을 항목별로 범주화하여 본질적인 원인을 파악해야 한다.
- ㉡: 문제의 원인을 파악하려면 문제가 발생한 환경을 구체적으로 분석하여 문제가 일어난 상황을 모두 조사하여야 한다.
- ㉢: 문제를 세부적으로 다룰 수 있는 문제들로 구조화하면 구체적인 해결 방안을 도출할 수 있다.

오답분석

- ㉣: 문제는 좁은 범주에서 바라보는 것이 아닌, 다양한 관점에서 넓게 바라봐야 한다.
- ㉤: 문제를 해결하려면 문제를 분석하여 핵심 문제를 파악해야 한다. 핵심 문제는 문제 중에서 부정적인 영향을 가장 많이 끼치며, 가장 큰 문제이다.

14 직무 문해력

정답 ⑤

정답분석

1문단 2~3번째 줄 '사람은 태어나면서 저절로 권리 능력을 갖게 되고'에 따르면, 사람은 권리 능력을 생득적으로 얻을 수 있다. 하지만 1문단 끝에서 4~8번째 줄에 따르면 사단은 법인으로 등기되는 조건을 갖춰야 권리 능력이 생긴다. 따라서 ⑤가 가장 적절하다.

오답분석

① 1문단 끝에서 4~6번째 줄 '법인으로 등기하지 않은 사단은 '법인이 아닌 사단'이라 한다. 사람과 법인만이 권리 능력을 가지며'에 따르면 법인이 아닌 사단은 권리 능력을 가질 수 없다.

② 1문단 2~5번째 줄에 따르면 권리 능력을 지녀야 채권과 채무가 발생할 수 있다. 따라서 채권과 채무가 있어야 권리 능력을 얻을 수 있다는 내용은 적절하지 않다.

③ 1문단 3번째 줄 '생존하는 내내 보유한다'에 따르면 권리 능력은 생존하는 동안에는 유지되지만, 사후에도 유지가 되는지는 윗글을 통해 알 수 없다.

④ 1문단 1~2번째 줄 '권리와 의무의 주체가 될 수 있는 자격을 권리 능력이라 한다'에 따르면 권리 능력은 의무의 주체도 된다.

15 직무 문해력

정답 ④

정답분석

1문단 끝에서 1~3번째 줄에 따르면 사원은 사단의 빚을 갚을 책임이 없다.

오답분석

①②③⑤ 1문단 7~11번째 줄에 따르면 사단은 운영 기구가 있어야 하며, 일정한 목적을 갖고 사람들이 결합한 독자적 실체의 존재이다. 또한 구성원의 가입과 탈퇴에 관계없이 존속한다.

16 직무 문해력

정답 ④

정답분석

1문단 끝에서 4~7번째 줄과 2문단 4~7번째 줄에 따르면 ㉡ '사단법인'과 달리 사단성을 갖추지 못한 ㉢ '일인 주식회사'가 2001년 개정된 상법으로 법인으로 인정받아 법적 권리 능력을 부여받았다. 따라서 ④가 가장 적절하다.

오답분석

①⑤ 2문단 끝에서 5~8번째 줄에 따르면 여러 주주가 상속 등으로 한 사람에게 주식의 소유를 넘겨 ㉢'일인 주식회사'의 주식을 모두 소유하여 대표 이사가 되는 사례가 있지만, ㉡에 대표 이사나 주주가 존재하는지 알 수 없다.

② 2문단 4~6번째 줄에 따르면 2001년 개정된 법으로 ㉢'일인 주식회사'의 설립이 가능해졌다. 따라서 2001년 이전에 ㉢ 형태의 단체가 존재하지 않았음을 추론할 수 있지만, ㉡의 존재 여부는 알 수 없다.

③ 2문단 끝에서 1~4번째 줄에 따르면 ㉢은 일인 주주가 대표 이사가 되는 사례가 많아 경영 주체가 모호해져 개인 사업자의 영업처럼 보이지만, ㉡의 경영 주체 특성은 알 수 없다.

17 직무 이해

정답 ④

정답분석

유 사원과 최 사원의 발언에 따르면 실무 교육 자료는 메일로 받은 자료를 출력하거나 총무부에 방문하여 수령할 수 있다. 따라서 ④가 적절하다.

오답분석

① 김 사원과 조 사원의 발언에 따르면 워크숍 일정은 어제 시작되었고, 모레 워크숍의 마무리 행사가 진행된다. 따라서 워크숍은 어제부터 모레까지 총 4일간 진행되므로 적절하지 않다.

② 조 사원의 발언에 따르면 외부 초청자는 70명이므로 적절하지 않다.

③ 조 사원의 발언에 따르면 협력 업체 사장은 워크숍 마무리 행사에 참여한다. 하지만 실무 교육에 참여하는지는 알 수 없다.

⑤ 4명의 사원 중 잘못된 정보를 말하고 있는 사원은 없으며 이를 수정하여 올바른 정보를 제시하는 사원도 없다.

18 직무 이해

정답 ③

정답분석

'구성원 간의 의사소통 결여로 갈등이 발생하는 것을 예방하기 위해 의사소통을 중개하는 역할을 한다'에서 인적 자원 관리자의 중개자 역할을 알 수 있다. 따라서 의사소통을 활성화하는 방안을 제공하는 ③이 가장 적절하다.

오답분석

①② 인적 자원 관리자의 인사 행정 업무이다.

④ 인적 자원 관리자의 정보 제공 역할이다.

⑤ 인적 자원 관리자의 조정자 역할이다.

19 직무 이해

정답 ①

정답분석

유OO 사원은 동료와 업무 분담으로 인한 감정적 갈등을 겪고 있으며, 이로 인해 서로에게 불만과 불평을 늘어놓으며 상처를 주고 있으므로 상대방에 대한 칭찬과 감사의 표시로 상호 신뢰 관계를 형성해야 한다는 조언이 가장 적절하다.

오답분석

② 책임을 지고 약속한 것을 반드시 지키는 약속 이행의 중요성에 대해 조언하고 있으므로 적절하지 않다.

③ 사소한 관심이나 불친절을 통해 인간관계에서의 상처나 손실이 발생하지 않도록 해야 한다는 내용으로, 타인의 사소한 일에 대한 관심의 중요성에 대해 조언하고 있으므로 적절하지 않다.

④ 자신이 한 말은 반드시 행동으로 실현해야 한다는 언행일치의 중요성에 대해 조언하고 있으므로 적절하지 않다.

⑤ 실수를 인정하고, 인정한 실수는 반복하지 않아야 한다는 내용으로, 진정성 있는 태도의 중요성에 대해 조언하고 있으므로 적절하지 않다.

20 직무 이해

정답 ④

정답분석

윗글에서 레드팀은 조직의 의사결정 과정에서 선의의 비판을 제기하여 조직 편향을 해소하고 합리적인 의사결정을 할 수 있게 하는 제도임을 알 수 있다. 따라서 보고서를 작성할 때 부정적인 단어를 사용하지 못하도록 규제하는 D 자동차 업체의 사례는 레드팀의 사례로 가장 적절하지 않다.

21 직무 문해력

정답 ③

정답분석

윗글은 크리스퍼 유전자 가위 기술이 박테리아 면역 시스템에서 유래했다는 원리를 설명하고, 이를 활용한 사례와 장점을 제시한 뒤 기술적 한계와 윤리적 문제를 이야기하고 있다. 따라서 기술의 획기적인 발전과 그에 따른 윤리적 문제를 동시에 포괄하고 있으므로 제목으로 '혁신적인 유전자 편집 기술에 따른 윤리적 딜레마'가 가장 적절하다.

오답분석

① 징크 핑거, 탈렌과 같은 이전 세대의 유전자 가위 기술을 언급하고 있으나 이는 글 전체를 포괄하는 제목이 아니므로 적절하지 않다.

② 미생물의 면역 체계는 크리스퍼 유전자 가위 기술의 원리를 설명하기 위해 언급된 것으로, 이는 글 전체를 포괄하는 제목이 아니므로 적절하지 않다.

④ 난치성 유전 질환 치료는 크리스퍼 유전자 가위 기술을 활용한 사례 중 하나로, 이는 글 전체를 포괄하는 제목이 아니므로 적절하지 않다.

⑤ 유전자 변형 작물은 크리스퍼 유전자 가위 기술을 활용한 사례 중 하나로, 이는 글 전체를 포괄하는 제목이 아니므로 적절하지 않다.

22 직무 문해력

정답 ④

정답분석

2문단의 '비타민 K는 ~ 혈액 응고 인자들이 간세포에서 합성될 때 이들의 활성화에 관여한다 ~ 이들 혈액 단백질이 칼슘 이온과 결합하려면 ~ 이처럼 비타민 K에 의해 카르복실화되어야 활성화가 가능한 표적 단백질을 비타민 K-의존성 단백질이라 한다'에서 혈액 응고 인자의 활성화는 비타민 K에 의해 카르복실화된 단백질이 칼슘 이온과 결합하여 이루어짐을 알 수 있다.

오답분석

① 1문단의 '혈액 응고는 섬유소 단백질인 피브린이 모여 형성된 섬유소 그물이 혈소판이 응집된 혈소판 마개와 뭉쳐 혈병이라는 덩어리를 만드는 현상이다'에서 알 수 있다.

② 2문단의 '지방에 녹는 어떤 물질이 결핍되어 혈액 응고가 지연된다는 사실을 발견하고 그 물질을 비타민 K로 명명했다'에서 알 수 있다.

③ 1문단의 '혈액 응고는 혈관 속에서도 일어나는데'에서 알 수 있다.

⑤ 4문단의 '비타민 K가 부족하면 MGP 단백질이 활성화되지 못해 혈관 석회화가 유발된다는 것이다'에서 알 수 있다.

23 직무 문해력

정답 ⑤

정답분석

칼슘 보충제는 혈관 석회화를 유발하므로 이를 억제하는 비타민 K-의존성 단백질인 MGP 단백질을 활성화해야 한다. 혈관 석회화를 억제하는 MGP 단백질은 혈관 근육 세포에서 생성되므로 비타민 K2인 ㉡을 많이 섭취해야 함을 알 수 있다.

[관련 지문 인용] 하지만 칼슘 보충제를 ~ 혈관 석회화가 진행되어 동맥 경화 및 혈관 질환이 발생하는 경우가 생긴다. 혈관 석회화는 혈관 근육 세포 등에서 생성되는 MGP라는 단백질에 의해 억제되는데, 이 단백질이 비타민 K-의존성 단백질이다. ~ 혈액 응고 인자의 활성화는 주로 K1이, 그 외의 세포에서 합성되는 단백질의 활성화는 주로 K2가 담당한다.

오답분석

① 비타민 K1인 ㉠이 혈액 응고 인자의 활성화에 관여하는 것을 알 수 있다.

② 3문단의 '비타민 K는 식물에서 합성되는 비타민 K1과 동물 세포에서 합성되거나 미생물 발효로 생성되는 비타민 K2로 나뉜다'에서 ㉠은 채소, ㉡은 발효 식품에 함유된 것을 알 수 있다.

③ 4문단의 '비타민 K1과 K2는 모두 비타민 K-의존성 단백질의 활성화를 유도하지만 K1은 간세포에서, K2는 그 외의 세포에서 활성이 높다'에서 ㉠과 ㉡이 작용하는 세포가 다른 것을 알 수 있다.

④ 2문단에서 비타민 K는 단백질을 카르복실화하며, 카르복실화는 글루탐산이 감마-카르복시글루탐산으로 전환되는 것임을 알 수 있다.

24 직무 문해력

정답 ②

정답분석

수용성 비타민은 지용성 비타민보다 조리나 가공 과정에서 비타민이 더 손실된다고 하였으므로 '실험 결과 1'의 (가)는 지용성 비타민, (나)는 수용성 비타민임을 알 수 있다. 그리고 지용성 비타민은 체내에 저장되는 반면 수용성 비타민은 체내에 저장되지 않는다고 하였으므로 '실험 결과 2'의 (다)는 지용성 비타민, (라)는 수용성 비타민임을 알 수 있다. 따라서 비타민 D는 지용성 비타민이므로 (라)와 다른 유형이다.

오답분석

① (가)와 비타민 K는 지용성 비타민이므로 적절하다.

③ 지용성 비타민인 K보다 수용성 비타민인 B의 배출량이 더 많을 것이다.

④ 윗글의 4문단에서 비타민 K가 혈관 석회화를 방지함을 알 수 있고, '실험 결과 2'에서 지용성 비타민인 (다)가 체내에 잘 흡수됨을 알 수 있다. 따라서 비타민 K는 체내에 흡수가 잘되어 동맥 경화 예방에 효과적일 수 있다.

[관련 지문 인용] 혈관 벽에 칼슘염이 침착되는 혈관 석회화가 진행되어 동맥 경화 및 혈관 질환이 발생하는 경우가 생긴다. ~ 비타민 K가 부족하면 MGP 단백질이 활성화되지 못해 혈관 석회화가 유발된다는 것이다.

⑤ 지용성 비타민은 체내에 저장되므로 체내에 비타민 C보다 K의 함량이 더 높을 것이다.

Ⅳ. 글쓰기 윤리

기출유형 공략문제 p.112

1	2	3	4	5
④	③	②	④	⑤

1 글쓰기 윤리 정답 ④

정답분석

1문단 끝에서 1~3번째 줄을 통해 등록한 저작물에 법적 문제가 발생할 때, 주장하는 내용을 직접 입증하지 않아도 법적으로 권리가 인정됨을 알 수 있다.

[관련 지문 인용] 저작권을 등록하게 되면 권리자가 사실 관계를 직접 입증하지 않아도 법정 추정력과 대항력이 발생하여

오답분석

① 2문단 8~11번째 줄을 통해 저작권 등록을 신청할 때 등록세를 지불하고, 그 영수증을 제출해야 함을 알 수 있다.
[관련 지문 인용] '저작권 등록'을 신청하려면, ~ 등록세 영수증, ~ 서류를 제출해야 한다.

② 2문단 끝에서 6~8번째 줄을 통해 대리인도 저작권 등록을 신청할 수 있음을 알 수 있다.
[관련 지문 인용] 만약 권리자 본인이 아닌 대리인을 통하여 신청하는 경우에는 반드시 위임장을 제출해야 하며,

③ 1문단 1~2번째 줄인 '저작권은 저작물이 만들어지면서 저작자에게 당연히 부여되는 권리지만'을 통해 저작권은 창작과 동시에 발생하는 권리임을 알 수 있다.

⑤ 1문단 4~6번째 줄에서 저작권 등록 제도를 통해 저작물의 정보를 국민이 확인할 수 있음을 알 수 있으나, 이를 확인하는 방법이나 저작권 등록 현황을 조회하는 권한에 대한 내용은 알 수 없다.
[관련 지문 인용] 저작물과 관련된 일반적 사항과 법적 권리를 기재한 공적 장부를 공시하여, 어떠한 저작물에 대한 저작권을 국민에게 알리는 제도이다.

2 글쓰기 윤리 정답 ③

정답분석

2문단 끝에서 5~6번째 줄을 통해 미성년자인 '병'은 저작권 등록을 신청할 때, 부모님 동의서를 반드시 제출해야 함을 알 수 있다.

[관련 지문 인용] 미성년자의 경우 부모님의 동의서가 필요하다.

오답분석

① 2문단 3~5번째 줄을 통해 저작물에 대한 법정 추정력을 인정받으려면 창작 시기로부터 1년 이내 등록해야 한다는 점은 알 수 있으며 창작 시점과 등록 시점의 차이로 저작물의 등록이 반려된다는 점은 윗글을 통해 알 수 없다.
[관련 지문 인용] 다만, 법정 추정력을 인정받으려면 창작한 때로부터 1년 이내에 저작권을 등록해야 한다.

② 2문단 6~7번째 줄을 통해 저작물의 출판권을 설정하는 것은 '권리변동의 등록'임을 알 수 있다. 윗글에서 '권리변동의 등록' 절차와 제출 서류는 설명하고 있지 않으므로 신청 서류에 복제물이 포함되는지 알 수 없다.
[관련 지문 인용] 출판권 설정 등의 '권리변동의 등록',

④ 2문단 끝에서 1~4번째 줄을 통해 첫 등록 신청이 반려될 경우 1개월 내로 이의 신청을 진행해야 함을 알 수 있다.
[관련 지문 인용] 등록이 반려될 경우 1개월 내에 이의 신청이 가능하며 ~ 재차 반려 처분을 받는 경우, 반려 처분 취소 소송을 진행할 수 있다.

⑤ 2문단 6~7번째 줄을 통해 저작권을 양도할 때 '권리변동의 등록'을 진행함을 알 수 있으므로 양도자가 양수자의 명의로 저작권 등록을 재신청하는 것은 적절하지 않다.
[관련 지문 인용] 저작물의 권리 양도, ~ '권리변동의 등록',

3 글쓰기 윤리 정답 ②

정답분석

타인의 연구 결과를 출처 없이 자신의 논문에 사용하는 것은 '표절'이다. 참고로, '표절'은 타인의 독창적인 아이디어 또는 창작물을 적절한 출처 표시 없이 활용함으로써 제삼자에게 자신의 창작물인 것처럼 인식하게 하는 행위를 말한다.

오답분석

① 학술지의 출판 규정에 따르면 이전에 발표하지 않은 최초의 논문을 투고해야 한다. 따라서 ①은 이미 발표한 논문을 다시 활용한 행위이므로 '부당한 중복게재'의 사례이다.

③ ④ 자신이 출간하거나 연구한 자료를 출처 없이 사용하는 행위는 '부당한 중복게재'의 사례이다.

⑤ 자기 저작물의 일부를 수정하여 쓰더라도 이전 저작물과 질적으로 차이가 없다면 유사한 저작물로 취급하므로 ⑤는 '부당한 중복게재'의 사례이다.

※ 출처: 법제처, https://www.law.go.kr

4 글쓰기 윤리

정답 ④

정답분석

직접 인용과 간접 인용 방식은 모두 출처를 밝혀 독자가 원문에 접근하도록 하고, 선행 연구에 대한 존중을 전제로 해야 하므로 적절하다.

오답분석

① 원문의 문체를 연구자의 문체로 재구성하여 사용하는 것은 간접 인용이므로 적절하지 않다.

② 연구자 저작물이 중심이 되고 인용 내용은 보조적 위치에 머물도록 사용해야 하므로 적절하지 않다.

③ 2차 문헌을 활용할 때는 원저자의 출처뿐만 아니라 재인용했다는 사실을 반드시 밝혀야 하므로 적절하지 않다.

⑤ 인용은 타인의 견해를 비판하는 것뿐만 아니라 자신의 주장을 뒷받침하기 위해서도 사용하므로 자신의 논지를 지지하는 견해의 인용을 지양한다는 설명은 적절하지 않다.

5 글쓰기 윤리

정답 ⑤

정답분석

간접 인용이더라도 원문의 독특한 표현이나 중요한 표현을 변형 없이 인용한다면 인용 부호 큰따옴표를 사용하여 원문의 표현임을 명시해야 한다. 따라서 출처만 표기해도 된다는 설명은 적절하지 않다.

오답분석

① 직접 인용한 내용이 3줄 이하로 짧다면 인용한 내용을 큰따옴표로 표시하므로 적절하다.

② 간접 인용은 원문의 의도를 왜곡하지 않아야 하며, 원저자의 의도를 명확히 표현해야 하므로 적절하다.

③ 직접 인용과 간접 인용 모두 출처를 명확히 표시해야 하므로 적절하다.

④ 신뢰할 수 있는 자료를 인용해야 하며 인용한 내용이 자신의 주장과 어떠한 부분에서 관련이 있는지 밝히는 것이 올바른 인용 방법이므로 적절하다.

V. 단어·문장·문단 쓰기

기출유형 공략문제 p.136

1 고쳐쓰기

모범답안

㉠ 한창 → 한참
㉡ 준비하느라고 → 준비하노라고
㉢ 객적은 → 객쩍은
㉣ 곰곰히 → 곰곰이

해설

- **㉠ 한창(×) → 한참(○)**: ㉠이 포함된 문장은 장기 프로젝트로 오래 고생했으니 체육대회에서 즐거운 시간을 보내면 좋겠다는 의미이다. 따라서 '시간이 상당히 지나는 동안'을 의미하는 단어인 '한참'으로 표기해야 한다. 참고로, '한창'은 '어떤 일이 가장 활기 있고 왕성하게 일어나는 때. 또는 어떤 상태가 가장 무르익은 때'를 의미한다.
- **㉡ 준비하느라고(×) → 준비하노라고(○)**: ㉡이 포함된 문장은 문맥상 기획팀이 노력해 마련한 프로그램이 재밌을까 걱정된다는 의미이다. 따라서 '준비하다'에 자기 나름대로 꽤 노력했음을 나타내는 연결 어미 '-노라고'가 결합한 '준비하노라고'로 표기해야 한다. 참고로, 연결 어미 '-느라고'는 앞 절의 사태가 뒤 절의 사태에 목적이나 원인이 됨을 나타낸다.
- **㉢ 객적은(×) → 객쩍은(○)**: '행동이나 말, 생각이 쓸데없고 싱겁다'를 의미하는 단어는 '객쩍다'로 표기한다. 따라서 '객쩍다'의 활용형도 '객적은'이 아닌 '객쩍은'으로 표기해야 한다. 참고로, '객적다'는 비표준어이다.
- **㉣ 곰곰히(×) → 곰곰이(○)**: '여러모로 깊이 생각하는 모양'을 의미하는 단어는 '곰곰이'로 표기해야 한다.

오답분석

- **㉤ 알음(○)**: '사람끼리 서로 아는 일'을 의미하는 단어는 '알음'으로 표기하므로 적절하다.

감점기준표

구분		감점 기준	감점
내용	㉠~㉣	모범 답안 외의 내용을 쓴 경우	각 -7.5점
	㉤	㉤을 수정한 경우	-7.5점
조건	㉠~㉣	기호와 함께 쓰지 않은 경우	각 -2점
		기호 순서대로 쓰지 않은 경우	-2점

2 고쳐쓰기

모범답안

프로그렘 → 프로그램
패스티벌 → 페스티벌
드라이크리닝 → 드라이클리닝

해설

- **프로그렘(×) → 프로그램(○)**: 'program[prəʊgræm]'의 'ram[ræm]'에서 [æ]는 외래어 표기법 제2장 표기 일람표에 따라 모음 'ㅐ'로 적으므로 '프로그램'으로 표기해야 한다.
- **패스티벌(×) → 페스티벌(○)**: 'festival[festəvəl]'의 'fe[fe]'에서 [e]는 외래어 표기법 제2장 표기 일람표에 따라 모음 'ㅔ'로 적으므로 '페스티벌'로 표기해야 한다.
- **드라이크리닝(×) → 드라이클리닝(○)**: 'cleaning[kliːnɪŋ]'의 'clea[kliː]'의 [l]은 외래어 표기법 제3장 제6항에 따라 'ㄹㄹ'로 적으므로 '클리닝'으로 표기해야 한다. 참고로, 어중의 [l]이 모음 앞에 오거나, 모음이 따르지 않는 비음([m], [n]) 앞에 올 때에는 'ㄹㄹ'로 적는다.
- **뮤지컬(○)**: 'musical[mjuːzɪkəl]'의 반모음 [j]는 뒤따르는 모음 [u]와 합쳐 모음 'ㅠ'로 적으므로 '뮤'로 적는다. 또한 [kəl]에서 어말에 오는 [l]은 받침 'ㄹ'로 적으므로 '컬'로 적은 '뮤지컬'의 표기는 적절하다.
- **에이전시(○)**: 'agency[eɪdʒənsi]'의 [ei]는 각 단모음의 음가를 살려서 적는다. 따라서 [e]는 'ㅔ', [i]는 'ㅣ'이므로 '에이전시'의 표기는 적절하다.
- **버라이어티쇼(○)**: 'variety show[vəˈraɪəti ʃəʊ]'의 [ʃəʊ]에서 [ʃ]는 뒤따르는 모음에 따라 '쇼'로 적는다. 따라서 '버라이어티쇼'의 표기는 적절하다.
- **퀵서비스(○)**: 'quick service[kwɪk sɜːvɪs]'의 [wi]는 'ㅟ'로 적으므로 '퀵서비스'의 표기는 적절하다.

감점기준표

구분	감점 기준	감점
내용	모범 답안 외의 내용을 쓴 경우	각 -10점
조건	'틀린 표현 → 올바른 표현'의 형식으로 쓰지 않은 경우	각 -2점

3 고쳐쓰기

모범답안

㉠ 업무 협정(협약)
㉡ 업무 처리 자동화
㉢ 운영 체계(체제)
㉣ 수익형 민자 사업
㉤ 자체 기획 상품

해설

- ㉠ MOU → **업무 협정(협약)**: 'MOU'는 'memorandum of understanding'의 준말로, 단체와 단체 사이에 특정 업무와 관련하여 협조하기로 약속하여 정한 협정이나 협약 또는 그런 내용을 담은 문서이다. 따라서 '업무 협정', '업무 협약', '양해 각서'로 다듬어 쓸 수 있다.
- ㉡ RPA → **업무 처리 자동화**: 'RPA'는 'Robotics Process Automation'의 준말로, 인간을 대신하여 수행할 수 있는 단순하고 반복적인 업무를 알고리즘화하고 소프트웨어로 자동화하는 기술이다. 따라서 '업무 처리 자동화'로 다듬어 쓸 수 있다.
- ㉢ OS → **운영 체계(체제)**: 'OS'는 'operating system'의 준말로, 컴퓨터 시스템을 관리하고 제어하는 소프트웨어이다. 따라서 '운영 체계' 또는 '운영 체제'로 다듬어 쓸 수 있다.
- ㉣ BTO → **수익형 민자 사업**: 'BTO'는 'build transfer operate'의 준말로, 민간 기업이 자금을 투자하여 시설을 준공하되 시설의 소유권은 국가가 갖고 민간 기업이 일정 기간 시설을 운영하며 수익을 거두는 사업이다. 따라서 '수익형 민자 사업'으로 다듬어 쓸 수 있다. 참고로, '민자'는 '민간 투자'를 줄여서 표기한 것이다.
- ㉤ PL 상품 → **자체 기획 상품**: 'PL'은 'private label'의 준말로, 업체가 납품받지 않고 자체적으로 개발한 상품이다. 따라서 '자체 기획 상품'으로 다듬어 쓸 수 있다.

감점기준표

구분		감점 기준	감점
내용	㉠~㉤	모범 답안 외의 내용을 쓴 경우	각 -6점
조건	㉠~㉤	기호와 함께 쓰지 않은 경우	각 -2점

4 추론하기

모범답안

㉠ 생각하는 습관
㉡ 상대(의) 논리(의) 구조화
㉢ 구체적인 생각
㉣ 설득

감점기준표

구분		감점 기준	감점
내용	㉠~㉣	모범 답안 외의 내용을 쓴 경우	각 -7.5점
조건	㉠~㉣	기호와 함께 쓰지 않은 경우	각 -2점

5 추론하기

모범답안

㉠ 저작물을 공연할 (수 있는) 권리를
㉡ 공중송신권
㉢ 전시권
㉣ 대여권
㉤ 2차적저작물작성권

해설

- ㉠: ㉠ 앞의 주어가 '저작자는'이므로 ㉠에는 '공연권'으로 저작자가 인정받을 수 있는 권리가 들어가야 한다. 다른 항목의 '내용'이 '구분'에서 '권'을 뺀 단어와 함께 '~할 수 있는 권리를 말합니다'로 끝나고 있는 점을 고려할 때, ㉠에 들어갈 말이 '저작물을 공연할 권리를'임을 추론할 수 있다.
- ㉡: '공중이 수신하거나 접근하게 할 목적으로 ~ 송신하거나 이용에 제공할 권리를 말합니다'를 통해 ㉡에 들어갈 단어가 '공중송신권'임을 추론할 수 있다.
- ㉢: '그 복제물을 전시할 수 있는 권리를 말합니다'를 통해 ㉢에 들어갈 단어가 '전시권'임을 추론할 수 있다.
- ㉣: '영리 목적으로 대여되는 경우에 저작자에게 인정되는 권리를 말합니다'를 통해 ㉣에 들어갈 단어가 '대여권'임을 추론할 수 있다.
- ㉤: '2차적저작물을 작성하여 이용할 수 있는 권리를 말합니다'를 통해 ㉤에 들어갈 단어가 '2차적저작물작성권'임을 추론할 수 있다.

※ 출처: 법제처, https://www.easylaw.go.kr

감점기준표

구분		감점 기준	감점
내용	㉠~㉤	모범 답안 외의 내용을 쓴 경우	각 -6점
조건	㉠~㉤	기호와 함께 쓰지 않은 경우	각 -2점
		기호 순서대로 쓰지 않은 경우	-2점

6 고쳐쓰기

모범답안

㉠ 서둘었다 → 서둘렀다
㉡ 일부로 → 일부러
㉢ (근로자)로써 → (근로자)로서

해설

- **㉠ 서둘었다 → 서둘렀다**: '일을 빨리 해치우려고 급하게 바삐 움직이다'를 뜻하는 본말은 '서두르다'이며, '서둘다'는 '서두르다'의 준말로 둘 다 표준어이다. 다만, 표준어 사정 원칙 제16항에 따라 모음으로 시작하는 어미가 연결될 때에는 준말의 활용형을 인정하지 않는다. 따라서 '서둘었다'는 틀린 표기이며, '서둘렀다'로 써야 한다.
- **㉡ 일부로 → 일부러**: '어떤 목적이나 생각을 가지고. 또는 마음을 내어 굳이'를 뜻하는 말은 '일부러'이다.
- **㉢ (근로자)로써 → (근로자)로서**: 문맥상 최저 임금, 퇴직금 등은 근로자의 자격으로 누릴 수 있는 권리라는 뜻이므로, 지위나 신분 또는 자격을 나타내는 격 조사 '로서'를 써야 한다. 참고로, '로써'는 어떤 물건의 재료나 원료를 나타내거나 어떤 일의 수단이나 도구를 나타내는 격 조사이다.

감점기준표

구분		감점 기준	감점
내용	㉠~㉢	모범 답안 외의 내용을 쓴 경우	각 -10점
조건	㉠~㉢	기호와 함께 쓰지 않은 경우	각 -2점

7 고쳐쓰기

모범답안

㉠ 남부 지방에는 거센 돌풍이 불고 강한 비가 내리겠습니다.
㉡ 이 영화는 전란을 사실적으로 그려 내어 관객(영화를 관람한/본 사람)은 전란의 참상을 느낄 수 있다.
㉢ 이번 사건에서 주목할 점은 금통위가 외부 요인에 더욱 경계심을 가져야 한다는 것(점)이다.

해설

- ㉠: 주어 '거센 돌풍과 강한 비가'와 서술어 '내리겠습니다'의 호응에서 '비가 내리다'는 호응하지만, '돌풍이 내리다'는 호응이 어색하다. 따라서 '돌풍'에 호응하는 서술어 '불고'를 추가하여 '거센 돌풍이 불고 강한 비가 내리겠습니다'로 수정해야 한다.
- ㉡: 서술어 '느낄 수 있다'와 호응하는 주어가 없으므로 '관객은', '영화를 관람한 사람은', '영화를 본 사람은' 등의 주어를 추가하여 '관객은 전란의 참상을 느낄 수 있다'로 수정해야 한다.
- ㉢: 주어 '주목할 점은'과 서술어 '가져야 한다'의 호응이 어색하므로 '주목할 점은 ~ 경계심을 가져야 한다는 것이다'로 서술어를 수정해야 한다.

감점기준표

구분		감점 기준	감점
내용	㉠~㉢	모범 답안 외의 내용을 쓴 경우	각 -10점
조건	㉠~㉢	기호와 함께 쓰지 않은 경우	각 -2점

8 추론하기

모범답안

㉠ 부산광역시에서 전년 대비 신혼부부 평균 출생아 수가 가장 많이 감소한 해는 2026년이다.
㉡ 인천광역시에서 전년 대비 신혼부부 평균 출생아 수가 가장 많이 감소한 해는 2025년이다.
㉢ 제주특별자치도에서 전년 대비 신혼부부 평균 출생아 수가 가장 많이 감소한 해는 2025년이다.

해설

전년 대비 평균 출생아 수가 가장 많이 감소한 해를 찾아 첫 문장과 같은 구조로 쓰면 된다. 또한 서울특별시의 내용은 이미 제시되었으므로, 부산광역시, 인천광역시, 제주특별자치도 순으로 쓰면 된다. 부산광역시는 2026년, 인천광역시는 2025년, 제주특별자치도는 2025년에 전년 대비 평균 출생아 수가 가장 줄어들었다.

구분	2023	2024	2025	2026
서울특별시	0.76	0.74 (-0.02)	0.70 (-0.04)	0.67 (-0.03)
부산광역시	0.92	0.91 (-0.01)	0.88 (-0.03)	0.84 (-0.04)
인천광역시	0.93	0.92 (-0.01)	0.88 (-0.04)	0.86 (-0.02)
제주특별자치도	1.04	1.01 (-0.03)	0.97 (-0.04)	0.95 (-0.02)

※ 출처: KOSIS(통계청, 신혼부부통계, 신혼부부 특성별 평균 출생아 수)

감점기준표

구분		감점 기준	감점
내용	㉠~㉢	모범 답안 외의 내용을 쓴 경우	각 -10점
조건	㉠~㉢	12어절로 쓰지 않은 경우	어절당 -2점
		표에 제시된 지역 순서대로 쓰지 않은 경우	-2점
		기호와 함께 쓰지 않은 경우	각 -2점

9 고쳐쓰기

모범답안

㉠ 하지만(그러나, 그렇지만)
㉡ 대응하는
㉢ 돋우는
㉣ 함유한
㉤ 더하는

해설

- **㉠ 그래서 → 하지만**: ㉠의 앞 문장은 혀의 미뢰별로 느끼는 맛이 다르다는 내용이고, ㉠이 포함된 문장은 혀의 미뢰는 모든 맛을 느낄 수 있다는 내용이므로 접속 부사 '그래서'의 쓰임이 문맥상 적절하지 않다. ㉠의 앞 문장과 ㉠이 포함된 문장은 반대되는 내용이므로 상반되는 사실을 이어 주는 접속 부사 '하지만, 그러나, 그렇지만'으로 수정해야 한다.
- **㉡ 대립하는 → 대응하는**: ㉡이 포함된 문장은 미뢰가 맛을 느끼면 뇌에 신호를 보내고 그 맛과 관련 있는 신경 세포가 반응한다는 내용이므로 '의견이나 처지, 속성 따위가 서로 반대되거나 모순되다'를 뜻하는 '대립하는'의 쓰임이 문맥상 적절하지 않다. 따라서 '어떤 두 대상이 주어진 어떤 관계에 의하여 서로 짝이 되다'를 뜻하는 '대응하는'으로 수정해야 한다.
- **㉢ 돋구는 → 돋우는**: ㉢이 포함된 문장은 감칠맛이 음식의 맛을 더 좋게 만든다는 내용이므로 '입맛을 당기게 하다'를 뜻하는 '돋우는'으로 수정해야 한다. 참고로, '돋구다'는 '안경의 도수 따위를 더 높게 하다'를 뜻한다.
- **㉣ 내포한 → 함유한**: ㉣은 문맥상 음식이 지방을 많이 포함하고 있다는 뜻이므로 '물질이 어떤 성분을 포함하고 있다'를 뜻하는 '함유한'을 쓰는 것이 자연스럽다. 참고로, '내포하다'는 '어떤 성질이나 뜻 따위를 속에 품다'를 뜻하므로 말이나 표정 등에 어떠한 의도를 가지고 있을 때 쓰는 것이 자연스럽다.
- **㉤ 증축하는 → 더하는**: ㉤은 지방맛이 풍미를 더 있게 한다는 내용이므로 '어떤 요소가 더 있게 하다'를 뜻하는 '더하는'을 쓰는 것이 자연스럽다. 참고로, '증축하다'는 '이미 지어져 있는 건축물에 덧붙여 더 늘리어 짓다'를 뜻하므로 목적어 '풍미를'과 호응하지 않는다.

감점기준표

구분		감점 기준	감점
내용	㉠~㉤	모범 답안 외의 내용을 쓴 경우	각 -6점
조건	㉠~㉤	기호와 함께 쓰지 않은 경우	각 -2점

10 추론하기

모범답안

㉠ 청년 인구
㉡ 지역 경제
㉢ 청년층 유출
㉣ 질적 향상
㉤ 지역 일자리

해설

- ㉠: 고용 연구소 측 발언인 '청년 인구가 심각하게 줄고 있는 상황으로 보입니다'에서 '청년 인구 감소'가 문제 상황임을 알 수 있다. 따라서 ㉠에 들어갈 말은 '청년 인구'이다.
- ㉡: 지방 정부 측의 2번째 발언인 '지역 경제가 활성화될 수 있도록 힘쓰겠습니다'에서 지방 정부가 청년 인구를 정착시켜 지역 경제를 살리고자 함을 알 수 있다. 따라서 ㉡에 들어갈 말은 '지역 경제'이다.
- ㉢: ㉢ 앞에서 청년층 유출을 문제 삼고 있으며 ㉢이 포함된 문장은 문제의 원인을 제시하고 있다. 따라서 ㉢에 들어갈 말은 '청년층 유출'이다.
- ㉣: ㉣ 앞에서 일자리 수를 늘리는 '양적 향상'을 언급하고 있으며 ㉣이 포함된 문장은 청년의 생활 환경을 개선해야 한다고 설명한다. 또한 지방 정부 측은 2번째 발언에서 일자리의 양과 생활의 질을 높이는 해결책을 제시하고 있다. 따라서 ㉣에 들어갈 말은 '질적 향상'이다.
- ㉤: ㉤이 포함된 문장은 고용 연구소 측의 의견을 정리하고 있다. 고용 연구소 측은 지역 일자리를 늘리고 청년의 생활 인프라를 강화해야 한다고 주장하므로 ㉤에 들어갈 말은 '지역 일자리'이다.

※ 출처: 정책브리핑, https://www.korea.kr/briefing

감점기준표

구분		감점 기준	감점
내용	㉠~㉤	모범 답안 외의 내용을 쓴 경우	각 -6점
조건	㉠~㉤	기호와 함께 쓰지 않은 경우	각 -2점

11 요약하기

모범답안

콘텐츠의 불법 유통 문제를 해결하기 위해서는 한국과 중국 간의 긴밀한 협력과 더불어, 개인(소비자)의 저작권 인식 개선이 필수적이다.

해설

윗글은 중국에서 불법으로 유통되는 한국 콘텐츠의 저작권 문제를 해결할 방안을 다루고 있다. 끝에서 1~2번째 줄에 따르면 저작권 문제를 해결하기 위해 한국과 중국의 긴밀한 협력이 지속되어야 하고, 저작권에 관한 개인의 인식이 개선되어야 한다고 주장한다. 이를 조건에 맞게 쓴다면, '콘텐츠의 불법 유통 문제를 해결하기 위해서는 한국과 중국 간의 긴밀한 협력과 더불어, 개인의 저작권 인식 개선이 필수적이다'로 요약할 수 있다.

※ 출처: 문화체육관광부, https://www.mcst.go.kr

감점기준표

구분	감점 기준	감점
내용	모범 답안 외의 내용을 쓴 경우	-30점

12 추론하기

모범답안

㉠ 건축 허가, 건축 착공, 건축 준공 동수가 모두 많다.
㉡ 건축 허가, 건축 착공, 건축 준공 동수가 모두 적다.
㉢ 건축 허가 동수는 적지만, 건축 착공, 건축 준공 동수는 많다.
※ 출처: KOSIS(국토교통부, 건축허가·착공·준공 통계)

감점기준표

구분		감점 기준	감점
내용	㉠~㉢	모범 답안 외의 내용을 쓴 경우	각 -10점
조건	㉠~㉢	기호와 함께 쓰지 않은 경우	각 -2점

13 고쳐쓰기

모범답안

㉠ 띠는
㉡ 늘리는
㉢ 유입
㉣ 또한(그리고)
㉤ 모여

해설

· ㉠ **띄는 → 띠는**: 문맥상 강물이 녹색이 된다는 뜻이므로 '빛깔이나 색채 따위를 가지다'를 뜻하는 말인 '띠다'를 사용해 '띠는'으로 수정해야 한다. 참고로, '띄다'는 '눈에 보이다'를 뜻하는 '뜨이다'와 '공간적으로 거리를 꽤 멀게 하다'를 뜻하는 '띄우다'의 준말이다.

· ㉡ **늘이는 → 늘리는**: 문맥상 조류의 개체 수가 많아진다는 뜻이므로 '수나 분량 따위를 본디보다 많아지게 하거나 무게를 더 나가게 하다'를 뜻하는 '늘리다'를 사용해 '늘리는'으로 수정해야 한다. 참고로, '늘이다'는 '본디보다 더 길어지게 하다'를 뜻한다.

· ㉢ **유인 → 유입**: 문맥상 어떤 물질이 강물로 들어간다는 뜻이므로 '액체나 기체, 열 따위가 어떤 곳으로 흘러듦'을 뜻하는 '유입'으로 수정해야 한다. 참고로, '유인'은 '주의나 흥미를 일으켜 꾀어냄'을 뜻한다.

· ㉣ **즉 → 또한(그리고)**: ㉣의 앞은 조류의 양이 증가하여 녹조 현상을 일으킨다고 설명하고 있으며, ㉣이 포함된 문장은 조류의 양과 유속이 관련 있다고 설명한다. 따라서 앞 내용과 같이 녹조 현상의 원인에 관한 내용을 다루고 있으므로 '어떤 것을 전제로 하고 그것과 같게'를 뜻하는 '또한'이나 단어, 구, 절, 문장 따위를 병렬적으로 연결할 때 쓰는 접속 부사 '그리고'로 수정해야 한다.

· ㉤ **적재되어 → 모여**: 문맥상 조류가 한곳에 있다는 뜻이므로 '한데 합쳐지다'를 뜻하는 '모이다'를 사용해 '모여'로 수정해야 한다. 참고로, '적재되다'는 '물건이나 짐이 선박, 차량 따위의 운송 수단에 실리다'를 뜻한다.

감점기준표

구분		감점 기준	감점
내용	㉠~㉤	모범 답안 외의 내용을 쓴 경우	각 -6점
조건	㉠~㉤	기호와 함께 쓰지 않은 경우	각 -2점

14 고쳐쓰기

모범답안

㉠ 입사한∨지
㉡ 속하는∨듯하다
㉢ 답답할∨만도
㉣ 원료마저
㉤ 하루∨내지∨이틀

해설

· ㉠ **입사한∨지**: '지'는 어떤 일이 있었던 때로부터 지금까지의 동안을 나타내는 말로, 의존 명사이다. 의존 명사는 앞말과 띄어 써야 한다.

· ㉡ **속하는∨듯하다**: '듯하다'는 앞말이 뜻하는 사건이나 상태 따위를 짐작하거나 추측함을 나타내는 말로, 보조 용언이다. 보조 용언은 원칙상 본용언과 띄어 써야 한다. 참고로, 본용언의 활용형이 2음절 이하이면 본용언과 보조 용언을 붙여 쓸 수 있으나 앞말에 조사가 붙거나 앞 단어가 합성 용언인 경우는 보조 용언을 앞말에 붙여 쓰지 않는다.

· ㉢ **답답할∨만도**: '만'은 앞말이 뜻하는 동작이나 행동에 타당한 이유가 있음을 나타내는 말로, 의존 명사이다. 의존 명사는 앞말과 띄어 써야 한다.

· ㉣ **원료마저**: '마저'는 이미 어떤 것이 포함되고 그 위에 더함의 뜻을 나타내는 보조사로, 조사는 앞말에 붙여 쓴다.

· ㉤ **하루∨내지∨이틀**: '내지'는 '얼마에서 얼마까지'의 뜻을 나타내는 말로 부사이다. 이렇게 두 말을 이어 주거나 열거할 적에 쓰이는 말들은 띄어 쓴다.

감점기준표

구분		감점 기준	감점
내용	㉠~㉤	모범 답안 외의 내용을 쓴 경우	각 -6점
조건	㉠~㉤	기호와 함께 쓰지 않은 경우	각 -2점
		띄어쓰기 부호를 사용하지 않은 경우	각 -2점

15 추론하기

모범답안

㉠-SO전략
㉡-ST전략
㉢-WO전략
㉣-ST전략
㉤-WT전략

해설

- ㉠: 강점 요소인 빠르고 혁신적인 제품 개발 능력으로, 기회 요소인 청결 유지 제품에 대한 전 세계 신규 수요 확대를 활용하는 SO전략에 해당한다.
- ㉡: 강점 요소인 신뢰할 수 있는 브랜드 이미지로, 위협 요소인 수많은 경쟁 업체와의 치열한 경쟁에 대응하는 전략이므로 ST전략에 해당한다.
- ㉢: 기회 요소인 높은 고객 충성도를 활용하기 위해 약점 요소인 모방이 쉬운 주력 제품 라인에 당사 고유의 독특한 디자인을 적용하여 차별성을 부여하고 당사 제품을 한 번도 사용해 보지 않은 소비자에게 무료 샘플을 제공하는 WO전략에 해당한다.
- ㉣: 강점 요소인 효율적인 제품 유통 네트워크로, 위협 요소인 원자재 및 임금 인상으로 인한 제품 생산 비용 증가를 해결하는 ST전략에 해당한다.
- ㉤: 약점 요소인 20~30대 남성으로 한정된 주요 소비자층을 고객 세분화 전략을 통해 다양한 소비자층을 대상으로 홍보를 강화하여 해결하고, 궁극적으로 시장점유율을 높이고 생활용품 시장에서 점차 경쟁력을 갖춤으로써 위협 요소인 압도적인 경쟁력을 가질 수 없는 생활용품 시장 구조에 대응하는 WT전략에 해당한다.

감점기준표

구분		감점 기준	감점
내용	㉠~㉤	마케팅 전략에 대응하는 SWOT 분석 전략을 모범답안과 다르게 쓴 경우	각 -6점
조건	㉠~㉤	'기호-전략 명칭'의 형식으로 쓰지 않은 경우	각 -2점
		기호 순서대로 쓰지 않은 경우	-2점

16 고쳐쓰기

모범답안

㉠ 빌려
㉡ 서슴지
㉢ 하든지
㉣ 들러
㉤ 빨개져서

해설

- ㉠ **빌려**: 문맥상 "어떤 일을 하기 위해 기회를 이용하다."를 뜻하는 '빌리다'가 사용됐으므로 '빌려'가 적절한 표현이다. 참고로, '빌어'는 "바라는 바를 이루게 하여 달라고 신이나 사람, 사물 따위에 간청하다.", "남의 물건을 공짜로 달라고 호소하여 얻다." 등을 뜻하는 '빌다'의 활용형이다.
- ㉡ **서슴지**: "결단을 내리지 못하고 머뭇거리며 망설이다."를 뜻하는 '서슴다'가 사용됐으므로 '서슴지'가 적절한 표현이다. 참고로, '서슴지'는 '서슴다'의 어간 '서슴-'에 그 움직임이나 상태를 부정하거나 금지하려 할 때 쓰이는 연결 어미 '-지'가 붙은 형태이다.
- ㉢ **하든지**: 실제로 일어날 수 있는 여러 가지 중에서 어느 것이 일어나도 뒤 절의 내용이 성립하는 데 아무런 상관이 없음을 나타내는 연결 어미 '-든지'가 문맥상 적절하므로 '하든지'가 적절한 표현이다. 참고로, '-던지'는 막연한 의문이 있는 채로 그것을 뒤 절의 사실과 관련시키는 데 쓰는 연결 어미로, 지난 일을 나타내는 어미이다.
- ㉣ **들러**: 문맥상 "지나는 길에 잠깐 들어가 머무르다."를 뜻하는 '들르다'가 쓰였으므로 '들러'가 적절한 표현이다. 참고로, '들려'는 "사람이나 동물의 감각 기관을 통해 소리가 알아차려지다." 등을 뜻하는 '들리다'의 활용형이다.
- ㉤ **빨개져서**: '빨개져서'가 적절한 표현이다. 참고로, '빨개지다'의 '빨개'는 '빨갛다'의 어간 '빨갛-'에 '-아'가 결합하면서 'ㅎ'이 줄어든 것이므로 '빨게지다'로 적지 않고 '빨개지다'로 적는다.

감점기준표

구분		감점 기준	감점
내용	㉠~㉤	모범 답안 외의 내용을 쓴 경우	각 -6점
조건	㉠~㉤	기호와 함께 쓰지 않은 경우	각 -2점

17 고쳐쓰기

모범답안

㉠ 교육했다(교육하였다)
㉡ 전달하도록
㉢ 경치가 아름다운

해설

· ㉠: 문맥상 회사가 사원을 대상으로 문서 작성법을 가르친 것이므로 "지식과 기술 따위를 가르치며 인격을 길러 주다."를 뜻하는 '교육하다'만으로도 충분히 의미가 성립된다. 따라서 '교육했다' 또는 '교육하였다'로 쓰는 것이 적절하다.

· ㉡: 문맥상 정부가 관계 기관에 '수재민에게 구호 물품을 줄 것'을 지시한 것이므로 '전달하도록'으로 쓰는 것이 적절하다.

· ㉢: '명소'를 수식하는 표현이 나열되어 있고 여러 의미가 중복되는 문장이다. '명소(경치나 고적, 산물 따위로 널리 알려진 곳)'는 '널리 알려진'의 의미와 중복되고, '경치가 아름답고'는 '관광지(경치가 뛰어나거나 사적, 온천 따위가 있어 관광할 만한 곳)'와 의미가 중복된다. 또한 '대중의 관심이 많아진'과 '인기'의 의미도 중복된다. '명소'와 '인기'는 수정된 문장에 제시됐으므로 '경치가 아름답고'와 '관광지' 중 조건과 문맥에 맞게 '경치가 아름다운'으로 쓰는 것이 적절하다.

감점기준표

구분		감점 기준	감점
내용	㉠~㉢	모범 답안 외의 내용을 쓴 경우	각 -10점
조건	㉠~㉢	기호와 함께 쓰지 않은 경우	각 -2점

18 고쳐쓰기

모범답안

㉠ 재킷
㉡ 카디건
㉢ 렌터카
㉣ 내레이션
㉤ 밀크셰이크

해설

· ㉠ **자켓 → 재킷**: 'jacket'은 [dʒækɪt]으로 발음되며 [æ]는 '애', [ɪ]는 '이'로 적으므로 '재킷'으로 적는다.

· ㉡ **가디건 → 카디건**: 'cardigan'은 [kɑːdɪgən]으로 발음되며 [kɑ]는 '카'로 적으므로 '카디건'으로 적는다.

· ㉢ **렌트카 → 렌터카**: 'rent-a-'는 [rent ə]로 발음되므로 '렌터카'로 적는다.

· ㉣ **나레이션 → 내레이션**: 'narration'은 [næreɪʃən]으로 발음되며 [æ]는 '애'로 적으므로 '내레이션'으로 적는다.

· ㉤ **밀크쉐이크 → 밀크셰이크**: 'shake'는 [ʃeɪk]로 발음되며 모음 앞의 [ʃ]는 뒤따르는 모음에 따라 '셰'로 적으므로 '밀크셰이크'로 적는다.

감점기준표

구분		감점 기준	감점
내용	㉠~㉤	모범 답안 외의 내용을 쓴 경우	각 -6점
조건	㉠~㉤	기호와 함께 쓰지 않은 경우	각 -2점

19 고쳐쓰기

모범답안

㉠ Silla
㉡ nota
㉢ Jiphyeonjeon
㉣ haedoji
㉤ Nakdonggang

해설

· ㉠ **신라[실라]**: '신라'는 [실라]로 발음하며, 고유 명사는 첫 글자를 대문자로 적으므로 'Silla'로 적는다.

· ㉡ **놓다[노타]**: '놓다'는 [노타]로 발음하므로 'nota'로 적는다.

· ㉢ **집현전[지편전]**: '집현전'은 [지편전]으로 발음하나, 체언에서 'ㅂ' 뒤에 'ㅎ'이 따를 때는 'ㅎ(h)'을 밝혀 적는다. 또한 고유 명사는 첫 글자를 대문자로 적으므로 'Jiphyeonjeon'으로 적는다.

· ㉣ **해돋이[해도지]**: '해돋이'는 [해도지]로 발음하므로 'haedoji'로 적는다.

· ㉤ **낙동강[낙똥강]**: '낙동강'은 [낙똥강]으로 발음하나, 된소리되기(ㄸ)는 표기에 반영하지 않으므로 'Nakdonggang'으로 적는다.

감점기준표

구분		감점 기준	감점
내용	㉠~㉤	모범 답안 외의 내용을 쓴 경우	각 -6점
조건	㉠~㉤	기호와 함께 쓰지 않은 경우	각 -2점

20 고쳐쓰기

모범답안

㉠ 심벌
㉡ 멜론
㉢ 배지
㉣ 옐로
㉤ 장르

해설

- ㉠ **Symbol 심벌**: 'Symbol'은 [sɪmbəl]로 발음되며 [ə]는 '어'로 적으므로 '심벌'로 적는다.
- ㉡ **melon 멜론**: 'melon'의 어중 [l]은 모음 앞에 오거나, 모음이 따르지 않는 비음([m], [n]) 앞에 올 때에는 'ㄹㄹ'로 적으므로 '멜론'으로 적는다.
- ㉢ **badge 배지**: 'badge'는 [bædʒ]로 발음되며, 어말의 [dʒ]는 '지'로 적으므로 '배지'로 적는다.
- ㉣ **yellow 옐로**: 'yellow'는 [jelou]로 발음되며, 반모음 [j]는 뒤따르는 모음과 합쳐 '예'로 적고, 어중 [l]은 모음 앞에 오거나, 모음이 따르지 않는 비음([m], [n]) 앞에 올 때에는 'ㄹㄹ'로 적는다. 또한 [ou]는 '오'로 적으므로 '옐로'로 적는다.
- ㉤ **genre 장르**: "문예 양식의 갈래."를 뜻하는 프랑스어 'genre'는 '장르'로 적는다.

감점기준표

구분		감점 기준	감점
내용	㉠~㉤	모범 답안 외의 내용을 쓴 경우	각 -6점
조건	㉠~㉤	기호와 함께 쓰지 않은 경우	각 -2점

21 고쳐쓰기

모범답안

㉠ 가래
㉡ 복용, 복약, 약 먹음(는)
㉢ 감청색, 감색
㉣ 선임(자), 선참(자)
㉤ 다짐, 다진 양념

해설

- ㉠ **객담 → 가래**: '객담(喀痰)'은 "가래를 뱉음. 또는 그 가래."를 뜻하므로 '가래'로 순화할 수 있다.
- ㉡ **경구투여 → 복용, 복약, 약 먹음**: '경구투여(經口投與)'는 "입을 통하여 약을 투여함."을 뜻하므로 '복용, 복약, 약 먹음'으로 순화할 수 있다.
- ㉢ **곤색 → 감청색, 감색**: '곤색'은 일본어 투 표현이므로 '감청색, 감색'으로 순화할 수 있다.
- ㉣ **고참 → 선임(자), 선참(자)**: '고참(古參)'은 일본어 투 표현으로, "오래전부터 한 직위나 직장 따위에 머물러 있는 사람."을 뜻하므로 '선임(자), 선참(자)'로 순화할 수 있다.
- ㉤ **다대기 → 다짐, 다진 양념**: '다대기(たたき)'는 일본어 투 표현으로, '다짐, 다진 양념'으로 순화할 수 있다.

감점기준표

구분		감점 기준	감점
내용	㉠~㉤	모범 답안 외의 내용을 쓴 경우	각 -6점
조건	㉠~㉤	기호와 함께 쓰지 않은 경우	각 -2점

22 고쳐쓰기

모범답안

입장 하실 → 입장하실
(현장 진행) 요원에 → (현장 진행) 요원의
퇴장하는 → 공연장에서 퇴장하는
자재해 → 자제해

해설

- **입장∨하실(×) → 입장하실(○)**: '장내로 들어가다'라는 의미의 동사는 '입장하다'이므로, 그 활용형도 '입장하실'과 같이 붙여 써야 한다.
- **요원에(×) → 요원의(○)**: 뒤에 오는 명사 '안내'를 수식하는 관형어이므로 부사격 조사 '에'가 아닌 관형격 조사 '의'를 써야 한다.
- **퇴장하는(×) → 공연장에서 퇴장하는(○)**: '어떤 장소에서 물러나다'라는 의미의 동사 '퇴장하다'는 '~에서'와 같은 부사어와 함께 쓰이므로 부사어 '공연장에서'를 추가해야 한다.
- **자재해(×) → 자제해(○)**: 문맥상 공연장에서 자리 이동을 삼가 달라는 내용이므로 '자기의 감정이나 욕망을 스스로 억제하다'를 의미하는 '자제하다'를 사용하는 것이 적절하다. 따라서 '자제해'로 고쳐 써야 한다.

감점기준표

구분	감점 기준	감점
내용	모범 답안 외의 내용을 쓴 경우	각 -7.5점
조건	'잘못된 표현 → 맞는 표현'의 형식으로 쓰지 않은 경우	각 -2점

23 요약하기

모범답안

㉠ 데이터 농업을 활용한 경쟁력 확보가 시급하고, 인구 소멸로 기존과 같이 농업 기반을 유지하기 어렵기 때문이다.
㉡ 농촌에 사후 관리 인프라가 조성되지 않아 기계를 수리할 전문 엔지니어가 부족하기 때문이다.

해설

- ㉠: 정부가 스마트팜 보급에 사활을 거는 이유를 찾아야 한다. 윗글에서 '데이터 농업'으로 국내 농산물 가격 경쟁력이 위협되는 상황과 농촌 지역의 인구 소멸 가속화로 기존의 노동 집약적 방식으로는 농업 기반 유지가 어려운 상황을 설명하고 있다. 따라서 이 두 가지 핵심 요인을 결합하여 제시하면 된다.
- ㉡: 기계가 고장 나도 수리하지 못해 피해를 입는 이유를 찾아야 한다. 윗글에서 농촌 지역에 전문 엔지니어가 부족하여 기계 고장 시 '신속한 수리'가 불가능한 상황을 설명하였으므로 이를 제시하면 된다.

감점기준표

구분		감점 기준	감점
내용	㉠	'데이터 농업을 활용한 경쟁력 확보 시급'과 관련된 내용을 쓰지 않은 경우	-10점
		'인구 소멸로 기존과 같이 농업 기반 유지 어려움'과 관련된 내용을 쓰지 않은 경우	-10점
	㉡	'농촌 지역의 전문 엔지니어(사후 관리 인프라) 부족'과 관련된 내용을 쓰지 않은 경우	-10점
조건	㉠~㉡	기호와 함께 쓰지 않은 경우	각 -2점
		한 문장으로 쓰지 않은 경우	문장당 -5점
		'~때문이다'로 종결하지 않은 경우	문장당 -5점

24 추론하기

모범답안

2024년 광공업 생산 지수가 가장 높은 인천은 대전보다 생산 지수가 8.9 높다. 2025년 광공업 생산 지수가 가장 높은 대구는 서울보다 생산 지수가 15.6 높다. 2026년 광공업 생산 지수가 가장 높은 대구는 서울보다 생산 지수가 17.9 높다. 2024년~2026년 중에서 지역 간 광공업 생산 지수가 가장 큰 연도는 2026년이다.

해설

- 2024년 광공업 생산 지수가 가장 높은 지역은 인천(113.2)이고, 가장 낮은 지역은 대전(104.3)이다. 두 지역의 생산 지수 차는 '113.2-104.3=8.9'이다.
- 2025년 광공업 생산 지수가 가장 높은 지역은 대구(119.0)이고, 가장 낮은 지역은 서울(103.4)이다. 두 지역의 생산 지수 차는 '119.0-103.4=15.6'이다.
- 2026년 광공업 생산 지수가 가장 높은 지역은 대구(116.2)이고, 가장 낮은 지역은 서울(98.3)이다. 두 지역의 생산 지수 차는 '116.2-98.3=17.9'이다.

※ 출처: KOSIS(광업제조업동향조사, 시도/산업별 광공업생산지수)

감점기준표

구분	감점 기준	감점
내용	2024~2026년 생산 지수를 비교하는 내용을 쓰지 않은 경우	각 -7.5점
	지역 간 광공업 생산 지수가 가장 큰 연도를 설명하는 내용을 쓰지 않은 경우	-7.5점
조건	제시된 형식에 맞게 각각 한 문장으로 쓰지 않은 경우	-5점
	문장 순서대로 쓰지 않은 경우	-2점

25 추론하기

모범답안

김OO, 「에듀테크와 자기주도학습의 상관관계」, 『미래 인재 교육』, OO교육연구소, 2025, 45쪽.

해설

조건에 제시된 순서의 내용을 <보기>에서 찾아 작성하면 된다. 참고로, 각주는 본문의 어떤 부분을 보충하거나 쉽게 풀이한 글을 본문의 아래쪽에 단 것이다. 학술지 규정마다 그 순서가 다르기도 하나, 보통 '저자명, 「논문」, 『잡지명』, 출판사, 출판연도, 쪽.' 또는 '저자명(출판연도), 「논문」, 『잡지명』, 출판사, 쪽' 순서로 쓴다.

감점기준표

구분		감점 기준	감점
내용	㉠	모범 답안 외의 내용을 쓴 경우	-30점

26 보완하기

모범답안

이번 교육으로 장애 영유아(의) 입소 준비, 학부모를 위한 오리엔테이션, 장애 영유아(의) 교육 프로그램, 장애 영유아(의) 발달 단계에 따른 놀이 방법을 익힐 수 있어 업무에 도움이 될 듯합니다. 이번 교육을 바탕으로 (어린이집) 장애아 전담 보육 교사(교직원으)로서 (보육 교직원) 역량을 강화하여 (장애아) 보육의 질을 개선할 수 있도록 노력하겠습니다.

해설

위 교육 보고서의 작성 주체는 보육 교사이며, 교육 보고서의 교육 내용은 '장애 영유아 입소 준비', '학부모를 위한 오리엔테이션', '장애 영유아 교육 프로그램', '장애 영유아 발달 단계에 따른 놀이 방법'이다. 이를 모두 포함하여 첫 번째 문장을 작성하면 된다. 또한 보고서 작성 주체가 교육 대상 중 '(어린이집) 장애아 전담 보육 교사(장애 전담 보육 교직원)'이므로 이와 함께 <보기>의 '목적'인 '보육 교직원 역량 강화, 보육의 질 개선'을 포함하여 두 번째 문장을 작성하며 된다.

※ 출처: 인천광역시 서구청, https://www.seo.incheon.kr

감점기준표

구분		감점 기준	감점
내용	첫 번째 문장	'장애 영유아 입소 준비', '학부모를 위한 오리엔테이션', '장애 영유아 교육 프로그램', '장애 영유아 발달 단계에 따른 놀이 방법'을 쓰지 않은 경우	각 -7.5점
	두 번째 문장	'보육 교직원 역량 강화', '보육의 질 개선'과 관련된 내용을 쓰지 않은 경우	각 -10점
조건		두 문장으로 쓰지 않은 경우	문장당 -5점
		제시된 문장 형식으로 쓰지 않은 경우	-5점

27 보완하기

모범답안

㉠ 10월 16일 고용노동부 장관, 일하는 부모와의 간담회 개최
㉡ 육아 휴직 기간을 최대 1년 6개월로 연장
㉢ 배우자 출산 휴가를 한 달로 확대
㉣ 중소기업 대체인력지원금 120만 원 인상
㉤ ※ 육아 휴직 급여 및 대체인력지원금 인상 2026.1.1. 시행 예정

해설

· ㉠: 부제는 명사문의 형식을 취하므로 <보기>에 제시된 '10월 16일 고용노동부 장관이 일하는 부모와의 간담회를 개최한'을 간략한 명사문으로 바꾸어 '10월 16일 고용노동부 장관, 일하는 부모와의 간담회 개최'로 쓰면 된다.
· ㉡ ㉢ ㉣: ①과 같이 명사문의 형식으로 <보기>에 제시된 육아 지원 제도의 주요 변경 사항을 순서대로 써야 한다. 따라서 ㉡, ㉢, ㉣은 각각 '육아 휴직 기간을 최대 1년 6개월로 연장', '배우자 출산 휴가를 한 달로 확대', '중소기업 대체인력지원금 120만 원 인상'으로 쓰면 된다.
· ㉤: 예시와 같이 본문을 보충하는 말은 해당 문단의 바로 아래에 '※' 기호를 사용하여 제시한다. 변경 사항 중 2건은 2026년 1월 1일부터 시행되므로 '※ 육아 휴직 급여 및 대체인력지원금 인상 2026.1.1. 시행 예정'으로 쓰면 된다.

※ 출처: 고용노동부, https://www.moel.go.kr

감점기준표

구분		감점 기준	감점
내용	㉠~㉤	모범 답안 외의 내용을 쓴 경우	각 -10점
조건	㉠~㉤	기호와 함께 쓰지 않은 경우	각 -2점
	㉡~㉣	명사형으로 종결하지 않은 경우	각 -5점
		<보기>에 제시된 순서대로 쓰지 않은 경우	-2점
	㉤	<예시>에 제시된 문장 형식으로 쓰지 않은 경우	-5점

28 고쳐쓰기

모범답안

㉠ 대내외
㉡ 도착분
㉢ 유사한 사업을 수행하는 단체는
㉣ 위반∨사례
㉤ 자격이 박탈될

해설

· ㉠ **대·내외 → 대내외**: 나열된 용어가 대등하거나 밀접한 경우 가운뎃점을 사용할 수 있으나, 사전에 등재된 한 단어인 경우에는 가운뎃점을 사용하지 않는다. '대내외'는 한 단어로, 나라나 사회의 안에 대한 것과 밖에 대한 것을 아울러 이르는 말이다.
· ㉡ **도착∨분 → 도착분**: 2026년 6월 18일까지 도착한 분량에 한하여 신청을 받는다는 내용이므로 ㉡의 '-분'은 일부 명사에 붙어 '분량'의 뜻을 더하는 접미사이다. 따라서 '도착분'으로 붙여 써야 한다.
· ㉢ **유사 사업 수행 단체는 → 유사한 사업을 수행하는 단체는**: ㉢은 명사가 지나치게 많이 나열된 문장이다. 문장의 의미를 명확하게 전달하려면 적절한 조사와 서술어를 사용해야 하므로 '유사한 사업을 수행하는'으로 수정하는 것이 적절하다.
· ㉣ **위반사례 → 위반∨사례**: '위반'과 '사례'는 각각 한 단어이므로 '위반∨사례'로 띄어 써야 한다.
· ㉤ **자격이 탈락될 → 자격이 박탈될**: '탈락되다'는 '범위에 들지 못하고 떨어지거나 빠지게 되다'를 뜻하므로 '자격이'와의 호응이 어색하다. 문맥상 획득한 자격을 빼앗는다는 내용이므로 '재물이나 권리, 자격 따위가 빼앗김을 당하다'를 뜻하는 '박탈되다'의 활용형 '박탈될'로 수정하는 것이 적절하다.

※ 출처: 경상남도청, https://www.gyeongnam.go.kr

감점기준표

구분		감점 기준	감점
내용	㉠~㉤	모범 답안 외의 내용을 쓴 경우	각 -10점
조건	㉠~㉤	기호와 함께 쓰지 않은 경우	각 -2점
	㉣	띄어쓰기 부호를 사용하지 않은 경우	-2점

29 요약하기

모범답안

㉠ 비상 연락망을 사전에 확인합니다(확보합니다).
㉡ 물을 자주 마셔야 합니다(마십니다).
㉢ 평상시 시원하게 생활합니다(활동합니다).
㉣ 더운 시간대에는 휴식합니다(쉽니다/활동을 조정합니다).
(더운 시간대를 피해 활동합니다.)
㉤ 기상 상황을 매일 확인합니다.

※ 출처: 인천광역시 서구청, https://www.seo.incheon.kr

감점기준표

구분		감점 기준	감점
내용	㉠~㉤	모범 답안 외의 내용을 쓴 경우	각 -20점
조건	㉠~㉤	기호 순서대로 쓰지 않은 경우	-5점
		기호와 함께 쓰지 않은 경우	각 -2점

30 요약하기

모범답안

㉠ 쌀가루를 물과 섞어 가열하고 초음파 처리하면 입자의 크기가 작아지고 점도가 낮아져 물과 잘 섞이게 된다.

㉡ 다양한 분야에서 물에 가라앉지 않는 쌀가루를 활용할 수 있는데, 특히 음료 제조 업체에서 유화제나 안정제 없이 잘 섞이는 음료를 생산한다면 품질, 유통성 등이 좋아질 것이다.

㉢ 기존 쌀가루는 물에 쉽게 가라앉고 떡처럼 뭉치므로 가공성이 떨어져 술과 같은 액상 제품에 활용하기 어렵다.

해설

- ㉠: 새로운 쌀가루의 제조 기술은 '쌀가루를 물에 풀어도 가라앉지 않고 고루 섞이게 하는 기술을 개발했다'에서 알 수 있다. 그리고 새로운 쌀가루의 제조 원리는 '쌀가루를 물과 섞어 가열해 익힌 뒤 ~ 초음파 처리로 쌀가루 입자 크기가 작아지고, 분자 구조가 바뀌어 점도가 낮아지면 물과의 결합력이 높아지므로 물에 풀어도 가라앉지 않게 된다'에서 알 수 있다. 이를 주어진 형식에 따라 정리하면, '쌀가루를 물과 섞어 가열하고 초음파 처리하면 입자의 크기가 작아지고 점도가 낮아져(제조 원리) 물과 잘 섞이게 된다(제조 기술)'로 쓸 수 있다.
- ㉡: 새로운 쌀가루 제조 기술의 기대 효과는 '물에 가라앉지 않아 음료, 양념, 미용 제품 등에 폭넓게 사용할 수 있을 것으로 예상된다. 특히 쌀가루를 활용하여 음료를 제조하는 업체에서 이 기술을 적용한다면, 유화제나 안정제를 따로 첨가하지 않아도 음료가 층을 이루지 않고 고루 잘 섞여 품질이나 유통성 등이 좋아질 것으로 기대된다'에서 알 수 있다.
- ㉢: 기존 쌀가루의 단점은 '물에 쉽게 가라앉고 가열했을 때 점도가 높아지면서 떡처럼 뭉쳐지는 성질이 있어 가공성이 떨어지므로 음료나 양념 등 액상 제품에 활용하기에는 제약이 따른다'에서 알 수 있다. 기존 쌀가루는 액상 제품에 활용하기 어려우므로 쌀가루를 주로 활용하는 식품인 '술'과 관련지어 '기존 쌀가루는 물에 쉽게 가라앉고 떡처럼 뭉치므로 가공성이 떨어져(기존 쌀가루의 단점) 술(쌀가루를 주로 활용하는 식품)과 같은 액상 제품에 활용하기 어렵다'로 쓸 수 있다.

※ 출처: 농촌진흥청, https://www.rda.go.kr

감점기준표

구분		감점 기준	감점
내용	㉠	'제조 기술', '제조 원리'와 관련된 내용을 쓰지 않은 경우	각 -20점
	㉡	'기대 효과'와 관련된 내용을 쓰지 않은 경우	-30점
	㉢	'기존 쌀가루의 단점'과 '술'을 관련지어 쓰지 않은 경우	-30점
조건	㉠~㉢	기호 순서대로 쓰지 않은 경우	-5점
	㉠	제시된 문장 형식으로 쓰지 않은 경우	-5점
		60자를 초과한 경우	글자당 -1점
	㉡	100자를 초과한 경우	글자당 -1점
	㉢	65자를 초과한 경우	글자당 -1점

31 보완하기

모범답안

첫째, 효과적인 SNS 홍보를 통해 기업의 가시성을 높여 잠재 고객에게 제품을 홍보할 수 있고, 기업의 인지도를 높일 수 있다.

둘째, 기업의 사회적 책임을 강조하는 문구를 통해 소비자와의 정서적 연결이 강화되면 기업의 이미지가 향상될 수 있다.

셋째, 한정판 및 특별 행사 제품 출시는 소비자의 구매를 유도하므로 판매량을 단기간에 증가시킬 수 있다.

해설

- **첫 번째 문장**: 인지도 측면의 기대 효과를 제시해야 한다. 따라서 '효과적인 SNS 홍보로 기업의 가시성 향상, 잠재 고객에게 홍보, 기업의 인지도 상승'을 조건에 제시된 형식에 따라 쓰면 된다.
- **두 번째 문장**: 이미지 측면의 기대 효과를 제시해야 한다. 따라서 '기업의 사회적 책임 강조로 소비자와의 정서적 연결 강화 및 기업 이미지 향상'을 조건에 제시된 형식에 따라 쓰면 된다.
- **세 번째 문장**: 판매량 측면의 기대 효과를 제시해야 한다. 따라서 '소비자 구매를 유도하는 한정판 및 특별 행사 제품 출시로 단기간 판매량 상승'을 조건에 제시된 형식에 따라 쓰면 된다.

감점기준표

구분		감점 기준	감점
내용	첫 번째 문장	'SNS 홍보', '기업의 가시성 향상', '잠재 고객에게 홍보', '기업의 인지도'를 쓰지 않은 경우	각 -10점
	두 번째 문장	'기업의 사회적 책임', '소비자와의 정서적 연결', '기업의 이미지 향상'을 쓰지 않은 경우	각 -10점
	세 번째 문장	'한정판 및 특별 행사 제품', '소비자 구매 유도', '단기간 판매량 상승'을 쓰지 않은 경우	각 -10점
조건		제시된 문장 형식으로 쓰지 않은 경우	각 -5점
		<보기>의 내용을 중복하여 쓴 경우	각 -5점
		세 문장 미만이나 초과한 경우	문장당 -5점

32 요약하기

모범답안

㉠ 정부가 인증한 인적 자원 관리 우수 기업에 혜택을 지원하는 제도

㉡ A 기업은 역량 모델링을 설정하고, 직무 · 직위에 따른 역할 그룹 교육을 실시하여 인적 자원 개발에 힘썼고, 결과적으로 매출 향상에 긍정적인 영향을 주었다.

㉢ B 기업은 능력과 성과 중심으로 특진할 수 있는 정기 평가를 1년에 2회 실시하여 인적 자원 개발에 힘썼고, 결과적으로 기술 개발 분야의 성과에 긍정적인 영향을 주었다.

㉣ 본 인증 제도를 지속적으로 운영하고 혜택을 강화하여, 인적 자원의 핵심 역량을 키워나가는 기업을 지원해야 한다.

해설

- ㉠: 1문단 1~2번째 줄에 따르면 인적 자원 개발 우수 기관 인증제는 '정부가 우수 기업을 인증한 것'이며, '우수 기업에 혜택을 지원하는 제도'이므로 이를 조건에 제시된 형식에 맞춰 쓰면 된다.
- ㉡: 2문단 1~2번째 줄의 'A 기업은 자체적으로 역량 모델링을 설정하였고, 직원의 직무 · 직위에 따라 역할 그룹 교육을 실시하였다.(A 기업의 인적 자원 개발 사례) 그 결과, A 기업의 매출은 지속적으로 증가하고 있다(효과)'를 조건에 제시된 형식에 맞춰 쓰면 된다.
- ㉢: 2문단 2~4번째 줄의 'B 기업은 1년에 두 번씩 정기 평가를 실시하여 스펙과 승진 연차에 관계없이 능력과 성과를 중심으로 평가하는 특진 제도를 운영한 결과,(B 기업의 인적 자원 개발 사례) 특허 출원 등 기술 개발 분야에서 성과를 거두었다(효과)'를 조건에 제시된 형식에 맞춰 쓰면 된다.
- ㉣: 3문단 2~3번째 줄의 '정부는 인적 자원 개발 우수 기관 인증제를 지속적으로 운영하고 혜택을 강화하여, 인적 자원의 핵심 역량을 키워나가는 기업을 지원해야 한다'를 조건에 제시된 형식에 맞춰 쓰면 된다.

※ 출처: 고용노동부, https://www.moel.go.kr

감점기준표

구분		감점 기준	감점
내용	㉠, ㉣	모범 답안 외의 내용을 쓴 경우	각 -20점
	㉡	'A 기업의 개발 사례', A 기업의 매출 증가와 관련된 내용이 아닌 경우	각 -15점
	㉢	'B 기업의 개발 사례', B 기업의 기술 개발 성과와 관련된 내용이 아닌 경우	각 -15점
조건	㉠~㉣	제시된 문장 형식으로 쓰지 않은 경우	각 -5점
	㉠	10어절 미만이나 초과한 경우	어절당 -2점
	㉡~㉣	한 문장으로 쓰지 않은 경우	문장당 -5점

33 보완하기

모범답안

㉠ 일회용품

㉡ 일회용 컵 사용 줄이기

㉢ 매년 4월 22일, 환경오염의 심각성을 알리고 지구 환경 보호를 위해 행동하는 날입니다.

㉣ 지구의 날을 맞이하여 주요 커피전문점, 패스트푸드점에서 텀블러를 사용(이용)하는 경우 추가 할인, 음료 무료 제공, 텀블러 무료 증정 등 다양한 혜택이 제공됩니다.

해설

- ㉠: <보기>의 '3. 홍보 효과'를 통해 '일회용품'임을 추론할 수 있다.
- ㉡: <보기>의 '1. 홍보 목적'을 참고할 때 이 캠페인으로 동참하기를 원하는 행동은 '일회용 컵 사용 줄이기'임을 추론할 수 있다.
- ㉢: <보기>의 '4. 참고 사항'을 통해 들어갈 내용을 추론할 수 있다.
- ㉣: <보기>의 '2. 홍보 내용'을 통해 들어갈 내용을 추론할 수 있다.

※ 출처: 환경부, http://www.me.go.kr

감점기준표

구분		감점 기준	감점
내용	㉠, ㉡	모범 답안 외의 내용을 쓴 경우	각 -10점
	㉢	'지구의 날의 날짜(매년 4월 22일)'를 쓰지 않은 경우	-20점
		'환경오염의 심각성 알리기', '지구 환경 보호를 위한 행동하기'와 관련된 내용을 쓰지 않은 경우	각 -10점
	㉣	캠페인 혜택을 받을 수 있는 조건(커피전문점, 패스트푸드점에서 텀블러 이용)을 쓰지 않은 경우	-20점
		'추가 할인, 음료 무료 제공, 텀블러 무료 증정' 중 2가지 이상을 쓰지 않은 경우(1가지만 쓴 경우 -10점)	-20점
조건	㉠~㉣	기호 순서대로 쓰지 않은 경우	-5점
		기호와 함께 쓰지 않은 경우	각 -2점
	㉢~㉣	두 문장 이상일 경우	문장당 -5점
		제시된 문장 형식으로 쓰지 않은 경우	각 -5점

34 보완하기

모범답안

귀 기관에 공급하고 있는 (식자재 중에서) 수입산 농산물은 그동안(몇 개월 동안) 가격 인상(오름세)에도 불구하고 기존 단가로 거래를 유지해 왔습니다. 그러나 환율(의) 상승과 작황(의) 부진으로 수입산 농산물의 원가가 기존보다 30%가량 상승하여 부득이하게 단가 인상을 요청드리게 되었습니다. 아래 내역의 변경 단가와 붙임 문서를(변경 단가 및 붙임 문서를) 검토해 주신 후 회신을 부탁드립니다.

해설

- **첫 번째 문장**: 윤 대리의 1번째 말 중 '지난 몇 개월 동안 수입산 농산물의 가격이 계속 올랐지만, A 기관에는 기존 단가를 유지하여 식자재를 납품하였습니다'를 통해 알 수 있다.
- **두 번째 문장**: 윤 대리의 1번째 말 중 '환율이 상승하고 작황이 부진하여 가격의 오름세가 유지될 것으로 보입니다 ~ 지금은 원가가 기존보다 30%가량 상승하여, A 기관과 단가 협상이 필요할 듯합니다'를 통해 알 수 있다.
- **세 번째 문장**: 조건에 제시된 내용인 '내역의 변경 단가', '붙임 문서'를 모두 포함하여, 이를 검토하고 회신을 요청한다는 내용을 작성하면 된다.

감점기준표

구분		감점 기준	감점
내용	첫 번째 문장	'수입산 농산물의 지속적인 가격 인상', '기존 단가로 거래를 유지한 사실'과 관련된 내용을 쓰지 않은 경우	각 -18점
	두 번째 문장	'수입산 농산물의 가격 인상 원인 2가지(환율 상승, 작황 부진)'를 쓰지 않은 경우(1가지만 쓴 경우 -9점)	-18점
		'단가 협상을 요구하게 된 이유(수입산 농산물의 원가 30%가량 상승)'를 쓰지 않은 경우	-18점
	세 번째 문장	'내역의 변경 단가', '붙임 문서'를 포함하지 않은 경우	각 -5점
		'검토 후 회신을 부탁하는 내용'을 쓰지 않은 경우	-18점
조건	전체	한 문단을 초과한 경우	문단당 -5점
		세 문장 미만이거나 초과일 경우	문장당 -5점
		제시된 문장의 순서를 지키지 않은 경우	-5점
		제시된 문장 형식으로 쓰지 않은 경우	문장당 -5점

35 보완하기

모범답안

㉠ 서울특별시 가나구 중앙대로 123, 마바빌딩 5층 (사아동)
㉡ 북미 지역 신규 거래처 발굴 및 바이어 관리
㉢ A-03
㉣ 12시00분~13시00분
㉤ 금3,500,000원
㉥ 금삼백오십만원
㉦ 25일

해설

- ㉠: <자료1>에 따르면 근무지는 본사 사옥이므로 <자료2>의 본점 주소를 쓰면 된다.
- ㉡: <자료1>에 따르면 주된 업무는 '북미 지역 신규 거래처 발굴 및 바이어 관리'이므로 이를 쓰면 된다.
- ㉢: <자료1>에 따르면 해외영업팀 대리이므로 <자료2> '해외영업', '대리'에 제시된 'A-03'을 쓰면 된다.
- ㉣: <자료1>에 따르면 휴게시간은 '오후 12시~13시'이다. 이를 근로시간의 표기 형태(9시00분~18시00분)에 따라 '12시00분~13시00분'을 쓰면 된다.
- ㉤: <자료1>에 따르면 월 기본급은 350만 원이다. 이를 아라비아 숫자로 쓰면 '3,500,000'이므로 '금3,500,000원'을 쓰면 된다.
- ㉥: ㉤에 표기한 숫자를 한글로 병기하면 되므로 '금삼백오십만원'을 쓰면 된다.
- ㉦: <자료1>에 따르면 임금은 매월 25일에 지급되므로 '25일'을 쓰면 된다.

감점기준표

구분		감점 기준	감점
내용	㉠~㉥	모범 답안 외의 내용을 쓴 경우	각 -15점
	㉦	모범 답안 외의 내용을 쓴 경우	-10점
조건	㉠~㉦	기호와 함께 쓰지 않은 경우	각 -2점
		기호 순서대로 쓰지 않은 경우	각 -2점
	㉤, ㉥	'금, 원'을 쓰지 않은 경우	각 -5점

36 보완하기

모범답안

㉠ 에너지 유입: 태양 복사 에너지가 대기를 통과하여 지표면에 도달함
㉡ 에너지 흡수 및 가열: 지표면이 태양 복사 에너지를 흡수하여 가열됨
㉢ 적외선 방출: 지표면이 흡수한 에너지를 적외선 복사 에너지 형태로 방출함
㉣ 에너지 재방출: 대기층의 온실가스가 적외선 복사 에너지를 흡수한 뒤 지표면으로 재방출함
㉤ 온실효과 발생: 대기 중에 에너지가 갇혀 지구의 평균 기온이 상승하여 온실효과가 발생함

해설

- ㉠: 화면1은 태양 복사 에너지가 대기를 통과하여 지표면에 도달하는 장면이다. 여기서 핵심 내용은 '에너지 유입'이고, 세부 내용은 태양 복사 에너지가 대기를 통과하여 지표면에 도달한 것이다. 따라서 '에너지 유입: 태양 복사 에너지가 대기를 통과하여 지표면에 도달함'과 같이 명사형으로 종결하여 쓰면 된다.
- ㉡: 화면2는 지표면이 에너지를 흡수하여 가열되는 장면이다. 여기서 핵심 내용은 '에너지 흡수 및 가열'이고, 세부 내용은 지표면이 태양 복사 에너지를 흡수하여 가열된 것이다. 따라서 '에너지 흡수 및 가열: 지표면이 태양 복사 에너지를 흡수하여 가열됨'과 같이 명사형으로 종결하여 쓰면 된다.
- ㉢: 화면3은 지표면이 흡수한 에너지를 적외선으로 방출하는 장면이다. 여기서 핵심 내용은 '적외선 방출'이고, 세부 내용은 지표면이 흡수한 에너지를 적외선 복사 에너지 형태로 방출한다는 것이다. 따라서 '적외선 방출: 지표면이 흡수한 에너지를 적외선 복사 에너지 형태로 방출함'과 같이 명사형으로 종결하여 쓰면 된다.
- ㉣: 화면4는 지표면이 방출한 에너지를 대기층이 재방출하는 장면이다. 여기서 핵심 내용은 '에너지 재방출'이고, 세부 내용은 대기층의 온실가스가 적외선 복사 에너지를 흡수하여 지표면으로 재방출한다는 것이다. 따라서 '에너지 재방출: 대기층의 온실가스가 적외선 복사 에너지를 흡수한 뒤 지표면으로 재방출함'과 같이 명사형으로 종결하여 쓰면 된다.
- ㉤: 화면5는 재방출된 에너지로 지구의 평균 기온이 상승해 온실효과가 나타나는 장면이다. 여기서 핵심 내용은 '온실효과 발생'이고, 세부 내용은 대기 중에 에너지가 갇혀 지구의 평균 기온이 상승하여 온실효과가 발생한다는 것이다. 따라서 '온실효과 발생: 대기 중에 에너지가 갇혀 지구의 평균 기온이 상승하여 온실효과가 발생함'과 같이 명사형으로 종결하여 쓰면 된다.

감점기준표

구분		감점 기준	감점
내용	㉠	'(태양) 에너지 유입', '(태양) 에너지 (지표면) 도달'에 관한 내용이 아닌 경우	-20점
	㉡	'(태양 복사) 에너지 흡수'와 '지표면 가열'에 관한 내용이 아닌 경우	-20점
	㉢	'(지표면이 흡수한) 에너지를 적외선으로 방출'에 관한 내용이 아닌 경우	-20점
	㉣	'대기층 온실가스의 적외선 에너지 흡수 및 재방출'에 관한 내용이 아닌 경우	-20점
	㉤	'대기 중 에너지 갇힘'과 '기온 상승으로 온실효과 발생'에 관한 내용이 아닌 경우	-20점
조건	㉠~㉤	기호와 함께 쓰지 않은 경우	각 -2점
		기호 순서대로 쓰지 않은 경우	각 -2점
		'(핵심 내용): (세부 내용)'의 형식을 지키지 않은 경우	각 -5점
		'핵심 내용'과 '세부 내용'을 명사형으로 종결하지 않은 경우	각 -5점

VI. 실용문 쓰기

기출유형 공략문제 p.172

1 실용문 쓰기

모범답안

지구 온난화는 지구의 기온이 상승하는 현상이다. 지구 온난화의 주원인은 이산화탄소이며 온실 기체, 화석 연료 사용, 산림 파괴도 지구 온난화에 영향을 준다. 지구 온난화가 발생하면 해수면이 상승하여 극지방의 동식물이 멸종 위기에 처하고 해양 생태계가 파괴될 수 있다. 또한 해안 지역의 범람으로 난민이 발생하고 폭염으로 사망자가 증가할 수 있으며 전염성 바이러스의 활성화로 다양한 전염병이 발생해 사회가 혼란해질 수 있다.

전 지구적으로 지구 온난화의 주원인인 이산화탄소 농도가 증가하는 추세이다. 우리나라에서도 이산화탄소 농도가 점점 증가하여 역대 최고치를 경신하였다. 이처럼 이산화탄소 농도가 매년 증가한다면, 지구 온난화는 가속화되어 생태계 문제와 인간 사회의 혼란이 가중될 것이다.

지구 온난화를 예방하기 위해서 국내외 모두 탄소를 감소하기 위한 정책을 시행하고 있다. 먼저 국외에서 마련한 방안은 다음과 같다. 첫째, 세계 각국이 탄소 중립을 실현하겠다는 태도를 공식적으로 선언하여 전 세계적으로 탄소 중립을 권고하는 방안이다. 둘째, 탄소세를 도입하여 화석 연료 사용량에 따라 환경세를 부과해 화석 연료 사용량을 줄이는 방안이다. 셋째, 탄소 국경세를 도입하여 온실가스 감축 정책에 소극적인 나라에 불이익을 주는 방안이다.

국내에서는 4가지 전략을 수립하여 탄소 중립 실천 방안을 시행하고 있다. 첫째, 경제 구조 측면에서 저탄소화를 시행하여 에너지나 산업 구조를 저탄소 중점으로 변화시키는 것이다. 둘째, 생태계 측면에서 저탄소 생태계를 조성하여 저탄소 관련 신유망 산업을 육성하고 지속 가능한 산업 체계를 구축하는 것이다. 셋째, 공정 사회 측면에서 저탄소화가 공정하게 이루어지도록 취약 산업과 계층을 보호하고 지역 중심의 탄소 중립을 실현하는 것이다. 넷째, 재정적 지원 측면에서 탄소 중립 목표를 달성할 수 있도록 재정적 지원 제도를 도입하고 저탄소 산업 구조로 전환하기 위해 기업을 지원하고 관련 금융 시장 인프라를 정비하는 것이다.

※ 출처
- KOSIS(기상청, 지구의 이산화탄소 농도 변화, CO_2 연평균 농도 변화 추이)
- 기상청, https://www.weather.go.kr
- 정책브리핑, https://www.korea.kr

감점기준표

구분		감점 기준	감점
내용	1문단	㉠의 개념을 쓰지 않은 경우	-20점
		㉠의 원인을 쓰지 않은 경우	-20점
		㉠의 결과를 '생태계 문제', '인간 사회의 문제'로 쓰지 않은 경우(순서대로 쓰지 않은 경우 -5점)	각 -20점
	2문단	㉡을 해석해 한 문장으로 쓰지 않은 경우(한 문장으로 쓰지 않은 경우 -5점)	-20점
		㉢을 해석해 한 문장으로 쓰지 않은 경우(한 문장으로 쓰지 않은 경우 -5점)	-20점
		㉡, ㉢을 <자료1>과 관련지어 예측한 내용을 쓰지 않은 경우('이산화탄소 농도 증가'와 '지구 온난화 가속화'를 관련짓는 내용이 아닌 경우)	-20점
	3문단	<자료3>과 <자료4>의 공통 방안인 '탄소 감소 정책 시행'을 포함하여 쓰지 않은 경우(한 문장으로 쓰지 않은 경우 -5점)	-20점
		<자료3>의 국외 방안 3가지 '탄소 중립 선언', '탄소세 도입', '탄소 국경세 도입'을 쓰지 않은 경우	각 -20점
	4문단	<자료4>의 ㉣ '경제 구조', ㉤ '생태계', ㉥ '공정 사회', ㉦ '재정적 지원'에 해당하는 내용을 쓰지 않은 경우(순서대로 쓰지 않은 경우 -5점)	각 -20점
조건	1문단	220자 미만 또는 251자 이상인 경우	글자당 -1점
	2문단	130자 미만 또는 161자 이상인 경우	글자당 -1점
	3문단	230자 미만 또는 261자 이상인 경우	글자당 -1점
	4문단	330자 미만 또는 361자 이상인 경우	글자당 -1점
어법		맞춤법 및 띄어쓰기에 오류가 있는 경우	오류당 -1점
		평서형 종결 어미(-다)로 문장을 끝내지 않은 경우	문장당 -5점
		문장 성분이 호응하지 않거나 자연스럽지 않은 경우	문장당 -1점

2 실용문 쓰기

모범답안

국가유산은 인위적이나 자연적으로 형성된 문화적 소산으로서 보존·계승할 만한 가치가 큰 유산을 말한다. 국가유산의 유형에는 문화유산, 무형유산, 자연유산이 있다. 먼저 문화유산은 역사와 전통 가치를 지닌 유산이다. 무형유산은 공동체 내에서 오랜 시간 전승되어 오면서 재창조된 유산이다. 마지막으로 자연유산은 자연물이나 자연환경과의 상호작용으로 만들어진 유산이다. 이처럼 가치가 높은 국가유산에 대한 국민의 이해와 보호 의식을 고취하기 위해 국가유산의 날을 제정하였다. 국가유산을 위해 정부는 정책 수립, 인력 확충과 같은 제도적 의무를 지켜야 하고 국민은 국가유산을 일상에서 향유하고 보호 정책에 협조적인 태도를 갖춰야 할 의무가 있다.

국가유산의 미래 비전 6가지는 다음과 같다. 첫째, 국가유산을 통해 국가 및 지역 발전의 신성장 동력을 마련하는 것이다. 둘째, 첨단 기술을 통해 디지털로 국가유산을 경험하는 것이다. 셋째, 국민의 삶을 보호하면서 국가유산을 발굴하는 조화로운 체계를 마련하는 것이다. 넷째, 국가유산의 지속 가능한 가치를 구축하는 것이다. 다섯째, 모두가 누리는 국가유산 복지이다. 여섯째, 세계인과 함께 향유하는 국가유산이다. 이러한 미래 전략을 시행하는 목표는 새로운 가치를 더하고, 사회적 가치를 지키고, 다양성의 가치를 나누기 위함이다.

'국외 소재 문화유산 현황'을 살펴보면 2018~2024년 동안 국외 소재 문화유산이 증가하고 있다. 국외 소재 문화유산은 우리나라가 직접 기증하거나 외국이 정당한 절차를 거쳐 구입한 합법적인 반출과 약탈이나 도난을 통한 불법적인 반출이 있다. 국외 소재 문화유산을 환수하는 주체는 국가 차원에서 정부 기관이나 지자체가 될 수 있고, 민간 차원에서 개인이나 사립 박물관이 될 수 있다. 환수는 협상, 기증, 구입, 대여, 법적 강제의 방법으로 진행된다. 국제 사회에서도 문화재 반환을 위해 국제 규범을 제정하거나 위원회를 설립하여 국제 협약이 이루어지도록 노력하고 있다.

※ 출처

- KOSIS(국가유산청, 국가유산관리현황, 문화유산 국외반출 허가 현황), 2024.06.24.
- 국가유산청, https://www.khs.go.kr
- 법제처, https://www.law.go.kr

감점기준표

구분		감점 기준	감점
내용	1문단	(가)의 '국가유산'의 개념을 쓰지 않은 경우	-10점
		(가)의 국가유산의 유형을 '문화유산', '무형유산', '자연유산'을 포함한 한 문장으로 쓰지 않은 경우	-10점
		(가)의 '문화유산', '무형유산', '자연유산' 개념을 각각 한 문장으로 쓰지 않은 경우	각 -15점
		(가)의 '국가유산의 날'의 목적을 쓰지 않은 경우('국민의 이해'와 '보호 의식'을 쓰지 않은 경우 각 -5점)	-10점
		(가)의 '정부의 의무'와 '국민의 의무'를 쓰지 않은 경우	각 -10점
	2문단	(나)의 ㉣'국가 및 지역 발전의 신성장 동력', ㉤'첨단 기술을 적용한 디지털 국가유산', ㉥'국민의 삶과 조화로운 보호 체계', ㉦'지속 가능한 가치 구축', ㉧'모두가 누리는 국가유산 복지', ㉨'세계인과 함께 향유하는 K-국가유산'에 대한 내용을 쓰지 않은 경우	각 -15점
		(나)의 3가지 목표 '새로운 가치', '사회적 가치', '다양성의 가치'를 모두 쓰지 않은 경우 (한 문장으로 작성하지 않은 경우 -5점)	-15점
	3문단	(다)의 '국외 소재 문화유산 현황'을 '국외 소재 문화유산 증가'에 대한 내용으로 쓰지 않은 경우 (한 문장으로 쓰지 않은 경우 -5점)	-40점
		(다)의 반출 배경 '합법적 반출', '불법적 반출'을 쓰지 않은 경우	각 -10점
		(다)의 환수 주체에 '국가', '민간'을 쓰지 않은 경우	각 -10점
		(다)의 환수 방법에 '협상', '기증', '구입', '대여', '법적 강제'를 쓰지 않은 경우(각 -2점)	-10점
		(다)의 '국제 차원의 문화재 반환 노력'을 쓰지 않은 경우	-10점
조건	1문단	340자 미만 또는 371자 이상인 경우	글자당 -1점
	2문단	280자 미만 또는 311자 이상인 경우	글자당 -1점
	3문단	300자 미만 또는 331자 이상인 경우	글자당 -1점
어법		맞춤법 및 띄어쓰기에 오류가 있는 경우	오류당 -1점
		평서형 종결 어미(-다)로 문장을 끝내지 않은 경우	문장당 -5점
		문장 성분이 호응하지 않거나 자연스럽지 않은 경우	문장당 -1점

3 실용문 쓰기

모범답안

한국 청년 인구는 총 839만 명이다. 성별로 나누면 남성은 421만 명, 여성은 418만 명이고, 연령별로는 15~19세가 226만 명, 20~24세가 263만 명, 25~29세가 350만 명이다. 한국의 청년들이 취업에서 가장 중요시하는 기준을 조사한 결과 5점 만점 중 경제적 보상이 4.12점으로 가장 높았다.

20□□년 청년층의 연령별 취업자는 20△△년에 비해 모두 하락했으며 20~24세에서 가장 큰 차이를 보인다. 또한 20△△년에 비해 15~19세와 20~24세의 고용률은 감소하였으나, 25~29세의 고용률은 증가하였다. 하지만 20□□년 한국의 평균 고용률은 46.5%로, OECD 국가의 평균값인 55.3%보다 8.8%p 낮았다.

최근 통계청에서 분석한 자료에 따르면, 취업자 중 26%가 주 36시간 미만 일하는, 일명 '프리터족'으로 밝혀졌다. '프리터족'은 '자유'를 뜻하는 영어 'free'와 '노동자'를 뜻하는 독일어 'arbeiter'의 합성어로, 시간제나 파견, 용역 등의 형태로 일하고 있는 비정규직을 의미한다. 설문 조사 결과, 청년층의 51.9%가 프리터족을 긍정적으로 인식하고 있었다. 그 이유는 취업하더라도 주택을 마련하거나 자산을 형성하기 어려운 사회이며, 아르바이트만으로 생계 유지가 가능하고 자신의 삶을 누릴 수 있다고 보기 때문이다.

하지만 전문가들은 프리터족 증가로 발생하는 문제를 우려하고 있다. 개인적으로는 불가피하게 노동 활동이 중단되는 경우 생계 위협을 겪을 수 있고, 무기력함으로 삶이 고립될 수 있다. 그리고 사회 복지 비용이 증가하고, 전문 노동 시장에 공백이 발생하는 사회적 문제가 발생할 수 있다. 따라서 청년의 고용과 생활을 지원하는 정책 기반이 필요하다. 청년의 일 경험 기회를 확대하고 취업 연계 활동을 지원해 청년의 고용 안정성을 높이고, 청년 대상 적금 가입 조건을 완화하는 등 청년이 체계적으로 자산을 형성할 수 있는 정책을 펼쳐 청년 생활의 안정화를 꾀해야 한다.

※ 출처

· 고용노동부, https://www.moel.go.kr

· 대한민국 정책브리핑, https://www.korea.kr

감점기준표

구분		감점 기준	감점
내용	1문단	한국 청년 인구의 총인원수를 쓰지 않은 경우	-10점
		한국 청년 인구의 남자와 여자의 인원수를 쓰지 않은 경우	각 -10점
		한국 청년 인구의 '15~19세', '20~24세', '25~29세' 연령별 인원수를 쓰지 않은 경우	각 -10점
		한국 청년들이 취업에서 가장 중요시하는 기준과 그 기준의 점수를 쓰지 않은 경우	각 -10점
	2문단	20△△년과 20□□년 취업자 수와 고용률을 비교하여 쓰지 않은 경우	각 -20점
		20□□년 OECD 평균 고용률과 한국의 평균 고용률을 비교하여 쓰지 않은 경우(구체적인 수치를 제시하지 않은 경우 -5점)	-20점
	3문단	취업자 중 프리터족의 비중을 쓰지 않은 경우	-10점
		프리터족의 어원과 우리나라에서의 의미를 쓰지 않은 경우	각 -10점
		프리터족에 대한 청년들의 인식과 그 근거를 쓰지 않은 경우	각 -15점
	4문단	프리터족의 개인적, 사회적 문제점을 쓰지 않은 경우(개인적, 사회적 문제점을 구분하지 않거나, 잘못 쓰거나, 빠뜨린 경우 문제 항목당 -5점)	각 -25점
		'청년 고용 안정화'와 '일 경험 기회와 취업 지원 연계'를 연관 지어 쓰지 않은 경우	-25점
		'청년 생활 안정화'와 '청년 대상 적금 가입 조건 완화'를 연관 지어 쓰지 않은 경우	-25점
조건	1문단	160자 미만 또는 191자 이상인 경우	글자당 -1점
	2문단	170자 미만 또는 201자 이상인 경우	글자당 -1점
		'20□□년 청년층의 연령별 취업자는 ~ 가장 큰 차이를 보인다'의 문장 형식을 지키지 않은 경우	-5점
	3문단	280자 미만 또는 311자 이상인 경우	글자당 -1점
		'그 이유는 ~ 때문이다'의 문장 형식을 지키지 않은 경우	-5점
	4문단	290자 미만 또는 321자 이상인 경우	글자당 -1점
어법		맞춤법 및 띄어쓰기에 오류가 있는 경우	오류당 -1점
		평서형 종결 어미(-다)로 문장을 끝내지 않은 경우	문장당 -5점
		문장 성분이 호응하지 않거나 자연스럽지 않은 경우	문장당 -1점

기출동형 모의고사 1회

객관식

p.180

1	2	3	4	5
③	②	②	⑤	④
6	**7**	**8**	**9**	**10**
③	②	①	③	③
11	**12**	**13**	**14**	**15**
⑤	⑤	③	④	①
16	**17**	**18**	**19**	**20**
③	③	⑤	④	③
21	**22**	**23**	**24**	**25**
⑤	③	⑤	①	②
26	**27**	**28**	**29**	**30**
③	⑤	⑤	③	⑤

1 글 다듬기 정답 ③

정답분석

동사 '여기다'는 서술어로 쓰일 때 '~을 ~으로', '~을 ~게'와 같은 문형을 요구하므로 주어, 목적어, 부사어를 필수적으로 요구하는 세 자리 서술어임을 알 수 있다. 따라서 서술어 '여기다'가 요구하는 필수적 부사어가 생략된 ⓒ이 자연스럽지 않은 문장이므로 답은 ③이다. 참고로, 자연스러운 문장이 되기 위해서는 '목숨처럼', '중요하게'와 같은 부사어를 추가하여 '중세 사람들은 순례 행위를~목숨처럼 여기곤 했다', '중세 사람들은 순례 행위를~중요하게 여기곤 했다'처럼 써야 한다.

2 표현하기 정답 ②

정답분석

<보기>의 '이를 절대적으로 여길 게 아니라'에서 '이를'이 지시하는 대상은 사람들이 원칙으로 생각하는 대상임을 알 수 있다. 윗글에서 이와 유사한 것을 다루고 있는 문장은 '거짓말은 도덕적으로 옳지 못한 행위'라고 언급하는 ②의 앞 문장이다. 또한 <보기>가 앞의 내용과 뒤의 내용이 상반될 때 쓰는 접속 부사 '그러나'로 시작함을 고려할 때, ②에 <보기>의 문장이 들어가게 되면 '거짓말은 바람직하지 않은 행위이지만 거짓말을 할 수밖에 없는 상황이 존재한다'라는 내용상 흐름에 부합하게 된다. 따라서 <보기>의 문장을 쓰기에 가장 적절한 곳은 ②이다.

3 계획하기 정답 ②

정답분석

'이번엔 직원들뿐만 아니라 수많은 고객이 내 글을 평가한다고 생각하니 두려워서 글을 쓰기가 더 어려워'를 통해 박 사원이 '쓰기 불안'을 겪고 있음을 알 수 있다. 쓰기 불안은 쓰기에 대한 자신감을 심어 주어 극복할 수 있으므로 칭찬을 제공하는 것은 적절하다. 참고로, 쓰기 효능감이란 쓰기를 잘 해낼 것이라는 자신에 대한 믿음을 말한다.

오답분석

①③ 쓰기 동기가 부족한 것은 알 수 없으므로 외적 보상 체계나 협력적 글쓰기 기회를 제공하는 것은 적절하지 않다.

④ 박 사원은 쓰기에 대한 불안감을 느끼고 있으나, 쓰기를 회피하고 있지 않으므로 적절하지 않다.

⑤ 쓰기 불안을 극복하기 위해 상황을 회피하는 것은 알맞은 조언이 아니므로 적절하지 않다.

4 계획하기 정답 ⑤

정답분석

ⓜ은 초고를 마지막 글로 생각하고 고쳐쓰기 단계를 생략한 문제이므로 글을 다듬는 데 오랜 시간이 걸린다는 것은 적절하지 않다.

오답분석

① ㉠: 사용 설명서는 '정보 전달'을 목적으로 한다. 따라서 ㉠은 목적을 이해하지 못해 발생한 문제점이다.

② ㉡: ㉡은 주장과 근거로 구성된 주장하는 글의 전개 방식이다. 박 사원이 작성해야 하는 글은 설명하는 글이므로 ㉡은 글의 유형과 전개 방식에 대한 문제점이다. 참고로, 설명하는 글은 정의, 분석, 과정 등의 전개 방식을 활용한다.

③ ㉢: 내용 생성 및 조직에 대한 고민이므로 적절하다.

④ ㉣: 전문적인 용어를 사용하는 것은 예상 독자인 '고객'을 고려하지 않는 것이므로 적절하다.

5 표현하기

정답 ④

정답분석

윗글의 ㉠~㉢에 쓸 접속어는 '예를 들어 - 다시 말해 - 즉'이므로 적절한 것은 ④이다.

- ㉠ **예를 들어**: ㉠의 앞은 채권 가격과 금리가 반비례 관계에 있다는 내용을, ㉠의 뒤는 중앙은행의 국채 매입·매도에 따라 채권 가격 및 금리가 변동되는 사례를 제시하고 있다. 따라서 ㉠의 뒤에 이어지는 내용은 ㉠의 앞에서 다룬 내용의 예시가 되므로 ㉠에는 '예를 들어'가 들어가는 것이 적절하다. 참고로, '이를테면'도 같은 기능을 하므로 사용할 수 있다.
- ㉡ **다시 말해**: ㉡의 앞은 중앙은행이 장기 국채를 매입하고 단기 국채는 매도하는 오퍼레이션 트위스트를 실시할 때 일어나는 현상을, ㉡의 뒤는 중앙은행이 보유한 채권의 구성이 변경되면 일어나는 현상을 설명하고 있다. 즉, ㉡의 앞뒤는 오퍼레이션 트위스트를 실시할 때 나타나는 채권 시장의 변화를 설명하고 있다. 따라서 ㉡에는 앞의 내용을 말을 바꾸어 다시 말할 때 사용하는 접속 표현인 '다시 말해'가 들어가는 것이 적절하다. 참고로, '결국'과 '즉'도 같은 기능을 하므로 사용할 수 있다.
- ㉢ **즉**: ㉢의 앞은 오퍼레이션 트위스트 실시로 장기 채권을 가진 투자자들이 기업의 단기 채권에 투자하게 됨을, ㉢의 뒤는 이 현상으로 기업의 투자 자금이 늘어남을 설명하고 있다. 즉, ㉢의 앞뒤 모두 오퍼레이션 트위스트로 인한 기업 투자금의 변화를 설명하고 있다. 따라서 ㉢에는 앞의 내용을 말을 바꾸어 다시 말할 때 사용하는 접속 표현인 '즉'이 들어가는 것이 적절하다. 참고로, '결국'과 '다시 말해'도 같은 기능을 하므로 사용할 수 있다.

6 표현하기

정답 ③

정답분석

2문단 2~3번째 줄, 3문단 3~5번째 줄에서 브레인스토밍과 생각 그물 만들기(마인드맵) 모두 떠올리는 생각이 주제와 연관돼 있어야 한다는 점을 알 수 있으므로 적절하지 않은 것은 ③이다.

오답분석

① 2문단 끝에서 1~3번째 줄을 통해 알 수 있다.
[관련 지문 인용] 브레인스토밍은 아이디어의 질보다 최대한 많은 양의 아이디어를 이끌어 내는 것을 중시하기 때문이다.

② 3문단 1~3번째 줄을 통해 알 수 있다.
[관련 지문 인용] 생각 그물 만들기 전략이 있다. 이 전략은 토니 부잔과 배리 부잔이 개발한 기법으로, 마인드맵 전략이라고도 부른다.

④ 4문단 끝에서 1~3번째 줄을 통해 알 수 있다.
[관련 지문 인용] 어떤 사람을 소재로 글을 쓸 때, 그 사람과 면담하는 것도 여기(대화하기 전략)에 속하는 전략이다.

⑤ 5문단 2~4번째 줄을 통해 알 수 있다.
[관련 지문 인용] 자료 읽기 전략은~정보를 전달하거나 타인을 설득하려는 목적으로 글을 작성할 때 가장 효과적이다.

7 표현하기

정답 ②

정답분석

그림 내에 화제인 '놀이공원'을 가운데에 두고 주제와 관련 있는 아이디어인 '볼거리, 추억, 놀이기구'를 선으로 연결하고, 또 거기에서 파생되는 다양한 아이디어를 선으로 연결한 것을 통해 '마인드맵' 전략을 활용했음을 알 수 있다.

[관련 지문 인용]

- 중앙에 중심 개념이나 주제를 두고 거기서 파생되는 아이디어를 거미줄이나 나무, 기차 모양과 같은 형태로 시각적으로 표현하는 전략이다.
- 마인드맵은 관련 있는 아이디어끼리 선으로 이어가며 그 관계를 나타낸다는 데서 차이점이 있다.

8 표현하기

정답 ①

정답분석

윗글의 전체 문단에서 사용된 내용 전개 방식은 ㉠ '정의'이므로 답은 ①이다.

- **1문단**: 3~5번째 줄에서 '내용 생성하기'의 의미를 규정하고 있다.
[관련 지문 인용] '내용 생성하기' 단계는 '계획하기' 단계에서 정한 글의 주제에 맞게 글을 쓰기 위한 정보와 아이디어를 많이 모으는 단계로, 창의적인 사고가 동반되는 단계이다.
- **2문단**: 1~3번째 줄에서 '브레인스토밍 전략'의 의미를 규정하고 있다.
[관련 지문 인용] 브레인스토밍은 ~ 제시된 주제에서 벗어나지 않는 선에서 주어진 시간 내에 떠오르는 생각을 최대한 많이 모으는 전략이다.
- **3문단**: 3~6번째 줄에서 '생각 그물 만들기 전략'의 의미를 규정하고 있다.
[관련 지문 인용] 생각 그물 만들기는 ~ 중앙에 중심 개념이나 주제를 두고 거기서 파생되는 아이디어를 ~ 시각적으로 표현하는 전략이다.
- **4문단**: 1~2번째 줄에서 '대화하기 전략'의 의미를 규정하고 있다.
[관련 지문 인용] 대화하기 전략은 말 그대로 다른 사람과 글의 주제로 대화를 나누며 아이디어를 생성하는 전략이다.
- **5문단**: 1~2번째 줄에서 '자료 읽기 전략'의 의미를 규정하고 있다.
[관련 지문 인용] 주제와 관련 있는 자료를 찾아서 읽는 전략인 자료 읽기 전략은

오답분석

- ㉡, ㉢, ㉤: 윗글에 예시, 비교, 서사가 쓰인 부분은 없다.
- ㉣: 3문단 끝에서 1~4번째 줄에서 브레인스토밍과 마인드 맵의 차이점을 중심으로 두 대상을 설명하고 있으나 3문단에서만 대조가 쓰였으므로 적절하지 않다.

9 문서 이해

정답 ③

정답분석

제2항에 따르면 전결하는 경우 "전결" 표시 후 서명해야 하며, 제4항에 따르면 서명이나 "전결" 표시를 하지 않는 사람의 서명란은 만들지 않는다. 따라서 본부장이 "전결" 표시 후 서명하고, 사장의 서명란을 만들지 않았으므로 ③이 가장 적절하다.

오답분석

① 제1항에 따르면 결재권자는 서명란에 날짜를 함께 표시해야 하므로 적절하지 않다.

② 제3항에 따르면 대결하는 경우 대결하는 사람의 서명란에 "대결" 표시를 해야 하므로 적절하지 않다.

④ 제3항에 따르면 위임전결사항을 대결하는 경우, 전결하는 사람(국장)의 서명란에 "전결" 표시를 해야 하므로 적절하지 않다.

⑤ 제3항에 따르면 대결하는 경우, 반드시 "대결" 표시를 하고 서명해야 하므로 적절하지 않다.

10 문서 이해

정답 ③

정답분석

상황 A에서는 "(의견 있음)"을 표시하고, 상황 B에서는 사유를 적는 것이 가장 적절한 처리 방법이다.

· **상황 A**: 의견이 있는 경우, 규정에 따라 직위나 직급 다음에 "(의견 있음)"이라고 표시해야 한다.

· **상황 B**: 총괄책임자가 검토할 수 없는 경우, 검토를 생략할 수 있으며, 서명란에 출장 등 검토할 수 없는 사유를 표시해야 한다.

11 기획서

정답 ⑤

정답분석

윗글은 청년 1인 가구를 지원하는 사업을 진행하기 위한 기획서이다. 기획서는 상대방에게 기획 내용을 전달하여 시행하도록 설득하는 문서로, 추상적 표현을 피하고 간결하고 명료한 문장으로 작성되어야 한다. 따라서 ⑤에서 '상대가 특정 안을 채택하게끔 하는 문서'라는 설명은 적절하나, '미사여구를 사용해야 한다'라는 내용은 적절하지 않다.

※ 출처: 종로구청, https://www.jongno.go.kr

12 기획서

정답 ⑤

정답분석

윗글의 (가)에 보충하기 적절한 내용은 ㉡, ㉣, ㉤이므로 답은 ⑤이다.

· ㉡, ㉤: 기획서에서 제시하는 사업 내용 중 '장보고데이 프로젝트'의 운영 방안으로 볼 수 있다.

· ㉣: 기획서에서 제시하는 사업 내용 중 '1인분 요리법 인기투표전', '1인 요리 원데이 클래스'의 운영 방안으로 볼 수 있다.

오답분석

㉠은 기획서에서 제안하는 사업과 관련 없는 내용이며, ㉢은 기획 배경과 관련 있는 내용이므로 (가)에 들어가기 적절하지 않다.

13 홍보문, 보도문

정답 ③

정답분석

윗글은 'OO광역시 O구 관내 기업 입찰 담당자'를 대상으로 '전자입찰 실무교육 무상지원'을 소개하는 안내문이다. 공공기관에서 작성한 안내문으로, 이와 같은 유형의 글을 작성하는 경우 어려운 외래어, 외국어나 상투적인 한자어의 사용을 자제하고 누구나 이해할 수 있는 단어를 사용하여야 한다. 따라서 윗글을 작성할 때 고려할 사항으로 적절하지 않은 것은 ③이다.

오답분석

① 안내문의 정보를 전달하는 문장이 두 가지 이상의 뜻으로 해석된다면 안내문을 읽는 독자가 정보를 파악하기 어려우므로 안내문을 작성할 때는 중의적인 단어나 문장을 사용하지 않았는지 검토해야 한다.

② 안내문은 어떤 내용을 소개하는 글이므로 독자가 궁금해하는 내용이 포함되게 작성해야 한다.

④ 안내문은 안내 대상이 불특정 다수일 수도 있고, 지원·혜택 등을 안내하는 안내문과 같이 안내 대상이 구체적인 대상으로 한정된 경우도 있다. 따라서 대상이 누구인지에 따라 안내 방식, 안내문의 구성, 표현 등을 정해야 한다.

⑤ 안내문의 설명 끝에는 관련 내용을 문의할 수 있는 담당자와 문의처를 표시해 두어야 한다.

※ 출처: 인천광역시 서구청, http://www.seo.incheon.kr

14 홍보문, 보도문

정답 ④

정답분석

윗글은 '전자입찰 실무교육'을 홍보하는 안내문으로, 교육을 진행하는 날짜와 장소, 대상 등은 안내하고 있으나 교육을 신청하는 방법은 제시하고 있지 않으므로 추가하여야 할 내용으로 적절한 것은 ④이다.

오답분석

① 윗글의 제목인 '전자입찰 실무교육 무상지원 안내문'을 통해 본 교육이 무상으로 진행됨을 알 수 있다.

② 윗글의 '다. 대상'의 '선착순 70명'을 통해 교육 모집 인원을 알 수 있다.

③⑤ 윗글은 '전자입찰 실무교육 무상지원'을 홍보하는 안내문이다. 따라서 본 교육을 홍보하는 방법이나 그 외 교육 프로그램에 대한 정보는 윗글에 제시하기 적절하지 않다.

15 기안서, 품의서

정답 ①

정답분석

위 문서는 업무 처리를 위해 내부 부서에 협조를 구하는 기안서로, 업무 처리 및 의사 결정을 목적으로 한다. 따라서 적절한 것은 ①이다.

오답분석

② 배부 문서에 대한 설명이다.

③ 사문서에 대한 설명이다. 참고로, 개인이 개인적인 목적으로 작성했다 하더라도 그 문서를 행정 기관에 접수하면 공문서가 된다.

④ 공고 문서에 대한 설명이다.

⑤ 보존 문서에 대한 설명이다.

16 기안서, 품의서

정답 ③

정답분석

윗글은 예산 계획서 제출을 요청하는 기안서이므로 '예산 계획서 제출 양식'을 덧붙이는 것이 적절하다.

17 홍보문, 보도문

정답 ③

정답분석

그래프의 단위는 '만 건'으로, '전자통관시스템', '공공데이터', 'TRASS'의 건수를 막대그래프로 나타내고 있다. 이는 '3. 관세무역 데이터 제공 창구별 창출 편익'의 두 번째 내용인 창구별 데이터 제공 건수와 관련 있는 그래프이다. 따라서 답은 ③이다.

오답분석

① ② ④ 데이터 이용자 수, 데이터 개방 품질, 국내외 데이터 창출 편익은 윗글에서 알 수 없는 정보이다.

⑤ 윗글에서 '전자 통관 시스템'과 '한국무역통계 정보포털(TRASS)'의 창출 편익 결과는 알 수 있지만, 막대그래프는 '건'을 단위로 삼고 있으며 창출 편익 결과는 금액으로 제시되어 있으므로 적절하지 않다.

※ 출처: 관세청, https://www.customs.go.kr

18 홍보문, 보도문

정답 ⑤

정답분석

<보기>는 어떠한 값을 산출할 때 사용한 요소를 설명한 내용이다. 요소와 윗글을 관련지어 파악하면, '데이터 이용 건수'의 '데이터'는 '관세무역 데이터'를 의미하고, '업무 단축 시간'은 '2. 관세무역 데이터 개방 효과'에서 언급한 '업무 시간 단축'을 의미한다. '근로자 평균 시간당 임금'은 관세무역 데이터가 개방되면서 얻은 창출 편익을 구체적인 값으로 나타내기 위한 요소이다. 따라서 이를 종합할 때, <보기>의 내용은 ⓔ에서 사용한 값의 산출 방법임을 알 수 있다.

19 보고서

정답 ④

정답분석

위 개요의 주제는 '기업의 겉과 속이 다른 친환경 경영(그린워싱)에 대한 비판'이다. ㉣의 '4차 산업혁명 기술을 활용한 공장 자동화 시스템 구축'은 생산 효율성이나 기술 혁신에 관한 내용이므로 주제와 관련 없는 내용이다. 따라서 글의 흐름과 주제에 부합하지 않는 항목은 ④이다.

오답분석

① ㉠은 친환경 이미지와 실체가 상반되는 기업의 행태를 보여 주는 예시이므로 '본론 1.' 주제와 개요의 주제에 부합한다.

② ㉡은 '에코', '내추럴' 등 기준 없는 용어로 소비자를 현혹하는 그린워싱의 구체적 기법을 지적하는 내용이므로 '본론 1.' 주제와 개요의 주제에 부합한다.

③ ㉢은 탄소 배출량을 은폐한 A기업의 사례를 통해 경영 보고와 실제 데이터 간의 괴리를 입증하고 있으므로, '본론 2.'의 주제와 개요의 주제에 부합한다.

⑤ ㉤은 기업의 기만행위로 발생하는 '소비자 피해'를 구체화한 내용이므로 '본론 3.'의 주제 및 '그린워싱'이라는 글 전체의 주제와 부합한다.

20 보고서

정답 ③

정답분석

위 개요로 작성할 보고서는 친환경 제품이 좋다고 홍보하는 글이 아니라, 가짜 친환경인 '그린워싱'을 비판하는 내용이다. 따라서 제품의 효능을 입증하는 자료는 글의 비판적 논조를 흐리므로 적절하지 않다.

오답분석

① [통계 자료]는 기업들이 외형적으로 친환경 경영 도입을 가속화하고 있다는 서론의 배경을 뒷받침하는 객관적 수치이므로 문제 제기를 위한 전제 상황을 보여 주는 자료로 적절하다.

② [신문 기사]는 실질적인 감축 노력 없이 수치만 맞추는 기업의 행태를 보여 주는 사례로, 경영 보고 내용과 실제 이행 간의 괴리를 지적하는 '본론 2.'의 활용 자료로 적절하다.

④ [설문 조사]는 기업의 마케팅에 대한 소비자의 불신과 혼란을 보여 주는 조사 결과이므로, 그린워싱으로 겪는 소비자 피해 현황을 다루는 '본론 3.'의 근거 자료로 적절하다.

⑤ [정책 자료]는 현행 규제의 한계와 처벌 기준을 검토하는 자료이므로, 명확한 인증 및 처벌 강화를 주장하는 '본론 3.'의 논거로 활용하기에 적절하다.

21 계약서

정답 ⑤

정답분석

㉤의 하위 내용은 공급업자가 거래상의 지위를 이용해 대리점 경영에 참견하거나 제삼자가 참견하게 해서는 안 된다는 내용이므로 '경영활동 간섭 금지'가 조문의 제목으로 적절하다. 따라서 답은 ⑤이다.

22 수리·자료 활용

정답 ③

정답분석

IRP특례 가입자 수는 2022년에 3,452명, 2023년에 980명, 2025년에 365명, 2026년에 1,368명 감소하였으나 2024년에는 10명 감소하였다. 따라서 적절하지 않은 것은 ③이다.

오답분석

① 2021~2026년 퇴직연금제도에 가입한 근로자 수는 2022년에 259,439명, 2023년에 234,732명, 2024년에 307,718명, 2025년에 266,306명, 2026년에 276,972명 늘어났으므로 적절한 설명이다.

② 전년 대비 병행형 가입자 수가 증가한 해는 2022~2024년으로, 2022년에 17,928명, 2023년에 9,224명, 2024년에 24,177명 증가하였다. 따라서 전년 대비 병행형 가입자 수가 2024년에 가장 많이 늘었다는 설명은 적절하다.

④ 2021~2024년에는 확정급여형 퇴직연금 가입자 수가 확정기여형 퇴직연금 가입자 수보다 많았으나, 2025년부터는 확정기여형 퇴직연금 가입자 수가 확정급여형 퇴직연금 가입자 수보다 많아졌으므로 적절한 설명이다.

⑤ 전체 퇴직연금제도 가입자 수 대비 확정급여형 퇴직연금 가입자 수의 비율은 2021년에 약 58%, 2022년에 약 56%, 2023년에 약 53%, 2024년에 약 50%, 2025년에 약 48%, 2026년에 약 47%이다. 따라서 2021년에 전체 퇴직연금제도 가입자 수 대비 확정급여형 퇴직연금 가입자 수의 비율이 가장 높았다는 설명은 적절하다.

※ 출처: KOSIS(통계청, 연금통계, 성별 퇴직연금제도 가입 근로자 수)

23 직무 이해

정답 ⑤

정답분석

'최 사원'은 '민 사원'의 실수를 '큰 실수'가 아니라고 말하며 상대방에 대한 비난을 최소화하고, '결과적으로 잘하셨잖아요'라고 말하며 상대방에 대한 칭찬을 최대화하고 있다. 공손성의 원리의 세부 격률 중 상대방에 대한 비난 표현을 최소화하고 칭찬 표현을 최대화하는 것은 '찬동의 격률'이므로, 답은 ⑤이다.

24 직무 이해

정답 ①

정답분석

㉠에는 '요령', ㉡에는 '관용', ㉢에는 '칭찬', ㉣에는 '비난', ㉤에는 '의견'이 들어가는 것이 적절하므로 답은 ①이다.

- ㉠, ㉡: 2문단을 통해 '이익'과 '부담'을 기준으로 하는 공손성의 원리의 세부 격률은 '요령의 격률'과 '관용의 격률'임을 알 수 있다. 그 중 기준을 상대에게 두는 것은 '요령(㉠)의 격률'이며, '나(화자)'에게 두는 것은 '관용(㉡)의 격률'이다.
- ㉢, ㉣: 3문단 2~4번째 줄을 통해 '찬동의 격률'에서 최대화되어야 할 것은 상대에 대한 '칭찬(㉢)'이며, 최소화되어야 할 것은 상대에 대한 '비난(㉣)'임을 알 수 있다.
- ㉤: 4문단 2~4번째 줄을 통해 '동의의 격률'은 자신과 상대의 '의견(㉤)'이 일치하는지, 그렇지 않은지를 기준으로 삼음을 알 수 있다.

25 직무 이해

정답 ②

정답분석

<보기>의 사례는 목표 달성을 위해 필요한 업무를 나누고, 팀원의 역량에 맞춰 역할을 분배하는 활동이다. 이는 경영 목표를 효과적으로 달성하기 위해 시스템을 구축하고 현재 가지고 있는 자원을 적절히 배분하는 '조직' 단계에 해당한다.

오답분석

① '기획'은 목표를 세우고 목표를 달성하기 위한 방안을 모색하는 단계이다.

③ '지휘'는 목표 달성을 위해 구성원을 지휘하고 동기를 부여하는 단계이다.

④ '조정'은 일반적인 경영 활동 단계에 포함되지 않는다. 참고로, 경영 활동 단계는 기획, 조직, 지휘, 통제의 단계로 구분된다.

⑤ '통제'는 기획 단계에서 세운 목표를 달성했는지 평가하는 단계이다.

26 글쓰기 윤리

정답 ③

정답분석

위 사례는 모두 연구 재료, 내용, 결과를 임의로 조작한 행위이므로 '변조'에 해당한다. 참고로, '변조'란 연구시설·장비, 연구 재료 및 연구 개발 과정을 인위적으로 조작하거나 연구 개발 자료 및 연구 개발 성과를 임의로 변형·추가·삭제함으로써 연구 개발 수행의 내용 또는 결과를 왜곡하는 행위를 말한다.

오답분석

① '복제'란 원래의 저작물을 재생하여 표현하는 모든 행위이다.

② '표절'이란 일반적인 지식이 아닌 연구자 자신 또는 다른 사람의 연구 개발 자료 또는 연구 개발 성과를 적절한 출처의 표시 없이 연구자 자신의 연구 개발 자료 또는 연구 개발 성과에 사용하는 행위를 말한다.

④ '편집'이란 일정한 방침 아래 여러 가지 재료를 모아 신문, 잡지, 책 따위를 만드는 일을 말한다.

⑤ '유출'이란 귀중한 물품이나 정보 따위가 불법적으로 나라나 조직의 밖으로 나가 버리거나 그것을 내보내는 행위를 말한다. 참고로, 연구자는 연구 개발을 수행할 때 주요 정보 자료나 연구 성과 등이 무단으로 유출되지 않도록 보안에 유의해야 한다.

※ 출처: 법제처, https://www.law.go.kr

27 직무 문해력

정답 ⑤

정답분석

윗글에서 건강 데이터의 수집과 활용 과정이 공개되는 정보인지 알 수 없으며, 2문단에서 개인은 건강 데이터 정보가 어디로 공유되는지 파악하기 어렵다고 하였으므로 개인이 통제할 수 있다는 설명은 적절하지 않다.

오답분석

① 4문단에서 생명 권력은 '건강과 안전이 통계적 정상성을 근거로 결정된 체제'라고 하였으므로 적절하다.

② 1문단에서 중세의 군주는 신민의 생살여탈권을 가진 반면, 근대 국가는 국민의 생명을 증진할 의무가 있다고 하였으므로 적절하다.

③ 1문단에서 국가가 개인의 건강에 직접 개입하고 조율하는 것이 돌봄의 형태로 작동하기 때문에 저항이 어렵다고 하였으므로 적절하다.

④ 1문단에서 대중은 건강 관리가 자유로운 선택이라고 믿으나, 실제로는 국가가 설정한 '정상' 기준에 맞춰 자신을 규율한다고 하였으므로 적절하다.

28 직무 문해력

정답 ⑤

정답분석

3문단에 따르면 ㉠'자기 돌봄의 윤리'는 국가가 정한 정상의 기준을 수용하지 않고, 스스로 삶의 방식을 성찰하며 선택하는 태도를 말한다. 따라서 ㉠은 외부(국가)가 정한 정상성 개념을 비판적으로 검토해 스스로 삶의 기준을 정립한다고 보는 것이므로 정답은 ⑤이다.

오답분석

① 생명 연장을 최우선 가치로 두는 것은, 근대 국가가 국민의 생명을 증진하려는 목적을 따르는 것이므로 적절하지 않다.

② 의료 전문가의 조언은 전문가의 권위에 의존하는 것으로, 스스로 성찰하고 선택하는 ㉠과 관련 없으므로 적절하지 않다.

③ 건강 관리를 위해 국가 정책에 협조하는 것은 외부 기준을 그대로 따르려는 태도로, 스스로 성찰하고 선택하는 ㉠과 관련 없으므로 적절하지 않다.

④ 통계적으로 산출된 평균값을 목표로 두는 것은 외부 기준을 그대로 따르려는 태도로, 스스로 성찰하고 선택하는 ㉠과 관련 없으므로 적절하지 않다.

29 직무 문해력

정답 ③

정답분석

2문단에서 카페인은 아데노신과 분자 구조가 유사하여 아데노신 대신 수용체와 결합함으로써 아데노신의 작용을 방해함을 알 수 있다. 따라서 카페인이 아데노신을 직접 분해하는 것은 아니므로 적절하지 않다.

오답분석

① 2문단에서 카페인은 도파민 분비를 촉진한다고 설명하였으므로 적절하다.

② 1문단에서 아데노신은 뇌가 활동하면서 생성되는 부산물이라고 설명하였으므로 적절하다.

④ 1문단에서 아데노신이 수용체와 결합하면 신경세포 활동이 둔화되어 졸음이 온다고 설명하였으므로 적절하다.

⑤ 2문단에서 카페인은 아데노신과 분자 구조가 유사하다고 설명하였으므로 적절하다.

30 직무 문해력

정답 ⑤

정답분석

3문단에 따르면 카페인은 피로를 없애는 것이 아니라 뇌가 피로를 느끼지 못하게 할 뿐이다. 또한 카페인의 효과가 떨어지면 그동안 축적된 아데노신이 수용체와 한꺼번에 결합해 더 큰 피로감이 몰려오는 카페인 금단 현상이 일어난다고 설명한다. 따라서 <보기>는 카페인 금단 현상이므로 정답은 ⑤이다.

오답분석

① 카페인은 아데노신 생성을 차단하는 것이 아니라 수용체 결합을 방해하는 것이므로 적절하지 않다.

② 카페인이 신경세포를 파괴한다는 내용은 언급되지 않았으므로 적절하지 않다.

③ 1문단에서 아데노신이 신경세포 수용체와 결합해 혈관이 확장되어 피로를 느끼게 된다고 하였으므로 카페인이 혈관을 수축시켜 산소 공급을 지속적으로 늘렸다는 설명은 적절하지 않다.

④ 도파민 수용체의 변형에 관한 내용은 언급되지 않았으므로 적절하지 않다.

서술형 p.192

1 고쳐쓰기

모범답안

개이기 → 개기
삼가하기 → 삼가기
사단 → 사달
겉잡아 → 걷잡아

해설

- **개이기(×) → 개기(○)**: '흐리거나 궂은 날씨가 맑아지다'라는 의미의 단어는 '개다'이므로, 그 활용형도 '개이기'가 아닌 '개기'로 표기해야 한다. 참고로, '개이다'는 '개다'의 잘못된 표현이다.
- **삼가하기(×) → 삼가기(○)**: '몸가짐이나 언행을 조심하다'라는 의미의 단어는 '삼가다'이므로, 그 활용형도 '삼가하기'가 아닌 '삼가기'로 표기해야 한다. 참고로, '삼가하다'는 '삼가다'의 잘못된 표현이다.
- **사단(×) → 사달(○)**: 문맥상 팀원이 계단에서 넘어져 다친 사고를 의미하므로, '사고나 탈'을 의미하는 단어인 '사달'을 써야 한다. 참고로, '사단'은 '사건의 단서. 또는 일의 실마리'라는 뜻이다.
- **겉잡아(×) → 걷잡아(○)**: 문맥상 계단 상태를 겉으로 대충 보고 판단하기 힘들다는 의미이므로, '겉으로 보고 대강 짐작하여 헤아리다'를 의미하는 단어 '겉잡다'를 써 '겉잡아'로 표기해야 한다. 참고로, '걷잡다'는 '한 방향으로 치우쳐 흘러가는 형세 따위를 붙들어 잡다', '마음을 진정하거나 억제하다'라는 뜻이다.

오답분석

- **갈음하겠습니다(○)**: 문맥상 팀 회의를 최○○ 팀장이 보낸 메시지로 대신한다는 의미이다. 따라서 '다른 것으로 바꾸어 대신하다'를 의미하는 단어 '갈음하다'를 써 '갈음하겠습니다'로 표기한 것은 적절하다.

감점기준표

구분	감점 기준	감점
내용	모범 답안 외의 내용을 쓴 경우	각 -7.5점
조건	'틀린 표현 → 맞는 표현'의 형식으로 쓰지 않은 경우	각 -2점

2 고쳐쓰기

모범답안

㉠ 다음 달
㉡ 생선회
㉢ 결판(승부)
㉣ 임시 건물
㉤ 판매액(매출액)

해설

- ㉠ **익월 → 다음 달**: '익월(翌月)'은 "이달의 바로 다음 달."을 뜻하는 일본식 한자어이므로 '다음 달'로 순화할 수 있다.
- ㉡ **사시미 → 생선회**: '사시미'는 '생선회'를 뜻하는 일본어이므로 '생선회'로 순화할 수 있다.
- ㉢ **쇼부 → 결판(승부)**: '쇼부'는 '결판, 승부'를 뜻하는 일본어이므로 '결판' 또는 '승부'로 순화할 수 있다.
- ㉣ **가건물 → 임시 건물**: '가건물(假建物)'은 "임시로 지은 건물."을 뜻하는 일본식 한자어이므로 '임시 건물'로 순화할 수 있다.
- ㉤ **매상고 → 판매액(매출액)**: '매상고(賣上高)'는 "상품 따위를 판 금액. 또는 그 돈의 총액."을 뜻하는 일본식 한자어이므로 '판매액' 또는 '매출액'으로 순화할 수 있다.

감점기준표

구분		감점 기준	감점
내용	㉠~㉤	모범 답안 외의 내용을 쓴 경우	각 -6점
조건	㉠~㉤	기호와 함께 쓰지 않은 경우	각 -2점

3 고쳐쓰기

모범답안

㉠ 그는∨노래하는∨데∨소질이∨없다.
㉡ 업무를∨마무리하는∨데∨일주일이∨걸렸다.
㉢ 그는∨자아를∨실현하는∨데∨인생의∨목표를∨두었다.
㉣ 매일∨다니는∨출근길인데∨평소와∨다르게∨사람이∨없다.

해설

- ㉠ ㉡ ㉢: '데'는 '일, 것'을 뜻하며, '노래하는 데에', '마무리하는 데에', '실현하는 데에'처럼 조사 '에'가 결합할 수 있다. 따라서 '데'는 의존 명사이므로, '노래하는∨데', '마무리하는∨데', '실현하는∨데'와 같이 띄어 써야 한다.
- ㉣: '출근길을 매일 다닌다'는 앞 내용과 '출근길에 평소와 다르게 사람이 없다'는 뒤 내용이 '-ㄴ데'로 이어진 구조이다. 따라서 뒤 내용의 중심 대상인 출근길과 관련 있는 내용을 미리 제시한 구조이므로 연결 어미 '-ㄴ데'를 사용하여 '출근길인데'로 붙여 써야 한다.

감점기준표

구분		감점 기준	감점
내용	㉠~㉣	모범 답안 외의 내용을 쓴 경우	각 -7.5점
조건	㉠~㉣	띄어쓰기 부호를 사용하지 않은 경우	각 -2점
		기호와 함께 쓰지 않은 경우	각 -2점
		한 문장 전체를 쓰지 않은 경우	각 -2점

4 추론하기

모범답안

㉠ 인용
㉡ 출처
㉢ 내각주
㉣ 외각주
㉤ 참고문헌

해설

- ㉠ **인용**: 글을 쓸 때 자신의 주장을 뒷받침하거나 논거를 보강하기 위해 타인의 저작물을 가져와서 사용하는 행위를 '인용'이라고 한다.
- ㉡ **출처**: 인용한 자료가 누구의 것이며 어디에 실려 있는지를 밝히는 것을 '출처'를 밝힌다고 한다.
- ㉢ **내각주**: 본문의 문장 흐름 속에 괄호를 사용하여 저자명과 발행 연도, 필요한 경우 페이지 수를 간략히 표기하는 방식이다.
- ㉣ **외각주**: 본문이 아닌 페이지 하단이나 글 전체의 끝에 번호를 매겨 출처나 부연 설명을 따로 표기하는 방식이다.
- ㉤ **참고문헌**: 글을 작성하기 위해 인용하거나 참조한 모든 자료의 서지 정보(저자, 제목, 출판사, 출판 연도 등)를 일정한 형식에 맞춰 정리하여 글의 맨 끝에 첨부한 목록이다.

감점기준표

구분		감점 기준	감점
내용	㉠~㉤	모범 답안 외의 내용을 쓴 경우	각 -6점
조건	㉠~㉤	기호와 함께 쓰지 않은 경우	각 -2점

5 추론하기

모범답안

㉠ 저작권
㉡ 창작
㉢ 2차적저작물
㉣ 독자적
㉤ 원저작물

해설

- ㉠ ㉡: 「저작권법」 제10조에 따르면 저작권은 저작물을 창작한 때부터 발생한다. 따라서 ㉠과 ㉡에 각각 들어갈 말은 '저작권', '창작'이다.
- ㉢㉣㉤: 「저작권법」 제5조에 따르면 원저작물을 번역 · 편곡 · 변형 · 각색 · 영상 제작 등으로 작성한 창작물을 2차적저작물이라 하며, 2차적저작물은 독자적으로 보호되고, 그 보호는 원저작물의 저작자의 권리에 영향을 미치지 않는다. 따라서 ㉢, ㉣, ㉤에 각각 들어갈 말은 '2차적저작물', '독자적', '원저작물'이다.

※ 출처: 법제처, https://www.law.go.kr

감점기준표

구분		감점 기준	감점
내용	㉠~㉤	모범 답안 외의 내용을 쓴 경우	각 -6점
조건	㉠~㉤	기호와 함께 쓰지 않은 경우	각 -2점

6 보완하기

모범답안

㉠ 연휴 기간 협조하여 주시는 귀 단지에 감사드리며, 즐거운 연휴 되시기를 기원합니다.
㉡ 가. 전기차 안전 관리 사항
㉢ 충전 전, 충전기 손상 여부 확인
㉣ 나. 추석 연휴 집 비우기 전 안전 관리 사항
㉤ 2. 추석 명절 대비 화재 예방 안내문 1부.∨∨끝.

해설

- ㉠: 첫 번째 항목에는 '연휴 기간 협조하여 주시는 귀 단지에 감사드리며(협조 감사 인사), 즐거운 연휴 되시기를 기원합니다(연휴 안부 인사)'와 같이 쓰면 된다.
- ㉡ ㉣: ㉡은 전기차와 관련 있는 항목이고, ㉣은 집 안전과 관련 있는 항목이므로 ㉡, ㉣에는 각각의 세부 사항을 대표하는 제목을 써야 한다. 또한 '2.'의 하위 항목이면서 '1)~2)'의 상위 항목이므로 항목 기호를 '가., 나. …'와 같이 써야 한다. 따라서 ㉡과 ㉣에는 각각 '가. 전기차 안전 관리 사항', '나. 추석 연휴 집 비우기 전 안전 관리 사항'을 쓰면 된다.
- ㉢: '2)'에 충전 중의 안전 관리 사항이 제시되었으므로 ㉢에는 '충전 전, 충전기 손상 여부 확인'을 쓰면 된다.
- ㉤: 붙임에 제시되지 않은 문서를 예시에 따라 '2. 추석 명절 대비 화재 예방 안내문 1부.∨∨끝.'과 같이 쓰면 된다.

※ 출처: 용산구청, https://https://www.yongsan.go.kr

감점기준표

구분		감점 기준	감점
내용	㉠	'단지의 협조에 대한 감사 인사', '연휴 안부 인사'를 쓰지 않은 경우	각 -5점
	㉡	'가. 전기차 안전 관리 사항'을 쓰지 않은 경우(항목 기호를 잘못 쓴 경우 -3점)	-10점
	㉢	'전기차 충전 전 안전 관리 사항'의 세부 내용을 쓰지 않은 경우	-10점
	㉣	'나. 추석 연휴 집 비우기 전 안전 관리 사항'을 쓰지 않은 경우(항목 기호를 잘못 쓴 경우 -3점)	-10점
	㉤	모범 답안 외의 내용을 쓴 경우	-10점
어법		맞춤법 및 띄어쓰기에 오류가 있는 경우	오류당 -1점
조건		기호와 함께 쓰지 않은 경우	각 -2점

7 요약하기

모범답안

㉠ 대책 마련이 시급한 청년창업의 실태

㉡ 청년창업 실패에 대한 안전망을 마련(구축)해야 함

㉢ 청년창업 자금(투자금) 마련 측면에서 나타나는 선진국과 우리나라의 차이점

㉣ 청년창업에 뛰어드는 청년들의 안일한 태도

㉤ 청년창업 역량을 키울 수 있는 교육을 마련해야 함

해설

- ㉠: (가)는 청년층에서 인기를 끌고 있는 청년창업의 생존율이 낮은 현실과 이런 문제를 해결하기 위한 대책 마련이 시급함을 설명하고 있으므로, 이를 요약하여 쓰면 된다.
- ㉡: (나)는 청년창업의 발전을 위해서는 청년창업이 실패했을 때 청년들을 구제할 수 있는 사회적 안전망이 필요하다고 설명하고 있으므로, 이를 요약하여 쓰면 된다.
- ㉢: (다)는 청년창업 투자금을 마련할 만한 장치가 잘 갖추어져 있는 선진국과 그렇지 않은 우리나라를 비교하고 있으므로, 이를 요약하여 쓰면 된다.
- ㉣: (라)는 창업 아이디어를 검증하지도 않은 채 창업에 뛰어드는 청년들의 안일한 태도를 지적하고 있으므로, 이를 요약하여 쓰면 된다.
- ㉤: (마)는 청년의 창업 역량을 기를 수 있는 교육 체계가 필요함을 설명하고 있으므로, 이를 요약하여 쓰면 된다.

감점기준표

구분		감점 기준	감점
내용	㉠	'청년창업의 현 상황', '청년창업에 관한 대책 마련'과 관련된 내용이 모두 갖춰지지 않은 경우	-20점
	㉡	'청년창업의 실패', '청년창업에 대한 안전망 마련(구축)'과 관련된 내용이 아닌 경우	-20점
	㉢	'청년창업의 투자금(자금) 마련', '선진국과 우리나라의 차이'와 관련된 내용이 아닌 경우	-20점
	㉣	'청년창업을 대하는 청년들의 안일성'과 관련된 내용이 아닌 경우	-20점
	㉤	'청년창업 역량', '청년창업 교육'과 관련된 내용이 아닌 경우	-20점
조건	㉠~㉤	명사 또는 명사형으로 종결하지 않은 경우	각 -5점
		'청년창업'이 포함되지 않은 경우	각 -5점
		8어절을 초과할 경우	어절당 -2점
		기호와 함께 쓰지 않은 경우	각 -2점
		문단 순서대로 쓰지 않은 경우	-5점

8 보완하기

모범답안

㉠ 청렴활동으로 받은 점수에 따라 우수 직원을 선정하고, 표창 및 포상을 수여함으로써 반부패 청렴활동을 장려하기 위함

㉡ 공사 직원 개인 차원에서는 청렴마일리지 제도 시행 및 '올해의 청렴인'을 선정하는 것 자체가 청렴활동을 할 동기가 될 수 있음. 또한 공사 전체 차원에서는 공정한 평가와 보상 체계를 통해 청렴마일리지를 시행함으로써 전체 조직의 청렴의식을 높이고 부패를 근절할 수 있음

㉢ 전년도 12월 1일

㉣ 인턴을 제외한 전(모든) 직원

감점기준표

구분		감점 기준	감점
내용	㉠	1-1), 2. 의 내용이 모두 갖춰지지 않은 경우	-40점
	㉡	3-1), 3-2)의 내용이 갖춰지지 않은 경우	각 -20점
	㉢~㉣	모범 답안 외의 내용을 쓴 경우	각 -10점
조건	㉠~㉣	기호와 함께 쓰지 않은 경우	각 -2점
		기호 순서대로 쓰지 않은 경우	-5점
		띄어쓰기가 <보기>와 다른 경우	각 -1점
	㉠	제시된 문장 형식으로 쓰지 않은 경우	-5점
	㉡	명사형으로 종결하지 않은 경우	-5점
		두 문장 미만 또는 초과일 경우	문장당 -5점

9 실용문 쓰기

모범답안

'자율 주행'이란 운전자가 지속적으로 조작하지 않아도 차량이 스스로 주변 환경을 인식하고 주행 상황을 판단·제어하는 기술을 의미한다. 2014년 이후 국내 도로 교통사고는 지속적인 감소세를 보이고 있다. 국내 도로 교통사고 사망률은 2014년 9.4에서 2023년 4.9로 4.5 정도 감소하였다. 이러한 추세와 더불어 자율 주행 기술은 교통사고를 줄이기 위한 핵심 대안으로 더 주목받고 있다.

글로벌 자율 주행 시장의 빠른 성장 전망과 함께 각국의 경쟁도 치열하다. 2020년 AVRL 순위는 1위 싱가포르를 이어 네덜란드, 노르웨이, 미국, 핀란드, 스웨덴, 한국, UAE 순이었다. 한국의 자율 주행 사업은 2027년 상용화를 목표로 실증 중심에서 현장 투입 단계로 전환 중이며, 정부 주도로 인프라를 구축하고 있으나 미국이나 중국 대비 기술 및 제도적 장벽이 과제로 남아있다. 반면 미국은 연방 교통부를 중심으로 자율 주행차 기술의 안전한 도입과 혁신 촉진을 위해 10개의 공식 자율 주행차 시험장을 지정하는 등 대규모 실증을 지원하는 정책을 구체적으로 추진하고 있다.

자율 주행 사업의 목표는 첫째, 운전대 없는 완전 무인 자율 주행차의 기술을 완성하는 것이다. 둘째, 이에 대한 법적·제도적 허용을 추진하는 것이다. 셋째, 자율 주행 사업에 필요한 전반적인 기술에서 우위를 선점하는 것이다. 넷째, 자율 주행 구역을 확대하고 관련 데이터를 축적하여 인프라를 조성하는 것이다. 이러한 목표하에 글로벌 자율 주행 시장 규모는 2023년 북미 123억 달러, 아시아 151억 달러 수준에서 2032년에는 북미 1,500억 달러, 아시아 700억 달러로 폭발적인 성장이 예상된다.

한국 모빌리티 산업의 문제점과 해결 방안은 다음과 같다. 첫째, 규제 샌드박스의 한계가 있으므로 자율 주행 기술을 실증할 수 있는 규제 프리존을 도입해야 한다. 둘째, 투자 및 인프라가 부족하므로 연구 및 시설 투자에 대한 세액 공제를 확대하여 민간 기업의 투자를 유도해야 한다. 셋째, 모빌리티 관련 법령 및 제도 개정이 지연되므로 모빌리티 분야에서 신속하게 제도를 도입해야 한다. 넷째, 자율 주행 모빌리티의 부속 센서의 수입 의존도가 높으므로 핵심 센서를 개발하는 지원이 필요하다.

감점기준표

구분		감점 기준	감점
내용	1문단	자율 주행의 개념을 쓰지 않은 경우	-15점
		'2014년 이후 국내 도로 교통사고 사망률 감소 추세'와 '주목받는 점'을 쓰지 않은 경우	각 -10점
		국내 도로 교통사고 사망률의 '2014년 수치', '2023년 수치', '수치 차이(4.5)'를 각각 쓰지 않은 경우	각 -5점
	2문단	'글로벌 자율 주행 시장이 빠르게 성장하고 있다는 내용'을 쓰지 않은 경우	-10점
		'2020년 AVRL 8개국의 순위'를 순서대로 쓰지 않은 경우	-20점
		우리나라의 자율 주행 사업 현황을 쓰지 않은 경우	-15점
		미국의 자율 주행 정책을 쓰지 않은 경우	-15점
	3문단	자율 주행 사업의 목표 4가지를 쓰지 않은 경우	각 -10점
		글로벌 자율 주행 시장 규모 중 '2023년 북미', '2032년 북미', '2023년 아시아', '2032년 아시아'를 쓰지 않은 경우	각 -10점
	4문단	한국 모빌리티 산업의 문제점을 '4가지'로 쓰지 않은 경우	-10점
		한국 모빌리티 산업의 문제점 '규제 샌드박스의 한계'에 대응하는 해결 방안을 '규제 프리존 도입'으로 쓰지 않은 경우	-25점
		한국 모빌리티 산업의 문제점 '투자 및 인프라 부족'의 해결 방안을 '연구 및 시설 투자에 대한 세액 공제 확대 및 민간 기업 투자 유도'로 쓰지 않은 경우	-25점
		한국 모빌리티 산업의 문제점 '모빌리티 관련 법령 및 제도 개정 지연'의 해결 방안을 '모빌리티 분야에서 신속하게 제도를 도입하는 방안'으로 쓰지 않은 경우	-25점
		한국 모빌리티 산업의 문제점 '자율 주행 모빌리티 부속 센서의 수입 의존도 높음'의 해결 방안을 '핵심 센서 개발을 위한 지원'으로 쓰지 않은 경우	-25점
조건	1문단	200자 미만 또는 231자 이상인 경우	글자당 -1점
	2문단	310자 미만 또는 341자 이상인 경우	글자당 -1점
		2020년 AVRL 순위를 '1위 ~를 이어 ~ 순이었다.'의 형식으로 쓰지 않은 경우	-5점
	3문단	280자 미만 또는 311자 이상인 경우	글자당 -1점
		자율 주행 사업의 목표를 '첫째, 둘째, 셋째, 넷째'로 구분하지 않은 경우	각 -5점
	4문단	280자 미만 또는 311자 이상인 경우	글자당 -1점
		문제점과 해결 방안을 '첫째, ~이/가 있으므로 ~해야 한다.'로 쓰지 않은 경우	각 -5점
어법		맞춤법 및 띄어쓰기에 오류가 있는 경우	오류당 -1점
		평서형 종결 어미(-다)로 문장을 끝내지 않은 경우	문장당 -5점
		문장 성분이 호응하지 않거나 자연스럽지 않은 경우	문장당 -1점

기출동형 모의고사 2회

객관식 p.200

1	2	3	4	5
①	②	④	①	②
6	7	8	9	10
⑤	⑤	④	④	②
11	12	13	14	15
②	④	④	①	③
16	17	18	19	20
④	④	③	⑤	④
21	22	23	24	25
③	④	④	③	①
26	27	28	29	30
③	④	④	②	④

1 계획하기 정답 ①

정답분석

윗글은 국가 형성 이전의 자연 상태에서 인간이 누릴 수 있는 자유와 권리, 국가 형성 이후 주권의 소재에 대한 홉스와 로크의 의견 차이를 다루고 있다. 또한 5~6번째 줄, 끝에서 3~5번째 줄에서 홉스와 로크 모두 사회 계약설을 주장하는 사상가임을 알 수 있으므로 윗글의 주제로 가장 적절한 것은 ①이다.

[관련 지문 인용]

- 사회 계약설을 주장한 대표적인 사상가 홉스는
- 자연권을 더 완전히 누리기 위해 사회 계약을 통해 국가나 정부와 같은 정치 공동체를 형성했다는 것이다.

오답분석

② 2~3번째 줄에서 사회 계약설의 기본 논리는 자연 상태에서 자연권이 보장되지 않는다는 것임을 알 수 있다. 따라서 윗글의 내용과 일치하지 않다.

[관련 지문 인용] 자연 상태에서는 자유와 권리가 확실히 보장되지 않으므로

③ 6~8번째 줄에서 홉스가 <리바이어던>에서 자연 상태 속 인간을 '투쟁'으로 설명했음을 알 수 있으나, 국가의 형성을 규명하는 사회 계약설의 입장이 포함되지 않았으므로 주제로 적절하지 않다.

[관련 지문 인용] 홉스는 그의 저서 <리바이어던>을 통해 자연 상태의 인간을 '만인의 만인에 대한 투쟁'으로 보고

④ 윗글을 통해 로크, 홉스가 활동한 시기나 그들의 주장이 대두된 시기를 확인할 수 없다.

⑤ 9~10번째 줄에서 홉스는 군주의 권력을 절대적인 것으로 바라보았음을 알 수 있으나, 로크가 바라보는 군주의 권력이 어떠했는지는 윗글을 통해 알 수 없다.

[관련 지문 인용] 주권을 가진 군주는 질서 유지를 위해 무제한의 절대적인 권력을 행사할 수 있다.

2 표현하기 정답 ②

정답분석

자연 상태를 투쟁으로 설명하고 있는 점, 사회 계약의 내용이 군주에게 권력을 주는 내용인 점을 고려할 때 주어진 문장은 '홉스'의 주장임을 알 수 있다. (나)의 앞은 홉스의 주장 중 자연 상태의 투쟁을 설명하고 있으며, (나)의 뒤는 앞 내용이 뒤 내용의 근거가 됨을 나타내는 '따라서'를 제시하며 군주에게 양도된 권리가 절대 권력의 형태로 작용한다는 내용을 제시하고 있다. 따라서 주어진 문장이 들어가기 가장 적절한 곳은 (나)이다.

3 표현하기 정답 ④

정답분석

'원화의 가치가 증가하기 때문에 국제 시장에서 수출품의 가격이 오르고'를 통해 원화의 가치가 오르면 수출품의 가격이 상승함을 알 수 있으므로 ④는 적절하지 않다.

오답분석

① '환율이 하락하면 ~ 수출이 감소하고'에서 알 수 있다.

② '환율이 상승하면 원화의 가치가 감소하기 때문에'에서 알 수 있다.

③ '원화의 가치가 감소하기 때문에 ~ 수입이 감소한다'에서 알 수 있다.

⑤ '외환 시장에서 수요가 증가하고 공급이 감소하면 환율이 상승하며'에서 알 수 있다.

4 표현하기 정답 ①

정답분석

㉠에는 '같은 뜻', ㉡에는 '하지만', ㉢에는 '겹말', ㉣에는 '사용하는'이 들어가는 것이 적절하므로 답은 ①이다.

- **㉠ 같은 뜻**: 윗글에서 겹말의 예시로 든 '역전 앞', '가죽 혁대', '가로수 나무'는 각각 '앞쪽', '가죽', '나무'라는 동일한 의미가 중복된다. ㉠이 포함된 문장이 '겹말'의 정의를 설명하는 문장임을 고려할 때, 가장 적절한 말은 '같은 뜻'이다.

- ㉡ **하지만**: ㉡의 앞은 '역전 앞'이 겹말이라는 내용을, ㉡의 뒤는 겹말을 순화한 표현인 '역 앞'이 있음에도 여전히 사람들은 겹말 '역전 앞'을 많이 쓴다는 내용을 다루고 있다. 따라서 ㉡에는 상반되는 내용을 이어줄 수 있는 접속 표현이 와야 하므로, 서로 일치하지 아니하거나 상반되는 사실을 나타내는 두 문장을 이어 줄 때 쓰는 접속 부사 '하지만'이 들어가는 것은 적절하다. 참고로, '그렇지만'도 같은 기능을 하므로 적절하다.
- ㉢ **겹말**: ㉢의 뒤에서 설명하고 있는 '고목나무', '처갓집', '모래사장'은 각각 '나무', '집', '모래'의 의미가 중복된다. 이를 통해 이 단어들이 겹말임을 알 수 있으므로 ㉢에 들어갈 말은 '겹말'이다.
- ㉣ **사용하는**: ㉣이 포함된 문장의 주어는 '많은 이가'이므로 ㉣에는 이와 호응하는 서술어로 능동 표현인 '사용하는'이 오는 것이 적절하다.

오답분석

㉡ · **게다가**: 앞의 내용에 새로운 내용을 덧붙이거나 보충하는 기능을 하는 접속 표현
- **그렇지만**: 앞의 내용을 인정하면서 앞의 내용과 뒤의 내용이 대립될 때 쓰는 접속 부사
- **그래도**: 뒤 문장의 내용이 앞 문장을 양보한 사실과는 상관이 없음을 나타내는 접속 부사

㉢ · **단어**: 분리하여 자립적으로 쓸 수 있는 말이나 이에 준하는 말
- **표제어**: 1. 표제가 되는 말 2. 사전 따위의 표제 항목에 넣어 알기 쉽게 풀이해 놓은 말

※ 출처: 국립국어원, https://www.korean.go.kr

5 글 다듬기

정답 ②

정답분석

'석가(釋迦) 탄신(誕辰)'에는 윗글의 ㉮에서 설명하는 같은 뜻의 단어가 겹쳐 쓰인 겹말이 사용되지 않았다. 따라서 답은 ②이다.

- **석가(釋迦)**: 불교의 개조. 과거칠불의 일곱째 부처로, 세계 4대 성인의 한 사람이다.
- **탄신(誕辰)**: 임금이나 성인이 태어난 날

오답분석

① '검정'과 '색(色)'의 의미 중 '색'의 의미가 중복된다.
- **검정**: 검은 빛깔이나 물감
- **색(色)**: '색깔(빛깔)'의 뜻을 나타내는 말

③ '철교(鐵橋)'와 '다리'의 의미 중 '다리'의 의미가 중복된다.
- **철교(鐵橋)**: 철을 주재료로 하여 놓은 다리

④ '실내(室內)'와 '체육관(體育館)'의 의미 중 '실내'의 의미가 중복된다.
- **체육관(體育館)**: 실내에서 여러 가지 운동 경기를 할 수 있도록 시설을 갖추어 놓은 건물

⑤ '동해(東海)'와 '바다'의 의미 중 '바다'의 의미가 중복된다.
- **동해(東海)**: 1. 동쪽에 있는 바다 2. 우리나라 동쪽의 바다

6 글 다듬기

정답 ⑤

정답분석

㉤의 앞은 뉴욕 시장이 경범죄까지 철저하게 단속했다는 내용이며, 뒤는 뉴욕시의 범죄 발생률이 급감했다는 내용이다. 따라서 ㉤의 앞 내용은 뒤 내용을 초래한 원인이 되므로 앞뒤의 내용이 상반될 때 쓰이는 '그러나'로 수정하는 것은 적절하지 않다. 참고로, ㉤에는 앞 내용이 뒤 내용의 원인이 됨을 나타내는 '따라서'가 적절하다.

오답분석

① ㉠의 앞은 보닛이 열린 차는 일주일 전과 큰 변화가 없었다는 내용이며, 뒤는 보닛이 열리고 유리창도 조금 깨진 차는 폐차와 다름없었다는 내용이다. 따라서 앞 내용과 뒤 내용이 대조되고 있으므로 '반면'으로 수정하는 것은 적절하다. 참고로, '또'는 '어떤 일이 거듭하여', '그 밖에 더', '그럼에도 불구하고'의 뜻을 나타낼 때 쓴다.

② ㉡의 앞은 보닛이 열리고 유리창도 조금 깨진 차는 일주일 후에 폐차와 다름없어졌다는 내용이며, 뒤는 유리창까지 깨진 상태가 도덕적 해이를 유발했다는 내용이다. 따라서 뒤 내용은 앞 내용의 원인이 되므로 '왜냐하면'으로 수정하는 것은 적절하다. 참고로, '그리고'는 동일한 화제에 대해 병렬적으로 나열할 때 쓴다.

③ ㉢의 앞은 깨진 유리창의 법칙에 대한 설명으로 관리가 소홀한 지점을 중심으로 강력 범죄가 퍼진다는 내용이며, 뒤는 사소한 무질서를 즉시 해결하면 큰 문제로 번지지 않는다는 내용이다. 따라서 뒤 내용은 앞 내용을 재구성해 말한 것이므로 '즉'으로 수정하는 것은 적절하다. 참고로, '그래도'는 앞 내용의 상황이 그러하더라도 뒤 내용은 상관없음을 나타낼 때 쓴다.

④ ㉣의 앞은 사소한 무질서를 즉시 해결하면 큰 문제로 번지지 않는다는 내용이며, 뒤는 뉴욕 시장이 깨진 유리창의 법칙을 도시 정비에 적용했다는 내용이다. 따라서 앞 내용은 뒤 내용의 근거가 되므로 '그래서'로 수정하는 것이 적절하다. 참고로, '그렇지만'은 앞의 내용을 인정하면서 앞의 내용과 뒤의 내용이 대립할 때 쓴다.

7 표현하기

정답 ⑤

정답분석

<보기>에 따라 글을 작성할 때, '㉡ 해결 방안'에는 층간 소음을 해결할 수 있는 제도나 건축 방식과 관련된 내용이 제시되어야 한다. 그러나 ⑤는 이웃 간 친밀한 관계 형성을 층간 소음 문제의 해결책으로 제시하고 있으므로 ㉡에 들어갈 내용으로 적절하지 않다.

오답분석

① '㉠-3)'과 관련된 내용이므로 적절하다.

② '㉠-1)'과 관련된 내용이므로 적절하다.

③ '㉠-2)'와 관련된 내용이므로 적절하다.

④ '㉡-1)'과 관련된 내용이므로 적절하다.

8 표현하기

정답 ④

정답분석

오아시스 농업이 나타나게 된 원인인 사막의 특징을 먼저 설명한 후 그로 인해 나타나는 오아시스 농업의 특징을 설명하고 있으므로 답은 ④이다.

오답분석

① 오아시스가 귀한 자원이라는 점에서 대상의 의의를 알 수 있으나 관용구를 인용하지 않았으므로 적절하지 않다.
② 오아시스 농업이 한정된 지역에서만 활용된다는 점에서 한계가 언급되지만, 전망은 언급되지 않으므로 적절하지 않다.
③ 오아시스 농업이 관개 시설 설치로 자급자족의 형태의 농업에서 상업적 농업으로도 이루어졌다는 점에서 변천 과정을 알 수 있지만, 공간의 이동은 언급되지 않으므로 적절하지 않다.
⑤ 오아시스나 오아시스 농업과 유사한 다른 대상은 언급되지 않았고, 다른 대상과 비슷한 점을 바탕으로 특징을 추측하는 설명 방식도 활용되지 않았으므로 적절하지 않다.

9 계약서

정답 ④

정답분석

㉣은 계약 당사자인 '갑'과 '을'이 계약서에서 정한 내용을 성실하게 이행할 의무가 있음과 사정변경이 발생하여 계약 조건을 변경해야 할 때 이를 이행할 방법을 설명하는 항목이다. 따라서 ㉣에는 '신의성실과 사정변경'이 들어가는 것이 적절하다.

오답분석

① ㉠은 계약서의 작성 목적을 설명하는 항목이므로 ㉠에는 '계약의 목적'이 들어가야 한다. 또한 지문에 제시된 '실비변상', '계약의 전속' 등의 항목을 참고할 때 명사로 종결되는 형식으로 써야 함을 알 수 있다.
② ㉡은 '을'의 4대 보험 가입과 관련된 내용이므로 ㉡에는 '4대 보험 가입'이 들어가야 한다.
③ ㉢은 계약 만료 및 해지 시 일정 기간 내에 '갑'이 '을'에게 모든 금품을 지급(청산)해야 한다는 것을 설명하는 항목이다. 따라서 ㉢에는 '금품청산'이 들어가야 한다.
⑤ ㉤은 계약서로 맺은 계약상의 문제로 분쟁이 일어날 때 이를 해결하는 방법에 대해 설명하고 있으므로 ㉤에는 '분쟁의 해결'이 들어가야 한다.

※ 출처: 문화체육관광부, http://www.mcst.go.kr

10 문서 이해

정답 ②

정답분석

윗글은 OO광역시에서 관련 기관에 행사 홍보에 대한 협조를 요청하기 위해 작성한 문서이다. 이를 통해 윗글이 두 기관 간 대외적 공무를 집행하기 위해 주고받는 문서임을 알 수 있다. 따라서 답은 ②이다.

오답분석

① 공고 문서에 대한 설명이다.
③ 기획서에 대한 설명이다.
④ 품의서에 대한 설명이다.
⑤ 결의서에 대한 설명이다.

※ 출처: 인천광역시 서구청, https://www.seo.incheon.kr

11 문서 이해

정답 ②

정답분석

날짜는 숫자로 표기하고, '연, 월, 일'을 그 글자 대신 마침표로 나타낸다. 이때, 연월일을 나타내는 마침표는 모두 써야 하므로 12 다음에 마침표를 추가해 '2026. 1. 12.'로 써야 한다. 참고로, 12 뒤에 마침표가 없는 '2026. 1. 12'는 '2026년 1월 12'와 같다.

오답분석

① 표제 다음에 해당 항목을 들거나 설명을 붙일 때 사용하는 쌍점(:)은 앞말에 붙여 쓰므로 적절하지 않다.
③ 우리말로 대체할 수 있는 외국어를 우리말로 바꿔 써야 한다는 것은 적절하다. 그러나 '포맷(format)'은 '양식, 서식, 형식'으로 다듬어 쓸 수 있으므로 적절하지 않다.
④ '설명이나 광고, 선전 따위를 위하여 얄팍하게 맨 작은 책자'는 '팜플렛'이 아닌 '팸플릿'으로 표기해야 한다. 참고로, '팸플릿'은 '소책자, 작은 책자'로 순화하여 사용할 수 있다.
⑤ 첨부 문서가 있는 경우 '끝.'은 '붙임' 내용 다음에 쓰므로 적절하지 않다.

12 홍보문, 보도문

정답 ④

정답분석

윗글은 민원서류 발급과 관련하여 기존의 불편했던 점들을 개선한 내용을 알리는 홍보문이다. '2. 변경 내용'에 따르면, 단순히 수수료만 변경된 것이 아니라 발급 채널(방문→온라인), 발급 대상(본인→가족 포함), 수수료(유료→온라인 발급 시 무료), 소요 시간(20분→즉시) 등 서비스 전반에 걸친 변화가 이루어졌음을 알 수 있다. 따라서 이러한 변화를 모두 포괄할 수 있는 제목인 '민원서류 발급 서비스 개선 안내'가 ㉠에 들어가기에 가장 적절하다.

오답분석

① 윗글에 야간 운영과 관련된 내용은 없으므로 적절하지 않다.
② 윗글은 민원서류 발급 제도가 어떻게 바뀌었는지를 알리는 것이 주된 목적이지, 민원서류 관리 매뉴얼 책자를 배포한다는 내용은 아니므로 적절하지 않다.
③ 윗글에 따르면 온라인 발급 시 수수료가 무료화된 것은 맞지만, 이는 개선 내용 중 일부이며 다른 중요한 개선 사항을 포괄하지 못하는 제목이므로 적절하지 않다.
⑤ 윗글에 민원서류 발급기의 운영 시간을 단축한다는 내용은 없으므로 적절하지 않다.

13 홍보문, 보도문

정답 ④

정답분석

윗글의 '2. 변경 내용'에 따르면 장소에 구애받지 않고 민원서류를 발급받을 수 있고, 온라인 발급 시 수수료가 무료로 바뀐다. 따라서 민원서류 발급 서비스 개선으로 '시간 절약, 발급 비용 부담 감소' 등의 효과를 얻을 수 있으므로 가장 적절한 것은 ④이다.

오답분석

① 윗글의 '발급 대상' 항목에 따르면 온라인 인증 시 본인 및 지정된 가족이 발급할 수 있다. 따라서 본인 확인 절차가 없거나 누구나 타인의 서류를 발급받는다는 것은 적절하지 않다.

② 윗글의 개선 사항에 따라 종이 문서가 감소하여 행정 비용이 절감될 수는 있으나, 이를 근거로 모든 시민에게 현금성 지원금을 준다는 내용은 윗글 내용만으로 추론할 수 없으므로 적절하지 않다.

③ 윗글은 '절차와 수수료 체계 개선'에 초점을 맞추고 있으며, 블록체인 기술 도입이나 보안 기술 강화에 관한 내용은 윗글에서 확인할 수 없으므로 적절하지 않다.

⑤ 윗글의 개선 사항의 목적은 '시민 편의 증진'과 '비대면 업무 활성화'이며, '인력 배치'나 '공공 일자리 창출'은 윗글과 관련 없으므로 적절하지 않다.

14 기안서, 품의서

정답 ①

정답분석

윗글의 '다, 라, 마' 항목을 통해 입찰한 여러 업체 중 한 곳에서 입찰 음향장비를 구매할 예정임음을 추론할 수 있다. '바'는 입찰에 참가하는 업체가 갖추어야 할 요건을 서술하고 있으며, 개찰 전에 내야 할 서류의 목록도 제시하고 있다. 따라서 '바'에는 입찰에 참여할 수 있는 업체의 자격이 무엇인지를 나타낼 수 있는 제목이 들어가는 것이 적절하므로 답은 ①이다.

※ 출처: 서울정보소통광장, https://opengov.seoul.go.kr

15 기안서, 품의서

정답 ③

정답분석

윗글은 기존의 음향장비가 노후하여 새로운 음향장비를 구매하기 위해 결재권자에게 승인을 요청하는 글이다. 이를 참고할 때, 위 품의서에는 음향장비를 교체하게 된 근거(④, ⑤)나 음향장비 구매처(①)와 소요예산과 관련된 정보(②)를 첨부하는 것이 적절하다. 따라서 첨부할 내용으로 적절하지 않은 것은 ③이다.

16 기획서

정답 ④

정답분석

기획서는 새로운 아이디어를 제안하고 상대방을 설득할 목적으로 작성하는 글이다. 그러므로 기획서 하나에 여러 가지 아이디어(의도)가 있다면 기획서를 읽는 사람이 기획서 내의 기획 의도와 내용을 파악하기 어려워진다. 따라서 기획서는 하나의 기획 의도가 명확히 드러나도록 작성하는 것이 좋으므로 답은 ④이다.

오답분석

① 안내문(공지문)의 작성 요령이다.

② 보고서의 작성 요령이다.

③ 자기소개서의 작성 요령이다.

⑤ 기획서를 논리적으로 작성하려면 내용이 중복되지 않아야 하므로 적절하지 않다.

17 기획서

정답 ④

정답분석

'기획 의도'와 '대응책'을 통해 하반기 판매량 증가를 목표로 시승 체험 이벤트를 강남, 홍대 등에서 진행하려 함을 알 수 있으나 시승 체험 이벤트는 기습적으로 시행할 예정임을 알 수 있으므로 적절하지 않다.

오답분석

① '기획 의도'의 '신차(SG 01)의 판매량이 예상보다 저조하여', '새로운 마케팅 전략을 수립하고자 함'을 통해 알 수 있다.

② '세부 계획'에서 '바이럴 무비 제작'의 소요 예산은 1,500,000원이고, '체험 마케팅'은 13회 진행에 회당 500,000원임을 알 수 있으므로 '체험 마케팅'의 소요 예산은 '13 × 500,000 = 6,500,000원'이다. 따라서 총 소요 예산은 '1,500,000 + 6,500,000 = 8,000,000원'이다.

③ '타깃 분석'의 '주요 타깃: 20~30대 젊은 남성 · 여성', '타깃 고객들이 주로 정보를 얻는 곳은~이동식 기기(휴대 전화, 노트북)임'을 통해 알 수 있다.

⑤ '타깃 분석'의 '감성적 측면에 더 매력을 느낌'과 '기존 마케팅 분석'의 'TV 광고의 경우 투입 비용 대비 광고 효과가 낮은 것으로 나타남', '무겁고 진지한 느낌의 기존 광고는'을 통해 알 수 있다.

18 프레젠테이션

정답 ③

정답분석

(나)의 1문단의 '프레젠테이션의 목적은 실제로 달성할 수 있는 것이어야 한다'를 통해 프레젠테이션의 목적은 실현 가능한 것으로 설정해야 함을 알 수 있으므로 윗글에 대한 설명으로 적절하지 않은 것은 ③이다.

오답분석

① (가)는 프레젠테이션이 발표 및 설득을 목적으로 하는 의사소통 방법이며 의사 결정 및 광고, 정보 제공의 용도로 쓰임을 설명하고 있으므로 적절하다.

② (가)의 '양방향 소통이 가능한 프레젠테이션은'을 통해 알 수 있으므로 적절하다.

④ (나)는 프레젠테이션을 기획할 때 '목적, 청중, 장소'와 같은 요소를 고려해야 함을 전달하고 있으므로 적절하다.

[관련 지문 인용] 프레젠테이션을 기획할 때 고려해야 할 것은 프레젠테이션의 목적, 청중, 장소이다.

⑤ (나)의 3문단에서 알 수 있으므로 적절하다.

[관련 지문 인용] 프레젠테이션을 진행하는 장소를 미리 고려해야 한다. 장소의 크기, 청중의 배치, 조명 등에 따라 프레젠테이션의 효과가 달라질 수 있으므로, ~ 그에 따라 프레젠테이션을 기획하는 자세가 필요하다.

19 프레젠테이션

정답 ⑤

정답분석

ⓜ의 앞은 프레젠테이션 진행 시 발표 장소와 관련된 요소를 고려해야 한다는 내용이지만, 제시된 문장은 프레젠테이션 제작 시 도표를 활용하는 것과 관련된 내용이다. 따라서 문맥상 해당 문장은 ⓜ에 들어가기 적절하지 않다.

20 홍보문, 보도문

정답 ④

정답분석

1문단인 '해양수산부는 ~ '오션뉴딜사업'을 본격적으로 추진한다고 밝혔다'를 통해 윗글은 정부기관인 해양수산부가 해당 기관에서 추진하는 사업에 관한 정보를 기사로 보도하기 위해 작성한 문서임을 알 수 있다. 따라서 답은 ④이다.

오답분석

① 기안서에 대한 설명이다.

② 보고서 중 업무보고서에 대한 설명이다.

③ 설명서에 대한 설명이다.

⑤ 기획서에 대한 설명이다.

21 홍보문, 보도문

정답 ③

정답분석

㉠은 보도문의 표제이며, ㉡은 보도문의 부제이다. 표제는 보도문의 내용을 압축해 핵심 내용이 드러나도록 간결하게 작성해야 하므로 ③은 적절하다.

오답분석

① 표제는 보도문의 가장 상단에, 부제는 표제의 하단에 제시하여야 한다.

② 부제는 명사 또는 명사형 어미로 종결되는 문장으로 작성해야 한다.

④ 부제의 개수는 1개가 가장 적절하며, 부제 없이 표제만 작성되어도 된다. 참고로, 부제는 내용의 특성상 1개 이상을 사용할 수 있으나 2개를 넘지 않는 것이 적절하다.

⑤ 표제를 구체적으로 나타내거나 표제를 보충 또는 요약한 것이 부제이다.

22 직무 이해

정답 ④

정답분석

2문단 5~6번째 줄 '예산과 실제 비용을 유사하게 책정하는 것이 가장 이상적이다'에서 최소 비용이 아닌 실제 비용과 유사하게 예산을 배정해야 함을 알 수 있다.

오답분석

① 3문단 5~6번째 줄 '비용은 원가의 속성에 따라 크게 직접 비용과 간접 비용으로 나뉜다'에서 알 수 있다.

② 1문단에서 예산 관리는 인간은 원활한 삶을 지속할 수 있게 해 주고, 기업은 경쟁력을 강화할 수 있게 해 줌을 알 수 있다.

[관련 지문 인용] 인간이 살아가는 데 예산은 필수적이며 이를 잘 관리해야 원활한 삶을 지속할 수 있다. 기업 운영에서도 마찬가지로 한정된 예산을 효율적으로 사용해야 기업의 경쟁력을 강화할 수 있다.

③ 4문단 3~5번째 줄 '예산 관리는 비용을 산정해 예산을 편성하고 통제하는 것까지의 모든 과정을 포함한다'에서 알 수 있다.

⑤ 3문단 3~4번째 줄 '우선순위를 결정해 차례대로 예산을 배정해야 한다'에서 알 수 있다.

23 직무 이해

정답 ④

정답분석

신제품 개발이 중점인 경우에는 개발과 관련한 항목이 우선순위일 것임을 추측할 수 있으므로 개발을 위한 투자 예산이 우선 배정되는 것은 적절하다.

오답분석

① 3문단 끝에서 3~4번째 줄 '간접비용은 ~ 각종 공과금, 건물 관리비, 광고비, 통신비, 사무용품비 등이 해당하며'에서 각종 공과금은 간접 비용에 해당함을 알 수 있다.

② 3문단 1~4번째 줄에서 예산을 배정할 때 모든 항목을 파악하고, 그에 따라 우선순위를 결정해야 함을 알 수 있다.

③ 2문단 3~4번째 줄 '반대로 예산을 실제 비용보다 높게 책정하면 경쟁력이 손실된다'에서 실제 비용보다 예산을 최대로 책정하는 것이 적절하지 않음을 알 수 있다.

⑤ 4문단 1~3번째 줄 '예산 배정 후에도 예산 집행 과정에서 예산 집행 실적을 기록하여 지속적으로 예산을 관리해야 효과적인 예산 관리가 이루어질 수 있다'에서 비용 관리도 중요함을 알 수 있다.

24 직무 이해

정답 ③

정답분석

<보기 2>에서 위배된 격률은 '양의 격률', '질의 격률', '태도의 격률'이므로 답은 ③이다. 참고로, 협력의 원리는 대화에 참여하는 화자와 청자가 대화의 목적을 달성할 수 있도록 서로 협력하며 노력해야 한다는 원리이다.

- ㉠: 양의 격률을 위배한 부분은 김 대리의 첫 번째 말 중 '장 대리도 알고 있습니다'이다. 강 과장은 '김 대리가 회사에서 OO 거래처로 가는 방법을 알고 있는지'에 대한 정보를 요구하였으나, 김 대리는 '장 대리도 알고 있습니다'라는 불필요한 정보를 함께 제공했기 때문이다.
- ㉡: 질의 격률을 위배한 부분은 김 대리의 세 번째 말 중 '보통 카페는 오전에 다 여니까 10시쯤 영업을 시작할 겁니다'이다. 카페가 10시에 영업을 시작한다는 정보를 뒷받침하는 근거가 충분하지 않기 때문이다.
- ㉣: 태도의 격률을 위배한 부분은 김 대리의 두 번째 말 중 '아, 그 전에 오른쪽으로 돌아야 해요'이다. 거래처로 가는 길을 설명하는 내용에서 제시되어야 하는 정보가 차례대로 조리 있게 설명되지 않았기 때문이다.

오답분석

- ㉢: <보기 2>의 대화에서 관련성의 격률을 위배한 부분은 없다.

25 직무 문해력

정답 ①

정답분석

2문단 '외부가 어두울 때는 홍채가 수축하면서 크기가 축소되고, 동공은 확대되어 빛이 많이 들어온다'에서 알 수 있다.

오답분석

② 2문단 '홍채는 안구의 각막과 수정체 사이에 있는 둥근 모양의 얇은 막으로'에서 홍채가 둥근 모양의 얇은 막임을 알 수 있으나, 4문단 '망막은 눈알의 가장 안쪽에 있으며'에서 눈알의 가장 안쪽에는 홍채가 아닌 망막이 있음을 알 수 있다.

③ 3문단 '섬모체는 가까이 있는 물체를 볼 때 긴장되고, 멀리 있는 물체를 볼 때 이완된다. 섬모체가 긴장되면 수정체가 두꺼워지지만, 섬모체가 이완되면 수정체가 얇아져'에서 멀리 있는 물체를 볼 때 섬모체는 이완되고, 수정체는 얇아짐을 알 수 있다.

④ 4문단 '간상 세포는 막대 모양으로 빛을 감지하는 기능을 하며 원추 세포는 원뿔 모양으로 색을 구별하는 기능을 한다'에서 두 세포가 모양이 다름을 알 수 있다.

⑤ 1문단 '감각 뉴런이 중추 신경인 뇌나 척수에 자극 정보를 전달한다. 중추 신경에 있는 연합 뉴런은 자극을 판단하여'에서 감각 뉴런에서 연합 뉴런으로 정보가 전달됨을 알 수 있다.

26 직무 문해력

정답 ③

정답분석

4문단 '간상 세포는 막대 모양으로 빛을 감지하는 기능을 하며 원추 세포는 원뿔 모양으로 색을 구별하는 기능을 한다'에서 색을 감지하는 것은 원추 세포임을 알 수 있다.

오답분석

① 1문단을 통해 ㉠이 중추 신경에 자극 정보를 전달하면, 이를 연합 뉴런이 판단하여 운동 신경으로 명령을 내리고 ㉡이 운동 기관에 전달함을 알 수 있다. 따라서 ㉠과 ㉡을 매개하는 뉴런은 중추 신경에 있는 연합 뉴런이므로 적절하다.

② 2문단 '시각은 눈을 통해 빛의 자극을 받아들이는 감각 작용으로 홍채를 통해 명암을 조절하거나 섬모체를 통해 원근을 조절하는 기능을 한다'에서 ㉡이 홍채나 섬모체에 정보를 전달하면, 자극에 따라 조절 반응이 일어남을 알 수 있다.

④ 1문단 '외부의 자극이 감각기를 통해 들어오면 감각 뉴런이 중추 신경인 뇌나 척수에 자극 정보를 전달한다. 중추 신경에 있는 연합 뉴런은 자극을 판단하여'에서 ㉠이 연합 뉴런에 정보를 전달함을 알 수 있으므로 적절하다.

⑤ 1문단 '인간의 감각 기능에는 시각, 후각, 청각, 미각, 촉각의 오감이 있으며'에서 ㉠이 받는 자극이 다섯 가지임을 알 수 있다. 그리고 1문단 '중추 신경에 있는 연합 뉴런은 자극을 판단하여 해당 운동신경으로 행동 명령을 내리고'에서 반응을 나타내는 운동 기관이 다름을 알 수 있다.

27 직무 문해력

정답 ④

정답분석

밝은 곳에서 홍채는 이완되면서 크기가 확장되고, 동공은 축소되기 때문에 빛이 적게 들어온다. 반면 어두운 곳에서는 홍채가 수축되면서 크기가 축소되고, 동공은 확대되어 빛이 많이 들어온다. 또한 가까이 있는 물체를 볼 때 섬모체가 긴장되어 수정체가 두꺼워지고, 멀리 있는 물체를 볼 때 섬모체가 이완되어 수정체가 얇아진다. 따라서 (나)의 A는 수정체의 두께가 점점 얇아지고 있으므로 섬모체는 이완되고 있으며, 멀리 있는 대상을 바라보고 있음을 알 수 있다.

[관련 지문 인용]

- 밝을 때는 홍채가 이완되면서 크기가 확장되는데, 이때 동공은 축소되어 빛이 적게 들어온다. 반대로 외부가 어두울 때는 홍채가 수축하면서 크기가 축소되고, 동공은 확대되어 빛이 많이 들어온다.
- 섬모체는 가까이 있는 물체를 볼 때 긴장되고, 멀리 있는 물체를 볼 때 이완된다. 섬모체가 긴장되면 수정체가 두꺼워지지만, 섬모체가 이완되면 수정체가 얇아져 물체에 초점을 맞출 수 있다.

오답분석

① (가)의 B는 동공 크기가 점점 축소되고 있다. 이는 밝은 자극을 받은 상황이며, 이때 홍채는 이완되므로 적절하다.

② (가)의 A는 동공 크기가 점점 확장되고 있다. 이때 홍채는 수축되어 크기도 축소되므로 적절하다.

③ (나)의 B는 수정체의 두께가 두꺼워졌다가 얇아지고 다시 급격히 두꺼워지고 있다. 이는 대상이 가까워졌다가 멀어진 후 급격히 다시 가까워져 생긴 변화이므로 적절하다.

⑤ (가)의 A는 동공 크기가 점점 확장되는 반면 B는 동공 크기가 점점 축소되고 있다. 따라서 A는 밝은 곳에서 어두운 곳으로 이동하고, B는 어두운 곳에서 밝은 곳으로 이동하고 있음을 알 수 있다.

28 직무 문해력

정답 ④

정답분석

3문단에서 건전한 사회 발전을 위해서는 물질적 풍요에 걸맞은 정신적 성숙과 제도적 정비가 뒤따라야 함을 설명한다. 따라서 기술 발전 속도를 인위적으로 늦추는 것은 근본적인 해결책이 아니며 이를 언급하고 있지도 않으므로 적절하지 않다.

오답분석

① 2문단에서 문화 지체는 두 문화 요소 간의 변동 속도 차이 때문에 발생한다고 설명하므로 적절하다.

② 1문단에서 비물질문화는 보수적 성향이 강해 변화에 저항한다고 설명하므로 적절하다.

③ 3문단에서 문화 지체 현상이 사회적 혼란과 해체의 원인이 된다고 설명하므로 적절하다.

⑤ 2문단에서 인공지능과 같은 첨단 기술 발달과 윤리적 지침의 괴리를 문화 지체의 사례로 설명하므로 적절하다.

29 직무 문해력

정답 ②

정답분석

윗글에서 설명하는 ㉠'부조화의 간극'은 물질문화의 발달 속도를 비물질문화가 따라가지 못하는 현상이다. 따라서 '스마트폰' 기술은 발전하였으나 '사용 예절'이 미흡하다는 사례는 기술 발전 속도를 의식이 따라가지 못하는 것이므로 ㉠의 사례로 적절하다.

오답분석

① 가족 제도의 변화에 따른 사회 문제일 뿐 물질문화와 비물질문화의 속도 차이로 발생하는 사례는 아니므로 적절하지 않다.

③ 제도는 마련이 되었으나 기술이 따라가지 못하는 사례로, 물질문화의 속도를 비물질문화가 따라가지 못하는 ㉠과 반대되는 사례이므로 적절하지 않다.

④ 외국의 이론과 국내 현실의 부조화일 뿐 물질문화와 비물질문화의 속도 차이로 발생하는 ㉠의 사례는 아니므로 적절하지 않다.

⑤ 하드웨어와 소프트웨어는 모두 기술과 관련 있는 것으로 물질문화 내에서 불균형이 발생한 사례이지 물질문화와 비물질문화의 속도 차이로 발생한 사례가 아니므로 적절하지 않다.

30 글쓰기 윤리

정답 ④

정답분석

저작권 판례를 바르게 이해한 사람은 '을, 병'이므로 답은 ④이다.

- **을**: '[판례 2]'의 '판단'에서 알 수 있다.
  [관련 지문 인용] 영리 목적으로 설립된 기업의 경우 설령 내부적 이용이라 하더라도 사적 이용을 위한 복제나 공정 이용에 해당한다고 볼 수 없다.
- **병**: '[판례 1]'에서 B가 용역 업무를 준 C의 말을 듣고 저작물에 대한 저작 재산권이 없는 엉뚱한 사람인 D에게 저작권 사용료를 지급했더라도 원저작자인 A에게 손해를 배상해야 한다고 하였으므로 적절하다.
  [관련 지문 인용]
  - B는 과자의 포장 디자인 용역 업무를 C에게 의뢰하였고, C는 과자의 포장 디자인에 A의 미술 저작물을 이용하였다. 이 과정에서 C는 B에게 미술 저작물의 저작권자인 D에게 이용료를 지급해야 한다고 말했고, 이에 따라 B는 D에게 이용료를 지급했다.
  - 저작권법 제125조 제4항에 따라 B가 침해 행위에 과실이 있는 것으로 추정되므로 B는 A가 입은 재산적 손해를 배상할 의무가 있다.

오답분석

- **갑**: 저작권자로부터 허락을 받은 저작물에 회사의 로고를 표시해도 된다는 내용은 윗글에 제시된 판례에서 확인할 수 없다.
- **정**: '[판례 3]'을 통해 음반의 일부를 복제하더라도 그 음이 그대로 복제되는 한 음반 제작자의 저작인접권이 침해됨을 알 수 있다.
  [관련 지문 인용] 음반의 원음 전부를 그대로 복제한 것이 아니라 일부를 복제하였다 하더라도 그 음이 그대로 복제되는 한 저작인접권의 침해에 해당한다고 할 것이므로

※ 한국저작권위원회, "[2015-02 판례] 2014년 2월 주요 저작권 판례(임광섭)", 2015. 3. 20.

서술형 p.214

1 고쳐쓰기

모범답안

㉠ 우려되 → 우려돼(우려되어)
㉡ 상승율 → 상승률
㉢ 이르었다 → 이르렀다

해설

· ㉠ **우려되 → 우려돼(우려되어)**: '근심되거나 걱정되다'를 뜻하는 말은 '우려되다'이다. '되다'는 '되어, 되었-'으로 활용하며, 한글 맞춤법 제35항에 따라 '돼, 됐-'과 같이 준말로 표기할 수 있다. 따라서 본말이면 '우려되어'로, 준말이면 '우려돼'로 적는다.

· ㉡ **상승율 → 상승률**: '수치 따위가 올라간 비율'을 뜻하는 말은 '상승률'이다. 참고로, 한글 맞춤법 제11항에 따라 모음이나 'ㄴ' 받침 뒤에서는 '율'로 적고 그 외의 받침 뒤에서는 '률'로 적는다.

· ㉢ **이르었다 → 이르렀다**: '어떤 정도나 범위에 미치다'를 뜻하는 말인 '이르다'는 '러' 불규칙 용언으로, 어간 '이르-' 뒤의 모음 어미 '-어'가 '-러'로 바뀌는 불규칙 활용을 한다. 따라서 '이르렀다'로 수정해야 한다.

감점기준표

구분		감점 기준	감점
내용	㉠~㉢	모범 답안 외의 내용을 쓴 경우	각 -10점
조건	㉠~㉢	'틀린 표현 → 올바른 표현'의 형식으로 쓰지 않은 경우	각 -2점
		기호와 함께 쓰지 않은 경우	각 -2점

2 고쳐쓰기

모범답안

㉠ 정보 기술
㉡ (기업) 인수 합병
㉢ 3차원(입체)
㉣ 실행(세부) 계획
㉤ 공적(정부) 개발 원조

오답분석

· ㉠ **IT → 정보 기술**: 'IT'는 'information technology'의 준말로, 정보의 수집, 가공, 저장, 검색, 송신, 수신 등 정보 유통의 모든 과정에서 사용되는 기술 수단이다. 따라서 '정보 기술'로 다듬어 쓸 수 있다.

· ㉡ **M&A → (기업) 인수 합병**: 'M&A'는 'merge and acquisition'의 준말로, 기업이 타 기업의 경영권을 인수할 목적으로 타 기업의 소유 지분을 확보하는 과정을 이른다. 따라서 '인수 합병' 또는 '기업 인수 합병'으로 다듬어 쓸 수 있다.

· ㉢ **3D → 3차원(입체)**: '3D'는 'Three Dimensions'의 준말로, 상하, 좌우, 전후의 세 방향으로 이루어진 공간이다. 따라서 '3차원' 또는 '입체'로 다듬어 쓸 수 있다.

· ㉣ **액션 플랜 → 실행(세부) 계획**: '액션 플랜(action plan)'은 어떤 일을 하기 위한 구체적인 계획이다. 따라서 '실행 계획' 또는 '세부 계획'으로 다듬어 쓸 수 있다.

· ㉤ **ODA → 공적(정부) 개발 원조**: 'ODA'는 'official development assistance'의 준말로, 선진국에서 개발 도상국이나 국제기관에 하는 원조이다. 따라서 '공적 개발 원조' 또는 '정부 개발 원조'로 다듬어 쓸 수 있다.

감점기준표

구분		감점 기준	감점
내용	㉠~㉤	모범 답안 외의 내용을 쓴 경우	각 -6점
조건	㉠~㉤	기호와 함께 쓰지 않은 경우	각 -2점

3 추론하기

모범답안

㉠ 저작물의 내용을 글에 끌어온다는 점
㉡ 출처를 표기하지 않기

해설

· ㉠: ㉠ 앞에서 설명한 유형은 모두 저작물의 내용을 작성하는 글에 끌어와 사용한다는 공통점이 있다. 또한 ㉠ 뒤의 '인용으로 볼 수 있다는 공통점'을 고려할 때, ㉠에는 인용의 특징인 '저작물의 내용을 글에 끌어온다는 점'이 오는 것이 적절하다.

· ㉡: 2~3번째 줄 '인용한 내용의 출처를 명확히 표기하지 않는다면 표절 행위로 간주한다'에서 표절의 성립 요건은 저작물의 내용을 인용할 때 출처를 표기하지 않는 데 있음을 알 수 있다. 따라서 ㉡에는 '출처를 표기하지 않기'가 오는 것이 적절하다.

감점기준표

구분		감점 기준	감점
내용	㉠	㉠의 앞 내용과 '인용'의 정의와 관련된 내용이 아닌 경우	-15점
	㉡	'출처를 쓰지 않는다'와 관련된 내용이 아닌 경우	-15점
조건	㉠, ㉡	기호와 함께 쓰지 않은 경우	각 -2점
		기호 순서대로 쓰지 않은 경우	-2점
	㉠	50어절 미만이거나 초과일 경우	어절당 -2점
	㉡	30어절 미만이거나 초과일 경우	어절당 -2점

4 추론하기

모범답안

㉠ 실업 인구가 가장 높고 취업 인구가 가장 낮으며, 둘의 차는 156시간이다.

㉡ 비경제활동 인구가 가장 높고 취업 인구가 가장 낮으며, 둘의 차는 197시간이다.

㉢ 비경제활동 인구가 가장 높고 취업 인구가 가장 낮으며, 둘의 차는 328시간이다.

※ 출처: KOSIS(한국교육개발원, 평생학습개인실태조사, 평생학습 연평균 참여시간)

감점기준표

구분		감점 기준	감점
내용	㉠~㉢	모범 답안 외의 내용을 쓴 경우	각 -10점
조건	㉠~㉢	11어절 미만이거나 초과일 경우	어절당 -2점
		기호와 함께 쓰지 않은 경우	각 -2점
		첫 문장의 서술 방식에 맞추어 쓰지 않은 경우	각 -5점

5 추론하기

모범답안

㉠ 관용

㉡ 찬동

㉢ 동의

㉣ 겸양

㉤ 요령

해설

- ㉠: ⓐ는 박 사원의 목소리가 적어 내용이 잘 안 들리는 상황에서 '제가 놓쳤습니다'라며 자신의 실수로 돌리는 표현을 사용하여 자신에게 부담을 최대화하고 있으므로 관용의 격률에 해당한다.
- ㉡: ⓑ는 '기발하다', '대단해요'와 같이 상대방에게 칭찬을 최대화하는 표현을 사용하여 찬동의 격률을 지키고 있다.
- ㉢: ⓔ는 '저도 중식 좋아하는데 이 사원님도 중식 좋아하시나 봐요'와 같이 상대방과 자신의 공통된 부분을 극대화하여 동의의 격률을 지키고 있다.
- ㉣: ⓒ는 '제가 예전부터 기발한 아이디어를 잘 낸다는 얘기를 많이 들었어요'와 같이 자신의 칭찬을 극대화하였으므로 겸양의 격률을 지키지 못하였다.
- ㉤: ⓓ는 부탁하는 상황에서 '좀 도와주세요'와 같이 상대방에게 부담을 주는 표현을 사용하였으므로 요령의 격률을 지키지 못하였다.

감점기준표

구분		감점 기준	감점
내용	㉠~㉤	모범 답안 외의 내용을 쓴 경우	각 -6점
조건	㉠~㉤	기호 순서대로 쓰지 않은 경우	-2점
		기호와 함께 쓰지 않은 경우	각 -2점

6 고쳐쓰기

모범답안

㉠ 각∨기관

㉡ 특별 승급 요건을 갖춘 우수 공무원

㉢ 20××. 12. 23.

㉣ 기관별 배정된

㉤ 인원수

해설

- ㉠ **각기관 → 각∨기관**: '각'은 '낱낱의'를 뜻하는 관형사이므로 뒤에 오는 말과 띄어 써야 한다.
- ㉡ **특별 승급 요건 우수 공무원 → 특별 승급 요건을 갖춘 우수 공무원**: ㉡은 명사가 지나치게 많이 나열된 문장이다. 문장의 뜻을 명료하게 전달하려면 적절한 조사와 서술어를 사용하여야 하므로 '특별 승급 요건을 갖춘 우수 공무원'으로 수정하는 것이 자연스럽다.
- ㉢ **20××년 12월 23일 → 20××. 12. 23.**: 날짜는 연, 월, 일의 글자를 생략하고 그 자리에 마침표를 표시하여 숫자로 표기한다.
- ㉣ **기관별 배열된 → 기관별 배정된**: ㉣이 포함된 문장은 문맥상 기관마다 선발할 수 있는 대상자의 수가 정해져 있다는 뜻이므로 '일정한 차례나 간격에 따라 벌여져 놓이다'를 뜻하는 '배열되다'가 아닌 '몫이 나뉘어 정해지다'를 뜻하는 '배정되다'를 쓰는 것이 자연스럽다. 참고로, '기관별'의 '-별'은 '그것에 따른'의 뜻을 더하는 접미사이므로 명사 뒤에 붙여 쓴다.
- ㉤ **인원∨수 → 인원수**: '사람의 수효'를 뜻하는 '인원수'는 한 단어이므로 붙여 쓴다.

감점기준표

구분		감점 기준	감점
내용	㉠~㉤	모범 답안 외의 내용을 쓴 경우	각 -10점
조건	㉠~㉤	기호와 함께 쓰지 않은 경우	각 -2점
	㉠	띄어쓰기 부호를 사용하지 않은 경우	-2점

7 보완하기

모범답안

㉠ 귀사에 입점을 제안드리는 OOO패션몰은 OO시 O구의 유일한 쇼핑몰로, 주변 시세보다 저렴한 임대료로 입점이 가능합니다. 또한 입점하시는 모든 기업에 자사가 후원하는 패션쇼 및 행사에 무상으로 참여할 수 있는 혜택을 드리고 있습니다.

㉡ OOO패션몰의 구체적인 정보와 매장 면적에 따른 상세 사용료를 안내한 자료를 붙임으로 첨부하였으니 이를 참고하여 제안서를 검토하여 주시길 바랍니다. 만약 귀사에서 입점을 희망하는 경우 아래 이메일로 입점 신청서, 사업자등록증 사본 각 1부와 귀사에서 판매 중인 의류 5벌의 디자인 포트폴리오를 보내 주시기 바랍니다.

※ 출처: 서울시설공단, http://www.sisul.or.kr

감점기준표

구분		감점 기준	감점
내용	㉠	<보기> 2-1), 2-2), 2-3) 내용이 모두 갖춰지지 않은 경우	항목당 -12.5점
	㉡	<보기> 1-1), 1-2)의 내용이 모두 갖춰지지 않은 경우	항목당 -12.5점
		<보기> 3-1), 3-2), 3-3)의 내용이 모두 갖춰지지 않은 경우	항목당 -12.5점
조건	㉠~㉡	제시된 문장 형식으로 쓰지 않은 경우	문장당 -5점
		답안별 문장 수를 2개 미만 또는 초과로 쓴 경우	문장당 -5점
		기호의 순서대로 쓰지 않은 경우	-5점
		기호와 함께 쓰지 않은 경우	각 -2점

8 요약하기

모범답안

㉠ 물리적 요인에 따른 지문 입력 장치의 원리

㉡ 광학식 지문 입력 장치는 손가락을 접촉한 프리즘의 반사면에 빛을 쬐면 융선과 골 부분의 빛의 세기가 달라지는데, 이를 신호로 변환해 지문을 획득한다.

㉢ 정전형 센서식 지문 입력 장치는 전기가 흐르는 판에 융선을 접촉하면 접촉면과 비접촉면의 전하량 차이가 발생하는데, 이를 신호로 변환해 지문을 획득한다.

㉣ 초전형 센서식 지문 입력 장치는 융선의 접촉면에 마찰열이 발생하여 융선과 골 부분의 온도가 각각 달라지는데, 이를 신호로 변환해 지문을 획득한다.

해설

- ㉠: 윗글은 빛의 세기, 전하량, 온도와 같은 물리적 요인에 따라 지문을 입력하는 세 가지 장치를 제시하고 각각의 원리를 설명하고 있다. 따라서 윗글의 제목은 '물리적 요인에 따른 지문 입력 장치의 원리'로 제시할 수 있다.
- ㉡: 광학식 지문 입력 장치의 프리즘에 손가락을 접촉하면 융선은 막을 형성하고, 골은 막을 형성하지 않는다. 여기에 빛을 쬐면 융선과 골의 빛의 세기가 달라지는데, 센서가 빛의 세기를 신호로 변환하여 지문을 만든다. 즉, 융선과 골의 빛의 세기 차이가 중요한 원리이므로 이를 포함하여 한 문장으로 요약하면 된다.
- ㉢: 정전형 센서식 지문 입력 장치의 판에 손가락을 접촉하면 전하가 방전되므로 융선이 닿은 센서는 전하량이 줄어든다. 융선과 골 부분의 센서에 전하량의 차이가 생기므로 각 센서의 전하량을 변환하여 지문을 만든다. 즉, 융선과 골의 전하량 차이가 중요한 원리이므로 이를 포함하여 한 문장으로 요약하면 된다.
- ㉣: 초전형 센서식 지문 입력 장치의 센서는 온도의 변화를 감지한다. 센서에 손가락을 접촉하면 융선의 접촉면에 마찰열이 발생하고 골은 열이 발생하지 않으므로 융선과 골의 온도 차이를 신호로 변환하여 지문을 만든다. 즉, 융선과 골의 온도 차이가 중요한 원리이므로 이를 포함하여 한 문장으로 요약하면 된다.

감점기준표

구분		감점 기준	감점
내용	㉠	모범 답안 외의 내용을 쓴 경우	-10점
	㉡	'광학식 지문 입력 장치'와 '융선과 골의 빛의 세기'와 관련한 내용이 아닌 경우	-30점
	㉢	'정전형 센서식 지문 입력 장치'와 '접촉면과 비접촉면의 전하량 차이'와 관련한 내용이 아닌 경우	-30점
	㉣	'초전형 센서식 지문 입력 장치'와 '융선과 골의 온도 차이'와 관련한 내용이 아닌 경우	-30점
조건	㉠~㉣	기호와 함께 쓰지 않은 경우	각 -2점
	㉠	7어절 미만이나 초과인 경우	어절당 -2점
	㉡~㉣	제시된 문장 형식으로 쓰지 않은 경우	문장당 -5점
		제시된 순서대로 쓰지 않은 경우	-5점

9 실용문 쓰기

모범답안

EU의 환경규제가 강화되고 세계적으로 유명한 패션 기업의 친환경 선언이 계속되면서 친환경·저탄소화는 국내 섬유패션산업의 최대 현안으로 대두되고 있다. 이에 산업통상자원부는 기존에 정부와 산업계가 마련한 섬유패션 친환경·저탄소화 전략을 토대로 실효성 있는 정책 대안을 모색하기 위해 간담회를 개최했다.

2021년에 489억 불로, 전체 섬유 시장의 약 4.9% 정도이던 글로벌 친환경 섬유 시장 규모는 2030년 1,019억 불로, 전체 섬유 시장의 대략 7.2%를 차지하는 정도로 성장할 것으로 전망된다.

반면 국내 친환경 섬유패션 규모는 전체 시장의 약 2% 수준에 불과하다. 가치 소비를 중시하며, 친환경 소비 인식이 높은 엠지(MZ) 세대에서도 친환경 제품의 가격에 진입 장벽을 느낄 정도로, 친환경 제품의 가격이 일반 제품보다 1.5배~2배가량 높아 실제 구매로 이어지기 어렵기 때문이다. 또한 친환경 제품의 시장성 및 수요 부족, 폐섬유·폐자원의 재활용 시스템 미흡 등도 국내 친환경 섬유패션 활성화를 저해하는 요인으로 꼽히고 있다.

하지만 국내 섬유패션기업의 대부분이 친환경 전환을 긍정적으로 인식하고 있으며, 전체 응답 기업 중 80% 정도가 친환경 저탄소화를 추진 중이거나 계획하고 있다고 답하였다. 이에 따라 정부는 섬유패션업계의 지속가능성 전환을 지원하기 위해 공공조달 분야 등 친환경 섬유 시장 확대, 생분해·리사이클 등 친환경 섬유소재 기술 개발, 폐의류 등 자원 순환형 생태계 조성 등에 적극적으로 노력하겠다고 강조하였다.

※ 출처

· 산업통상자원부, http://www.motie.go.kr

· 중소벤처기업부, https://www.mss.go.kr

감점기준표

구분		감점 기준	감점
내용	1문단	(가)의 '친환경 섬유패션 정책 간담회 추진 배경'에 대한 내용을 쓰지 않은 경우	-65점
	2문단	(나)의 '세계 섬유 시장 중 친환경 섬유 규모와 비중, 전망'에 대한 내용을 쓰지 않은 경우	-40점
		2021년, 2030년 시장 규모 및 비중을 포함하지 않은 경우	각 -20점
	3문단	(나)의 '국내 친환경 섬유패션 시장 규모'를 포함하지 않은 경우	-15점
		(나)의 '국내 섬유패션기업 친환경 전환 애로 사항 조사 결과' 중 비중이 높은 2가지 항목을 포함하지 않은 경우 (항목 1가지만 제시한 경우 -5점)	-15점
		(다)에 드러난 'MZ 세대의 소비 성향', '친환경 제품 구매에 대한 어려움', '친환경 상품 가격의 문제점'을 쓰지 않은 경우	각 -15점
	4문단	(나)의 '국내 섬유패션기업 친환경 인식 조사 결과'에 대한 내용을 쓰지 않은 경우	-40점
		(가)의 '산업통상자원부 1차관 브리핑 中'에 대한 내용을 쓰지 않은 경우	-40점
조건	1문단	160자 미만 또는 191자 이상인 경우	글자당 -1점
	2문단	110자 미만 또는 141자 이상인 경우	글자당 -1점
	3문단	230자 미만 또는 261자 이상인 경우	글자당 -1점
	4문단	210자 미만 또는 241자 이상인 경우	글자당 -1점
어법		맞춤법 및 띄어쓰기에 오류가 있는 경우	오류당 -1점
		평서형 종결 어미(-다)로 문장을 끝내지 않은 경우	문장당 -5점
		문장 성분이 호응하지 않거나 자연스럽지 않은 경우	문장당 -1점

기출동형 모의고사 3회

객관식 p.224

1	2	3	4	5
⑤	④	⑤	④	②
6	**7**	**8**	**9**	**10**
④	⑤	③	④	⑤
11	**12**	**13**	**14**	**15**
②	②	⑤	④	③
16	**17**	**18**	**19**	**20**
③	①	⑤	④	①
21	**22**	**23**	**24**	**25**
④	③	④	③	⑤
26	**27**	**28**	**29**	**30**
③	③	③	④	③

1 계획하기 정답 ⑤

정답분석

글의 개요 'Ⅱ. 외래 생물의 문제'에서 외래 생물이 인간과 동식물에게 끼치는 문제점을 이야기하고, 이에 대한 대처 방안을 'Ⅲ. 외래 생물 개체 수 감소 방안'에서 제시하고 있으므로 ⑤가 가장 적절하다.

※ 출처: 환경부, https://www.me.go.kr

2 표현하기 정답 ④

정답분석

윗글은 바이오 산업에서 식물 대신 외래종을 원재료로 활용한다면 외래종 제거에 도움이 되어 환경적으로도 이득이 된다는 내용이다. 이는 'Ⅲ. 외래 생물 개체 수 감소 방안' 중 '2. 연구·개발을 통한 방안'에 해당하므로 답은 ④이다.

3 계획하기 정답 ⑤

정답분석

글의 목적은 장애인이 도서관을 편리하게 이용할 수 있도록 도서관 환경을 개선해 달라는 것이다. 따라서 비장애인을 대상으로 한 강좌 개설을 최우선 과제로 제안하는 것은 논점에서 벗어나므로 적절하지 않다.

오답분석

① 문제 상황을 객관적으로 증명하기 위해 자료를 수집하는 것은 타당한 전략이므로 적절하다.
② 구체적 사례를 조사하여 대안을 모색하는 것은 타당하므로 적절하다.
③ 주제와 관련된 법령을 근거로 주장하는 것은 타당하고 설득력 있으므로 적절하다.
④ 예산이 부족한 문제 상황을 언급하고 '기본권 침해'라는 가치를 내세워 비판하는 논증 방식은 타당하므로 적절하다.

4 표현하기 정답 ④

정답분석

보고서는 객관적이고 명확한 글이다. 따라서 함축적인 단어를 사용하는 경우 의미가 왜곡될 수 있으므로 적절하지 않다.

오답분석

① 보고서는 어떠한 정보를 다른 사람에게 전달하기 위해 쓴 글이다. 따라서 서론에서 정보를 전달하게 된 배경을 먼저 소개하는 것이 적절하다.
② 보고서는 정보를 명확하게 전달하는 글이다. 따라서 독자가 혼동을 느끼지 않도록 단일 주제로 범위를 명확하게 설정하고, 이를 서론에 제시하는 것은 적절하다.
③ 보고서의 본문에서는 수집한 정보를 단순히 나열하는 것이 아니라, 정보를 분석한 내용을 토대로 결론을 도출해야 하므로 적절하다.
⑤ 보고서의 결론에서는 본론에서 전달한 내용을 간명하게 요약하여 마무리하는 것이 적절하다.

5 글 다듬기 정답 ②

정답분석

㉡의 앞은 '암묵지'에 대한 설명이고 뒤는 '명시지'에 대한 설명이다. 암묵지와 명시지는 반대되는 내용이므로 앞 내용에 대한 결과를 잇는 '그래서' 대신 반대 내용을 나타내는 '반면에'를 써야 한다. 참고로, '요컨대'는 '중요한 점을 말하자면'의 뜻이므로 적절하지 않다.

오답분석

① ㉠의 앞은 우리가 인식하거나 이해한 것이 지식이라는 내용이며, 뒤는 우리가 알고 있는 모든 것을 지식이라고 일컬을 수 있다는 내용이다. 따라서 결과를 나타내는 '그러므로'를 써야 한다.
③ ㉢의 앞 내용은 마이클 플러니가 명시지보다 암묵지를 더 중요하게 생각한다는 내용이고, 뒤 내용은 암묵지가 모든 행위의 기초가 된다는 내용이다. 따라서 원인을 나타내는 '왜냐하면'을 써야 한다.

④ ㉣의 앞 내용은 암묵지가 명시지보다 중요한 이유에 대해 설명하고 뒤 내용도 명시지가 암묵지를 기초로 하여 표출된 것이므로 암묵지가 더 중요함을 이야기하고 있다. 따라서 같은 내용을 병렬적으로 연결할 때 사용하는 '그리고'가 적절하다.

⑤ ㉤의 앞 내용은 조직에서 암묵지를 활용하는 목적에 대한 내용이며, 뒤 내용은 암묵지를 활용할 수 있도록 관리자의 역할을 강조하는 내용이다. 따라서 앞 내용을 원인으로 하여 뒤 내용이 결과로 나타날 때 사용하는 '따라서'를 써야 한다.

6 글 다듬기

정답 ④

정답분석

'빅 테크'는 '정보 기술 기업 중 규모가 크고 시장 점유율이 높은 기업'을 의미한다. 따라서 '정보 기술 대기업'으로 순화해야 하므로 적절하지 않다.

오답분석

① '로테크'는 '차원이 낮은 단순한 기술이나 기본적인 기술'을 의미하므로 '단순 기술'로 순화하여 사용할 수 있다.

② '상신'은 '윗사람이나 관청 등에 일에 대한 의견이나 사정 따위를 말이나 글로 보고함'을 의미하므로 '보고', '올림'으로 순화하여 사용할 수 있다.

③ '거마비'는 '수레와 말을 타는 비용이라는 뜻'이므로 '교통비', '차비'로 순화하여 사용할 수 있다.

⑤ '메타버스'는 '3차원 가상 세계에서 자신의 역할을 대신하는 가상의 인물이나 분신을 통해 서로 교류하고 사회, 경제, 문화적 활동을 함으로써 가상 세계와 현실 세계의 경계가 허물어지는 것'을 의미하므로 '확장 가상 세계', '가상 융합 세계'로 순화하여 사용할 수 있다.

7 표현하기

정답 ⑤

정답분석

경제 성장률이 높은 호황기에는 인력 고용으로 실업률이 낮아지지만, 물가는 상승해 인플레이션이 발생한다. 인플레이션으로 긴축 정책을 시행해 물가를 낮추면, 인력 고용이 줄어 실업률이 상승하고 생산량은 줄기 때문에 경제 성장률은 낮아진다. 따라서 경제 성장과 물가 안정은 상충되므로 적절하다.

[관련 지문 인용] 호황기에는 ~ 실업률이 낮아지지만, ~ 물가가 상승하게 된다. 물가가 지속적으로 상승하면 국가 차원에서는 긴축 정책을 시행한다. ~ 이러한 과정에서 물가는 안정되지만 반대로 실업률은 상승하게 된다.

8 기안서, 품의서

정답 ③

정답분석

시행 일자란 문서의 효력이 발생하는 일자이다. 효력은 최종 결재권자의 결재 승인이 있어야 발생하므로 시행 일자에는 수신자에게 기안을 전달한 일자가 아닌 최종 결재 일자를 기재해야 한다.

오답분석

① 붙임은 해당 기안서와 관련한 참고 자료 등으로 명칭과 수량을 기재한다.

② 보존 기간은 내부 규정이 따로 마련된 경우 내부 규정에 따라 기재하거나 생략할 수 있다.

④ 수신은 기안문이 전달되는 기관명을 기재하되 내부 기안문인 경우 내부 결재로 기재할 수 있다.

⑤ 추신은 본문 하단에 추가로 기재되는 내용으로 본문에서 빠뜨린 내용이나 강조할 내용을 기재한다.

9 기안서, 품의서

정답 ④

정답분석

공문서를 작성할 때 어색한 번역 투를 사용하지 않아야 한다. '~으로 인해', '~에 의해'는 모두 번역 투 표현이므로 적절하지 않다. 참고로, ㉣은 '신입 사원 충원으로'와 같이 '으로'만 사용하여 명료하게 의미를 전달할 수 있다.

오답분석

① '참가하다'는 부사어 '…에'와 호응하는 서술어이므로 적절하다.

② '근교(近郊)'는 '도시의 가까운 변두리에 있는 마을이나 들'을 의미하며 '근(近)'에 '가깝다'라는 의미가 내포되어 있다. 따라서 '가까운 근교'는 '가깝다'의 뜻이 중복된 표현이므로 '가까우므로'로 수정하는 것이 적절하다.

③ '샘플링'은 외래어이므로 '표본 추출', '표본', '표본화'로 순화하는 것이 적절하다. 참고로, 공문서를 작성할 때 외국어 표현은 지양해야 하며, 다듬어 쓸 수 있는 말은 다듬은 말로 대체하는 것이 적절하다.

⑤ '상기'는 쉬운 우리말인 '위'로 수정해 사용하는 것이 적절하다.

10 기안서, 품의서

정답 ⑤

정답분석

참가 포스터를 일주일 동안 전시한다는 의미로 쓰였으므로, 이때 '-간'은 '동안'의 뜻을 더하는 접미사이다. 따라서 '일주일간'으로 붙여 써야 한다.

오답분석

① '해당 분야'는 한 단어가 아니기 때문에 띄어 써야 한다.

② '습득하기'와 '위해'는 '습득하다'와 '위하다'의 활용형으로, 각각 한 단어이므로 띄어 써야 한다.

③ 공문서에 금액을 한글로 기재할 시 '원'은 붙여 써야 한다.

④ '따위'는 의존 명사이므로 앞말과 띄어 써야 한다.

11 홍보문, 보도문

정답 ②

정답분석

'2. 목표'를 통해 지역별 문화 예술 관람률과 여가 생활 만족도의 격차를 줄이기 위한 정책임을 알 수 있고, '3. 전략 및 추진 과제'를 통해 공통적으로 지역 문화와 관련한 과제임을 알 수 있다.

[관련 지문 인용]

· 지역 규모별 문화 예술 관람률 격차 및 여가 생활 만족도 격차를 2027년까지 5%p 내로 축소
· 대한민국 어디서나 자유로운 문화 누림
· 지역 고유의 문화 매력 발굴, 확산
· 문화를 통한 지역 자립과 발전

※ 출처: 문화체육관광부, https://www.mcst.go.kr

12 홍보문, 보도문

정답 ②

정답분석

· ㉠: 지역 자립과 발전을 위한 정책 측면의 과제로 적절하다.
· ㉡: 지역 문화의 매력을 높여 주민의 활력을 높이고 지역의 문제를 해결하는 것이므로 지역 자립과 발전을 위한 사회적 측면의 과제로 적절하다.
· ㉤: 지역 자립과 발전을 위한 인적 자원 측면의 과제로 적절하다.

오답분석

· ㉢: '지역 고유의 문화 매력 발굴, 확산' 전략에 해당하는 과제이다.
· ㉣: '대한민국 어디서나 자유로운 문화 누림' 전략에 해당하는 과제이다.

13 보고서

정답 ⑤

정답분석

보고서의 주제는 수요에 따라 '긴급돌봄' 서비스를 다양하게 제공하고, 그에 대한 정책이 마련되어야 한다는 것이다. ㉤은 '긴급돌봄' 서비스의 문제점이지만, '긴급돌봄' 서비스의 다양성과 관련이 없으므로 보고서 주제에 어긋난다.

오답분석

① 보고서 배경의 '영유아와 초등학교 저학년 자녀를 둔 가구를 대상으로 '긴급돌봄' 서비스 이용률에 대한 설문 조사를 실시하고'에서 조사 대상을 알 수 있으며, 수요 현황에 대한 내용이므로 'Ⅱ. 본론-1.'의 하위 항목으로 적절하다.
② 보고서 배경의 '국내외 '긴급돌봄' 서비스 운영 현황을 조사하였다'에서 국내 서비스 운영 현황이 조사 대상인 점을 알 수 있으며, 서비스 지원 대상은 공급 현황에 대한 내용이므로 'Ⅱ. 본론-1.'의 하위 항목으로 적절하다.
③ 보고서 배경의 '국내외 '긴급돌봄' 서비스 운영 현황을 조사하였다'에서 국외 서비스 운영 현황이 조사 대상인 점을 알 수 있으므로 'Ⅱ. 본론-2.'의 하위 항목으로 적절하다.
④ 'Ⅱ. 본론-1.'에서 영유아와 초등학교 저학년 자녀를 둔 가구에서 '긴급돌봄' 수요가 있으나 지원 대상이 영유아에게만 한정된 점을 알 수 있다. 서비스 대상자의 조건 문제는 국내 '긴급돌봄' 서비스의 실제 수요와 관련 있는 문제점이므로 'Ⅱ. 본론-3.'의 하위 항목으로 적절하다.

14 보고서

정답 ④

정답분석

'Ⅱ. 본론-1. 국내 '긴급돌봄' 수요 및 공급 현황'에는 서비스 요구와 서비스 운영 실태에 대한 내용이 들어가야 하며 보고서의 주제는 다양한 유형의 '긴급돌봄' 서비스 제공이다. ④는 광역 자치 단체에서 운영 중인 '긴급돌봄' 사업 현황을 제시하며, 서비스가 적고 일부 지역은 서비스를 이용할 수 없다는 내용이다. 따라서 'Ⅱ. 본론-1.'에 추가할 내용으로 적절하다.

오답분석

① 일본의 '긴급돌봄' 서비스 운영 사례로, 'Ⅱ. 본론-2. 국외 '긴급돌봄' 서비스 및 정책 현황'의 하위 내용으로 적절하다.
② '긴급돌봄' 서비스의 문제를 보완하기를 요구하고 있으므로 'Ⅲ. 결론'의 하위 내용으로 적절하다.
③ '긴급돌봄' 서비스의 공급 현황과 문제점에 대한 내용이나, 보고서의 주제는 '긴급돌봄'을 이용하는 대상의 조건과 요구에 따라 서비스를 다양하게 늘려야 한다는 주제이므로 서비스 인지도, 운영 절차의 문제점은 보고서 내용으로 적절하지 않다.
⑤ '긴급돌봄' 서비스가 등장한 배경과 대응의 문제점으로, 'Ⅰ. 서론'의 하위 내용으로 적절하다.

15 기획서

정답 ③

정답분석

윗글은 1인 가구의 주거 안전을 위한 지원 사업 기획서이다. 기획서는 기획한 내용을 상대방이 시행할 수 있도록 상대를 설득해야 하므로 상대의 요구를 정확히 파악하는 것이 중요하다.

오답분석

① 지출 결과를 포함한 문서는 지출 결의서이다.
② 기획 내용을 전달하여 상대를 설득하는 문서이므로 명령문을 사용하지 않는다.
④ 소유권을 주장하기 위한 내용을 담는 문서는 특허 문서이다.
⑤ 기사화를 목적으로 하는 문서는 보도문이다.

16 기획서

정답 ③

정답분석

- ㉡: '5. 사업 내용'의 '2) 안심 택배함 확대'와 관련한 운영 방안이다.
- ㉢: '5. 사업 내용'의 '3) AI 생활 관리 서비스'와 관련한 운영 방안이다.
- ㉣: '5. 사업 내용'의 '1) '안심 홈세트' 제공'과 관련한 운영 방안이다.

오답분석

- ㉠: 안심 귀갓길과 관련한 사업 내용은 없다.
- ㉤: 병원 및 건강 검진 동행 서비스 사업 내용은 없다.

17 홍보문, 보도문

정답 ①

정답분석

윗글은 데이터와 관련한 『개인정보 보호법』, 『정보통신망 이용촉진 및 정보보호 등에 관한 법률』, 『신용정보의 이용 및 보호에 관한 법률』이 개정됨에 따라 3가지 법의 시행령 개정안을 마련하고, 입법 예고를 실시한다는 계획을 알리고 있다. 따라서 '데이터 3법 시행령 개정안 입법 예고'가 윗글의 제목으로 가장 적절하다.

오답분석

② 데이터를 통해 안전 관리를 시행한다는 것은 보도 내용과 관련 없으므로 적절하지 않다.

③ 개인 정보 보호 체계를 일원화하여 보안을 강화함을 알 수 있지만, 정보 통신망과 신용정보와 관련된 법률 사항을 포함한 제목은 아니므로 적절하지 않다. 참고로, 보도 자료의 제목은 감탄문으로 표현하지 않아야 한다.

④ 정보통신망법 개정은 맞으나, 개인정보와 신용정보와 관련한 법을 포함한 제목은 아니므로 적절하지 않다.

⑤ 보도문 내용은 데이터 3법 법안의 시행령 개정안을 마련한다는 내용이므로 법안 제정은 적절하지 않다. 참고로, 보도 자료의 제목은 의문문으로 표현하지 않아야 한다.

※ 출처: 행정안전부, https://www.mois.go.kr

18 홍보문, 보도문

정답 ⑤

정답분석

보도문은 핵심 내용을 정확하게 전달하는 것이 목적이다. 따라서 핵심 정보만 간추려 명확하게 전달해야 하므로 관련 정보를 많이 작성하는 것은 적절하지 않다.

오답분석

① 보도문은 많은 내용 중에서 핵심 내용을 파악하여, 논리적으로 일관성을 유지하며 작성해야 하므로 적절하다.

② 보도문은 객관적인 사실을 전달하는 글이므로 과장하거나 글을 꾸미는 표현은 사용하지 않는 것이 적절하다.

③ 보도문에는 누가, 언제, 어디서, 무엇을, 어떻게, 왜 했는지에 대한 정보를 포함하여, 명료한 문장으로 작성해야 하므로 적절하다.

④ 보도문은 중요한 내용을 먼저 제시하는 역피라미드 형식으로 작성해야 하므로 적절하다.

19 홍보문, 보도문

정답 ④

정답분석

㉡은 개인정보를 보호하기 위해 개인정보의 추가적인 이용과 제공, 가명 정보와 관련한 사안을 구체적으로 제시하였다. 또한 민감 정보에 포함되는 정보 추가, 위원회 운영 제도를 개선하여 개인정보 보호를 위한 개정안을 제시하였다. 하지만 ④는 금융 회사 등이 개인 정보를 수집할 때 정보 제공자에게 활용 사항을 알려, '알고 하는 동의'가 이루어지도록 함을 제시하고 있다. 이는 『개인정보 보호법』 시행령의 구체적인 개정안과 관련 없으므로 적절하지 않다.

오답분석

① 『개인정보 보호법』 시행령 개정안 중 '② 가명 정보 결합 절차 및 전문 기관 지정'에 해당하는 내용이므로 적절하다.

② 『개인정보 보호법』 시행령 개정안 중 '① 개인정보의 추가적인 이용·제공'에 해당하는 내용이므로 적절하다.

③ 『개인정보 보호법』 시행령 개정안 중 '셋째, 체계적 개인정보 보호를 위해 위원회 운영 제도를 개선하였다'에 해당하는 내용이므로 적절하다.

⑤ 『개인정보 보호법』 시행령 개정안 중 '② 가명 정보 결합 절차 및 전문 기관 지정'에 해당하는 내용이므로 적절하다.

20 계약서

정답 ①

오답분석

- ㉣: '배포'에 대한 설명이다.
- ㉤: '2차 저작물'에 대한 설명이다.

※ 출처: 법제처, https://www.law.go.kr

21 계약서

정답 ④

정답분석

계약서를 수정할 때는 두 줄을 그은 후 공란에 '몇 자 삽입' 또는 '몇 자 삭제'를 기재한 후 당사자들의 도장을 찍어야 한다.

오답분석

① '제2조 (정의)'에서 용어를 명확하게 정의하고 계약서에 모호한 용어를 사용하지 않는다.

② 계약서 내 글자가 변조될 수 있으므로 PC로 기재하거나 한자를 함께 기재해야 한다.

③ 서명, 날인은 당사자뿐만 아니라 위임장을 제출한 대리인이 해도 된다.

⑤ 당사자가 법인인 경우, 법인 인감 도장을 찍어 당사자를 명확히 해야 추후 분쟁을 예방할 수 있다.

22 직무 이해

정답 ③

정답분석

윗글을 통해 감성 리더십은 개인 간 협력적 관계를 기반으로 조직 전체의 긍정적 관계를 도모하는 리더십임을 알 수 있다. 하지만 조직보다 개인 간 관계를 중시하는 것은 알 수 없다.

[관련 지문 인용] 구성원 간 상호 협력적인 분위기를 만든다. 구성원 간의 긍정적 상호작용은 개인을 넘어서 조직 전체 분위기를 긍정적으로 만들 수 있다.

오답분석

① '감성 리더십이란 감정을 기반으로 구성원과 긍정적인 관계를 도모하는 리더십이다'에서 알 수 있다.

② '조직의 성과에도 긍정적인 영향을 미칠 수 있다'에서 알 수 있다.

④ '구성원과 신뢰적인 관계를 형성한다'에서 알 수 있다.

⑤ '부정적 감정은 타인에게 쉽게 전이될 수 있으므로 철저히 관리할 수 있는 능력이 필요하다'에서 알 수 있다.

23 문제 해결

정답 ④

정답분석

만다라트 기법에서 9칸 중 중심 칸은 핵심 주제를, 그 주위는 핵심 주제와 관련한 세부 사항을 쓴다. <보기>의 8칸에는 세부적인 브랜드 홍보 전략이 제시되었다. 따라서 브랜드 홍보 전략의 최종 목표인 '시장 내 브랜드 인지도 향상'을 중심 칸에 작성하는 것이 가장 적절하다.

24 직무 문해력

정답 ③

정답분석

3문단 '내인성 레트로바이러스는 세대가 지나면서 돌연변이로 인해 염기 서열의 변화가 일어나며 해당 세포 안에서는 바이러스로 활동하지 않는다'에서 알 수 있다.

오답분석

① 1문단 '특히 사람이 가진 자연항체는 다른 종의 세포에서 발현되는 항원에 반응하는데'에서 알 수 있다.

② 1문단 '미니돼지에서 얻은 이식편을 이식하는 실험이 성공한 바 있다. 미니돼지는 장기의 크기가 사람의 것과 유사하고'에서 알 수 있다.

④ 2문단 '레트로바이러스는 다른 생명체의 세포에 들어간 후 역전사 과정을 통해 자신의 RNA를 DNA로 바꾸고'에서 알 수 있다.

⑤ 1문단에서 동종 이식이 이종 이식보다 거부 반응이 적음을 알 수 있으나, 단시간에 많은 개체를 생산하는 것은 이종 이식의 장점이므로 적절하지 않다.

[관련 지문 인용] 이종 이식은 동종 이식보다 거부 반응이 훨씬 심하게 일어난다. ~ 단시간에 많은 개체를 생산할 수 있다는 장점이 있어,

25 직무 문해력

정답 ⑤

정답분석

레트로바이러스가 자신의 유전 정보를 RNA에 담고 있는 것은 맞지만, 특정한 종류의 세포만 감염시키므로 적절하지 않다.

[관련 지문 인용] 레트로바이러스는 자신의 유전 정보를 RNA에 담고 있고 역전사 효소를 갖고 있는 바이러스로서, 특정한 종류의 세포를 감염시킨다.

오답분석

① 3문단 '내인성 레트로바이러스를 떼어 내어 다른 종의 세포 속에 주입하면 이는 레트로바이러스로 변환되어'에서 알 수 있다.

② 2문단 '내인성 레트로바이러스는 ~ 레트로바이러스로부터 유래된 것으로 ~ 바이러스의 활성을 가지지 않으며 ~ 레트로바이러스는 ~ 세포를 감염시킨다'에서 알 수 있다.

③ 2문단 '이후에는 다른 바이러스와 마찬가지로 자신이 속해 있는 생명체를 숙주로 삼아 숙주 세포의 시스템을 이용하여 복제, 증식하고 일정한 조건이 되면 숙주 세포를 파괴한다'에서 알 수 있다.

④ 내인성 레트로바이러스는 다른 종 세포에 주입되면 다른 종의 세포를 감염시키므로 내인성 레트로바이러스를 제거해야 이종 이식의 감염 문제를 줄일 수 있다.

[관련 지문 인용] 내인성 레트로바이러스를 떼어 내어 다른 종의 세포 속에 주입하면 ~ 그 세포를 감염시키기도 한다. 따라서 미니돼지의 DNA에 포함된 내인성 레트로바이러스를 효과적으로 제거하는 기술이 개발 중에 있다.

26 직무 문해력

정답 ③

정답분석

1문단 '사람의 조직 및 장기와 유사한 다른 동물의 이식편을 인간에게 이식하는 '이종 이식'이 있다'를 통해 전자 기기 인공 장기는 이종 이식이 아님을 알 수 있으며, 윗글과 <보기>를 통해 전자 기기 인공 장기의 거부 반응이 다른 이식 방법보다 더 큰지는 알 수 없다.

오답분석

① <보기>의 '개체 간 유전적 거리가 멀수록 MHC 차이가 커, 거부 반응이 유발된다'를 통해 B가 A보다 MHC 차이가 클 것을 추론할 수 있다.

② 2문단 '이는 바이러스의 활성을 가지지 않으며 사람을 포함한 모든 포유류에 존재한다'를 통해 A, B, C 모두 내인성 레트로바이러스를 가지고 있음을 알 수 있다.

④ <보기>를 통해 유전적 거리가 멀수록 거부 반응이 나타나 면역 억제제를 사용함을 알 수 있으며, 면역 억제제는 질병 확률을 높임을 알 수 있다. 따라서 일란성 쌍둥이를 이식편으로 사용한 A는 유전적으로 관련이 없는 타인을 이식편으로 사용한 B보다 면역 억제제를 덜 사용할 것이므로 질병에 걸릴 확률도 더 낮음을 추론할 수 있다.

⑤ <보기>를 통해 장기 이식은 손상된 조직이 본연의 기능을 할 수 있도록 함을 알 수 있다. 따라서 A, B, C 이식편 모두 손상된 조직이 본연의 기능을 되찾을 수 있도록 함을 추론할 수 있다.

27 수리·자료 활용

정답 ③

정답분석

지출 경비 $2,001~$3,000 구간에서 미국과 홍콩은 각 사례 수의 9% 비중을 차지한다. 이를 계산하면 미국은 '924×0.09=83.16건', 홍콩은 '323×0.09=29.07건'으로, 두 사례 수의 차이는 54.09이다.

오답분석

① $3,001 이상 지출한 비중은 중국(13%), 미국(11%), 홍콩(6%) 순으로 많으며, 평균 지출 경비는 중국($1,646), 미국($1,397), 홍콩($1,265) 순으로 높다.

② 중국은 $2,001 이상 지출한 비중이 27%이고, $1,000 이하 지출한 비중이 38%이다.

④ 미국($1,397)의 평균 지출 경비가 홍콩($1,265)보다 높고, $1,000 이하 지출 비중은 미국(56%)이 홍콩(47%)보다 많다.

⑤ 지출 경비가 $3,001 이상인 중국의 사례 수는 '2,653×0.13=344.89건'이고, 지출 경비가 $1,000 이하인 홍콩의 사례 수는 '323×0.47=151.81건'이다. '151.81×2=303.62'이므로 중국의 사례 수가 홍콩보다 2배 이상 많다.

※ 출처: KOSIS(문화체육관광부, 외래관광객조사, 2010, 거주국별 총지출경비), 2024.06.20.

28 직무 문해력

정답 ③

정답분석

1문단에서 블록체인은 중앙 서버에 데이터를 저장하는 기존 방식과 달리, 데이터를 수많은 컴퓨터에 분산하여 저장하는 '분산 데이터 저장 기술'이라고 설명하고 있으므로 블록체인이 중앙 서버 집중형 관리 방식이라는 설명은 적절하지 않다.

오답분석

① 2문단에서 블록체인을 활용한 스마트 계약은 중개인 없이 당사자 간 직접 거래가 가능해 비용과 시간을 획기적으로 절약할 수 있다고 하였으므로 적절하다.

② 3문단에서 블록체인의 구조적 특성으로 기록된 데이터의 수정, 삭제가 어렵다고 하였으므로 적절하다.

④ 3문단에서 NFT는 디지털 자산에 고유한 식별 번호를 부여해 원본성과 소유권을 명확히 증명할 수 있다고 하였으므로 적절하다.

⑤ 1문단에서 공유 네트워크에 참여하는 모든 사용자가 거래 내역을 공유하고 대조한다고 하였으므로 적절하다.

29 직무 문해력

정답 ④

정답분석

3문단에서 블록체인의 익명성 때문에 오히려 블록체인이 불법 거래나 자금 세탁에 악용될 수 있음을 제시하고 있다. 따라서 블록체인으로 범죄 악용 가능성을 원천 차단할 수 있다는 ㉠을 반박하는 내용으로 ④가 가장 적절하다.

오답분석

① 1문단에서 블록체인은 데이터의 위·변조가 매우 어렵다고 설명하였으므로 적절하지 않다.

② 3문단에서 블록체인은 모든 참여자가 거래 내역을 저장하고 검증하기 때문에 거래 처리 속도가 느리다고 하였으므로 적절하지 않다.

③ 1문단에서 블록체인은 중앙 서버에서 관리하지 않고 모든 사용자가 데이터를 공유하고 대조한다고 하였으므로 적절하지 않다.

⑤ 2문단에서 스마트 계약은 조건이 충족될 때만 거래가 이루어진다고 설명하였으나, 이를 통해 범죄 자금 이동을 막을 수 없을지는 알 수 없으며 ㉠을 반박할 수 있는 근거도 아니므로 적절하지 않다.

30 글쓰기 윤리

정답 ③

정답분석

「연구윤리 확보를 위한 지침」에 따르면 '타인의 연구내용 전부 또는 일부를 출처를 표시하지 않고 그대로 활용하는 경우', '타인의 저작물의 단어·문장구조를 일부 변형하여 사용하면서 출처표시를 하지 않는 경우', '타인의 독창적인 생각 등을 활용하면서 출처를 표시하지 않은 경우', '타인의 저작물을 번역하여 활용하면서 출처를 표시하지 않은 경우'가 '표절'에 속한다. 따라서 (가)에 속하는 것은 ㉠, ㉣이므로 답은 ③이다.

오답분석

· ㉡ : 타인의 저작물을 그대로 사용하지 않고, 해석하고 분석하여 독창적인 내용으로 변형하는 것은 올바른 인용 방식이다.

· ㉢: 타인의 저작물을 그대로 사용하되, 그 부분에 인용 표시를 하고 서지 정보를 표시하는 것은 올바른 인용 방식이다.

서술형 p.238

1 고쳐쓰기

모범답안

㉠ 고와야
㉡ 지긋이
㉢ 뵈니
㉣ 부기

해설

- ㉠: '곱다'는 활용할 때 어간 '곱-'의 받침 'ㅂ'이 모음으로 시작하는 어미 앞에서 '오/우'로 바뀌는 'ㅂ' 불규칙 용언이다. 따라서 '고와야'로 고쳐 써야 한다.
- ㉡: 문맥상 과장님의 나이가 비교적 많아 보인다는 의미로, '나이가 비교적 많아 듬직하게'를 의미하는 '지긋이'로 고쳐 써야 한다. 참고로, '지그시'는 '슬며시 힘을 주는 모양', '조용히 참고 견디는 모양'을 의미한다.
- ㉢: '웃어른을 대하여 보다'를 뜻하는 '뵈다'는 '뵈어(봬), 뵈니'로 활용하므로 '뵈니'로 고쳐 써야 한다.
- ㉣: '부종으로 인하여 부은 상태'를 의미하는 표준어는 '부기'이며, '붓기'는 비표준어이다. 따라서 '부기'로 고쳐 써야 한다.

감점기준표

구분		감점 기준	감점
내용	㉠~㉣	모범 답안 외의 내용을 쓴 경우	각 -7.5점
조건	㉠~㉣	1어절로 쓰지 않은 경우	각 -2점
		기호 순서대로 쓰지 않은 경우	-2점
		기호와 함께 쓰지 않은 경우	각 -2점

2 고쳐쓰기

모범답안

㉠ 메시지
㉡ 시프트
㉢ 라이선스
㉣ 브로슈어
㉤ 비즈니스

해설

- ㉠ **메세지 → 메시지**: 'message'는 [mesɪdʒ]로 발음되며 [ɪ]는 '이'로 적으므로 '메시지'로 적는다.
- ㉡ **쉬프트 → 시프트**: 'shift'는 [ʃɪft]로 발음되며 [ʃ]는 뒤따르는 모음 [ɪ]에 따라 '시'로 적으므로 '시프트'로 적는다.
- ㉢ **라이센스 → 라이선스**: 'license'는 [laɪsəns]로 발음되며 [ə]는 '어'로 적으므로 '라이선스'로 적는다.
- ㉣ **브로셔 → 브로슈어**: 'brochure'는 [broʊʃʊər]로 발음되며 [ʃ]는 뒤따르는 모음에 따라 '슈'로 적으므로 '브로슈어'로 적는다.
- ㉤ **비지니스 → 비즈니스**: 'business'는 [bɪznəs]로 발음되며 자음 앞의 [z]는 '으'를 붙여 적으므로 '비즈니스'로 적는다.

감점기준표

구분		감점 기준	감점
내용	㉠~㉤	모범 답안 외의 내용을 쓴 경우	각 -6점
조건	㉠~㉤	기호와 함께 쓰지 않은 경우	각 -2점

3 추론하기

모범답안

㉠ 논리
㉡ 감정
㉢ 신뢰
㉣ 로고스
㉤ 에토스

해설

- ㉠: 아리스토텔레스 설득 전략 중 로고스에 대한 설명이므로, 2문단 2번째 줄인 '논리적인 주장과 타당한 근거와 신뢰할 만한 사례를 제공하여'를 통해 ㉠은 '논리'임을 알 수 있다.
- ㉡: 아리스토텔레스 설득 전략 중 파토스에 대한 설명이므로, 3문단 2번째 줄인 '청자가 원하는 감정을 자극하여 설득력을 강화하는 전략이다'를 통해 ㉡은 '감정'임을 알 수 있다.
- ㉢: 아리스토텔레스 설득 전략 중 에토스에 대한 설명이므로, 4문단 1번째 줄인 '화자의 신뢰성을 강조하는 전략'을 통해 ㉢은 '신뢰'임을 알 수 있다.
- ㉣: 2문단 3번째 줄 '주장을 효과적으로 입증하기 위해 사례, 통계, 보편적인 가치관이 담긴 자료를 이용한다'를 통해 객관적인 수치를 근거로 드는 전략은 '로고스'임을 알 수 있다.
- ㉤: 4문단의 '에토스는~공신력을 확보해야 한다. 공신력은~'침착한 태도로 말하는가', '자신감이 있는가'~로 판단할 수 있다'를 통해 자신감 있는 태도는 공신력을 높이는 전략인 '에토스'임을 알 수 있다.

감점기준표

구분		감점 기준	감점
내용	㉠~㉤	모범 답안 외의 내용을 쓴 경우	각 -6점
조건	㉠~㉤	기호 순서대로 쓰지 않은 경우	-2점
	㉠~㉤	기호와 함께 쓰지 않은 경우	각 -2점

4 고쳐쓰기

모범답안

㉠ 웰시코기는 소의 다리 사이로 빠르게 달리며 소를 우리에 몰아넣는다.

㉡ 지원서에 첨부한 사진과 기재한 이력이 부적절한 경우에는 합격이 취소된다.

㉢ 지사는 올해 시공한 건물의 상태를 점검하라는 본사의 지시가 그다지 달갑지 않다.

해설

- ㉠: 서술어 '몰아넣다'는 '…을 …에 몰아넣다'의 문형으로 쓰인다. 주어 '웰시코기는'이 몰아넣는 대상인 목적어가 생략되었으므로 '웰시코기는 ~ 소를 우리에 몰아넣는다'로 수정해야 한다.
- ㉡: 안긴문장인 '지원서에 사진과 이력을 기재하다'에서 서술어 '기재하다'는 '문서 등에 기록하여 올리다'를 뜻하므로 목적어 '사진(을)'과 호응하지 않는다. 따라서 '지원서에 첨부한 사진과 기재한 이력이 부적절한'과 같이 수정해야 한다.
- ㉢: '그다지'는 부정어와 호응하는 부사이므로 부사어와 서술어의 호응이 부자연스럽다. 따라서 서술어를 '지사는 ~ 본사의 지시가 그다지 달갑지 않다'로 수정해야 한다.

감점기준표

구분		감점 기준	감점
내용	㉠~㉢	모범 답안 외의 내용을 쓴 경우	각 -10점
조건	㉠~㉢	기호와 함께 쓰지 않은 경우	각 -2점

5 추론하기

모범답안

㉠ 발명

㉡ 고안

㉢ 신규성

㉣ 제조 방법

해설

- ㉠: '특허권은 발명에 대한 권리로'에서 알 수 있다.
- ㉡: '실용신안권은 ~ '고안'을 보호하기 위한 권리로'에서 알 수 있다.
- ㉢: '알려지지 않은 새로운 것이면서 이전 기술 수준에서 쉽게 발명될 수 없는 것이어야 한다. 그리고 반드시 산업적으로 이용이 가능한 것이어야 한다'에서 특허권의 세 가지 성격을 알 수 있으며, 그중 언급되지 않은 성질은 '새로운 것'이므로 ㉢에 들어갈 단어를 '신규성'으로 추론할 수 있다.
- ㉣: '특허권은 발명에 대한 권리로, 물질, 물건, 방법의 발명에 대한 권리를 포괄하며'와 '과일로 과자를 제조하는 것'을 통해 이전에 없던 새로운 제조 방법이 특허로 등록됐음을 알 수 있다.

※ 출처: 법제처, https://law.go.kr

감점기준표

구분		감점 기준	감점
내용	㉠~㉡	모범 답안 외의 내용을 쓴 경우	각 -5점
	㉢~㉣	모범 답안 외의 내용을 쓴 경우	각 -10점
조건	㉠~㉣	기호 순서대로 쓰지 않은 경우	-2점
	㉠~㉣	기호와 함께 쓰지 않은 경우	각 -2점

6 고쳐쓰기

모범답안

㉠ 이전∨시

㉡ 인계하여야

㉢ 부서별

㉣ 보존 기간이 경과한 기록물은 심의를 거쳐

㉤ 지침(방침)

해설

- ㉠ **이전시 → 이전∨시**: '시'는 '어떤 일이나 현상이 일어날 때나 경우'를 뜻하는 의존 명사이므로 뒤에 오는 말과 띄어 써야 한다.
- ㉡ **인수하여야 → 인계하여야**: ㉡이 포함된 문장은 문맥상 기록관에게 기록물을 넘겨줘야 한다는 뜻이므로 '물건이나 권리를 건네받다'를 뜻하는 '인수하다'의 쓰임이 어색하다. 따라서 '하던 일이나 물품을 넘겨주거나 넘겨받다'를 뜻하는 '인계하다'로 수정하는 것이 더 자연스럽다.
- ㉢ **부서∨별 → 부서별**: '-별'은 '그것에 따른'의 뜻을 더하는 접미사로, 명사 뒤에 붙여 써야 한다.
- ㉣ **보존 기간 경과 기록물은 심의를 통해 → 보존 기간이 경과한 기록물은 심의를 거쳐**: ㉣은 명사가 지나치게 많이 나열된 문장이다. 적절한 조사와 서술어를 사용하고, 번역 투 표현인 '~를 통해'를 문맥에 맞게 바꾸어 '보존 기간이 경과한 기록물은 심의를 거쳐'로 수정하는 것이 자연스럽다.
- ㉤ **가이드라인 → 지침**: 공공 언어는 국민이 이해할 수 있는 표현이어야 하므로 우리말로 다듬어 사용해야 한다. '생활이나 행동 따위의 지도적 방법이나 방향을 인도하여 주는 준칙'을 뜻하는 '가이드라인'은 우리말 '지침'으로 순화할 수 있다.

감점기준표

구분		감점 기준	감점
내용	㉠~㉤	모범 답안 외의 내용을 쓴 경우	각 -10점
조건	㉠~㉤	기호와 함께 쓰지 않은 경우	각 -2점
		수정한 내용만 쓰지 않은 경우	각 -2점
	㉠	띄어쓰기 부호를 사용하지 않은 경우	-2점

7 보완하기

모범답안

첫째, ○○남도의 강점을 살린 특화 전략을 추진하기 위해 지역 특산품인 만감류 · 아열대 작물의 재배를 확대해야 함

둘째, 밭작물 기계화(를 활성화하는) 지원 사업을 추진하고, 시설 · 원예 에너지의 절감 시설을 확충해야 함

셋째, 온오프라인 직거래를 확대하고, 수출 온오프라인 플랫폼을 지원하여 세계 시장으로 진출해야 함

해설

- **첫 번째 문장**: ○○남도의 강점을 살리는 전략과 전략을 이행하는 방법을 제시해야 한다. 지역 특산품은 ○○남도의 강점이므로 '특화 전략 추진'과 '지역 특산품 만감류 · 아열대 작물의 재배 확대'를 조건에 제시된 형식에 맞게 쓰면 된다.
- **두 번째 문장**: '밭작물 기계화 지원 사업 추진'은 인적 자원과 관련 있는 것이고, '시설 · 원예 에너지 절감 시설 확충'은 물적 자원과 관련 있는 것이다. 따라서 인적 자원과 물적 자원에 관한 전략을 조건에 제시된 형식에 맞게 쓰면 된다.
- **세 번째 문장**: '세계 시장 진출'과 관련 있는 전략으로, 유통과 관련 있는 내용이 제시되어야 한다. '온오프라인 직거래 확대, 수출 온오프라인 플랫폼 지원'은 세계적으로 유통할 수 있는 전략이므로, 이를 제시된 형식에 맞게 쓰면 된다.

※ 출처: 경상남도청, https://www.gyeongnam.go.kr

감점기준표

구분		감점 기준	감점
내용	첫 번째 문장	'특화 전략 추진', '지역 특산품'과 관련된 내용이 아닌 경우	각 -20점
	두 번째 문장	'밭작물 기계화', '시설·원예 에너지 절감 시설'과 관련된 내용이 아닌 경우	각 -20점
	세 번째 문장	'온오프라인 직거래 확대, 수출 온오프라인 플랫폼 지원'과 관련된 내용이 아닌 경우	-20점
조건		두 번째 문장의 전략을 순서대로 쓰지 않은 경우	-5점
		제시된 문장 형식으로 쓰지 않은 경우	-5점
		세 문장 미만이나 초과한 경우	문장당 -5점
		명사형으로 종결하지 않은 경우	-5점

8 요약하기

모범답안

㉠ 기존 치매 치료제는 치매 원인 성분의 누적을 막거나 그를 제거하는 원리로, 뇌혈관 부종 등의 안전성 문제가 있다.

㉡ CV-01은 먹는 약이어서 쉽게 복용할 수 있고, 부작용이 적고 약물 침투가 빨라 치매 예방용으로 활용할 수 있으며, 다양한 뇌 신경계 질환에도 적용할 수 있다.

㉢ CV-01의 신약 상용화가 성공하면 세계 최초로 해당 기전의 치매 치료제가 되며, 고령화의 사회적 비용을 낮추는 획기적 약물이 될 수 있다.

해설

- ㉠: '그간 제약 회사들은 치매의 원인으로 꼽히는 성분이 뇌에 과다하게 쌓이는 것을 막거나 그 성분을 제거하는 물질을 개발해 왔으나'에서 기존 치매 치료제의 원리를 알 수 있고, '환자의 생명을 위협하는 안전성 문제가 존재하였다'와 '뇌혈관 부종과 같은 기존 치매 치료제의 부작용도'에서 기존 치매 치료제의 부작용을 알 수 있다. 이를 주어진 형식에 따라 정리하면, '기존 치매 치료제는 치매 원인 성분의 누적을 막거나 그를 제거하는 원리로,(기존 치매 치료제의 원리) 뇌혈관 부종 등의 안정성 문제가 있다(기존 치매 치료제의 부작용)'로 쓸 수 있다.
- ㉡: 2~3문단에 따르면 CV-01은 먹는 약이어서 손쉽게 복용 가능하고, 부작용이 적고 약물 침투도 빨라 치매 예방 용법으로도 활용할 수 있고, 뇌신경계 질환에 잠재력을 지녔으므로 다양한 뇌신경계 질환에 적용할 수도 있다. 이를 요약하여 한 문장으로 정리하면 된다.
- ㉢: 1문단의 '신약 상용화에 성공한다면 해당 기전의 치매 치료제로는 세계 최초가 된다'와 3문단의 '고령화의 사회적 비용을 낮추는 획기적 약물이 될 수 있다'에서 CV-01 신약 상용화의 사회적 의의를 알 수 있다. 이를 주어진 형식에 따라 정리하면 된다.

※ 출처: 과학기술정보통신부, https://www.msit.go.kr

감점기준표

구분		감점 기준	감점
내용	㉠	'기존 치매 치료제의 원리', '기존 치매 치료제의 부작용'과 관련된 내용이 아닌 경우	각 -12.5점
	㉡	'먹는 약', '적은 부작용', '치매 예방용', '다양한 뇌 신경계 질환에도 적용'과 관련된 내용이 아닌 경우	각 -12.5점
	㉢	'세계 최초의 해당 기전 치매 치료제', '고령화의 사회적 비용'과 관련된 내용이 아닌 경우	각 -12.5점
조건	㉠~㉢	기호 순서대로 쓰지 않은 경우	-5점
		한 문장으로 쓰지 않은 경우	문장당 -5점
	㉠, ㉢	제시된 문장 형식으로 쓰지 않은 경우	-5점
	㉠	70자 미만이나 초과한 경우	글자당 -1점
	㉡	95자 미만이나 초과한 경우	글자당 -1점
	㉢	80자 미만이나 초과한 경우	글자당 -1점

9 실용문 쓰기

모범답안

디지털 심화가 가속화되면서 AI 기술은 이미 우리의 일상이 되어 가고 있다. 다양한 국민 생활 분야에서의 AI 서비스 경험률은 지난 3년간 빠르게 상승하고 있다. 특히, 6-19세, 20대, 30대가 높은 경험률을 보이며, 젊은 세대를 중심으로 AI 서비스 일상화가 빠르게 확산되고 있다. 일상 속 AI 서비스 경험을 가장 많이 한 생활 분야는 주거 편의, 교통, 교육·학습, 커뮤니케이션/친교 순이었다. 생성형 AI 서비스 경험률은 20대가 33.7%로 가장 높았으며, 70대 이상이 1.4%로 가장 낮게 나타났다. 이용 분야는 단순 정보 검색, 문서 작업, 외국어 번역, 창작 및 취미 활동 보조, 코딩 및 프로그램 개발 순이었다.

AI 서비스의 이용률이 점점 늘어나면서, 여러 부작용이 발생하고 있다. 일상생활에서 비대면·디지털 기술이 증가하면서, 디지털 정보화 수준이 낮은 60대 이상 고령층이 정보를 인지하고 이용하는 부분에서 소외되고 있다. 그뿐 아니라 최근 사람의 화풍을 모사하거나 정교한 가짜 영상을 생성하는 등 고도화된 AI 기술을 악용하는 사례가 급증하면서 윤리적 문제가 발생하고 있다.

이러한 문제를 해결하기 위해 정부는 '새로운 디지털 질서 정립 추진 계획'을 발표하였다. 먼저 디지털 기기와 서비스에 익숙하지 않은 사람을 위해 행정·금융 등 필수 영역에서 디지털 대체 수단을 확대하는 등 디지털 포용 사회를 적극 구현해 나갈 계획이다. 또한 고도화·지능화되는 디지털 위협에 철저히 대비하는 국가 대응 체계를 확충하고자 디지털 서비스 안전법 제정을 추진하고, 민생 사이버 범죄 대응 체계를 마련한다. 이와 함께 핵심 보안 기술 개발을 위한 투자도 대폭 늘려 전년 대비 22.5% 증가한 1,141억 원을 집중 투자할 계획이다.

새로운 디지털 질서 정립 추진 계획은 우리가 실제 마주할 디지털 심화 쟁점들을 실질적으로 해결할 수 있는 범정부 차원의 정책이다. 따라서 단순한 계획에서 그치지 않고, 국민이 체감할 수 있는 가시적 성과를 도출하여 디지털 질서를 정립할 수 있도록 노력해야 할 것이다.

※ 출처: 과학기술정보통신부, https://www.msit.go.kr

감점기준표

구분		감점 기준	감점
내용	1문단	1문장에 '디지털 심화 가속화'와 'AI 기술'을 '일상'과 관련지어 쓰지 않은 경우	-20점
		2문장에 '다양한 국민 생활 분야에서의 AI 서비스 경험률 상승'에 대한 내용을 쓰지 않은 경우	-20점
		3문장에 '6-19세', '20대', '30대'를 포함하여 '젊은 세대를 중심으로 AI서비스가 확산됨'에 대한 내용을 쓰지 않은 경우	-20점
		4문장에 '주거 편의', '교통', '교육·학습', '커뮤니케이션/친교' 순서로 쓰지 않은 경우	-20점
		5문장에 '20대는 33.7%', '70대 이상은 1.4%'를 포함하여 쓰지 않은 경우	-20점
		6문장에 '단순 정보 검색', '문서 작업', '외국어 번역', '창작 및 취미 활동 보조', '코딩 및 프로그램 개발' 순서로 쓰지 않은 경우	-20점
	2문단	1문장에 'AI 서비스 이용률 증가로 부작용이 발생함'에 대한 내용을 쓰지 않은 경우	-20점
		2문장에 '비대면·디지털 기술 증가', '정보화 수준이 낮은 60대 이상 고령층', '정보 인지, 정보 이용 부분에서 소외 문제'에 대한 내용을 쓰지 않은 경우	-20점
		3문장에 '사람의 화풍 모사 및 정교한 가짜 영상 생성' 사례를 '윤리적 문제 발생'과 관련지어 쓰지 않은 경우	-20점
	3문단	1문장에 '새로운 디지털 질서 정립 추진 계획'을 쓰지 않은 경우	-20점
		2문장에 '디지털 기기와 서비스에 익숙하지 않은 사람'을 위한 해결책을 쓰지 않은 경우	-20점
		3문장에 '고도화·지능화되는 디지털 위협'을 대비하는 해결책을 쓰지 않은 경우	-20점
		4문장에 '보안 기술 투자'와 관련하여 '전년 대비 22.5%', '1,141억 원'을 포함하여 '집중 투자 계획'에 대한 내용을 쓰지 않은 경우	-20점
	4문단	1문장에 '실질적, 범정부 차원 정책'에 대한 내용을 쓰지 않은 경우	-20점
		2문장에 '가시적 성과 도출', '디지털 질서 정립'에 대한 내용을 쓰지 않은 경우	-20점
조건	1~4 문단	문단별 글자 수를 지키지 않은 경우	글자당 -1점
	3, 4 문단	제시된 문장 형태로 쓰지 않은 경우	문장당 -5점
어법		맞춤법 및 띄어쓰기에 오류가 있는 경우	오류당 -1점
		평서형 종결 어미(-다)로 문장을 끝내지 않은 경우	문장당 -5점
		문장 성분이 호응하지 않거나 자연스럽지 않은 경우	문장당 -1점